D1670591

Orientalismus als Symptom

Wael B. Hallaq

Orientalismus als Symptom

Eine Kritik des modernen Wissens

Aus dem amerikanischen Englisch
von Dirk Höfer

 Matthes & Seitz Berlin

Inhalt

Vorwort und Danksagungen

Die in diesem Buch vorgelegten Argumente haben sich in einem Zeitraum von über zehn Jahren entwickelt, besonders jedoch ab 2009, seitdem ich sie nahezu durchgängig zur Grundlage meiner Lehrveranstaltungen an der Columbia University gemacht habe. Im Laufe dieser intellektuellen Übungen wurde mir klar, dass es keinen Aspekt der Moderne gibt, der nicht bis zu einem gewissen Grad von den Fragen tangiert wird, die der Orientalismus aufwirft. Es handelt sich also um ein Buch, das sich ebenso sehr mit der Moderne wie mit dem Orientalismus beschäftigt, ähnlich wie *The Impossible State* sowohl den Staat als auch die Moderne betrifft. Wichtiger noch, ich habe gelernt, und dies beabsichtigt das vorliegende Buch zu zeigen, dass der Orientalismus eine Reihe theoretischer und inhaltlicher Fragen beschönigt, die sich, nicht nur historisch, ebenso sehr auf die Konstitution des modernen Selbst wie auf den vermeintlichen »Anderen« beziehen. Auch wenn mich die Modalitäten, in denen sich Europa gegenüber einem Orient selbst formiert hat, weitgehend unbekümmert lassen, steht doch die Konstitution des modernen Selbst – dessen Ursprünge sicherlich über den Orient hinausgehen – im Mittelpunkt meines Interesses. Bei all den Kolonialismen und Völkermorden, zu denen er beigetragen hat, erscheint der Orientalismus weniger als Ursache oder Hauptverantwortlicher denn als Symptom einer psychoepistemischen Störung, die bis ins Innerste moderner Wissensformen hineinreicht. Gelernt habe ich auch, dass der Orientalismus selbst, indem er als Disziplin etabliert wird, gleichzeitig eine Einschränkung und eine Erweiterung erfährt.

Durch die relative Abwertung des Orientalismus wird unsere Analyse eher komplizierter als einfacher. Obgleich dieses Diskursfeld Symptom einer tiefgreifenden psychoepistemischen Störung ist und als solches wie jedes andere Wissensgebiet behandelt werden könnte, bleibt es, wenn es um die Vermittlung von Wissen über den Anderen geht, das nächstliegende Einfallstor. Aus dieser entscheidenden Tatsache folgt, dass der Orientalismus zugleich als Komplize von Unterdrückung und Gewalt und, sobald er aus seiner gegenwärtigen Situation befreit ist, als Brücke angesehen werden muss, die uns zu einer veränderten Auffassung des Anderen gelangen lässt. Das Argument, wonach jene Bereiche der akademischen Welt, die im Dienste moderner Formen des Kapitalismus, des Kolonialismus und hegemonialer Macht stehen, letztendlich zum Verschwinden gebracht werden müssen, kann und darf nicht uneingeschränkt für den Orientalismus gelten.

Die sich aus der Ablehnung und Beibehaltung des Orientalismus ergebende Spannung erfordert eine Reihe analytischer Vorgehensweisen und Ressourcen, die von bestimmten Gegebenheiten ausgehen muss. Edward Saids bedeutendes Werk, insbesondere sein bemerkenswertes *Orientalismus*-Buch, nimmt dabei eine wesentliche Stellung ein. Auch wenn es in meinem Buch letztendlich nicht als Terminus ad quem fungiert und trotz der durchgängigen und energischen, aber, wie ich hoffe, fairen Kritik, die ich gegen es vorbringe, möchte ich ihm und seinem bleibenden Andenken meine Dankbarkeit bezeugen und dabei seinen Einfluss auf die Anfänge meiner geistigen Formation nicht unterschlagen. So gewiss, wie sein überaus gefeiertes Buch ein ganzes Diskursfeld aufgesponnen und damit ermöglicht hat, so gewiss wäre ohne seinen Beitrag dieses Buch nicht zustande gekommen. Auf psychologischer Ebene bot mir Said ein Modell für fast unübertrefflichen intellektuellen Mut, und dies ist es seit 1979, als ich sein Werk kennenlernte, geblieben.

Ich stehe bei vielen Menschen in der Schuld, deren Ideen dazu beigetragen haben, die Argumente des vorliegenden Buchs zu schärfen. Gil Anidjar und Sudipta Kaviraj, beide an der Columbia University, haben das Buch mit großer Sorgfalt gelesen und detailreich kritisiert. Ihre intellektuelle Freundschaft war nicht bloß in dieser einen Hinsicht bereichernd und reicht weit über die Grenzen des vorliegenden Projekts hinaus. Humeira Iqtidar vom King's College in London unterzog das Buch einer eingehenden und konstruktiven Kritik, aus der ich großen Gewinn schöpfte. Mit nicht weniger großzügiger Aufmerksamkeit bedachte Omar Farahat von der juristischen Fakultät der McGill University eine frühere Fassung. Seine Warnung, dass manche meiner Argumente falsch ausgelegt werden könnten, war von unschätzbarem Wert und wird Missverständnisse der Art, wie sie bei *The Impossible*

State aufgetreten sind, hoffentlich geringhalten. Dariouche Kechavarzi-Tehrani, einer der brillantesten Studenten an der Columbia University, hat zwei aufeinanderfolgende Fassungen des Manuskripts gelesen und mir dabei jedes Mal zu neuen Einsichten verholfen. Er hat mich zudem in Diskussionen verwickelt, die mich zu einer eingehenden Beschäftigung mit verwandten Fragestellungen der lateinamerikanischen postkolonialen Literatur bewogen haben. Abed Awad hat das Manuskript aus der Perspektive eines Juristen gelesen und viele wertvolle Kommentare eingebracht. Unschätzbar über die Jahre waren seine großzügige Hilfe und Unterstützung. In den ein oder zwei Jahren vor der Abfassung dieses Buchs habe ich von den Diskussionen mit Sohaib Khan, einem beispielhaften und herausfordernden Gesprächspartner, profitiert. Und schließlich wurden im November 2015 Teile des letzten Kapitels im Rahmen einer Vorlesung an der Yale Law School vorgestellt. Gerhard Böwering, Owen Fiss, Frank Griffel, Paul Kahn, Anthony Kronman und Daniel Markovits haben mich während der Vorlesung und danach in intensive und fruchtbare Gespräche verwickelt. Allen genannten Kollegen sowie Robert Demke für sein kompetentes Lektorat und all den anonymen Lesern des Verlags möchte ich meinen aufrichtigen Dank aussprechen. Selbstredend gehen sämtliche Fehler oder Schwächen, die das Buch noch aufweisen mag, einzig und allein auf mein Konto.

Ein Wort zur intellektuellen Genealogie des vorliegenden Buchs. Anders als die meisten Kommentatoren, die sich mit dem Problem des Orientalismus und anderen Wissensformen befassen, ist das vorliegende Projekt aus dem Fachgebiet des Orientalismus selbst erwachsen, in dem ich und über das ich seit nunmehr fast vier Jahrzehnten geschrieben habe. In gewissem Sinne will mir scheinen, dass es sich bei den meisten Themen, über die ich in dieser Zeit gearbeitet habe, seien sie juristischer, historischer oder philosophischer Natur, um Auseinandersetzungen handelte, die sich trotz des mitunter recht disparaten Materials und der variierenden wissenschaftlichen Fragestellungen an einem einzigen Faden entlanggesponnen haben. Dieses Buch stellt zwar keinen Kulminationspunkt meiner Arbeit dar, ist aber der jüngste Teil eines umfassenderen Projekts, das heißt, es setzt zu großen Teilen meine Arbeit der letzten zwei Jahrzehnte fort. Was ich hier sage, geht mithin auf frühere Überlegungen zurück, baut auf ihnen auf, und notgedrungen kann hier nur in äußerster Kürze auf sie zurückgekommen oder mit Zitaten auf sie verwiesen werden. Zwei Bücher, die die Grundlage des vorliegenden bilden, sind dabei besonders relevant und der Leserin, die sich wirklich mit dem vorliegenden Buch auseinandersetzen möchte, sei dringend angeraten, diese zu lesen, bevor sie sich über das vorliegende beugt. Das erste heißt *Shari'a: Theory, Practice, Transformations* (2009), und bietet ziemlich umfassende Hintergrundinformationen, und das zweite ist *The Impossible State* (2013). In meinem Verständnis ist das vorliegende Buch tatsächlich eine Fortsetzung des letzteren, wobei beide zusammen ein größeres Projekt vervollständigen, wenn auch keinesfalls zur Gänze. Wo *The Impossible State* darauf abzielt, das muslimische Selbst und seinen Ort in und seinen Ausstieg aus der Moderne zu befragen, beleuchtet das aktuelle Vorhaben den Ort des westlichen Selbst im Projekt der Moderne sowie die Möglichkeiten, ihm zu entkommen. Würde man jedoch die beiden Formen des Selbst überblenden und argumentieren, das eine hänge *vollständig* von dem anderen ab, würde dies der Logik des Buchs zufolge darauf hinauslaufen, die Besonderheit und Einzigartigkeit und somit die Autonomie der Kulturen zu verleugnen. Ich möchte deutlich machen, dass das kolonisierte Andere und sein historisches Erbe sowie seine Traditionen ein reiches heuristisches, der Ethisierung des kolonialistischen Selbst dienliches Repertoire bereithalten (ein Anliegen in *The Impossible State*). Der äußersten Herausforderung, der sich die westliche Moderne gegenübersieht, muss jedoch aus dem Inneren des westlichen Selbst begegnet werden, dessen erster Akt der Selbstbefreiung darin bestünde, seine Souveränität über alles Bestehende aufzugeben. Die beiden Bücher sind also dialektisch aufeinander bezogen und ergänzen sich.

Zuletzt möchte ich noch eine die Lektüre dieses Buchs betreffende Empfehlung aussprechen. Je weiter es voranschreitet, desto mehr gewinnen die Erörterungen und Argumentationslinien an Umfang und Dichte. Ein Beispiel dafür ist die Theorie des Autors, deren Diskussion sich insgesamt über die Einleitung und die ersten drei Kapitel erstreckt. Das gilt auch für den Begriff der Souveränität, dessen Ausarbeitung im Grunde das ganze Buch gewidmet ist. Kein wichtiges

Konzept ist so umfassend in einem Teilabschnitt des Buchs behandelt, dass es sich mit der Lektüre eines einzelnen Kapitels erfassen ließe. Der Leser sieht sich daher genötigt, die Verdienste jedes einzelnen Arguments oder Konzepts erst dann zu beurteilen, wenn er das ganze Buch gelesen hat.

Einleitung

I

Wer sich mit Debatten zum Orientalismus beschäftigt, realisiert bald, dass in dem Terminus selbst eine für das Forschungsfeld bezeichnende Mehrdeutigkeit liegt.[1] Ausschlaggebend für diese Unklarheit ist die Frage der Klassifikation. Ist der Orientalismus ein akademisches Wissenschaftsfeld oder stellt er ein ideologisches Konstrukt dar, das behandelt werden sollte wie jeder andere tendenziöse Diskurs auch? Die sowohl hinter der Frage als auch dem Klassifizierungsbestreben liegende Annahme lautet, dass der Wissenschaftsdiskurs weder ideologisch ist noch sein sollte, dass Ideologie in der Tat den extremen Gegenpol einer leidenschaftslosen, objektiven Wissenschaft bildet.

Einen Autor scheint dies in dem Bestreben, die »Volatilität« des Ausdrucks zu vermeiden, dazu bewogen zu haben, sich eines »einfachen Notbehelfs zu bedienen«. Er entschied sich für die »nicht-pejorative« Form eines »kleingeschriebenen orientalismus« und bezog sich damit auf die »laufende westliche Tradition der intellektuellen Erkundung und existenziellen Auseinandersetzung mit den Ideen, Praktiken und Werten des Ostens, insbesondere auf dem Gebiet der Religion«, wobei der großgeschriebene »Orientalismus« dem »ideologisch motivierten ›epistemischen Konstrukt‹ und der ›korporativen Institution‹« vorbehalten bleiben sollte, an denen sich Autoren wie Anouar Abdel-Malek, A. L. Tibawi oder Edward Said kritisch abgearbeitet haben.[2] Von der Annahme ausgehend, es gebe so etwas wie einen objektiven und einen tendenziösen Orientalismus, versucht besagter Autor aufzuzeigen, dass Saids Anliegen, weil es doch »Orientalisten« (meist Indologen) gebe, die sich ernsthaft mit der Spiritualität des Orients auseinandergesetzt und den Kolonialismus verurteilt haben, »übertrieben« sei,[3] woraus sich letztlich auch die Notwendigkeit der nichtpejorativen Form eines kleingeschriebenen orientalismus ableiten ließe. Der Grund für die »Übertreibung«, so heißt es, gehe ursprünglich auf ein von Foucault übernommenes Problem zurück, das sich daraus ergebe, dass bei der Ausformung der Machtdiskurse die individuelle »Handlungsmacht« unberücksichtigt blieb. Davon abgesehen, dass sowohl besagter Autor als auch Said Foucault missverstanden haben dürften, werden keine weiteren Möglichkeiten zur analytischen oder theoretischen Durchdringung der unklaren und verwirrenden Bezeichnung »Orientalismus« angeboten. Wenn wir den großgeschriebenen Orientalismus erst einmal erfolgreich aus dem kleingeschriebenen subtrahiert haben, was uns der Autor offenbar nahelegen möchte, werden wir angeblich zu einer ausgewogenen Darstellung gelangen, die Saids radikale Generalisierung widerlegt und die »Orientalisten« von seinen Vorwürfen freispricht.

Empirisch gesehen mag dieser Subtraktionsakt legitim sein, aber der problematische Begriff selbst wird durch eine derartige Bilanz kaum zu erhellen sein. Die Subtraktion schafft in Saids kategorischem Rundumschlag lediglich Raum für Ausnahmen, ohne diese jedoch für ein tiefergehendes, genaueres Verständnis zur Hilfe zu nehmen. Wenn alles durchgespielt und die Subtraktion vollständig erfolgt ist, gewinnt der Begriff »Orientalismus« sogar noch an Mehrdeutigkeit und verliert an theoretischer Klarheit. Denn wenn es Ausnahmen gibt, wie wären dann die theoretischen Parameter beschaffen, die zur Abgrenzung der Norm herangezogen werden müssten? Und welche theoretische Aussagekraft hätte eine solche Abgrenzung und Klassifizierung überhaupt? Wie lässt sich das »Phänomen Orientalismus« und die Wirklichkeit, die es umgibt, verstehen? Auf diese theoretischen Fragen werde ich im Weiteren ausführlicher zurückkommen, für den Moment aber interessiert mich die Mehrdeutigkeit des Begriffs, wie sie sich im aktuellen Diskurs niederschlägt.

Der besagte Autor und sein in anderer Hinsicht durchaus bemerkenswertes Buch schneiden allerdings besser ab als die meisten Diskussionen zu dem Thema. Erst jüngst verglich ein überaus repräsentatives und profiliertes wissenschaftliches Austauschforum[4] die Position von Bernard Lewis mit der des Anthropologen Talal Asad und meiner eigenen und stellte sie auf eine Stufe. Geisteswissenschaftler, die man kaum mit dem von unserem Autor als solchen bezeichneten »Orientalismus« (großgeschrieben) in Verbindung bringen oder gar als »Orientalisten« bezeichnen würde, wurden des »Orientalismus« bezichtigt, was nicht nur besagt, dass diese Autoren in einer »westlichen« Tradition schreiben, sondern auch, dass sie unausweichlich jene mit einer Diskurstradition in Verbindung stehenden Fehler begehen, die seit den bahnbrechenden Schriften des marxistischen Politologen Anouar Abdel-Malek normativ als pejorativ, negativ, exotisierend oder – in einem ernsthaften interpretativen Sinne – auf andere Weise schädlich für den Islam und den Orient angesehen werden.

Um derartige Vorwürfe auf sich zu ziehen, muss ein Wissenschaftler oder eine Wissenschaftlerin nicht unbedingt etwas Schimpfliches oder Negatives über den »Orient« sagen oder schreiben. Es bedarf noch nicht einmal der Andeutung der geringsten Negativität. Das Argument zum Beispiel, dass die verschiedenen intellektuellen Traditionen des Islam – *schari'a*, Sufismus, *kalam*, Philosophie oder *adab* – für diskursive moralische Paradigmen standen oder Richtwerte repräsentierten, die auf belastbaren ethischen Fundamenten insistierten, wie man sie schwerlich in der Moderne wird finden können, kann durchaus heftige Anschuldigungen bezüglich »orientalistischer« Haltungen nach sich ziehen, Anschuldigungen, die an Vehemenz anderen gegen negative Stereotype politischer, rassistischer oder sonstiger Art gerichteten Anklagen in nichts nachstehen. Das Argument dahinter lautet, die Darstellung eines Islam, die gegenüber dem einen oder anderen Hauptaspekt der Neuzeit vorteilhaft ausfalle, impliziere automatisch eine Idealisierung oder Exotisierung des Orients – mit der gravierenden Folge, dass damit der Islam insgesamt als unmodern, antimodern, als unvereinbar mit der modernen Welt oder als utopische Fantasie erachtet würde. Für die Kritiker, die diese Position einnehmen, darf der Islam weder gut noch schlecht sein, und die einzige Möglichkeit, dem Vorwurf des Orientalismus zu entrinnen, besteht wohl darin, eine Sicht des Islam und der islamischen Geschichte zu konstruieren, die vielleicht nicht unbedingt als Replik der Moderne, und insbesondere ihres Liberalismus, ausfallen muss, aber doch mit ihr im Einklang steht. Dieser Art, so meine Argumentation, war Saids Vermächtnis, auch wenn er seine Sache mit Subtilität vorbrachte. Demnach ist ein Wissenschaftler, der den Islam entweder negativ oder positiv beschreibt, ein Orientalist, wobei ersterer als Fanatiker erscheint und letzterer als Exotisierer. Solche Kriterien, so rudimentär sie auch sein mögen, werden überdies auf die historiografische und historische Forschung angewandt, was zum Beispiel zu der Frage führt, ob Sir William Jones und seine Mitstreiter »Orientalisten« waren, wie der Vorwurf Edward Saids lautet, obwohl sie die indische Zivilisation eigentlich würdigten und Kritiker des Empire und der Aufklärung waren.[5] Derartige Debatten sind nicht selten; die um den Orientalisten Louis Massignon geführte ist vielleicht die bekannteste.

Offenbar gibt es eine Korrelation zwischen derartigen Anschuldigungen und dem vermeintlichen oder tatsächlichen ethnischen und religiösen Hintergrund der Autoren, denen eine orientalistische Tendenz nachgesagt oder zum Vorwurf gemacht wird. Je weiter dieser Hintergrund von seinem Forschungsobjekt entfernt ist, desto größer die Gefahr, dass sich die entsprechenden Autoren diesem Vorwurf ausgesetzt sehen. Umgekehrt gilt: Je mehr diese Autoren oder Autorinnen in vermeintlichen oder tatsächlichen »orientalischen« Kulturen – was immer damit gemeint sein mag – verwurzelt sind, desto weniger leiden sie offenbar unter der Anschuldigung eines orientalistischen Fehlverhaltens. Für einen weißen christlichen Wissenschaftler aus Houston ist es demnach wahrscheinlicher, sich diesen Vorwurf einzuhandeln, als für einen muslimischen Wissenschaftler, der in Kairo oder auch in Toronto lehrt. Ein Durcheinander, wie es größer nicht sein könnte.

In diesem Buch verfechte ich die Position, dass sowohl der einfache Begriff als auch das komplexe Konzept des Orientalismus auf gravierende Weise falsch verstanden worden sind, dass beide, auch aufgrund von Saids Schriften, Eingang in politische Slogans und Losungen fanden, die nun in einem Feld ideologischer Semantik eine breitgestreute Wirkung entfalten. Einen Wissenschaftler mit dem Etikett »Orientalist« zu belegen kommt einer Art Verunglimpfung gleich, es handelt sich um eine negative Zuschreibung, wohingegen die Bezeichnungen »Historiker«, »Ingenieur«, »Ökonom« oder selbst »Anthropologe« vorwiegend, wenn auch fälschlich, als neutral angesehen werden. Die Politisierung von Begriff und Konzept des Orientalisten hat die eigentliche Bedeutung und die Denotationen des Begriffs ausgehöhlt, seine Teilhabe an den tieferen Strukturen des Denkens und Handelns verschleiert und ihn zu einer weitgehend oberflächlichen und im Grunde völlig nutzlosen Kategorie für die ernsthafte wissenschaftliche oder gar intellektuelle Debatte herabsinken lassen. Das Konzept, ohnehin auf Vorurteile, Herablassung,

kulturelle Voreingenommenheit, Kolonialismus und imperiale Vorherrschaft eingeengt, ist in einer strikt politischen Zwangsjacke stecken
geblieben, vermochte es mithin nie, über sein eigenes Gesichtsfeld hi-
nauszusehen, sodass es von den unterschwelligen Denkstrukturen, aus
denen es ursprünglich hervorging, isoliert blieb. Welche Anschuldigungen auch immer den Orientalisten angelastet werden, stets handelt es
sich um Vorwürfe, die auch Wissenschaftler, Journalisten, Historiker,
Philosophen, Ökonomen oder andere Akademiker betrifft.

Das Politische, das die Welt anhand von Gegensatzpaaren wie Ich
und Anderer, Freund und Feind definiert, ordnet unbewusst auch alle
anderen Diskurse seinen eigenen Imperativen unter – auch jenen Pathologien, die seiner Raison d'Être entstammen. Mit der Politik als
konventioneller Kategorie zu beginnen und zu enden, wie es Said getan hat, bedeutet, die Prämissen zu übersehen, durch die das Politische
selbst kritisiert werden kann, Prämissen, die bei den genealogischen,
das Politische hervorbringenden Fundamenten ihren Anfang nehmen,
die letztlich jedoch jene außerhalb dieser Fundamente angesiedelten
intellektuellen Positionen für die Kritik nutzbar machen. Das heißt,
dass eine echte politische Kritik des Orientalismus *bei den Fundamenten ansetzen muss*, aus denen eine bestimmte Auffassung von Natur
und Liberalismus, Säkularismus, Anthropozentrismus und Kapitalismus, von säkularem Humanismus, modernem Staat und anderen für
das Projekt der Moderne entscheidenden Gesichtspunkten erwächst.
Saids Kritik ist insofern (konventionell) politisch geblieben, als er ab-
zufragen versäumte, inwieweit die genannten Kategorien des Denkens
und Handelns für die Konstruktion des Problems namens Orientalismus und für vieles andere unberührt Gebliebene *grundlegend* sind. Anders gesagt, seine Kritik bearbeitete die politischen Terrains deshalb so
konventionell oder sogar rudimentär, weil sein kritisches Narrativ eben
dieses politische Subjekt, das moderne Subjekt, als Ort und alleinige
Matrix dieser Kategorien betrachtet und mithin unangetastet lässt. Indem Said das Subjekt an die Spitze und ins Zentrum der Kritik stellt,
wird von Neuem die Subjektkonstitution als ein Phänomen abgefragt,
dessen Maßstab die ethische Bildung ist.

Dass die entscheidenden Probleme des Orientalismus unberührt
blieben oder nur oberflächlich behandelt wurden, weil Said unter an-

derem einen literaturwissenschaftlichen Ansatz wählte, liefert eine simple, womöglich allzu simple Erklärung. Bereits Foucault hatte gesehen, dass Widerstand und Opposition in der Spätmoderne zu »unmittelbaren« Kämpfen führten, da sie sich nicht an dem »Feind Nr. 1«, sondern an dem »unmittelbaren Gegner« orientieren.[6] Die Arbeit von Said – aber auch die positiven wie »neutralen« Reaktionen darauf – hat sich vornehmlich mit dem »unmittelbaren Gegner« befasst. Es gibt, wie ich zeigen möchte, tiefere Gründe, warum Said (und das weite Diskursfeld, das seine Schriften hervorgebracht hat) keine fundierte Untersuchung durchzuführen vermochte, die seiner Position als liberaler Kritiker und Wissenschaftler und ebenso sehr als säkularer Humanist entgegengewirkt, wenn nicht sogar scharf widersprochen hätte. Mein Argument lautet daher, dass der säkulare Humanismus sowie der Liberalismus nicht nur anthropozentrisch, also strukturell mit Gewalt verflochten und außerstande sind, Sympathie für den nichtsäkularen Anderen zu entwickeln,[7] sondern zwangsläufig auch in einer Denkstruktur verankert sind, die vollständig von Formen souveräner Herrschaft definiert ist.[8] Säkularer Humanismus ist nicht nur ein Name für einen bestimmten Diskurs, für eine bestimmte »Analyse« der Welt; vielmehr handelt es sich um die psychoepistemische Gestaltwerdung eines bestimmten Subjekts, das sich die Welt ausschließlich in entzauberten modernen Kategorien zurechtlegt und aus sich heraus außerstande ist, Phänomene nicht säkular-humanistischer Natur intellektuell wertzuschätzen oder ihnen gar spirituell zu begegnen. Die kanonische Qualität und die »populäre« Rezeption des *Orientalismus*-Buchs könnten demnach seiner Fähigkeit zugesprochen werden, dem Feuer der dem Liberalismus eigenen – und von dem Moralphilosophen Alasdair MacIntyre als solche bezeichneten – »endlosen Meinungsverschiedenheit«[9] einen leicht entflammbaren Brennstoff zuzuführen. Dabei handelt es sich um eine diskursive Strategie, die in Struktur und Teleologie darauf abzielt, eine endgültige (ethische) Lösung vermeintlicher Probleme und Krisen *im* Liberalismus und im liberalen Subjekt zu verhindern, bei der es sich aber nichtsdestoweniger um Liberalismus handelt. Das liberale Subjekt gerät, wie das vorliegende Buch argumentiert, niemals in den Fokus einer restrukturierenden Kritik, sosehr dieses Subjekt auch an den Krisen der Moderne mitgewirkt hat und Mitschuld trägt. Die Probleme werden stets anderswo verortet; sie bedrohen und gefährden das Subjekt, werden aber nie in einem unauflöslichen und strukturellen Zusammenhang mit der Subjektkonstitution selbst gesehen.

Betont werden sollte, dass das vorliegende Buch kein Buch über Saids Schriften zur Kultur oder zur Literatur ist. Es ist auch nicht ausschließlich oder vornehmlich als Kritik seiner Schriften zum Orientalismus gedacht. Kritische Auseinandersetzungen, faire und unfaire, mit seinem Werk gibt es zuhauf und *ich möchte mir nicht als Verdienst anrechnen, zu diesem Fundus etwas beigesteuert zu haben.* Wie sich gezeigt hat, ist Saids Hauptwerk, das im Mittelpunkt meines Interesses und meines Anliegens steht, gespickt mit Problemen, so produktiv sich diese letztlich auch erwiesen haben. Ich gehe hier lediglich auf jene Probleme und Widersprüche ein, die mir in meiner Absicht helfen, über die Einsichten Saids und seiner Kommentatoren hinauszugehen. Kritiker wie Anhänger Saids sind weitgehend innerhalb der Grenzen und Modalitäten der von ihm angestoßenen Debatte geblieben; mitunter haben sie seine Ungenauigkeiten und offenkundigen Fehler sogar noch vertieft. Diesen aktuellen Stand der Debatte um Said und sein Werk möchte das vorliegende Buch befragen. Dass seine Arbeit für meine Kritik relevant bleibt, verdankt sich der Tatsache, dass sich die Modalitäten dieser Debatte in nunmehr vier Jahrzehnten nur wenig geändert haben,[10] und dies trotz der vielen brillanten, gegen sein Werk gerichteten Kritiken. Anders formuliert, sein Buch ist nach wie vor die gelehrteste und anspruchsvollste Summa in Sachen der hartnäckigen – ja kanonischen – Missverständnisse, die um den Orientalismus kursieren. Said – und das durch seine Arbeit eröffnete diskursive Feld – hat den Orientalismus zum Sündenbock gemacht und dabei die strukturellen Ankerpunkte der Natur-, Sozial- und Geisteswissenschaften sowie ihre politischen Manifestationen in dem größeren Projekt der Moderne unberührt gelassen. Der historische Anthropologe James Clifford weist klugerweise, aber leider nur beiläufig auf dieses Versäumnis hin: Said, behauptet er, habe eine befangene »Oppositionalität« eingenommen, »die aus der Position eines Orientalen, dessen Wirklichkeit verleugnet und verzerrt worden ist« gegen den »imperialen Diskurs anschreibt«. Gleichwohl sei klar, dass »der oppositionellen Analyse Saids ein breites Spektrum westlich-humanistischer Grundannahmen entgeht und auch die von antikolonialen und nationalistischen Bewegungen hervorgebrachten diskursiven Allianzen von Wissen und Macht unbemerkt bleiben.«[11] Höchst treffend ist Cliffords Behauptung, dass das Problem, mit dem sich das *Orientalismus*-Buch beschäftigt, »nicht unbedingt mit der Tradition des Orientalismus gleichgesetzt werden sollte. [...] Said verlässt die von Foucault eingeführte Ebene der Kulturkritik und fällt in die traditionelle Geistesgeschichte zurück. Zudem [...] unterlässt er es, jene anthropologischen Orthodoxien in Frage zu stellen, die auf der Mythologie der Feldarbeit sowie einer hermeneutisch gesinnten Kulturgeschichte beruhen – Orthodoxien, die er häufig zu teilen scheint.«[12] Aber auch Cliffords vernünftige Erweiterungen haben ihre Grenzen.

Saids Buch war in den ein oder zwei Jahrzehnten nach seiner Publikation ein zeitgemäßes und unerlässliches Buch – sowohl für das Studium des Islam im Westen als auch für etliche andere akademische Bereiche. Es enthob den Orientalismus seiner unhinterfragten unterirdischen Normativität und rückte ihn in den Fokus der Kritik oder sogar des Zweifels. Saids problematischer Zuschnitt des Orientalismus rief jedoch eine breite, von ernsten Einwänden bis zu apologetischen Manövern reichende Kritik auf den Plan. Angeführt wurden hauptsächlich die folgenden Kritikpunkte: (1) Das *Orientalismus*-Buch übernehme die deterministische Foucault'sche Theorie der diskursiven Formationen,[13] die die auktoriale Individualität und den Beitrag des Individuums unberücksichtigt lässt; (2) es unterlasse eine Würdigung seiner Vorgänger, insbesondere Anouar Abdel-Maleks und A. L. Tibawis, die gewichtige kritische Angriffe auf die Disziplin vorgetragen haben;[14] (3) es begehe die gleichen Denkfehler der Substanzialisierung und Totalisierung wie der Gegenstand seiner Kritik; (4) es fehle ihm zutiefst an historischer und historiografischer Methode, sei sein Autor doch ein Literaturkritiker ohne historische Ausbildung; (5) es stütze sich auf unterschiedliche theoretische Apparate, die aus widersprüchlichen epistemologischen Annahmen resultieren; (6) es lasse große Schriftkontingente wie die von den überaus produktiven deutschen Orientalisten, von Frauen und »Orientalen« verfassten unberücksichtigt; (7) es lasse die Unterschiede in den verschiedenen Ausprägungen des Orientalismus außer Acht, wobei wiederum die deutsche Komponente für ihre beeindruckende Leistung vor allem angesichts eines angeblich nicht vorhandenen Imperiums erwähnt wird; (8) es enthalte ideologische Vorurteile gegen Zionismus und Judentum.

Sollte es meine Argumentation erfordern, werde ich den einen oder anderen dieser Kritikpunkte auf ihren Gehalt hin abklopfen, aber es geht mir nicht darum, sie aufzugreifen, um sie zu bestätigen oder zu bestreiten. Bemerkenswert erscheint mir allerdings ihre allgemeine Natur: Die Kritikpunkte (1), (3) und (5) zielen auf Fragen der Methode ab, gelangen aber nicht einmal in die Nähe einer Alternative. Das mag daran liegen, dass die Mehrheit ihrer Verfechter Saids Prämissen in der Regel ablehnt und ihre Kritik offenbar ausschließlich darauf angelegt hat, sie zu widerlegen. Kritik (2) ist formal und befasst sich nicht mit inhaltlichen Fragen. Die Kritik, die die von Said unerwähnt gelassenen Vorgänger vorbringen, würde ja auch unbeschadet ihrer Autorschaft und Provenienz gültig bleiben. Es handelt sich also gewissermaßen um einen Angriff ad hominem. Kritik (4) ist solide, aber auch sie macht, wie die Kritikpunkte (1), (3) und (5), nicht deutlich, weshalb historiografische oder theoretische Kompetenz eine Alternative für die kritische Bewertung des Orientalismus bieten sollte. Auch die Kritikpunkte (6) und (7) sind formaler Natur, darauf angelegt, Fehlendes in Saids Werk aufzuzeigen, sie artikulieren aber nicht, inwiefern dieser Mangel – wenn wir ihn im Falle des deutschen Orientalismus zugestehen[15] – einen fruchtbaren Boden für eine eindringliche kritische Würdigung der Disziplin zu bereiten vermag. Kritik (8) zu guter Letzt ist überaus polemisch und durch die gleiche Einseitigkeit motiviert, die sie gegen das *Orientalismus*-Buch geltend macht.

Meines Erachtens bilden diese Kritiken die Reaktion auf Saids Arbeit umfassend und akkurat ab. Vieles von dem, was sie vorbringen, ist im Sinne einer wissenschaftlichen Auseinandersetzung nützlich, manches aber ist lediglich darauf angelegt, das Buch aus politischen Gründen zu diskreditieren. Doch keine versucht sich an einer Darstellung, die Saids Arbeit verbessern oder ersetzen, geschweige denn die Debatte neu ausrichten würde. Tatsächlich hat sich keine dieser Kritiken auf eine Weise in das geisteswissenschaftliche Gedächtnis eingebrannt, wie es bei Saids *Orientalismus* der Fall ist. So problematisch das Buch auch sein mag, es bleibt kanonisch. Aber dies schließt weder die Möglichkeit aus, dass es überboten oder von seinem Platz gedrängt würde, noch bedeutet es, dass seine Wahrheiten auf ewig gültig sind. Deshalb sehe ich in Saids Arbeit auch kein Werkzeug, sondern ein Leuchtfeuer, das mich durch meine Meere geleitet. Falls die Metapher überhaupt angemessen ist, würde ich sogar sagen, dass ich in der vorliegenden Arbeit Saids Schiff kapere, um es für die Erforschung jener Ozeane umzurüsten, die er, wenn überhaupt, nur undeutlich aus der Ferne erblicken konnte.

Entsprechend möchte ich darauf beharren, dass die dem Orientalismus zugrundeliegenden Probleme so weitreichend und so tiefgehend sind, dass die gesamte Disziplin, zusammen mit der Kritik, die sie auf sich gezogen hat, sowie ihrer Verteidigung, als diskursive Maske fungierte, die die gravierenden Krisen in der spätmodernen Epistemologie verdeckte. Strukturell und systemisch wurde der Orientalismus, der gewiss nicht freizusprechen ist, zum Sündenbock gemacht, ein Phänomen, das die Funktion eines narrativen Modells (*emplotment*) besitzt, mit dem die Kräfte verschleiert werden, die für die ihm nachgesagten Handlungen und vorgeworfenen Attribute verantwortlich sind. Wir müssen, um meinen Schlussfolgerungen etwas vorzugreifen, bei der Struktur, die den Orientalismus hervorgebracht hat, und dem System, das ihm einen Rahmen bot, ansetzen. Damit ist aber auch klar, dass das moderne Subjekt und seine Konstitution – als Agens, das die modernen Strukturen gewährleistet – ins Zentrum unserer analytischen Untersuchung rücken muss. Denn der Orientalismus ist wie jeder andere akademische Diskurs nachweislich ein Derivat und Derivate haben per definitionem Vorläufer, aus denen sie abgeleitet sind. Wenn aber der Orientalismus unser Ausgangspunkt ist, dann müssen wir die Schichten des Systems und die ihm zugrundeliegende Struktur sukzessiv abschälen, wobei die erste Schicht diejenige ist, die durch die ganze Debatte erst aufgedeckt wurde: Dass der Orientalismus von einer besonderen Voreingenommenheit – oder verschiedenen Vorurteilen – begleitet wird und wir aus diesem Grund damit gescheitert sind, einen tauglichen kritischen Apparat zu ihrer Diagnose zu entwickeln; so erklärt sich auch die Unklarheit und warum die Anschuldigungen so willkürlich zugeschrieben und erhoben wurden. Diese Annäherung an unseren Gegenstand macht ersichtlich, warum die Kapitel 4 und 5 – ganz zu schweigen von der Stoßrichtung des Kapitels 3 – einen relativ engen

Fokus auf den Orientalismus im Allgemeinen und auf Saids Werk im Besonderen verlassen und das Narrativ auf praktisch die gesamte Bandbreite moderner Wissensstrukturen erweitern.

II

In Substanz und Wirkung war Saids Kritik so beschaffen, dass der Orientalismus einen strukturierten Diskurs mit einer Neigung zu Selbstbezüglichkeit und einem in sich abgeschlossenen Wissenskörper darstellte. Saids Methode, um die Kollusion von Orientalismus und Macht aufzuzeigen, bestand letztlich darin, Schriften einzelner Wissenschaftler gründlich zu sezieren.[16] Diese individuellen Sektionen standen stets in einer dialektischen Beziehung zu einem übergreifenden Diskurs, der ihnen eine gewisse Einheit verlieh, letztlich aber wurden sie in die übergreifende Diskurstradition zurückgeführt. Anders gesagt, die Dialektik blieb auf den Raum zwischen dem individuellen Text und der organisierenden Suprastruktur beschränkt. Wie diese Suprastruktur mit dem Kolonialismus und anderen Erscheinungsformen der Vorherrschaft klar umrissene und konkrete Machtverhältnisse herstellte, wurde jedoch nie verdeutlicht. Noch undeutlicher blieb die Gesamtheit der Kräfte und Gebilde, die den Kolonialismus unterfütterten, wodurch Saids Darstellung weitgehend auf eine Kritik des *Textes als Macht* beschränkt blieb. Ein erster Blick auf das *Orientalismus*-Buch offenbart eine Besessenheit mit individuellen Texten, der Reihe nach abgehandelt und ad nauseam analysiert, ohne dass dabei die Analyse an Dichte und Tiefe gewinnen würde. Für Said war die individuelle Arbeit eines Autors eine grundlegende Diskurseinheit, durch die er vermutlich die Funktionsweise der Systemstruktur offenlegen wollte. Offenbar war er der Ansicht, dass die historische Erfahrung des Imperialismus umso mehr aufgedeckt würde, je mehr Autoren man studierte.[17]

Der Autor ist, wie ich argumentieren möchte, in der Tat eine fundamentale Kategorie, jedoch nicht in dem von Said verstandenen Sinne. Saids Konzeption des Autors, so ließe sich sagen, liegt den meisten, und somit indirekt auch allen Problemen, mit denen das Buch *Orientalismus* zu kämpfen hat, zugrunde. In lediglich zwei Sätzen, in denen Said bemerkte, dass er im Hinblick auf den »prägenden Einfluss« des individuellen Autors nicht mit Foucault übereinstimme, offenbarte er die Beschränkungen, die sein Buch insgesamt aufwies: »Anders als Foucault bin ich nicht der Meinung, dass der einzelne Text oder Autor im Allgemeinen kaum ins Gewicht fällt«, und glaube »an den prägenden Einfluss einzelner Schriftsteller auf den ansonsten anonymen kollektiven Fundus von Texten, die eine Diskursformation wie jene des Orientalismus begründen«.[Or34|18] Diese Feststellung läuft auf eine, wie ich es nenne, »genetische Tranche« hinaus: Sie enthält all jene Züge, Ansätze, Methodologien und Analysestränge, die sich im Korpus seines Buchs in ganzer Breite entfalten. Saids Missverständnisse in dieser Hinsicht sind als solche allerdings nicht ausschlaggebend dafür, dass ich in puncto Autor auf der Notwendigkeit eines belastbaren Konzepts beharre. Im Unterschied zu Said argumentiere ich jedoch dahingehend, dass der Orientalismus nicht nur ein strukturiertes System, sondern, und weit entscheidender, eine *systemische* Struktur ist, will sagen, dass er in einer größeren Struktur eingebettet ist, die sich horizontal wie vertikal durch das ganze Projekt der Moderne und der Aufklärung zieht. Es handelt sich um eine Struktur, die den Orientalismus zugleich definierte, einpferchte und antrieb (ungeachtet dessen, dass die Aufklärung kein einzelnes Ereignis und beileibe keine Ansammlung konsistenter Narrative war).[19] Horizontalität und Vertikalität sind nicht nur materielle Dimensionen; sie sind wesentlich auch zeitliche. Und da um die Frage, wer ein »guter« (großgeschriebener) Orientalist und ein »schlechter« (kleingeschriebener) Orientalist ist, so viel Aufhebens gemacht wurde, wird bei einem Vorhaben wie dem vorliegenden auch das Konzept des Autors mit einer gewissen Aufmerksamkeit zu bedenken sein. Dabei ist mir nicht daran gelegen, die häufig flache Kontroverse zu beleuchten, die zu diesem Thema entbrannt ist, auf ein Thema also, das offensichtlich schon deshalb heikel ist, weil viele darin einen persönlichen Affront sehen. Vielmehr geht es mir darum, das Konzept des Autors und sein Wirkungsvermögen in der eben erwähnten systemischen Struktur zu verorten.

Um dies zu bewerkstelligen, beginne ich in Kapitel 1 mit einer Kritik an Saids Wahl des historischen und geopolitischen Spektrums, aus dem er seine Fachautoren auswählte. Meiner Meinung nach deuten seine Entscheidungen nicht bloß auf Willkür oder mangelnde Differenzierung – Dinge, die sicherlich zutrafen und für die er zu Recht heftig kritisiert wurde –,[20] sondern vor allem darauf, dass er ohne eine Autorentheorie – und schon gar nicht mit einer kohärenten – arbeitete. Und dieser Mangel wiederum war nicht bloß ein Symptom der problematischen Kritik, die er unternahm, sondern vielmehr und im Grunde eine Funktion der diskursiven Formation selbst, die er zu kritisieren vorgab. In anderen Worten, ich behaupte, dass Said diese Formation unwissentlich gestärkt und somit ihre Macht auf Kosten des Orientalismus gefestigt hat. Den Orientalismus zum Sündenbock zu machen und zugleich zu versäumen, ihn in einem größeren erkenntnistheoretischen Kontext, das heißt in einer systemischen Denkstruktur zu verorten, ist nicht nur das qua Abwesenheit prägnanteste Merkmal von Saids Arbeit; es verweist auch auf sein Versäumnis, die zerstörerische Kraft des Orientalismus in ihrer ganzen Wucht als *moderne Ausprägung der Macht* zu würdigen. Auch wenn ich hier im Wesentlichen das Ziel verfolge, den Orientalismus dort zu verorten, wo er im Projekt der Moderne und dessen Konfigurationen hingehört, sehe ich doch davon ab, den Beiträgen einzelner Orientalisten eine entscheidende Wichtigkeit einzuräumen. Meiner Ansicht nach ist die Vorstellung von einem »schlechten« oder einem »guten« Orientalisten weitgehend oder sogar völlig irrelevant. Ein Orientalist ist niemals *nur* aufgrund dessen »schlecht«, was er Fälschliches über den Orient sagt, lehrt oder schreibt. Er ist auch niemals *nur deshalb* »gut«, weil er den Orient positiv darstellt. *Der Orientalismus bestimmt sich nicht durch seine diskursive Erscheinung als negativ oder positiv, sondern durch die Qualität, mit der er sich in einer besonderen Denkstruktur verankert.*

Um die ganze Stoßkraft meines Arguments zu entfalten, positioniere ich, anhand einer Neuinterpretation Foucaults, zunächst den Autor in den von mir als solche bezeichneten Paradigmen oder Zentralgebieten, und halte mich damit an ein Konzept, das meinen Absichten auf mindestens dreierlei Weise entgegenkommt: Erstens ermöglichen Paradigmen die spezifische Verortung des Autors in dem größeren Kontext einer Diskurstradition und damit wiederum in dem noch umfassenderen Rahmen von Machtsystemen. Zweitens bieten Paradigmen eine Methode, die es erlaubt, schlüssig über zwei verschiedene und sogar historisch und kulturell unterschiedliche Phänomene zu sprechen, die in vergleichender, aufschlussreicher Weise, in einer »Komparativität«, jeweils ihre eigene paradigmatische Struktur ausbilden. Der Vergleich ist unter anderem für die Abgrenzung des Wesens und der inneren Dynamik des Orientalismus notwendig, um dessen spezifische Merkmale vermöge ihrer epistemischen Verortung methodisch von dem zu unterscheiden, was fälschlicherweise als Vorläufer erscheinen könnte. Und drittens verhindert diese Art des Umgangs mit solchen zeitlich und räumlich unterschiedlichen paradigmatischen Gebieten falsche Analogien und hinkende Vergleiche, bei denen ein sekundäres Merkmal eines peripheren Gebiets oder eine Ausnahme eines Zentralgebiets mit einem Hauptmerkmal in demselben Gebiet oder alternativ mit einem Merkmal verglichen wird, das zu einem anderen, etwa aus einer anderen Kultur stammenden, zentralen Paradigma gehört. (Dieses Merkmal ist überdies bedeutungsträchtig für eine korrekte Interpretation und Bewertung der hier vorgelegten Argumente zur Entwicklung einer Paradigmentheorie, die auf einer scharf zwischen treibenden, und damit paradigmatischen Kräften und Ausnahmen unterscheidenden Realitätskonzeption besteht. Wird, um ein betont anschauliches Beispiel zu wählen, die Moderne als materialistisch oder kapitalistisch charakterisiert, führt dies gewöhnlich zu dem Einwand, Ausnahmen, wie sie durch nichtkapitalistische soziale und politische Bewegungen oder durch unverhohlen antimaterialistische Denker repräsentiert werden, gebe es in Hülle und Fülle. Die Paradigmentheorie leugnet die Existenz dieser Ausnahmen nicht, sondern erkennt sie in ihrem ganzen Umfang an, wobei sie argumentiert, dass es gerade die Ausnahme ist, die die Dominanz der Zentralgebiete bestätigt, und zwar ungeachtet dessen, wie viele Ausnahmen als integraler Bestandteil der Machtdynamik in diesen Gebieten vorhanden sind. Behauptungen, die im vorliegenden Buch über den Buddhismus, Islam oder Hinduismus aufgestellt werden, nämlich dass sie auf eine Weise »paradigmatisch« gehandelt haben, die in einem scharfen Kontrast zur Moderne steht, lassen sich kaum entkräften, indem verwandte oder ähnliche Stimmen aus der Moderne angeführt werden, Stimmen, die ansonsten Ausnahmen darstellen. So gibt es zum Beispiel keine antikapitalistische Philosophie eines Philosophen oder eine soziale oder politische antimaterialistische Bewegung, so stark sie auch sein mag, die die These, der

Kapitalismus sei ein zentrales Paradigma der Moderne, in ihrer Gültigkeit beeinträchtigen könnte.)

Das letztgenannte Merkmal der Paradigmen wirft jedoch hinsichtlich unserer Untersuchung noch weitere Fragen auf. Ein weitverbreitetes Vermächtnis von Saids *Orientalismus* besteht darin, dass man dem Islam nicht die eine oder andere Eigenschaft zuschreiben oder davon sprechen kann, er würde auf diese oder jene Weise agieren, ohne einem Reduktionismus, Essenzialismus und somit einer ungeheuerlichen Falschdarstellung zu verfallen. Zwar ist es eine Binsenwahrheit, dass sich kein einziges Makrophänomen auf eine einzige Eigenschaft oder Form reduzieren lässt, es trifft aber auch zu, dass Kulturen und selbst sogenannte Zivilisationen über Zentralgebiete operieren (tatsächlich haben sie keine Möglichkeit, solche Gebiete zu umgehen, da sie durch sie gebildet werden); so lässt sich zum Beispiel sagen, dass ein Zentralgebiet der euro-amerikanischen Moderne der Kapitalismus ist. Als Reaktion auf böswillige Falschdarstellungen des Islam im Westen argumentierte Said leicht traumatisiert, dass sogar entsprechende Feststellungen wie die eben über den euro-amerikanischen Kapitalismus geäußerte (der ein Zentralgebiet und somit ein kennzeichnendes Merkmal der westlichen Moderne ist) im Falle des Islam einen Reduktionismus bilden, hätten doch solche Charakterisierungen die Tendenz, einen Unterschied zu schaffen, was unser Autor letztlich als Grund für die Fehlleistungen des Orientalismus diagnostizierte. Dieser Sachverhalt, so meine Argumentation, verursachte in Saids Narrativ etliche Probleme, *da Said kein eigenes Verständnis des Orients entwickelt hatte* und zwischen dem »andersartigen« Orient der Orientalisten und einem modernen und liberalen Orient schwankte, wobei ersterer, gerade weil er anders ist, zu ihrer Voreingenommenheit führte, und letzterer dem Vorwurf Vorschub leistete, damit den Orient nach dem Bild des Westens zu »rekonstituieren«, was nicht minder einem Vorurteil gleichkäme. Die Paradigmentheorie wird uns also die Möglichkeit geben, von Differenz zu sprechen, ohne den Fehler des Reduktionismus zu begehen.[21] In der Tat agiert die Differenz in dieser Theorie sowohl gegen den orientalistischen Diskurs als auch gegen dessen Vorurteile und dessen Dominanz.

In Kapitel 1 werde ich darlegen, dass für ein angemessenes Verständnis des orientalistischen Diskurses ein bestimmtes Verständnis von Performativität erforderlich ist, denn wenn es in diesem Diskurs eine performative Kraft gibt, dann nur aufgrund der sogenannten Glücksbedingungen (Austin), die ihn unterfüttern. Im Unterschied zu den Verfechtern radikaler Formen der Performativität bin ich jedoch der Auffassung, dass Sprache ihre effektive Macht zur Subjektformation nur durch unterliegende, oft maskierte Strukturen erhält, deren Kraft sich aus der Dynamik zentraler Paradigmen ergibt. Das heißt, dass in meiner Konzeption von Perfomativität die Repräsentation als solche weniger eine konstitutive Operation des dargestellten Objekts als vielmehr *eine linguistische Funktion* realer *Neugestaltung, Reorganisation, Zerstörung und Intervention ist.* Die Darlegung der Glücksbedingungen der Sprache erfolgt demnach wiederum in der Absicht, den Orientalismus-Diskurs erneut mit den größeren Strukturen der Moderne zu verbinden, die Said übersehen hat,[22] mit der damit verbundenen Implikation, dass eine ausschließlich literarische Analyse von Texten eine ebenso partielle wie verzerrende Übung ist. Meine Argumentation läuft in der Tat darauf hinaus, dass Saids Beschäftigung mit dem Text als einer nahezu in sich selbst geschlossenen Struktur der (Falsch-)Darstellung selbst eine Falschdarstellung des von ihm untersuchten Phänomens ist.Unter dem Vorbehalt, dass *Orientalismus* sowie *Kultur und Imperialismus* in den Grenzen der Modalitäten bewertet würden, über die Europa sich selbst gegen das Andere formierte, verlieren Saids Untersuchungen nichts von ihrer Monumentalität, wobei diese Modalitäten nicht zu den unmittelbaren Anliegen meiner Arbeit gehören.[23] In gewissem Sinn ist dem vorliegenden Buch absolut nichts an der Selbstformation Europas gelegen, insofern als es sich dabei um eine innere Angelegenheit Europas handelt. Denn zu meinen Mutmaßungen gehört – und um mehr kann es sich nicht handeln –, dass Europa, selbst wenn es den Orient nicht gegeben hätte, andere »Realitäten« gefunden hätte, gegen die es, wie die meisten vormodernen Kulturen, so extrem unterschiedlich sie auch gewesen sein mögen, ein »Selbst« ausgebildet hätte. Doch kann dieses Projekt der Formierung am Gegensätzlichen, der allgemeinen Argumentationslinie dieses Buchs folgend, nicht zu weit getrieben werden, blieben doch während des »langen siebzehnten Jahrhunderts« und des Jahrhunderts danach die Entscheidungen und inneren Realitäten Europas seine eigenen, weitgehend auf seiner eigenen Wirklichkeit gründenden Entscheidungen, so sehr auch ein Orient oder ein »Okzident« in seiner Vorstellungswelt präsent gewesen sein mag. Es ist diese Annahme, von der vorliegendes Buch geleitet ist, eine Annahme, die uns nötigt, uns nicht so sehr mit Texten und Textstrategien als mit der eigentlichen zerstörerischen Gewalt auf modernem Boden (oder dem Boden der Moderne?) zu konfrontieren.

Es war meine Absicht, Said mit dem Rückgriff auf das Konzept der Performativität in die Wirklichkeit der Moderne oder die moderne Wirklichkeit zu holen. Diese Wirklichkeit ist von bestimmten tiefen Denkstrukturen durchzogen, ohne die sie keine epistemische Souveränität, keine Segregation und Fragmentierung, kein *Cultural Engineering*, keinen Kolonialismus und insbesondere keinen wie auch immer gearteten Genozid hätte entwickeln können. Said scheint Foucaults wichtige Forderung folgenden Wortlauts übersehen zu haben: »Von den Machtbeziehungen zu unterscheiden sind außerdem die Kommunikationsbeziehungen, die über eine Sprache, ein Zeichensystem oder ein anderes symbolisches Medium Informationen übertragen. Natürlich heißt Kommunizieren immer auch, in gewisser Weise auf den oder die anderen einzuwirken«, doch die Machteffekte stellen »keineswegs bloß einen Aspekt« der Kommunikation dar. »›Machtbeziehungen‹ [und] ›Kommunikationsbeziehungen‹ dürfen nicht miteinander verwechselt werden.«[24]

Der Titel des ersten Kapitels hätte »Der Ort des Orientalismus« heißen können, als Kontrapunkt zum ersten Kapitel des *Orientalismus*-Buchs, »Die Bandbreite des Orientalismus«. Der jetzige Titel »Den Orientalismus auf seinen Platz verweisen« reflektiert das Ausmaß, in dem Saids »Bandbreite« korrigiert wird. Bei Said zeigt sie sich weit und ausgedehnt: Sie reicht bis ins klassische Griechenland und ans äußere Ende des kolonialen Erdballs, besitzt aber keine vertikale Dimension, die in die Tiefe einer Denkstruktur, die über ein allgemeines oder transhistorisches Phänomen hinausgeht, eintaucht. »Der Ort des Orientalismus« wäre eine milde Neubetrachtung gewesen, die dem Orientalismus einen begrenzten Raum in der Neuzeit und damit eine Zeitlichkeit mit ihren spezifischen Problemen zugewiesen hätte, zu der auch der Kolonialismus und der »gelegentliche«, allgemein als Ausnahmefall der Moderne betrachtete Genozid gehört. »Den Orientalismus auf seinen

Platz verweisen« ist ein bewusst anmaßender Titel, der die Disziplin und ihren Diskurs in den Tiefenstrukturen des Projekts der Moderne zu *positionieren* versucht und der – in Saids Narrativ fehlenden – Vertikalität eine eigene Struktur zumisst. Wenn, wie ich argumentiere, der Orientalismus ein Mikrokosmos in der makrokosmischen Struktur der Moderne ist und wenn für die Moderne und *das moderne Subjekt* der Kolonialismus und der Genozid in all seinen Formen geradezu erforderlich sind und jene ohne diese nicht aufrechterhalten werden könnten, dann sind der Orientalismus und viele weitere Wissensformen in ein Terrain eingebettet, das zu beackern sich Said und andere Kommentatoren zu keinem Zeitpunkt veranlasst sahen.

In Kapitel 2 beginne ich damit, diese Struktur nachzuzeichnen, erörtere aber zuvor die Stellung des Autors innerhalb zentraler Paradigmen. Wenn ich meine Kritik in diesen Konzeptionen verorte, handelt es sich nicht bloß um eine Übung in Selbstbeobachtung. Vielmehr haben wir es mit einem wesentlichen Element des methodologischen Instrumentariums zu tun, wie es für eine angemessene Bewertung des Orientalismus in seinem größeren Kontext nötig ist, letzterer wiederum selbst Gegenstand dieser Kritik und ihrer Kriterien. Eine solche Kritik lässt sich unter anderem entfalten, indem man den vertrackten Wirkungszusammenhang zwischen Wissen und Macht erforscht. Sicher, wir haben es hier mit einem alten, durch Klischees und formelhafte, endlose Wiederholung abgegriffenen Thema zu tun, allerdings sind seine Implikationen und seine Bedeutung von akademischen und intellektuellen Debatten verschleiert worden. Ich behaupte, dass die Verschleierung der einzigartigen Beziehung zwischen Wissen und Macht in der Moderne eine Funktion der diskursiven Formationen selbst ist und sich nicht nur intellektueller Oberflächlichkeit verdankt.[25] Um einen besseren Eindruck von der Kraft dieser Beziehung vermitteln zu können, setze ich bei einem problematischen Punkt in Saids Konzeption an, indem ich ihre Unidirektionalität aufzeige. Ich argumentiere, dass die Beziehung von Wissen und Macht nicht bloß dialektisch ist, sondern dass diese Dialektik zudem zirkulär erfolgt, in einer Weise, die ich in einem anderen Kontext als dialektisches Rad bezeichnet habe. Dies bringt mich zu meiner eigentlichen Frage, nämlich warum modernes Wissen überhaupt derart dialektisch mit der Macht verwoben sein muss; eine Frage, die wiederum weitere Fragen aufwirft, etwa, warum der Orientalismus – oder auch moderne Wissenschaften, Anthropologie, Ökonomie, Wirtschaftsschulen, Journalismus, Ingenieurwesen und viele andere Disziplinen – überhaupt entstanden sind.

Noch immer lässt sich diese Beziehung in all ihrer Schärfe nur schwer erklären, denn ein Phänomen ist kaum wirklich zu würdigen, solange man darüber hinaus nichts anderes kennt. Was Mitgefühl bedeutet oder wie es sich anfühlt, werde ich solange nicht wissen, wie ich keine Niedertracht erlebt habe, und wenn ich noch nie richtig durstig war, werde ich nicht verstehen, was es wirklich bedeutet, seinen Durst zu löschen. Kontrastierung, und nicht nur Vergleich, ist ein bemerkenswert wirksames Instrument der Erkenntnis. Ohne Entgegensetzung kann man ein Leben lang jene Sphäre der Wirklichkeit studieren, an der sich Wissen und Macht überschneiden, ohne jemals ihre volle Gewalt und Kraft zu verstehen, geschweige denn ihre Struktur, Außergewöhnlichkeit, Einzigartigkeit oder Genealogie. Fehlen Perspektive, Gegensatz oder Vergleich, ist die Einsichtsfähigkeit geschwächt. Auch wenn Foucault die Entstehung moderner europäischer Phänomene der Macht, des Wissens, der Überwachung, der Gesundheit und so weiter mit großer Energie analysierte, sein komparatistischer Rahmen, der alles andere als konsistent oder systematisch war, bestand in früheren europäischen Kontexten, deren eindrucksvolle und dramatische Wirkung zum Beispiel im Wandel von Bestrafungsformen und Folter zu sehen ist (wobei Foucault etwa die Tortur des wegen Königsmordes verurteilten Damiens schilderte, bevor er unvermittelt zu dessen modernem Gegenstück weitersprang) oder auch in der christlich grundierten Praxis, die Wahrheit zu sagen, einer Praxis, durch die die modernen Formen der Macht immer wieder durchgespielt wurden.[26] Foucaults Entgegensetzungen, so anschaulich sie auch sein mögen, sind bis auf gelegentliche Rückgriffe auf griechische oder römische Formen (die zugegebenermaßen in seinen letzten Lebensjahren häufiger wurden) immer europäisch. Gemäß der Paradigmentheorie sind Gegensätze am nützlichsten, wenn sie klar, scharf und insbesondere der zu erkundenden Tradition gegenüber *fremd* sind.

Fehlt eine Perspektive und ihre Begleiteffekte, ist es leicht, Phänomene zu verallgemeinern und sie auf die Geschichte insgesamt, die europäische oder nichteuropäische, die moderne und nichtmoderne, zu projizieren.[27] Da das Hauptproblem des Orientalismus (wie das der meisten akademischen Gebiete) seine Verortung in der Beziehung von Macht und Wissen darstellt, fragt sich, was die organische Verbindung von Macht und Wissen überhaupt erst ermöglichte. Oder, um die Frage anders zu formulieren, was macht diese Beziehung systemisch dialektisch, stark, schwach, unangenehm, vorläufig und unbedeutend oder vor allem, was macht sie insgesamt unmöglich? Die Beantwortung dieser Fragen ist unerlässlich. Auch deshalb ist die Einführung eines Gegensatzes, einer ausgesprochen komparativen Dimension für die Diskussion so wichtig. Und deshalb auch werde ich mich ausführlich mit einer Fallstudie befassen, die die Beziehung zwischen Wissen und Macht in der islamischen Tradition der Vormoderne untersucht.[28] Anhand dieser Fallstudie zeige ich auf, dass bestimmte Wissensformen sich nicht aus sich heraus der Macht andienen und dass für sie umgekehrt die Macht nutzlos (oder gar abträglich) ist. Allerdings impliziert diese Formulierung, dass Macht nur eine Bedeutung, nur eine Struktur besitzt, was jedoch nicht der Fall ist. Ein verändertes Verständnis von Macht, also eine Konzeption von Macht, von der Souveränität und wissensbasierte Gewalt subtrahiert sind, würde eo ipso das Problem der »Macht«, wie es die Moderne auffasste, auflösen und damit Bedeutung und Konnotationen des Begriffs völlig verändern. Dies auch deswegen, weil es konzeptuell unmöglich ist, Macht im modernen und Foucault'schen Sinn anders als organisch mit dem Wissen verknüpft zu denken. Logisch und ontologisch gibt es keine moderne Macht ohne Wissen und ist dies erst einmal akzeptiert, was vorauszusetzen ist, dann ist unsere Sprache zumindest in vorliegendem Kontext überaus redundant. Wir müssen lediglich das Wort »Macht« sagen und in diesem Begriff ist automatisch das »Wissen« miteingeschlossen, so wie das Wort »Mutter« eine ungetrübte Referenz auf »Tochter«, »Sohn« oder »Kind« enthält, ohne die »Mutter« undenkbar ist.

Hier stellt sich eine nicht minder wichtige Frage: Unterliegt das moderne Wissen denselben Regeln, wie ich sie im Hinblick auf die Macht umrissen habe? Um sie zu beantworten, lege ich ein Narrativ der Aufklärung vor, das die Natur des modernen Wissens und seiner Struktur beleuchtet. Ich argumentiere, dass das siebzehnte und achtzehnte

Jahrhundert nach und nach besondere und präzedenzlose Wissensformen hervorgebracht haben, die sich substanziell und inhärent den Manipulationen der Macht öffneten und dieser damit ihre bezeichnende und komplexe Bedeutung verliehen.[29] Sobald sich diese Wissensform als souverän und über der Natur stehend konstituiert hatte, öffnete sie die Schleusen für den Staat, der damit das gewaltige Projekt des neunzehnten Jahrhunderts auf den Weg bringen konnte, seine Untertanen zu Bürgern zu formen – und zwar durch die Schaffung einer Reihe von »technischen« Institutionen, mit denen sich ihr Potenzial freisetzen ließ. Unter all diesen Institutionen erlangen die Rechtsherrschaft und der moderne Bildungsapparat unmittelbare Relevanz, denn sie gaben die Mittel vor, durch die ein *neues menschliches Subjekt*, das Objekt moderner Machtformen, konstituiert wurde.

III

Was ich hier umrissen habe, ist lediglich vorbereitender Natur für meine Beschäftigung mit dem Kolonialismus als einer konkreten Manifestation des von Europa produzierten Wissens, das eine besondere Kategorie von Wissen darstellt. In Kapitel 2 versuche ich aufzuzeigen, dass dieses Wissen nicht bloß, wie Said annahm, den Orient in einem orientalistischen Text reproduzierte, sondern der Text auch keine Nachwirkung der ökonomischen und politischen Macht des Kolonialismus darstellte. Vielmehr war er in einen größeren Subtext eingebettet, der die auf *kolonisiertem Grund und Boden* voranzutreibenden Projekte sowohl vorschrieb als auch beschrieb. In anderen Worten, auch wenn der orientalistische Text die Dinge in ein falsches Licht tauchte, war er nicht einfach bloß eine Falschdarstellung. Er war auch keine Sache gelehrter Vorurteile, eines Überlegenheitsgefühls und schon gar nicht, um Said zu zitieren, ein diskursiver »Stil, den Orient zu beherrschen«.[Or11] Der orientalistische Text war die Blaupause oder die Straßenkarte für eine probate und nicht nur textliche Neuerschaffung des Orients, wobei diese Feststellung innerhalb einer größeren Argumentationslinie stattzufinden hat, in der ich auf zwei grundlegende Punkte insistiere, nämlich, dass erstens der orientalistische Text in diesem Projekt keineswegs einzigartig war oder für sich stand, denn es gab etliche andere »Texte«, die auf zahlreiche Aspekte der Wirklichkeit des »Orients« einwirkten, und zweitens der »Orient« auch den »Okzident« mit einschießt – den Westen Europas sowie den amerikanischen Doppelkontinent,[30] ganz zu schweigen von den »orientalischen« Enklaven in Euro-Amerika selbst. Im Zuge meines Vorhabens, *dem Orientalismus den Platz zuzuweisen, an den er gehört*, wird, so hoffe ich, dieses größere, von anderen »Texten« und anderen »abendländischen Morgenländern« bestimmte Bild deutlicher werden.

Um jedoch die volle Bedeutung und Signifikanz der textlichen »Macht über den Orient« zu entfalten, wird es kaum ausreichen, bei den Texten zu beginnen; man würde höchstens an der Oberfläche kratzen.[31] Setzt man hingegen mit der Forschung und Kritik *im* kolonialistischen Projekt vor Ort an, lässt sich das Versprechen vielleicht einlösen. Ein Versprechen birgt jedoch niemals mehr als eine Möglichkeit, und so besteht die Notwendigkeit, die kolonialistische Praxis vor Ort mit der in Kapitel 2 dargelegten Struktur aufklärerischen Denkens zu verbinden. Und dies genau leistet das restliche Kapitel: Es bietet eine konkrete Darstellung der im Osmanischen Reich, in Algerien, Indien und im indonesischen Archipel vorangetriebenen Projekte des Kolonialismus.

Die Wahl dieser vier Regionen ist alles andere als willkürlich und es ist kein Zufall, dass das Osmanische Reich, formell eine souveräne staatliche Entität, in die Reihe der kolonialisierten Länder aufgenommen wurde. Denn damit soll herausgestrichen werden, dass der Kolonialismus, der in einer umfassenden, lebhaften und zirkulären Dialektik mit der zielgerichteten Formation orientalistischen Wissens im Besonderen und akademischen Wissens im Allgemeinen steht, Wirkungen nach sich zieht, in denen sich mutatis mutandis die Konstitution einer Denkstruktur reflektiert findet, die das moderne Europa kultivierte und durch die es auf jeder Stufe seiner *konkreten* modernen Manifestationen definiert wurde. Genauer formuliert: Die Wirkungen sind, paradigmatisch gesehen,[32] strukturell gleich, wenn nicht sogar annähernd identisch, ungeachtet dessen, ob der Kolonialismus in seiner unmittelbaren oder mittelbaren Form auftritt oder in seiner Variante als Siedlungskolonialismus genozidal ist. Allem voran sind die vier ausgewählten Regionen weit über den Erdball verteilt und erstrecken sich über das gesamte Gebiet der Alten Welt, was auch bedeutet, dass sie jeweils eine eigene, oft einzigartige demografische, topografische, geopolitische, ethnische, kulturelle, legale, ökonomische, materielle, soziale, geistig-intellektuelle Konstitution aufweisen. Zweitens sind drei der vier Gebiete von drei mutmaßlich unterschiedlichen europäischen Mächten, nämlich den Briten, den Holländern und den Franzosen kolonialisiert worden. Die vierte Region, das Osmanische Reich, war verschiedenen Formen imperialer Macht ausgesetzt, und ist im Grunde genommen von einer Macht mit einem gemeinsamen europäischen Nenner kolonialisiert worden. Und drittens ist das letztgenannte Reich nicht in einem konventionellen Sinne kolonisiert worden. Ich werde aber in Kapitel 4 dahingehend argumentieren, dass der Kolonialismus nicht direkt und physisch vor Ort präsent sein muss, um seine souveräne Macht in all ihren Wirkungen entfalten zu können. Unter Umständen weist ein solcher Kolonialismus aus der Ferne nicht nur mit anderen Regionen vergleichbare koloniale Wirkungen auf, sondern geht in manchen Aspekten, sowohl was die Geschwindigkeit als auch die Größenordnung der Transformationen anbelangt, noch über diese hinaus. In ihren Eigenschaften allerdings bleiben sie sich gleich, wie sich in der heute auf der ganzen Welt zu beobachtenden Zuspitzung kolonialer Folgewirkungen beobachten lässt.

Da sich Said nahezu ausnahmslos für den orientalistischen Text interessierte, und dies nur auf sehr spezifische und eingeschränkte Weise, wurde die Beziehung zwischen dem Text und seiner tatsächlichen Realisierung auf kolonialem Boden stillschweigend übergangen.[33] Deshalb schrieb er den Rechtsdingen (die er »Recht« nannte, nur eine »symbolische Bedeutung für die Geschichte des Orientalismus«[Or96] zu.[34] Überdies ist es bemerkenswert, dass er diese Feststellung gerade im Zusammenhang mit der gewaltigen britischen Eroberung Indiens trifft. Die Rechtsherrschaft – das rechtliche und politische Konzept der Souveränität, der Erziehung, der Subjektformation, des modernen Staats und eines ganzen Bündels weiterer Konzepte und Institutionen – erfährt in Saids Arbeit keine analytische Aufarbeitung. Bei einem Denker, der sich für die Notwendigkeit ausspricht, den Text unter gebührender Berücksichtigung der »Welthaltigkeit« zu lesen, ist dieser Mangel erstaunlich. In meinen vier Fallstudien des Kolonialismus bringe ich den orientalistischen Text und den Orientalisten als performative Präsenz in einen Dialog mit den kolonisierenden Milieus und versuche dabei zu zeigen, dass in der Dialektik der Kräfte, die auf das orientalische Subjekt einwirken, der Text, so wichtig er auch sein mag, nicht als vorrangiger Ort der Analyse gelten kann. Und darüber hinaus bleibt der analytische Wert des Texts mit dieser Dialektik verschränkt und somit von ihr abhängig. Dies macht es erforderlich oder setzt sogar voraus, Konzepte und Institutionen der Kolonialität in einem analytischen Rahmen zusammenzuführen, dessen integraler Bestandteil die Denkstruktur der Aufklärung ist.

Im Licht der vier Fallstudien, die ich hier diskutiere, möchte ich ein für alle Mal mit einer Kritik aufräumen, die auf eine Dichotomisierung des modernen Europas und der übrigen Welt abhebt. Es wird – oft vonseiten der politischen Ökonomie – argumentiert, dass indem man Europa (oder dem Westen) die aufkommenden Kräfte der Moderne zuschreibt, den europäischen Diskurs, der Europa als Geburtsort des modernen Projekts betrachtet und somit die restliche Welt als Ableger und Nachahmer des europäischen Modells zur Provinz erklärt, gerade im Versuch ihn – den Diskurs – zu untergraben, ihn stattdessen wiederholt und fortschreibt.[35] Die Stichhaltigkeit dieses Arguments wird in der Regel aus der kolonialen Erfahrung und der Experimente vor Ort abgeleitet, wie sie etwa auf den Zuckerplantagen oder bei ähnlichen Methoden struktureller Ausbeutung vorkamen. Der Hauptpunkt des Arguments ist, dass gerade diese kolonialistischen Erfahrungen die Europäer in die Lage versetzten, Produktionsweisen und Methoden der Gouvernementalität aufzubauen, die sie dann nach Hause zurückbrachten, weiter ausbauten und verfeinerten, um sie später wieder in die Kolonien zu exportieren. So wird das Projekt der Moderne zu einer Erzählung der Interaktion zwischen Europa und seinen Kolonien, und es entsteht der Eindruck, dass beide Antagonisten, so ungleich sie auch sein mögen, an der Hervorbringung der Moderne beteiligt waren. Ich vertrete jedoch die Position, dass dieses Argument, das eine ökonomisch-materialistische Interpretation privilegiert und andere wichtige Deutungen ausschließt, grundlegend falsch ist.[36]

Ich werde zwar, außer hier in der Einführung, nicht mehr explizit darauf eingehen, doch wird meine Diskussion der Denkstruktur des

Instrumentalismus und seiner instrumentellen Logik letztlich auf eine fortwährende Kritik dieses Arguments hinauslaufen. Hier möchte ich kurz folgende ergänzenden Gegenargumente anführen: Das Projekt der Moderne bildete sich nicht im Zuge einer Reihe ökonomischer und materieller Entwicklungen heraus, für die ein begleitendes Zwangs- und Disziplinarsystem erforderlich gewesen wäre, ein System also, das diese Entwicklungen voraussetzte. Wie ich in diesem Buch immer wieder betonen werde, haben außereuropäische Kulturen – wie sich etwa in der Fallstudie in Kapitel 2 zeigt – in ihren Zentralgebieten Richtwerte in Ehren gehalten, die die Grenzen dessen, was getan werden kann und was nicht, absteckten.[37] Zur Untermauerung meiner Position greife ich auf das Beispiel der Korporation und die ihr innewohnende Logik zurück. Damit die europäischen Siedler überhaupt in die Lage kamen, Haitianer, amerikanische Indianer oder andere so auszubeuten wie geschehen, damit sie sich diese also eher als Maschinen denn als Menschen (und so besehen als menschliche Arbeit) unterjochen, sie präzedenzloser Formen der Sklaverei und gnadenlosen Eigentumsvorstellungen unterwerfen konnten, um im Folgenden diese Experimente in ein Zwangs- und Disziplinierungssystem à la Foucault weiterzuentwickeln, damit sie all dies wieder umkehren und, mit der Absicht, ihre Schatztruhen zu füllen und sich dabei zu neuen Subjekten umzuformen (das wird eines der Hauptargumente des vorliegenden Buchs sein), die Welt weiter kolonisieren konnten, um schließlich, als alles andere fehlschlug, den Genozid als neue Waffe zu kultivieren – damit sie all dies tun konnten, mussten sie *bereits* im Besitz einer Weltsicht sein, oder sie sich gerade aneignen,[38] in der kein derartiger Richtwert mehr bestand. Wäre im China der Qing-Dynastie ein solcher Richtwert abgeschafft worden, hätte China aller Wahrscheinlichkeit nach ein »Projekt« entwickelt, das ähnlich oder nahezu identisch mit dem der europäischen Moderne gewesen wäre.[39] Und wären materielle, wissenschaftliche und wirtschaftliche Entwicklungen als Anfangsbedingung für die Entstehung einer Moderne ausreichend gewesen, wäre auch der Islam mit seiner gewaltigen vormodernen Ökonomie und seinen avancierten Wissenschaften, insbesondere zwischen dem zehnten und fünfzehnten Jahrhundert,[40] noch vor Europa modern geworden.

Keines dieser Phänomene – weder die Ökonomie noch die Wissenschaft oder die Disziplin (im Sinne Foucaults) – und auch nicht ihre kumulative und dialektische Wirkung kann den Aufstieg der Moderne und ihrer genozidalen Natur erklären, ohne *die vorausgehenden Bedingungen* zu berücksichtigen, mit denen diese Phänomene erst denkbar, ja, durchführbar wurden. Anders gesagt, macht man den Kolonialismus als solchen zur Vorbedingung für die Entstehung der Moderne, verfällt man zwangsläufig einem Zirkelschluss. Welchen Impfstoff, welche Technologie oder wissenschaftliche Methode auch immer sich die Europäer aus den Kolonien oder zuvor aus islamischen Ländern[41] aneigneten, sie wurden, wie das importierte chinesische Schießpulver oder die indianische Medizin, zu völlig anderen und *qualitativ* unterschiedlichen Zielen und Zwecken eingesetzt als den von ihren Erfindern augenscheinlich dafür vorgesehenen. Wie die freie Arbeit existierten diese Technologien in Asien und der Karibik, noch bevor Europa sich der Welt bemächtigte. Die außergewöhnlich gewalttätige Natur der Neubelebung dieser Technologien durch die Europäer lässt sich nur mit Bezug auf eine Weltanschauung und eine Denkstruktur erklären, die singulär europäisch waren. Freie Arbeit, die überall zu finden gewesen wäre, auch in Europa selbst (man denke an den Feudalismus), ist keine Erklärung, nicht einmal eine schlechte. Zudem ist die geografische Lage der verschiedenen Experimente des Kolonialismus nichts anderes als ein kontingentes, situatives Merkmal; die dahinterliegende Denkstruktur und Geisteshaltung waren einzigartig und ausschließlich europäisch. Was »Handlungsmacht«, Planung, Denken, Findigkeit, Manipulation und Gesamtkonzeption anbelangte, kam den indigenen Völkern bei diesen Experimenten lediglich die Rolle zu, Opfer des europäischen Erfindungsgeists zu sein.

Auch wenn mein Ansatz dem Kolonialismus überaus kritisch gegenübersteht und obwohl er die Theologie des Fortschritts ablehnt, kann er gleichwohl als eurozentrisch angesehen werden. Sollten meine Leser dieser Anschuldigung folgen, dann handelt es sich allerdings um einen Eurozentrismus, der Europa seiner Privilegien entkleidet, einer, der methodisch dafür eintritt, etwas, das als globale Tugend verkauft wurde, als universalistisches Laster zu entlarven. Diese ethisch kritische Position dürfte wohl nur wenige Gründe für das Argument liefern, dass gerade mit der Verurteilung des Eurozentrismus dieser nachvollzogen und bekräftigt wird. Dass der Kolonialismus nicht nur ein Derivat der Moderne ist, sondern geradezu die Strukturen der Moderne konstituiert und sich direkt auf die von dem Semiotiker Walter Mignolo als solche bezeichnete »koloniale Differenz« stützt, ist eine Annahme, die ich als gegeben voraussetze. Aber zu argumentieren (wie es einige lateinamerikanische Transmodernisten tun), dass die Erfahrung des Anderen *als maßgeblich für die Hervorbringung des Kolonialismus und Orientalismus* das Zentrum der Moderne-Kritik bilden sollte, weil die Selbstreproduktion der Moderne auf der Herstellung ihrer eigenen Exteriorität *im Prozess* der Entmenschlichung des Anderen beruht, wird nicht ausreichen. Denn dieses Argument ist im Grunde tautologisch: Kolonialismus und Orientalismus, die prozesshaften Größen par excellence für die Hervorbringung des Anderen, strukturieren die Moderne, weil die Moderne durch den Kolonialismus und den Orientalismus strukturiert wird!

Angesichts der Einzigartigkeit der modernen Formen des Kolonialismus und Imperialismus in der Weltgeschichte sowie des ihnen zu Diensten stehenden Orientalismus stellt sich alles in allem also die Frage, woher diese *besondere* Form des Imperialismus, Kolonialismus und Orientalismus stammt. Dem »orientalischen« Anderen kann keine aktive Handlungsmacht zugestanden werden, denn das hieße für die Kolonisierbarkeit des Anderen zu argumentieren. Nimmt man diese Handlungsmacht aus unserer Kalkulation heraus, würde dies zwangsläufig zu den Kräften zurückführen, die dem Kolonialismus und dem Orientalismus zugrunde liegen, Kräfte, die in die europäischen Denkstrukturen eingebettet sind und die den Anderen keinesfalls in seiner Genealogie und seinem Narrativ aufnehmen dürfen. Dies bedeutet jedoch nicht, dass wir, indem wir unsere Kritik auf Europa ausrichten, die Anderen eliminieren oder ihre Erfahrungen als Opfer kleinreden. Wenn überhaupt, dann beharrt das vorliegende Buch, genau wie *The Impossible State*, darauf, dass eine heuristische moralische Wiedergewinnung der Traditionen und Geschichten der Anderen sowie ihre Entmenschlichung durch die Moderne fruchtbare Gründe für die Kritik eben dieser Moderne liefern.

IV

Die Analysen der vier kolonisierten Regionen sind daher von diesen oder ähnlichen Argumenten nicht im mindesten betroffen. Wenn ich den Kolonialismus als ein souveränes Wissen beschreibe, das vom Orientalismus, unterstützt von einer europäischen akademischen Gelehrsamkeit, generiert wird, so findet dies innerhalb einer umfassenderen Dialektik statt, in der die politischen Projekte der Eroberung und des modernen Wissens innerhalb noch größerer Formationen liegen, deren Fundamente fest in einem bestimmten Blick auf die Natur verankert sind. Weil dieser Blick performativ ist, kann er leicht zu der Schlussfolgerung führen, zu der auch Said gelangt ist, nämlich, dass etwas überaus Machtvolles alle Orientalisten in einer Routine der Falschdarstellung gefangen hält. Ausnahmen können schlicht nicht gemacht werden, so sehr man auch den »prägenden Einfluss« bestimmter Autoren oder einzelner Versuche berücksichtigt, die geschickt mit den Begrenztheiten des »nationalen Ambientes«,[Or311] was auch immer das heißen soll, umgingen. Das eindeutig politische Bekenntnis zu einer pauschalen Verurteilung aller Orientalisten bringt eine große theoretische Schwierigkeit mit sich, die sich, logisch zu Ende gedacht, negativ auf unsere Machtkonzeption und damit auf unser Verständnis von Modernität, auf unsere Art, in ihr zu leben, und vor allem auf die Möglichkeiten, ihrem hegemonialen Zugriff zu entkommen, auswirken dürfte.

Obwohl sich Said rhetorisch mit dem »prägenden Einfluss« des Autors einverstanden zeigte, hing er letztlich in jeder wichtigen und wesentlichen Hinsicht einer Theorie der diskursiven Formationen an, die der Performativität metaphysische Kraft verlieh. Aber Performativität, die heute im akademischen Diskurs bis zum Exzess bemüht und auf verwirrend unterschiedliche Weise verwendet wird, ist keine Lizenz, der Sprache absolute Macht zuzugestehen. In Kapitel 3 zeige ich, dass für die totalisierende Darstellung, die Said in seinem Narrativ pflegt, ein theoretischer Preis zu entrichten ist. Ich versuche, mit dem Problem dieser Totalisierung umzugehen, indem ich die Theorie des Autors zu erweitern trachte und gleichzeitig René Guénon als Fallstudie heranziehe, einen renommierten Orientalisten, der Saids Narrativ in fast jeder Hinsicht unterläuft. Die Ideen und Schriften

dieses Orientalisten widerlegen Saids totalisierenden Diskurs grundlegend. Für meine Argumentation entscheidend ist dabei die *Qualität
der Positionierungsarbeit*, die der französische Orientalist vornimmt,
und ihre Fähigkeit, der gesamten Debatte über den Orientalismus und
die Moderne einen Rahmen zu geben, der ernster ist als alles bislang
Bekannte. Die Kritik dieses Orientalisten am Orientalismus geht in die
Tiefe des Phänomens, transzendiert in großen Sprüngen Saids liberale
und säkularistische und damit beschränkte und isolierte Darlegung.[42]
Die fast schon anmaßende Leichtigkeit, mit der sie Saids Diskurs auf
jenen Platz verweist, den Said dem orientalistischen Diskurs zugewiesen hatte, ist nicht ohne Ironie. Indem ich diese Kritik nutzbar mache,
möchte ich in Kapitel 3 versuchen, die Rolle des in zentralen Paradigmen agierenden subversiven Autors, wie ich ihn nenne, theoretisch zu
bestimmen und dabei Said selbst in dieser theoretischen Konfiguration
zu verorten.

Im weiteren Verlauf des Buchs wird immer deutlicher werden, dass
eine Theorie des Autors nicht nur für die zwar basale, aber durchaus
wichtige Konstruktion einer differenzierten Typologie des Orientalisten
relevant ist. Zudem wird sich zeigen, dass eine solche Theorie eine entscheidende Rolle spielt, wenn es darum geht, die Dynamik von Macht
und Wissen im Hinblick auf die Exit-Strategien in und aus besagter
Konfiguration neu zu definieren. Ohne diese Theorie würde das Narrativ von Macht/Wissen und der diskursiven Formationen in einem hoffnungslos ahistorischen Rahmen gefangen bleiben, was einem für eine
angemessene Kritik der Moderne tödlichen Denkfehler gleichkäme. Es
muss jedoch klar sein, dass die Konstruktion von Typologien für die
verschiedenen Bereiche der akademischen Forschung in keiner Weise
getrennt und unabhängig von dem theoretischen Narrativ erfolgt, das
die Richtung solcher Exit-Strategien bestimmt. Das bedeutet, dass Saids
totalisierende Darstellung der Orientalisten, so unberechtigt sie sein
mag, nicht wirklich relevant für die oberflächliche Debatte ist, er habe
die Vertreter des Fachs, auf die seine Anschuldigungen nicht zutreffen,
nur unzureichend erwähnt. In meinen Augen stellt die summarische
Darstellung ein theoretisches Dilemma erster Ordnung dar, das sich auf
alles, was wir über die *Verfasstheit der Moderne* und ihre stofflichen und
gedanklichen Strukturen zu sagen haben, folgenreich auswirkt.

Der Umstand, dass Said den Orientalismus ins Visier genommen und ihn als Totalität dargestellt hat, hat nicht nur dazu geführt, dass das Fach – trotz wiederholter vager Bezugnahme auf die allgemeine den Orientalismus unterfütternde »Kultur« – von seinem akademischen Umfeld isoliert wurde. Er wirkte sich aufgrund seiner liberalen Verankerung auch dahingehend aus, dass die Disziplin eine Frischzellenkur erfuhr und sich wieder stärken und regenerieren konnte, ohne ihre traditionellen Dispositionen ändern zu müssen. Die Verbindungen zwischen dem Orientalismus und der Kultur, in die er eingebettet ist, treten von Natur aus als politisch in Erscheinung – im rudimentären wie im konventionellen Sinne – und weisen einen starken Bezug zu wirtschaftlichen Interessen und materieller Gier auf. Es gibt keine klare Vorstellung davon, dass die liberale Wissenschaft überwältigend und *strukturell* an eben jenem dominanten und souveränen Projekt beteiligt ist, für das Said den Orientalismus angegriffen hat. Weniger noch herrscht die Einsicht, dass die Wissenschaft, die »hohen« Geisteswissenschaften, der Säkularismus und die säkulare Kritik genauso stark davon betroffen sind wie der Orientalismus. Es sind gerade diese ideologischen Narrative, die Saids Kritik einrahmen und ihr ihre Kontur verleihen. Doch alles, was wir in seinen Arbeiten an Hinweisen zur Positionierung des Orientalismus in einem größeren akademischen Kontext finden, erscheint in einem deutlichen Bezug zur Singularität des Orientalismus, zu seiner im Vergleich mit den allgemeinen Geistes- und Sozialwissenschaften »rückständigen« Methodik.

Saids eigene Einsicht ernst nehmend, dass alles in der Welt miteinander »verknüpft«[Or412] ist, setzen die Kapitel 3 und 4, neben weiteren Abschnitten des Buchs, bei dem Argument an, dass sämtliche akademischen Einheiten des Zentralgebiets ebenso stark oder sogar umfassender als der Orientalismus an jenem Projekt teilhaben, für das letzterer auf der Anklagebank sitzt.[43] Indem ich mit Wissenschaft und Philosophie beginne und weiter zu den Wirtschafts- und Business-Schools gehe, versuche ich aufzuzeigen, dass diese und andere akademische Einheiten des Zentralgebiets bei der Erstellung von souveränem Wissen und souveräner Praxis eine Aufteilung der epistemologischen Arbeit vornehmen.[44] Dass sich neben ihrer allgemeinen Wirkung die Wirkung des Orientalismus klein ausnimmt, wird daraus als selbstverständlich hervorgehen. Wenn das vorliegende Buch dennoch auf weiten Strecken beim Orientalismus verweilt, dann nicht nur meiner akademischen Expertise wegen; es gibt noch weitere Gründe an ihm festzuhalten. Erforderte der Weg *in* den Orient den Orientalismus als offensichtlichste und direkteste Brücke, so wird der Weg aus dem Orient und zurück zu einem reformierten Selbst ebenfalls eine Brücke erforderlich machen. Strukturell reformiert und auf ethische Grundlagen gestellt, wird, wie ich im letzten Kapitel ausführe, der Orientalismus eine wichtige Funktion behalten.

Das Unternehmen, die Korporation oder allgemeiner die Körperschaften (ein durchgängiges Thema in diesem Buch) als Prisma heranziehend, lege ich dar, dass akademische Einrichtungen nicht nur an einer fundamentalen Denkstruktur teilhaben, die per se kolonialistisch ist, sondern dass sie wie alle Rechtssubjekte in eine umfassendere Situation kollektiver Soziopathologie verstrickt sind. Zunächst werde ich entlang der zentralen und peripheren Wissensgebiete eine allgemeine Typologisierung der akademischen Welt vornehmen und im Anschluss zeigen, dass die akademischen Einrichtungen des Zentralgebiets strukturell und strukturiert, wenn auch unbewusst, mit dem kolonialistischen Projekt der westlichen Moderne (das sich heute über die ganze Welt verbreitet) verbunden sind. Daraus leite ich ab, dass zwischen dem modernen Kolonialismus und dem Völkermord eine entsprechend strukturierte Beziehung existiert, eine Argumentation, die in ihrer abschließenden Analyse auch die Beziehung zwischen dem Wissen samt seiner wichtigsten, nämlich akademischen, Ausformung und dem Genozid zu erklären bestrebt ist. In Kapitel 4 befasse ich mich etwas ausführlicher mit dem Begriff des Genozids und behaupte, hierin einigen Forschern auf dem Gebiet folgend, dass die kollektive Auslöschung vielfältige, für mein Narrativ durchweg relevante Formen annehmen kann. Im Gegensatz zu Denkansätzen, die materielle und wirtschaftliche Motive für den Kolonialismus und seine inhärenten genozidalen Tendenzen hervorheben, begegnet das vorliegende Buch diesen herkömmlichen Auffassungen des Instrumentalismus mit Kritik, weil es den Genozid und das Wissen, das ihn ermöglicht, direkt in einer gänzlich auf epistemologischer Souveränität aufgebauten Denkstruktur verortet.

In Kapitel 5 entwickle ich aus meiner Neuformulierung der Theorie des Autors als einer diskursiven Exit-Strategie heraus die These, dass sich der Orientalismus, sobald er sich des säkularen Humanismus und des Anthropozentrismus, der kolonialistischen Macht und der souveränen Epistemologie entledigt hat, als Prototyp akademischen Fachwissens in ein humanes Forschungsfeld umformen lässt. Ich schlage dafür keinen institutionellen Ansatz vor, sondern möchte eher bei einer ethischen Formation des für die Institution konstitutiven Subjekts beginnen. Im Zuge dieser Argumentation befasse ich mich mit einem philosophischen Dilemma, mit dem sich die Sackgasse aufzeigen lässt, in die der Liberalismus gerät, sobald er über eine solche Formation nachdenkt, und zeige außerdem die Unmöglichkeit auf, im Rahmen des Regelwerks einer solchen Formation Operationen am Selbst durchzuführen. Da ich in diesem Buch stets dahingehend argumentiere, dass der Establishment-Orientalismus lediglich eine »Abteilung« des modernen akademischen Betriebs ist, die sich auf die Erforschung des Orients spezialisiert hat, und dass andere »Abteilungen«, wenn auch aufgrund anderer Spezialisierungen, die gleiche Arbeit erledigen, mag der Orientalismus als eine Disziplin erscheinen, die offenbar am meisten dazu prädisponiert ist, sich mit dem Anderen zu befassen. Natürlich ist dies ein Trugschluss, dem auch Said verfiel. Ich hingegen behandle den Orientalismus als anschauliches Beispiel (vor allem, weil ich ihn seit vier Jahrzehnten studiere), nicht jedoch als Angriffsziel. Derselbe oder ein ähnlicher Ansatz lässt sich allerdings ohne Einbußen auf jede andere akademische Einheit im Zentralgebiet anwenden, gleich ob es sich um Anthropologie, Soziologie oder Geschichte oder um Ökonomie, Betriebswirtschaft, Journalismus, Philosophie oder Naturwissenschaft handelt. Es geht also darum, einen kritischen Raum für die Auseinandersetzung mit der gesamten Bandbreite der modernen Wissenschaften zu eröffnen, der auch den bildenden Künsten und anderen ästhetischen Bestrebungen keinen Fluchtweg lässt, so wenig diese von dem gewaltsamen und zerstörerischen Projekt der Moderne auch belastet sein mögen.

Abschließend ein Wort über die Position des Buchs in der akademischen Landschaft. Mein Ausgangspunkt ist zwar das Buch *Orientalismus*, aber nach und nach erweitere ich meinen Forschungskreis, indem ich ihm historische und philosophische Textur verleihe, um schließlich damit zu enden, Saids Narrativ und seine eher konventionelle politische Untermauerung überflüssig zu machen. Anders gesagt, obgleich mein Buch mit der Politik als Gegenstand der Kritik einsetzt, endet es, und genau darum geht es, in einem völlig anderen Bereich des Denkens. Dies ist also ein Essay über grundlegende moralische Prinzipien und ethische Strukturen, die in einem komplexen Beziehungsverhältnis zur Moderne stehen, meist als Matrix von Leugnungen und Negierungen, aber auch als Ort einer erneuernden Kritik. In einem epistemologischen System, dessen Existenz von vorneherein auf dem Ausschluss bestimmter Ansichten und Denkweisen begründet ist, könnte ein solches Vorgehen von Anfang an zum Scheitern verurteilt scheinen. Doch, wie dieses Buch mit aller Verve vorbringen wird, sind Performativität, diskursive Formationen, Wissen und Machtstrukturen dynamisch, weshalb sie – vermöge ihrer Dynamik – stets Öffnungen, Risse, Spalten und Brüche zurücklassen, *die den paradigmatischen Strukturen antithetisch entgegenstehen.*[45] Das Projekt der Moderne strotzt vor solchen Rissen, gerade weil es sie leugnet, und zu glauben, aus ihnen würde sich keine, wie ich es nenne, erneuernde Kritik ergeben, ist nicht nur eine paradoxe Behauptung, sondern auch ein Gedanke, der lediglich die metaphorische Leichenstarre von Foucaults totem Autor perpetuiert. Durch Öffnungen und Risse zu denken, das Ausgeschlossene und Verschwiegene präsent zu machen, wiederzubeleben, was von den Zentralgebieten an den Rand gedrängt und für irrelevant erklärt wurde, das ist es, was wahre Kritik letztlich ausmacht. Eine Kritik, die den Tod des Autors sanktioniert, ist mindestens genauso tot wie der Autor selbst. Sie wäre besser unterlassen worden und deshalb versucht das vorliegende Buch zu beschreiben, welch *tödliche* Auswirkungen sie hat.

Kapitel I
Den Orientalismus auf seinen Platz verweisen

I

Der Klappentext von Saids *Orientalismus* (der englischen Ausgabe von 2003) kündigt an, dass der Autor »die Ursprünge des ›Orientalismus‹ auf die jahrhundertelange Periode zurückführt, in der Europa den Mittleren und den Nahen Osten beherrschte«. In den Augen eines mit der modernen islamischen Welt befassten Historikers ist dies eine erstaunliche Aussage, denn wer sich mit dem niederländischen, britischen oder französischen Kolonialismus in diesen Regionen beschäftigt, weiß, dass die genannten europäischen Mächte diese immensen Gebiete bis in die Mitte und mitunter bis zum Ende des neunzehnten Jahrhunderts nicht umfassend zu kontrollieren oder gar effektiv oder systematisch zu kolonisieren vermochten. Nur mit Schwierigkeiten ließe sich behaupten, dass der moderne Kolonialismus früher als vor zwei Jahrhunderten wirksam – das heißt performativ – auftreten konnte, und so muss der im Klappentext nicht näher bestimmte Gebrauch von »jahrhundertelang« auf das Buch selbst zurückgeführt werden, wo er alsbald umfassende Klärung erfährt.

Das erste Indiz, das auf Saids unscharfe Vorstellungen von Chronologie hinweist, sind die nahezu unbegrenzten historischen Wurzeln und der geografische Geltungsbereich, denen er eine sogenannte diskursive Aktivität des Orientalismus zuschreibt. Schon am Anfang des Buchs scheint er suggerieren zu wollen, dass der Orientalismus vor »eintausend Jahre[n]«[Or27] seinen Anfang nahm.[1] Ein paar Seiten später reicht der Orientalismus bis in die Zeiten des griechischen Tragikers Aischylos zurück, einem angeblichen »Nichtorientalen«,[Or31] der im fünften Jahrhundert vor Christus lebte. Gut dreißig Seiten später wird behauptet, der Orientalismus sei »formal gesehen [...] 1312«[Or65] in Erscheinung getreten, als das Konzil von Vienne (Isère) in so weit auseinander liegenden Städten wie Paris, Oxford, Bologna, Avignon und Salamanca eine Reihe von Lehrstühlen für Arabisch, Griechisch, Hebräisch und Syrisch einrichtete. Der Orientalismus, der »seit langer Zeit [...] die Geschichte, Eigenart und Bestimmung seines Orients« aufzeichnete,[Or116] repräsentierte etwa auch den Islam für das mittelalterliche Christentum,[Or77] obwohl seine »Schematisierung« in der »griechischen Antike« begann.[Or85] Was der Unterschied zwischen »formaler Erscheinung« und »Schematisierung« sein soll, wird nicht gesagt; erklärt wird auch nicht, wie sich diese beiden durch mehr als ein halbes Jahrtausend getrennten Phänomene aufeinander beziehen sollen. So gibt es für Said »moderne Orientalisten«,[Or28, 33, 56] »Renaissance-Orientalisten«,[Or66] Orientalisten des antiken Griechenlands und christlich-lateinische Orientalisten.[Or86|2] Orientalisten lassen sich überall und in jeder Epoche finden – allerdings im Westen. Auf welche Weise sich jedoch ein Orientalist des fünften Jahrhunderts vor Christus von einem mittelalterlichen oder einem aus dem neunzehnten Jahrhundert unterscheidet, darüber verliert Said kein erklärendes Wort, außer dass sie alle im Namen des Orients sprachen und ihn deshalb *falsch darstellten*. Wir erfahren nichts über die performativen Mittel und diskursiven Techniken, die Aischylos zur Verfügung standen, um den Orient zu »verwandeln«.[Or31] Noch werden wir über die qualitativen Unterschiede oder Verwandtschaften zwischen einem Aischylos und einem Dante oder einem Dante und einem Bernard Lewis unterrichtet. Vor allem im Falle des »antiken Griechenlands«, dem eine »Schematisierung des Orientalismus« zugeschrieben wird, ist auffällig, dass Said in einer weiteren, auf die Debatte zu *Schwarze Athene* bezugnehmenden Schrift selbst und durchaus zu Recht so viel aus der in Europa relativ spät erfolgten Vereinnahmung Griechenlands als »westlich« abgeleitet hat.[3] Dass Said Aischylos zitiert, führt, von dem Anachronismus abgesehen, zwangsläufig zu der absurden Schlussfolgerung, dass Wissen durch die geografische Lage selbst bestimmt wird, nicht durch eine bestimmte Kultur, eine bestimmte Ideologie oder eine bestimmte Denkstruktur.

Das Fehlen historischer Unterschiede in der Art, wie Said den Orientalismus versteht (und wie allein aus den oben präsentierten Indizien hervorgeht), geht eng einher mit einem groben Mangel an geografischer Differenzierung. Aischylos, Homer, Scholasten, Dante, Renan, Massignon und Lewis werden über einen Kamm geschert. Doch die

einzige Gemeinsamkeit, die sie, wie zu folgern ist, in Saids Augen aufweisen, besteht darin, dass sie von einem geografischen Ort aus, der als
»Westen« identifiziert wird, über den mitunter als »Osten« etikettier-
ten Orient schreiben. In Saids Definition kommt kein einziger »Ostler«
oder »Orientale« vor, der sich mit dem »Orient« befassen würde. So
mag es für den Leser eine Zeit lang den Anschein haben, dass das Kriterium, mit dem ein Orientalist bestimmt wird, darin besteht, einem
Ort namens Westen anzugehören, auch wenn der Westen womöglich
im Osten liegt. Angesichts Saids erster Definition des Orientalismus
ist dies kaum verwunderlich: »Jeder, der sich in Lehre, Schrifttum und
Forschung mit speziellen oder allgemeinen Fragen des Orients befasst, ... ist ein Orientalist«.[Or10] Natürlich wird durch diese Definition
kein einziges Problem gelöst oder aus der Welt geschafft, denn sie trifft
weder auf Griechenland, noch auf Aischylos oder Émile Tyan zu, einen
französischsprachigen und in der französischen Kultur heimischen
maronitisch-libanesischen Gelehrten des zwanzigsten Jahrhunderts,
der über die Rechtsgeschichte des Islam auf eine Weise geschrieben
hat, die für Said ein größeres Ärgernis dargestellt haben dürfte, als etwa
die von Bernard Lewis vertretene Position.[4] Sie taugt auch nicht für Figuren wie den französischen »Orientalisten« René Guénon, der Thema
in Kapitel 3 sein wird. Und schon gar nicht trifft sie auf die gleiche, ja
identische Diskursstruktur zu, die westwärts, auf Amerindia, gerichtet
war. Der Umstand, dass Said offenbar Tyan nicht gelesen, nichts von
Guénon gewusst oder sich nicht im mindesten mit dem Orientalismus,
der sich dem Rechtswesen gewidmet hat, oder dem, der nach Westen
schaute, beschäftigt hat, soll in seiner jeweiligen Bedeutung später erörtert werden. Hier ist von Interesse, dass die historische Kurzsichtigkeit
neben mangelnder geografischer und ethnischer Differenzierung steht:
Geografie mit Geschichte vermischt, kreiert nichts als Absurditäten.
Wenn ich auf diese historischen und geografischen Unschärfen hin-
weise, dann nicht, um Saids Kritik am Orientalismus als ungültig zu
diskreditieren, sondern um aufzuzeigen, dass sein kritischer Ansatz
inkohärent und stumpf ist. Anders gesagt, er versäumt es, sein Ziel-
gebiet scharf zu umreißen, was meines Erachtens seinem analytischen
Instrumentarium geschuldet ist, das teils in einer Reihe ideologischer
Grundannahmen wurzelt und teils aus diesen erwächst. Meine Kritik

ist auch keineswegs gegen Said als Gelehrten und Intellektuellen gerichtet. Vielmehr geht es um die Kategorie der akademischen Figuren
vom Schlage Saids, einer Kategorie, die, so exemplarisch sie auch sein
mag, einer Sache verhaftet bleibt, die ich in Kapitel 3 als dissidente Autorschaft bezeichnen werde.

Auf Seite 234 gelangt Said, nachdem er schon vieles, was er sich
in seinem Buch vorgenommen hatte, vermittelt hat, zu der folgenden
erstaunlichen Schlussfolgerung: »Im 19. Jahrhundert hielt praktisch
jeder Europäer – und ich meine das kann man so allgemein sagen –
die Orientalistik für ein System von ›Wahrheiten‹ im Sinne Nietzsches
und war insofern ein fast absolut ethnozentrisch eingestellter Rassist
oder Imperialist.« Diese Aussage wird nirgends näher bestimmt oder
etwa auf eine Gruppe von Wissenschaftlern, eine historische Periode
oder auf eine bestimmte Machtformation als Möglichkeitsbedingung
für ein derartiges Phänomen beschränkt.[5] Die Aussage ist pauschalisie-
rend und von großer Wucht und wirft auch hier, wie sich der sorgfältigen Leserin des *Orientalismus*-Buchs aufdrängt, all jene Leute in einen
Topf, die sich von Aischylos bis hin zu so verdienten Exponenten wie
Bernard Lewis zum Orient geäußert haben. Angesichts des historisch
und kulturell spezifischen, von Foucault erarbeiteten Konzepts der diskursiven Formationen, das im Allgemeinen nicht hinter das siebzehnte
Jahrhundert zurückreicht,[6] und vor dem Hintergrund, dass Said selbst
den Einfluss, den Foucault auf ihn ausgeübt hatte, eingesteht,[Or34] erübrigt es sich zu sagen, dass Saids Ausflüge in das antike Griechenland und
in ein Vienne des frühen vierzehnten Jahrhunderts auf ein fragwürdiges
Verständnis dessen schließen lassen, was Foucault mit diskursiven Formationen meinte. Das Missverständnis erstreckt sich zudem in spezifischer Weise auf jenen den Autor betreffenden Aspekt der diskursiven
Formationen, den Said offenbar ebenso falsch verstanden hat. Saids Kritiker machen es nicht besser. Wiederholt ist darauf hingewiesen worden, dass Said, absichtlich oder nicht, die vielen »guten« Orientalisten
außer Acht gelassen habe, Orientalisten, die einen großen Einfluss auf
ihr Forschungsgebiet hatten oder anderweitig »glaubwürdig« waren,
die »die Stimme der Eingeborenen zu Wort kommen ließen und so gut
wie keine kulturelle Überlegenheit anklingen ließen«. Dazu gehören
Julius Wellhausen († 1918), Theodor Nöldeke († 1930), Carl Heinrich

Becker († 1933), Christiaan Snouck Hurgronje († 1936), Giorgio Levi Della Vida († 1967), Henri Laoust († 1983), Shelomo Dov Goitein († 1985), Noel J. Coulson († 1986), Robert Brunschvig († 1990), Claude Cahen († 1991), Franz Rosenthal († 2003), William Chittick, Michael Gilsenan und viele andere.[7] Der Autor dieser Liste verfährt in seinen kategorischen Verallgemeinerungen und seinem fehlenden historischen Scharfblick so unterschiedslos wie Said. Einige dieser Gelehrten ließen sich ohne Weiteres der gleichen, wenn nicht sogar einer schärferen Kritik unterziehen, die Said gegenüber seinen Kandidaten vorbrachte. Saids Herangehensweise ist nicht etwa deshalb problematisch, weil er in die falsche Richtung zielte, sondern weil sein durch nichts verbürgter geografischer und zeitlicher Bogen die tieferen Strukturen verdeckte, ja sogar unterdrückte, die ihm eine größere Differenziertheit erlaubt hätten. Said wie seine Kritiker (die diese Strukturen ebenfalls abstritten) waren von einer, wie ich es nenne, Horizontalität (und der damit einhergehenden Politik) eingenommen und hatten kein Auge für die Vertikalität, die archäologische Tiefe der erkenntnistheoretischen und philosophischen Voraussetzungen, auf denen der Orientalismus und die meisten anderen akademischen Disziplinen beruhten.

In seinem Rundumschlag ist Said nicht sorgfältig genug auf das Konzept des Autors eingegangen und hat Foucault in diesem Punkt fehlgedeutet;[8] er hat es darüber hinaus versäumt, unter anderem zwischen Denkstruktur, diskursiver Formation, Kraftfeldern, Subversion und Paradigma zu unterscheiden oder ins Auge zu fassen, wie der einzelne Autor in diesen Bereichen arbeitet, funktioniert, wie er verwendet und wieder verworfen wird. Eine Theorie des Autors hat entscheidenden Anteil an der Konzeption der diskursiven Formationen und ohne sie wäre man ziemlich verloren. Sie ist die Voraussetzung für die Untersuchung des Orientalismusproblems und dies nicht nur der methodologischen und theoretischen Fehler wegen, die Said in dieser Hinsicht unterlaufen sind.

Damit und mit dem, was ich als Paradigmentheorie bezeichne, möchte ich mich nun befassen, bevor ich mich wieder dem zentralen Strang meiner Argumentation widme. Dessen ungeachtet werde ich die Theorie des Autors später noch einmal aufgreifen.[9]

Ich beginne mit einem weiteren problematischen Aspekt in Saids Arbeit, seinem Konzept der Repräsentation. An diesem Punkt meiner Untersuchung lautet die Frage jedoch nicht, wie die Orientalisten den Orient darstellten, sondern wie wir die Orientalisten darstellen könnten. In einer bemerkenswerten, oft zitierten Äußerung, sagte Said: »Doch im Unterschied zu Michel Foucault, dessen Werk ich sehr viel verdanke, glaube ich an den prägenden Einfluss einzelner Schriftsteller auf den ansonsten kollektiven Fundus von Texten, die eine Diskursformation wie jene des Orientalismus begründen«.[Or34|10] In *Orientalismus* bietet Said jedoch an keiner Stelle ein Beispiel für einen Schriftsteller, dessen Werk einen »prägenden Einfluss« zeitigte, und führt noch nicht einmal H. A. R. Gibb oder Louis Massignon an, die unter seiner kritischen Feder eine vergleichsweise wohlwollende Behandlung erfahren. Dieser Einfluss – angenommen, dass »ansonsten« in Saids Sprache etwas bedeutet – ist nichts anderes als eine Lackschicht, unter der der Autor praktisch stirbt, denn in *Orientalismus* finden sich allenthalben Äußerungen, denen zufolge ein Autor, so sehr er sich auch anstrengen mag, unweigerlich den Imperativen des »nationalen« Ambientes oder den »Zunftregeln« seiner Disziplin unterliegt.[Or311] In Saids Narrativ stehen sämtliche Orientalisten, auch Gibb und Massignon, direkt in der orientalistischen Tradition und er räumt ihnen in seinem Text keinen Absatz ein, der ihren »prägenden Einfluss« in authentischer Weise zeigen würde. Seiner ansonsten brillanten Analyse ihrer Schriften lässt sich lediglich entnehmen, dass sie einen *typischen* Einfluss ausübten, der einem Gelehrten schon deshalb zukommt, weil er der »Zunft« der Gelehrten angehört, der aber kaum »prägend« ist. Denn mit »prägend« (oder »bestimmend«), wie Said unter expliziter Bezugnahme auf Foucault äußert, ist das Vermögen gemeint, die paradigmatische Struktur einer bestimmten diskursiven Formation zu verändern oder deutlich zu einer Veränderung beizutragen (was Foucault »Analogie« und »Differenz« nannte), in der Weise, in der Foucault und andere vor ihm – darunter Kant, Marx und Freud – ihren definitiv »prägenden Einfluss« ausübten. Für Said besitzt der Orientalismus einen konkreten, transhistorischen Charakter, »eine gewachsene Identität«,[Or232] und da all jene, die über den Orient schrieben, Orientalisten waren, gehörten sie zwangsläufig und ohne jede Frage jener paradigmatischen Identität an.

In seinem allgemeinen, das Buch konstituierenden Narrativ wie in seiner Behandlung einzelner Autoren hat Said keinen Platz für einen Orientalisten mit einem »prägenden Einfluss« reserviert. In einem Stil, den ich als »Touch-and-go« bezeichnen möchte, geht Said in seiner Beschäftigung mit Massignon einen Schritt vor und einen Schritt zurück. Dabei hätte der französische Orientalist als Einziger die höchste Rangstufe eines »prägenden Einflusses« einnehmen können, was ihm allerdings versagt blieb. Said schreibt:

Kein Forscher, auch ein Massignon nicht, kann dem Druck seiner Nation und seiner wissenschaftlichen Tradition widerstehen. [...] Freilich muss man einräumen, dass die Verfeinerungen, der persönliche Stil und die individuelle Genialität letzten Endes die anonym durch die Tradition und das nationale Ambiente wirkenden positiven Zwänge überwinden können. Dennoch gilt im Fall Massignons [als hätte es für Said einen anderen Fall gegeben], dass seine Ideen über den Orient [...] stets zutiefst »orientalistisch« im herkömmlichen Sinne blieben.[Or311]

Ein paar Zeilen, nachdem Said seine Feststellung über den prägenden Einfluss des Autors getroffen hat, bemerkt er, dass für Foucault »der einzelne Text oder Autor im Allgemeinen kaum ins Gewicht fällt«.[Or34] Abgesehen davon, ob diese Zuschreibung tatsächlich auf Foucault zutrifft, ob Foucault hier richtig verstanden wurde, und einmal beiseitegelassen, dass diese Frage für Foucaults Denken sowie für eine angemessene Analyse des Orientalismus von enormer Tragweite ist, wird deutlich, dass Said gegen Ende des Buchs seiner früher geäußerten Feststellung hinsichtlich des »prägenden Einflusses« des Autors widerspricht. Mit seinem Lippenbekenntnis, dass Originalität und Talent »sich über die Grenzen ihrer Zeit hinwegsetzen und der Welt ganz neue Werke schenken können«, und indem er anführt, »dass solche Ideen stets *ein Körnchen* Wahrheit enthalten«[Or232] (meine Hervorhebung), nimmt Said dieser Begriffswendung, die er als »Schöpfungsmythologie« bezeichnet, die Kraft. Und mindert sie noch weiter in einer Passage, die allein schon die Möglichkeit eines »prägenden Einflusses« zu widerlegen scheint.

Doch bieten sich selbst dem größten Geist niemals unbegrenzte Möglichkeiten und zeigen gerade die besten Talente den höchsten Respekt vor dem, was Andere geleistet und zu ihrer Disziplin beigetragen haben. Daher steht das Werk einzelner Gelehrter stets im Kontext der Arbeit ihrer Vorläufer und der jeweiligen Tradition, und dies, von den sozioökonomischen Bedingungen ganz zu schweigen, schwächt häufig die Wirkung, die die Hervorbringungen eines einzelnen Forschers haben können[Or232] [Übersetzung ergänzt].[11]

So beweist die theoretische Ausnahme vom prägenden Einfluss des Autors paradoxerweise die wesentliche und effektive Regel der Nichtausnahme. Was die Frage aufwirft, welchen prägenden Einfluss Said sich selbst als Autor des *Orientalismus*-Buchs einräumte, da er doch in einem »Wissenschaftsgebiet« und im Geltungsbereich bestimmter »wirtschaftlicher und gesellschaftlicher Umstände [...] schrieb«.[12] Obgleich Said keine Theorie des Autors vorgelegt hat und auch Foucault in dieser Hinsicht nicht verstanden zu haben scheint, war er, was seine Kritik am Orientalismus betrifft und höchstwahrscheinlich entgegen seinen eigenen Bestrebungen, prophetisch, wie ich in Kapitel 3 ausführlich darlegen werde. Darüber hinaus wäre Said, hätte er auch nur einem einzigen Orientalisten einen »prägenden Einfluss« zugestanden, zumindest eine Erklärung schuldig gewesen. Da das Problem des Autors eher ein Phänomen als nur eine empirisch gegebene Einzelinstanz oder ein bestimmtes Ereignis oder so besehen eine Sammlung von Instanzen darstellt, wäre angesichts eines solches Zugeständnisses tatsächlich eine Theorie erforderlich gewesen, die Unterschiede, Ausnahmen, Variationen und Ähnliches im Kontext einer hinreichend konzipierten diskursiven Formation zu handhaben und zu berücksichtigen wüsste. Vielleicht war es einfacher, alle, die über den Orient schrieben, in einen Topf zu werfen, überflüssigerweise auch noch Figuren wie Aischylos und Dante hinzuzunehmen und sie einfach als Orientalisten zu geißeln. Doch wo in der Theorie und wie in der Praxis machte sich der »prägende Einfluss« bemerkbar? Um Saids Problematiken zu überwinden, insofern sie unsere Thematik betreffen, lässt sich die menschliche Realität als aus Strukturen bestehend denken, die von Paradigmen bestimmt werden, die wiederum die Unterteilungen zwischen zentralen und peripheren Gebieten schaffen und Beziehungen zwischen diesen festlegen. Eine Paradigmentheorie[13] unterrichtet nicht nur über die Zuordnung und Bestimmung der Position des Autors in einem Gebiet, sondern bietet auch eine sinnvolle Möglichkeit, von zwei Phänomenen in einer *relevant* analogen[14] und komparativ lehrreichen Weise zu sprechen (was ich »Komparitivität« nenne und was der Wucht der *Foregrounding*-Perspektive, eines wesentlichen epistemologischen Werkzeugs, gleichkommt). Diese komparatistische Funktion ist, wie zu gegebener Zeit deutlich werden wird, notwendig, um Wesen und Struktur des Orientalismus so abzugrenzen, dass er als einzigartiges modernes Phänomen mit überaus deutlichen Unterscheidungsmerkmalen erkennbar wird, und nicht bloß als Replik, Fortsetzung oder Wiederholung zu einer nicht unterschiedslosen, vorhergehenden menschlichen Erfahrung verschwimmt.

Die Theorie geht im Weiteren davon aus, dass Phänomene paradigmatisch strukturiert sind und dass Ideen, materielle Strukturen, »ideologische« Positionen sowie Institutionen in ihnen als Paradigmen vorkommen oder in Beziehung zu Paradigmen stehen. Da Paradigmen nur durch einen gemeinsamen Willen oder eine ihn ersetzende treibende Kraft möglich sind, stehen Autoren wie alle anderen, die an Paradigmen und Zentralgebieten partizipieren, mehr oder weniger erzwungen in einer spezifischen Beziehung zu diesen Phänomenen. Paradigmen und Wissensgebiete erlauben die Identifizierung paralleler systemischer Merkmale, deren Vergleich für ein rational valides Vorgehen sorgt. Sie erfüllen demnach die wichtige Funktion, innerhalb von Systemen Beziehungen und Beziehungsgruppierungen zu erkennen und darüber hinaus konzeptionelle und materielle Strukturen dessen zu bestimmen, was man als »treibende Kräfte« bezeichnen könnte, die, um auf eine Wendung von Foucault zurückzugreifen, Systemen und Zentralgebieten eine spezifische »Ordnung der Dinge« verleihen.[15]

Ausgangspunkt für eine Definition dessen, was ein Paradigma sein könnte, ist Carl Schmitts Begriff des »Zentralgebiets«. »Ist ein Gebiet einmal zum Zentralgebiet geworden, so werden die Probleme der anderen Gebiete von dort ausgelöst und gelten nur noch als Probleme zweiten Ranges, deren Lösung sich von selber ergibt, wenn nur die Probleme des Zentralgebiets gelöst sind.«[16]

Zur Veranschaulichung dieses Begriffs führt Schmitt das Beispiel des technischen Fortschritts im neunzehnten Jahrhundert in Europa an, eine Fortschrittsarena, die, um unseren Begriff zu verwenden, paradigmatisch war. Der massive Aufschwung des »*technischen Fortschritts*« betraf die »sozialen und wirtschaftlichen Situationen so schnell, dass alle moralischen, sozialen und ökonomischen Probleme« davon ergriffen wurden. Seine überwältigende Wirkung verlieh ihm den Status einer »Religion des technischen Fortschritts, für welche alle anderen Probleme sich eben durch den technologischen Fortschritt von selber lösen«. Sie wurde »zu einer Religion der technischen Wunder, menschlicher Leistungen und Naturbeherrschung«.[17] Während im Zeitalter der traditionellen Religion das Zentralgebiet einen Richtwert[18] der moralischen Erziehung, der moralischen Bildung und der weltlichen moralischen Desiderata aufrechterhält, zählt im »technischen Zeitalter« als Fortschritt, als wahre Errungenschaft, der »ökonomische und technische Fortschritt«. Ebenso braucht man im »ökonomischen Zeitalter« das Problem der Produktion und Verteilung von Gütern nur adäquat zu lösen, um alle moralischen und sozialen Fragen überflüssig zu machen.[19] Alle Konzepte, einschließlich »Gott, Freiheit, Fortschritt, die anthropologischen Vorstellungen von der menschlichen Natur, was Öffentlichkeit ist, rational und Rationalisierung, schließlich sowohl der Begriff der Natur wie der Begriff der Kultur selbst, alles erhält seinen konkreten geschichtlichen Inhalt von der Lage des Zentralgebietes und ist nur von dort aus zu begreifen«.[20]

Als Beispiel eines Paradigmas der Moderne übt der Kapitalismus nicht nur eine entscheidende Wirkung auf das moderne Leben aus, sondern verfügt auch über das Potenzial, andere Sphären zu konstituieren, zu gestalten und einzufärben, darunter auch jene, die Schmitt als periphere Gebiete bezeichnet. Der Kapitalismus bildete demnach ein moralisches System, eine Ideenstruktur und eine materialistische

Weltsicht aus, die einem spezifischen Konzept des Profits und der Finanzoperationen Gestalt und Umriss gaben. Er diktierte und diktiert bestimmte Beziehungsverhältnisse zwischen und in Institutionen und ebenso zwischen und in Individuen, und bringt damit eine spezifische Bedeutung des Selbst zur Ausformung. Spätestens seit Eintreten der industriellen Revolution setzte er eine neue Sichtweise und eine neue Art des Umgangs mit der Ökologie und der Natur durch, die dem Herrschaftsbegriff die neue und zusätzliche Bedeutung der inneren Transformation verlieh, was heißt, dass der Kapitalismus nichts anderes als *Performativität* in ihrer vollen Kraft ist. Das Paradigma, das das Zentralgebiet des Kapitalismus definiert, affiziert und transformiert alle nachgeordneten Bereiche, insbesondere jene in seiner Peripherie. Die Ästhetik der bildenden Künste, die in der Moderne ein peripheres Gebiet darstellen, gibt den Kräften des Kapitalismus häufig nach, was die Kunst »kommerziell« oder zumindest anfällig dafür macht, nach materiellen Gesichtspunkten oder im Hinblick auf ihre Warentauglichkeit bewertet zu werden.[21] Es versteht sich von selbst, dass man ausgestellt und vor allem verkauft haben muss, um als Malerin zu gelten. Letzteres ist wesentlich, wenn es darum geht, eine »echte« Künstlerin zu sein. So kann man zwar sagen, dass ein 1905 in Picassos Pariser Atelier hängendes Bild des Künstlers die Ästhetik und die künstlerische Lust an der Hervorbringung in ihrer Reinform ausdrückte, doch ebenso lässt sich sagen, dass der gleiche Picasso, in einer Milliardärsjacht hängend, auf signifikante Weise seine »ästhetische Verortung« verloren hat.[22] Die Monetarisierung eines Picassos, eines Renoirs oder eines Bacons lässt das Gebiet der Ästhetik nebensächlich werden, was es an die Peripherie rückt, das heißt nachrangig macht. Ebenso wurden die Wohltätigkeit und die Philanthropie in ihrer Beschaffenheit durch die treibenden Kräfte des Kapitalismus transformiert, wobei das Konzept und somit auch die Praxis und Institution der Wohltätigkeit aus dem Feld der psychologischen Ethik und der Moraltechniken des Selbst entfernt wurden und nunmehr unter den Gesichtspunkten des Profits, des Prestiges und der Öffentlichkeitsarbeit Beachtung finden.[23] Die innere Psychologie einer privatim gepflegten Frömmigkeit, Spiritualität und ethischen Verfassung hat nahezu vollständig einem äußerlich abstrakten und materiellen, unternehmerischen Interesse Platz gemacht.

Hier soll der Moderne nicht jede authentische und aufrichtige Praxis in Sachen Ästhetik oder Wohltätigkeit abgesprochen werden, vielmehr soll eindrücklich klargestellt werden, dass die Zentralgebiete verändernd auf Struktur, Bedeutung und sogar Erscheinungsbild peripherer Gebiete einwirken.[24] Wie ich entsprechend am Fall des Autors zeigen werde, sind wesentliche Ausnahmen, wie wir sie etwa in einem aufrichtigen, authentischen, ja sogar »frommen« Akt der Nächstenliebe finden, genau das, was sie sind, nämlich, ungeachtet ihrer peripheren Position innerhalb des Systems, *wesentlich* und damit unverzichtbar. Wenn ein Zentralgebiet dem Profit höchsten Stellenwert als unüberbietbares und konkurrenzloses Desiderat zumisst, muss das periphere Gebiet folgen, denn dessen innere Struktur und Beziehungen messen sich am Ethos und Modus Vivendi des Zentralgebiets. Und da ein zentrales Gebiet zwingend über eine eigene prägende mentale, ideelle und materielle Kultur verfügen muss, transformiert diese Kultur jeweils wiederum die benachbarten peripheren Gebiete. Es versteht sich keineswegs von selbst, dass über einem Picasso, den wir aus ästhetischen Gründen bewundern, automatisch ein »Preisschild« schwebt. Die häufigsten und nahezu einzigen Nachrichten, die wir etwa über Gerhard Richter zu hören bekommen, haben wenig mit ästhetischen Erwägungen, aber viel mit der Tatsache zu tun, dass er der teuerste *lebende* Künstler ist. Richters »prägender Einfluss« auf die moderne Kunst ist deshalb als Frage ebenso aufschlussreich wie die Frage nach dem Einfluss bestimmter Orientalisten. Obgleich Richter mit einem Fuß fest auf dem Boden des peripheren Gebiets der bildenden Künste steht, ist sein anderer ebenso fest in dem Zentralgebiet des Kapitalismus verankert. Wie der Philosoph und Literaturkritiker Kojin Karatani hellsichtig anmerkte, »war die Kunst, seitdem sie« in der Moderne »zur Kunst wurde, mit dem Regime des Marktes verbunden«.[25] Wenn sich Künstler gegen diese übelwollenden Tendenzen gewehrt haben und ihnen auch weiterhin widerstehen, dann bedeutet dies nicht so sehr eine Schwächung des Arguments als vielmehr eine Bestätigung für die Macht der Kommerzialisierung.

Ein weiteres Beispiel eines Paradigmas bietet die für unser Anliegen überaus relevante Aufklärung. Ohne Frage gehörten zu diesem Projekt intellektuelle und politische Bewegungen, die sich über ein weites Spektrum intellektueller Unterschiede erstreckten. Hier soll es genügen, auf die philosophisch divergierenden weltanschaulichen Gegensätze zwischen Voltaire, Diderot, Herder, Berkeley, Fichte, Rousseau, Hume, Spinoza und Kant, um nur einige der großen Namen der Aufklärung zu nennen, aufmerksam zu machen. Demnach ist es offenbar unmöglich, sie und viele andere oder gar die von ihnen angeregten Denksysteme und Strömungen in einer einzigen fassbaren Kategorie zusammenzuführen. Gleichwohl lässt sich der Standpunkt vertreten, dass die Aufklärung in ihrer Gesamtheit – und trotz ihrer Kierkegaards und Herders – ein Paradigma mit einem gemeinsamen Substrat an Annahmen und Voraussetzungen darstellt, das ihr trotz ihrer internen Vielfalt eine gewisse Einheitlichkeit verleiht. Wie der Philosoph John Gray treffend anführte, bestand das Projekt der Aufklärung in seinem Kern »in der Verdrängung lokaler, gebräuchlicher oder herkömmlicher Moralvorstellungen und jeglicher transzendentaler Glaubensformen durch eine kritische oder rationale Moral, die als Basis einer universalen Zivilisation gedacht war«.[26] Diese neue, durch und durch weltliche und humanistische, »für alle Menschen verbindliche Moral würde universelle Standards zur Beurteilung menschlicher Institutionen setzen«. Unter dem Gebot einer menschlichen, endlich von allen traditionellen Moralprinzipien befreiten Vernunft würde das Projekt darauf ausgerichtet sein, eine universelle, auf einer besonderen Vorstellung von Rationalität, Materialität, Individualismus, Autonomie und, für uns entscheidend, auf Naturbeherrschung basierende Zivilisation zu schaffen. »Das ist das Projekt, das den Marxismus und den Liberalismus in all ihren Spielarten beseelte und sowohl dem Neoliberalismus als auch dem Neokonservatismus zugrunde liegt [... Und es] ist dieses Projekt, das im Kern von allen Denkern der Aufklärung geteilt wird, so pessimistisch oder dystopisch sie mitunter im Hinblick auf seine historischen Aussichten auch sein mögen.«[27]

Dieses Aufklärungsprojekt bildete im Kern ein Zentralgebiet, in dem alle wichtigen und entscheidenden Probleme gelöst waren und das, zum Guten wie zum Schlechten, für die Art, wie wir leben, die Richtung vorgab und nach wie vor vorgibt.[28] Betrachtet als ausgedehntes Zentralgebiet, das sich über eine ganze Reihe anderer wohldefinierter Zentralgebiete wie den modernen Staat, den Kapitalismus und

Schmitts oben umrissenen technischen Fortschritt erstreckt, wurde die Aufklärung, wie ihre Magd, der Orientalismus, von Autoren und Philosophen artikuliert, die uns die Frage nach dem »prägenden Einfluss« stellen lassen. Kant und Herder zum Beispiel nehmen beide eine prominente Stelle in der Landschaft der Aufklärung ein, aber niemand bezweifelt, dass Kant einen prägenden Einfluss hatte, den Herder (und etliche andere fähige Philosophen) nicht erlangen konnten.[29] Kants leuchtende Präsenz in dem relativ begrenzten Gebiet der »Geisteswissenschaften« steht außer Frage, aber sein Einfluss reicht viel weiter und durchdringt unmerklich die gesamte Bandbreite der Zentralgebiete einschließlich der Kulturindustrie des spätmodernen Kapitalismus. So betrachtet stehen Kants Füße auf demselben Boden wie die Richters.

Die Zentralgebiete als Paradigmen haben jedoch mehr zu bieten, als in der Darstellung Carl Schmitts angelegt ist. Wenn wir nach Schmitts eigenem Sprachgebrauch die nichtzentralen Gebiete »peripher« nennen, haben wir von einer dialektischen Beziehung zwischen den zentralen und peripheren Gebieten auszugehen. Die für letztere vorgesehenen »Lösungen« ergeben sich daher nicht einfach bloß »von selber«, »wenn nur die Probleme der Zentralgebiete gelöst sind«. In unserer Verwendung des Paradigmas geht es um ein System von Wissen und Praxis, dessen konstituierenden Gebieten eine besondere Konzeptstruktur gemeinsam ist, durch die sie sich von vergleichbaren Gebieten in anderen Systemen qualitativ unterscheiden. Während unbestreitbar ist, dass die Probleme im Zentralgebiet Priorität erlangen, der sich die anderen Gebiete zwangsläufig unterordnen, funktionieren all diese Gebiete innerhalb eines Wissenssystems oder eines Wahrheitsregimes, das die Prioritäten innerhalb der peripheren Gebiete ausgestaltet, das jedoch die Werte, die die peripheren Gebiete zu dem machen, was sie sind, nicht verdrängt oder eliminiert, so unterdrückt oder beeinträchtigt sie auch sein mögen. Wenn ich Schmitt richtig verstehe, erscheint seine Darstellung etwas linear, denn sein Begriff des Politischen[30] macht, um seinem neo-hobbesschen Konzept zu genügen, die Bereitstellung aller Kräfte und ihre zielbewusste Unterwerfung unter die modernen Machtstrukturen erforderlich. In unserem Paradigma sind die peripheren Gebiete ebenso subsidiär und unterstützend wie peripher, insofern der Abstieg in diesen Status *keine Funktion des logischen oder ontologischen Vorrangs* des Zentralgebiets ist, sondern aufgrund der Verwurzelung und Verankerung des Gebiets in einem System erfolgt, in dem auch die nachgeordneten Gebiete konstitutiv sind. Die Privilegierung eines bestimmten Gebiets in einer Kultur stellt deshalb einen Akt der perspektivischen Setzung dar, der sich aus der Stellung ergibt, die einem bestimmten Wert (oder einer Reihe von Werten) je nach Kultur eingeräumt wird und die in dem betreffenden Gebiet prominenter als in anderen erscheint. Dieser Wert muss jedoch zwangsläufig die nachgeordneten Gebiete durchdringen, die an seiner Produktion teilhaben und zugleich durch ihn produziert werden.

Schmitt hat zwar recht, wenn er das Zentralgebiet als treibende Kraft definiert, meine Darstellung des Paradigmas allerdings unterstreicht die Wichtigkeit der für das Zentralgebiet übernommenen Werte als ideale Werte, die distinkte Desiderata und Ort zielgerichteten Handelns und Denkens bleiben, auch *wenn ihre Anwendung und Umsetzung nicht immer vollständig gelingt*, und auch, wenn die konkurrierenden Kräfte innerhalb der Gebiete, die das Paradigma konstituieren, eine solche Anwendung und Umsetzung unterminieren. Doch schon in dieser Darstellung der Hegemonie bildet das Unterscheidungsmoment zwischen den höchsten Werten und Kräften des Zentralgebiets einerseits und der unvollständigen »Anwendung und Umsetzung« anderseits jene Grauzone, in der das Wahrheitsregime mitsamt seinem System einer beständigen Dynamik unterliegt, die entweder zu seinem Zusammenbruch führt oder seine Macht erneuert; in beiden Fällen aber handelt es sich um eine Arena, die keine Trägheit zulässt. Paradigmen bilden nämlich Felder von »Kraftverhältnissen« und schließen gegensätzliche und konkurrierende Diskurse und Strategien mit ein. Dies veranlasste Foucault zu der Feststellung, dass sich die Machtdiskurse nicht in ihre entgegengesetzten Trajektorien aufspalten lassen, denn Diskurse »sind taktische Elemente oder Blöcke im Feld der Kraftverhältnisse: Es kann innerhalb einer Strategie verschiedene und sogar gegensätzliche Diskurse geben; sie können aber auch zwischen entgegengesetzten Strategien zirkulieren, ohne ihre Form zu ändern«.[31] Die vollständige Materialisation der Machteffekte ist nichts anderes als die Schaffung eines Zentralgebiets, wobei aber im Zusammenströmen der verschiedenen Machtkomponenten gegensätzliche und subversive Strategien vorkommen, die insbesondere die Grauzone besiedeln.[32] Foucault, der einen »neuen« Forschungsansatz für die in unserer »gegenwärtigen Situation« herrschende »Ökonomie der Machtbeziehungen« fordert, schlägt deshalb vor, »als Ausgangspunkt den jeweiligen Widerstand gegen die verschiedenen Formen von Macht« zu wählen. Denn Widerstand ist ein »chemischer Katalysator, der die Machtbeziehungen sichtbar macht und zeigt, wo sie zu finden sind, wo sie ansetzen und mit welchen Methoden sie arbeiten. Statt Macht im Blick auf ihre innere Rationalität zu analysieren, möchte [er] die Machtbeziehungen über das Wechselspiel gegensätzlicher Strategien untersuchen.« Das heißt, wir sollten »die Widerstände untersuchen und die Bemühungen, diese Beziehungen aufzulösen«.[33] Während also die in einem Zentralgebiet herrschenden höchsten Werte gegen konkurrierende und subversive Strategien sowohl in diesem Gebiet selbst als auch in den zweitrangigen Gebieten vorgehen, bleibt ein Zentralgebiet zentral, solange das Gleichgewicht der Kraftverhältnisse dafür garantiert, dass innerhalb des Systems die Spielregeln und Machtbeziehungen von ebendiesen Werten diktiert werden. Der Einfluss eines Autors bestimmt sich in den Grenzen eines Systems und durch das System; »prägend« kann er nur durch und aufgrund der von J. L. Austin sogenannten und vom System vorgegebenen Glücksbedingungen[34] sein; oder der Einfluss wird, ungeachtet seiner Brillanz (eines von Saids Lieblingsattributen), erst gar nicht zur Geltung kommen oder im höchsten Grade geschmälert. Es ist keineswegs banal, hier anzumerken, dass Saids Assoziation von »Originalität« und »Brillanz« mit »prägendem Einfluss« ein allzu gutgläubiges, wenn nicht sogar romantisches Verständnis verrät, das nicht bis in das Feld der Machtstrukturen vordringt. Originalität ist, wie Kapitel 3 zum Teil zeigen wird, stets dem Perspektivismus der diskursiven Formation unterworfen, in der sie sich zwangsläufig findet und durch die sie bewertet wird. Originalität wird als solche augenscheinlich durch die Art und Weise, wie sie in einer bestimmten diskursiven Formation zerlegt wird, wobei manchen ihrer Autoren einige ihrer Komponenten zugeordnet werden, der Rest aber unterschlagen wird. Das heißt, dass es keinen objektiven Originalitätsstandard gibt und nie gegeben hat und dass ein solches

Originalitätskonstrukt immer durch die ihm eigenen Glücksbedingungen bestimmt wird, die zwangsläufig sowohl relativ als auch veränderlich sind. (Beiläufig sei angemerkt, dass, damit ein Aischylos in Saids Narrativ eine Rolle spielen kann, sein Werk Wirkung oder Relevanz in den mit dem Orientalismus verbundenen diskursiven Traditionen aufweisen muss. Die einzige Möglichkeit, ihm diese Relevanz zuzusprechen, bestünde darin, aufzuzeigen, dass sich etwa ein Renan auf seine Ideen oder Schriften bezieht. Ist diese Möglichkeit nicht gegeben, ist die Einbeziehung eines Aischylos in die Tradition des Orientalismus nichts anderes, als würde man einen Zou Yan als Stimme der Philosophie der Aufklärung anführen.)[35]

Bislang habe ich über die dialektische Verbindung von zentralen und peripheren Gebieten gesprochen. Ebenso wichtig ist jedoch die Erkenntnis, dass es in beiden Bereichen immer wieder subversive Diskurse und widerstrebende Strategien gibt, die die paradigmatischen Diskurse – die also, die das Zentralgebiet und seine Werte bilden, reflektieren und vertreten – unentwegt infrage stellen. Die Wichtigkeit solcher Diskurse abzutun, oder schlimmer noch, sie insgesamt zu ignorieren, weil sie das Zentralgebiet nicht genügend infrage stellen, heißt, die Dynamik von Machtstrukturen und die Tatsache, dass sie – häufig aufgrund unvorhersehbarer Modalitäten – mutieren und neue Formen der Macht erzeugen können, in ihrer Bedeutung zu verkennen. Deshalb ist der »prägende Einfluss« für sich genommen eine irreführende analytische Kategorie, die, um analytisch überhaupt Sinn zu ergeben, innerhalb und in Beziehung zu den verschiedenen Konstituenten des größeren Kontextes, wie er durch die zentralen und peripheren Gebiete gebildet wird und in dem sie ihren Ort hat, betrachtet werden muss.

Unsere Auslegung des Paradigmas trägt demnach der Vielfalt in der Einheit, den Ausnahmen und Verletzungen sowie den Unregelmäßigkeiten und »Abnormalitäten« Rechnung. Wenn diese aber per definitionem subversive Kräfte darstellen, dann gerade deshalb, weil sie nicht *positiv* determinierend für das Zentralgebiet sind, obgleich sie es *negativ*, nämlich vermöge der Antworten, mit denen das Zentralgebiet auf ihre Herausforderungen reagiert, durchaus sein können. Wenn jedoch eine dieser Kräfte in der Lage ist, das existente Paradigma zu untergraben und es als Ort des höchsten Werts (oder der höchsten

Werte) zu ersetzen, wird sich das nun zu einem einstigen Paradigma oder einem einstigen Zentralgebiet gewandelte Paradigma den Reihen der subversiven Kräfte zugesellen oder schlicht aus der Welt verschwinden. Denn jede noch so kleine Veränderung im Zentralgebiet muss definitionsgemäß mit einem »nichtprägenden Einfluss« des einen oder anderen, das heißt diskursiven oder sonst wie gearteten Machtelements beginnen, stellt dieser Einfluss doch das allein schon für das Konzept des Wandels notwendige qualitative Unterscheidungsmoment dar. Als die europäische Moderne das von Kirche und Monarch diktierte Zentralgebiet verdrängte,[36] startete sie mit einer Vielzahl von »nichtprägenden Einflüssen«, die sich mit der Zeit zu subversiven und später dann zu dominierenden Diskursen auswuchsen und ihre eigenen diskursiven Formationen sowie ihre eigenen Zentralgebiete im eigentlichen Sinne schufen.[37]

Dieser Paradigmenwechsel (und man muss meine Darlegung in ihrer qualitativen und quantitativen Abdeckung als über die des Wissenschaftshistorikers Thomas Kuhn hinausgehend betrachten) lässt sich, angefangen bei der Unterscheidung von Tatsache und Wert oder Sein und Sollen bis hin zum modernen Staat, der Verwaltung, dem Recht, dem Kapitalismus und Nationalismus, in nahezu allen modernen Erscheinungen testieren.[38] All diese Phänomene (die sich unbestreitbar schrittweise entwickelten, aber insgesamt einen Bruch mit früheren Formen darstellten) signalisierten den Aufstieg der Moderne, und wenn dies überhaupt möglich war, dann aufgrund des Aufstiegs der zum Teil *aus peripheren Gebieten hervorgehenden* Zentralgebiete. Auch wenn zahlreiche Autoren niemals eine Wirkung entfalten, gibt es doch andere, deren Arbeit im Verdeckten beginnt und gleichwohl einen Prozess der Machtformation anstößt und schrittweise auch ausbildet, in dem das Ideelle mit dem Materiellen fortwährend dialektisch verbunden ist. Ohne eine solche Theorie dürfte es schwerfallen, wenn nicht sogar unmöglich erscheinen, die Entstehung der Moderne aus dem vormodernen Selbst Europas zu erklären, oder die Griechenlands oder des Islam aus den Zivilisationsgebilden, an deren Stelle sie traten.

Wie bereits angedeutet, ist die Theorie der Paradigmen und der Zentralgebiete in mehr als einer Hinsicht von Nutzen: Erstens ist sie ein rahmendes Element für die Diskussion über die Position des

Autors in Machtbeziehungen; und zweitens erklärt und erweitert sie, wie ich aufzuzeigen hoffe, komparativ das Konzept der Dialektik zwischen Wissen und Macht, das unbestritten eine der tragenden Säulen in den Schriften Foucaults und Saids ist. Zunächst wende ich mich aber dem Autor zu.

III

Einfach formuliert fehlten Said die theoretischen Instrumente – Foucault'scher Provenienz oder nicht –, um Konzept und Praxis des Autors in den Griff zu bekommen. Dieser Mangel ist nicht bloß, wie zahlreiche Orientalisten denken, ein gegen Said gerichteter Kritikpunkt; für uns ist er ein zusätzlicher Hinweis dafür, dass es ihm nicht gelungen ist, die wahre Natur des Orientalismus zu erkennen und seine heimtückischen Wirkungen einer Gruppe von Gelehrten sowie der engen Verbindung ihrer »Zunft« mit einem vagen und womöglich inkohärenten Begriff von Macht, Vorherrschaft und Kolonialität anzuheften. Mein Argument lautet hier, dass Said gleichzeitig zu viel und zu wenig aus dem Autor gemacht hat. Einerseits, und als theoretische Behauptung, besitzt der Autor in der Tradition des Orientalismus – und überhaupt, wie Said zu argumentieren scheint – einen »prägenden Einfluss«, während der orientalistische Autor praktisch für tot erklärt wurde, denn in dieser diskursiven Formation erscheint er, um Foucaults Ausdruck zu verwenden, als ein »ausgelöschtes« Ding. Die Widersprüchlichkeit beiseitegelassen, ist seine Behauptung, Foucault meine, »dass der einzelne Text oder Autor im Allgemeinen kaum ins Gewicht fällt«, hochproblematisch, insbesondere, da Foucaults Position, die für Saids Analyse äußerst nützlich hätte sein können, sofort wieder verworfen wird. Wenn Autoren »Einfluss« haben, und manche sogar »prägenden Einfluss« besitzen, dann gilt es nicht nur ihren spezifischen Beitrag, den sie für das Feld geleistet haben, aufzuzeigen, sondern auch darzulegen, wie bestimmte Aspekte des Felds, bestimmte seiner Segmente oder das Feld insgesamt in seinem Verlauf durch diese Beiträge verändert wurden. Das Vorhandensein von »Einflüssen« impliziert auch das Vorhandensein individueller und einzigartiger Autorenbeiträge sowie die Art, in der sie zur Diskursivität beitragen. Aber nichts dergleichen stand offenbar auf Saids Agenda. In seiner Antwort auf den Historiker Albert Hourani, der ihm vorgeworfen hatte, die »Leistungen« von Orientalisten wie Marshall Hodgson oder Claude Cahen nicht berücksichtigt zu haben, würdigte Said zwar deren Errungenschaften, beharrte aber darauf, dass die vorgebrachten Behauptungen »nicht im Widerspruch zu dem [stehen], was ich dort schreibe, nur mit dem Unterschied, dass ich den Primat des Diskurses selbst betone, als eine nicht einfach von der Hand zu weisende oder auszublendende Struktur von Einstellungen«.[Or390 f.] Wenn dies aber der Fall ist, und wenn, wie wir bereits gesehen haben, jeder Europäer (oder ist es jeder Orientalist?) ein Rassist und ein Imperialist ist, weil niemand »dem Druck seiner Nation und seiner wissenschaftlichen Tradition widerstehen« kann,[Or234, 311] dann gleicht der Autor, wie Said ihn denkt, offenbar dem toten Autor Foucaults. Man fragt sich also, warum Said sich bemüßigt fühlte, an diesem entscheidenden Punkt seine Nichtübereinstimmung mit Foucault anzumerken.

Allerdings lässt auch Foucaults Theorie des Autors viele Fragen offen und bis zu einem gewissen Grad hat sie (zumindest in »Was ist ein Autor?«) Probleme geschaffen, wo es gar keine gibt.[39] Gleichwohl bleibt Foucaults Argumentation für unsere Diskussion relevant, und dies hätte sie auch für Said sein sollen, denn unter Bezug auf Foucaults Darlegung hätte er vermeiden können, sich in Widersprüche zu verstricken. In seiner Erörterung der Autorfunktion artikuliert Foucault eine Kategorie, in der der Autor den Tod nicht nur abgewendet hat, sondern darüber hinaus geradezu als Maschine der diskursiven Tradition gedeiht und überaus lebendig ist. Ohne einen solchen Autor würde die Diskursivität selbst – als Ausdruck und integraler Teil der Macht – nicht möglich sein, denn es kann keine Diskursivität ohne eine Sammlung oder eine Gesamtheit von Diskursen geben, ungeachtet der Tatsache, dass eine »Theorie des Werks [nicht] existiert«.[40] In der Tat scheint es sich sogar so zu verhalten, dass, gerade weil eine solche Theorie nicht existiert, die »Diskursivitätsbegründer« überhaupt erst möglich sind.[41] Und es ist kein Zufall, dass Foucault das neunzehnte Jahrhundert als Periode ausmacht, in der diese »Begründer« entstanden, kein Zufall im Blick auf Saids wiederholten Verweis auf diese Periode, in der der Orientalismus Macht, Prestige und, für Said, »an Masse« gewann (ein Punkt, auf den wir in einem anderen

Zusammenhang zurückkommen werden).[42] Bei Foucault fällt jedoch das Erscheinen dieser »Begründer« mit dem Verschwinden des Autors als Individuum zusammen, ein Verschwinden, das Aufmerksamkeit verdient, denn, wie Foucault fortfährt, »was man tun müsste, wäre das Augenmerk auf den« durch diese Abwesenheit »leer gelassenen Raum zu richten, der Verteilung der Lücken und Bruchstellen nachzugehen und die durch dieses Verschwinden frei gewordenen Stellen und Funktionen auszuloten«. Auch wenn die Transformation zum diskursiven Autor im neunzehnten Jahrhundert ihren Höhepunkt erlebte, scheint deren »Umkehrung« schrittweise in den zwei Jahrhunderten zuvor stattgefunden zu haben, als die »Anonymität einer etablierten oder immer neu beweisbaren Wahrheit« auf der Bildfläche erschien, die einen »Verweis auf das Individuum, das sie hervorbrachte« nicht mehr notwendig machte.[43] (Von diesem Prinzip lässt sich Said leiten, wenn er von der orientalistischen Doktrin behauptet, sie sei selbstreferenziell, praktisch transhistorisch und müsse nicht demonstriert werden. Dieses Prinzip jedoch ist weder ein Einzelfall, wie ich aufzeigen werde, noch für sich genommen ausreichend.)

»Diskursivitätsbegründer« sind, wie Foucault argumentiert, »besonders«, da sie nicht nur Autoren ihrer eigenen Texte, sondern auch Agenten und Produzenten sind, die die »Möglichkeiten und Formationsregeln anderer Texte« geschaffen haben.[44] Wichtiger noch an diesen Begründern – wobei Marx und Freud die wichtigsten Beispiele sind – ist der Umstand, dass ihre Werke nicht nur »eine Reihe von Analogien ermöglicht haben, sondern ebenso sehr eine Reihe von Unterschieden«, »etwas anderes als sich selbst«, »das jedoch zu dem gehört, was sie begründet haben«. »Anders gesagt, … die Errichtung einer Diskursivität [ist] nicht Teil ihrer späteren Transformationen«; sie bildet lediglich »primäre Koordinaten«, auf die sich die Diskursivität oder die »Wissenschaft« bezieht. Diese Referenz auf den »Ursprung« ist jedoch keine »Ausschmückung«, denn die »Rückkehr, die zum Text selbst gehört«, verändert ihn beständig und »ist eine effektive und notwendige Transformation der Diskursivität selbst«.[45]

Für unseren Zweck hier ebenso wichtig ist Foucaults Beharren darauf, dass eine genaue Diskursanalyse »nicht nur von den grammatikalischen Merkmalen der Diskurse, ihren formalen Strukturen oder gar ihren Gegenständen ausgehen [darf]: zweifellos existieren besondere diskursive Eigenschaften oder Relationen (die nicht auf die Regeln der Grammatik oder der Logik [...] zurückgeführt werden können)«.[46] Man beachte in Foucaults Denken an dieser Stelle die Beziehung zwischen dem Moment der »Errichtung« und ihrer »späteren Transformation«. Dieser Moment ist eine »primäre Koordinate«, auf die sich die diskursive Praxis bezieht oder sogar beziehen muss. Anders gesagt, er ist nicht inexistent, abwesend oder irrelevant, er spielt tatsächlich eine Rolle, unabhängig davon, wie sehr diese Rolle von der Kraft ihrer diskursiven Reinkarnation quantitativ oder qualitativ überlagert, überhöht, verstärkt, transformiert, verzerrt oder ausgehöhlt wird.

Was diesen Moment der Errichtung zu einer »primären Koordinate« macht und damit sehr lebendig, ist der Umstand, dass er beständig durch die Diskursivität modifiziert wird, was impliziert, ja, eigentlich in sich birgt, dass schon im Prozess der »Referenz« ein Ausgangspunkt, ein Vorläufer eines Referenzpunkts entweder affirmiert oder negiert wird. Demnach kann es einem unbegreiflich vorkommen, zu lesen, dass »die Errichtung einer Diskursivität nicht Teil ihrer späteren Transformationen ist«. Meines Erachtens lässt dies nur eine, letztlich banale Deutung zu: dass der Moment der Errichtung die Identität oder hermeneutische Stabilität niemals aufrechterhalten kann, die zwischen dem Autor und seinem Text besteht. Aber ohne Bezugnahme auf den Ursprungsmoment, durch den die diskursive Formation beständig verändert wird, würde es weder eine solche Formation noch eine fortwährende Mutation der »Diskursivität selbst« geben. Insgesamt gesehen lässt sich durch diesen Gedankengang der Autor, der zwar einen gewöhnlichen Tod erlitt, aber eine Elite hinterließ, deren Identität gänzlich durch den Autorenbegriff definiert wurde, nicht loswerden. Wie wir in Kapitel 3 sehen werden, ist der Tod des Autors niemals vollständig, selbst für Foucault nicht, der die ursprünglich von Roland Barthes geprägte Todesmetapher zu einem kraftvollen Ausdruck umschmiedete, der zwar schnell Verbreitung fand, aber kaum für eine strenge Analyse taugt. Zumindest für den späten Foucault ist die Kritik am oder durch den Autor niemals marginal und keineswegs anfällig für einen gewöhnlichen Tod.

Wie ein Foucault-Spezialist anmerkte, zweifelt Foucault mit seinem Werk »Punkt für Punkt die Grundlagen einer inakzeptablen Pastoralmacht« an: »die biblische Theologie, die Rechtstheorie des Naturrechts und das Streben nach Sicherheit im Angesicht der Autorität«.[47] Foucault selbst behauptet, dass wenn es sich bei der Regierung darum handelt, »in einer sozialen Praxis die Individuen zu unterwerfen – und zwar durch Machtmechanismen, die sich auf Wahrheit berufen«, dann ist die Kritik »Bewegung, in welcher sich das Subjekt das Recht herausnimmt, die Wahrheit auf ihre Machteffekte hin zu befragen und die Macht auf ihre Wahrheitsdiskurse hin«, sie ist »*die Kunst der freiwilligen Unknechtschaft, der reflektierten Unfügsamkeit*«.[48] Es gibt keine Kritik ohne den Autor, dessen Fügsamkeit weder vollständig noch gesichert ist. Wenn überhaupt, dann ist der Autor als post-kantianisches Subjekt mit der Aufgabe betraut, »nicht [nur?] herauszufinden, sondern abzulehnen, was wir sind«. »Heute«, insistiert Foucault, besteht die Aufgabe darin, zu »konstruieren, was wir sein könnten«, um »uns dem doppelten politischen Zwang [zu] entziehen, der in der gleichzeitigen Individualisierung und Totalisierung der modernen Machtstrukturen liegt«.[49] Zu »konstruieren, was wir sein könnten«, »Kritik« und »Unfügsamkeit« sind, unter Berücksichtigung der nichtwörtlichen Bedeutungen des »Werks«, wie Foucault sie selbst dargelegt hat, nichts, solange sie nicht ideell und auktorial sind.

Diese Interpretation ergibt sich nicht nur aus der Sprache Foucaults, sondern sie wird auch durch sein Verständnis und seine Theorie der Geschichte der epistemischen Regime gestützt, den sogenannten Epistemen, deren letztem *Zyklus* er seine analytische Kraft widmete. In diesem Regime gefangen zu sein, ist nicht das Ende der Geschichte, denn sowohl der Autor als auch der Kritiker und mit ihnen der menschliche Akteur als Subjekt und Prädikat der Geschichte würden dann keine Rolle mehr spielen. Doch dies ist keine Absurdität, die man Foucault vorwerfen könnte. Deshalb lässt sich der Verdacht nur schwer umgehen, dass Said, wie so viele andere auch, Foucaults übertrieben drastische Metapher zu ernst genommen und sie als analytisch-kategoriale Tatsachenaussage behandelt hat.

Übereinstimmend mit J. L. Austins Theorie der Performativität fordert Foucault, Diskurse nicht »nach ihrem Ausdruckswert« als kommunikative Sprache, sondern »in ihren Existenzmodalitäten« zu untersuchen.[50] In einer aufschlussreichen und durchaus richtigen Feststellung im Hinblick auf den Orientalismus, und gegen Said, sagt Foucault: »Die Art, in der sich [Diskurse] über ihre sozialen Verhältnisse äußern, lässt sich [...] direkter im Spiel der Autor-Funktion und in ihren Veränderungen entziffern als in den Themen und Begriffen, die sie ins Werk setzen«.[51] Wäre Foucaults individueller Autor tatsächlich gestorben, so wäre er einen ideologischen Tod gestorben, der *auch* die Doppelfunktion der Auferstehung erfüllt hätte. Wenn Erzeugung und Verderben keine dialektische Struktur sind, dann ergeben sie keinen Sinn. Diskursivität, so unpersönlich und supra-auktoriell sie auch sein mag, bleibt ohne die Vorstellung, dass der Autor zwar wiederauferstanden, aber gleichwohl ein Autor ist, eine Unmöglichkeit. Es ist deshalb ein schwerwiegender Fehler, auf Foucaults Tod des Autors zurückzugreifen, ohne gleichzeitig auf das Erscheinen des Autors als eine »ideologische Figur«, wie Foucault es nennt, zu verweisen,[52] also eines Autors, der in Erscheinung tritt, um das Wuchern von Bedeutung einzudämmen und in dem Maße Schweigen zu erzeugen, wie er die »Wahrheit« erhellt. Doch in all dem gibt es die »Kritik«, das Emblem des Widerstands und der Ablehnung der durch die Macht initiierten Individualisierung und Totalisierung.[53]

Die mit dem Konzept vom Erscheinen der Episteme (und damit auch ihrer Verschiebungen und Brüche) im Einklang stehende Historisierung des Autorenproblems durch Foucault spielt eine entscheidende Rolle, besonders im Hinblick auf die für uns so wichtige Aussage, dass die Diskurse »in der Art und Weise ihrer Zirkulation, ihrer Bewertung, ihrer Zuschreibung, ihrer Aneignung [...] *mit jeder Kultur [variieren]* und sich in jeder Kultur [verändern]«.[54] Der durch Unterdrückung ermöglichte Aufstieg des ideologischen Autors auf Kosten des individuellen Autors, sowie das unweigerliche Verschwinden und der Tod des ersteren zugunsten eines noch nicht identifizierten Neuankömmlings, straft jeden Anspruch auf ein immerwährendes, oder gar modernes Wahrheitsregime Lügen, für das ein Aischylos oder ein Dante, und letztlich auch ein Aristoteles oder ein Protagoras, hätte eintreten können. Für uns ist die Historisierung also im Hinblick auf die Frage von Bedeutung, wie sich Tod und Aufstieg der verschiedenen

Autorentypen in eine Paradigmentheorie fügen. Ich nehme weder die Tatsache, dass Foucault ebenso sehr Historiker war wie Philosoph, auf die leichte Schulter, noch übersehe ich, dass Said ein unübertrefflicher Literaturkritiker war, dem, es muss leider gesagt werden, jedes historische Verständnis fehlte.[55] Beides sind in einer Diskussion wie der vorliegenden, aber auch in jeder anderen, wichtige Faktoren. Theorie, die keine richtige historische Perspektive[56] aufweist, wird, wie etwa die Fortschrittsdoktrin, in den Voreingenommenheiten der Gegenwart gefangen, immer unvollständig, mangelhaft und mit Sicherheit kurzsichtig bleiben.[57] Jeder Moment der Gegenwart rührt offensichtlich aus einem vorhergehenden Moment, zu dem wiederum ein früherer Moment führte und so weiter. Außerhalb einer historischen Perspektive kann es keine Paradigmentheorie, keine Autorentheorie geben, ganz gleich wie vertrackt diese Theorie auch sein oder sich entwickeln mag. Eine unverbrüchliche Regel für zentrale Paradigmen besteht darin, dass sie, da sie nun einmal Paradigmen sind, entstehen und vergehen, dass sie, in ihrer Verfasstheit als historische und menschliche Gebilde, zwangsläufig Veränderungen durchmachen, derer wir sowohl auf theoretischer wie »faktisch-historischer« Ebene Rechnung tragen müssen. Während letztere Sache des empirischen Historikers ist, muss erstere, historisch fundiert, die Leitmatrix sein, denn nur mit diesem theoretischen Konstrukt – und um nichts anderes handelt es sich – wird ein einleuchtendes Bild des Wandels in den Wahrheitsregimen und ihren verschiedenen Ausprägungen möglich.

Gleichwohl ist es unmöglich, mit einer angemessenen Diskussion der Standpunkte Foucaults zu den vorliegenden Themen fortzufahren, ohne anzumerken, dass er in seinen Schriften durchweg darauf beharrt, seine Erklärung der Autorfunktion sei »schematisch«, was ich als skizzenhafte Verallgemeinerung verstehe, mit der etwas so klar wie möglich verdeutlicht werden soll, ohne detailliert auf Ausnahmen und Ausklammerungen eingehen zu müssen, die sowohl das Hauptargument als auch das Gesamtbild beeinträchtigen würden. Foucaults schematische Darstellung konzentriert sich auf den »Übergang *zur* Moderne« und nicht auf den »Übergang *aus* der Vormoderne«. Foucault mit jeglicher Anfechtung zu verschonen und seine Worte für bare Münze zu nehmen, wäre eine allzu leichte Übung, die uns einen Foucault voller ungerechtfertigt zugeschriebener Widersprüche liefern würde. Denn wenn sich, wie außer Frage steht, der französische Philosoph über die Ursprünge im Klaren war, die den Tod des Autors bewirkt hatten, dann würde eine logische Erklärung lauten, dass seine Beschäftigung mit der Diskursivität und den diskursiven Formationen seine gesamte Aufmerksamkeit beanspruchte und dass er einfach nicht übermäßig an der Dynamik interessiert war, die zum Entstehen und Vergehen von Diskursivitäten *schlechthin* geführt hat, sondern schlicht an ihrem ontologischen Status und ihren Funktionsweisen in einem Zeitraum, der grob zwischen dem achtzehnten Jahrhundert und der späten Moderne lag. Nichtsdestotrotz lässt Foucaults »schematische« Darstellung zu vieles offen, das zwar für sein Anliegen keine Rolle spielen mag, für unsere Sache aber durchaus.

Ebenso interessant und wichtig für unsere Sache ist der Ursprung der »Diskursbegründer«, das heißt, warum und wie sie überhaupt entstanden sind. Foucault sprach von den ontologischen Modalitäten ihrer Funktionsweisen und der Wahrheitsregime, die sie hervorgebracht haben oder in die sie zum Teil hineingeboren wurden. Ich glaube aber, er hat dabei die in Europa waltenden historischen Gründe (das heißt die vormodernen Strukturen), die einen solchen Wandel beschleunigten, gelinde gesagt unberücksichtigt gelassen. Diesen Zusammenhang werde ich nicht direkt thematisieren, er wird sich jedoch im Laufe meiner Ausführungen nach und nach erklären.

Ausdrücklich darauf hingewiesen werden sollte, dass die Reinkarnation des individuellen Autors in Form des diskursiven oder ideologischen Gegenparts nicht bedeuten darf, selbst bei Foucault nicht, dass der Autor in einem gegebenen Kontext irrelevant für die bestehenden diskursiven Formationen oder die Diskursivität ist (also keinen »prägenden Einfluss« hat). Denn mit einer derartigen Behauptung würden wir entweder bei einer rätselhaften Geschichtsauffassung landen, wo Dinge plötzlich und unerwartet wie aus dem Nichts auftauchen, oder – vorausgesetzt, es hat überhaupt weltliche, mit dem Ende der Geschichte befasste Theologien gegeben, die nicht krude waren – bei einer kruden, das Ende der Geschichte beschwörenden Theologie enden. Oder, und das ist am wahrscheinlichsten, wir sehen uns mit beiden Unglücksfällen zugleich konfrontiert.

Foucault hat Marx und Freud als Beispiele für Diskursivitätsbegründer gewählt, um grundlegend hervorzuheben, dass die diskursiven Traditionen unsere modernen intellektuellen, politischen, psychoanalytischen und kulturellen Landschaften sowohl erzeugt als auch definiert haben, dass sie, in ihren jeweiligen Bereichen, unbeabsichtigt jene Theorien geboren haben – und in erheblichem Maße die Kontrolle über sie verloren haben –, die sie in ihren Schriften verfochten, Schriften, die sich, wie wir zu unterstreichen geneigt sind, wohl einem überaus individuellen Potenzial verdanken. Von unmittelbarer Bedeutung ist hier der (von Foucault, aber insbesondere von Said vernachlässigte) potenzielle Übergang des Werks von einem Stadium zum nächsten, von der Individualität zur Kanonisierung und von der Singularität zur Diskursivität. Der »Tod des Autors« – eine der, wie zahlreiche weitere provokanten Formulierungen, theatralischen Äußerungen in Foucaults außerordentlicher intellektueller Karriere, mit der der Autor seine vorgenommene Schematisierung zu konturieren beabsichtigte – kann für die ersten Jahre nach der Veröffentlichung der *Studien zur Hysterie* oder des *Kommunistischen Manifests* lediglich für die individuellen Schriften *einzelner Autoren* einstehen. Keines der beiden Werke war im Moment seiner Entstehung die Frucht einer ideologischen Autorschaft im Sinne Foucaults. Am anschaulichsten, zumindest für unser Zwecke, ist der Übergang vom individuellen Autor zum Diskursivitätsbegründer bei Marx, da sein Œuvre zum Markstein oder genauer zum Flaggschiff für die Zentralgebiete in der einstigen Sowjetunion geworden ist, Länder und Bewegungen der sogenannten Zweiten Welt einmal beiseitegelassen. In diesem Kontext findet Foucaults Argument seinen eloquentesten Ausdruck, nämlich, dass Marx' »Werk« nicht nur eine Reihe von »Analogien« ermöglichte, sondern, über Marx' ursprüngliche Intentionen hinausgehend, »ebenso sehr eine Reihe von Unterschieden«, etwas, das sich von seinem Diskurs unterscheidet, von ihm abweicht, »das jedoch zu dem gehört, was [er und Engels] begründet haben«. Marx' Autorschaft ist vor allem aus zwei wichtigen Gründen exemplarisch: Erstens, sein Einstieg in die Diskursivität war unauflöslich mit dem Aufstieg ökonomischer und politischer Formationen verbunden, das heißt, das Entstehen solcher Formationen lieferte die Bedingungen der Möglichkeit für den Übergang in die Diskursivität;

und zweitens ist für uns besonders wichtig, dass der Übergang einen weitgehenden Abschied – in Bezug auf Philosophie, politische Praxis und *Weltanschauung** – von der Theorie und Praxis des Liberalismus und seines in Westeuropa bereits dominierenden Kapitalismus signalisierte und darstellte.

Meiner Meinung nach wäre es sinnlos, sich mit der Frage auseinanderzusetzen, ob Ideen materielle Wirklichkeiten heraufbeschwören und sie hervorbringen oder umgekehrt. Fruchtbarer wäre es, diese Frage dialektisch zu betrachten: Es liegt in der Natur der Machtsysteme, aus sich selbst heraus entgegengesetzte Strategien zu produzieren, was wir allgemein als Strategien der Subversion bezeichnen könnten (oder als Subversivität, ein Begriff, in dem Diskursivität anklingt). Wir könnten dann sagen, dass die Zentralgebiete zwar durch die diskursiven Formationen, die sie produzieren, definiert werden, diese Formationen aber ihrerseits zwangsläufig diskursive Subversivität produzieren. Kein Mensch, denke ich, wird den Gedanken hegen, dass ein Marx, bei allem was ein Marx repräsentiert, ohne industrielle Revolution oder ohne das Laissez-faire-System des Kapitalismus möglich gewesen wäre. Auch Foucault, der inzwischen zweifellos selbst ein Diskursivitätsbegründer ist, wäre ohne die Entstehung bestimmter politischer, ökonomischer und kultureller Machtsysteme, die es so in der Menschheitsgeschichte zuvor nicht gegeben hat, nicht vorstellbar und schon gar nicht möglich gewesen. Die Versuchung liegt daher nahe, Foucault dem von ihm gewählten Duo Marx und Freud hinzuzugesellen.

Der Umstand, dass Foucault und sein mangelndes Interesse an Kolonialismus und Kolonialität nicht nur für Saids Projekt, sondern auch für etliche Bereiche mit Bezeichnungen wie »Postmoderne« oder »Postkolonialität« eine Lücke öffnete, belegt, wie sehr in seiner Arbeit als Diskursivitätsbegründer Abweichungen und Differenzen über Analogien dominieren. Es lässt sich daher argumentieren, dass nur die in den Zentralgebieten waltenden Austin'schen Glücksbedingungen Foucaults ideologischen Autor möglich machen. In dieser Sicht beruhen die Bedingungen nicht auf einer besonderen Machtlogik oder einer vorhersehbaren Auswirkung von Machtkonstrukten, sondern sie

---

* Im Original deutsch.

können sogar den Zufall als möglichen Faktor beinhalten.[58] Es ist also nicht unbedingt vernünftig, zu argumentieren, dass die Arbeit und die Diskursivität solcher Autoren, da sie doch das Produkt des Zentralgebiets und seiner Glücksbedingungen sind, der Machtlogik in den betreffenden Gebieten oder in der diskursiven Formation gehorchen müssen. Ich lege daher einen großen Wert auf Foucaults Begriff der »Differenz« in den Wirkungen, die (»unbeabsichtigt«) von den Diskursivitätsbegründern produziert wurden, denn wenn man dem Konzept der »Differenz« nicht das volle Gewicht und eine gerechtfertigt weitreichende und elaborierte Bedeutung zumisst, lässt sich wie Marx und Freud auch Foucault selbst weder als Phänomen noch als Autor/Begründer von Diskursivität verstehen. Doch bei all dem beginnt der ideologische Autor als individueller Autor – er muss es sogar –, denn es existiert kein anderer Punkt, von dem die Diskursivität ausgehen könnte. Der individuelle Autor, das möchte ich mit Nachdruck sagen, ist die ontologische Vorbedingung sowohl für den Begründer der Diskursivität als auch für den der Subversivität. Und falls wir das Konzept noch weiteren Differenzierungen unterziehen müssen, dann wären wir gezwungen, den »Autor« als homonymen oder polysemischen Begriff anzuerkennen.

Saids Autor, dem ein »prägender Einfluss« vorgehalten wurde, ähnelt mitunter einer wiederbelebten Version von Foucaults individuellem Autor, der in einer weitreichenden und sogar irgendwie metaphorischen Interpretation den Tod gefunden hat, während er andererseits eine verstümmelte Version von Foucaults ideologischem Autor zu sein scheint. Streng genommen jedoch ist sein Autor weder das eine noch das andere, denn hier sind die Kategorien durcheinandergeraten. Die Orientalisten, die Said als Autoren und Gewährsleute wählt, können kaum als Diskursivitätsbegründer bezeichnet werden, ein Umstand, der Saids Antwort auf Hourani, dem zufolge er den Orientalismus als »Struktur von Einstellungen« untersucht habe, in ihrem Wahrheitswert schmälert. Seine Behauptung hätte an Legitimität gewonnen, wenn er die meist deutschen und österreichischen Orientalisten, die zwischen Mitte des neunzehnten Jahrhunderts und Mitte des zwanzigsten Jahrhunderts schrieben, umfassender und strukturierter behandelt hätte, etwa wie im Falle Massignons, und insbesondere Figuren wie Ignaz

Goldziher und Joseph Schacht berücksichtigt hätte, wobei die Tatsache, dass sie in seinem Buch nicht vorkommen (das gilt insbesondere für Schacht und das gesamte Felds des »islamischen Rechts«) nicht nur auffällig ist, sondern, wie wir noch sehen werden, für die Frage, was der Orientalismus ist und was er bedeuten soll, überragende Signifikanz besitzt.

IV

An diesem Punkt noch einmal schematisch an Saids Argumente zum Orientalismus zu erinnern, so gut sie inzwischen auch bekannt sein mögen, ist keineswegs trivial, denn es dürfte sich lohnen, die Geschichte und die Autor- und Paradigmentheorien zurate zu ziehen, um sie auf ihre Richtigkeit zu prüfen. Wenn dem Orientalismus-Diskurs, in der Form, in der ihn Said zu einem allgemeinen akademischen Gegenstand gemacht hat, irgendeine Bedeutung oder Signifikanz zukommen soll, muss er weit über das Alltägliche oder Gewöhnliche hinausgehen. Anders gesagt, damit der Orientalismus-Diskurs kein Ort vehementer Debatten bleibt, sondern die Beachtung erhält, die ihm gebührt, muss der Orientalismus selbst ein singuläres Phänomen sein, das isoliert und als besonders charakteristisch und unverwechselbar definiert werden kann. Würde sich nämlich herausstellen, dass der Orientalismus nur eine weitere akademische Tradition oder lediglich ein Forschungsfeld unter anderen mit mehr oder weniger den gleichen performativen oder destruktiven Wirkungen ist, dann erschiene es ungerechtfertigt, dass ihm die analytische und politische Aufmerksamkeit zuteilwurde, die er bis heute erhalten hat.[59] Was also macht den Orientalismus so einzigartig?

Saids Charakterisierung dieser Disziplin lässt sich schematisch wie folgt zusammenfassen: Erstens, ein Hauptmerkmal des Orientalismus ist die Distanz, die er zwischen dem Westen und dem Orient geschaffen hat. »Insofern erhebt sich der gesamte Orientalismus über den Orient«.[Or32] Distanz ist für Said nicht nur die ontologische Matrix, in die der Orientalismus sich einordnete oder die dieser in der Beschäftigung mit dem Orient, und anscheinend auch mit allem anderen, für sich selbst geschaffen hat. Im *Orientalismus*-Buch bildete sie sich offenbar zudem als epistemologische Kategorie heraus, durch die die besonderen Tatsachen der Ontologie erst konstruiert wurden. Die das ganze Buch durchziehende Klage Saids lässt sich so zusammenfassen: Eine wesentliche Voraussetzung für den Orientalismus, eine Bedingung, auf der er »beruhte«, bestand darin, dass der Orient selbst »als eine wahrhaft empfundene und erlebte Kraft, in der zeitgenössischen westlichen Kultur fast gar nicht vorkam«.[Or238] (Natürlich ergibt diese Aussage angesichts der »nicht-zeitgenössischen« »Orientalisten« in Europas vormoderner Geschichte keinen Sinn; der lateinische Westen und die »griechische Antike« hatten immerhin, wie Said bereits früher im Buch berichtete,[Or85] ihre eigenen Orientalisten. Wenn auch diese das Wissen über den Orient nicht als »wahrhaft erlebte und empfundene Kraft« zu sammeln vermochten, warum sie dann ausschließen? Der von der Spezifizierung »zeitgenössisch« erzeugte Widerspruch wird auch nicht schwächer, wenn Said hinzufügt, dass sich die »absolute Grenze zwischen Ost und West [...] im Lauf von Jahren, ja sogar Jahrhunderten« herausgebildet habe.[Or53] Und wenn sich die »Grenze« über Jahrhunderte herausgebildet hat, dann über wie viele Jahrhunderte, und wie passen »Orientalisten« wie Dante und Aischylos in die Foucault'sche Diskursformation, die Foucault eindeutig nicht vor das achtzehnte Jahrhundert datierte? Und wenn Said sich mehr auf Gramsci bezog als auf Foucault, ist dann die von Gramsci als solche erkannte hegemoniale Macht ein transhistorisches Phänomen?)

Wie dem auch sei, die erste und wichtigste »Tatsache«, die durch die Distanz entsteht, ist das Schweigen des Orients, das die Orientalisten provoziert, ihn *auf ihre eigene Weise* darzustellen. Es ist keineswegs bloß Zufall, dass Said sein Buch mit einer aufschlussreichen Begegnung zwischen Flaubert und einer ägyptischen Kurtisane beginnen lässt: »*Er* sprach für sie und repräsentierte sie zugleich [...] denn sie sprach nie für sich, drückte weder ihre Gefühle noch ihre Gegenwart oder Vergangenheit aus.« Dabei handelt es sich nicht um einen »Einzelfall«, sondern ein strukturelles Merkmal, das Said als charakteristisches »zwischen Westen und Osten bestehendes Muster der Dominanz« begreift.[Or14 f.]

Distanz erzeugt weitere »Tatsachen«, die unauflöslich mit dem Schweigen verbunden sind. Indem sich der Orientalismus »außerhalb« des Orients positioniert, sollte er als Fachgebiet und in seiner selbst wahrgenommenen Funktion »den Orient sprechen lassen«, indem er ihn »beschreibt«. Doch in dieser Beschreibung zeigt sich ein grundlegender, für den Orient konstitutiver Zug, nämlich dass »der Orient als Orient« gesehen wurde, als »andersartig«.[Or318|60] Mit dieser Andersartigkeit als einer unhinterfragbaren Gegebenheit soll der Orientalismus »dem Westen seine Geheimnisse enthüllen«.[Or31] Doch aus der Erklärung dieser Geheimnisse erwächst ein höchst böswilliger Diskurs. Wie anhand von Comte de Volneys Bericht über eine Reise in den Osten markant und pointiert dargelegt wird, ist der Orientalismus antagonistisch und aggressiv, wo nicht »zutiefst feindselig«.[Or100] Und diese Feindseligkeit veranschaulicht Said durchaus bewundernswert in den Schriften einer nahezu endlosen Reihe von Orientalisten. Akeel Bilgrami fasst Saids These wie folgt zusammen: Der Orientalismus befleißigt sich »einer Haltung zivilisatorischer Herablassung«, der zufolge die Orientalen als »tiefer stehend und unterentwickelt« angesehen würden.[61] An negativen Stereotypen mangelt es nicht, darunter auch solche wie »monolithische Karikaturen«, Faulheit, biologische Minderwertigkeit, Mangel an kultureller Raffinesse und so weiter. Die Logik des Orientalismus besitzt demnach eine klare Zwangsläufigkeit: Distanz erzeugt Andersartigkeit und Andersartigkeit wiederum Verachtung sowie eine Vielzahl zugespitzter negativer Bilder und Stereotype. (Dieser Kontext liefert zudem einen fruchtbaren Boden für die theoretische Verhandlung der angelsächsischen Vorstellung von Vertrautheit und Nähe als einer ergiebigen Brutstätte von Verachtung, eine Vorstellung, die ich weiter unten im Kontext von Naturscham und Selbsthass behandeln werde.)

Andersartigkeit allerdings scheint, insbesondere in der zweiten Hälfte von *Orientalismus*, eine eigene ontologische und epistemologische Dynamik zu entfalten. Für Said ist dieser Begriff so wichtig und für meine Betrachtungen des Autors sowie für die Paradigmentheorie so entscheidend, dass es ein Fehler wäre, ihn nicht als strukturelles Merkmal des *Orientalismus*-Buchs zu betrachten. Dass Bilgrami den Begriff in seiner Zusammenfassung des Buchs als drittes von fünf »Merkmalen« des Orientalismus anführt,[62] hat, wie ich glaube, gute Gründe, auch wenn er ihn nicht wie ich eigens in einer Epistemologie und Ontologie der Differenz positioniert. Wenn sich die Orientalisten also nicht an der unter dem ersten Merkmal erläuterten diskursiven Aktivität und den dort verhandelten Einstellungen beteiligten, und selbst wenn sie »sich bemühten, die zivilisatorischen Herrlichkeiten des Orients ausfindig zu machen«, war ihre Haltung eine »der verwunderten Ehrfurcht, nur dass sie dabei [den Orient] nicht auf einen inferioren oder monolithischen, sondern auf einen exotischen Gegenstand reduzierten«.[63] Selbst für ein »Genie« wie Massignon, ein Mensch und Gelehrter mit hohen ethischen Grundsätzen, und ungeachtet seines unentwegten Engagements für die Sache der Palästinenser im Besonderen und für den Islam im Allgemeinen, bliebe der Vorwurf bestehen, den Osten exotisiert und somit orientalisiert zu haben. Was sich daraus als Quintessenz ableiten lässt, ist nicht etwa, dass Said sich in seiner Beurteilung Massignons irrte (das würde eine gesonderte Untersuchung erfordern); sondern, dass für Said kein Orientalist die Fallstricke vermeiden kann, die sich aus den Wirkungen ontologischer und epistemologischer Distanz und Differenz ergeben. Saids Position scheint folgende zu sein: Jeder, der etwas über den Orient sagt oder schreibt, das den Orient entweder als dem Westen unter- oder überlegen (das heißt entweder als »guten« oder »schlechten« Orient) darstellt, ist ein Orientalist und somit schuldig im Sinne der Anklage.

Das dritte strukturelle Merkmal, für das Saids *Orientalismus* berühmt wurde und das die Postcolonial Studies bereits unmittelbar nach Erscheinen beeinflusste, ist die enge Verflechtung des Orientalismus als akademische Disziplin und Tradition mit den Strukturen politischer und ökonomischer Macht. Der Orientalismus, der über eine »komplexe Beziehung zur jeweiligen Ursprungskultur« verfüge, greife »oft auf ›starke‹, kulturbeherrschende Ideen, Lehren und Trends« zurück.[Or33] Bei Said ist vor allem die Bewegungsrichtung der Beziehung zwischen Orientalismus und Kolonialismus zu beachten. Das »systematische Wissen« des Orientalismus »mehrte sich« und wurde »gefördert« durch die Begegnung mit den Kolonien, eine Begegnung (nur falls dies nicht klar sein sollte), in der Europa sich »immer in einer Position der Stärke, um nicht zu sagen der Vorherrschaft« befand.[Or53]

Eine ausführlichere kritische Untersuchung dieses Merkmals werde ich im weiteren Verlauf des Buchs vornehmen, hier gilt es jedoch zu betonen, dass bei Said die Bewegungsrichtung von der »Begegnung mit den Kolonien« zur »Orientalisten-Zunft« und ihren wissenschaftlichen Texten verläuft. Der Orient der Orientalistik ist somit »ein Repräsentationssystem auf der Grundlage von Kräften, die seinen Gegenstand ins westliche Bildungswesen getragen haben« [Übersetzung angepasst].[Or233] Diese im Mittelpunkt von Saids Interesse stehenden Repräsentationen werden *in* Europa als problematisch erachtet, da sie, wie sich bei genauer Analyse herausstellt, genealogische Verbindungen zur Macht aufweisen und somit die »Objektivität« oder, wenn man möchte, die Reinheit des Erkenntnisstrebens verraten – ein Punkt, der für Said von ebenso großem Interesse ist.

Die Verknüpfung des Orientalismus mit Macht ist demnach ein europäisches oder westliches Problem: »Ich meine also, dass der Orientalismus ein *konstitutiver* Bestandteil der modernen politisch-intellektuellen Kultur ist und sie nicht *einfach repräsentiert* – und als solcher *weniger mit dem Orient selbst* als mit ›unserer‹ Welt zu tun hat« [meine Hervorhebung, Übersetzung angepasst].[Or22] Was aber genau ist das Verhältnis zwischen dem Orientalismus als Repräsentation und dem Orientalismus als eine ontologische Realität des Orients, und wie hat man sich den epistemologische Sprung zwischen den beiden zu denken? Gibt es ein »ist«, das jenseits der Repräsentation liegt? Und wenn der Orientalismus ein konstitutiver Bestandteil der modernen politisch-intellektuellen Kultur *ist*, wie kann er dann weniger mit dem Orient als mit unserer westlichen Welt zu tun haben? Ist die Moderne auf den Westen beschränkt? Und wenn der Orientalismus mit dem Kolonialismus verschränkt ist (was Said zwar andeutet, aber nie im Einzelnen darlegt), ist dann nicht der Kolonialismus, dessen Schauplatz erklärtermaßen der »Orient« ist, modern? Ist die Andersartigkeit, eine Funktion der Distanz, so groß, dass der Orientalismus »tatsächlich« nur mit »uns« zu tun hat? Ist die Bestimmung des Orientalismus und seiner »gelehrten Texte« auf den Westen beschränkt und hat demnach *weniger mit dem Orient* zu tun, dem eigentlichen Schauplatz von Kolonialismus und Genozid? Der orientalistische Text ist tatsächlich ein »für Westler und nicht für Orientalen bestimmte[r] Diskurs«. Das ist ein »schwerwiegende[r] Umstand [...] Keiner der Orientalisten, mit denen ich mich befasse, scheint je an Orientalen als Leser gedacht zu haben«.[Or384] Oder ist es so, dass diese Texte einen Fait accompli hinsichtlich des Orients und seiner Neugestaltung beschrieben, noch bevor der westliche Leser in Betracht gezogen wurde?[64] Oder sogar so, dass der erste Leser dieser »Texte« (oder »Werke«, um Foucaults passendere Wortwahl zu verwenden) der Orientale selbst und erst in zweiter Linie der Westler war?

Dass die Richtung stets vom Orient zum Okzident verlief oder sich bestenfalls in einer Dialektik niederschlug, die, was Wirkung und Erscheinungsform anbelangt, in Europa endete, ist eine Beobachtung, der in *Kultur und Imperialismus*, ein Werk, das Said als Fortsetzung der in *Orientalismus* begonnenen Untersuchungen betrachtete, beträchtliche Aufmerksamkeit gewidmet wird.[65] Anders gesagt, Saids Hauptinteresse gilt den metropolitanen Zentren des westlichen Imperiums, ihren kulturellen und politischen Verfasstheiten und Erscheinungsformen, Zentren, die »schätzens- und bemerkenswerte Werke von Kunst und Erziehung« hervorbrachten, aus denen er »Vergnügen« und ästhetischen »Nutzen« zog.[66] Und wie in den Werken der Orientalistik, die er im Großen und Ganzen für ästhetisch wenig ansprechend, wo nicht völlig verwerflich hält, richtet sich auch sein Hauptaugenmerk letztendlich auf die kulturellen und akademischen Hervorbringungen der westlichen Metropolen, auf jene Welt also, die Said wirklich kannte und die ihn, obwohl er sich auf seine Identität als Palästinenser berief, in fast jeder Hinsicht formten. Welche Dialektik zwischen Macht und Wissen sich auch immer in *Orientalismus*[Or53, 115] aufspüren lässt, sie wird nach einer chronologischen Kausalität beurteilt und nicht unter dem Gesichtspunkt einer wechselseitigen Hervorbringung von Wissen *als* Macht. Dass alles paradigmatische Wissen der Moderne Macht ist und dies auch umgekehrt zutrifft, läuft auf eine Schlussfolgerung hinaus, die Said nicht wirklich zu akzeptieren scheint: Wenn die Moderne mit all ihren Wissensformen untrennbar auf dem Kolonialismus basiert, dann definiert der Kolonialismus die Moderne par excellence, denn sie sind ein und dasselbe.

In seinem Vorwort zu der 2003 erschienen Neuausgabe von Auerbachs *Mimesis* demonstriere Said, so die Vergleichende Literaturwissenschaftlerin Emily Apter, »seine offensichtliche Leidenschaft für die großen Werke der westlichen Literatur [...], bemerkenswert ist jedoch die mangelnde Aufmerksamkeit für Auerbachs Eurozentrismus [...], das Vorwort trägt keine typisch Saidschen Züge, und wenn der Leser die Signatur ausblendet, würde er nie darauf kommen, dass es auf den Autor von *Orientalismus* zurückgeht. Vielleicht ist es ein Text, der, sich auf die Freiheit des Kritikers berufend, seine Interessen kundtut, wie es ihm gefällt, ein Beispiel des reinen intellektuellen Vergnügens, das Said stets an Formen traditioneller humanistischer Gelehrsamkeit gefunden hat.«[67] Im weiteren Verlauf ihres Essays erklärt Apter, dass Said den Eurozentrismus Auerbachs womöglich übergangen hat, um sich auf die Gestaltung eines neuen Humanismus konzentrieren zu können, bei dem es weniger um das ästhetische Vergnügen geht, sondern um die »Überzeugung, dass der Humanismus Parameter bereithält, mit denen sich in einer Welt, die zunehmend von einem Gefühl identitärer ethnischer Bestimmung und von konkurrierenden heiligen Sprachen geprägt ist, künftig eine säkulare Kritik definieren lässt.«[68] Dass dieser »neue Humanismus« ebenso tiefgehend eurozentristisch ist wie der Auerbachs und sich im Grunde seiner Ursprünge und seiner Schieflagen – das heißt, seines eigenen Eurozentrismus – nicht bewusst ist, scheint Apter, wie so viele ihresgleichen, nicht problematisch zu finden. Der Säkularismus von Saids »kritischem Säkularismus« ist deswegen auch nicht weniger säkular und säkularisierend, weil er »das Mandat des Humanismus« als Definition »eines kritischen Säkularismus« betrachtete, »der die widerstreitenden Ansprüche von Theodizee, Relativismus, Ontogenese und Anti-Imperialismus miteinander zu versöhnen sucht«. Nichts kann hier die Zuschreibungsmacht und das Monopol des Säkularismus beseitigen, genauso wie das Mandat des »säkularen« liberalen Staats, die Religion zu regulieren, etwas anderes bewirkt, als Letztere Ersterem zu unterwerfen. Wie Said setzt auch Apter zu viel als gegeben voraus, auch wenn sie den kritischen Säkularismus um ein weiteres Feld erweitert, indem sie die »›Erneuerung liberaler Disziplinen mit dem subjektiven Bewusstsein‹ in dem weiter gefassten Kontext von Kolonialgeschichte, Imperialismus und Nationalismuskritik« verknüpft und damit über Said hinausgeht.[69] Die Definition und den Gebrauch des Säkularismus als Gegensatz zum Religiösen systematisch zu vermeiden und ihn für eine Kritik nationalistischer Theologie und anderer weltlicher Gebilde heranzuziehen, ist, wie dieses Buch mit aller Verve zu argumentieren versucht, nicht mehr ausreichend und führt überdies zu Inkohärenz. Denn wie sehr der Säkularismus auch vom Weltlichen frei sein mag, als kritischer Apparat eben jenes Systems, das ihm seine Form und Struktur verliehen hat, wird er nicht taugen. Da der kritische Säkularismus des weltlichen Willens viel zu sehr mit Rassismus, Kolonialismus, Imperialismus und der Fabrikation der »Religion« als Feind und Strohmann in wechselseitiger Abhängigkeit steht und mit ihnen gemeinsame Sache macht, schafft er – typisch für die moderne Lösung moderner Probleme – mit der Lösung des einen Problems gleich das nächste, wie sich in sozialen, ökonomischen und medizinischen Bereichen oft genug gezeigt hat.

Apter geht auch nachdrücklich auf Saids angeblichen »Flirt« mit Gottesfragen kurz vor seinem frühen Tod 2003 ein. Sie sagt: »Said, der bisweilen mit den Versuchungen des Paradieses zu liebäugeln scheint, identifiziert das Göttliche im Humanismus mit einer Logik der Erweiterung.«[70] Doch diese bloße »Erweiterung«, die offenbar im letzten oder vorletzten Lebensjahr Saids entstand, ist keineswegs dazu angetan, seine analytische Auseinandersetzung mit Massignon oder irgendeiner anderen Würdigung des »spirituellen« Orients zu retten, Würdigungen, die ihm stets nur den Orient, als Anderes, gegen den »säkularen« Okzident auszuspielen schienen. Genealogisch gesehen werden wir zudem gut daran tun, die Bemerkung des Religionswissenschaftlers Gil Anidjar ernst zu nehmen, wonach das »Christentum sich zunehmend vergessen machte, indem es Religion als generische Kategorie und als Gegenstand der Kritik in den Vordergrund rückte [...] und dies zu einer Zeit, als es in seiner eigenen Praxis für das Ende der Religion plädierte und dabei seine kolonialen Bemühungen explizit als eine Art kritischen Säkularismus, als säkulare Wissenschaft propagierte«.[71]

Saids Kritik läuft demnach auf eine einseitige Philosophie säkularer Rationalität hinaus sowie auf eine qualitativ und quantitativ geschmälerte Dialektik zwischen moderner Macht und dominanten Wissensformen, die seiner Darstellung eine starke unidirektionale Textur verleiht, eine Textur, die bei offenkundig äußeren politischen und kulturellen Kräften ansetzt, auf die der Orientalismus »*zurück-griff*« (meine Hervorhebung).[Or33] Der passive Ton ist natürlich nicht zu überhören: Der Orientalismus ist der Rezipient und der Nutznießer dieser Kräfte, ihrer Gegenstände und wohl auch, wie wir mit guten

Gründen folgern können, ihr Terminus ad quem. Die Falschdarstellung des Orients, Saids vordringliches Thema, ist den Kräften geschuldet, die auf den Orientalismus einwirken, indem sie diese Disziplin, »gefördert [...] durch den Kolonialismus«,[Or53] gestärkt haben. Dieses Thema werde ich später ausführlicher behandeln, möchte hier aber darauf verweisen, dass die Ausblendung einer starken Dialektik zwischen Kolonialismus und Orientalismus und, wichtiger noch, zwischen Orientalismus und der ihn »umgebenden Kultur« nicht bloß auf eine fehlende Aufmerksamkeit gegenüber Machtdynamiken und ihrer Analyse, also gewissermaßen auf einen »Kunstfehler« zurückzuführen ist. Mit einem wissenschaftlichen Kunstfehler hat dies absolut nichts zu tun, denn dieser Diskurstypus *ist die Funktion* einer, in der Bezeichnung Foucaults, »diskursiven Strategie«, deren ontologischer Modus es geradezu erfordert, die Dialektik entweder auszublenden, ruhigzustellen oder in Schach zu halten. Eine Veränderung dieses Elements in der diskursiven Strategie hätte eine Veränderung aller anderen Aspekte mit sich gebracht, einschließlich der *partiellen* Vorbehalte gegenüber einem ansonsten totalisierenden und imperialen Liberalismus und Säkularismus sowie gegenüber weiteren ideologischen Phänomenen.

Ein weniger offensichtliches, wenn auch ähnlich signifikantes strukturelles Merkmal des *Orientalismus*-Buchs ist, dass der Orientalismus selbst als »Text« dargestellt wird. In Saids im Übrigen prägnanter Analyse einer dichten Folge orientalistischer Schriften wird der Orient als etwas (falsch) Dargestelltes und somit *in diesen Texten* neu Geschaffenes gezeigt. Das gewaltige Projekt, das der unvergleichliche William Jones in Indien durchführte und das das Leben auf dem Subkontinent und seine Geschichte für immer veränderte, war für Said lediglich eine Sache, die sich letztlich auf das Recht reduzieren ließ, »ein Fach von *symbolischer Bedeutung* für die Geschichte des Orientalismus« (meine Hervorhebung).[Or96] Jones' Unterfangen, dem in Saids Buch kaum mehr als eine Seite gewidmet ist, kommt in der abschließenden Analyse lediglich als vergleichende Übung zur Sprache, bei der es darum ging, »den Ursprung der europäischen Sprache in einer fernen und somit harmlosen orientalischen Quelle zu suchen«.[Or97|72] Desgleichen glaubte Renan, der Saids Zorn zu Recht verdient, »den Orient *in seinem Werk* originalgetreu wiederhergestellt zu haben« (meine Hervorhebung).[Or108]

Da sich Said bewusst nicht mit der Frage beschäftigen wollte, was der Orient wirklich ist oder war – denn dies hätte mit Repräsentation zu tun gehabt, und für Said war, wie wir gesehen haben, jede Repräsentation letztlich eine Falschdarstellung –, konnte er auch nichts über den Orient selbst sagen und sah sich einem Orientalismus gegenüber, der scheinbar ausschließlich über Texte definiert war, »weil die Texte [den Orient] möglich machten« (Saids Hervorhebung).[Or115] Ebenso wenig scheint auch die epistemische Verortung des Orientalisten und des Orientalismus nicht über den Westen hinauszugehen. Die »Fachleute erforschen diese Gegend, da sie als Orientalisten *ihrer Gesellschaft* Bilder vom Orient, Wissen über ihn und Einsichten in ihn liefern sollen. Und der Orientalist liefert in hohem Maße *seiner eigenen Gesellschaft* Darstellungen des Orients« (meine Hervorhebung, [Übersetzung angepasst]).[Or313] Man beachte hier die kumulativen Wirkung der gerade erörterten einseitigen Bewegungsrichtung: Der Orient wird im orientalistischen Text wiederhergestellt, weshalb er »*weniger mit dem Orient* als mit ›unserer‹ Welt zu tun hat«. Der Orientalismus taucht hier als unser »Text« auf, den »unsere« Welt über »unseren Orient« »liest«, der Text ist also alles, was »unsere« Welt weiß, doch es ist ein Text, der durch den »Kolonialismus gefördert« wird. Der Text definiert demnach nicht nur »unser« Wissen, sondern schließt es in sich ein.

Die Neugestaltung des Orients äußert sich demnach in Form von Texten: »So veränderte sich das Vokabular der Orientalistik nach Napoleon radikal. [...] [D]er Orient selbst [wurde] durch die Arbeit der Orientalisten nicht nur rekonstruiert, sondern wahrhaft *neu geboren*« (Saids Hervorhebung).[Or107] Die Geburtswehen des Orients unter der Last eines Unternehmens-Orientalismus, Kolonialismus und strukturellen Genozids spielen in Saids Darlegung keine große Rolle.[73] Sie bleiben nicht nur undeutlich artikuliert, sondern bilden letztlich einen gewaltigen Raum des Verschweigens. Was anderes als Imperialpolitik sollte hinter der von Said zitierten Feststellung Lesseps stehen: »nichts [...] konnte uns aufhalten, nichts war unmöglich, nichts zählte am Ende, außer dem Gelingen, ›dem Erreichen des großen Ziels, des Endergebnisses‹«?[Or110] Inwiefern unterscheidet sich das *résultat final*, das Projekt des Suezkanals, das immerhin zwei Kontinente trennen sollte, von dem anderen Großprojekt der *solution finale* beziehungsweise

der *Endlösung**? Existiert zwischen den beiden eine strukturelle Verknüpfung, die über Politik und eine politische Erklärung hinausgeht?

James Clifford argumentiert zu Recht, Said würde häufig unterstellen, dass ein orientalistischer Text »reale oder authentische Eigenschaften des Orients verzerrt, überlagert oder ignoriert. An anderer Stelle
jedoch bestreitet er, dass es einen ›realen Orient‹ überhaupt gibt. [...]
Said schwankt in seinem Konzept des ›Diskurses‹ noch zwischen der Gegebenheit einer ideologischen Verzerrung von Lebensweisen und Kulturen, die niemals eine feste Form annehmen, einerseits und andererseits
dem Status einer hartnäckigen Signifikantenstruktur, die, wie bestimmte
extreme Beispiele experimentellen Schreibens, ausschließlich und endlos
auf sich selbst bezogen ist. Daher ist er gezwungen, sich auf nahezu tau-
tologische Aussagen zu stützen.«[74] Clifford mag zwar recht haben, wenn
er behauptet, dass die Leugnung eines »realen Orients« eine »bedeutende methodische Entscheidung« darstellt, doch Said wusste wahrscheinlich (und dies entspricht auch meiner Argumentation), dass die Anerkennung einer solchen Realität ihm zwei Schwierigkeiten eingebracht
hätte: Es hätte ihn erstens dazu gezwungen, die von ihm kritisierten
Darstellungen des Orients richtigzustellen, worauf er lieber verzichtete,
und er hätte zweitens seinen eigenen Befunden hinsichtlich *dieses* »realen Orient« Rechnung tragen müssen,[75] eines Orients, der nichtweltlich
und traditionell ist und womöglich den modernen liberalen – und auch
Saids – Empfindlichkeiten zuwiderläuft.

V

Wenn wir das erste, oben skizzierte strukturelle Merkmal genauer
betrachten, werden wir feststellen, dass Said über weite Strecken des
Orientalismus-Buchs damit befasst ist, dieses Merkmal darzulegen und
im Einzelnen auszuarbeiten. Die heimtückischen Auswirkungen der
Distanz beschäftigen den Autor tatsächlich so sehr, dass die durch die
Orientalistik generierten Falschdarstellungen endlos und bis zur Er-
schöpfung wiederholt und zu einem Thema werden, das sich durch die
einzelnen Kapitel, ihre Abschnitte und Unterabschnitte zieht. (Meines

---

* Im Original deutsch.

Erachtens hätte das Buch etliche Kritik abwenden und mehr Wirkung zeitigen können, wäre es gestrafft und auf gut die Hälfte seines Umfangs reduziert worden.) Diese technische Defizienz ist ein wesentlicher, wenn auch kein bloß formaler Kritikpunkt. Er besagt, dass die übermäßige Aufmerksamkeit, die dieses Merkmal vonseiten des Autors erfährt, das Buch (zumindest) wie ein fortlaufendes Register verschiedener, zur negativen Schilderung des Orients herangezogener Formen und Stile erscheinen lässt. Aber was hat es mit den Ursprüngen und der wahren Bedeutung dieser (Falsch-)Darstellungen auf sich?

Mein Argument lautet, dass dieses Merkmal zwar weder naiv übergangen noch absichtlich weggelassen werden kann, dass seine Existenz aber weitgehend für alle Kulturen, die das »Andere« im Visier haben, unterstellt werden darf, und dass es als allgemeine Kategorie für den Orientalismus nicht spezifisch ist. Wenn »Kulturen« im Plural vorkommen, dann existiert folglich sowohl ontologisch als auch epistemologisch das »Andere«, was bedeutet, dass »Kultur« (nun im Singular) als Konzept ontologisch wie epistemologisch ohne die *Existenz* des Anderen unmöglich ist. Insofern aber »Kultur« und »das Andere« moderne Kategorien sind, könnte ein Einwand lauten, dass, hätte es Erstere in der Vergangenheit nicht gegeben, Letzteres nicht hätte entstehen können. Dieses Argument büßt jedoch seine Gültigkeit zum Teil dadurch ein, dass in der Geschichte andere – religiöse, tribalistische, ethnische – Formen der Selbstidentifikation vorkamen, die das »Andere« (oder seine Entsprechungen) zu einer gleichermaßen ontologischen wie epistemologischen Notwendigkeit machten, auch wenn, wie eingeräumt werden muss, die Moderne dem Begriff eine überaus massive Bedeutung verliehen hat. Zu allen Zeiten und in allen Kulturen gab es die Dichotomie von »Selbst« und »Anderem« und dies macht aus der epistemologischen Distanz eine Kategorie, deren späteste Ausprägung die moderne Form bildet; aber erst in einer vergleichenden Studie der verschiedenen Arten werden sich die speziellen Eigenschaften des Orientalismus angemessen verstehen lassen. Damit in diesem Absatz gar nicht erst der Eindruck eines Einverständnisses mit Saids Ansichten entsteht, alle »fortschrittlichen Gesellschaften« seien rassistisch und tyrannisch,[Or234] wird dem *systemisch* destruktiven und intoleranten[76] Rand der modernen Kultur hier besondere Beachtung geschenkt.

Die hier unterbreiteten Annahmen haben den Vorteil, dass mit ihnen in dem Maße, wie die Distanz und die daraus resultierenden Stereotype für selbstverständlich erachtet werden, eines der Probleme, das sich für Said und nicht minder für viele heute über den Orientalismus schreibenden Autoren als verwirrend erwiesen hat, umgangen werden kann. Genauer gesagt, wenn dieses Merkmal nicht als eine Bedingung der Möglichkeit, sondern als zufälliges Attribut erachtet wird, das eben vorkommt oder nicht, dann würde man einen Aischylos oder einen Dante nicht mit einem von Grunebaum oder einem Lewis in einen Topf werfen. Mit diesem Vorteil lässt sich eine Theorie der Falsifikation, wie vereinfacht sie auch sein mag, mit größerer Schlagkraft einsetzen. Vor allem hätte sich Said, wäre er von diesen Annahmen ausgegangen, kaum mit Aischylos und Dante oder ihresgleichen vertan, wobei es dazu noch etlicher anderer Voraussetzungen bedurft hätte, wie in Kapitel 2 aufgezeigt werden soll.

Ein weiterer Vorteil ist die analytische Klarheit, die nun in der Rede von Distanz und Macht möglich wird, denn *streng genommen* existiert zwischen den beiden keine Folgewirkung, das heißt, auch wenn sie sich zu bedingen scheinen, tun sie es eigentlich in logischer Hinsicht nicht. Denn während Flauberts Darstellung der Kurtisane zufällig mit einem »zwischen Westen und Osten bestehenden Muster der Dominanz« assoziiert wurde, wäre eine entsprechende Darstellung im Rahmen eines anderen Machtgleichgewichts, etwa zwischen entfernten Gleichen, als plausibel anzunehmen. Ein chinesischer Kaufmann der Tang-Dynastie, der zur Blütezeit des Abbasidenreichs Bagdad besuchte, hätte eine Kurtisane ohne Weiteres mit ähnlichen Begriffen beschreiben können.[77] Dies soll Flaubert nicht entlasten, sondern vielmehr verdeutlichen, dass die Wirkungen der Distanz eigens analysiert werden müssen, in einem spezifisch modernen Setting, da es keine notwendige Folgewirkung zwischen – wenn mir diese Redundanz gestattet ist – Distanz und ihren Wirkungen einerseits und den in Macht eingebetteten Beziehungen andererseits gibt.

Mein dritter und wesentlichster Punkt im Zusammenhang mit dem ersten Strukturmerkmal in *Orientalismus* hat mit dem Begriff der Repräsentation zu tun, ein Begriff, der in Saids Buch »kanonisch« verwendet und durch Aussagen dingfest gemacht wird, die vorbehaltlos erklären, dass der »Islam« und der Orient insgesamt »im Westen grundsätzlich falsch dargestellt« werden.[Or312] Hier komme ich auf die wichtigste, dieses Merkmal betreffende Frage zurück: Was ist am Orientalismus so besonders? Said selbst hat sie sich offenbar mit einem tönenden »nichts« beantwortet. Doch diese Antwort birgt ihre eigenen Probleme.

In der zweiten Hälfte seines Buchs trifft Said, der einen für ihn untypischen philosophischen Ton anschlägt, die vielsagende Feststellung, dass das »eigentliche Problem« darin liege,

> ob es überhaupt richtige Darstellungen von irgendetwas geben kann oder ob nicht alle Darstellungen *als solche* zuerst in die Sprache und dann in die Kultur, die Institutionen und das politische Ambiente des Darstellenden eingebunden sind. Wenn das zutrifft (wie ich meine), so müssen wir annehmen, dass Darstellungen *eo ipso* mit vielen anderen Dingen als der »Wahrheit«, die ihrerseits eine Darstellung ist, verbunden, verwoben und verknüpft sind. Methodologisch führt dies dazu, Darstellungen (oder Entstellungen – da bestehen allenfalls graduelle Unterschiede) auf ein gemeinsames Spielfeld abzubilden, dessen Rahmen nicht allein thematisch festgelegt ist, sondern auch historisch durch Denktraditionen und das betreffende Diskursuniversum.[Or312]

Im darauffolgenden Absatz wird Said sogar noch deutlicher und spricht davon, dass die (Falsch-)Darstellungen des Orientalismus lediglich dem entsprechen, was wir als Menschen gemeinhin mit der Sprache veranstalten, dass sie das sind, was Darstellungen (oder Repräsentationen) aus sich heraus tun. Said geht so weit zu behaupten:

> Das Entscheidende an diesem System ist jedoch nicht, dass es ein wahres Wesen des Orients entstellen würde [...], sondern dass es in der üblichen Weise von Darstellungen wirkt, nämlich zweckgerichtet, tendenziös und auf einen spezifischen historischen, geistigen und sogar wirtschaftlichen Kontext bezogen. Mit einem Wort haben Darstellungen Ziele, *die meiste Zeit praktische Auswirkungen* und konkrete Folgen. Sie sind sowohl Formationen als auch Deformationen, wie Roland Barthes über alle sprachlichen Vorgänge sagte (meine Hervorhebung [Übersetzung angepasst]).[Or313]

Das ist gelinde gesagt erstaunlich. Wenn Darstellung wie von Said beschrieben funktioniert – worüber man sich heute meines Erachtens weitgehend einig ist –, warum sollte dann ein substanzieller Teil seines Buchs der gebetsmühlenartigen und ausführlichen Abhandlung negativer Schilderungen des Orients und des Islams gewidmet sein, wozu auch gehört, dass die Studienobjekte (Orient, Islam, Araber und so weiter) auf Essenzen heruntergebrochen werden, worauf detailliert einzugehen sich Said – im Widerspruch zu dem, was er in dem zitierten Abschnitt behauptet – viel Zeit nimmt?

Saids mal mehr, mal weniger deutliche Kritik der negativen Schilderungen rührt meines Erachtens daher, dass er die literarischen und linguistischen Wirkungen dieser Darstellungen zu ernst genommen hat. Und sein Vermächtnis wirkt bis heute fort. In dem gerade zitierten Absatz macht er einen ersten, wenn auch unbeholfenen und simplen Schritt, etwas grundlegend Wichtiges über Sprache und Repräsentation zu äußern, doch dieser Anfang stirbt einen plötzlichen Kindstod. Wenn er sagt, dass »Darstellungen Ziele, die meiste Zeit praktische Auswirkungen und konkrete Folgen« haben, tangiert er Kernpunkte der Austin'schen Performativa, ohne sie jedoch ernst zu nehmen. In diesem Kontext drängen sich bestimmte Fragen auf: Welche spezifischen Ziele haben Repräsentationen? Welche dieser Ziele sind für eine Untersuchung des Orientalismus relevant? Welche nicht? Wann haben Repräsentationen Auswirkungen? »Die meiste Zeit« sagt nichts über die Qualität von Darstellungen aus, die Wirkungen zeitigen. Wann und unter welchen Bedingungen haben sie konkrete Folgen und sind es einzelne, mehrere oder gar keine?

Diese Themen bei der Untersuchung des orientalistischen Diskurses aufzuwerfen, bedeutet, sich mit der Kernfrage der orientalistischen Repräsentation zu befassen, und heißt zu verstehen, was zählt und was nicht, was ernst zu nehmen und was als Geschwätz abzutun ist – anders gesagt, welche Diskurstypen performativ sind und in welcher Weise genau sie es sind. Betrachten wir zum Beispiel die vormodernen islamischen Reisejournale und Berichte, wie sie etwa von Ibn Fadlan im zehnten Jahrhundert, von Ibn Jubair (gestorben 1217) und Ibn Battuta (gestorben 1369) verfasst wurden,[78] oder auch solche Werke wie Al-Birunis Buch über Indien, entstanden in der Mitte des elften Jahrhunderts,[79] sowie die islamischen oder chinesischen Annalen, in denen das Andere dargestellt wird. In diesen Werken wimmelt es von Referenzen und ausführlichen Abhandlungen, die andere Völker, andere Kulturen und andere Religionen in nicht gerade schmeichelhaften, wenn nicht sogar häufig abwertenden Begriffen porträtieren.[80] Und da viele von ostwärts gelegenen Völkern sprechen, haben wir es mit der Frage zu tun, ob es sich dabei um »orientalistische« Schriften handelt. Und gleich, ob die Antwort negativ oder positiv ausfällt: Um diese Frage zu beantworten, kommen wir nicht umhin, das, was der Orientalismus wirklich ist, zu definieren und zu verstehen. Ihn in Form von (Falsch-)Darstellungen zu definieren, genügt nicht.

Bevor wir uns dieser Sache im Einzelnen widmen, also einem Thema, dessen Erörterung besser in unserer Analyse der Strukturmerkmale des Wissens und seiner Verbindungen zur Macht aufgehoben ist, werden wir gut daran tun, ein paar Dinge zu den Austin'schen Performativa und ihren theoretischen Implikationen für unseren Kontext zu sagen, ohne die das Problem der Repräsentation und des Repräsentationalismus nicht zufriedenstellend gelöst werden kann.

Bekanntermaßen war J. L. Austins Theorie der performativen Aussagen eine Antwort auf die positivistische Doktrin, wonach Aussagen oder, weniger technisch, Äußerungen sich ausschließlich zur Wahrheitsbewertung eignen, da ihre Funktion darin besteht, etwas zu beschreiben, zu berichten oder festzustellen, was sie entweder wahr oder falsch macht. Damit, so Austins Argumentation, wurde ein umfassender Typ von Aussagen ausgeschlossen, der diese Funktion logisch nicht erfüllt und auch nicht erfüllen kann; dieser Aussagentyp bringt indessen Handlungen hervor. Da solche Aussagen Handlungen vollziehen, eine Realität schaffen oder, teilweise oder vollständig, eine »materielle Realität« hervorbringen, nannte er sie performative Aussagen. Austin gibt zahlreiche Beispiele für solche Aussagen, das anschaulichste ist das bei einer Trauzeremonie geäußerte »Ich will«. Streng genommen lässt sich die Aussage »Ich will« nicht daraufhin überprüfen, ob sie wahr oder falsch ist, sondern stellt so etwas wie eine Neuschöpfung dar, nämlich die Trauung als rechtlichen und gesellschaftlichen Akt. Das entscheidende »Ereignis im Vollzuge der Handlung [...] ist das Äußern der Worte«, deren Gegenstand der Akt selbst ist.[81]

Für uns von Interesse ist hier, was Austin als »passende« Umstände bezeichnet, in denen solche performativen Worte geäußert werden. Das Fehlen solcher passenden Bedingungen wird die Handlung vereiteln und folglich ein »unglückliches« oder glückloses Ergebnis erzeugen. Dementsprechend muss, damit eine Äußerung zu einer Handlung führen kann, oder genau gesagt, eine Handlung konstituieren kann, die Existenz – oder das Vorhandensein – einer Gelingens- oder Glücksbedingung gegeben sein. Die Aussage »Ich will« wird zum Beispiel von den Normen der Rechtsherrschaft autorisiert. Ihre Wirksamkeit liegt nicht in der Äußerung selbst begründet, sondern rührt aus dem Umstand, dass eine mit erheblicher Macht ausgestattete Person verfügt hat, diese Äußerung besitze bindende Kraft. Doch dieses Erfordernis kann nicht für sich allein stehen, denn um wirksam zu sein, muss die Aussage in und auf eine Umgebung wirken. Zu den Bedingungen, die nötig sind, damit Äußerungen Handlungen erzeugen, gehört, dass sie für den Zuhörer als vollständige und kohärente Sprache verständlich sind, dass der Sprecher als abgeleitete Instanz über eine gewisse Autorität verfügen muss, dass sie in einer der vereinbarten Konvention entsprechenden Umgebung stattfinden und dass ihre intendierten Folgen durch den Sprecher offengelegt und seitens des Zuhörers allgemein akzeptiert werden.

Austins performative Äußerungen und ihre Glücksbedingungen stellten die formale Aussagenanalyse infrage und machten auf einen neuen und wertvollen Aspekt der Sprache und ihres Vermögens aufmerksam. Die Theorie der Glücksbedingungen selbst blieb jedoch in einem vergleichsweise formalistischen Rahmen, bis Foucault sie für seine Theorie der Macht adaptierte. Aus dieser Eingemeindung wiederum zogen andere Philosophinnen und Philosophen wie etwa Judith Butler, Bruno Latour und Karen Barad in ihrer eigenen Arbeit Nutzen, indem sie Foucaults Ansatz erweiterten und verfeinerten. Für unser Anliegen überaus zweckdienlich ist Butlers wegweisende Diagnose, die, im Kontext der Geschlechtsformation, ein zentrales Merkmal der Performativität zusammenfasst und sich dabei an Foucault orientiert. Foucault habe darauf hingewiesen, dass »die juridischen Machtsysteme die Subjekte, die sie schließlich repräsentieren, zuerst auch produzieren«, da die Subjekte, aufgrund ihrer Unterwerfung unter diese Strukturen, »mit den Anforderungen dieser Strukturen gebildet, definiert und reproduziert« werden. Die »Rechtsformation von Sprache und Politik [ist] [...] selbst eine Diskursformation und der Effekt einer gegebenen Variante der Repräsentationspolitik«, wobei das Subjekt durch eben das System »diskursiv konstituiert« wird, das »seine Emanzipation ermöglichen soll«.[82]

Was an Austins Glücksbedingungen und Foucaults Rechtsbegriff besonders hervorzuheben ist, sind – ein häufiges Missverständnis – weder die linguistischen Aussagen noch die Diskurse selbst, sondern ist das Vermögen oder die Macht, die den Diskursen ihre konstituierenden Wirkungen, das heißt ihre Macht verleiht, Realität zu erwirken.[83] In gewisser Hinsicht arbeitet sich Saids *Orientalismus* daran ab, dass die Aussagen der Orientalisten über den Orient ihre eigene Schöpfung, dass sie ebenso sehr Falschdarstellung wie Darstellung waren, was bedeutet, dass Said den Diskurs weiterhin an die Dichotomie von wahr und falsch gebunden sah[84] und er damit eine Position einnahm, gegen die Austin ankämpfte. Der Diskurs blieb zudem in letzter Konsequenz an seine formalistischen, nichtperformativen Strukturen gebunden. Für Said ist die »Sprache selbst ein hochorganisiertes verschlüsseltes System [...], das viele Möglichkeiten bietet, *Mitteilungen und Informationen auszutauschen und etwas auszudrücken, zu bezeichnen, darzustellen* und so fort« (meine Hervorhebung).[Or32] Keine dieser Bestimmungen ist performativ und alle sind sie sprachlich gesehen konstativ. Dadurch, dass Said der Sprache eine unangemessene Bedeutung als Werkzeug der Repräsentation zuspricht, behandelt er die orientalistischen Diskurse als fälschliche Repräsentationen des Orients.

Das Problem mit Saids Orientalismus und dem daraus resultierenden gängigen Verständnis dessen, was Orientalismus ist, fängt im Kern damit an, dass gegenüber dem orientalistischen Diskurs und der diskursiven Tradition, für die dieses Feld stand, ein Ansatz gewählt wurde, der dem Repräsentationalismus verpflichtet war. Die Feminismustheoretikern Karen Barad schreibt, dass ein *performatives* Verständnis diskursiver Praktiken den repräsentationalistischen Glauben an die Macht der Wörter infrage [stellt], schon vorhandene Dinge zu repräsentieren. [...] Die richtig verstandene Performativität ist keine Aufforderung, alles (unter anderem auch materielle Körper) in Wörter zu verwandeln; im Gegenteil, die Performativität bestreitet gerade die übermäßige Macht, die der Sprache zugestanden wurde, um zu bestimmen, was wirklich ist. Daher wird die Performativität in einem ironischen Gegensatz zu dem Missverständnis, das sie mit einer Form von sprachlichem Monismus gleichsetzen würde, der die Sprache für den Stoff der Wirklichkeit hält, richtig verstanden als Infragestellung der unüberprüften Gewohnheiten des Geistes, die der Sprache und anderen Repräsentationsformen mehr Macht bei der Bestimmung unserer Ontologien zugestehen, als sie verdienen.[85]

In den folgenden Kapiteln möchte ich versuchen, die für unsere Konzeption des Orientalismus problematischen Implikationen des Repräsentationalismus zu verdeutlichen, und einen performativen Ansatz vorschlagen, der den Orientalismus in ein anderes – wenn auch nicht weniger vernichtendes – Licht sowie in einen ihm entsprechenden größeren Kontext stellt. Im folgenden Kapitel soll die Performativität des orientalistischen Diskurses herausgearbeitet werden, dies aber nicht in dem im Westen verankerten orientalistischen Text, also nicht im Mutterland, das ihm zu seiner formalen Existenz verhalf, sondern dort, wo er Geltung erlangen sollte, also dem Ort, für den er bestimmt war.

Kapitel II
Wissen, Macht und koloniale Souveränität

Teil 1

I

Im vorhergehenden Kapitel habe ich die Problematiken von Distanz und Differenz herausgearbeitet, aber die Erörterung des dritten und vielleicht bemerkenswertesten Merkmals des Orientalismus, nämlich seine Komplizität mit der Macht, weitgehend außen vor gelassen. Diesen Aspekt einer Forschungsdisziplin behandelt zu haben, die lange Zeit damit kokettierte, von dem ideologischen Narrativ der Moderne abgeschnitten zu sein, war Saids eigentliche Leistung; und wenn wir heute die Komplizenschaft des allgemeinen orientalistischen Diskurses mit der Macht für selbstverständlich halten, dann weil Saids wichtige Arbeit ein kanonisches Werk geworden ist. Nach Erscheinen des *Orientalismus*-Buchs konnte kein seriöser Forscher oder Denker mehr davon ausgehen oder zu Papier bringen, dass der orientalistische Diskurs »gelehrtes« Wissen ist, das ungeachtet der immanent konträren Einschätzung[1] darüber Auskunft geben kann, was der Orient »objektiv« ist oder war; stattdessen hat sich der Orientalismus als Produkt des kolonialistischen Europas und seiner spezifisch kulturellen und intellektuellen Gebilde entpuppt, die bis in den Kern von Vorurteilen und den damit einhergehenden Falschdarstellungen imprägniert waren.

Gleichwohl sind diesem Verständnis Grenzen gesetzt. Mein Argument lautet, dass sich dieses begrenzte Verständnis nicht bloß einer verkürzten oder eingeengten Sicht der Dinge verdankt, einem Mangel an analytischer Einsicht oder etwas in der Art; Said war ein begabter Wissenschaftler, der aus jedem ihm zur Verfügung stehenden empirischen Repertoire meist das Beste herauszuholen wusste. Doch genau das ist der springende Punkt. Die Beschränkung, die der Diskurs nach Said noch immer verinnerlicht, bleibt die Funktion einer diskursiven

Strategie, die nicht anders kann, weil sie aufgrund ihrer eigenen Natur außerstande ist, sich etwas anderes *vorzustellen*. Anders gesagt, diese Beschränkung ist der Denkstruktur selbst eingebaut, die eine solche Kritik aufkommen lässt. Und jede Kritik besitzt wie jedes Werkzeug ihre jeweils eigene Struktur, die dazu dient, die spezielle Aufgabe, für die sie vorgesehen ist, zu erfüllen. Es besteht immer eine Beziehung zwischen dem Werkzeug und dem intendierten Gegenstand, so unterschiedlich oder scheinbar unabhängig die Genealogien des Werkzeugs und des Gegenstands auch scheinen mögen. Werkzeuge und Instrumente, die aus einem Zentralgebiet stammen, das heißt aus genau jenen Strukturen, durch die das Gebiet selbst gebildet wurde, können für die Neukonstituierung ebenjenes Gebietes nicht eingesetzt werden. Aufgrund ihrer Struktur lassen sich solche Instrumente als Korrektive oder zur Optimierung einsetzen, sie taugen aber nicht zur Durchführung von Aufgaben, die sich qualitativ von der Teleologie des betreffenden Gebiets unterscheiden. Eine paradigmatische Kritik des Kapitalismus beispielsweise kann nicht aus dem Kapitalismus als Zentralgebiet selbst hervorgehen, ebenso wenig wie eine strukturelle Kritik eines »liberalen Ökologismus« aus dem liberalen Denken selbst entspringen kann.[2]

Dieses Kritikkonzept ist grundlegend für zumindest zwei meiner Anliegen, deren erstes aus zwei Teilen besteht. Oft wird argumentiert – aus einer unter Studentinnen und zahlreichen Akademikern verbreiteten Lehrmeinung heraus –, dass eine Kritik der Moderne unvermeidlich mit der Moderne verknüpft ist und ihrem epistemologischen Bezugssystem nicht zu entrinnen oder es zu transzendieren vermag. Jede derartige Kritik ist demnach dazu verurteilt, bestimmte Aspekte der Moderne nachzuvollziehen oder bestenfalls zu korrigieren, womit sie gleichwohl der Moderne verhaftet bleibt. Diese Sicht hat natürlich ernsthafte Auswirkungen zur Folge und dies nicht nur der epistemologischen Resignation wegen, die sie bedeutet, sondern auch weil sie zutiefst in die Irre geht. Ernst, wenn nicht sogar gefährlich, sind ihre Folgen zudem, weil sie den ideologischen Diskurs der Moderne bestärken und damit, ein Desiderat der Modernisten, den Status quo befestigen. Der zweite Teil des Anliegens, der die im ersten Teil aufgeworfenen Behauptungen zu beantworten sucht, hat zum Inhalt, dass das besagte Kritikkonzept für die bereits diskutierte Theorie des Autors – auf die ich in Kapitel drei zurückkomme – grundlegend ist; eine Theorie, die wiederum dem Konzept der Paradigmen, ihrer Machtdynamiken und Kraftfelder wesentlich ist. Wenn jedes Machtsystem zeitgebunden und zwangsläufig ein kontingentes Gebilde ist, dann braucht es höchstens ein wenig historischen Menschenverstand um zu verstehen, dass Episteme, um Foucaults Begriff zu verwenden, unbeständig, veränderlich und letztlich austauschbar sind. Darüber hinaus besitzt jede Episteme – und folglich auch jedes Machtsystem – ihre eigene Logik und Struktur – selbst dann, wenn das System keine voraussagbare Machtlogik besitzt. Gleichwohl entspringen diese Systeme direkt aus einem jeweils anderen, mitunter völlig unterschiedlichen Vorgängersystem; die Moderne selbst ist zum Beispiel ein Phänomen, das sich – bei aller Nachahmung der theologischen Formen – von seinem »mittelalterlichen« Vorgänger völlig unterscheidet. Das Kritikkonzept zeigt zudem die Notwendigkeit auf, den orientalistischen Diskurs als kolonialistischen Diskurs und letzteren als strukturell und materiell genozidalen Diskurs und als ebensolche Praxis zu untersuchen, unterstützt vom Orientalismus und abgemildert von dem, wie ich es nennen würde, akademischen Diskurs des paradigmatischen Gebiets. An dieser Stelle möchte ich meine Diskussion jedoch auf den Kolonialismus beschränken, indem ich von der westlichen Seite der Landkarte ausgehend seine Abhängigkeit vom Orientalismus und von der östlichen Seite her seine performativen Wirkungen aufzeige und so den akademischen Diskurs mit besagter Performativität als einem wesentlichen in Richtung genozidalen Verhaltens führenden Schritt zusammenbinde (Thema in Kapitel 4).

II

Der Orientalismus wurde weitgehend in und von Europa entwickelt, er war aber nicht nur für Europa. Er war also nicht nur eine auf der »Unterscheidung« zwischen Orient und Okzident basierende »Denkweise«,[Or11][3] und in dem Stil, in dem der europäische Roman geschrieben und analysiert wurde, zielt auch er auf die Befriedigung und das Vergnügen Europas ab. Der Orientalismus war *perfomativ und nicht repräsentationalistisch* im engen Sinne des Wortes. Anders gesagt und gegen Said: *Der Orientalismus hatte als institutionelle und*

gedankliche Struktur mehr mit dem Orient selbst und seiner materiellen,
physischen und psychoepistemischen Reproduktion zu tun, als dass er
eine Verzerrung und ein von akademischen Neulingen naiv idealisier-
ter, auf »Wissen und Gelehrsamkeit« basierender rekonstruktiver *Text*
war. Dass er in Komplizenschaft mit der Macht stand, steht außer Frage, doch ist dies nur die halbe Wahrheit, die schwächere Hälfte überdies, die, allein betrachtet, den Orientalismus in einem Maße politisiert
(und tatsächlich politisiert hat), dass er in seiner größeren globalen
Verwicklung nicht mehr wahrzunehmen war.

Lassen wir keinen Zweifel aufkommen: Saids Konzept des Orientalismus war fast durchgängig in konventionellen politischen Begriffen
gefasst. In dem gesamten Buch und in allen Diskussionen nach dessen
Drucklegung wurde auf den Orientalismus nur noch in politischen,
wenn nicht sogar politisierten Begriffen Bezug genommen. Der Orientalismus und der sich daraus ergebende Vorwurf oder der Vorwurf
der Orientalisierung blieben Gefangene des Repräsentationalismus,
des Deskriptivismus oder der politischen und sogar ethnischen, nationalistischen und religiösen Position oder Zugehörigkeit des Verfassers.
Bei alldem kamen die wesentlichen Glücksbedingungen und ihre realen Grundlagen erst gar nicht zur Sprache. Der Vorwurf des Orientalismus wird oft auf das reduziert, was an der Arbeit eines anderen
Wissenschaftlers nicht gemocht wird, und er lässt sich umso leichter
vorbringen, wenn dieser kein Orientale oder Muslim ist.

Der Orientalismus wurde zudem auf ein rudimentäres politisches
Konzept und Unterfangen[4] reduziert, weil Said letztlich selbst einen ausgeprägten Hang zu dieser Form der Realitätswahrnehmung besaß; in seinem Buch wimmelt es vor Aussagen, die dies umfassend belegen. Über
den Orientalismus als »Vorstellungssystem auf der Grundlage von [eu-
ropäischen] Kräften« sprechend, sagt Said: »Wenn diese Beschreibung
des Orientalismus politisch klingt, dann einfach deshalb, weil ich ihn für
das Produkt gewisser politischer Kräfte und Aktivitäten halte«.[Or233] Man
beachte hier, wie die europäischen »Kräfte«, eine kategorische Zuschreibung, auf die »politischen Kräfte und Tätigkeiten« reduziert und eben
nicht in das Politische als epistemische Formation überführt werden.
Aber Überführung und Reduktion reichen nicht weit genug. »Da der
Orient schwächer war als der Westen, lässt sich der Orientalismus so-

gar als eine dem Orient übergestülpte politische Doktrin auffassen, die die Andersartigkeit des Orients mit Schwäche gleichsetzt«.[Or234] Hier gilt es zu beachten, dass die Erklärung nicht über das Machtgleichgewicht internationaler Beziehungen hinausgelangt oder ihre diskursiven Manifestationen hinter sich lässt. Und auch der Kapitalismus erscheint nicht als eine eigene Kategorie der Analyse; ebenso wenig der Völkermord oder andere Formen kollektiver Grausamkeit, soziales und kulturelles Engineering oder totalitäre Umwandlung indigener Traditionen. Said ist sich unsicher, ob das Narrativ der kolonialistischen Zerstörung von Land und indigenen Völkern völlig zutreffend ist und nicht bis zu einem gewissen Grad auf »Mythenbildung« beruht.[5]

Der politische Stachel des Orientalismus erwächst sowohl genealogisch als auch phänomenologisch aus nichts Tieferem als politischen Beziehungen und politischer Stärke. Vertikal reicht diese Erklärung sogar noch weniger weit (darüber hinaus ist sie verkompliziert durch die Unvereinbarkeit dieser Aussage mit der vermeintlichen Behauptung, Orientalismus habe es bereits gegeben, als ein schwaches Europa über Jahrhunderte von einer massiven islamischen Eroberung bedroht war). Eine relevantere Frage aber wäre diese: Warum hat Europa – und sein Orientalismus – Differenz ausdrücklich mit Schwäche assoziiert? Die vormodernen chinesischen Dynastien zum Beispiel haben die kulturelle Differenz mit Barbarei oder mangelnder Raffinesse gleichgesetzt, haben dies aber nicht als Rechtfertigung genommen, eine Armee von Gelehrten aufzustellen oder in ihren Bildungseinrichtungen ganze Abteilungen allein mit dem Zweck einzurichten, die »Barbaren« zu »studieren«. Auch keinem islamischen oder indischen Reich ist dergleichen eingefallen.[6] Die Antwort auf solche Fragen auf eine Metaphysik der Schwäche und Differenz zu beschränken, heißt, nicht über die konventionellen Formen der Politik und mehr noch über einen beschränkten Politikbegriff hinauszuschauen.

Um über Saids Erklärungen hinauszugelangen – die den Orientalismus viel zu lange und im Grunde bis heute dominiert haben –, müssen wir mit der einfachen, aber entscheidenden Frage beginnen, einer Frage, die meines Wissens nur selten oder so gut wie nie gestellt wird: Warum überhaupt Orientalismus? In anderen Worten, warum haben wir ein Phänomen wie den Orientalismus, eine größere Gruppierung von

Gelehrten, Abteilungen, Instituten, ganzen Institutionen und Stiftungen, Fachzeitschriften, Buchreihen, Studentinnen, Stipendien, Budgets und so weiter, die alle zusammen einen Teil der akademischen Welt des Westens bilden (einer Welt, die inzwischen in anderen Teilen der – sollen wir sagen orientalisierten – Welt Fuß gefasst hat)?

Keine andere Kultur oder Zivilisation in der Weltgeschichte, und daran sollte es keinen Zweifel geben, hat ein derartiges Phänomen hervorgebracht, nicht einmal die überaus buchgelehrte und gebildete islamische Zivilisation, die – wie ich zeigen werde – im neunzehnten Jahrhundert aufgrund der Begegnung mit dem kolonialen Europa an ihr eigentliches Ende gelangte. Selbst die chinesischen Dynastien haben in ihren Glanzzeiten, als zum Beispiel im frühen fünfzehnten Jahrhundert nach Christus ihre berühmte kaiserliche Flotte die Meere befuhr und bis nach Madagaskar und vielleicht noch weiter steuerte, dabei Piratenschiffe vernichtet und exotische Pflanzen und ausländische Emissäre zurückgebracht hat, nur um später in den chinesischen Häfen zu verrotten, nichts Vergleichbares bewirkt.[7] Weder auf den Schiffen noch zu Hause erforschten Gelehrte, die ein organisiertes Kontingent, eine diskursive Disziplin, eine akademische Institution oder etwas Ähnliches gebildet hätten, den Indischen Ozean oder die Küsten Afrikas oder gar ihre unmittelbare Umgebung und schon gar nicht die gesamte Hemisphäre. Es ist daher keine Überraschung, dass der herausragende ägyptische Historiker ʿAbd al-Rahman al-Dschabarti völlig verblüfft war, als er Napoleons Armee von Forschern begegnete, die Teil des französischen Feldzugs zur Eroberung Ägyptens waren. Und dabei handelte es sich um einen Gelehrten, der die Gepflogenheit der Sultane und Emire kannte, sich auf ihren Feldzügen von Juristen begleiten zu lassen.[8] Allerdings ist es durchaus überraschend, dass Said zwar Dschabartis Verblüffung konstatiert, daraus aber wenig abzuleiten vermag. Or101 Er kam nicht auf die Idee, zu fragen: Warum war dieser Historiker so verblüfft, so »beeindruckt«? Warum überhaupt Orientalismus? Diese auf der Hand liegende, aber überaus tiefgehende Frage durfte natürlich nicht aufgeworfen werden, noch nicht einmal ansatzweise, denn diese hätte sofort zur nächsten geführt: Warum, eng verwandt mit dem Orientalismus, Anthropologie? Warum Soziologie, warum Ökonomie? Warum Wirtschafts- und Rechtswissenschaften? Und dann würden diese Fragen noch umfassender und alarmierender ausfallen. Wenn Anthropologie, Soziologie, Ökonomie, Journalismus und dergleichen dazugehören, warum dann nicht auch Naturwissenschaft oder die so harmlos wirkende Geschichte? Warum ist die westliche akademische Welt, so wie sie existiert, als Ganzes entstanden?

Natürlich wäre dies eine sehr hoch angesetzte investigative Bürde, deren detaillierte Aufarbeitung mehrere Bände erfordern würde. Während im weiteren Verlauf des vorliegenden Buchs einige Antworten skizziert werden, versuche ich hier die Anachronismen und ahistorischen Behauptungen zu tilgen, die sowohl Saids Werk als auch die Schriften durchziehen, zu denen es veranlasst hat. Wie zuvor schon angemerkt, reicht Saids Orientalismuskonzept bis zurück ins klassische Griechenland und erstreckt sich über Dante und die katholische Kirche des frühen vierzehnten Jahrhunderts bis zu den heute lebenden Forschern der westlichen akademischen Welt. Said bekundete kein Interesse, der Frage nachzugehen, warum das Kirchenkonzil von Vienne 1311–1312 beschloss, neben Lehrstühlen für Syrisch, eine politisch irrelevante Sprache, und für Griechisch, das nach seinem Ermessen keine orientalische Sprache ist, auch solche für Arabisch einzurichten. Könnten sie vielleicht, abgesehen von der (auch vom Islam geteilten) Bekehrungsabsicht, aus der wissenschaftlichen Erfordernis geschaffen worden sein, philosophisches Wissen der alten Griechen, das man als durch die »Araber« vermittelt betrachtete, zu erwerben – ein Schritt, der sich nur wenig von der in der Abbasidenzeit betriebenen Initiative für das Bayt al-Hikma (»Haus der Weisheit«, 800–950)[9] und ähnlichen Übersetzungsprojekten unterschied? Und wenn der Abbasiden-Initiative ebenso wie dem Orientalismus Falschdarstellungen und eine Vielzahl von Manipulationen vorgeworfen werden muss, wie erklärt Said dann das völlige Fehlen »orientalistischer« (»okzidentalistischer«?) Tendenzen oder gar ähnlicher oder sogar paralleler Tendenzen in der islamischen Zivilisation? Oder in der chinesischen oder indischen? Und wenn die Bekehrung zum Christentum hinter der Einrichtung von Arabisch-Lehrstühlen stand, wie Said an einer Stelle zu suggerieren scheint, stellt diese Politik dann eine *ratio legis* (einen vernünftigen Grund) für den Orientalismus dar, ein Ziel, das dem »säkularen« Orientalismus des neunzehnten und zwanzigsten Jahrhunderts fehlte, aber im Islam, der weder Orientalisten noch »Okzidentalisten« be-saß, durchaus vorhanden war? Und wenn es um eine »weltliche« Be-kehrung gegangen sein sollte (ein Gesichtspunkt, den Said meines Wissens nach nicht vorgebracht hat), wie würde dann Saids eigener Säkularismus – der auf einen prozesshaften »Divinationsakt« hinaus-lief[10] – mit der Problematik der souveränen Herrschaft des Orientalis-mus umgehen?

Said geht aber noch weiter. Seine Repräsentationsauffassung und seine (un)begrenzte historische Einbildungskraft werden so umfas-send und so überwältigend, dass jede »fortgeschrittene Gesellschaft« der Weltgeschichte in einer Weise gehandelt hat, die Europas Koloni-alismus und Orientalismus gleichkam. Wenn Said »jeden Europäer« als »fast absolut ethnozentrisch eingestellten Rassisten und Imperia-listen« verdammt, versucht er seinen haarsträubenden kategorischen Tadel durch folgende Aussage abzuschwächen: »Doch ließe sich das etwas abmildern, indem man daran erinnerte, dass gerade fortgeschrit-tene Gesellschaften den Menschen im Umgang mit ›fremden‹ Kulturen kaum je etwas anderes anzubieten hatten als Imperialismus, Rassismus und Ethnozentrismus«.[Or234] Diese wüste kategorische Aussage wirft etliche Fragen auf: Wenn denn wahr wäre, was Said beschrieben hat, müssten wir dann folgern, dass der Rassismus und seine »wissenschaft-lichen« Theorien ihren Ursprung nicht im modernen Europa hatten, sondern vielmehr universelle Phänomene sind? Und wenn mensch-liche Gesellschaften tatsächlich so beschaffen sind, wie Said behaup-tet, warum dann gerade den Orientalismus und den Westen der Kritik unterziehen? Wenn der Islam, Indien und China als »fortgeschritte-ne Gesellschaften« firmieren, müssen sie dann Saids Logik zufolge als imperialistisch, rassistisch und ethnozentrisch eingestuft werden? Und wenn er den Orientalismus erforschen musste – weil er ihm als Literaturwissenschaftler nicht fern lag und weil er sein Interesse als Palästinenser weckte, dem bedrückende Vorurteile und unverhohlene Diskriminierung höchst vertraut waren –, warum dann nicht zumin-dest auf verwandte Phänomene anderswo in der Welt verweisen, in der Welt, in der er lebte (etwa wie China in Tibet agierte, die Sowjets in ihren Interessensphären während des Kalten Kriegs oder Israel in Palästina, ein Beispiel, das, wie wir sehen werden, einen ebenso eklatanten Fall der Verwurzelung der akademischen Welt nicht nur in der Politik, sondern mitten im Kolonialismus und seiner entsetzlichen Gewalt darstellt)? Wenn das Phänomen so weit verbreitet ist und so transhistorisch, warum dann nicht zumindest darauf verweisen, dass es einen vergleichbaren Rassismus und Ethnozentrismus auch in anderen akademischen Disziplinen gibt? Saids Wanderungen in »andere Zivilisationen« sind emblematisch nicht nur für seine außerordentlich unscharfe »Bandbreite« des Orientalismus, sondern auch, und darauf will ich hinaus, für die weitergehende Unschärfe hinsichtlich der qualitativen Bedeutung des Orientalismus, seiner organischen Verortung in der modernen Kultur des Westens sowie seiner inneren Dynamiken und seiner nach außen reichenden Vernetzung mit der akademischen Welt. Said nahm die typische, wenn auch bemerkenswert kultivierte Position eines Liberalen ein, der sich eine Welt außerhalb seiner liberalen Werte nicht vorstellen kann, so kritisch er und andere Liberale diese Werte auch sehen.

In Saids stark verallgemeinerndem und anachronistischem Narrativ konnte der »moderne Orientalismus«[Or33] lediglich mit den Mitteln quantitativer Aufblähung gerechtfertigt werden, denn die Qualität – augenscheinlich mit einer rudimentären Struktur ausgestattet – war offenbar schon immer vorhanden. Im Unterschied zum Orientalismus-Diskurs des achtzehnten Jahrhunderts hat sich im neunzehnten die »Bandbreite der Darstellung enorm ausgedehnt«.[Or33] Um sicherzustellen, dass das Phänomen nicht bloß auf die Moderne beschränkt erscheint, schafft Said mit breiten Pinselstrichen Klarheit: Nachdem die Orientalisten »die Geschichte [...] seit langer Zeit konstruiert hatten«, gewannen sie »im neunzehnten und zwanzigsten Jahrhundert [...] erheblich an *Einfluss [serious quantity]*« (meine Hervorhebung).[Or116] Mein Argument lautet also, dass in Saids *Orientalismus* der Mangel an *qualitativen* Unterscheidungen nicht nur zu einer unscharfen Auffassung des Orientalismus als eines spezifischen Phänomens, sondern auch der Moderne im Ganzen sowie, maßgeblich, der organischen und komfortablen Verortung des ersteren in letzterer geführt hat. Anders gesagt, Said hat den Orientalismus, um ihn der kritischen Auseinandersetzung zugänglich zu machen, aus den falschen Gründen isoliert und dies hat zu seiner ungenauen und einseitigen Diagnose geführt. Der Orientalismus, so meine Argumentation, ist zwar in der Menschheitsgeschichte einzigartig, aber in ihm zeigt sich der gemeinsame und dabei ziemlich gewöhnliche gemeinsame Nenner des modernen Wissens.

Saids einzigartige Leistung im *Orientalismus*-Buch ist darin zu sehen, die Verknüpfung zwischen dem Orientalismus als einer Forschungsdisziplin und der politischen Macht hergestellt zu haben. Naheliegend ist deshalb die Frage, warum Wissen und Macht, die beide seit unvordenklichen Zeiten existierten, zu anderen Zeiten und an anderen Orten der Welt keine derart verwickelte und unentwirrbare Verbindung hervorgebracht haben. Ich stelle diese Frage deshalb, um die qualitativ einzigartige Struktur und damit die besondere Bedeutung des Orientalismus als *modernem Standard* aufzuzeigen. Um dies zu bewerkstelligen, wende ich mich nun, in einer bewussten Volte gegen die vorherrschende postkoloniale und poststrukturalistische Kritik, einer Vergleichsstudie zu, die hinsichtlich ihrer geografischen, kulturellen, literarischen, pädagogischen, politischen, rechtlichen und militärischen Stoßrichtung substanzielle Größe erlangt. Hierfür konzentriere ich mich auf den Islam in der Zeit vor dem achtzehnten Jahrhundert, eine Zivilisation, die seinerzeit, wie später das moderne Europa, ihr Herrschaftsgebiet über einen großen Teil der damals bekannten Welt ausgedehnt hatte (anfänglich natürlich durch militärische Gewalt, aber in späteren Jahrhunderten weitestgehend durch Missionarstätigkeit). Wie Europa auch führte die islamische Zivilisation Eroberungskriege und festigte ihre Herrschaft; sie hatte ihre Gelehrten und Intellektuellen, ihre Erziehungspraxis und Bildungseinrichtungen und sie besaß eine starke Handels- und Agrarökonomie, die sie zu einem der reichsten imperialen Gebilde der Welt machte. Doch wie ihre indischen und chinesischen Gegenstücke zeigte sie keine Entwicklung, die sich mit dem Orientalismus vergleichen ließe. Warum?

Obgleich ich mich im Weiteren einer detaillierten Darstellung des Islam widmen werde, möchte ich klarstellen, dass es mir nicht darum geht, den Islam und seine Kultur besonders hervorzuheben oder ihm eine einzigartige Qualität zuzuschreiben. Stattdessen lautet meine Hypothese, dass der Islam, der hier lediglich als Fallstudie dient, in der Vormoderne wie jede andere Zivilisation – mit Ausnahme des modernen

Europas – agierte. Mit der Vergleichsstudie verfolge ich demnach das Ziel, die Einzigartigkeit und Außergewöhnlichkeit dieses Europas aufzuzeigen, das den Orientalismus hervorgebracht hat.[11] Denn ohne einen solchen Vergleich, der bislang in der Diskussion noch nicht vorgenommen wurde, lässt sich der Orientalismus schwerlich so weitreichend isolieren, wie es für eine Analyse seiner qualitativen Struktur erforderlich ist, einer Struktur, durch die er, wie die Moderne selbst, zu einem neuen Phänomen mit einer präzedenzlosen und einzigartigen Struktur und damit Teleologie wurde.

III

Der weiter oben dargelegten Paradigmentheorie entsprechend lässt sich sagen, dass die islamischen Kulturen durch ein Ethos definiert waren, durch verschiedene spezifische Haltungen gegenüber der Welt und durch eine Reihe diskursiver und ausgeprägt dialektischer Traditionen, die bestrebt waren, bestimmte Subjekttypen zu modellieren, und sie häufig auch produzierten. In dieser Beschreibung einen Hang zum Essenzialismus oder zum Reduktionismus zu erkennen, hieße, die im vorigen Kapitel entwickelte Paradigmentheorie misszuverstehen. Es hieße, misszuverstehen, wie die paradigmatischen Systeme Kulturen und »Zivilisationen« antreiben, denn, wie bereits angemerkt, gibt es für jede Gesellschaft charakteristische Zentralgebiete. Die islamischen Kulturen unterschieden sich in ihren ethnischen, demografischen, geografischen, materiellen, ökonomischen und alteingesessenen Gewohnheitsrechten, Unterschiede, die sich in den Landschaften des Islam von Marokko und dem muslimischen Spanien im Westen bis nach China und dem malaiischen Archipel im Osten leicht beobachten ließen. Viele der von Italien, Polen und Russland im Norden und vom subsaharischen Afrika und dem Indischen Ozean im Süden umgebenen Länder waren über lange Zeiträume von islamischen Kulturen bewohnt gewesen – Grund genug, dass sich von einer großen Bandbreite von sozialen Gebräuchen, Gesellschaftsstrukturen, Sitten, Vorlieben, Empfindlichkeiten und Ähnlichem sprechen lässt. Doch alle diese Regionen sind sich, wenn der Islam eine gewisse Zeit in ihnen heimisch war, in der Bildungspraxis und in ihren gesellschaftlichen Institutionen sehr ähnlich geworden und auch die Art, wie sie die meiste Zeit regiert und verwaltet wurden, unterschied sich kaum. Deshalb lässt sich nicht nur von der Bildungspraxis, sondern auch von der politischen Regierungsform und der politischen Verfassung als getreuen Verkörperungen eines Zentralgebiets in einer Zivilisation sprechen.

Vom Osten bis in den Westen der islamischen Welt heißen die Gelehrten, Denker und Intellektuellen *ulama*; es waren Juristen, Richter, Professoren, Sufi-Schaichs, Koranspezialisten, Hadithexperten, *adab*-Autoren, Linguisten, Historiker, Biografen, Forschungsreisende, *kalam*-Theologen, Philosophen, Astronomen, *tasawwuf*-Philosophen, Chemiker, Sehforscher, Logiker, Mathematiker, Instrumentenkundige (technische Spezialisten) und eine ganze Reihe nachgeordneter anderer. Anders als in der modernen Bildungspraxis, wo das »Expertentum« in der Regel spezialisierte Fachdisziplinen ausbildet (was in der Spätmoderne in dem allgegenwärtigen Ruf nach »Interdisziplinarität« resultierte), *konstituierte* sich die islamische Gelehrsamkeit im Allgemeinen aus der gegenseitigen Befruchtung dessen, was man als dialektische Traditionen bezeichnen könnte.[12] Während eine moderne Geschichtswissenschaftlerin in der Regel über Geschichte forscht und schreibt und sich vielleicht einmal wissenschaftlich mit einem anderen Thema befasst, wenn ihr Arbeitsfeld sich mit diesem Thema überschneidet, betrieb ein typischer muslimischer Historiker seine Grund- und Hauptstudien normalerweise in Feldern, die heute als nicht zur Geschichte gehörend angesehen werden. Ein muslimischer Geschichtsschreiber war also gewöhnlich ein Experte oder zumindest überaus bewandert im Koran, in den Hadithen, in Geschichte und »Recht«, im *adab* und in der biografischen Wissenschaft und sogar in Theologie, Sufismus und Mathematik. Das Gleiche gilt für einen Juristen oder einen scholastischen Theologen, der sich mit Poesie, *adab*, Logik, *usul al-fiqh*, Disputationstheorie, Philosophie, Linguistik, Sufismus, Geschichte und so weiter befasste und Werke zu diesen Gebieten schrieb. Diese pointiert »interdisziplinäre« – oder eigentlich *vordisziplinäre* – Ausbildung erklärt auch bestimmte Formen des akademischen Arbeitens und Lernens: Es ergab sich häufig, dass ein Hadithenlehrer (Schaich) als Schüler im *halqa* (einer Art Klassenzimmer)[13] eines mitunter sogar jüngeren Lehrers saß, der Logik unterrichtete, oder dass ein Logiker die Lehrveranstaltung eines Rechtsprofessors oder eines Linguisten besuchte.[14] Solche Gepflogenheiten waren nicht nur Äußerlichkeiten, sondern bezeichnend für die tiefen dialektischen Beziehungen zwischen den verschiedenen Wissensgebieten.

Dieses System der Gelehrsamkeit produzierte noch ein anderes interessantes Phänomen. Während die Akademiker im modernen Bildungswesen ihre gesamte Karriere hindurch Bücher und Artikel in einer einzigen Disziplin verfassen und dabei gelegentlich auf ein, zwei andere fachfremde Felder zurückgreifen, war ein muslimischer Gelehrter meist in vielerlei Disziplinen produktiv. Es ist nicht ungewöhnlich, auf einzelne Autoren zu treffen, die in so unterschiedlichen Bereichen wie Koranstudien, Geschichte, Poesie und *adab*, Recht, Logik, Disputationstheorie, Theologie, Mathematik oder sogar in der einen oder anderen Form in Philosophie und Mystizismus längere und kürzere Werke verfassten (boten doch zumindest die beiden letztgenannten Gebiete verschiedene, mitunter divergierende intellektuelle Ausrichtungen).

Allerdings ist die Nähe zwischen den Bereichen des klassischen islamischen Bildungswesens nicht rein formaler Natur. Sie bedeutet aber auch nicht unbedingt, dass sich diese Bereiche eine gemeinsame Materie teilen. Zudem erklärt sich die Nähe nicht bloß mit einem intensiven wissenschaftlichen Interesse. Vielmehr war es das Telos des gesamten Systems, das, hinter dem Ethos der moralischen Unterweisung stehend, eine solche Nähe ebenso zwingend wie unabdingbar erforderte. Die Kultivierung des Wissens blieb, auch wenn sie nach dem zehnten Jahrhundert zunehmend professionalisiert wurde, in einer Entwicklung verankert, die letztlich das abstrakte Denken mit ethischen Verhaltensformen verknüpfte.[15] Das Zentralgebiet der *schariʿa* in seiner theoretischen Untermauerung, die Theologie in all ihren Formen, die meisten philosophischen Richtungen und der Mystizismus in all seinen Facetten waren allesamt darauf ausgerichtet, die theoretischen und diskursiven Methoden zu artikulieren, die bei der Führung eines ethischen und spirituellen Lebens helfen konnten, und die über verschiedene Knotenpunkte miteinander verbunden und vernetzt waren, sich aber oft in der Art, wie sie ihre Ziele erreichen wollten, voneinander unterschieden. Üblicherweise war die *schariʿa* in ihren verschiedenen

Ausprägungen auf die Techniken des Selbst und die Ausbildung eines moralischen Subjekts ausgerichtet,[16] während der Sufismus als hoch individualisierte philosophische Spiritualität auf einer höheren Ebene religiöser Vervollkommnung unterwegs war und die *schari ʿa* mitunter als für den wahren Sufi entbehrlich deklarierte.[17] Auch wenn sich die beiden Ansätze und sogar die Lehrgegenstände unterscheiden mochten, so bildete doch das Desiderat einen gemeinsamen Nenner, nämlich die Kultivierung des Individuums als moralisches Subjekt. Diese Kultivierung war kein von außen aufgenötigtes System der »Subjekt-Schulung«, sondern sollte von innen wirken, durch überlegte und selbstbewusste Verhaltens- und Glaubensentscheidungen, die das autonome Subjekt seinem Körper und seiner Seele auferlegt.[18]

Die pädagogischen und intellektuellen Disziplinen waren textlich orientiert, das heißt, die Weitergabe des Wissenskorpus geschah über das Studium von Texten und die Praxis des Kommentierens. Doch bevor die Ebene des Schreibens – ein weitgehend äußerlicher Akt – erreicht wurde, beruhte der gesamte Mechanismus des Lernens auf dem direkten intellektuellen und spirituellen Kontakt zwischen Meister und »Suchendem«,[19] zwischen Lehrer und Schüler. Der Meister vermittelte nicht nur »theoretisches« Wissen, sondern gab durch die Art, wie er in der Welt lebte, ein moralisches Vorbild ab.[20] Das Schreiben war also der formale Ausdruck einer zuvor informellen Tätigkeit, die eine intensive intellektuelle und spirituelle Interaktion zwischen Lehrer und Schüler, zwischen »Führer« und Anhänger und – in Gelehrtenzirkeln sowie in Disputationsrunden oder anderen Formen intellektuellen Austauschs – zwischen einem Gelehrten und seinem Dialogpartner darstellte.

Der Gründungstext sämtlicher islamischer Traditionen und Teiltraditionen war selbstverständlich der Koran (der durchweg als ethische Botschaft wahrgenommen wurde), doch ein oder zwei Generationen, nachdem der Text eine Vulgataform erlangt hatte, begannen einzelne Gelehrte, sich über die Bedeutung der Sprache des Korans in mannigfaltiger Weise Gedanken zu machen, was schließlich in die zahlreichen bereits erwähnten Forschungsfelder einschließlich der Wissenschaften mündete. Bildung und Gelehrsamkeit verdankten sich nicht nur einem ethischen Antrieb, sondern sie waren auch weitgehend individualisierte Phänomene, die ein starkes Interesse für literarische, aber auch für rein wissenschaftliche Bereiche generierten.[21] Das bedeutet auch, dass die Bildung zusammen mit all der in ihrem Umfeld herrschenden Betriebsamkeit weder in den Aufgabenbereich noch in die Zuständigkeit der politischen Macht fiel, auch wenn sich die Herrschenden mit Stiftungen für sogenannte *waqfs* (gemeinnützige Einrichtungen) zum Nutzen der Bildung stark machten, wozu auch die Übereignung des gestifteten Eigentums gehörte, was diesen Einrichtungen eine gewisse oder mitunter völlige Autonomie verlieh. Manchem Herrscher lag natürlich daran, mit der mildtätigen Stiftung solcher Bildungseinrichtungen politischen Rückhalt und Legitimierung zu erwerben, was wiederum von der Kooperation der Gelehrten und ihrer Bereitschaft abhing, zwischen den betreffenden Herrschern und der »zivilen« Bevölkerung zu vermitteln. Dies bedeutete jedoch unter keinen Umständen, dass die Herrschenden als Herrscher über die Bildungsinhalte,[22] ihren Zuschnitt, die Art ihrer Vermittlung entscheiden konnten, denn alle diese Dinge blieben in der Befugnis der privaten Gelehrten.[23] Ein Umstand, der, wie wir bald sehen werden, für uns von herausragender Wichtigkeit ist.

Aber diese Verallgemeinerungen müssen auch spezifisch Sinn ergeben; und hierfür ist die Paradigmentheorie unmittelbar relevant und hilfreich. Die Themen und Felder der islamischen Bildung, ihre Abteilungen und Unterabteilungen, waren so zahlreich wie unerschöpflich. Sie standen jedoch in einer bestimmten Beziehung zueinander, die, wenn man so möchte, eine zusammenhängende Struktur besaß, in der die gegenseitige Befruchtung selbstverständlich war. Hauptkomponenten dieser Struktur waren die *schariʿa* und der Sufismus, zwei diskursive, dialektische Traditionen und paradigmatische Gebiete, die die pädagogische, rechtliche, gesellschaftliche und spirituelle Praxis des Islam durchdrangen und großen Einfluss auf die Sphären des Handels und der Wirtschaft nahmen. Tatsächlich regierte die *schariʿa* die »städtische« Handelsökonomie und die ländliche Landwirtschaft. Ihr Seerecht regulierte den Handel im Mittelmeer, im Indischen Ozean, im Südchinesischen Meer und anderswo, und wurde auf diesen Meeren mitunter sogar von Nichtmuslimen befolgt.[24] Das »Gesetz« der *schariʿa* war zudem vorherrschende Praxis auf den städtischen Märkten. Und auch die Sufi-Gilden und -Orden waren, als spezifische Sufi-Organisationen, im kaufmännischen Leben dieser Städte nicht weniger aktiv.[25]

Der Sufismus hat mit seinen zahlreichen Orden, in deren Umkreis sich das soziale Leben abspielte, die Gesellschaft umfassend geprägt. Fast jeder Rechtsgelehrte war in gewisser Weise ein Sufi, aber auch die, die keine Gelehrten waren, oder Halbgelehrte (wie Kaufleute, Prinzen, Prinzessinnen und Emire, die sich oft in der einen oder anderen Weise weiterzubilden versuchten und in ihren Häusern und Palästen gelehrte und literarische Zirkel unterhielten), waren es. Während die *schari'a* bei der Regulierung der Gesellschaft in ihrer Wirkungsweise sozusagen dem modernen Recht gleichkam, stellte der Sufismus ein performatives Feld dar, über das sich das spirituelle und häufig auch materielle Leben der Gesellschaft regulierte und organisierte. Ab etwa dem elften Jahrhundert erfuhr die »Rechts«-Doktrin eine zunehmende Verflechtung mit den Sufi-Lehren, was ihr einen weiteren Spiritualitätszuwachs bescherte.[26] Von der modernen diskursiven Tradition unterschieden sich beide insofern, als sie überaus hohen Wert auf die Produktion moralischer Techniken des Selbst legten, Techniken privaten, psychoepistemischen und introspektiven Charakters, die kein Staat erzeugen, regulieren oder durchsetzen konnte.

Die *schari'a* stellte, durch ein moralisches »Gesetz« konstituiert, ein moralisches »Gesetz« dar.[27] Ihr paradigmatischer Status liegt darin begründet, dass sie ein moralisches System ist, in dem das sogenannte Gesetz, eingewoben in einen übergeordneten moralischen Apparat und diesem *nachgeordnet*, ein Werkzeug und eine Technik, jedoch keinen Selbstzweck darstellte. In der *schari'a* war das Recht das Instrument der Moral und nicht umgekehrt die Moral das Instrument des Rechts.[28] Als Zentralgebiet war die *schari'a* das Maß, nach dem die nachgeordneten Gebiete beurteilt wurden, und ihre Lösungen waren im Großen und Ganzen bestimmend für die Lösungen dieser Gebiete. Im pädagogischen Bereich wurde die Struktur der muslimischen Bildung von den in der *schari'a* festgehaltenen Prioritäten bestimmt, und zwar ausnahmslos von privaten Spezialisten. Solche Felder wie Sprache, Linguistik, Hermeneutik, Rhetorik, Dialektik, Wissenschaft und Logik (wozu auch die Epistemologie gehörte) wurden, so sehr sie sich auch mit spekulativen und abstrakten Untersuchungen befassten, die außerhalb jeglicher rechtlich relevanten Beschäftigung lagen, innerhalb des Horizonts der *schar'i* geschaffen, entwickelt und verfeinert.

Selbst Mathematik und Astronomie – die ein Fundament der frühmodernen europäischen Wissenschaften wurden[29] – entwickelten sich zu beeindruckender Höhe als Antwort auf die treibende Kraft der *schar'i*, wo die Wissenschaft, die das Sein und Sollen als eines betrachtete, die Geheimnisse der göttlichen Schöpfung enthüllte. (Und anders als im katholischen Europa bedrohte die Wissenschaft weder die »Religion« noch die *ulama*.) Gleich auf welchem Gebiet sich ein Gelehrter oder eine Intellektuelle auch spezialisierte, sein oder ihr »Grundstudium« war so gut wie immer *schar'i*. Jene Bereiche, die den Schüler auf das Studium der Unterbereiche der *schar'i* vorbereiteten, bereiteten auch andere Schüler für fast jedes andere Feld vor, sei es Theologie, *adab*, Astronomie oder Mathematik. Die peripheren Gebiete wiederum waren auf die Erfordernisse und Prioritäten der *schari'a* ausgerichtet und häufig ihren Anforderungen gemäß gestaltet und organisiert.[30] Man sollte aus diesem Bild nicht die Schlussfolgerung ziehen, dass nachgeordnete und periphere Gebiete nichts mit der *schari'a* und ihren intellektuellen oder pädagogischen Interessen zu tun hatten (wie etwa die Poesie nichts mit dem Ingenieurs- oder Rechtswesen in der modernen akademischen Welt zu tun hat),[31] denn wie wir bereits gesehen haben, beschäftigten sich die einzelnen Gelehrten im Laufe ihrer Karriere mit verschiedenen Disziplinen gleichzeitig und wanderten zwischen den Wissensfeldern, die in unserer Sicht nichts miteinander gemein haben, hin und her.

Das Wirtschaftsleben, so ungeordnet es vielleicht in der Praxis ablief, wurde nicht nur von technischen *schar'i*-Regeln, sondern auch von einer alles durchdringenden *schar'i*-Ethik gelenkt. Regelverletzungen und gelegentliche Umgehungen des Systems kamen zweifellos vor, gingen aber nie so weit, dass sie hätten zur Norm erklärt werden können. Sie erfolgten relativ unregelmäßig und sporadisch und schafften es nie, ein auch nur peripheres Gebiet auszubilden.[32] Der ökonomische Bereich war der *schar'i* verpflichtet, weil die Gesellschaft, Subjekt, Objekt und Prädikat der *schari'a*, *schar'i* war. Und die politische Führung, die mit der Gemeinschaft als solcher etwas weniger organisch als mit der Sphäre der Wirtschaft verbunden war, wurde im Zaum gehalten durch eine Kultur und eine Gesellschaft, die im Großen und Ganzen die *schari'a* verinnerlicht hatte und ihre Normativität sowie ihre paradigmatische ethische Gestalt akzeptierte (*eine Struktur, deren Kettfaden stets unauflöslich mit einem milden Mystizismus als Schussfaden verwoben war*). Im weitesten Sinne also lag die Legitimität in und bei dieser vielschichtigen *schari ʿa*, nicht jedoch in einer politischen Form.

Wie ich bereits betont habe, werden Paradigmen oder Zentralgebiete von den nachgeordneten Gebieten nicht bloß unterstützt; zusammen mit den letztgenannten enthalten sie Ausnahmen, Unregelmäßigkeiten und Verletzungen, die subversiven, häufig, aber nicht durchweg kontingenten und kurzlebigen Diskursen gleichkommen. Die *schari ʿa* bildet da keine Ausnahme, da sie in einer Gesellschaft zu *existieren* hatte, die, wie jede andere auch, chaotisch war und ständig auf bestimmte Formen von Ordnung und Organisation angewiesen war. Auch diese Gesellschaft kannte zweifellos den von zu hoher Steuerlast bedrängten Bauern, den tyrannischen Herrscher,[33] den Kriminellen, den insolventen Schuldner, die misshandelte Ehefrau, von dem, wo nicht einflussreichen, so doch gelegentlich lauten Dichter ganz zu schweigen, der für »unkonventionelle« sexuelle Sitten eintrat – wobei die Homosexualität häufig ganz oben in der poetischen Rede angesiedelt war. Und nicht alle Bevölkerungsgruppen beugten sich den Normen der *schari ʿa*; insbesondere die Beduinen hatten ihre eigenen machtvollen Bräuche, die mit diesen Normen häufig im Widerspruch standen. Wie jede soziale Gruppierung hatte auch die muslimische Gesellschaft von Nordafrika und dem muslimischen Spanien bis nach Java und Samarkand am Elend zu tragen. Sie kannte ihre eigenen Invasoren und Eroberer, ihre Rebellen, ihre kleinen und großen Diebe und Straßenräuber und gelegentlich sogar ihren korrupten Richter.[34] Gleichwohl war die *schari ʿa* das normative System und das Landesgesetz; ihre paradigmatischen Diskurse und Praktiken hatten ungeachtet der fortwährenden Erneuerung einer bestimmten Ordnung und, wichtiger noch, eines bestimmten Subjekts, Bestand. Die Sultane im Islam, mit ihrer militärischen Stärke und oft unvergleichlichen Macht als oberste Exekutive, kamen und gingen, ohne auch nur den geringsten Ehrgeiz zu bekunden, die *schari ʿa* infrage zu stellen. Sie war das unangefochtene »Gesetz« und die Sultane akzeptierten es de facto und de jure.

Die *schari ʿa* wie der Sufismus, beide – von ihren epistemologischen Grundlagen bis auf die Ebene ihrer gesellschaftlichen Verteilung –

ethischen und moralischen Inhalts, waren bestrebt, moralische Ziele zu verwirklichen. Als Zentralgebiete und performative Diskurse lassen sie sich durch einen, wie ich es nenne, permanenten moralischen Richtwert charakterisieren. Richtwerten gelingt es nicht immer, ihre Desiderata in der wirklichen Welt umzusetzen, sie dienen vielmehr als Erinnerung und Standards, an denen die Realität nicht nur gemessen, sondern in deren Richtung sie auch gedrängt wird. Ein permanenter Richtwert zeichnet sich dadurch aus, dass sein Druck größer ist als der Druck, der von anderen Richtwerten ausgeht, insbesondere wenn seine Matrix und die Quelle seiner Autorität aus einem Zentralgebiet stammen. Zwei Beispiele dürften genügen, um dieser Behauptung mehr Substanz zu verleihen: Das erste ist lediglich für die Idee der Richtwerte relevant, während das zweite zusätzlich auch auf den größeren Sachverhalt, mit dem wir uns hier beschäftigen, zutrifft, nämlich die Beziehung von Wissen und Macht.

Das erste Beispiel ist die Rechtspersönlichkeit. In ihrer langen, etwa zwölf Jahrhunderte dauernden Existenz vor der westlichen Kolonisierung war die *schari 'a* mit zahlreichen Problemen konfrontiert, die es erforderlich machten, bestimmte Konzepte und Institutionen auf eine Weise zu behandeln, die abstrakter war als das Konzept der natürlichen Rechtsperson. Der vielleicht wichtigste und auch bemerkenswerteste Kontext, in dem ein Typ der Rechtspersönlichkeit anerkannt wurde, war die juristische Definition wohltätiger Stiftungen, die im Arabischen als *waqf* bezeichnet werden.[35]

Als rechtliche Institution und Instrument erlangte das *waqf* eine abstrakte Rechtspersönlichkeit und trat als solche bei juristischen Ansprüchen und Rechtsstreitigkeiten auf. So kann ein *waqf* als *waqf* wegen Beschädigung oder Forderungen klagen, die sich aus Vermietungen seines eigenen Besitzes ergeben (die oft das Einkommen darstellten, das den Betrieb und die Unterhaltung des *waqf* selbst unterstützte). Wenn aber wirtschaftliche Entwicklungen dem Rechtssystem neue Anforderungen abverlangten, verweigerte die *schari 'a*, selbst wo sie komplexe Handels- und Investitionsformen oder Geschäftspartnerschaften entwickelt hatte (komplex in jeder Hinsicht, auch im modernen Sinn), kommerziellen und finanziellen Unternehmen genau dieses Konzept der Rechtspersönlichkeit und ließ es tatsächlich bei der individuellen

Verantwortlichkeit und persönlichen Haftung bewenden. Anders gesagt, ungeachtet der Komplexität ihrer rechtlichen Instrumente, sah die *schari'a* davon ab, ein wie auch immer geartetes rechtliches Instrument eingeschränkter Haftung zu entwickeln. Und es ist leicht zu verstehen, warum.

Einer der zentralen Richtwerte der *schari'a* war die Idee des *schar'i*-Subjekts, das anhand von Moraltechniken des Selbst gebildet wurde, Techniken, in denen die ethische und moralische Verlässlichkeit des individuellen Gläubigen, des Subjekts, an oberster Stelle standen. Dieser Bezugswert war nicht bloß operativ, sondern zudem performativ, was sowohl bedeutet, dass er rückhaltlos angewendet wurde, als auch, dass er in seinem Wirken das Subjekt *hervorbrachte*. In dieser Konfiguration stellte die moralische Verantwortlichkeit und nicht der Profit den höchsten Wert dar. Geld und Reichtum waren (trotz der Bedeutung, die der Islam und die *schari'a* dem Geschäft, dem Profit und dem materiellen Reichtum beimaßen)[36] zweitrangig, so sehr, dass sie kaum mit dem grundlegenden, wenn nicht gar konstitutiven Konzept der ethischen Verpflichtung, moralischen Verantwortung und allgemeinen Haftbarkeit der privaten Einzelperson konkurrieren konnten. Es gab keine einzige finanzielle oder materielle Erwägung, so verlockend und wichtig sie auch war, die den *Richtwert* der individuellen und persönlichen Haftung, Verantwortung und Verbindlichkeit hätte ändern oder abschwächen können.[37] Dieser Typus der Haftbarkeit und Verantwortlichkeit war irreduzibel und bildete das beständigste Merkmal der gesamten Kultur. Für unsere Untersuchung ist es, wie ich versuchen werde darzulegen, von nicht zu unterschätzender Tragweite.

Man vergleiche dieses Bild mit dem Ursprung und dem Aufstieg von Konzept und Praxis der Haftungsbeschränkung in der Neuzeit, die sich nirgendwo anders als in England und nur während seiner ersten imperialistischen und kolonialen Unternehmungen (also um 1600) finden lassen. Trotz des Umstands, dass die frühmoderne britische Regierung die moralische Verwerflichkeit der Haftungsbeschränkung erkannte, kurz nachdem das Parlament sie gebilligt hatte, und obwohl sie sie mit der Begründung verbot, sie untergrabe im Falle eines Firmenbankrotts die persönliche moralische Verantwortung, gebe sie doch den Anlegern ein Instrument an die Hand, sich im Falle eines

Firmenbankrotts selbst von jeder Haftung freizusprechen, kam das Parlament ein paar Jahre später auf seine frühere Entscheidung zurück und legalisierte sie erneut. Die Wiedervorlage war jedoch mit einer erweiterten Definition der Rechtspersönlichkeit versehen, also genau mit jener Eigenschaft, die das moralische Empfinden der Regierung empört hatte.[38] Der ethische Richtwert der britischen Regierung war, gelinde gesagt, offenbar alles andere als gefestigt und unterschied sich deutlich von dem oben beschriebenen, beständigen moralischen Richtwert der *schari'a*.[39] Auf die Implikationen dieser europäischen Entwicklung werde ich zu gegebener Zeit eingehen.

Das zweite Beispiel eines Richtwerts, der für die Frage der Beziehung zwischen Wissen und Macht von Belang ist, betrifft das Konzept der Rechtsstaatlichkeit (*Rule of Law*) im vormodernen Islam, bei dem die Kompetenz und die Rechtsprechung jener an der Spitze der Bildungseinrichtungen stehenden Rechtsgelehrten im Fokus stehen. Für uns ist das Konzept nicht nur von Belang, weil es ein zugleich rechtliches und politisches Konzept ist, wie es die Moderne entwickelt hat, sondern vor allem, weil es eine grundlegende epistemologische Doktrin darstellt, die auf originäre Weise die Bedeutung und den Umfang des rechtlichen und politischen Verständnisses des Konstitutionalismus im Islam bestimmt.

Die Rationalität dieser Epistemologie jedoch war in eine ethische Auffassung der Welt eingebettet, die von Moral durchwirkt war. Die Grundannahme dieser Rationalität bestand darin, dass der Mensch nicht über, sondern wie jedes andere fühlende oder nichtfühlende Wesen *in* der Welt lebt, außer dass er darüber hinaus noch mit der Bürde des Wächteramts betraut ist, eines Konzepts wiederum, das nicht mit Rechten, sondern stark mit moralischer und ethischer Pflicht verbunden ist. Anders ausgedrückt, die Weltauffassung des klassischen Islam, die die juridisch-politischen Strukturen direkt beeinflusst hat,[40] ist nicht anthropozentrisch. Einem strikten Grundsatz folgend weigert sie sich, die neuzeitliche Prämisse zu akzeptieren, dass der Mensch über die Natur herrsche[41] (eine Vorstellung, die für die umfassendere Analyse des Orientalismus als neuzeitlichem Phänomen entscheidend ist). Nach dieser Auffassung ist Gott der Souverän, weil er buchstäblich alles besitzt.[42] Eigentum jeglicher Art, auch das absolut schuldenfreie Eigentum von Grundbesitz, ist nur metaphorisch und letztlich unwirklich. Es ist bestenfalls eine Ableitung des Ursprungszustands souveränen Eigentums. Dies erklärt zum Beispiel, warum im Islam die Fürsorge für die Armen ausdrücklich als »ihr Recht«[43] gegenüber dem Reichtum der Wohlhabenden gesetzlich im Koran verankert ist, da der Reichtum der Letzteren Gottes Reichtum ist und sein Mitgefühl *in erster Linie* den Armen, den Waisenkindern und den Elenden der Erde zuteilwird. *Das Recht der Armen war nichts anderes als Gottes Recht; verletzt man die Rechte der Armen, verletzt man die Rechte Gottes.*[44] Es handelte sich um eine *gesetzte* Doktrin, die a priori als rationale Grundlage für moralisches Verhalten akzeptiert wurde und alle Aspekte des Lebens regelte, soziale, rechtliche und auch die der Politik. Vieles in der Welt kann und wird sich ändern, doch gleich wie die Veränderung aussieht, stets regiert dieses Prinzip.

Wenn die physische Welt in ihrer Gesamtheit abgeleitet ist, dann kann menschliches Eigentum keine wirkliche Form ursprünglichen Besitzes annehmen, auch nicht die eines autonomen Gesetzes und schon gar nicht die eines kosmisch/universalen moralischen Codex. Deshalb ist Gott der alleinige Gesetzgeber und in ihm, und *allein in ihm*, ist die Souveränität und der Souverän. Anders gesagt, nur in ihm liegt der Ursprung der großen moralischen Gesetze.[45] Wenn der souveräne Wille des modernen Staats im Gesetz niedergelegt ist, dann ist Gottes souveräner Wille maßgeblich in der *schariʿa* und im »besten Interesse der gesellschaftlichen Ordnung« festgelegt.[46] Die *schariʿa* ist demnach der *moralische Codex, eine weltliche, soziologisch kontextualisierte Niederlegung eines göttlichen moralischen Willens.* Die *schariʿa* geht als zeitlicher und räumlicher Ausdruck von Gottes Gesetz und Wille sowohl logisch als auch zeitlich allen anderen Formen der Herrschaft voraus. Das Gesetz, in dem eine über Zeit und Raum kollektive und in Masse produzierte »Rechts«-Interpretation ihren Ausdruck findet, steht über allem, insbesondere über allen politischen Strukturen und jeglicher Form politischer Organisation.[47] Dabei handelte es sich nicht einfach nur um einen weiteren beständigen Richtwert, sondern womöglich um den Richtwert aller Richtwerte. Wie sich zu gegebener Zeit in aller Deutlichkeit zeigen wird, schloss dieser unveränderliche Richtwert die politische Macht nicht nur davon aus, über das Gesetz und die Gesetzgebung zu befehlen, wie dies im modernen Staat der Fall ist, sondern auch davon, sich in die performativen erzieherischen und intellektuellen Formationen einzumischen, aus denen das muslimische Subjekt hervorging. Anders als der moderne Bürger, der weitgehend ein Produkt des Staates ist, ging das muslimische Subjekt aus nichtstaatlichen sozioethischen Formationen hervor. Völlig in soziokommunalen Strukturen verwurzelt und vor allem performativ, sind diese Formationen, so extrem unterschiedlich sie in ihrer ethischen Ausprägung auch waren, nicht weniger mächtig als Foucaults Diskursformationen oder die Biomacht.

Die *schari'a*, ein hermeneutisches, erzieherisches, juridisches und kulturelles System, war ein gewaltiges Projekt des Aufbaus einer moralisch-rechtlichen Gesellschaft, deren grundlegender und struktureller Impuls in der nie endenden Bestrebung zusammengefasst war, Gottes moralisches Desideratum zu enthüllen, wobei Gott außer den überaus dünnen Umrisslinien seines moralischen Gesetzes nichts zur Verfügung gestellt hat. »Gut sein«, »Gutes tun« waren die vorherrschenden Vorschriften im Koran, dem grundlegenden Text.[48] Die Enthüllung des Gesetzes war Aufgabe des Gelehrten, der als interpretierender Vermittler, als erkenntnistheoretisches Verbindungsglied, zwischen Gott und der übrigen Welt stand. Realismus hinsichtlich der Welt war eine stets gegenwärtige Betrachtungsweise, sie war jedoch immer in einen metaphysischen Kontext eingebettet, genauso wie diese Metaphysik unablässig dem Realismus der weltlichen Existenz entlockt wurde. Das ganze Spektrum zu durchlaufen, das von Metaphysik und Kosmologie bis in den Kern der Wirklichkeit reichte, war eine Logik, die nicht nur die Rechtstheorie (*usul al-fiqh*) strukturierte – die interpretierende Methodologie, die die hermeneutischen Rechtsgrundsätze und ihre Anwendungen bestimmte –, sondern auch die Gesamtheit der *schari'a* als ein System juridisch-moralischer und sogar leicht mystischer Praxis einrahmte.[49] Einen höheren Wert repräsentierend, der als über der Willkürlichkeit der stets veränderlichen menschlichen Vorlieben stehend erachtet wurde, regulierte die *schari'a* das gesamte Spektrum der menschlichen Ordnung, entweder unmittelbar (durch ihre Juristen) oder anhand einer klar definierten und begrenzten Vertretung (durch die Exekutive). Wo der moderne Staat über seine religiösen Institutionen herrscht, sie reguliert und sie seinem Rechtswillen unterstellt,[50] herrschte die *schari'a* über die »weltlichen« Institutionen und regulierte sie. Dementsprechend war jede politische Form beziehungsweise politische (oder gesellschaftliche oder wirtschaftliche) Institution einschließlich der Exekutive und Judikative letztlich der *schari'a* untergeordnet und von ihr abgeleitet. Andererseits war die *schari'a* selbst die »Legislative« par excellence und die Gesetzgebung war sowohl ein kumulativer als auch ein kollektiver Prozess, was bedeutet, dass das »Recht« im moralischen und technischen Sinn Ergebnis einer Art korporativen Größe war, einer zeitlichen und räumlich verteilten Gesamtheit juristischer Stimmen, und nicht dem Willen oder den Launen eines einzelnen Juristen, eines einzigen Herrschers oder etwa einer gleichzeitig lebenden Gruppe von Juristen unterlag. Als Landrecht war die *schari'a:* ohne Konkurrenz; keine andere Macht außer ihr war ernsthaft in der Lage, Gesetze zu formulieren.

Siyasa Shar'iyya, die Gesetzgebungskompetenz des Herrschers in administrativen Angelegenheiten, war nicht nur ein von der *schari'a:* delegiertes Vermögen, sondern auch signifikant eingeschränkt durch die höheren Grundsätze des Landrechts.[51] Und da ein richterliches Prüfungsrecht unbekannt war, konnten die Richter nie direkt zur »Gesetzgebung« beitragen.[52] Die Exekutive war von der *schari'a* mit dem Mandat versehen, für begrenzte Bereiche gesetzgeberisch tätig zu werden, aber dieses Recht war abgeleitet und subsidiär und im Vergleich zum modernen Staat[53] waren seine Auswirkungen in der Praxis gering.

Wie die modernen Rechtssysteme, entwickelte auch die *schari'a* ein gewisses Misstrauen gegenüber der politischen Exekutive, was von ihrer Fähigkeit zeugte, Loyalität gegenüber der Gesellschaft und der Moral, in der sie funktionierte und lebte, einzufordern.[54] Die *schari'a* vermittelte zwischen dem Herrscher und der Masse, wobei sie aber eher Letzterer zugeneigt war.

Der Sufismus hingegen durchdrang die Gesellschaft weitgehend als spirituelle, soziopolitische Kraft, die ihre eigenen Orden und Zirkel, Praktiken und Rituale und insbesondere eine philosophische Tradition hervorbrachte, die, auf verschiedenen Stufen, über ein mystisches Verständnis der Welt nachdachte. Vom Monismus über den Pantheismus bis zu einem milden Mystizismus ging es der Tradition letztlich darum, ein bestimmtes Stadium des Göttlichen, ein bestimmtes Verhältnis zu ihm zu erreichen; wobei sich die Sufi-Meister hinsichtlich des Wegs, wie diese spirituelle moralische »Entwerdung« zu erreichen wäre, stark unterschieden. Es erübrigt sich zu sagen, dass es zahlreiche Überschneidungen zwischen *schari'a* und Sufismus gab, wie sich an dem bereits erwähnten Umstand zeigt, dass fast jeder »Rechtsgelehrte« ein Sufi war. Bedeutender war jedoch, dass die treibenden Ideen, Methoden, die Lehren und die Verfasstheit dieser beiden Bereiche stark ethisch ausgerichtet waren, und obgleich viele Herrscher religiöse Stiftungen im Dienst der *schari'a* und des Sufismus ins Leben riefen, gab es nur wenig, was, abgesehen von dem Aspekt der Legitimierung, für die politische Macht von Nutzen gewesen wäre.[55]

Wenn die Politik und der Staat, so wie sie in der Neuzeit definiert wurden, ihre Untertanen in Form von Bürgern einer bestimmten Nationalität hervorgebracht haben, dann haben *schari'a* und Sufismus und die erwähnten, damit einhergehenden Diskurse das muslimische Subjekt *performativ* hervorgebracht; sie produzierten ein anderes Menschenbild, das Bild eines Menschen, der keinem spezifisch politischen Verständnis von Macht unterworfen war. Das muslimische Subjekt, das in der Operation der Moraltechniken des Selbst Subjekt, Objekt und Prädikat war, verstand die legitime Macht in Begriffen der moralischen Autorität und der Tugendethik, auch wenn es nicht unbedingt an die Standards der Richtwerte heranreichte. Aber die Richtwerte stellten eine ständige Ermahnung für das Leben und für die Kunst des Lebens dar. Eine Macht, die nicht durch die Begriffswelt und die Philosophie der *schari'a* und des Sufismus sowie ihrer performativen und diskursiven Traditionen sanktioniert war, war nicht legitim, und erlangte deshalb, so mächtig sie militärisch oder materiell gesehen auch war, keine performative Qualität. Es ist sicherlich nicht übertrieben zu sagen, dass die Tugendethik, moralische Techniken des Selbst, Frömmigkeit und einfach ein Leben, das von der positiven Freiheit von materiellen Bedürfnissen sowie von weiteren Varianten ähnlicher ethischer Erwägungen geleitet war, für die Politik und die politische Macht nicht gerade nützlich waren. In einem solchen Umfeld waren sowohl das Nationalsubjekt (der Bürger) als auch Biomacht absolut undenkbar.

Die islamische Vergleichsstudie hat bislang gezeigt, warum ein aus moralischen Tatsachen gebildetes und aus ethischen Geboten bestehendes bildungsintellektuelles System für die Politik nicht von Nutzen sein kann, insbesondere dann nicht, wenn solche Gebote als Verfassungs- und Rechtsdinge über dem Willen der Macht stehen.[56] In einem entscheidenden Sinn entzog sich das Wissen im vormodernen Islam von Beginn an der substanziellen, wenngleich nicht formalen[57] Verbindung mit der politischen Macht im Sinne Foucaults oder Gramscis, und verhinderte so deren Aufstieg. Die Unterschiede finden sich, wie Foucault erkannte, in den beiden Musterbeispielen Aristoteles und Nietzsche vergegenwärtigt, in denen sich die »Transmutation« von den vormodernen zu den modernen Wissensformen abzeichnet. In Aristoteles' *Metaphysik* ist Wissen dem Menschen angeboren und daher bildet das Streben nach Wissen – Ergebnis eines harmonischen Zusammenwirkens von sinnlicher Wahrnehmung, Freude und Wahrheit – einen der Grundzüge des Menschseins. Doch dieses Streben ist, so sehr es auch von der Freude veranlasst sein mag, niemals utilitaristisch oder hedonistisch, sondern gänzlich auf moralische Kontemplation ausgerichtet. Nietzsches *Fröhliche Wissenschaft* hingegen bildet einen starken Kontrast zu dieser ethischen Anschauung und zeichnet ein Bild vom Wissen als einer Erfindung, deren Desiderat letztlich darin besteht, niedere Instinkte, böswilliges Streben und Ängste in einer konfliktträchtigen und unharmonischen Welt zu übertünchen. In Nietzsches Denken ist Wissen kein natürliches Vermögen zur Errichtung einer Ethik, sondern es ist auf Kampf, Beherrschung und Unterjochung ausgerichtet und steht in deren Dienst[58] – eine Auffassung, die im zwanzigsten Jahrhundert von vielen seiner Nachfolger geteilt wird. Im Einklang mit diesen Unterschieden veranschaulicht die islamische Vergleichsstudie (die sich mit dem aristotelischen Beispiel deckt), warum ein System wie dieses für eine sinnvolle Foucault'sche Analyse von Macht/Wissen niemals wirklich herhalten kann, und liefert uns als Nebenprodukt die Schlussfolgerung, dass sich Foucaults Theorie nicht für jede Kultur, Zeit und jeden Ort eignet, eine Einschränkung, die der französische Denker meines Erachtens selbst bemerkte.[59] Die Frage aber bleibt bestehen, warum eine solche Verbindung von Macht und Wissen und folglich die spätere Foucault'sche Analyse in der Moderne möglich wurde, in einer Moderne insbesondere, in der der Staat, wie wir ihn kennen, im Grunde konkurrenzlos herrscht.

Meines Erachtens gibt es zwei Bedingungen, deren Zusammenwirken die notwendige Voraussetzung für dieses Phänomen schuf. Die erste ist der Aufstieg des modernen Staates, der die bereits im Absolutismus, insbesondere aber unter der katholischen Kirche in offenkundigen und groben Formen existierenden Herrschaftsmethoden aktualisierte und auf den neuesten Stand brachte; die zweite ist die Doktrin und die Praxis der Beherrschung der Natur (im weitesten Sinne), die sich in der Unterscheidung von Tatsache und Wert widerspiegelt und philosophisch in der entsprechenden Scheidung von Sein und Sollen zur Darstellung kommt.[60] Ich beginne bei der zweiten Bedingung, und verwende in Ermangelung eines besseren Ausdrucks das Wort »Distinktion«, um die beiden Teilungsformen zu bezeichnen.[61]

Es gibt Grund zu der Annahme, dass Herrschaft über die Natur ihren primitiven Ursprung in einem europäisch-christlichen Dogma hat, das, wie so häufig, in der Neuzeit in säkularisierte Formen überführt wurde. Ich sage »primitive Ursprünge« aus mindestens drei Hauptgründen: Erstens ist es wahr, dass das christliche Europa als gesellschaftliche und politische Tradition Jahrhunderte vor der Renaissance eine komplexe Ausprägung dessen entwickelte, was der Philosoph Murray Bookchin neben anderen als Herrschaft des Menschen über den Menschen bezeichnet,[62] eine Herrschaft, die durch den Feudalismus, die Kirche und später durch den Absolutismus wirkungsvoll ermöglicht wurde. Wenn aber das europäische Christentum als intellektuelle Tradition und Doktrin für die gemeinsame oder ausschließliche Quelle dieser Herrschaft gelten soll, wie der Technikhistoriker Lynn White bekanntlich behauptet,[63] dann müssten etliche Phänomene, die erst im siebzehnten, achtzehnten und neunzehnten Jahrhundert auftraten, schon zu einem früheren Zeitpunkt eingetreten sein, wobei das elfte oder das vierzehnte Jahrhundert für solche Entwicklungen nicht weniger vielversprechend ist als spätere Zeiten. Dass aber die »Herrschaft« im achtzehnten und neunzehnten Jahrhundert qualitativ alle früheren Schranken durchbrach, verlangt nach einer Erklärung, die über die christliche Doktrin und Praxis hinausgeht. Zweitens und aufgrund der in Europa auftretenden religiösen und politischen Herrschaft lässt sich plausibel behaupten, dass die Saat dieses Konzepts christlich war und dass es genau diese Saat war, die die mechanistischen Philosophen, die Deisten und die frühen Aufklärer, bestrebt, ein virulentes säkularisiertes Gegenstück zu entwickeln, kultivierten, um nicht zu sagen verkomplizierten.[64] Drittens zeugt schon Europas Umwandlung in ein säkulares Gebilde von dem Bedürfnis, das europäische Selbst von den durch das Christentum auferlegten, vermeintlichen Beschränkungen zu befreien – wie am Niedergang der Schule von Salamanca,[65] der Entstehung der Korporation, der Einführung der Distinktion, dem Aufstieg des modernen Staates und vielem mehr ersichtlich wird. Wenn das Christentum derartige Bestrebungen zu sehr einschränkte und wenn es deshalb als Säkularismus erweitert und neu erfunden wurde, dann weil es nicht über alle richtigen und notwendigen Bedingungen verfügte.[66]

Dieses hoheitliche »Defizit« des Christentums problematisiert das »lange sechzehnte Jahrhundert« als den raumzeitlichen Geburtsort des modernen Kolonialismus und des Völkermords. Der Philosoph Enrique Dussel argumentierte, dass das *ego conquiro* die Bedingung der Möglichkeit für Descartes' *ego cogito* sei, dass »Ich erobere, also bin ich« zur Grundlage für »Ich denke, also bin ich« wurde und einen Modus Vivendi darstellt, durch den sich ein Subjekt charakterisiert findet, das sich, da es *bereits* die Welt erobert hat, selbst als Zentrum der Welt betrachtet. Aus dieser Grundlage, so Dussel, erwächst das *ego extermino*, »Ich vernichte, also bin ich«. Eine Folge von vier Genoziden im »langen sechzehnten Jahrhundert« konstituiert dabei die soziohistorischen Bedingungen der Möglichkeit für diese Transformation. Als erster »Genozid« wird derjenige gegen die Muslime und Juden Andalusiens angeführt, die unter der Doktrin »Reinheit des Bluts« zur Konvertierung gezwungen wurden. Dussel erkennt allerdings an, dass das kastilische Vorhaben schon aufgrund der Möglichkeit zu konvertieren noch nicht rassistisch begründet war, da eine Integration eine gangbare, wenn auch kaum wünschenswerte Option darstellte. »Die Menschlichkeit der Opfer wurde nicht in Frage gestellt.«[67] Der zweite »Genozid« in den beiden Amerikas zielte auf die Frage der »Menschen ohne Religion«, da seinerzeit das christliche Dogma paradigmatisch auf einem Syllogismus beruhte: Wesen ohne Religion sind von Gott verlassen; Wesen ohne Gott können keine Seele besitzen; folglich sind Wesen ohne Religion ohne Seele. Dieser Gedanke stand in der ersten Hälfte des sechzehnten Jahrhunderts im Mittelpunkt des vorherrschenden Diskurses und enthielt eine entscheidende Implikation: Wenn die Indianer ohne Seele sind, dann ist es gerechtfertigt, sie zu versklaven und sie wie Tiere abzuschlachten. Die Kontroverse erfuhr 1552 in der Disputation von Valladolid, deren Hauptpersonen Juan Gines Sepúlveda und Bartolomé de Las Casas waren, ihren Höhepunkt. Dem Argument des Letzteren folgend, entschied die spanische Monarchie zugunsten der Auffassung, dass die Indianer, obwohl sie für Barbaren gehalten wurden, die der Christianisierung bedurften, eine Seele besitzen. Erst nach diesem Disput begann der dritte und vierte gegen Afrikaner und europäische Hexen gerichtete Genozid, ernsthaft Gestalt anzunehmen, und intensivierte sich im siebzehnten Jahrhundert.[68]

Zu Beginn des siebzehnten Jahrhunderts hatte sich allerdings die Möglichkeit der christlichen Kirche erschöpft, die in großem Maßstab stattfindenden Gräuel und Unterjochungen zu rationalisieren. Damit eröffnete sich ein Raum für den Aufstieg der deistischen Bewegung, für Descartes, Hobbes, Galileo, Newton, Locke und für eine Reihe von Transformationen,[69] aus denen hervorging, was man als das erste lange moderne Jahrhundert zu bezeichnen hätte. Die in diesem Zeitabschnitt angestoßenen Säkularisierungsprozesse kündeten von der Notwendigkeit, sich von den ethischen Beschränkungen zu lösen, denen das Christentum offenbar entkommen wollte, ohne dem jedoch *zur Gänze* nachkommen zu können. Hier geht es nicht darum, Dussels nützliche Darstellung abzutun, sondern sie in eine größere Prozessgeschichte einzubetten, die einem weiteren Grund Rechnung trägt, das Dogma des europäischen Christentums als defizient zu betrachten. An keiner Stelle in Dussels Darstellung findet sich eine überzeugende Lösung für das von ihm aufgeworfene Problem: Wenn sich im europäischen Christentum *ego conquiro* zu *ego extermino* auswächst, warum »erzielte« es dann nicht die gleiche Wirkung in einem chinesischen, indischen, muslimischen oder einem anderen Kontext? Warum führte das *ego conquiro* des Islam, dessen Konzept und Praxis der Konvertierung sich völlig mit dem des Christentums deckte, niemals zu *ego extermino*? Und nicht weniger wichtig: Warum benötigte das Christentum in Europa, dem dieses Merkmal in seinen Kreuzzügen und brutalen Eroberungen im sogenannten Heiligen Land fehlte, Kreuzzüge, die noch am Ende des vierzehnten Jahrhunderts stattfanden, ein ganzes Jahrtausend zur Kultivierung dieses *ego*? Und wenn die Kirche im fünfzehnten und sechzehnten Jahrhundert eine Entwicklung durchmachte, bei der ein solches *ego* in ihr entstehen konnte, wie sah diese Entwicklung dann aus, und warum wich sie schon so bald nach dem sechzehnten Jahrhundert einer Säkularisierungswelle?

Das europäische Christentum, ließe sich also sagen, hat eine notwendige, aber unzureichende Bedingung erfüllt. Die folgende Darstellung der Herrschaft der Moderne (ein unpassender Ausdruck, wie ich noch erläutern werde) muss daher als Reaktion auf jene vormodernen Formen – und zugleich und paradoxerweise als deren Umwandlung und Verbesserung – verstanden werden, wie sie im christlichen Europa mit seinen Adligen, Geistlichen und Königen zumindest als rudimentäre Praxis Ausdruck fanden.

Das heißt, dass die anderen Bedingungen, die notwendig waren, um das Phänomen nicht nur zu ermöglichen, sondern es in einen an Perfektion grenzenden Zustand zu führen, aus der Aufklärung stammen müssen. Mein Argument lautet, dass die Herrschaft über die Natur nicht nur ein Ereignis war, sondern eine Struktur und ein systematischer Denkprozess, durch die diese Herrschaft zu einer Lebensart in und zu einer Betrachtungsweise der Welt wurde, eine Haltung, die erklärt, warum die Zerstörungswut gegenüber der Natur und die Unterwerfung des Menschen unter ihre Kräfte so kompromisslos wie systematisch waren. Von den Historikern Lewis Moncrief und Richard Grove stammt das bekannte, aber schlecht durchdachte Argument, dass nichtchristliche und vormoderne Völker ihre natürliche Umwelt häufig zerstört oder beschädigt hätten, etwa mit der »periodischen Überflutung des Niltals und der Treibjagd mittels Feuer durch den prähistorischen Menschen«, die beide »wahrscheinlich erhebliche ›unnatürliche‹ Veränderungen in der Umwelt des Menschen bewirkt haben«.[70] Ähnlich führt Grove als Beispiel der Umweltschädigung die »rapide Entwaldung« des Gangesbeckens im vorkolonialen Indien des sechzehnten Jahrhunderts an.[71]

Auch wenn diese Phänomene tatsächlich aufgetreten sind, versäumen es die Autoren, den größeren Kontext der modernen europäischen sowie der vormodernen Formen der Umweltschädigung in Betracht zu ziehen. Erstens sind letztere offenbar nur extrem punktuell vorgefallen und hatten mit spezifischen und örtlich begrenzten Situationen und Einzelfällen zu tun; anders gesagt, sie ließen sich weder auf die Ausdehnung der Reiche, in denen sie sich zugetragen haben, noch auf die Welt im Allgemeinen übertragen; und war das Problem, für das sie geschaffen worden waren, erst einmal gelöst, verschwanden mit ihnen auch Methode und Struktur des Phänomens. Zweitens ist unklar, ob diese vormodernen Projekte die gleiche Qualität besaßen wie ihre modernen Gegenstücke. Gelegentliche Überflutungen von Flusstälern oder das Abbrennen von Wäldern in einer, gemessen an der Erdoberfläche, äußerst begrenzten Größenordnung mit der systematischen Entwaldung oder der Abfall- und Giftverkippung, massiver Luftverschmutzung und Hunderten anderen groß angelegten, *strukturellen*, zerstörerischen Vorgehensweisen gleichzusetzen, ist schon fast absurd. Und drittens wird deutlich, dass die Verfechter dieser Betrachtungsweise das spezifische Denksystem, das hinter diesen modernen Einstellungen stand und weiterhin steht, nicht erkannt haben. Wir sollten diese Argumente jedoch nicht nur als fehlgeleitet betrachten. Denn es ist genau jenes Narrativ von der »Verteilung« der durch die Zerstörung entstehenden Lasten, das Teil jener Fortschrittstheologie ist, die wiederum, um ihres Erfolgs und Überlebens willen, darauf angewiesen ist, einerseits die Zerstörungswut in ein Paradigma der Ausnahmen umzuschmieden (wie es etwa mit dem Holocaust geschehen ist) und andererseits die vormodernen »Probleme« zu verallgemeinern und zu übertreiben. Der Fortschritt geht auch dann als Sieger hervor, wenn er verliert.[72]

Allerdings sollte uns nicht entgehen, dass es im europäischen Christentum anscheinend zumindest zwei Konzeptionen gibt, die für die Entwicklung einer modernen Herrschaftsmatrix eine bedeutende Rolle spielen. In einem bemerkenswerten Versuch, eine Theorie des Bösen zu formulieren, hat der in Yale lehrende Philosoph Paul Kahn die Behauptung aufgestellt, dass der moderne säkulare Westen noch immer von der christlichen Schöpfungskonzeption heimgesucht wird, einer Konzeption, die für das Verständnis der Schrecken des zwanzigsten Jahrhunderts grundlegend ist. Kahn verweist nachdrücklich darauf, dass der Mythos vom Sündenfall die konzeptionellen Grenzen dingfest macht, durch die die Genese des Bösen definiert wird. Das erste Element des Mythos verortet die Anfänge der Schöpfung in den Äquivalenzverhältnissen von Gott, Mensch und Natur, wobei der Mensch nach dem Bilde Gottes geschaffen wird, denn er ist »uns ähnlich«. Darauf folgt rasch, dass die Menschen »herrschen […] über die ganze Erde und über alles Gewürm, das auf der Erde kriecht […] Und Gott sprach zu ihnen: ›Siehe, ich habe euch alles Samen tragende Kraut gegeben […] und jeden Baum.‹« Natürlich bezieht sich die Ebenbildlichkeit nicht auf das Körperliche, sondern auf die »Herrschaft«, und überträgt im Grunde Gottes Autorität in der geschaffenen Welt auf den Menschen. Die Ausübung dieser Autorität folgt der schlichten Idee der Aufrechterhaltung: Gott hat eine »sehr gute« Welt geschaffen, eine einfache Ausweitung seiner selbst, und der Mensch hat die Verpflichtung, dieses Gute weiterzuführen.

Vor allem von Umweltschützern und Umweltethikern wurde immer wieder darauf hingewiesen,[73] dass dieses biblische Verständnis zumindest zum Teil für die moderne Haltung der Natur gegenüber verantwortlich zu machen ist. Denn als die Deisten und später die Säkularisten ihre modernen Projekte angingen, glaubten sie – da ihnen nun als Verwalter einer zwar von Gott geschaffenen, aber selbstständig funktionierenden Welt ein »Herrschaftsrecht« zukam –, dass sie über das Gute gebieten und befinden würden, ein Vorhaben, das angesichts der Verheerungen, mit denen die Umwelt und die Menschen des zwanzigsten Jahrhunderts überzogen wurden, eindeutig gescheitert ist. Doch Kahn zufolge ist dies nicht wirklich für die Übel der Herrschaft über die Natur oder des Menschen über den Menschen verantwortlich, sondern bloß Teil der Geschichte. Das Übel der Herrschaft rührt aus dem vom Sündenfall verursachten Schamkomplex. Denn nach dem Ebenbild Gottes geschaffen worden zu sein, heißt, an der göttlichen Bestimmung teilzuhaben, in der Schöpfung, Wissen und das Gute verschiedene Aspekte ein- und derselben Ordnung der Dinge sind. Zu wissen, heißt einfach, das Gute der Schöpfung zu erkennen, zu erkennen, dass sogar das Wissen an sich gut ist, denn das Böse existiert einfach nicht – jedenfalls noch nicht. Der Sündenfall stellt also einen Wissensbruch dar, da Schöpfung und das Gute nicht mehr auf natürliche Weise weitergeführt werden. Der Sündenfall ist der Inbegriff eines intellektuellen Versagens, des Versagens des Menschen, ein Ebenbild Gottes zu sein. In aller Schärfe führt Kahn vor, dass dieses Versagen in »einer Ersetzung der Realität durch den Schein« besteht. »Diese Form der Theodizee besitzt im Westen eine lange Geschichte. Wenn die Schöpfung insgesamt gut ist, dann muss das Schlechte – Missgeschick, Naturkatastrophe, und sogar böses Verhalten [und Kahn hätte auch Genozid hinzufügen können] – ein falscher Schein sein.«[74]

Der Sündenfall, symbolisiert durch das Essen vom Baum der Erkenntnis, besagt, dass der Mensch nach dem Wissen Gottes greift. Hierbei handelt es sich nicht um Ignoranz. Die misslungene Initiative jedoch verursacht den Bruch, denn vom Baum der Erkenntnis zu essen, heißt, die Wahrheit über das eigene Ich zu erkennen, sich selbst zu kennen. Es heißt, zu wissen, dass man stirbt: »Du musst des Todes sterben«, verkündete Gott, »denn Staub bist du und zum Staub kehrst du zurück«. Nach dem Sündenfall das Gute hervorzubringen – für den Menschen eine nicht endende Aufgabe –, bedeutet, zu einer gleichermaßen endlosen Arbeit verurteilt zu sein. »Außer für Gott ist die Erkenntnis des Guten nur für ein zeitweilig mit Bewusstsein begabtes Wesen möglich, für ein Wesen, das in die Zukunft zu blicken und zu fragen vermag: ›Was soll ich tun?‹ Dieses Bemühen, sich selbst zu lenken, mündet jedoch unweigerlich in die Erkenntnis des Todes. Denn wenn der Mensch seinen Blick in die Zukunft wendet, sieht er seinen eigenen Tod.«[75] Nichts, was der Mensch tun oder sagen könnte, kann diese existenzielle Tatsache bezwingen. Die Sterblichkeit jedoch, die existenzielle Bedingung der Scham, ist Ausdruck des irdischen und niederen Wesens des Menschen, der, nicht weil er Wissen verliert, sondern weil er es erwirbt, diese Beschämung erkennt. Christus kommt, um den Menschen »von der Scham Adams – der Scham nie endender Arbeit, moralischen Versagens, des nackten Körpers und des Todes zu erlösen«.[76]

Das Streben nach Erlösung besteht auch in der Moderne fort, allerdings in säkularisierter Form. Scham angesichts der Natur und Herrschaft über die Erde sind miteinander verquickt, wodurch Letztere das Mittel zur Eroberung Ersterer wird. Wenn Arbeit, Nacktheit und Tod das moralische Versagen des naturgegebenen Menschen sind, dann ist die Herrschaft über sich selbst, ein endloses Bemühen um Selbstverleugnung, die Lösung. In dem Maße, als diese Erlösung auf den Versuch hinausläuft, die Natur zu erobern und zu beherrschen, in dem Maße ist sie, so ließe sich sagen, auch eine Verleugnung der Unvermeidlichkeit ebendieser Natur. Diesen Gedankengang werde ich in Kapitel 4 fortsetzen und seine Relevanz für den Kolonialismus und den Genozid aufzuzeigen versuchen. Für den Augenblick möchte ich jedoch hervorheben, dass in dieser Tradition der Ausgangspunkt für Beherrschung und Eroberung in der Natur des Menschen liegt, in seinem Selbst.

Zu einem Leben voller Arbeit verurteilt zu sein, bedeutet genau besehen, zur Arbeit gegen sich selbst verurteilt zu sein, gegen das, was der Mensch ist. Die Endlichkeit des Lebens, die unentrinnbare Nacktheit und das moralische Versagen sind mit nie endender Arbeit, der Arbeit des Selbsthasses verknüpft. Und je mehr Hass besteht, desto mehr Herrschaft wird über das Selbst, oder ein Surrogat davon, ausgeübt. In der deistischen und säkularen Phase der aus biblischer Saat erwachsenen westlichen Tradition gibt es kein Wissen ohne Herrschaft. Wer, stets mit Politik und dem Politischen umhüllt, sein Selbst kennt, kennt seinen Feind. Der von Carl Schmitt stammende Ausspruch: »Nenne mir Deinen Feind und ich sage Dir, wer [was?] Du bist«, macht jede christliche Vorstellung von Liebe zunichte und verbannt sie bestenfalls in die Sphäre eines einfachen persönlichen und privaten Handelns.[77] Die kollektive Identität ist somit eine Identität der Kriegslust und des Hasses, denn in Schmitts Logik ist die »Selbstliebe« strukturell im Hass gegen den anderen verwurzelt, der immer der Feind ist.[78] Es gibt kein anderes Fundament für die Liebe.[79]

V

Max Scheler argumentiert, dass der moderne Mensch, womit er den westlichen Menschen meinte, einen Willen a priori besitze, ein ihm eigenes »Streben nach Wissen«, das »aus einem angeborenen Triebimpuls« erwachse.[80] Was Weber als entzauberte Welt betrachtete, wurde von Scheler als Beweis gedeutet, dass dieser »angeborene Trieb«[81] in »jener umfassenden Denkstruktur, welche seit der Renaissance die Grundlage alles Denkens über die Wirklichkeit abgegeben hat«, kulminierte, eine Denkstruktur, die »auf eine basische Wert- und Willensstruktur zurückzuführen ist, deren Schwerpunkt der Wunsch war, die materielle Welt zu unterwerfen und zu beherrschen«.[82]

Scheler argumentiert (und dies ist im Lichte unserer früheren Fallstudie überaus relevant), dass verglichen mit östlichen Denkstrukturen der westlichen Metaphysik »ein ganz anderes Selbstbewusstsein und eine ganz andere Selbstdeutung des Menschen als eines über alle Natur souveränen Wesens von vornherein zugrunde liegt«.[83] Zum »entscheidenden *axiologischen* Element« geworden, zu einer »*systematischen*«, »nicht nur gelegentlichen«[84] Erscheinung und einer »im Mittelpunkt stehenden Werthaltung«, war dieses inhärente Attribut der Herrschaft die Grundlage, »von der aus das Studium der Wirklichkeit in Angriff genommen wurde«.[85] Anders formuliert, für die Zentralgebiete der Moderne wurde diese »Haltung« oder dieser »angeborene Trieb«, mit ihnen verwoben, wie sie waren, konstitutiv.

Wie weit Scheler in seinen Einsichten auch gelangte, ich werde hier argumentieren, dass seine Konzeption keineswegs die ganze Bandbreite und Tiefe der modernen europäischen Konzeption von Souveränität erfasste, da doch der »Mensch« nicht über ihr stand, sondern wie alles andere auch in ihren Zuständigkeitsbereich fiel. Nietzsche dürfte richtiggelegen haben, wenn er im Willen zur Macht mehr gesehen hat als bloß menschliches Wollen. In der Moderne ist dieser Wille zum Seinsmodus par excellence geworden; der über alles herrschende Mensch ist dabei lediglich die Modalität, das Instrument seiner Vollendung in der Geschichte. Da Scheler in einem eurozentrischen Kontext schrieb, war sein Begriff des »Menschen« nicht umfassend genug.[86] Mein Argument lautet denn auch, dass bei der Konzeption der Herrschaft nicht weniger als eine ontologische Souveränität,[87] die sozusagen als Existenz erster Ordnung aufgefasst wurde, im Spiel war. Anders gesagt war sie so weiträumig konzipiert, dass sie von der mildesten Form der Herrschaft bis zu der Entscheidung über Leben und Tod reichen konnte. Im Gegensatz zu Schmitts eingeschränktem *politischen* Begriff von Leben und Tod übte die Herrschaft dieses Recht über die Gesamtheit der fühlenden und nichtfühlenden Wesen aus.

Bei der Erforschung der Realität kam der Philosophie zwar eine wichtige Funktion zu, ihre Glücksbedingungen allerdings sind klar im Zusammenhang mit der Frühphase des Kapitalismus und seiner Einbettung in die Aufklärung zu sehen.[88] Für die Moralphilosophie stellte wohl die Distinktion, insbesondere in ihrer Sein-Sollen-Variante, das vorherrschende Problem des Denkens dar. Wie der Philosoph Charles Taylor feststellt, ist die »Aufspaltung zwischen Tatsache und Wert zu einem vorherrschenden Thema in unserem [zwanzigsten] Jahrhundert« geworden und hat »ein neues Verständnis und eine neue Bewertung von Freiheit und Würde« befördert.[89] Ergänzend sei gesagt, dass diese Aufspaltung unsere gesamte Realitätsauffassung bestimmt, die Taylor offenbar unter »Freiheit und Würde« subsumiert. Die Freiheit, in dem kantischen Begriff der Autonomie kraftvoll zum Ausdruck gebracht,[90] hört auf, die Allmacht Gottes zu bezeichnen, und wird stattdessen Ausdruck der eigenen naturgegebenen Vernunftbegabtheit des Menschen. Die menschliche Vernunft wird zum einzigen Schiedsrichter in dem Vorhaben, die Welt zu objektivieren, sie den Bedürfnissen und dem Willen des Menschen zu unterwerfen, Imperative, die inzwischen unerbittlich instrumentalistisch geworden sind. Das Streben nach Glück, Utilität und vielem anderen, was aus diesen Imperativen folgt, wie etwa Lebenserhaltung und Schutz des Privateigentums, wird, von einer als weitblickend und berechnend geltenden Vernunft aus der natürlichen Ordnung abgeleitet, zu einem Naturrecht. Einst durch die von der katholischen Kirche definierten Macht der Offenbarung im Zaum gehalten, wird die Vernunft nun wie ein freier Markt frei und jeglicher einschränkenden Betrachtung oder aller permanenten moralischen Prinzipien entbunden. Es ist die reine entfesselte Vernunft. Doch gerade im Ausbruch der aufklärerischen Vernunft gegen den Absolutismus der Kirche und des Königs, genau in ihrer machtvollen Reaktion gegen jene Mächte, die, in ihrem Absolutismus völlig *frei*, über sie geherrscht haben, hat die aufklärerische Vernunft in ihrer Aufblähung und Ausweitung den Kreis geschlossen und ebenjene Tyrannei wiederholt, die ihren Aufstieg überhaupt erst ermöglichte. Doch dieses Mal wurden nicht allein die Menschen ihrer Herrschaft unterworfen, sondern auch die Natur und im Grunde sogar die Welt in ihrer Gesamtheit.

In dieser Transformation entstammen Vernunft, Verpflichtung, Pflicht und Ideen wie der kantische kategorische Imperativ[91] nun dem Selbst, dem Wissen, der Macht und der kolonialen Souveränität in diesem Selbst, sie sind eine innere Kraft des Menschen,[92] weshalb die

Freiheit, ähnlich wie die Vernunft, mit ihren Beziehungen zur äußeren Welt bricht, um ein Teil des Selbst zu werden, aus dessen Gebiet sie nun ausschließlich entspringt und in dessen Grenzen sie operiert. Mit dem Begriff der souveränen Vernunft ist nun auch die Menschenwürde verbunden, denn nur durch die Verwirklichung dieser Souveränität bei der Regelung der menschlichen Angelegenheiten und nicht minder gegenüber der Welt als menschlicher und empfindungsloser Existenz kann Würde erlangt werden.

Die Sein-Sollen-Dichotomisierung bildet den Konflikt ab zwischen den instrumentalistischen Manifestationen der Vernunft und, in einem hohen Maß, den instrumentalistischen Manifestationen dessen, was an Moralität und Tugend des christlichen Erbes noch übrig ist. Genau aus diesem Grund erhob die Philosophin Elizabeth Anscombe den schwerwiegenden und gerechtfertigten Vorwurf, dass Kants Begriff der Pflicht nichts anderes als eine christliche Intrusion im aufklärerischen Gewand der Vernunft sei.[93] Was Anscombe für die Philosophie behauptete, hat bekanntlich bereits Carl Schmitt für das politische Denken festgestellt, nämlich, dass alle wichtigen politischen Begriffe der Moderne eigentlich säkularisierte christlichen Konzepte darstellen. Die Hauptpunkte von Anscombes und Schmitts Kritik sind, wie ich zeigen möchte, überaus wichtig für uns, da das Foucault'sche-Said'sche Problem von Macht und Wissen auf die europäisch-christlichen Werte und die europäische Epistemologie zurückgeführt werden kann, die die Saat dessen bildeten, was später auf dem Boden der Moderne kultiviert werden sollte.

Als Ergebnis besonderer historischer Umstände, einer bestimmten ökonomischen und später philosophischen Entwicklung, die den Begriffen von Würde, Freiheit und Vernunft neue Bedeutung verliehen hat,[94] hat die Distinktion den Status einer Metaethik erlangt, eine Metaethik jedoch, die, wie MacIntyre argumentiert, »nicht als zeitlose Wahrheit feststeht. [ ] Sinn ergibt sie nur im Rahmen bestimmter ethischer Anschauungen.«[95] Wie so vieles andere in der Moderne wurde sie zu einer Art zeitlosen und darüber hinaus universellen Wahrheit gemacht, dazu ersonnen, »die Diskursregeln im Interesse einer Anschauung festzulegen und konkurrierende Sichtweisen in die Inkohärenz zu zwingen.«[96] Sowohl Taylor als auch MacIntyre plädierten für die kontingente, kontextuelle Natur der Spaltung und verfochten nicht nur die

Möglichkeit, dass die Distinktion von vorneherein falsch sein könnte, sondern zudem keine moralische Argumentation ohne jene Denkweisen auskomme, die »durch die Spaltung ausgeschlossen sind«.[97] Dies läuft im Grunde auf die Aussage hinaus, dass moralisches Denken und die Fixierung moralischer Werte und ethischer Überlegungen in unserer Denkungsart und Praxis sich nicht unter gleichzeitiger Beibehaltung der Distinktion bewerkstelligen lassen.

Wird die philosophische Unterscheidung in realen Begriffen auf die Spitze getrieben, kommt dies einer Rechtfertigung der Herrschaft über die Natur gleich, wozu auch, wie Scheler und die frühe Frankfurter Schule[98] argumentiert haben, die Natur des Menschen und des Selbst gehören. Scheler führt an, dass »Natur und Seele [ ] als beherrschbar und lenkbar *gedacht* werden können, [ ] durch Politik, Erziehung, Unterweisung, Organisation«.[99] Beherrschung war demnach die paradigmatische Haltung nicht nur gegenüber der »rohen« und »inerten« Materie, sondern auch gegenüber dem Selbst, dem menschlichen Subjekt. Scheler war zudem der Ansicht, dass »die neueste Geschichte des Abendlandes und seiner sich selbständig entwickelnden Kulturannexe (Amerika usw.) in immer einseitiger sich gestaltender Weise fast nur auf mögliche praktische Veränderungen der Welt ausgerichtetes Wissen in der Form der arbeitsteiligen positiven Fachwissenschaften systematisch gepflegt [hat]. Das Bildungs- und Erlösungswissen trat im Laufe der Geschichte des Abendlandes immer mehr in den Hintergrund. [ ] Die innere Lebens- und Seelentechnik, das heißt die Aufgabe, die Macht und Herrschaft des Willens [ ] maximal über die Vorgänge des psychophysischen Organismus auszudehnen [ ] trat [ ] gewaltig zurück.«[100] Unklar ist, was Scheler hier unter »Bildungswissen« versteht, aber wenn diese »Bildung« [übersetzt als »culture«] durch das geformt und definiert wird, was er selbst als Apriori-Neigung des Willens bezeichnet, um der Herrschaft halber Wissen zu erwerben, dann hätte es nicht »in den Hintergrund« gedrängt werden können. Es sei denn er meinte mit »Bildung« [»culture«], was ich hier als Bereiche künstlerischer und ästhetischer Bemühung bezeichne, die in die peripheren Gebiete verwiesen wurden (siehe Kapitel 1, Abschnitt 2).

Wenn Scheler – neben Bacon, Vico, Nietzsche, Foucault, der Frankfurter Schule und anderen – damit richtigliegt, dass das moderne westliche Wissenssystem programmatisch darauf eingestellt ist, der Macht und Disziplin, der Beherrschung und Umwandlung der Welt zu dienen, dann bedeutet zu wissen sensu stricto, sich für die Macht und die Umwandlung der Welt einzusetzen.[101] Es war kein Zufall, dass im frühen siebzehnten Jahrhundert eine ganze Reihe an Diskursen in verschiedenen Sprachen und Formen, jedoch stets mit der gleichen Botschaft, entstand, die besagte, dass der Mensch von nun an das Kommando über die Welt innehabe. Mit seiner revolutionären und einflussreichen Idee des politischen Körpers verankerte Hobbes sein Denken in der säkularisierten Vorstellung einer göttlichen Schöpfung, bei der der Herr die Welt in die Hand des Menschen gelegt und jegliche Aufsicht über sie aufgegeben hat. Von einer ähnlichen Position ging auch Bacon aus, der als Erster die Verbindung von Macht und Wissen diagnostizierte, wobei er eine gewissermaßen unverwechselbare europäische Realität identifizierte.[102] Im katholischen Christentum lag das Wissen in der Weisheit Gottes und wurde als Teil seiner Schöpfung dargestellt, die Deisten jedoch glaubten, dass Gottes Schöpfung sich auf den Akt der Schöpfung selbst beschränkt, auf einen Akt, der eine sich selbst regulierende Welt ersinnt und einrichtet. Paul Kahn formuliert pointiert, dass wenn die Welt erst einmal so aufgefasst wird, »dann gibt es absolut keinen Grund mehr, sich auf Gott zu beziehen. Wenn Gott mit uns fertig ist, dann werden wir auch mit ihm fertig werden können. Es besteht kein Grund, über den Autor nachzudenken, solange wir den Text haben.«[103]

Das an die Stelle Gottes tretende Wissen wird gleichermaßen allmächtig – allerdings mit einem Unterschied. Gott war angehalten, gut zu sein und Gutes zu tun, und obgleich die Pflicht des Menschen, wie auch immer sie interpretiert wurde, darin bestand, seinem Beispiel zu folgen, wurde seine Allmacht von diesem Gutsein eingeschränkt. Anders gesagt, Gott blieb, ungeachtet des wundersamen Ausnahmezustands von Erdbeben, Vulkanausbrüchen und dergleichen, an seine eigenen Regeln und Prinzipien gebunden. Der Mensch hingegen war nicht von ewig währenden Gesetzen oder Prinzipien beeinträchtigt und erfand sie im Laufe seiner Entwicklung, auf seine eigene Freiheit und Souveränität reflektierend, wie es ihm gefiel. Die Allmacht des Menschen vermag die Erde, auf der er lebt, zu zerstören, doch Gott kann sich und wird sich ein derartiges Tun nicht erlauben.

Die unauflösliche Verbindung zwischen dieser Denkstruktur eines ungebändigten Herrschaftsverlangens auf der einen Seite und Moral und Werten auf der anderen ist von unmittelbarer Relevanz für Saids milde und beschönigende Feststellung, der Orientalismus sei ein »westlicher *Stil*« der Herrschaft (meine Hervorhebung).[Or11] In einer solchen Aussage liegt wenig Wertschätzung für die bestimmende Kraft etwa der mechanistischen Philosophen einschließlich Boyles und Newtons, die das Fundament für eine neue Haltung gegenüber der Welt legten und zugleich dialektisch reflektierten. Im Grunde aus der Welt herausgedrängt hat Gott nun nicht nur das Privileg als Schöpfer einer *anima mundi* verloren, sondern auch jede Glaubwürdigkeit im Hinblick auf eine Ex-nihilo-Schöpfung der Welt.

In dieser neuen Sicht existiert die Natur einfach, sie ist, was sie ist, und ist von der eigentlichen Schöpfung abgetrennt, was auch heißt, dass die herkömmliche direkte Verbindung zwischen Schöpfer und dem Erschaffenen und damit jegliche Verbindung zwischen Materie und Geist eliminiert ist. Die mechanistischen Philosophen gingen jedoch weit über diese Position hinaus und behaupteten, dass die Materie »roh«, »träge« und sogar »dumm« sei,[104] Eigenschaften mithin, die Parallelen und Entsprechungen zur Beschreibung der schon bald zu kolonisierenden Afroasiaten und Westinder aufwiesen. Alle spirituellen Kräfte, beziehungsweise die *anima*, waren aus dem Universum verbannt worden, wodurch die Materie zwar spirituell bedeutungslos wurde, aber in einem anthropozentrischen, materialistischen Sinn noch relevant blieb. Das hieß, sie konnte, um dieser Weltsicht zu genügen, beherrscht, manipuliert, verändert, neu geschaffen oder umgebildet werden. Wenn die Materie in einer »rohen« oder »inerten« Form existiert, dann kann der einzige Grund ihrer Existenz nur darin bestehen, dem Menschen zu dienen, nicht allen Menschen, sondern lediglich denen, die die Macht haben, *zu wissen*. Als Robert Boyle behauptete, dass »der Mensch geschaffen wurde, um zu besitzen und zu herrschen«,[105] hatte er damit bestimmt nicht jeden Menschen, sondern den Europäer im Sinn, denn Nichteuropäer gehörten für Boyle und sogar für den »Freiheitsphilosophen« John Locke nicht ohne Weiteres zur Kategorie der Menschheit, zumindest nicht zu *dieser*. Lockes Eintreten für Freiheit und Verfassungsgarantien zum Schutz der Freiheit waren für den *weißen* Mann gedacht und hatten keinen Einfluss auf sein Geschäft als Investor in den Sklavenhandel.[106]

Sobald die Herrschaft über die Natur die Zentralgebiete des modernen Europas strukturiert hatte, wurde sie durch verschiedene begriffliche Instrumente kanonisiert, wobei »natürliche Ressourcen« zu einer »naturgegebenen Tatsache« der Pädagogik wurden. Dieses für selbstverständlich erachtete pädagogische Instrument, das zugleich extrem ausbeuterisch und höchst gewalttätig ist, ergibt sich geradezu zwangsläufig, wenn die Natur aller Werte entkleidet wird. Wenn Natur »roh« und »inert« ist, dann kann man sie ohne jede moralische Rücksicht behandeln und jede ihrer Unterabteilungen dem eigenen Machtwillen unterwerfen. Und wenn die Materie selbst bar jeglichen Werts ist, dann kann man sie wie einen Gegenstand behandeln. Wir können sie erforschen und sie allen Registern unseres analytischen Apparats unterwerfen, ohne dass dies mit irgendwelchen moralischen Ansprüchen an uns verbunden wäre.[107]

Diese Trennung ermöglichte die Entstehung eines sogenannten objektiven und distanzierten wissenschaftlichen Denkens, wie es auf den akademischen Feldern der Naturwissenschaft, des Ingenieurwesens, der Volks- und Betriebswirtschaft, des Rechts oder der Geschichte vertreten ist, die allesamt für sich eine gewisse Objektivität in Anspruch nehmen. »Distanziertheit« ist zu einer Tugend umgemünzt worden, da ihr Mangel der Bösartigkeit des Menschen Tür und Tor öffnet. In den genannten Disziplinen kann die Wissenschaftlerin den Anderen (als Bestandteil der Natur) leidenschaftslos untersuchen, ohne sich mit wertbehafteten oder moralischen Forderungen auseinandersetzen zu müssen. Denn solche Forderungen zuzulassen, würde der *Weltanschauung** widersprechen, das heißt vor allem der Denkstruktur der Herrschaft.[108]

Wenn dies soweit zutrifft, dann muss unsere Sprache – meine Sprache – nach mehr Genauigkeit streben. Dann ist in diesem Kontext die Verwendung des Begriffs *Herrschaft* nicht mehr genau genug, denn die Kräfte der modernen europäischen Denkstruktur und ihrer Performativität kommen darin nicht ausreichend zum Ausdruck. Herrschaft ist bloß Kontrolle und Einfluss, die über jemand oder etwas anderes

---

* Im Original deutsch.

ausgeübt werden, eine Eigenschaft, die sich wohl seit Anbeginn »zivilisatorischer« Zeiten jeder komplexen Gesellschaft und jedem vergangenen Reich zuschreiben lässt.[109] Der Begriff ist vielleicht angemessen, wenn es zu beschreiben gilt, wie Reiche über ihre Untertanen, und hier insbesondere über die unterworfenen Völker, herrschten; mit Sicherheit ist er zu stark, um die vormoderne Herrschaft über die Natur im materiellen, physischen Sinne zu beschreiben. Wie sehr die Umwelt und die Ökologie in der Vormoderne auch ausgebeutet wurden, und zweifellos ist dies eingeschränkt geschehen, die Art, wie Herrschaft vorgestellt und verstanden wurde, betraf keinesfalls eine bewusste Kontrolle im Hinblick auf eine dem eigenen Willen oder gar dem eigenen Vergnügen unterworfene Transformation. Die vormoderne Herrschaft über bezwungene Subjekte beinhaltete auch keine bewussten oder halb bewussten Pläne, die bei der Annahme ansetzten, sie seien eine Erweiterung einer kontrollierbaren oder – wie Scheler es formulierte – manipulierbaren Natur und somit einer Herrschaft unterworfen, die die Macht zur *Transformation* besaß.

Deshalb ist es sprachlich und von der Sache her präziser, den Begriff »Souveränität« zu verwenden. Sprachlich deshalb, weil diese Form der europäischen Herrschaft *zusätzlich* eine höchste Macht aufwies, die die Idee des freien Willens in der Art und in der Qualität, in der diese Herrschaft ausgeübt wurde, artikuliert. Im Begriff »Herrschaft« kommt weder zum Tragen, dass es sich um einen uneingeschränkten Willen handelt, jemand oder etwas anderes zu kontrollieren oder zu beeinflussen, *noch schließt er äußere Beschränkungen oder höhere moralische oder ethische Überlegungen aus, die das Spielfeld und seine Grenzen definieren würden.* Herrschaft über Untertanen lässt sich auch dann noch durchsetzen, wenn sie durch politische und sogar moralische Prinzipien eingeschränkt ist. Islamische Imperien und Königreiche geben ein gutes Beispiel ab: Sie *beherrschten* ihre Untertanen, aber unter den Zwängen eines »Gesetzes«, das sie, wie gesehen, nicht selbst gemacht hatten und durch das sie in vielerlei Weise eingeschränkt wurden.[110] Souveränität hingegen *herrscht nicht nur über Prinzipien hinweg, sondern stellt sie nach Belieben auf.* Selbst wenn sie entscheidet, ein Prinzip oder eine Reihe von Prinzipien zu übernehmen, ist die Entscheidung Ergebnis und auch Ausdruck eines souveränen Willens.

Von der Sache her wäre bloße Herrschaft, so mein Hauptargument, mit den reellen Auswirkungen der Umweltzerstörungen, die dieser Haltung entspringen, und zudem mit den politischen Begleitphänomenen, die aus genau diesen Entwicklungen in Europa hervorgegangen sind, absolut nicht überein zu bringen.[111] Nur um diese Verbindung – der ich später nachgehen werde – vorerst deutlich zu machen: Umweltzerstörung, der moderne Staat, Kolonialismus, moderne Macht, Völkermord und vieles mehr gehören untrennbar zusammen. Oder etwas schablonenhaft formuliert, vom Genozid und der Umweltzerstörung zu sprechen, als ob diese nichts miteinander zu tun hätten oder in keiner Weise organisch miteinander verflochtene Phänomene wären, wäre ein Irrtum.

Streng genommen gibt auch der Ausdruck »Macht« die Foucault'sche Diagnose der modernen Kontroll- und Managementsysteme nicht adäquat wieder, da er zwar die Modalitäten und Dynamiken dieses Systems präzise reflektiert, jedoch die Ursprünge dieses Machttyps nur unzulänglich beschreibt. Auch hier war Foucaults Arbeit, wie bereits bei den zu knappen Ausführungen zur Theorie des Autors, zumeist mit den Modalitäten und Operationen der neuzeitlichen Macht im Hinblick auf ihre besonderen performativen Wirkungen beschäftigt; die Ursprünge dieser Macht erschließen sich jedoch nur implizit. Foucault hob allerdings deutlich hervor, dass diese Macht keine besondere Logik besaß, dass ihre Logik weder linear, schlüssig oder vorhersehbar ist und dass ihr keine festen Regeln zugrunde liegen, die ihre Operationen steuern würden. Aus dieser plausiblen Diagnose lässt sich folgern, dass Macht nicht von einem vorherbestimmten Punkt, von einem eindeutigen Ursprung ausgeht, und dass sie, keinem Diktat anderer Autorität oder Quelle unterliegend, sowohl in ihren Ursprüngen als auch in ihren operativen Modalitäten souverän ist. Meines Erachtens ist dies eine entscheidende Voraussetzung für das Verständnis des Kolonialismus und des souveränen Wissens, nicht zuletzt deshalb, weil damit ein Regime konstituiert wurde, das eine Untergruppe, ein Ableger jener besonderen Form von Macht war, die Europa in die Moderne führte. Weil die herkömmlichen, vor Foucault bestehenden Assoziationen und Konnotationen des Ausdrucks »Macht« auch heute noch virulent sind, und womöglich, weil sich Foucault für die kolonialen Ausprägungen von Macht nicht interessierte, taugt der Begriff für eine Erörterung des Kolonialismus nur wenig. Deshalb auch der Rückgriff auf den Ausdruck »Herrschaft«. Die Phrase »Macht über die Natur« klingt ziemlich banal, da sie die dem Ausdruck »Herrschaft« innewohnende Intensität nicht vermitteln kann (obgleich eine schlüssige Anwendung von Foucaults Theorie dem Ausdruck eine gedrängtere, die vollen Auswirkungen der souveränen Macht reflektierende Bedeutung hätte zuschreiben müssen). In beiden Fällen und formell gesprochen, eignen sich aus unterschiedlichen Gründen weder »Macht« noch »Herrschaft« für eine vollständige Beschreibung der Sachlage, sodass der Ausdruck »Souveränität« als Kandidat übrig bleibt. So wie es politische Souveränität gibt, gibt es auch epistemische Souveränität, der alle anderen Formen von Souveränität entspringen.

Genau diese Souveränität bestimmt den Naturbegriff der Aufklärung, ein Begriff, der die gesamte Existenz umfasst. Es ist absolut kein Zufall, dass eine überwältigende Reihe von Denkern, politischen Philosophen, Wissenschaftlern und anderen, individuell und als Gruppe, eine gemeinsame Auffassung von »Mensch« und »Natur« verfochten. In ihrer kollektiven und kumulativen Wirkung war dies das vorherrschende Verständnis in den Zentralgebieten, die ihre Wurzeln wiederum in den Zentralgebieten und zentralen Paradigmen der Aufklärung hatten (so unterschiedlich und abweichend ihre Stimmen auf den ersten Blick mitunter erscheinen mögen). Die politischen Philosophen zum Beispiel, vor allem Hobbes, entwickelten eine Politik- und Staatsauffassung, die gut mit den mechanistischen Philosophen in Einklang zu bringen war, wobei diese wiederum mit den neuen Moralphilosophen übereinstimmten, die die neue materielle Wirklichkeit in ein philosophisches Gewand kleideten. Die Souveränität über die Natur mit ihrem Rest nichteuropäischer Menschlichkeit fiel nicht bloß zufällig mit dem Aufstieg des modernen Staates und der ihm eigenen Souveränität zusammen, sondern war dessen strukturelle Begleiterscheinung. Denn wie die Foucault'sche Macht, war die Souveränität überall, und in vielen wichtigen Aspekten waren sie deckungsgleich.

Nicht allein der als totalitäre Größe[112] verstandene moderne Staat konstituiert die zweite von mir geforderte notwendige Bedingung, sondern vielmehr seine Souveränität und die dieser Souveränität entspringenden Effekte. Als Einstieg sollten wir meines Erachtens Foucaults Begriff der Pastoralmacht ernst nehmen, da er uns die Matrix liefert, mit der wir die Souveränität angemessen verstehen können. Der moderne Staat, der im sechzehnten Jahrhundert in einer Vorform erscheint, hat die alten Machttechniken der christlichen Institutionen in eine neue politische Gestalt integriert. Foucault geht davon aus, und ich glaube, er liegt damit richtig, dass »das Christentum die einzige Religion [ist], die sich als Kirche organisiert hat«, was in meinen Augen bedeutet, als eine institutionelle Leitstruktur, ausgestattet mit einer bestimmten Form performativer epistemologischer Macht, die die Subjekte von innen *und*, als Institution, von außen formt. Als »Kirche« vertrat sie die Theorie, dass die Einzelnen aufgrund ihrer religiösen Qualität den anderen nicht als Prinzen, Richter oder Propheten dienen, sondern als Hirten. Foucault zählt verschiedene Attribute auf, die diese »ganz bestimmte Form von Macht« besitzt; zwei davon sind hier unmittelbar von Belang. Erstens handelt es sich »um eine Form von Macht, die sich nicht nur um die Gemeinschaft als Ganze kümmert, sondern um jeden Einzelnen, und das sein Leben lang«; und zweitens ist sie eine Form von Macht, die »sich nur ausüben [lässt], wenn man weiß, was in den Köpfen der Menschen vor sich geht, wenn man ihre Seele erforscht, wenn man sie zwingt, ihre intimsten Geheimnisse preiszugeben. Sie setzt voraus, dass man das Bewusstsein des Einzelnen kennt und zu lenken vermag.« Diese Form von Macht »ist koextensiv mit dem Leben und dessen Fortsetzung nach dem Tod. Sie ist mit der Erzeugung von Wahrheit verbunden und zwar der Wahrheit des Einzelnen.«[113] Auch wenn diese Form als kirchliche Institution im achtzehnten Jahrhundert verschwand, hat sich doch ihre Funktion in moderner, säkularisierter Gestalt und in einer neuen Konfiguration verbreitet und weiterentwickelt. Der Staat ist so gesehen »eine Matrix der Individualisierung«,[114] die über verschiedene Institutionen auf den gesamten Gesellschaftskörper eingewirkt hat. Dies ist, wie Foucault andeutet und woran Nietzsche uns unentwegt gemahnt, eine, obgleich säkularisierte, so doch theologische, göttliche Macht.

Wahre Souveränität, die sich überaus exemplarisch und leicht zu identifizieren im modernen Staat manifestiert, gebiert das Recht, das wiederum den Ausdruck des souveränen Willens konstituiert. Dieser

Wille ist das paradigmatische Merkmal der Regierungspraxis, denn er stellt das Instrument dar, das die Eigenschaft und den Wirkungsbereich, den Modus Operandi und den Modus Vivendi des Staates definiert. Ohne die totale Befehlsgewalt über das Recht – sowohl prinzipiell als auch weitgehend in der Praxis –, lässt sich ein Staat nicht als Staat erkennen. Ebenso wenig kann ein Staat, der nicht über die Fähigkeit oder die Mechanismen der Gesetzgebung verfügt oder nicht in der Lage ist, über Ausnahmen vom sogenannten normativen Recht zu entscheiden, als Staat betrachtet werden. Die Verquickung von souveränem Willen und dem Vermögen und dem Privileg zur Erlassung von Gesetzen und ihrer Aufhebung erklärt, warum ein Staat das Recht als sein Eigentum beanspruchen muss, und zwar in der Weise, dass das, was er übernimmt, *sein eigenes Gesetz* wird, selbst wenn es ausgesetzt, und selbst wenn es ursprünglich von einem anderen Staat »transplantiert« wurde. Dies ist, wie ich bereits sagte, der wichtigste Bestandteil des Konzepts der Souveränität: Die Annahme, dass ein Gesetz verbindlich ist, wird gerade deshalb möglich, weil der Souverän selbst beschlossen hat, daran gebunden zu sein, und nicht wegen einer dem verbindlichen Recht (oder einem Prinzip) innewohnenden Kraft. Die Ausnahme vom Gesetz ist so legal wie das Gesetz selbst und definiert den Begriff der Souveränität, auf dem der Staat aufbaut. Der souveräne Wille hat daher den Staat als neuen Gott gesetzt und ihm genau den gleichen Status und die gleiche Position gegeben, in die die Aufklärung den »Menschen« als Souverän über die Natur erhoben hat (»Mensch« wird hier natürlich unter Ausschluss von Afroasiaten, amerikanischen Ureinwohnern, Stammesgesellschaften, Iren, Basken, Frauen, Kindern, Armen und anderen als »niedriger« Erachteten verwendet).

Gewaltige Wirkung zeigte der souveräne Wille des Staates im Aufbau der modernen Bildung, einem Phänomen, das erst im neunzehnten Jahrhundert entstand, genau und keineswegs zufällig zu der Zeit, als der europäische Kolonialismus und seine Effizienz um ein Vielfaches zunahm. Die Entstehung dieser Form der Bildung hatte weitgehend spezifisch europäische Gründe, die eng mit der industriellen Revolution verknüpft waren. Diese wiederum kopierte und intensivierte frühere, während der vorindustriellen und vormodernen Epoche vorherrschende Formen der Ausbeutung. Entsetzliche soziale und wirtschaftliche Bedingungen und monarchische Herrschaft, die kaum dem Stadium eines kruden Absolutismus entwachsen waren, führten insbesondere unter der städtischen Bevölkerung zu gewaltsamen Aufständen, was den Staat veranlasste, einen organisierten Polizeiapparat zu schaffen, dessen Einfluss sich bald auch auf das Land erstreckte. Im dritten Viertel des neunzehnten Jahrhunderts war keine Ortschaft, kein Dorf und keine Stadt mehr von dem wachsamen Auge dieses Apparats ausgenommen, was der Überwachung eine neue, mächtige Bedeutung verlieh. Zur Stärkung des Polizeiapparats wurde ein beispiellos umfassendes Gefängnissystem aufgebaut.[115] Aber rohe körperliche Gewalt war nicht genug, und dies verstanden die europäischen Herrscher sehr wohl. Die Bevölkerung musste zu einem guten Benehmen erzogen werden, und gutes Benehmen hieß soziale Ordnung und, in einem durchweg kapitalistischen System, die Fähigkeit, zu arbeiten und zu produzieren. Dies war Gouvernementalität, von einem Haushaltsbegriff zu einem staatlich gemanagten Projekt erhoben.

Im Endeffekt bedeutete das eine Umgestaltung der Gesellschaft und ihrer einzelnen Mitglieder, von Männern, Frauen und Kindern. Ohne die umfassende Macht der Gesetzgebung, die nicht nur akademische und gesellschaftliche Wissensformen regulierte, sondern eine bestimmte Konzeption des Materialismus und der Ökonomie (ganz zu schweigen von der dem liberalen Staat eigentümlichen Ausprägung des Kapitalismus und Konsumismus), wäre ein solche Umarbeitung nicht möglich gewesen. Bis ins Detail gesetzlich geregelte und durchgängige Disziplin war die Methode, mit der das Subjekt in ein Ordnungssystem gepfercht, mit dem es umgeformt werden sollte. Dieses System – ein Regulierungsmechanismus erster Ordnung – war die Schule, die überall aus dem Boden zu schießen begann. Die Schule, die systemisch mit der Festigung des Polizeiapparats einherging, gehörte am Ende des neunzehnten Jahrhunderts zum Standard gesellschaftlicher Institutionen. Die Bildungsgesetze zwangen die Eltern unter Androhung einer Gefängnisstrafe, ihre Kinder in die Schule zu schicken. Die Grundschulausbildung nötigte die überwiegende Mehrheit der europäischen Kinder in ein bevormundendes, meist strenges und strafendes System, in dem bestimmte Ideen und Ideale eingeschärft wurden.[116] Dies war der Kulminationspunkt, der Moment, in dem der Bürger geformt wurde, das Staatskind, das loyale Subjekt, der Heimatliebende und Patriot. Und dieses Subjekt war so beispiellos wie die Bedingungen, die zu seiner Entstehung führten. Europa war in der Tat exzeptionell.

Epistemologisch gesehen unterschieden sich die Institutionen der Zwangsüberwachung, Erziehung und Gesundheit (das berühmte Foucault'sche Trio bestehend aus Gefängnis, Schule und Krankenhaus) untereinander nicht, sondern sie wurden dank einer zuarbeitenden und zunehmend präziseren bürokratischen Maschinerie zu einem aufeinander bezogenen System des Tuns und Befehlens geformt,[117] was zusammengenommen in der Produktion neuer Identitäten und Subjekte, eines neuen Wahrheitsregimes kulminierte. Für diese Informationen galten umfangreiche, durch empirisches, kalkuliertes und kalkulierendes Vorgehen gewonnene Vorschriften, die dazu dienten, den Körper in seinem Tun zu disziplinieren und ihn dazu zu bringen, sich regulierenden und systematischen Schulungstechniken zu unterwerfen, die gefügig und gehorsam machten. Der Körper als Gegenstand empirischer Analyse und Intelligibilität war in eine »Machtmaschinerie« eingetreten, »die ihn durchdringt, zergliedert und wieder zusammensetzt«.[118] Er wurde zu einem kolonisierbaren Objekt, das dem Willen des Souveräns gemäß manipuliert und geformt wurde, und das nun nicht mehr durch den Willen eines Königs oder eines Papstes konstituiert wurde, sondern von dem neu entworfenen allgemeinen und bürokratisierten Subjekt. Die Kolonisierung startete nicht in entlegenen Kolonien, sondern zu Hause.

All das war nicht nur Kontrolle, sondern Schulung, mit der das Innenleben durch die souveräne Macht umgemodelt, umgearbeitet, kurz gesagt neu erschaffen wurde. In dem Moment, als die erzieherischen, bürokratischen und disziplinierenden Institutionen ausgereift waren, war auch die Formation des Staatssubjekts abgeschlossen. Die Subjektivität des Subjekts allerdings war alles andere als individuell oder einzigartig, sondern gewöhnlich und diffus. Denn die Subjektivität war schließlich das Produkt ein und desselben miteinander verschränkten und sich überlappenden Systems.

Man kann heute auf relativ einheitliche Lehrpläne und Lehrbücher, auf vereinheitlichte landesweite Bildungs-, Wirtschafts- und Politikprogramme zählen. Die Einheit des Subjekts verkörperte und brachte die Einheit der Nation zum Ausdruck, war doch nahezu jedes Subjekt ein Mikrokosmos der Nation. Aber ich sollte noch deutlicher werden. Der Nationalismus ist nicht nur eine politische Formation; er ist sowohl eine ontologische als auch eine epistemologische Formation erster Ordnung. Es stimmt zwar, dass er das Nationalsubjekt erschafft, aber *erst, nachdem* er das Subjekt als besondere Identität und zudem als wissende, denkende Einheit *mit einer spezifischen Rationalität* geschaffen hat. Es gibt keine Bürgerin, keinen Studenten oder Wissenschaftler – ob nun Orientalist oder nicht –, der dieser ontologischen und epistemologischen Formation völlig entrinnen könnte und, wichtig für unsere Überlegungen im Weiteren, das gelegentliche Lösen aus der Umklammerung und das Abschütteln der Dogmen dieser Formation kann lediglich *post eventum* stattfinden, das heißt, dass sich die Befreiung oder teilweise Befreiung des Subjekts aus diesem Status nur in den Gegebenheiten desselben ereignen kann. Es gibt kein modernes Subjekt, das in einer ursprünglich statusfreien Lage existieren könnte. Und wenn man sich aus ihm befreien wollte, muss man ipso facto gegen diesen Status ankämpfen. Genau das bedeuten zentrale Paradigmen: gegen sie zu sein oder sich außerhalb von ihnen zu stellen, heißt ihnen zu widerstehen; es bedeutet, außerstande zu sein, in der Welt zu denken oder zu handeln, ob in Harmonie oder im Widerspruch zu ihr, ohne diese Paradigmen zuvor *vorausgesetzt* zu haben. All dies bedeutet, dass der moderne Staat den paradigmatischen Bürger hervorbringt und umgekehrt, dass eine totalisierende Subjektivität erforderlich ist, in der sich verschiedene wesentliche Merkmale des Staates widerspiegeln, damit das Individuum *im* Staat oder *Teil* des Staates ist, wie es für den Bürger fast gänzlich zutrifft.[119] *Es bedeutet, dass das menschliche Individuum mit einer Subjektivität ausgestattet wird, in der Macht und Wissen miteinander verflochten sind, und zwar unauflöslich.*

Auftritt die akademische Welt und ihre Wissenschaftler, ein Betrieb, der während des neunzehnten Jahrhunderts wie alles andere auch dem Willen des souveränen Staates unterstellt wurde. Als Institution ist die akademische Welt in mindestens vierfacher Hinsicht ein staatliches Gebilde. Erstens und wie schon angedeutet, wird die Universität, trotz eigener Satzungen und internationaler Regularien, letztlich durch das Staatsrecht geregelt, dem sie somit unterliegt; sie wird weitgehend durch staatliche und unternehmerische Mittel subventioniert, die häufig an politische und andere Bedingungen geknüpft sind (man denke an das als Title VI bezeichnete Gesetz in den Vereinigten Staaten oder die Schaffung sogenannter Area Studies während des Kalten Krieges).[120] Zweitens hat sie nahezu uneingeschränkt und unhinterfragt den Positivismus des Staates übernommen;[121] tatsächlich bleibt die wissenschaftliche Stoßkraft der akademischen Welt weitgehend, wenn nicht gänzlich positivistisch und spiegelt dabei, wie wir gesehen haben, die uneingeschränkte Übernahme der Distinktion mit allen ihren Auswirkungen wider. Der dritte Aspekt ist die in der akademischen Welt herrschende überwältigende Akzeptanz des Staates als eines selbstverständlichen Phänomens, was die Mainstream-Diskurse in den Sozial- und Geisteswissenschaften überschattete und bis auf den heutigen Tag beeinflusst. Im Ganzen betrachtet, denkt die akademische Welt den Staat und die Welt durch den Staat.[122] Der vierte Aspekt ist die Rolle, die die akademische Welt bei der Staatsführung spielt, und dies heißt nicht etwa nur ihre direkte und offensichtliche Beteiligung an Forschungsvorhaben mit militärischen und politischen Implikationen oder eine Forschung, die offen die Ziele staatlicher Gewalt bedient.[123] In Kapitel 4 wird ausführlich dargelegt, dass selbst die Folter politischer Gefangener zu einem Areal geworden ist, dem die Medizin und ihre Ausbildungsstätten routinemäßig zuarbeiten. Als Erzieherin der Nation und ihrer Elite geht die akademische Welt mit einer Disziplin zu Werke, die unter anderem darauf abzielt, Expertise in Feldern zu entwickeln, deren Relevanz im Interesse des Staates liegt, auch wenn die Durchlässigkeit von Staat und Gesellschaft diese Interessen häufig in das Gewand gesellschaftlicher Belange kleidet. Regieren, ein Geschäft, das sich auf zahllose Abteilungen und Institutionen aufteilt, setzt voraus, dass das unter den Zuständigkeitsbereich der einzelnen Organe fallende Gebiet abgebildet werden kann, dass jedes Gebiet bekannt oder zumindest der Kenntnis zugänglich ist und deshalb einem bewussten politischen Kalkül unterworfen werden kann. Dementsprechend bieten »Theorien der Sozialwissenschaften, der Ökonomie, Soziologie und Psychologie eine Art intellektuelle Regierungsmaschinerie in Gestalt von Prozeduren, die die Welt gedanklich erfassbar machen und ihre störrische Realität durch Unterwerfung unter die Disziplin analytischen Denkens zähmen«.[124] Doch diese »Theorien« bewirken, wie wir bald sehen werden, weit mehr.

Darüber hinaus hat sich die Universität zunehmend einen gewissermaßen unternehmerischen Modus angeeignet, nicht nur in dem Sinne, dass sie sich nach dem Modell eines Unternehmens umstrukturiert, sondern auch insofern sie profitorientiert und technikaffin operiert.[125] Universitätskuratorien haben in letzter Zeit vermehrt Wirtschaftsführer angeheuert, um sie dem Vorbild des Marktes entsprechend umzustrukturieren. »Profitorientierte Universitäten zeigen ein künftiges Bild für ein neues Modell höherer Bildung, das von hohen Gehältern für das Management gekennzeichnet ist.«[126] Colleges und Universitäten öffnen ihre Lehrpläne und Lehrveranstaltungen für Firmeninteressen, normieren die Lehrpläne und bieten Kurse an, die »unternehmerische Werte ungebremst von sozialen Anliegen und ethischen Konsequenzen« kultivieren. »Anstatt darauf zu setzen, die moralische Vorstellungskraft und die Kritikfähigkeit der Studenten zu erweitern, lassen sich viel zu viele Universitäten dazu verführen, Möchtegern-Hedgefond-Manager, entpolitisierte Studenten und Erziehungsmethoden hervorzubringen, die eine ›technisch geübte Fügsamkeit‹ fördern. [ ] Mit den Firmengeschenken, die die Universitäten überfluten, sind immer mehr Forderungen verbunden, die die Lehrinhalte betreffen.«[127] In der Nachbildung der Unternehmenswelt und eingebettet in die staatlichen Bildungsstrukturen ist die Universität jene Institution, in der das nationale und ökonomische Subjekt kultiviert wird, ein Subjekt mithin, das Existenzweisen verinnerlicht und reproduziert, die von souveräner Herrschaft und Ausbeutung geleitet sind.

VI

Es gibt meines Erachtens keine Glücksbedingungen, die außerhalb der Überlegungen des vorhergehenden Abschnitts liegen würden: Jede gegen sie gerichtete Subversion, jede Befreiung von ihnen setzt, sobald man gegen sie vorgeht, voraus, dass es sie gibt. Wenn irgendein Sinn in der akademischen Welt und ihren Orientalisten liegen soll, dann müssen sie als domestizierte Bildungsstrukturen innerhalb der zwei notwendigen Bedingungen der Souveränität über die Natur, inklusive der über den Menschen, sowie der Entstehung und des laufenden Betriebs des modernen Staates – wobei beide fortwährend dialektisch aufeinander bezogen sind – betrachtet werden. Keine könnte ohne die andere zu ihrer Identität gelangen oder in der Welt funktionieren. Ihre dialektische Einheit ist nicht dazu gedacht, dass sie in der Welt leben, sondern diese eher reproduzieren, unablässig, ohne Aussicht auf eine Teleologie; und im Zuge dieser Produktion erstellen sie das europäische Subjekt, das wiederum in diejenige Maschinerie integriert und somit verwandelt wird, die die Struktur und den Akt des souveränen Wissens – das heißt der Macht – auf die übrige Welt ausdehnen und übertragen sollte.

Damit dem Konzept und der Idee der Souveränität über die Natur eine extramentale und tatsächliche Wirkung zukommt – das heißt, damit sie mehr als nur eine Idee sein kann –, brauchte es die Maschinerie des modernen Staates; und damit der Staat über das hinausgehen konnte, was Herrscher, Könige und Kaiser seit unvordenklichen Zeiten getan haben, brauchte es das Konzept der Souveränität, das ihm seinen modernen Status, seine *Modernität* verlieh. Dabei darf nicht vergessen werden, dass eine ethische Schulung des Selbst, eine Schulung also, die mit einer Reihe von Operationen auf den Körper, die Seele, die Gedanken und das Verhalten einwirkt und zu einem reflektierten und psychologischen Sein in der Welt führt, genau jene Art von Subjekt hervorbringt, die für den modernen Staat und jede politische Macht diesen Typs, selbst in ihrer rudimentären Form, überaus nutzlos ist. Bevor das europäische Subjekt zu einem entsendungsfähigen Kolonisten umgebildet wurde, war es bereits als epistemologisches Subjekt kolonisiert worden, das die Welt wie ein typischer Orientalist denken konnte. In diesem Zusammenhang sollte ich anmerken, dass ein Europäer, um ein Orientalist zu sein, nichts über den Orient sagen, schreiben oder auch nur denken musste. Insbesondere im achtzehnten und neunzehnten Jahrhundert, aber nicht viel früher, machten sich in ganz Europa orientalistische Denkstrukturen bemerkbar, die sich ebenso sehr über die beiden Amerikas wie über Afrika und Asien legten. Zum Orient des Orientalismus gehört der amerikanische Doppelkontinent nicht weniger als der Orient selbst. Der Orientalismus *war* Europa, ungeachtet seiner subversiven Autoren, und wurde zu einem anderen

Namen für Moderne, denn er ist wie jeder Diskurs des Zentralgebiets ein Mikrokosmos, der all die *paradigmatischen* Merkmale des Projekts der Moderne auf sich vereinte. Dies einmal als plausibel akzeptiert bedeutet: Wenn man vom Denksystem spricht, das die Moderne regiert, spricht man vom Orientalismus. Will heißen, dass man sich, sobald ein Zentralgebiet der Moderne als grundlegende Referenz vorausgesetzt wird – Säkularismus, säkularer Humanismus, Kapitalismus, instrumentelle Rationalität, moderner Staat, Fortschritt, Anthropozentrismus und dergleichen –, bereits mitten im Orientalismus befindet, gleich ob man Orientalist von Beruf ist oder nicht, ob man etwas über den Orient »sagt« oder »schreibt«, oder nicht.[128]

Wie alle akademischen Felder und Spezialisierungen wurde auch der Orientalismus auf der Distinktion errichtet und sog sie damit auf, zwar weitgehend unbewusst, dafür aber gründlich. Denn die Distinktion bildete das Fundament des modernen Wahrheitsregimes. Der Orientalismus war, im Schatten des Staates, unter dessen Fittichen er aufblühte und dem er auf vielerlei Art diente, durchtränkt von der Distinktion. Orientalisten brachten andere Orientalisten hervor, die ihren Dienst in der akademischen Welt leisteten, aber auch in der Gesellschaft insgesamt, da sie zwangsläufig und selbstverständlich in ihr agierten und mit ihr zusammenarbeiteten, mit einer Gesellschaft, die ebenso sehr vom Staat produziert wurde und noch immer wird, wie sie den Staat produzierte und noch immer produziert. Manche Orientalisten waren aber auch Staatsbedienstete und als Sachverständige und Berater für die Regierung sowie für halbamtliche Behörden und Einrichtungen tätig. Manche arbeiteten bekanntermaßen als Kolonialbeamte und Experten vor Ort und hatten großen Einfluss auf die Kolonialpolitik. Soweit ich weiß, stellte keiner dieser Kolonialberater das ursprüngliche Rationale des kolonialistischen Unterfangens infrage, auch wenn der eine oder andere bestimmte kolonialistische Gepflogenheiten kritisierte (William Jones ist ein prominenter Fall). Keiner jedoch problematisierte die Distinktion oder brachte gar (vorausgesetzt, sie waren sich ihrer bewusst) ihre malignen Wirkungen auf ihr Tun und Handeln zur Sprache; und keiner befragte den Staat als Projekt oder im Prinzip. Wenn es Fragen gab, dann zu Nebensächlichkeiten, meistens die koloniale Praxis betreffend, und gegebenenfalls, je nach Situation, ob die Kolonisierung eines Landes gerechtfertigt sei. Aber keine beispielhafte »Stimme« scheint die Kolonisierung selbst als epistemologisches und ontologisches Phänomen und als einzigartige moderne Form der Unterjochung und der Souveränität infrage gestellt zu haben. Natürlich können wir kaum verlangen, dass die Orientalisten sich der ontologischen und epistemologischen Tiefe jener Projekte, an denen sie teilnahmen und die sie mitunter sehr effektiv unterstützten, bewusst waren oder sie durchschauten; doch das genau ist der springende Punkt. Als *völlig durchgeformte Subjekte* und an die Herrlichkeit ihrer zivilisierenden und »fortschrittlichen« Mission glaubend, waren sie in ihre Gesellschaften und Staaten in einem Maße eingebunden, dass man vernünftigerweise kaum davon ausgehen kann, sie hätten es besser wissen können. Und darin genau liegt die latente Potenz des Orientalismus: Er verstand nicht, was er wirklich tat, in welchem Kontext, für welchen Zweck und mit welchen Wirkungen genau, er agierte, und versteht es – wie im letzten Kapitel erörtert wird – trotz der Krise der Spätmoderne noch immer nicht.

Auch Said vermochte es meines Erachtens nicht, dem Orientalismus in seiner vollen Kraft und Dimension gerecht zu werden. Seine Konzeption war, wie wir gesehen haben, weitgehend politisch und beschränkte sich auf den Diskurs als eine böswillige Darstellung des Orients. Und wo er einer Diagnose auf der Spur war, die den Orientalismus als wirksame Transformationskraft *im Orient selbst* gesehen hätte, zog er sich in der Regel, wie bereits gezeigt, in den Binnenraum der orientalistischen Texte zurück. Er sagt (was er auch über den »prägenden Einfluss« des Autors sagte, ohne es irgendwo substanziell zu belegen), der Orientalismus sei »ein westlicher Stil, den Orient zu beherrschen, zu gestalten und zu unterdrücken«,[Or11] doch im Licht des Grundansatzes seines Buchs, der von der allgegenwärtigen Vorstellung unterfüttert ist, dass der Orientalismus »weniger mit dem Orient als mit ›unserer Welt‹ zu tun hat«,[Or22] entpuppt sich dies als rätselhafte Feststellung, die argumentativ nicht untermauert ist.

Dem *Orientalismus*-Buch ist nicht zu entnehmen, wie diese »Strukturierung« ausgesehen haben könnte, und der Gebrauch des Ausdrucks »Stil« zur näheren Bestimmung des »Beherrschens« verrät eine fast literarische und sicherlich textliche Liminalität. In den beiden mageren Absätzen, die er dem außerordentlich einflussreichen William Jones widmet, spricht er an keiner Stelle über die tatsächlichen Umstrukturierungsprojekte, mit denen dieser Gelehrte, Verwalter und Politiker befasst war, die er entwickelt und vorangetrieben hat. Dass Said über das Recht, jenen einen Mechanismus, durch den der Kolonialismus möglich wurde, kein Wort verliert, ist gelinde gesagt nicht nur erstaunlich, sondern verrät auch sein Unvermögen, die wirklich wichtigen Dinge in den Blick zu bekommen. Im Orientalismus die Rechtsherrschaft auszulassen – die zum Wesen des modernen Staates und seiner formierten Subjekte gehört –, heißt in etwa, in einer technischen Analyse des Automobils den Motor zu vergessen. Verwundern sollte es nicht, hatte doch Said völlig verkannt, wie gewichtig die Aufklärung für die Entstehung des Orientalismus war. So viel darf man eigentlich nicht übersehen.

In den Augen Saids war Jones ein Linguist, ein Literat, der mit und in den Texten, in der Sprache lebte, und kein wild entschlossener Kolonialist, dessen Kenntnis des Orientalismus – einschließlich, wie Kojin Karatani sagen würde,[129] seiner Bewunderung für die »überlegene« indische Zivilisation – als Waffe auf dem Weg zu einer souveränen Herrschaft über den Orient diente. Tatsächlich und nicht nur als bloße Behauptung entstand der Orientalismus für Said im Westen, für den Westen, und es war der Kolonialismus, der ihm, als Falschdarstellung des Orients, »Kraft verlieh«. Mein Argument lautet, dass der Establishment-Orientalismus *an erster Stelle* einen Teil – und nur einen Teil[130] – der unabdingbaren, aber alles durchdringenden Maschinerie bildete, die den Orient *effizient* nach dem Spiegelbild Europas umgestaltete, und nur an zweiter Stelle eine euro-amerikanische Diskursformation konstituierte.[131] Die Analyse auf letztere zu beschränken, heißt vor lauter Bäumen den Wald nicht sehen.

Zur Verteidigung Saids kann man sagen, dass er über das schrieb, was er am besten kannte – literarische Texte – und dass er die meiste Zeit darauf verzichtete, sich als Historiker auszugeben. (Wenn er dies ganz selten einmal doch tat, dann mit einem zweifelhaften Ergebnis.) Or 74 ff., 92 ff. u. a. O.|132 Worauf sich Said am besten verstand, sollte und darf für unsere Auffassung jedoch nicht bestimmend sein. Es sollte auch niemanden dazu verleiten, die wirksamen und souveränen Praktiken des Kolonialismus sowie die Rolle, die der Orientalismus und andere akademische Wissensbereiche darin spielten und noch immer spielen, abzustreiten oder kleinzureden. Natürlich gibt es Wissenschaftler, die dies aus rein politischen Gründen tun, aber viele andere, wenn nicht die Mehrheit, lassen sich unter dem Einfluss der Theologie von Fortschritt und Modernisierung unbewusst dazu hinreißen. Kombiniert, wie meistens der Fall, führen diese Theorien zu historischen Verzerrungen und tragen in der Folge unwissentlich zur weiteren Vertiefung der souveränen Herrschaft und ihrer Pläne bei. Denn der ideologische Diskurs ist besonders in der Moderne ein Schlüsselelement jeglicher Herrschaftsform, insbesondere der souveränen. Wenn die Theologie des Fortschritts universell gedacht wird, und darauf ist sie ausgelegt, sehen die Historiker die Welt in einer linearen Bewegung, die von einem früheren und weniger entwickelten Stadium zu einer stets nach westlichen Begriffen definierten Zivilisation voranschreitet.[133]

Zum Beispiel ist es verblüffend, dass in früheren (und in der Mehrzahl der aktuellen) Darstellungen einer sogenannten Rechtsreform in der muslimischen Welt die Narrative von einer Modernisierungstheorie beherrscht sind, die sich so gut wie nie auf den Kolonialismus, sondern auf den Willen und den Wunsch der »Eingeborenen« zur Reform beziehen. (Seit Kurzem wird in manchen Reform-Narrativen auf den Kolonialismus angespielt.) Dies war, bewusst oder nicht, eine diskursive Strategie, die Verantwortung und Rechenschaftspflicht für imperialistische und kolonialistische Unternehmungen abzuwenden, es gehörte aber offenbar auch zur »guten Wissenschaft«, den »einheimischen« Bevölkerungen und ihren Führungskreisen Handlungsmacht zuzuschreiben. Die Theorie der Handlungsmacht ist möglicherweise selbst ideologisch aufgeladen, denn als Modus Vivendi setzt sie bestimmte Bedingungen als gegeben voraus, Bedingungen, in denen der Akteur willentlich, auf eigenes Verlangen und mit den entsprechenden Fähigkeiten ausgerüstet, vorgeht. Doch die Theorie scheint nie für die historischen Vorgänge verantwortlich zu sein, die für diese Prozesse konstitutiv sind und die den »Akteur« in diesen Bedingungen platzieren und an sie binden. Da diese Prozesse betrachtet werden, als seien sie durch den unausweichlichen Verlauf einer unilinearen historischen Trajektorie vorherbestimmt, dominiert der Ablauf selbst das Blickfeld und schließt andere Möglichkeiten aus. Es bedeutet nicht viel, wenn man sagt, eine zum Tode verurteilte Person besitze Handlungsmacht, nur weil ihr die Entscheidung überlassen wurde, durch den Strang oder durch die Kugel zu sterben. Denn wenn die Vorgänge, die zu diesem Urteil geführt haben, erst einmal völlig enthüllt und berücksichtigt sind – dass die Person zum Beispiel völlig unschuldig im Sinne der Anklage ist –, bricht die gesamte Theorie zusammen, wird doch die Wahl der Hinrichtungsmethode für die allgemeinen Umstände ihres Lebens und dessen tragisches Ende irrelevant. Die Theorie der Handlungsmacht ist hier nutzlos. Sie gibt keine Auskunft darüber, dass die bloße Begegnung zwischen dem Opfer und dem Peiniger das Schicksal des Opfers von vorneherein besiegelte, dass sein Schicksal, gleich welchen Widerstand das Opfer leistete, im Rahmen der vorangegangenen souveränen Vorherbestimmung und Entscheidung des Peinigers lag, das Opfer zu töten.

Die Theorie ist bislang damit gescheitert, auch nur ein Beispiel vorzubringen, in dem die Handlungsmacht eines Nichteuropäers den Angriff der Kolonialisten erfolgreich abwehren konnte. Um durchschaubar, ja sogar nur möglich zu sein, muss stets davon ausgegangen werden, dass die Handlungsmacht nur innerhalb des Machtsystems operabel ist, in dem der Akteur agiert. Umgekehrt kann es keine von außerhalb der Macht kommende Handlungsmacht geben, welche Form auch immer diese Exteriorität annehmen mag. Wenn wir die Tatsache tiefgehender und struktureller Transformationen auf kolonisiertem Boden akzeptieren (gegen die auch massiver Widerstand letztlich scheiterte), dann haben wir zu akzeptieren, dass die Zuschreibung von Handlungsmacht darauf hinausläuft, den unterdrückten Einheimischen und ihrer Geschichte eine Fortschrittstheorie der Modernisierung einzuschreiben, jene Theorie, jene Theologie also, durch die sie überhaupt unterjocht wurden. Der »Raum für Verhandlung oder Wandel«, den etwa Wissenschaftler wie Homi Bhabha[134] den kolonisierten Einheimischen zuschreiben, ist nur möglich, wenn sie Zugang zum Machtsystem der Kolonialmacht haben, wenn sie bereits systemisch und kulturell umgeformt sind, wenn es bereits zu spät ist, wiederherzustellen, wer und *was* sie einst waren. »Raum für Verhandlungen und Wandel« mögen möglich sein und können in der Tat ermöglicht werden, aber erst *nach* der Zwangsrekrutierung, *nach* der Umwandlung, denn dies ist die Eintrittskarte in die Machtsysteme der Moderne.[135] Handlungsmacht beginnt also hier, bei Überlegungen, ob etwa das Haus der Herrschaft eingerissen werden kann, und ob mit Werkzeugen der Herrschaft oder mit solchen aus einer vernachlässigten Hütte.

Die Geschichte der muslimischen Welt, die vom Orientalismus bestimmt und geschrieben und inzwischen von den Orientalen normalisiert wurde, ist eine von der Modernisierungstheorie und der Theorie der Handlungsmacht diktierte Erzählung, wobei letztere mehr oder weniger raffiniert zur Anwendung kam, während erstere stets von einer boshaften Theologie des Fortschritts unterfüttert war. Wäre Said bestrebt gewesen, die Geschichte des Kolonialismus in der islamischen Welt und die Rolle, die der Orientalismus darin einnahm, zu enthüllen, wäre er mit seinen Bemühungen wahrscheinlich gescheitert, und zwar gerade wegen der verschleiernden diskursiven Effekte, die dem Blick vieles entziehen. Und Said ist nicht das einzige Opfer der Modernisierungstheorie und der Theologie des Fortschritts. Man führe sich vor Augen, was ein Kritiker der europäischen Kolonisierung als Reaktion auf Saids Definition des Orientalismus als »eines Herrschaftsstils« zu sagen hat:

> Eine weitere Annahme, die in Saids dritter Definition aufscheint, wirft noch mehr Probleme auf. Demnach sollen europäische Kulturen, zu denen standardmäßig auch Amerika gerechnet wird, den Orient sowohl verwaltet als auch hervorgebracht haben. Ohne dass näher darauf eingegangen würde, was Verwalten oder Hervorbringen genau bedeutet, hören wir nur von der offenkundigen historischen Tatsache, dass es Großbritannien und Frankreich gelungen ist, als Kolonialmächte in Teilen der Region Fuß zu fassen. Streng politisch gesehen, wäre es unsinnig, davon zu sprechen, die vorliegende Geschichte sei im Laufe der letzten Jahrhunderte gut bewältigt worden. Bis zum Ende des Osmanischen Reichs lässt sich nämlich kaum behaupten, die Region wäre wie eine Marionette von europäischen Mächten kontrolliert worden. Britische und französische Übergriffe fanden an den Rändern statt, da die [besagten] Reiche auf einer Überlegenheit zur See aufbauten. Beide imperialen Mächte waren versiert darin, zur Förderung der wirt-

schaftlichen Interessen des Imperiums mit einheimischen Führern zu verhandeln, ohne dabei die blauen Flecken davontragen zu müssen, die mit unmittelbarer kolonialer Kontrolle einhergehen. […] Für die meisten Menschen im Nahen Osten, in China, Japan oder in großen Teilen Indiens gab es praktisch keine Verwaltung vor Ort. Der Islam, der keineswegs durch das Christentum ersetzt oder auch nur beeinträchtigt wurde [ ] verbreitete sich während der europäischen kolonialen Expansion in Asien und Afrika dramatisch. Die Tatsache, dass all diese Kolonien nach dem Zweiten Weltkrieg aufgegeben wurden, ist ein Zeichen dafür, dass der imperialistisch-orientalistische Diskurs als imperienbildend völlig scheiterte.[136]

Dass Said in der Tat nicht genauer erläutert, was »Herrschaft« über den Orient oder seine »Verwaltung« ausmacht, ist die einzige richtige Beobachtung in dieser langen Passage; Said scheint auch, wie bereits angemerkt, nicht interessiert daran – indem er sich mit der vollen Bedeutung von Herrschaft, oder gar Souveränität, auseinandergesetzt hätte –, aus den Grenzen des europäischen Textes zu treten. Wie ich zeigen möchte, verhinderte Saids Religionsverständnis,[137] in Verbindung mit seinem Liberalismus, säkularen Humanismus und dem damit verbundenen Anthropozentrismus, eine echte Auseinandersetzung mit diesen Themen. Meine Argumentation geht sogar so weit, dass Said die wahre Natur des Projekts der Moderne weder als Phänomen noch als singuläres Ereignis der Menschheitsgeschichte erfasst hat.

Ansonsten ist die zitierte Passage jedoch von stupender Ignoranz, was die Geschichte des Kolonialismus, ihre wahre Bedeutung und den Platz des Orientalismus darin anbelangt. Sie ist verblüffend oberflächlich, um nicht zu sagen überaus schlecht informiert. Die Einsichten, die sich darin finden, die Erklärungen, gehen nicht über das Gängige hinaus und greifen lediglich den Hauptstrang des Orientalismus-Diskurses auf, auch wenn dem Kolonialismus, Imperialismus und Orientalismus dort meist eine ernsthaftere Rolle bei der »Herrschaft« über den Orient und seiner »Verwaltung« zukommt, als dieser Autor einräumt. Die Prinzipien, die das moderne historische Denken antreiben – ein Denken, das zwangsläufig immer nach Legitimität sucht und versucht, den Vorwurf der Demagogie um jeden Preis zu vermeiden –, sind eingebettet in eine größere Denkstruktur, die so angelegt ist, dass sie, abgesehen von einer Haltung der Überlegenheit gegenüber der Welt und dem Anderen, systematisch Herrschaft hervorbringt. Wie Amy Allen in einer jüngeren Arbeit kompetent aufgezeigt hat, sind selbst die wegweisenden und führenden Figuren der Kritischen Theorie in solchen eurozentrischen Denkfiguren gefangen geblieben, während sie sich gleichzeitig aus den Fesseln der Macht, die das Denken der Aufklärung gerade *aufgrund* seiner Denkfiguren hervorgebracht hat, zu befreien suchten.[138]

Durch die Aufklärung mit einer neuen Struktur ausgestattet, hörte die Geschichte auf, ein Narrativ moralischer Unterweisung zu sein; sie wurde zu einer Denkstruktur, die die gesamte menschliche Erfahrung umfasst. Aus den unendlich vielfältigen Erfahrungen zahlloser Gesellschaften und Kulturen der Vergangenheit schälte sich nach und nach ein kollektiver Monolith heraus, von einem *Geist** auf eine lineare Bahn in Richtung progressiver Verbesserung gestoßen, ein Prozess, den Walter Benjamin als »unendliche Perfektibilität der Menschheit« bezeichnet hat.[139] Auf der Annahme beruhend, die Zeit weise eine homogene teleologische Struktur auf, verinnerlichte diese Theorie die Vorstellung, dass alle früheren Phasen der Geschichte und menschlichen Erfahrung Vorstufen des Kommenden sind, wobei dieses immer besser ist als das Vorhergehende. Und was kommen wird, ist immer europäisch oder europäisch inspiriert. Wie Adorno bemerkte, rechtfertigte und validierte diese Struktur der Zeit effizient die Ereignisse und Entwicklungen der Gegenwart, da diese als *vorherbestimmt* und damit als *unvermeidlich* angesehen wurden.[140]

In Wirklichkeit schrieb die Normativität der Theologie des Fortschritts die Geschichte der Welt, einschließlich die des Orients. Die Gegenwart, ein absoluter Standard, an dem die Vergangenheit gemessen wurde, wird zu einer vorherbestimmten Bewegung in Richtung Fortschritt, die im gegenwärtigen Stand der Dinge ihren Höhepunkt findet.[141] Wird dies erst einmal für selbstverständlich gehalten und somit normalisiert, wird das Erscheinen des Kolonialismus und des modernen Staats im Orient nicht länger als Aufzwingung betrachtet,

---

* Im Original deutsch.

sondern als logischer Schritt im Vormarsch der Geschichte. Die Fortschrittsdoktrin legitimiert sich als Teil dieses Prozesses gewissermaßen von selbst; sie zu übernehmen und nach ihr zu leben ist demnach unvermeidlich. Denn diese Doktrin als überflüssig oder als Eingriff zu betrachten, ist vor allem eines: selbstverneinend. Ist die Theologie des Fortschritts, wie geschehen, erst einmal allem historischen Denken vorgeordnet, ist es nicht mehr möglich, eine Aufzwingung als Herrschaft, Eingriff oder Manipulation zu betrachten. Von daher die Bedeutung der oben ausführlich zitierten Passage, eine Bedeutung, die normativ strukturiert ist, um den Anschein eines regelmäßigen Voranschreitens auf einer Entwicklungsbahn vorzugaukeln. So aufgefasst, kann dem Kolonialismus kaum mehr vorgeworfen werden, als lediglich die Oberfläche orientalischer Gesellschaften angekratzt zu haben. Ihm obliegt nichts anderes, als »die wirtschaftlichen Interessen des Imperiums zu fördern«, eine zu allen Zeiten geübte Gepflogenheit von Imperien, deren »Übergriffe an den Rändern« stattfanden, und eine Praxis, die nicht möglich gewesen wäre, ohne mit »einheimischen Führern zu verhandeln«.

Sobald wir die Fortschrittsdoktrin aus unserem Denken herausnehmen, verliert die Geschichte des Orients insbesondere nach dem achtzehnten Jahrhundert die ihr zugeschriebene und sie völlig umhüllende Normalität und Normativität. Durch die hypothetische Abwesenheit Europas auf der Lebensbühne – eines Europas, das ohnehin einen Ausnahmefall der Weltgeschichte darstellt – sehen wir einen Orient, der sich völlig von dem tatsächlich hinterlassenen Erbe unterscheidet. Dies ist kein Wunschdenken, sondern ein erkenntnistheoretischer Standpunkt ersten Ranges; es geht darum, ein Geschichtsbild zur Norm zu erheben, in dem die volle Wirkung des europäischen Kolonialismus als in einer linearen, teleologischen Geschichtskonzeption existierend verstanden und nicht bloß angenommen oder postuliert wird. Anders gesagt, es gilt zu argumentieren, dass unsere historischen Narrative, das postkoloniale, das der Subalternität und ähnliche andere eingeschlossen, ohne diese Doktrin zwangsläufig ganz anders ausfallen würden. Das heißt aber auch, darauf zu beharren, dass, »wo immer der Vorwurf der Nostalgie« oder der historischen Romantik erhoben wird, »eine Fortschrittsdoktrin virulent ist«.[142]

Teil 2

Wie ich bereits in *The Impossible State* dargelegt habe, kannte der Orient, vor allem sein islamischer Teil, nichts, was mit dem modernen Staat vergleichbar gewesen wäre. Genauer gesagt, die islamische Welt (unser Vergleichsfall hier) entwickelte eine Regierungsform, die bis zu ihrem Zusammentreffen mit dem europäischen Kolonialismus das von der Moderne eingeführte Konzept der politischen Souveränität nicht kannte. Politische Organe und konstitutionelle Ordnung waren in ihm nicht politisch motiviert, denn auch Politik gab es in der normativen Bedeutung, wie wir sie heute kennen, nicht. Vielmehr war es das Moralgesetz des Islam, das sogenannte islamische Recht, das bestimmte, was Souveränität bedeutete, und dieses Gesetz war, wie bereits erläutert, ein zeitlich-räumliches Phänomen. Politischer Manipulation gegenüber erwies sich das Moralgesetz als resilient und konnte nicht unter die willentliche Herrschaft eines Regierungsorgans gestellt werden,[143] noch nicht einmal dann, wenn alle Gewalten, Legislative, Judikative und Exekutive, sich entschlossen hätten, insgeheim gegen es zu konspirieren oder es einem Ausnahmezustand zu unterwerfen. Das Moralgesetz, ein über Zeit und Raum ausgebreitetes doktrinelles und sozio-legales Phänomen, befand sich außerhalb des politischen Zugriffs und nahm jeder Gewalt, einschließlich der Exekutive, das Recht auf Souveränität.[144] Möglich war dies aufgrund der Tatsache, dass das »Recht« ein Gemeinschaftswerk volksnaher Juristen war, deren Gelehrtheit und Frömmigkeit ihnen die Autorität verlieh, ihre polypolitischen Beiträge zur Gesetzgebung zu leisten. Kein einzelner Jurist, nicht einmal der Begründer einer Schule, konnte das Gesetz als das seine reklamieren.[145] Anders gesagt, es gab keine vereinheitlichte Behörde, die das Recht hervorgebracht oder verwaltet hätte. Und da die Quelle aller moralisch-rechtlichen Autorität einer anthropologisch-hermeneutischen Auseinandersetzung mit autorisierten Texten entsprang, vorgenommen von zahllosen, aus verschiedenen Regionen, Jahrzehnten und Jahrhunderten stammenden und nicht einzeln zu identifizierenden frommen Männern, befand sich das Recht nicht nur außerhalb des politischen Zugriffs, sondern stand – ungeachtet seiner inhärenten Strukturen zur Gesetzesänderung – über allen menschlichen Institutionen.[146]

Darin liegt die Bedeutung des Unterschieds zwischen der *Rule of Law* und der *Rule of State*,[147] einer Unterscheidung, die in der Moderne unbekannt ist. Die Moderne hat eine Rechtsstaatlichkeit (*Rule of Law*) *im* Staat hervorgebracht, vom Staat verwaltet und seinen Imperativen untergeordnet; in der Konzeption und Praxis des Islam stand das »Gesetz« – konstituiert durch eine von *scharʿi* und Sufi regulierte Struktur – sowohl theoretisch wie praktisch über der Regierung oder dem politischen Körper. Eine der wichtigsten Implikationen dabei ist, dass keine einzige Person, keine Autorität, Behörde oder Institution auch nur den Versuch wagen konnte, über den Schmitt'schen Ausnahmezustand zu entscheiden. Im vormodernen Islam gab es keinen Ausnahmezustand. Das Recht wurde nicht ausgesetzt und konnte zu keinem Zeitpunkt aufgehoben werden. Im Zusammenwirken mit der kolonialistischen Verwaltung stand der orientalistische Text – der wiederum mit dem wissenschaftlichen, kulturellen und administrativen Wissen Europas verbunden war – in einer dialektischen Beziehung zu der tatsächlichen, auf dem Boden des Orients ausgeübten Gewalt. Said, der Autor der oben zitierten Passage, sowie nahezu jeder Orientalist und muslimische Schriftsteller des zwanzigsten Jahrhunderts hat das Phänomen des modernen Staates für selbstverständlich erachtet und in ihm eine zeitlose Wahrheit gesehen, wo doch der moderne Staat tatsächlich eine besondere politische und politisch-kulturelle Ordnung darstellt, die in ihrem Ursprung unverkennbar europäisch ist[148] und aus einer Reihe besonderer Umstände und Wandlungen hervorging, die Europa im siebzehnten, achtzehnten und neunzehnten Jahrhundert durchmachte, Wandlungen wiederum, die durch rasche Verschiebungen in seinen kolonialistischen Volkswirtschaften, durch präzedenzlose Militärtechnologie, gesellschaftliche und politische Strukturen und durch seine Epistemologien bewirkt wurden. Für uns ist die letzte Kategorie von besonderer Bedeutung, nicht nur, weil neue Formen der Gouvernementalität entstanden sind, sondern auch, weil die breite intellektuelle Strömung der Aufklärung in Theorie und Praxis einen gewaltigen Einfluss auf die Politik ausübte. Es handelte sich um eben jene Strömung, die die Distinktion hervorgebracht und artikuliert hat, an deren Busen sich Philosophen, Historiker, Wissenschaftler und Orientalisten nährten, denn ohne diese wären der moderne europäische

Staat und seine Subjekte, die Nation und der Staatsbürger, ebenso wenig denkbar gewesen wie die präzedenzlosen Formen des europäischen Kolonialismus.

Es ist also kaum überraschend, dass die Distinktion unmittelbar zu der ideologischen Formation des Staates beitrug und ihm im Weiteren Legitimation und einen normativen Status verlieh, der dialektisch mit der Theologie des Fortschritts und einer besonderen Konzeption des Rationalismus verwoben war.[149] Der Staat beruhte zum Teil auf der Überzeugung, dass zivilisierte Menschenwesen in Staatssystemen lebten und von ihnen ernährt wurden, während diejenigen, bei denen dies nicht der Fall war, mit einem primitiven »tribalen« Status oder Schlimmerem bedacht und, »dumm« wie die Natur, in jeder Hinsicht »kaum [als] Menschen« erachtet wurden.[150] Diese ideologische Formation gewährleistete nicht nur die Praktiken und Diskurse des Kolonialstaates, sondern sie fußte zudem, ebenso wie die europäischen Rassentheorien, direkt auf der Distinktion. Aus dieser »ursprünglichen Position«, aus dieser konstruierten Formation, folgte fast alles andere.

Die Tatsache, dass der muslimischen Welt der Staat unmittelbar und mittelbar aufgezwungen wurde, ist als Forschungsfeld weitgehend unerschlossen geblieben. Der muslimische Staat (das heißt, der Staat in der muslimischen Welt) war wie sein westlicher Stammvater tief in die unausgesprochene Annahme eines »naturgegebenen« Fortschritts eingebettet und wurde daher als ein natürliches und zeitloses Phänomen erachtet. Das liegt zum Teil an den ideologischen Formationen, denen der westliche Staat selbst unterlag, aber auch daran, dass er im Laufe eines Jahrhunderts in mehreren Stufen aufgezwungen wurde. Anders gesagt, sowohl in Britisch-Indien als auch und vor allem im Osmanischen Reich entstand der moderne Staat aus seinen Institutionen – einhergehend mit den ideologischen Requisiten, die diese als notwendig legitimierten und abfederten. Andersherum formuliert, schufen die sogenannten Reformen des neunzehnten Jahrhunderts die Staatsstruktur und nicht umgekehrt. Die Reformen, deren Wirkung, wenn überhaupt, nur wenig vorhergesehen wurde – und dies eben deshalb, weil der moderne Staat sich in einem ideologischen Netz befindet –, waren weit durchschlagender und wirksamer, als selbst ein kritischer Historiker einräumen würde. Bei diesen Reformen handelte es sich nicht einfach um eine Reihe von Maßnahmen, mit denen das Rechts- und Bildungswesen sowie die Verwaltung und ähnliche Bereiche umgewandelt worden wären (so wichtig diese auch sind), sondern sie ließen in ihrer Wirkung den Staat erst entstehen, der sie auf dem Wege seiner Entstehung plante und implementierte. Es war also ein eindeutig dialektischer Prozess, was erklärt, warum die ersten Reformen im Osmanischen Reich sozusagen gewöhnliche Reformen waren, Reformen allerdings, die die physische Macht des Protostaates stärkten und somit die Voraussetzung für die Entwicklung eines legitimierten Gewaltmonopols sowie der Androhung bildeten, es auch anzuwenden.

Es war kein bloßer Zufall, dass der Höhepunkt der osmanischen Militärreform 1826 mit einem Akt zusammenfiel, der in der gesamten rechtlichen, gesellschaftlichen und politischen Geschichte des Islam präzedenzlos war und dessen Bedeutung sich erst mit der Zeit und auch nur teilweise enthüllte. Nach der Abschaffung der traditionellen Armeeeinheiten verfügte die Regierung in Istanbul, dass die großen *waqfs* des Reiches unter die Kontrolle eines neuen Stiftungsministeriums gestellt würden. Dies lief darauf hinaus, dass schon wenige Jahre nach Verabschiedung des Gesetzes die Einkünfte aller infrage kommenden *waqfs* in Beschlag genommen waren. Das Ministerium übernahm auch die Verwaltung der Wasserversorgung, da die öffentlichen Brunnen und die öffentliche Wasserversorgung größtenteils aus Stiftungen der *waqfs* bestanden.[151] Damit wurde Wasser und seine Verteilung – jahrhundertelang ein öffentlicher Besitz – der Verfügungsgewalt der Regierung unterstellt.

Bevor wir fortfahren, ist es wichtig, die Größenordnung dieses Phänomens zu verstehen. Über Jahrhunderte hatte in muslimischen Ländern die Institution des *waqf* die Beziehungen zwischen den menschlichen, materiellen, erzieherischen und ökonomischen Elementen einer Gesellschaft und bis zu einem gewissen Grad eines politischen Gefüges zementiert. Als überaus fromme Institution bildete das *waqf* im Islam den Nährboden und die Matrix der Philanthropie und spielte eine bedeutende Rolle bei der Umverteilung des Reichtums. Man verzichtete »Gott zuliebe« auf seinen Besitz und leistete einen Akt der Wohltätigkeit, der den Bedürftigen Hilfe und Unterstützung zukommen ließ (wobei Letzteres im Koran in einem sehr weiten Sinne als zur Bildung und Konstitution des Individuums gehörig definiert und bestimmt wurde). Zugleich war damit eine Umverteilung des Reichtums in der Familie gewährleistet, ihren Mitgliedern wurde Fürsorge zuteil und die Zersplitterung des Familienbesitzes wurde verhindert.

Die Förderung der Bildung durch den *waqf* stellte eine der besten Möglichkeiten dar, Gutes zu tun, und spielte im Islam für das gesellschaftliche Wohlergehen und das Ethos, die moralische Vervollkommnung des Selbst zu kultivieren, eine wichtige Rolle. Aus den Wohltätigkeitsstiftungen flossen beträchtliche Summen in die *madrasa* (islamischer Lehrort), auch wenn das *waqf* signifikante Summen für den Bau von Moscheen, Schulen, Sufi-Konventen, Krankenhäusern, öffentlichen Brunnen, Suppenküchen, Herbergen, Straßenbeleuchtung und einer Vielzahl öffentlicher Arbeiten, insbesondere Brücken, zur Verfügung stellte.[152] Die Liste der Fürsorgedienste, die über das *waqf* versorgt wurden, ist umfangreich. Ein erheblicher Teil der für derartige philanthropische Maßnahmen vorgesehenen Budgets entfiel auf die Instandhaltung, die Betriebskosten und die Renovierung von *waqf*-Immobilien. Ein typisches *waqf* bestand aus einer Moschee und Mietimmobilien (zum Beispiel Läden), aus deren Mieteinnahmen Betrieb und Erhalt des Gotteshauses finanziert wurden. Erstaunlich war der Umfang, in dem überall in der islamischen Welt Eigentum diesen frommen Stiftungen vermacht wurde. Bis zum achtzehnten Jahrhundert war schätzungsweise mehr als die Hälfte des Eigentums als *waqf* geweiht. Je nach Region bestand zur Zeit, als Europa mit seinen kolonialistischen Übergriffen begann, ungefähr 40 bis 60 Prozent allen Grundbesitzes als *waqf*.[153]

Die ökonomischen und politischen Gewinne, die die osmanische Regierung zu verzeichnen hatte, waren somit enorm. Eine zunehmend zentralisierte Regierung war zum »Mittelsmann« geworden, der sich beträchtliche Gewinne sicherte, indem er die Einnahmen aus den Stiftungen einzog, um sie zentral in Form von verschwindend geringen Gehältern für die nötigste Instandhaltung und den Betrieb der *waqf*-Stiftungen auszuzahlen. Die Rückzahlungen in den Bildungssektor schrumpften immer mehr und gingen Mitte der 1850er Jahre beinahe gegen null. Gelder, die über Jahrhunderte den autonomen *waqfs* gehörten und für ihren Unterhalt und die Einlösung ihrer Mission verwendet wurden, wurden nun in militärische und andere für den Aufbau des Staates förderliche Vorhaben wie etwa den Bau von Eisenbahnen umgeleitet, durch den sich der Zugriff der Zentralregierung auf die Peripherie verstärken ließ. Damit geschah das Gleiche wie in Europa, nur dass das Ganze im Osmanischen Reich und anderen islamischen Regionen in komprimierter Form ablief. *Waqf*-Besitz und die dadurch unterstützten Institutionen, einschließlich derjenigen der *schari'a*, drohten zu verfallen. Dieser Prozess war jedoch keineswegs ein Einzelfall, denn fast alle islamischen Regionen erlitten ein ähnliches Schicksal. Zu gegebener Zeit wird deutlich werden, dass die französische Kampagne gegen die algerischen *waqfs* als Modell diente, das die Osmanen gezwungenermaßen nachahmten. Dabei handelte es sich um einen Vorgang, der durch den französischen Orientalismus konzipiert, begründet und rationalisiert wurde.

Die Salarisierung der *waqf*-Verwaltung war der erste Schritt zur Salarisierung aller Rechtsberufe, die nach dem Erlass von 1839 in Kraft treten sollte. Es gab auch eine Reihe kleinerer, aber wichtiger Justizreformen, die darauf abzielten, neue Richtlinien für die Ernennung von Richtern einzuführen, und auch Aufnahmeprüfungen sowie die Regulierung der Gerichtspraxis umfassten. Eine Reihe von Gesetzen wurde durch europäische Kodizes ersetzt, und neue Institutionen europäischen Stils wurden geschaffen, die an die Stelle ihrer *schar'i*-Pendants rückten. Das heißt, dass diese grundlegenden Veränderungen mit der institutionellen Umstrukturierung im Rahmen einer Politik des Abreißens und Ersetzens einhergingen. Wie wir in Kapitel 4 sehen werden, war diese Politik, die im formell souveränen Osmanischen Reich detailliert umgesetzt wurde, das Markenzeichen des Kolonialismus im Allgemeinen und des Siedlerkolonialismus im Besonderen.

Neue europäische Gerichte, neue europäische Schulen und neue Verwaltungs- und andere Institutionen europäischen Stils sollten fast in jedes Feld vordringen, das die *schari'a* und die damit verbundenen Institutionen bis dato besetzt hatten.[154] In ihrer Wirkung ersetzten diese »Reformen« aber nicht einfach nur die *schari'a* und die »traditionellen« islamischen Institutionen oder säkularisierten sie, sondern sie schufen ein neues Subjekt, den Bürger, der die Welt durch das Auge des modernen Staates sieht.

Die »Reformen« stellten ein wirksames Mittel dar, »Ordnung«, »Regelhaftigkeit« und »Recht« herzustellen, die zu der zunehmend auf dem Rückzug befindlichen und in diesen Aspekten als mangelhaft angesehenen *schari ʿa*-Kultur einen Gegensatz bildeten. Sie setzten eine Praxis der Reglementierung durch und spiegelten hochmoderne Vorstellungen von Disziplin, Recht, Inspektion und Inhaftierung wider. Tatsächlich fanden diese Vorstellungen nicht nur in den sich herausbildenden juridischen Strukturen und Kodizes sowie in der Berichterstattung, Statistik, zentralisierten Kontrolle und Überwachung ihren Ausdruck, sondern auch, indem ein beispielloses und überaus mächtiges Gefängnissystem geschaffen wurde, das es so in der islamischen Zivilisation – und auch anderswo – noch nicht gegeben hatte.

Inmitten dieser grundlegenden und strukturellen Veränderungen nahm der von Europa ausgehende Druck auf Istanbul weiter dramatisch zu; dieser Druck war von Politikern auf Grundlage eines von europäischen Gelehrten artikulierten Wissens ersonnen worden. Nach dem Krimkrieg von 1853 bis 1856 schwer verschuldet, nahmen die Osmanen von britischer Seite erhebliche Darlehen auf, die mit politischen Auflagen verknüpft waren; für uns aber wichtiger sind die anderen, unzweideutigen Bedingungen. Als ob die Kapitulation und die Zugeständnisse zugunsten von Ausländern nicht genug gewesen wären, forderten und sicherten sich die Briten weitergehende Bewilligungen für den Erwerb von Grundbesitz im Osmanischen Reich. Die Einführung von Bodengesetzen, durch die im Wesentlichen Grundbesitz privatisiert worden war, war ein Schritt in diese Richtung. Die Briten bestanden aber auch darauf, dass das *waqf*-System – das verhinderte, dass Grundbesitz auf den freien Markt kam – abgeschafft wurde, eine Forderung, die erfüllt wurde. In den folgenden zwanzig Jahren, genauer zwischen 1860 und 1880, wurde der Druck vonseiten der Briten als auch der Franzosen erhöht, deren Gelehrte, die zugleich als Kolonialbeamte fungierten, in der akademischen Welt wie außerhalb bereits die Idee vorgebracht hatten, dass *waqfs* einen primitiven Modus widerspiegelten, dass sie aus einem dekadenten Zeitalter stammten, in dem die »Kirche« noch über erheblichen Reichtum verfügte, und dass sie der wirtschaftlichen Entwicklung, das heißt dem Fortschritt, im Wege standen. All dies mündete in Europa, in Französisch-Algerien und im Osmanischen Reich in eine Kampagne, die das *waqf* als Ursache kultureller Verelendung und materiellen Niedergangs darstellte. Infolgedessen gingen die sogenannten Reformer aggressiv gegen das *waqf*-System vor und hielten damit den Druck aufrecht, der schließlich in der neuen türkischen Republik, aber auch anderswo, zu seiner Abschaffung führte.

Diese Strategien, durch die die osmanischen Gesellschaften strukturell und in ihrem Erscheinungsbild verändert wurden, gehörten zu einer Reihe größerer Maßnahmen, die am Ende des neunzehnten Jahrhunderts auf eine weitere Konsolidierung der rechtlichen und damit souveränen Macht des osmanischen Staates abzielten. 1879 wurde ein Justizministerium ins Leben gerufen, dem sowohl die *schari'a*- als auch die im europäischen Stil agierenden Nizamiye-Gerichte unterstellt waren, wodurch ein bis dahin ziemlich heterogenes System vereinheitlicht wurde, im Endeffekt aber erstere von letzteren absorbiert wurden. Eine Reihe von Gesetzesvorschriften entstand, die die Zuständigkeit von Gerichten, die Justizgehälter, die öffentliche Strafverfolgung und Zivil- wie Strafverfahren regelten. Die Gerichte wurden zudem angewiesen, ihre Dokumentationen zu erweitern und Mündlichkeit als gängiges Verfahren der Beweisaufnahme abzulehnen. Damals wurde die mündliche Bekundung und das darauf fußende traditionelle Verfahrensrecht weitgehend obsolet, mit schwerwiegenden Auswirkungen auf die Vorstellungen von persönlicher Integrität, von Vertrauen, moralischem Ansehen in der Gesellschaft und vielem anderen. Durch diese und ähnliche Verschiebungen wurde das Subjekt neu formiert, es erhielt eine neue Epistemologie für seine Lebensführung und den Umgang mit dem gesellschaftlich Anderen. Das muslimische Subjekt, das bislang aus einer Technik der Sorge um sich selbst und seiner inneren psychologischen Vorgänge heraus agierte, wurde in einen zwar innerlich disziplinierten, aber von außen formierten Bürger transplantiert. Die neuen Staatstechniken der Schulung, Disziplinierung und Kontrolle nahmen den Körper in Besitz und kreierten eine neue Identität, einen neuen Menschen und eine neue Form des Seins in der Welt. Es handelte sich um das kolonisierte Subjekt, das, wie ich bereits vorgebracht habe, eine Replik seines europäischen Wegbereiters ist.[155]

Wenn wir die Foucault'sche Diagnose von Überwachung und Disziplin nach ihren kolonialistischen Auswirkungen fast überall, auch in den nichtfranzösischen Kolonien, beurteilen sollten, sähen wir uns zu der Schlussfolgerung genötigt, dass Foucault ein weit bedeutenderes Projekt in Angriff genommen hatte, als er selbst dachte. Das französische Modell regierte fast überall, sogar in den britischen Kolonien, und besaß, zumindest aus der für uns interessanten Perspektive, womöglich eine größere Macht, als Foucault ihm zumaß. Dieses Modell rückt geradezu beispielhaft die strukturierte und strukturelle Mitwirkung von Gelehrten – meist Orientalisten – bei der Umgestaltung und, ziemlich konkret, der Neuerschaffung der muslimischen Welt in den Vordergrund. Als die Franzosen im Juli 1830 Algerien okkupierten, war das der Anfang einer außergewöhnlich brutalen Besatzung des Landes, die 130 Jahre Bestand haben sollte. Wie im Osmanischen Reich und in Britisch-Indien war es auch hier die Rechtsherrschaft, durch die der Orientale umgeformt wurde.

In der nicht nachlassenden Bemühung, Algerien in ein kapitalistisches Gebilde umzuwandeln, machten sich die Franzosen daran, sich die landwirtschaftlichen Ressourcen und Bodenschätze des Landes anzueignen und auszubeuten. Nach Auffassung der Besatzer bestand das Problem darin, dass zu viele Muslime dort lebten und dass diese »Eingeborenen« den für die kommerzielle Ausbeutung und die kapitalistische Wirtschaft erforderlichen Boden kontrollierten. Da ein Genozid, von dem eine Bevölkerung von über zwei Millionen Einheimischen betroffen gewesen wäre, für die Kolonialbehörden – damals zumindest – keine praktikable Option darstellte, dominierte bei allen Überlegungen die Frage, mit welchen anderen rechtlichen oder politischen Mitteln man das Land dem Zugriff der Einheimischen entziehen könnte. Zumal solche Mittel es erlauben würden, billige Arbeitskraft auszubeuten, eine Option, die bei einem Genozid verloren gegangen wäre.

Fast die Hälfte des Landes fiel, wie zu erwarten, unter das *waqf*, das die Algerier als *hubus* (fr. *habous*) kannten. Die französischen Siedler brachten – meist gewaltsam – einen Großteil des Besitzes aus dem *waqf*-Bereich unter ihre Kontrolle, mit der Folge, dass die von den Stiftungen Begünstigten auf die Herausgabe des konfiszierten Eigentums klagten. Als Reaktion erklärten die Franzosen sämtliches Eigentum in der Hand der *colons*, gleich ob es rechtmäßig erworben war oder nicht, für den rechtmäßigen Besitz seiner kolonialen Usurpatoren. Und als ob dies an willkürlicher souveräner Macht noch nicht ausgereicht hätte, wurden neue Eigentumsrechte an Stelle der *schariʿa*-Regelungen eingeführt, die es den Siedlern noch leichter machten, ihre kommerziellen Ambitionen zu verfolgen. Wie wir in Kapitel 4 sehen werden, haben diese kolonialistischen Strategien ihre Quelle in dem, wie ich es nenne, »außerordentlichen Zustand«; integraler Bestandteil einer europäisch grundierten politischen Ordnung, deren Grundlagen ihrerseits auf dem Konzept der Souveränität über die Natur beruhten.

Auftritt der Orientalisten. In einem energischen Versuch, die *waqf*-Besitzungen dem freien Markt verfügbar zu machen, holte sich die französische Regierung die Hilfe von Wissenschaftlern, darunter Historiker und Nichthistoriker.[156] Französische Rechtsanwälte, Juristen und Akademiker, die etwas Nützliches über Nordafrika wussten (und manche wussten so gut wie gar nichts darüber), begannen, über rechtmäßige und unrechtmäßige Sachverhalte in der muslimischen Tradition zu debattieren. Unter ihnen befanden sich zahlreiche *colons*, gleichzeitig Wissenschaftler und Beamte, die mit der Verwaltung der Kolonien zu tun hatten. Ab Mitte des neunzehnten Jahrhunderts begannen sie damit, einen enormen Korpus an juristischer Literatur über das islamische Recht in Nordafrika zu produzieren, insbesondere über die Theorie und Praxis der dort vorherrschenden Maliki-Schule. Diese Literatur wurde bald zu einem integralen Bestandteil westlicher Wissenschaft und damit westlichen Wissens über den Islam. Etliche dieser Schriften waren in akademischer Form abgefasst, andere, der Code Morand ist ein prominentes Beispiel, waren im Grunde Gesetzestexte. Aus diesem wissenschaftlichen, juristischen und der Gesetzgebung gewidmeten Diskurs entstand das berüchtigte *droit musulman-algérien*, das eine, wenn auch weniger aggressive, Parallele in dem anglo-mohammedanischen Recht fand, das die Briten in Indien schufen. In ihren Methoden mögen sich die beiden Formen des Kolonialismus zwar unterschieden haben, doch sie glichen sich in ihrem Ziel, die muslimische Welt und das muslimische Subjekt umzugestalten.[157]

Die französischen Orientalisten erwiesen sich wie ihre britischen und niederländischen Kollegen, die die Disziplin des Orientalismus mitbegründeten, als überaus dienlich für die Kolonialpläne ihrer Regierungen.[158] In dem Versuch der Regierung, Zugriff auf die *waqf*-Besitzungen zu erlangen, von denen zahllose religiöse Einrichtungen abhingen, trugen die renommiertesten Orientalisten Frankreichs nicht nur zur Formulierung der Gesetzestexte bei, sondern sie veranstalteten, wie es ein amerikanischer Orientalist formulierte, eine regelrechte »Kampagne, um die Institution des *waqf* bei der algerischen Bevölkerung selbst in Misskredit zu bringen«.[159] Diese Kampagne, darauf angelegt, die »Köpfe der Menschen zu erobern«, war für den Kolonialismus ebenso zentral wie der ökonomische Profit, denn dieses Projekt beschränkte sich nicht allein auf den Kapitalismus, so wichtig dieser für Europa war, sondern investierte auch massiv in die Produktion kultureller und akademischer Diskurse, in die Schaffung neuer Subjektivitäten und Subjekte nach europäischem Vorbild. Als der intellektuell eher unauffällige Thomas Babington Macaulay seine berühmte Festellung traf, dass die Briten in Indien eine »Klasse von Menschen schaffen müssten, die von Geblüt und Hautfarbe indisch, in ihrem Geschmack, ihren Meinungen, moralischen Auffassungen und in ihrem Intellekt aber englisch«[160] seien, sprach er nicht nur im Namen der Briten. Seine Äußerung brachte das koloniale Projekt Europas insgesamt auf den Punkt und, im Lichte meiner Erörterungen besehen, auch Europas eigene innere Geschichte in den zwei Jahrhunderten zuvor. Algerien musste wie Indien und alles andere – einschließlich Europa selbst – umgemodelt werden.

Es ist vielleicht nicht ganz trivial zu verfolgen, wie die französischen Orientalisten ihrer Mission nachgingen, denn ihre Geschichte ist ein kruder Mikrokosmos des gesamten Orientalismusprojekts, das bisweilen so komplex, verwickelt und verschlungen erscheint, dass die der politischen, kolonialistischen und imperialistischen Agenda zugrundeliegenden Kräfte von einer dicken »wissenschaftlichen« Wolke verdeckt sind – ein wesentliches Merkmal der diskursiven Formationen.[161] Um ihr Ziel zu erreichen, brachten die französischen Rechtsspezialisten eine Flut von Argumenten hervor, besagend, dass zwischen den Familien- und den gemeinnützigen *waqfs* eine Unterscheidung bestehe, die in der *schari'a* jedoch niemals die gleiche Bedeutung erlangt oder eine so deutliche Trennschärfe besessen hat. Sie nutzten die zentrale Stellung, die der Koran für den muslimischen Glauben und die Lebenspraxis hatte, aus und insistierten darauf, dass das Familien-*waqf* eine spätere Erfindung *(bid ʿa)* des Islam sei, wobei sie mit diesem Begriff einen Sachverhalt ins Spiel brachten, der in der muslimischen Rechtstradition selbst eine gewisse Aufmerksamkeit erhalten hatte: bestimmte Gesetzesregeln waren von dem einen oder anderen Rechtsgelehrten als unverbürgt abgelehnt worden. Aus diesen Gründen – und nach bestem Vermögen einer wissenschaftlichen Methode folgend – kamen sie zu dem Schluss, dass Familienstiftungen das koranische Erbrecht, ein Anteilsrecht, umgehen würden. In ihrer Argumentation hielten sie es für unwichtig, klarzustellen, dass es für Muslime gute Gründe gab, *waqfs* im Dienste des Familienerbrechts einzurichten, denn das im Koran vorgesehene Anteilssystem besaß die Tendenz, den Familienbesitz zu zerstückeln. Ebenso unwichtig war es, festzustellen – wie es der Gelehrsamkeit im Interesse der Ausgewogenheit eigentlich obliegen sollte –, dass das *waqf* nicht nur ein Ort für die Übergabe von Eigentum war, sondern die weit umfangreichere Funktion der Umverteilung von Reichtum einnahm und damit einen Mechanismus darstellte, in dem sich der große Wert widerspiegelte, den der Islam auf eine egalitäre »Ökonomie« legte. Ebenso wenig war es – falls man es überhaupt verstanden hatte – von Belang, dass diese Institution für die Ausbildung einer Zivilgesellschaft entscheidend war, wie sie die Moderne nie gekannt hatte. Dass ein solches Untersuchungsfeld nicht infrage kam und dass der Fokus der Wissenschaftler auf bestimmte Fragen beschränkt war, spricht Bände über die Ausrichtung der orientalistischen Forschung und ihre außerordentliche Selektivität,[162] Funktionen allesamt einer unbeirrbaren Besessenheit für das Projekt, das koloniale Subjekt umzugestalten.

Im Einklang mit diesem Projekt wurden – angeblich im Interesse der Muslime – das Familien-*habous* und die koranischen Erbregelungen als einander ausschließend erklärt. Und da die Raison d'Être des Ersteren darin bestand, die Vorschriften des Letzteren zu umgehen, wurden Familienstiftungen nicht nur als unmoralisch, sondern auch als illegal betrachtet. Allerdings gingen die französischen Orientalisten in ihrem Eifer, die kolonialistische Politik zu befeuern, noch weiter: Familienstiftungen, so die Argumentation, würden von Natur aus wertvolles Eigentum binden und dessen »effektive« Verwertung verhindern, was unweigerlich zur wirtschaftlichen Stagnation führe. Von dort war es nur noch ein kurzer und einfacher Schritt, diese »Stagnation« mit der kulturellen Malaise und einem nur wenig entwickelten zivilisatorischen Fortschritt in Verbindung zu bringen (ein Argument, das, wie ich bereits angeführt habe, auch von den Osmanen unter dem hegemonialen Druck Europas zur Rechtfertigung ihres Angriffs auf das *waqf*-System übernommen und in Umlauf gebracht wurde). Daher sollten die algerischen Muslime, wie die französischen Orientalisten beschlossen – oder im Sinne der Wissenschaft und letztlich der Gesetzgebung schlussfolgerten –, diese Stiftungen ein für alle Mal loswerden. Obgleich hier mit kulturellen Gesichtspunkten argumentiert wurde, war dieser Aspekt des französischen Orientalistik-Diskurses darauf ausgerichtet, das muslimische Subjekt ökonomisch zu reformieren. Was die Franzosen als »kulturelle Malaise« betrachteten, war in vorkolonialen Zeiten tatsächlich der Eckpfeiler eines ökonomischen Systems, das die Ökonomie an eine bestimmte ethische Formation des Selbst band, an eine Technik der Introspektion, in der der Akteur auf seine eigene Seele einwirkt, um einen bestimmten Zustand spiritueller Existenz zu erreichen. Dieser Zustand sollte sich dann wieder dialektisch mit materiellen Handlungen in der realen Welt verknüpfen und ethische und moralische Wirkungen in der gesellschaftlichen Realität zeitigen, ohne dass dabei ein besonderes Augenmerk auf die Effizienz als Voraussetzung für rein materiellen Profit gelegt würde. »Kulturelle Malaise« war demnach eine französische Übersetzung für ethisches Denken und moralisches Handeln, zwei Formen des »Sollens«, die von dem »Sein« der Wirtschaft abgetrennt werden mussten. Wo ein modernes kolonialistisches Projekt waltet, ist die Distinktion nicht weit.

Zu dem Schluss zu kommen, dass das gesellschaftlich und wirtschaftlich entscheidende Familien-*waqf* beseitigt werden müsse, und die entsprechenden Gesetzte zu erlassen, ist die eigentliche Definition der Souveränität über das als »zivilisatorisches« Ganzes gesehene Andere. Damit wird nicht nur über eine Rechtsfrage entschieden, sondern über eine Lebensweise und eine Reihe sozioökonomischer Beziehungen, die dieses Recht in der islamischen Gesellschaft insgesamt geschaffen hat. Es bedeutet, die Art und Weise umzustülpen, wie sich die Muslime selbst in der Welt wahrgenommen, wie sie in ihr und miteinander gelebt haben; oder anders ausgedrückt, es bedeutet, was und wer sie sind, ihre »Natur« als soziale Wesen, ob als Individuen oder als Gemeinschaften, und ihr Sein in der Welt grundlegend umzuwandeln. Es handelte sich um Gesetze, die von einer starken performativen Wirkung getrieben wurden, von einer diskursiven Formation, die von den besten und angesehensten akademischen und staatlichen Institutionen der Welt und ihrem Personal erzeugt wurden. Doch bei all seiner performativen Macht war dies weder das vollständige noch das einzige Projekt.

Hand in Hand mit der Attacke auf die Familienstiftungen ging eine ungewöhnlich liberale Strategie zur Zentralisierung der *schari 'a*-Institutionen, mit dem scheinheiligen Ziel, die religiöse Einheit Algeriens aufzubauen. Darin lag überhaupt kein Widerspruch. Auf der einen Seite für die Integrität des Korans einzutreten, was den Anschein ergab, den »wahren« Islam aufrechtzuerhalten, und auf der anderen das Familien-*waqf* anzugreifen, entsprach einer zweischneidigen Waffe, wobei die eine Seite die Zersplitterung von Eigentum verhinderte und ausschloss, dass es dem Bereich der *waqfs* einverleibt wurde, und die zweite Gemeinschaftseigentum zerschlug. Beides erlaubte den Franzosen, die »Einheimischen« in die Unterwerfung zu zwingen. Zudem hatte diese Strategie einen weiteren Vorteil: Der Anschein, dass man auf der islamischen Tradition beharrte und sich mit ihr solidarisch erklärte (indem man die Gebote des Korans unterstützte), beugte der überaus verabscheuten Assimilation vor, die, sollte sie im vollen Umfang erfolgen, die algerischen Muslime dazu veranlasst hätte, politische Rechte, unter Umständen sogar die gleichen Rechte wie die Franzosen, einzufordern.[163]

Wir dürfen nicht außer Acht lassen, dass Souveränität über kolonisierte Bevölkerung, wie über alles andere auch, in ihrer vollen Bedeutung keinen bestimmten Regeln oder Prinzipien folgt. Dass die ökonomische und materielle Ausbeutung dem Geist der deklarierten *mission civilisatrice* widerspricht, kündet von der eigentlichen Bedeutung von Souveränität: Die kolonisierten Bevölkerungen können benutzt, missbraucht, ausgebeutet, versklavt, befreit, zivilisiert werden oder auch nicht, es geschieht, falls sie die Launen der Unterwerfung überleben, immer mit dem Ziel, sie umzuformen, sie neu zu erschaffen, kontinuierlich, unentwegt, so wie der Fortschritt selbst ein nie endender Prozess ist. Nichts darin ist widersprüchlich und alles bleibt im Reich des Möglichen. So gerierte sich echte Souveränität.

Die französische zweigleisige Politik diente verschiedenen Zielen. Das islamische Rechtssystem, oder zumindest eine zweckdienliche Abwandlung davon, wurde bekräftigt, aber zugleich auch zentralisiert und bürokratisiert und dabei von einer instrumentellen Rationalität durchdrungen, die das Rechtssystem umgestaltete, umorganisierte und letztlich neu aufsetzte. Doch dies war nicht alles. Nachdem die Franzosen sich gewaltige Flächen urbaren Lands gesichert und damit ihr unmittelbares Ziel erreicht hatten, waren sie nicht länger genötigt, das Argument von der Integrität des Korans aufrechtzuerhalten. Die Prämisse, wonach das im Koran verbürgte Erbrecht bruchstückhaft sei, wurde eifrig übernommen und die frühere Position so revidiert, dass sie den Boden für einen weiteren Anschlag auf die *schari'a* bereitete, und zwar auf nichts Geringeres als das Erbfolgerecht, das einzige Rechtsgebiet, das durch den ansonsten »gesetzlosen« Koran so umfassend reguliert ist. Wie so häufig waren die Scheidelinien zwischen den orientalistischen Texten und der Gesetzgebung dünn, wenn nicht gar porös. Der Text bildete oft den Auftakt für die Gesetzgebung und diente als Übungsgelände, als Test und Machbarkeitsstudie, und, wichtiger noch, als ideologische Konditionierung und mentale Vorbereitung im Vorfeld der eigentlichen Kampagne zur Umgestaltung der *schari'a.* Dementsprechend banden die Orientalisten für das Abfassen ihrer wissenschaftlichen Abhandlungen über das Erbrecht, die selbst performative Diskurse darstellten, »eingeborene« arabische Studenten ein, die meist aus Gebieten des Osmanischen Reichs stammten und bei den französischen Orientalisten studierten.[164] Unter der Aufsicht solch einflussreicher Orientalisten wie Marcel Morand schrieben sie über das koranische Erbrecht und plädierten dabei für seine Reform oder vertraten sogar seine völlige Abschaffung. Diese Kampagne gegen die miteinander verknüpften Bereiche etwa des *waqf* und des Erbrechts entfaltete eine beträchtliche Reisetätigkeit. Sie wirkte nicht nur auf die Algerier und später auf eine neue Generation arabischer Rechtsanwälte, Intellektueller und Wissenschaftler, die die Kultur und Mentalität des kolonialistischen Orientalismus annahmen, sondern wurde auch in die osmanischen Länder exportiert, die unter französischem Druck mit französischen Kulturmodellen, wozu auch die Revolutionsideen *liberté* und *égalité* gehörten, geimpft wurden.

Die Einführung von Gesetzen, die Eigentumsfragen und kommerzielle Aktivitäten betrafen, ging, wie es für fast alle kolonialistischen Projekte typisch war, Hand in Hand mit der Einführung des Strafrechts, das dazu gedacht war, die kolonisierten Bevölkerungen zu reglementieren und zu disziplinieren, und bedeutete einen ersten Schritt zur umfassenderen Beherrschung und letztlichen Umgestaltung ihrer Identität. Das *Loi Warnier* von 1873 verfügte, dass in Algerien alles Land künftig unter französisches Recht falle und die *schari'a*-Gerichte darauf beschränkt seien, sich mit Erbschafts- und Personenstandsfragen zu befassen. Weniger als ein Jahrzehnt später erreichte die Strafgesetzgebung mit dem Erlass des berüchtigten und überaus repressiven *Code de l'indigénat* ihren Höhepunkt, ein Gesetz, das keinen ordentlichen Prozess mehr vorsah und Zivilverwaltern freie Hand gab, völlig willkürlich härteste Strafen gegen muslimische Subjekte zu verhängen. Souveräne europäische Macht, reflektiert im Schmitt'schen Ausnahmezustand (oder wie ich in Anlehnung an Agamben sagen möchte: des außerordentlichen Zustands), wurde normatives Recht.

Im letzten Viertel des Jahrhunderts gelang es den Franzosen, etwa zu der gleichen Zeit wie auf dem osmanischen Schauplatz, den juristischen Stand Algeriens und sein Rechtssystem sowie die juristische Ausbildung zu zerschlagen. Die *ulama*, die aufgrund der Enteignung und Zentralisierung der *waqfs* und verschiedener französischer Verwaltungs- und Bildungsreformen, die die Struktur der *schari'a* veränderten, von ihren Einkommensquellen abgeschnitten waren, mussten eine qualitative Verschlechterung jener pädagogischen und hermeneutischen Praxis erleben, die ihre Funktion definierte. Wie in anderen kolonialen Kontexten hörten die sozioepistemischen Mechanismen, aus denen sich der Rechtsberuf speiste, weitgehend auf zu existieren; an ihrer Stelle wurde ein europäisches System der Rechtslehre mit neuen Gerichten, neuen Juristen, Anwälten und europäischen Gesetzen jeder Art und Form eingesetzt.

Mit der Etablierung dieses neuen Systems wurde auch die neue Generation der »einheimischen« Rechtsanwälte mit einer prokolonialistischen Lesart der Realität geimpft, die das »fortschrittliche« europäische Recht gegen eine »rückständige« *schari ʿa* ausspielte. (Sogar noch in den 1990ern ließen sich zahlreiche Richter und Rechtsanwälte aus Nordafrika und dem Nahen Osten bis zum Überdruss und in herablassendster Art darüber aus, wie »arkan«, »chaotisch« und »primitiv« die *schari ʿa* sei.)[165] Zu dem Zeitpunkt, als die Franzosen 1962 aus Algerien abzogen, war die *schari ʿa* in ihrer Kompetenz auf die Rechtsprechung zum Personenstand (und natürlich hinsichtlich der »unverfänglichen« »Ritualgesetze« des Gebets, des Fastens und so weiter) beschränkt und hatte ihre hermeneutische Hoheit über jeden anderen Rechtsbereich verloren. Die *schari ʿa*, ein zentrales Paradigma, das die islamische Kultur und Zivilisation und mit ihr das muslimische Subjekt so umfassend definiert hatte, hatte sich verändert und war weitgehend vernichtet worden. Nicht nur ein Detail und sicherlich nicht ohne Ironie ist die Tatsache, dass die Auseinandersetzungen über den algerischen Boden und später der gegen die *waqfs* geführte Feldzug damit zu tun hatten, sich große Stücke des algerischen Territoriums für die Anlage von Weinbergen zur Produktion der heißgeliebten französischen Weine, eines von den *schar ʿi*-Vorschriften verbotenen Rauschmittels, unter den Nagel zu reißen. Da der Völkermord für uns noch eine Rolle spielen wird, ist es mehr als ein Detail, dass bis 1962 fast eine Million Algerier, die meisten von ihnen unbewaffnete Zivilisten, darunter zahlreiche Frauen und Kinder, durch den französischen Kolonialismus ihr Leben verloren. Souveränität ist mit dem Recht ausgestattet, über Tod und Leben zu gebieten, und sei es nur um einer luxuriösen Banalität willen. Souveränität hat in ihrem Handeln tatsächlich keinen Gründen zu folgen, zumindest nicht solchen, die normalerweise mit den Standards von Rationalität oder Ethik assoziiert sind.

Der französische Kolonialismus und seine Orientalisten sind der Inbegriff einer zugespitzten Form von Brutalität und Grausamkeit, das heißt, dass die aus ihrer Souveränität rührenden Strategien und Praktiken weniger diskriminierend und weit willkürlicher waren, als dies bei anderen Kolonialmächten der Fall war. Gleichwohl blieb, wie in Kapitel 4 weiter ausgeführt, die Souveränität und nur die Souveränität der gemeinsame Nenner aller kolonialistischen Projekte Europas.

Ein anderes Beispiel souveränen Wissens und souveräner Praxis ist der niederländische Kolonialismus in Indonesien, der aufgrund seiner langen Dauer besonders aufschlussreich ist. Die im Jahre 1596 beginnende Besetzung Javas war zum Zeitpunkt der Eroberung eine ziemlich gewöhnliche Angelegenheit und unterschied sich kaum von Hunderten ähnlichen im Laufe der Menschheitsgeschichte. Und sie wäre so gewöhnlich geblieben, hätte Europa im siebzehnten und achtzehnten Jahrhundert keinen Wandel durchgemacht. In den ersten beiden Jahrhunderten dieser Besitznahme unternahmen die Holländer nichts anderes, als das Gebiet, so wie seit Jahrtausenden bei Besetzungen üblich, wirtschaftlich auszubeuten, außer dass bei ihnen noch etwas mehr Gier im Spiel war. Orientalisten waren damals nicht beteiligt, da es sie als solche noch gar nicht gab. Und wie es bei Besetzungen lange Zeit üblich war, mischten sich die Niederländer nicht in die Belange der »Eingeborenen« ein. Wenn Daniel Lev, ein führender Experte für die Geschichte und Politik Indonesiens, sagt, dass sich die Niederländer in dieser frühen Phase »dazu entschlossen hatten, das örtliche Recht zu respektieren, [...] was im Großen und Ganzen nichts anderes bedeutete, dass sie sich einfach nicht dafür interessierten«,[166] dann beruhte diese anscheinend tolerante Haltung nicht auf einem Gefühl des Respekts gegenüber den einheimischen Traditionen. Sie verdankte sich vielmehr dem Umstand, dass Europa die Distinktion noch nicht weit genug getrieben und auch ihre Implikationen nicht bis in jedes Detail ausgereizt hatte. Das souveräne Wissen musste erst noch geboren werden. In der Mitte des neunzehnten Jahrhunderts war das intellektuelle Arsenal des Kontinents, gepaart mit neuer Militärtechnologie (die sich ebendieser intellektuell-wissenschaftlichen Entwicklung verdankte), dann so weit, die Welt dem Willen Europas zu unterwerfen, und die Niederländer waren für diese Aufgabe überaus gut gerüstet.

Bevor wir uns jedoch dem niederländischen Kolonialismus und seinen Orientalisten zuwenden, möchte ich ein paar Worte über die bereits erwähnte neue Militärtechnologie Europas verlieren. Allgemein herrscht die Überzeugung, dass der Kolonialismus, Völkermorde und andere Formen des Massenmords lediglich aus dieser raffinierten Waffentechnik resultieren, dass also Kolonialismus und Massenvernichtung nur möglich waren, weil diese Technologie zur Verfügung stand. Diese Auffassung wiederholt strukturell den Kern jener Position, die von der selbstverständlichen Annahme ausgeht, dass moderne Erscheinungen sich zwangsläufig aus der menschlichen Entwicklung ergeben, und behandelt sie als »natürliche« Stadien der Erfahrung und des *Fortschritts* des Menschen in der Welt. Doch dies bedeutet, Geschichte als Metaphysik zu behandeln, in der historische Prozesse bei etwas unerklärlich Vorgegebenem beginnen, oder als eine Matrix von Annahmen, die nicht bewiesen werden müssen. Eine solche Argumentationsweise ignoriert den entscheidenden Umstand, dass die militärtechnologische Entwicklung, wie alles andere auch, kein vorherbestimmter historischer Prozess ist, der sich vermöge eines vorherbestimmenden *Geistes*** linear, teilhaftig mit und parallel zu den »unausbleiblichen« Kräften des Fortschritts bewegt. Diese neue Technologie ist vielmehr Teil einer kontingenten und bestimmten Reihe von Umständen, die das moderne Europa zu dem machten, was es ist. Sie war in anderen Worten ein Nebenprodukt der Wissensregime und spezifischer Denkweisen über die Welt, die sich infolge der Distinktion herausbildeten.

Diese Denkstruktur stand mit der Gesellschaft und mit der frühen Technikwissenschaft in einer umfassenden und, wie man sagen könnte, organischen Dialektik. Die früh- wie die spätmodernen Militärtechnologien, einschließlich der im Holocaust oder ähnlichen Ereignissen verwendeten, waren Symptome und Werkzeuge und eben keine Ursachen souveräner Gewalt, wie sie im zwanzigsten Jahrhundert zu schrecklichen und beispiellosen Auswüchsen wie dem Holocaust, den Völkermorden und den verschiedenen Formen des Kolonialismus geführt haben. Seit Menschengedenken war die Menschheit mit einer starken Neigung zur Gewalt geschlagen und darin unterscheiden sich die Modernen, auch die Nazis, nicht von ihren Vorgängern. Neu hinzugekommen ist ein Element katastrophaler Gewalt, das eine neue Qualität schuf. Der moderne souveräne Wille, einschließlich des Willens zur Gewalt, hat als Epistemologie und Sicht auf die Welt neue fürchterliche Waffen geschaffen. Zu argumentieren, dass solche Waffen mit der entstehenden europäischen Realität nur beiläufig zu tun haben und dass sie nur, weil sie »zufällig zur Verfügung standen«, für Völkermorde und Gräueltaten verantwortlich waren, heißt diese Kontingenz zu ignorieren, um in typisch europäischer Diskursmanier der Bürde einer souveränen, genozi-

* Im Original deutsch.

dären Gewalt den Anstrich der Allgemeingültigkeit zu verleihen. Daher lautet mein Argument – auf das ich später zurückkommen werde –, dass die fragliche Militärtechnologie aus sich selbst heraus für keine der hier aufgeworfenen Betrachtungen verantwortlich gemacht werden kann.

Kehren wir also zu den Niederländern zurück. Bis zum letzten Drittel des neunzehnten Jahrhunderts waren die wichtigsten Gebiete des heutigen Indonesischen Archipels in Besitz genommen worden. Nach bester Manier bildeten »Recht und Ordnung« das Rückgrat der Kolonialverwaltung, wie sich an der Ausfertigung eines »Strafgesetzes« für die Einheimischen ablesen lässt. Alle Kriminalfälle und größeren Vergehen wurden an dem ausschließlich niederländisch besetzten, als *Landraden* bezeichneten Gerichten verhandelt, die zudem wichtige, die Einheimischen betreffende Zivilsachen übernahmen.[167] Es wird also kaum überraschen, dass alle *waqf*-Angelegenheiten und das überaus wichtige Erbrecht in die Zuständigkeit dieser Gerichte fiel. Darüber hinaus organisierten die Niederländer die islamischen Gerichte um, die sie gewiss nicht zufällig als »Priestergerichte«, *Priesterraden*, bezeichneten, wobei es sich womöglich um eine psychologische Projektion der repressiven katholischen Kirche des Mittelalters auf die unschuldigen Bewohner des Archipels handelte.

Wie die Franzosen in Algerien und die Briten in Indien baten auch die niederländischen Siedler in Indonesien Orientalisten um Unterstützung. Hatte Indien einen Sir William Jones, so konnte sich Indonesien mit Cornelius van Vollenhoven rühmen, einem einflussreichen niederländischen Orientalisten, der sich auf das *adat*-Recht spezialisiert hatte. Dieses Forschungsfeld, als dessen Pionier der noch brillantere Orientalist Christian Snouck Hurgronje gilt, bestätigte die von den Niederländern »entdeckte« Dualität des Rechts. Es gibt keinen Hinweis darauf, dass dieser Dualität von den malaiischen Völkern widersprochen wurde; und auch die Beziehung zwischen den beiden Sphären wurde nicht problematisiert. Vielmehr bestand offenbar noch bis zum Ende des neunzehnten Jahrhunderts die Auffassung, dass *adat* und *schari'a* einander ergänzen und miteinander verquickt sind. Aber Snoucks »Entdeckung« der *adat* und die Bemühungen van Vollenhovens, diese Entdeckung zu einer »Wissenschaft« zu erheben, öffnete letztlich eine Büchse der Pandora, die das öffentliche Leben Indonesiens beeinflusste und die bis heute nicht wieder geschlossen ist.

Wir halten es für selbstverständlich, dass es einem Wissenschaftler freisteht, die Unterscheidungen zu treffen, die er oder sie im Hinblick auf ein bestimmtes Forschungsthema für richtig erachtet, und dies ist bis zu einem gewissen Grad auch völlig gerechtfertigt. Doch bei den Niederländern van Vollenhoven, Snouck und Kollegen ist dies nicht der Fall. Sie trieben keine Wissenschaft im herkömmlichen Sinne, etwa in der Art, wie man die Geschichte der amerikanischen Wahlen erforscht, mit dem Ziel, ihre Muster, ihre Strukturen und ihre Variablen zu erkennen oder künftige Ergebnisse vorhersagen zu können. Was diese Wissenschaftler »beizutragen« hatten, kommt in seiner Gesamtwirkung vielmehr einem politischen Gutachten gleich, das von Regierungsseite überaus bereitwillig übernommen wird und besagt, dass bei Wahlen die Parteien nicht zusammen antreten und dass die Amerikaner nur für eine Partei stimmen können, da die andere weniger mit dem amerikanischen »Wesen« übereinstimmt. Diese Gelehrten pflegten tatsächlich eine *adat*-Wissenschaft, aber eine, die, wie die Geschichte gezeigt hat, mit souveräner Entscheidungsgewalt ausgestattet war. Um das volle Gewicht dieser Wissenschaft und die Nachwirkungen, die sie für Indonesien hatte, herauszuarbeiten, muss man vergleichend fragen: Wie würde sich eine so abgefasste »Studie« über amerikanische Wahlen tatsächlich auswirken?

In mündlicher Form hat es das *adat*-Recht immer gegeben und obwohl es in Teilen verschriftlicht wurde, blieb die Oralität sein bestimmendes Merkmal, denn ihr kam eine Funktion zu: Sie erforderte die Beteiligung der Gemeinschaft bei der Auslegung und Anwendung dieses »Rechts«, also die Einbindung dessen, was sich als lokales Wissen bezeichnen ließe. Zusätzlich bezeichnete es einen Stand der Dinge, eine Praxis, einen Geisteszustand, einen Moralkodex und eine Sichtweise auf die Welt; es lässt sich aber kaum auf unsere moderne Rechtsauffassung reduzieren, die im Ganzen oder zum Teil als Rechtsorgan eines Zwangsstaates fungiert.

Für die Kenntnis des *adat*-Rechts und seiner örtlichen Umsetzung brauchte es keine spezialisierte Personengruppe, etwa in Form islamischer Rechtsexperten oder moderner Juristen. Es war eine Kenntnis, die sich aus dem alltäglichen individuellen oder gemeinschaftlichen Umgang ergab und die als solche von denjenigen, von denen ohnehin ein bestimmtes Verhalten erwartet wurde, in relativen Begriffen wahrgenommen wurde. Anders gesagt, dieses Wissen war nicht einer Elite vorbehalten, sondern verteilte sich über die gesamte Gemeinschaft, auch wenn die Ältesten am ehesten als seine Träger erachtet wurden. Und da es keine schriftliche Niederlegung erforderte und deshalb auch keine »akademischen« Kommentare oder Glossen, konnte auch kein Jurist, kein Rechtsanwalt eine rechtliche oder epistemische Autorität verkörpern. Ohne Verschriftlichung gab es auch keine Kodifizierung, die für eine zentralisierte Staatsautorität ein grundlegendes und dazu noch modernes Instrument darstellt. In seiner natürlichen Form und traditionellen geschichtlichen Entwicklung war es für die *adat* wesentlich, bei der Oralität, in einem Zustand der Fluidität und damit der Flexibilität zu verbleiben.

Die *adat* waren, ähnlich wie die festen Grundsätze der *schari'a (fiqh)*, nicht dazu gedacht, verschriftlicht zu werden, sondern sie bildeten einen Leitfaden für richtiges Verhalten oder bezeichneten eine äußerste Grenze dessen, was in einer bestimmten, örtlichen Gemeinschaft noch toleriert werden kann. Dass ein Bruchteil der *adat*-Bräuche noch vor dem kolonialen Vordringen von den Malaien niedergeschrieben wurde, hatte nur wenig Einfluss auf ihre Flexibilität, denn die Aufzeichnungen blieben fragmentarisch, waren nicht bindend und bildeten lediglich einen Anhaltspunkt. Jedenfalls stellten sie ebenso wenig ein offizielles Gesetz dar wie die vielen *fiqh*-Handbücher der *schari'a*. Ihre Kodifizierung durch die Niederländer veränderte ihren Charakter jedoch für immer und verlieh ihnen eine andere und bis dato beispiellose Struktur und Bedeutung. Vor allem führte sie zu einer Erstarrung.[168] Allerdings lässt sich leicht verstehen, warum die Niederländer darauf beharrten, die *adat* zu verschriftlichen. Da sie von der Rechtstradition Kontinentaleuropas geprägt waren, konnten sie sich kein ungeschriebenes Gesetz als Gesetz im eigentlichen Sinn vorstellen, als einen Verhaltenskodex, der durch eine Einzelperson und durch eine autonome, sich selbst verwaltende örtliche Gemeinschaft interpretiert und umgesetzt werden konnte. Damit die *adat* also eine einem Zwangsstaat entsprechende Kraft erlangen konnten, mussten sie durch eine schriftliche rechtswissenschaftliche Form bestätigt werden. Damit das *adat*-Recht also gebilligt werden konnte, musste es zunächst identifiziert und schriftlich niedergelegt werden.

All das, und ich sage es noch einmal, sollte nicht, als sei es einfach ein »natürlicher«, vorherbestimmter Fortgang der Geschichte, für selbstverständlich erachtet werden. Anzunehmen, dass sich die Politik der Niederländer »natürlich« ergeben hätte, weil alle kolonialistischen Regime sich in der Regel auf diese Weise verhalten haben, heißt nicht nur einem Anachronismus zu verfallen, sondern auch Ursache und Wirkung zu verwechseln; es bedeutet, nicht zu verstehen, dass die *Wirkungen* des europäischen Kolonialismus einzigartig sind, weil ihre *Gründe* in einer einzigartigen Denkstruktur verankert sind. Unsere islamische Vergleichsstudie liefert auch hier wieder einen Kontrast. Wenn Muslime neue Territorien besetzten, war es nur das »öffentliche Recht« – etwa Steuer-, Straf- und Bodenrecht und dergleichen –, das fortan für die eroberten Bevölkerungen galt. Die neuen Untertanen sollten nach ihren eigenen konfessionellen Rechten leben, und, wichtiger noch, es gab keine weitergehenden »Kampagnen« oder Programme, um sie in das Rechtssystem der Eroberer zu integrieren und sie, mit dem Ziel, sie zu neuen Subjekten, das heißt zu Nationalbürgern umzuformen, in einen Bildungsapparat zu zwingen.[169] Selbst die muslimische Zivilbevölkerung unterlag, wie wir gesehen haben, keiner derartigen Erziehungstechnik, da die Bildung sowohl konfessionell als auch frei von staatlicher Einmischung erfolgte (vor allem natürlich, weil es keinen muslimischen Staat gab). Auch wenn die islamischen Eroberungen und die Unterwerfung der nichtmuslimischen Bevölkerungen mit »Herrschaft«[170] einhergingen, lässt sich ohne Weiteres sagen, dass diese Herrschaftsmethode »auf Armeslänge« stattfand.[171] Demgegenüber war der europäische Kolonialismus, der niederländische eingeschlossen, von Einmischung und Penetranz geprägt, die darauf abzielten, die Konstitution des kolonisierten Subjekts selbst zu verändern, es völlig umzugestalten, durch ein Rechtssystem auf seinen Körper einzuwirken, es zu disziplinieren und es sich gefügig zu machen, so wie es die europäische Gouvernementalität bei ihren eigenen Subjekten zu Hause bereits vollbracht hatte. Doch zur Durchsetzung dieses Projekts musste die gesellschaftliche Ordnung insgesamt – die moralischen Gemeinschaften, die Bräuche, Traditionen und die materiellen Gepflogenheiten sowie alle größeren traditionellen Vorstellungen – zerstört oder eliminiert und dann ersetzt werden. Seit Langem bestehende Kulturen, die sich *kontinuierlich* über Jahrhunderte oder gar Jahrtausende entwickelt haben, sind Ökosysteme, die ein Netz aus komplexen und eng miteinander verflochtenen Beziehungen zwischen Mensch und Umwelt, zwischen Gemeinschaft und dem Kosmischen unterhalten. Wenn solchen Kulturen der »Fortschritt« aufgedrängt wird, führte und führt dies zu Ergebnissen, wie sie diese Theologie auch in der natürlichen Umwelt und ihrer Ökologie hervorgebracht hat.[172]

Der Kolonialismus und seine orientalistischen Helfershelfer spielten bei diesem Angriff die entscheidende Rolle. Auf eine Ahnenreihe holländischer Gelehrter bauend, die den Islam als Bedrohung ansahen – und sich darin von den Franzosen in Algerien kaum unterschieden –, trat van Vollenhoven vehement dafür ein, die *adat*, und nicht die *schari'a*, zur Regierung der pluralistischen Gesellschaften Niederländisch-Indiens heranzuziehen. Damit widersprach er Kollegen, wie etwa L. W. C. van den Berg, die in ihren wissenschaftlichen Arbeiten voller Enthusiasmus letztlich die Position verfochten, das einzig tragfähige Gesetz auf den Inseln sei die *schari'a* und nicht das *adat*-Recht. In seiner Kritik gegenüber den Befürwortern der *schari'a* argumentierte Vollenhoven, dass die *adat* einen so breiten Einfluss auf die Bevölkerung des Archipels habe, dass im Vergleich dazu das islamische Recht auf tönernen Füßen stehe und praktisch keine Rolle spiele.[173] Bemerkenswerterweise war er zu all diesem Wissen bei zwei relativ kurzen Aufenthalten in der Kolonie gelangt. Vollenhoven hatte sich die Ansicht zu eigen gemacht, dass jeder Versuch, die *adat* zu schwächen, dem Islam die Schleusen öffnen würde. Wie viele seiner Landsleute betrachtete er den Islam nicht nur als Instrument zur Stärkung der politischen Einheit der Einheimischen, sondern auch als Religion, die das Christentum seit Jahrhunderten bedrohte. Partei für die *adat* zu ergreifen – die keinerlei Anzeichen einer »religiösen« Verfassung bot –, bedeutete zudem, dem Säkularismus Vorschub zu leisten. Neben anderen Unternehmungen stellte Vollenhoven ein umfangreiches Werk zusammen, in dem er sich vorgenommen hatte, die eigentlich mündlich überlieferten *adat* aufzuschreiben, wobei er, ungeachtet der Tatsache, dass der Archipel aus über tausend Inseln bestand, die alle ihre eigene Variante (oder Varianten) besaßen, achtzehn verschiedene *adat*-Versionen identifizierte. Die Niederschrift der *adat* »verstieß gegen das grundlegende Prinzip der *adat*-Rechtstheorie, dass sie nämlich in lokalen Traditionen beheimatet waren. Jetzt, da sie aufgeschrieben waren, lebten sie in Büchern weiter, die niederländische und ein halbes Jahrhundert später auch indonesische Richter heranzogen, als handele es sich dabei um Gesetzestexte.«[174]

Nachdem die niederländische Regierung 1927 formell erklärt hatte, dass nicht die *schari ʿa*, sondern die *adat* normatives Recht verkörperten, wurden auch institutionelle Veränderungen wirksam. Die wissenschaftlichen Bemühungen Bernard Ter Haars, die *adat* zu systematisieren, verliehen dieser Politik weitere Durchschlagskraft. Fortan wurden niederländische Gelehrte und ihre einheimischen Studenten, die in der Hauptsache aus einer vereinnahmten javanesischen Aristokratie stammten, sowie Kolonialberater und -verwalter offiziell im *adat*-Recht als dem paradigmatischen Recht geschult. Die *schari ʿa* sank weit abgeschlagen auf eine Sekundärposition zurück, die ihr nur deshalb zugestanden wurde, um unter bestimmten Umständen und provisorisch modifizierend auf die *adat* einzuwirken. Formell wurde dieser Wandel durch einen weiteren akademischen und politischen Diskurs sanktioniert, indem er mit der Bezeichnung »Rezeptionstheorie« versehen wurde. Damit war die Sache jedoch noch nicht beendet. Um die Hegemonie des kolonialistischen Projekts zu stärken, wurde in typisch kolonialistischer Manier ein neues Schulsystem eingeführt. Im ersten Jahrzehnt des zwanzigsten Jahrhunderts gab es bereits mehr als tausend niederländische Schulen aller Stufen,[175] was der javanischen und anderen Eliten die Bildungsmöglichkeiten an die Hand gab, die sie benötigten, um in westlichen Einrichtungen ein Rechtsstudium aufzunehmen, ob diese nun in Batavia selbst oder in Leiden beheimatet waren. Aus dieser Elite entstammten denn auch die Studenten des *adat*-Rechts, die zum größten Teil der polarisierenden und fragmentierenden Rezeptionstheorie anhingen. Mit deren Nachwirkungen hat Indonesien, das mittlerweile zu einer Art Institution und praktisch zu einem Subjekt umgebildet wurde, bis auf den heutigen Tag zu kämpfen.

Die Situation in Indien war nicht wesentlich anders. Das »örtliche« Recht erschien dem britischen Geschmack eher noch »ungeregelter« und »wirrer«, und wie bei allen anderen Kolonialverwaltungen wurden auch hier die Orientalisten hinzugezogen. Wirksame militärische Kontrolle über Indien gewannen die Briten erst 1757, als sie eine systematische Kampagne starteten, um die Ausbeutung der Landesressourcen nicht mit der bis dahin üblichen militärischen Kontrolle, sondern mit der kostengünstigeren Herrschaft durch das Recht zu sichern. Natürlich stand dabei der Profit an erster Stelle, geleitet von der weitergehenden Vision, Indien in den freien Markt zu führen. Doch wie Macaulays »Protokoll« bezeugt,[176] bestand das Ziel letztlich darin, die Inder nach dem Bilde ihrer Kolonisatoren umzumodeln, sie, wenn man schon ihr »Blut« und ihre braune Hautfarbe nicht ändern konnte, zu zivilisieren. Das Rechtssystem war und ist die performative Sphäre, die den Ton der Herrschaft und Neuformung setzte und bestimmte. Ein seriöser Rechtsentwurf war gefordert und es war der korrupte Warren Hastings, der britische Gouverneur Bengalens, der die Initiative dazu ergriff. Was heute als Hastings-Plan bekannt ist, sah ein mehrstufiges System vor, das an der Spitze ausschließlich von britischen Beamten besetzt sein sollte, sekundiert von einer Ebene britischer Richter, die sich bei Sachverhalten, die von der *schari ʿa* geregelt wurden, mit den örtlichen muslimischen Rechtsexperten beraten sollten. Auf der untersten Stufe der Gerichtsbarkeit standen die ganz normalen muslimischen Richter, die an den Zivilgerichten in Bengalen, Madras und Bombay Recht sprachen. Der Plan zielte darauf ab, lokale Bräuche und Normen in eine britische institutionelle Rechtsordnung einzubinden und sie mit »universellen« Rechtsidealen in Einklang zu bringen.

Die britischen Richter hatten Schwierigkeiten, sich ein Bild von der erstaunlichen Meinungsvielfalt und der Geschmeidigkeit des islamischen und hinduistischen »Rechts« zu machen, und beschrieben es häufig als chaotische, unkontrollierbare und korrumpierte Ansammlung juristischer Einzelmeinungen.[177] Mit der Bewältigung dieses »Chaos« – einem Wirrwarr, das von »Regellosigkeit« und »primitiver Existenz« zeugte – wurde der Orientalist Sir William Jones (1746–1794) aus Oxford beauftragt.[178] Offenbar fragte sich Jones nicht lange, was er zu tun hatte, um das »indische Problem« zu lösen. Er schlug Hastings die Schaffung von Gesetzesbüchern vor, oder das, was er einen »vollständigen Überblick über das Hindu- und Muselmanen-Recht«[179] nannte und das langfristig auf eine Art strukturelle Revolution in der Rechtsordnung und Gesellschaft Indiens hinauslief. Gerechtfertigt wurde die

Schaffung eines solchen Fremdkörpers im islamischen und hinduistischen juridisch-moralischen System mit der Behauptung, dass dessen »Gesetze« willkürlich, inkonsistent und chaotisch seien und das Land nur durch die Wiederherstellung der großen Texte der Tradition zu seinem einstigen Ruhm zurückfinden könne.[180] Souveräne Herrschaft ließ die – in Wirklichkeit einzige – Möglichkeit nicht gelten, dass Hastings und Jones das, womit sie zu tun hatten, nicht verstanden oder nicht verstehen wollten, und dass sie besser hätten ausgebildet sein müssen, bevor sie ihre kühnen Pläne erklärten, oder dass sie es zwar verstanden, ihr Wissen aber belanglos und deshalb ohne Nachdenken außer Acht zu lassen war. Wenn die souveräne Herrschaft entscheiden kann, dass der Gegenstand des Wissens keine über den Verstand des Subjektes hinausgehende Komplexität besitzt, dann kann das souveräne Wissen tatsächlich entscheiden, dass die Ausnahme die Regel ist. Allerdings war dieser Schritt der textuellen Umarbeitung nur die eine Hälfte des Plans. Die Neuschreibung und Restrukturierung der beiden Rechtssysteme sollten von einem weiteren Projekt begleitet werden, mit dem die Soziologie des Rechtswissens selbst, und zwar wie es in den Köpfen *lebender* Menschen vorkam, manipuliert werden sollte. Jones konstruierte ein System, das »eine vollständige Überprüfung der einheimischen Interpreten der verschiedenen Gesetzbücher« gestattete,[181] ein Projekt also, das dem indischen Geist neue Interpretationsmethoden auferlegte: diszipliniert, deduktiv, objektiv, geordnet und im Einklang mit den »universellen« Auffassungen von Gerechtigkeit, Billigkeit und Anstand.

Jones' Projekt führte im ersten Schritt zur Übersetzung einiger klassischer islamischer Rechtstexte ins Englische (das Hindu-Recht fiel der gleichen Strategie anheim). Unmittelbarer Zweck dieser Übersetzungen bestand darin, den britischen Richtern, die ihren beratenden muslimischen Juristen zutiefst misstrauten, zu einem direkten Zugang zum islamischen Recht zu verhelfen. Wie schon in Niederländisch-Indonesien fungierten die Texte vornehmlich als Gesetzesbücher und tatsächlich übernahmen sie später diese Funktion. (In Wirklichkeit ahmten die Niederländer in diesem Punkt die Briten nach und nicht umgekehrt.) Man kann sagen, dass schon die Übersetzung eine Kodifizierung darstellte und im Grunde auch konstituierte, wobei die Kodifizierung ein Phänomen war, das in Machart und Struktur der *schari 'a* und ebenso sehr den *adat* fremd war, ja sogar entgegenstand. Diese Veränderungen, die der Niederschrift des Rechts Tür und Tor öffneten, sind in ihrer Bedeutung tatsächlich nicht zu überschätzen.

Kodifizierung ist der Modus Vivendi des Nationalstaats, eine Methode, bei der ganz bewusst ein spezifisches Werkzeug souveräner Macht zum Zuge kommt. Sie ist ein Mittel der Wahl in der Ausübung rechtlicher und politischer Macht, ein Mittel, das etliche Aufgaben zugleich erfüllt. Eine Gesetzesniederschrift zeichnet sich im Wesentlichen dadurch aus, dass sie Ordnung, Klarheit, Prägnanz und natürlich Autorität *hervorbringt.*[182] Moderne Gesetzesbücher, davon sind selbst Experten außerhalb des kolonialen Feldes überzeugt, ersetzen »alle vorhergehenden, inkonsistenten Bräuche, Sitten und Gesetze«,[183] womit auch gesagt ist, dass der »Kolonialismus« überall ist, auch in Europa selbst. Diese Ersetzung hat zudem etwas Totalitäres, da Gesetzesbücher die Anforderung nach Vollständigkeit und Exklusivität erfüllen müssen. Sie müssen das Gebiet, das sie zu regulieren beanspruchen, umfassend abdecken, ein Vorgang, bei dem zwangsläufig jedes andere konkurrierende Recht ausgeschlossen wird. Wenn in einem Rechtssystem ein anderes Gesetz in Kraft bleiben soll, dann nur deshalb, weil dies durch das entsprechende Gesetzbuch eingeräumt wird,[184] das damit stets exklusive und höchste Autorität über alle früheren Gesetze besitzt.

Gesetzestexte müssen zudem »systematisch und eindeutig«, rational und logisch angeordnet und für Rechtsanwälte und Richter leicht erschließbar sein,[185] wobei stets vorausgesetzt wird, dass das »traditionelle Recht« über keine dieser rationalen und logischen Eigenschaften verfügt. Gesetzestexte sind nicht nur deklaratorisch und aus sich heraus unanfechtbar, sondern auch, und daher sind sie so konzise, allgemeingültig in der Erklärung der Regeln. Sie achten nicht direkt auf den Einzelfall und auch nicht auf den Menschen als Individuum. Sie sind immer abstrakt, »auf den Punkt«, und schließen das Konkrete bewusst aus.

Es galt als Tugend, dass das »französische und deutsche Bürgerliche Gesetzbuch zwischen die Deckel eines einzigen Bandes passte, während das Common Law eine ganze Bibliothek benötigte«.[186] Von größter Bedeutung sind wie immer Überlegungen, die auf eine Instrumentalisierung der Wirtschaft abzielen. Doch das vordringlichste Merkmal eines Gesetzbuchs ist sein Vermögen, Uniformität zu erzeugen, ein Merkmal, das mit der homogenisierenden und universalisierenden Ethik der Moderne in Einklang steht. Der Einflussbereich des Gesetzestextes reicht daher über seine eigentliche Rechts-, Verwaltungs- und Regulierungsbefugnis hinaus: Das kodifizierte Gesetz verfügt über eine performative Macht, die qua Recht *die Subjekte konstituiert und rekonstituiert.*[187]

Das Nationalsubjekt lag der *schari'a* und ihrem Desiderat nicht nur fern, sondern widersprach im Grunde völlig der Raison d'Être dieses Systems, dessen performative Stoßrichtung in der Produktion des *individuellen* und lokal-gemeinschaftlichen moralischen Subjekts bestand.[188] Die *schari'a* lief den allermeisten Charakteristika eines Gesetzbuchs zuwider. Sie beruhte in der Theorie wie in der Praxis vor allem auf dem Zusammenspiel von Brauchtum und Gewohnheitsrecht.[189] Nirgends kam die *schari'a* ausschließlich zur Anwendung und überall wurde das Gewohnheitsrecht im Prinzip als wesentlich für die Formulierung von Vorschriften und Regeln innerhalb der*selben* anerkannt, ein Umstand, der der örtlichen Praxis und sogar lokalen kulturellen Besonderheiten starke Bedeutung beimaß. Selbstverwaltung, ein robustes, vormodernes Konzept autonomer Existenz, war in der interventionsarmen Form, in der die *schari'a* waltete, nicht nur geduldet, sondern florierte und gedieh regelrecht[190] (was zum Teil auch den autonomen privaten Status erklärt, den unterworfene Bevölkerungsgruppen unter der *schari'a* genossen).

In der europäischen Weltwahrnehmung mag die *schari'a* aufgrund ihres hermeneutischen und höchst individualistischen Charakters als unsystematisch gelten, auch wenn dies ein *schari'a*-Kundiger anders sehen dürfte. Zwar wird ein Gesetzbuch in jeder Hinsicht zugänglicher sein als die meisten *fiqh*-Abhandlungen, doch das Argument der größeren Klarheit bleibt relativ. Für einen *schari'a*-Kundigen ist das *fiqh* so klar wie für den modernen Anwalt das Gesetzbuch. Richtig ist jedoch, dass dem *fiqh* nicht die innere Einheitlichkeit oder die intellektuelle Einfachheit des Gesetzbuchs nachgesagt werden kann, da sein herausragendstes Merkmal in der Pluralität der Ansichten liegt. Es gedieh (und bestand) aufgrund seines Facettenreichtums und in diesem

Reichtum erlangte es die Flexibilität, sich an verschiedene Rechtsnormen, unterschiedliche Situationen, verschiedenartige Gesellschaften und kulturell variierende Regionen anzupassen. Die Pluralität der Ansichten machte es nicht nur möglich, auf eine Vielzahl von Einzel- und Sondersituationen zu reagieren, sondern sie kam auch der Notwendigkeit von Gesetzesänderungen entgegen, deren Justierung durch die Strukturen der Rechtsargumentation und der darin eingebauten Dynamiken gewährleistet wurde.[191] Die Pluralität des *fiqh* stand dem Geist der Vereinheitlichung entgegen, war doch die Homogenisierung alles andere als das erklärte Ziel. Und da sein Interesse dem Individuum als einzigartigem, gedanklich eigenständigem Verehrer Gottes galt, bestand keine Notwenigkeit zu einer abstrakten und verallgemeinernden Sprache. Vor allem aber verraten der deklaratorische Charakter des Gesetzbuchs sowie seine Einheitlichkeit in der Substanz und Rechtswirkung einen von den Kanzleien des Nationalstaates ausgehenden Machtwillen. In der *schari'a* hingegen, in der das Recht und das Rechtssystem von unten nach oben funktionierten – ausgehend von der individuellen und lokalen Gemeinschaft hinauf zu den größeren (»politischen«) Steuerungsmechanismen, die selbst weitgehend von der *schari'a* reguliert wurden –, existierte ein solcher Machtwille nicht.[192]

Jones' Übersetzungs- und letztlich Kodifizierungsprojekt trennte den Gesetzestext von seiner arabisierten interpretierenden und kommentierenden Tradition ab,[193] die von einer bestimmten Epistemologie und einem moralisch grundierten hermeneutischen System definiert worden war, was bedeutete, dass der Text, der eher ein Interpretationsvorgang und ein Habitus als ein »Ereignis« war, nicht länger in der Art funktionierte, wie er es ein Jahrtausend lang getan hatte. Das heißt jedoch noch nicht, dass der Text für die *schari'i*-Hermeneutik, die Rechtsbegründung oder die allgemeine Praxis zentral oder unverzichtbar war. In einer komplexen oralen Kultur wie dem Islam bildete die Oralität bei der Weitergabe von Rechts- oder anderem Wissen das Kriterium der ethischen Formation, das heißt, das gesprochene oder übermittelte Wort besaß eine Autorität, die einem Text nicht gegeben war. Ein Text lässt sich immer fälschen und es gibt keine Garantie, dass der Schuldige ertappt werden kann, doch durch das mündliche, direkt von einer Person zur anderen vermittelte Wissen ließ sich der Ursprung und jedes

Zwischenglied der Übermittlung stets identifizieren und erkennen – mit all der damit einhergehenden moralischen und ethischen Verantwortung. Anders ausgedrückt, die mündliche Überlieferung stellte eine ganz bestimmte Wissenstechnik dar, die ihre menschlichen Akteure vermöge ihres Inhalts, ihrer Teleologie und ihrer Funktionsweise zu ethischen Subjekten formte. Oralität als solche war demnach performativ und nicht nur eine Methode der Informationsübermittlung. Am wichtigsten jedoch, moralisch und ethisch gesehen, lässt sie sich nicht, so wie es die Briten und fast alle anderen Europäer getan haben, mit »Primitivität« in Verbindung bringen.

Darüber hinaus bedeutete die Unterdrückung des Gewohnheitsrechts, die allein schon enorme Auswirkungen hatte, die Vernichtung der gemeinschaftlichen Funktionsweise der *schari'a*. Anders gesagt, schon allein durch den Akt der Übersetzung wurde das islamische Recht aus seinem interpretierend-linguistischen Boden gerissen und damit zugleich aus der heimischen gesellschaftlichen Matrix, in die es eingebettet war und von der sein erfolgreiches Funktionieren abhing.[194] Doch das ist nicht alles. Die neue Rechtsform erlaubte es den Briten, die *schari'a*-Rechtsgelehrten zu verdrängen und sie durch Juristen zu ersetzen, die in der britischen Form der Rechtsfindung geschult waren, und damit die Umwandlung des »islamischen Rechts« in Staatsrecht in Gang zu setzen. Dies bedeutete auch, dass die autonomen und gesellschaftlich verwurzelten islamischen Rechtsberufe durch die körperschaftliche und ultrasoziale Instanz des Staats ersetzt wurden. Dies resultierte insgesamt in einer Überarbeitung der *schari'a* (und auch des hinduistischen Rechts), die damit zu einer Art Nachbildung des englischen Rechts, später als »anglo-mohammedanisches Recht« bezeichnet, umgeformt wurde. Und durch die aus dieser Umwandlung hervorgehenden neuen Staatsinstitutionen und Regierungsmethoden wurden, in einem ersten Schritt zur Nationenbildung, die kommunalen Strukturen aufgebrochen. Europäisch bis ins Mark, haben die Nation und der Nationalismus Asien buchstäblich umgekrempelt, so wie sie auch die übrige Welt neu geschaffen und erfunden haben.

In diesem kolossalen Umbauprojekt war Williams Jones' Intervention kein Ausdruck einer individuellen Leistung; in ihr tat sich vielmehr die volle Kraft des institutionellen und epistemischen Gewichts

Europas kund, das für seine Glücksbedingungen garantierte. Jones war womöglich das beste Talent, das damals vor Ort verfügbar war, aber als solches verkörperte er auch das Potenzial der performativen Kraft britischen Wissens und des Kolonialismus, der daraus hervorging, und brachte es zum Ausdruck. Seine sonstigen Abhandlungen, Übersetzungen und poetischen Hervorbringungen sowie die ganze diskursive Vielfalt seines fruchtbaren intellektuellen und künstlerischen Lebens hatten auf die Eroberung Indiens und weiterer Gebiete keinen großen Einfluss[195] (wie es etwa bei entsprechenden anderen Persönlichkeiten oder sogar bei den weit gewitzteren und enzyklopädischen Köpfen der islamischen Tradition der Fall war, die die großen Eroberer, darunter zufällig auch jene Indiens, begleiteten). Wenn Jones eine so umwälzende Rolle einnahm, dann aufgrund der Natur des Wissens, auf das er zugreifen konnte, ein Wissen, das nicht nur seinem Wesen nach einzigartig in der Menschheitsgeschichte, sondern auch – und das verlieh ihm eine gleichermaßen spezifische Macht – in einer europäisch fundierten diskursiven Formation und einem Macht-System angesiedelt war; all dies lief hinaus auf Souveränität – souveräne Disposition – und eine souveräne Verfügung über die Realität, die eine spezifische Art des Wissens über die Welt zu ihrem Motor umfunktioniert hatte.

Der treibende Motor des Kolonialismus war nicht, wie die meisten Militärhistoriker und andere Geschichtswissenschaftler meinen, das Maxim-Maschinengewehr, das Dampfschiff oder etwa eine neue Form der Bürokratie oder Verwaltung. Die treibende Kraft war die Denkstruktur, die all dies und vieles damit Verwandte möglich gemacht hat. Sich nur auf das Maschinengewehr und seine gewaltige Zerstörungskraft zu konzentrieren, geht völlig an der Sache vorbei. Sich lediglich auf die europäisch-amerikanischen Orientalismustexte als Inbegriff einer Falschdarstellung zu konzentrieren und ihr Zusammenwirken mit politischer und ökonomischer Macht zu kritisieren – wie Said und andere glauben wollten –, kommt der Aussage gleich, dass die Europäer und die Amerikaner das zerstörerische Maschinengewehr zwar erfunden, aber es nur rein zufällig für ihre Eroberungszüge verwendet haben. Das sagt uns nichts Neues. Weit wichtiger ist jedoch die Frage, warum überhaupt ein Maschinengewehr erfunden wurde; was hat es, schon als Idee, ermöglicht? Wie war das Denksystem beschaffen, in dem sich der Verstand seiner Erfinder ausbildete? Wie waren das Denksystem und der Erfindungszweck aufeinander bezogen? Welche Beziehung bestand zwischen dem Maschinengewehr und dem Dampfschiff, zwischen dem Dampfschiff und dem verzerrenden Text? Wenn der verzerrt darstellende Text durch die politische und kolonialistische Macht »verstärkt« wurde, wie hat er dann, in einer Kehrtwende, diese tödliche Kraft verstärkt, ja, sogar möglich gemacht? Von einem solchen Text zu behaupten, er sei durch die Macht verstärkt worden und habe es verfehlt, sich der leidenschaftslosen Wissenschaftlichkeit zu befleißigen, derer er sich doch verschrieben hatte, läuft im Endeffekt auf die Behauptung hinaus, dass die Verwendung des Maschinengewehrs lediglich etwas über die gewalttätige Verfassung seines Benutzers aussagt und der Daseinszweck der Waffe darin besteht, den Frieden zu wahren, jenen Zustand mithin, der schon die Konzeption einer solchen Waffe unmöglich gemacht hätte. Nimmt man die in diesem Kapitel vorgelegte Darstellung des Kolonialismus und den ihn begleitenden Orientalismus in ihren ganzen Implikationen ernst, so wird deutlich, dass Said darauf bestand, ein Bild zu malen, in dem der Schwanz mit dem Hund wedelt.

Als ob die Umkehrung analytischer Prioritäten an sich nicht schon fragwürdig genug wäre, befleißigt sich Said auch noch, den Orientalismus als Ganzes zu verdammen. Ein wohlwollender Leser wird die Attacke als rhetorische Strategie oder Übertreibung abtun, aber für diesen wohlwollenden Akt ist ein hoher Preis zu entrichten, denn damit stehen die theoretische und klare, analytische Sicht auf dem Spiel. Die Generalabrechnung oder Totalisierung trübt auch den Blick für die Funktionsweise der Macht und widerspricht jener Freud'schen Theorie, von der Said sich doch beeinflusst sehen wollte. Im nächsten Kapitel versuche ich das Problem der Totalisierung durch eine Theorie des Autors zu bereinigen, indem ich unter anderem von einem Orientalisten berichte, der Saids Narrativ in fast jeder Hinsicht unterläuft und weit über das hinausgeht, was Said erreicht hat.

Kapitel III
Der subversive Autor

I

Europas orientalistisches Wissen wurde zumeist in den Kolonien von Personen wie dem Franzosen Morand, dem Niederländer van Vollenhoven und dem Briten Jones produziert, es saßen aber auch große Kontingente unterstützender Orientalisten in den Mutterländern. Zusammen mit ihren aktiveren Kollegen in den Kolonien etablierten sie eine einflussreiche diskursive Tradition, die sich in die europäische Kultur der Eroberung und souveränen Herrschaft einspeiste. In der Summe lief dies auf eine vollständige Palette von Glücksbedingungen hinaus, die den Orientalismus zu einer weiteren Waffe im Krieg Europas gegen den Rest der Welt machte, einen Krieg wohlweislich, der nicht durchweg darauf angelegt war, alles restlos in seiner Existenz zu vernichten. Wie Völkermode sind auch Kriege häufig darauf ausgerichtet, die Existenz, anstatt sie *ex nihilo* zu erschaffen, neu zu ordnen. Doch bei dieser Darstellung des Orientalismus darf es nicht bleiben; sie würde bloß die relativ lässliche Sünde des Reduktionismus begehen. Viel schwerer wiegt, dass eine solche Darstellung die Möglichkeit einer inversen Machtdynamik, einer Komplexität in den Zentralgebieten eliminiert, die, wie sich über Jahrtausende hinweg gezeigt hat, eine Vielfalt einander widerstrebender Kräfte sogar innerhalb äußerst hegemonialer Zentralgebiete erzeugt.[1] Machtgebiete müssen ihrem Wesen nach Kraftfelder umfassen, die häufig sowohl ihre Operationen als auch ihre Schubkraft zugunsten jener zentralen Paradigmen koordinieren, die eine bestimmte Ordnung steuern. Sie kommen aber keineswegs ohne entgegengesetzte Kraftfelder in die Welt und können ohne sie auch gar nicht am Leben gehalten werden. Das wäre ebenso wenig denkbar oder möglich wie ein Körper, in dem alle Organismen im Einklang funktionieren und auf ein ungetrübtes gesundheitliches Gleichgewicht hinarbeiten. Denn wäre dies der Fall, würde kein Organismus jemals sterben.

Wenn jeder Machtstruktur und jedem Zentralgebiet Vielfalt, Verschiedenartigkeit, Gegensätzlichkeit und Subversivität innewohnen, etwas, das wir für selbstverständlich erachten müssen, dann können wir fragen, wie sich all das im Orientalismus manifestiert. Said beschränkte sich mit Gibb und Massignon vor allem auf zwei Orientalisten, deren Arbeit sich den Gegenständen ihrer Untersuchung – dem muslimischen Orientalen – zwar oft mit Feingefühl näherte, deren abschließendes Urteil jedoch stets negativ ausfiel. Abschließend betrachtet, hat keiner der beiden Gelehrten den Test einer angemessenen, akkuraten, wahrheitsgetreuen und vollständigen Darstellung des Orients bestanden. Anders ausgedrückt, insofern die beiden von »prägendem Einfluss« waren, führte dieser Einfluss in letzter Instanz zu der diskursiven Formation, in die sich der Orientalismus letztlich selbst verwickelt hat, in die Kolonialmacht in Übersee, in die politische Macht zu Hause und vor allem in die Falschdarstellung selbst.

Saids kategorisches Urteil schloss ipso facto eine differenzierte Herangehensweise aus, und ich hege den starken Verdacht, dass sich dieser Irrtum aus dem Fehlen einer umfassenden Machttheorie ergibt. Wie wir gesehen haben, verwendete Foucault, da er vornehmlich den Schauplatz der Moderne im Blick hatte, nicht allzu viel Sorgfalt darauf, die Implikationen seiner Theorie »epochaler« Veränderungen und Transformationen sowohl in den Epistemen als auch in den diskursiven Formationen, aus denen sie hervorgehen, herauszuarbeiten, ungeachtet dessen, dass sich in seinen letzten Vorlesungen am Collège de France (1979–84) ein solches Interesse zu artikulieren begann. Wenn er von »Formationsregeln« spricht, die die »Existenzbedingungen« für diskursive Formationen darstellen, ist er fast ausschließlich an ihren Funktionsweisen und nur gelegentlich an ihrer Entstehung oder ihrem »Verschwinden« interessiert.[2] In *Orientalismus*[3] destillierte Edward Said Foucaults Theorie der Macht und des Wissens, und offenbar hat er lediglich ihre schematischen Eigenschaften übernommen. Dies erklärt seinen kategorischen und allzu totalisierenden Ansatz, bei dem niemand, der je über den Orient geschrieben hat, ungeschoren davonkam. Foucaults subversive »Kritik« kommt bei Said nicht vor. Dieses spezifisch Said'sche Erbe hat sich in der aktuellen Wissenschaftsgeneration ausgebreitet wie Feuer in trockenem Buschwald. Natürlich sind die Gründe für die allzu leichte Entflammbarkeit dieses Aspekts in Saids Schriften entschieden politischer Natur, aber wie es bei allen politischen Phänomenen der Moderne der Fall ist, werden sie erst verständlich, wenn sie einer tieferen Analyse unterzogen werden, als es die herkömmliche Politik selbst oder die politische Theorie leisten kann.

Wenn jeder über den Orient schreibende Autor sich potenziell des Orientalismus verdächtig macht, dann ist es kein Wunder, dass jeglicher Versuch eines Schriftstellers, im Orient irgendeinen »zivilisatorische Glanz« auszumachen, sich allenfalls als verwunderliche Ehrfurcht herausstellt, die den Orient zu einem exotischen Objekt macht. Auch dies war für Said eine Entstellung. Und es sind solche in den Arbeiten anderer Geisteswissenschaftler vorkommenden Entstellungen und folglich auch der »Orientalismus«, die von den noch immer prosperierenden Nachlassverwaltern dieses allzu verallgemeinernden Ansatzes missbilligt werden. Die Politisierung rührt daher, dass weder Said noch seine Nachfolger die Kriterien bereitstellten, die für ein begründetes Urteil, für die Bewertung und differenzierte Unterscheidung und für eine Prüfung derjenigen Merkmale notwendig sind, durch die sich die Orientalisten voneinander unterscheiden und durch die sie entweder innerhalb eines paradigmatischen Gebiets oder außerhalb von ihm stehen. Mit Blick auf dieses für Saids Verständnis des Orientalismus maßgebliche strukturelle Merkmal möchte ich anhand des Werks eines vielseitigen und versierten Orientalisten die Möglichkeit aufzeigen, dass 1) manche Orientalisten einen »prägenden Einfluss« besitzen können; 2) sich dieser Einfluss auf eine spezifische Weise bemerkbar macht, die von der in *Orientalismus* beschriebenen abweicht, und 3), für unsere Sache besonders wichtig, der Orientalismus aus sich selbst heraus einen subversiven Diskurs zu liefern vermag, der sowohl dem kolonialistischen als auch dem Mainstream-Orientalismus strukturell kritisch gegenübersteht und damit eine Kritik leistet, die tiefer reicht und bedeutender ist als die von Said gebotene und die ihre Kraft aus dem Umstand bezieht, dass sie, anders als die Said'sche, zum Kern des Zentralgebiets vordringt.

Das vorliegende Kapitel geht daher zweigleisig vor: Es macht zum einen das Orientalismus-Phänomen komplizierter, aber definiert es zugleich in schärferen Begriffen, als Said dies getan hat; und zum anderen zeigt es auf, dass die subversiven Strategien im Orientalismus selbst eine Kritik des Mainstream-Orientalismus bereitstellen können, die durchdringender und mit Sicherheit *kohärenter* ist als die von Said vorgebrachte.[4] In einem späteren Abschnitt werde ich mich eingehender mit den Auswirkungen befassen, die daraus resultieren, den Orientalismus als eine Ausnahme zu inszenieren, die vom Standard modernen westlichen Wissens über die Welt abweicht. Vorerst jedoch möchte ich mich (noch einmal) dem Begriff der Differenz zuwenden.

Saids Argument, dass der Orient in der europäischen Vorstellung *anders* war, ist nicht aus sich heraus informativ, und zwar einfach weil das Adjektiv naturgemäß sowohl zweideutig als auch relativ ist. Damit etwas Bedeutung erlangt, bedarf es nicht nur der Klärung, sondern auch der Differenzierung und Spezifität. Die Aussage eines möglichen Zeugen, dass der Bankräuber anders aussieht als er oder anders als der ihn befragende Detektiv, wäre zur Identifizierung des Diebs absolut untauglich. So kommt es, dass Said einen Großteil seines Buchs damit füllt, Aspekte des Unterschieds zu artikulieren. Der Orient ist minderwertig, primitiv, effeminiert, abergläubisch und dergleichen, Attribute, die in den Augen eines Orientalisten allesamt negativ sind, oder zumindest negativ gemeint sind. Doch dann weitet Said seine Definition der Andersartigkeit aus und vermerkt auch positive Eigenschaften wie die Spiritualität des Orients, die von einigen Orientalisten eindeutig als positives Attribut gemeint ist, mit dem sie feststellen, dass sie dem Orient gegenüber ihrem Europa den Vorzug geben. Wie bereits erwähnt, sah Said darin eine Haltung, die den Orient exotisiert, und münzte sie letztlich in eine negative Eigenschaft um. Es ist jedoch unbestreitbar, dass der Orient nicht Europa ist und es nicht sein kann, in welcher Gestalt auch immer, und dasselbe gilt auch umgekehrt. Andersartigkeit als Summe von zahlreichen, wenn nicht zahllosen Unterschieden in wesentlichen Eigenschaften ist zwangsläufig eine selbstverständliche Sache; doch stellt uns dies vor die Frage, wie die Vergleichsbedingungen aussehen müssten, die dem Kritiker hier und den zahlreichen anderen, die seine Haltung teilen, genügen würden. Eine auf der Hand liegende und einfache Antwort wäre natürlich, dass sich der Orient nicht vom Westen unterscheiden sollte; er sollte weder mehr noch weniger spirituell sein, weder mehr noch weniger fortgeschritten, herrschsüchtig, human, rational, materialistisch, liberal, abergläubisch, effeminiert und so weiter. Aber dann bleibt fraglich, ob die Konsequenzen dieser Antwort zufriedenstellend wären, würden doch solche Gleichsetzungen einen Orient nach dem Bilde Europas hervorbringen und damit genau einem der wichtigsten Glaubenssätze des Orientalismus entsprechen, gegen die Said so vehement Einspruch erhoben hat. Denn immerhin hatten er und viele andere ihre intellektuellen und sonstigen Kämpfe gegen Macaulays Doktrin geführt, wonach das kolonialistische Europa letztlich bestrebt war, Untertanen schwarzer, brauner und gelber Hautfarbe, aber europäisch in Geschmack, Moral und Intellekt zu produzieren.

Man kann sich nur schwerlich der Schussfolgerung erwehren, Saids Einwendung gegen die Andersartigkeit rühre daher, dass er den Westen grundsätzlich als Standard voraussetzt. Das zeigt sich etwa an seiner Auffassung, dass es sich selbst dann, wenn der Orient als überlegen dargestellt wird, lediglich um eine Fantasie oder gegebenenfalls um einen Exotisierungsvorgang handelt. Das Exotische, so teilen uns die Lexika mit, ist das »Ungewöhnliche«, das, was »nicht für gewöhnliche Zwecke verwendet wird«. In Saids Denken bildet das Gewöhnliche offenbar das Normative, den Standard, das Paradigmatische. Warum denn sonst sollte jegliche positive Beschreibung des Orients als ausnahmslos exotisch gelten? Die unverhohlen bewunderten säkular-humanistischen, demokratischen Werte sowie die allgemeinen kulturellen Standards des Westens waren in Saids Denken so präsent und mächtig, dass keine die Überlegenheit des Orients behauptende Äußerung hätte implizieren können, dass der Westen nicht als Standard zu betrachten sei und auch nicht als solcher betrachtet werden kann – mit der Folge, dass wenn irgendwo versucht würde, die verhasste *Differenz* zu überbrücken, die Überbrückung selbst, mit all den möglicherweise damit verbundenen Zugeständnissen, selbstverständlich nicht vom Westen ausgehen kann. Denn es ist gleichsam aktenkundig, dass Said diese und etliche andere westlichen Werte lobt, während er Tradition, Religion und dergleichen ablehnt.[5]

Dass Said die westliche Moderne als Standard setzt, ist die plausibelste Schlussfolgerung, die sich aus seinen Schriften ziehen lässt, denn auf der einen Seite verurteilte er den Orientalismus und adelte auf der anderen die westliche Moderne und ihre Errungenschaften als *ausschließlichen Standard*. Zur Literatur, die er am meisten schätze, zählten Conrad und Kipling und nicht sein Landsmann Ghassan Kanafani oder der andere »Orientale« ʿAbd al-Rahman Munif;[6] die Musik, die ihn am meisten begeisterte und die er selbst spielte, stammte von Bach und Beethoven und nicht von ʿAbd al-Wahhab, Riyad al-Sunbati oder Sayyid Darwish; und als Literaturkritiker und Intellektueller, dessen gesamtes akademisches Instrumentarium und dessen *Weltanschauung** zutiefst westlich geprägt waren, hat er sich auch in späteren Jahren nicht die Mühe gemacht, dem dialogischen Potenzial der ausnehmend reichen und fruchtbaren orientalischen und islamischen intellektuellen Traditionen nachzuforschen. So kam ihm beispielsweise nie in den Sinn, ein Forschungsprojekt zur Literaturkritik durchzuführen, das die überaus kultivierten islamischen Leistungen auf diesem intellektuellen Gebiet mit ihren westlichen Gegenstücken in Dialog gesetzt, geschweige denn kritisiert hätte.[7] Dergleichen lag ihm absolut fern, denn er war ein säkularer Liberaler, wohingegen er die orientalischen »Traditionen« als Hervorbringungen der »Religion« betrachtete, die er, wie sich zu sagen erübrigt, im Grunde verabscheute. Dass er Massignon verurteilte, beruhte genau darauf: Massignon war für ihn »traditionell«. Die Differenz stellte Said also nicht nur vor ein Dilemma, sondern sorgte in seinem *Orientalismus*-Buch für eine hochgradige Aporie.

Richtig verstanden ist Differenz situativ, das heißt, sie besitzt sowohl Direktionalität als auch Perspektivismus. Als relatives und perspektivisches Phänomen verfügt sie zudem über eine imaginäre Geografie. Für die Wahrnehmung mögen ihre Ursprünge eher auf der einen Seite des Differenzspektrums liegen als auf der anderen. In diesem Fall muss eine Diagnose, die die Implikationen der Differenz beleuchtet, ihre Ursprünge, ihre Zusammensetzung, ihre Tendenz, ihren Wert und ihre Auswirkungen sowie ihre historische Situation berücksichtigen, denn es sind die Ursprünge, die das eigentliche Problem verursachen. Es mag sein, dass man sich bei der Zuweisung der Verantwortlichkeit für diese Ursprünge dafür entscheidet, die Differenz, je nachdem wie die Diagnose ausfällt, eher von der einen Seite

---

* Im Original deutsch.

als von der anderen aufzulösen. Aber wie man auch vorgeht, es kommt darauf an, die Ursprünge und ihre potenzielle Rolle bei einer Überbrückung der Differenz zu verstehen. Ich glaube, Said ist nicht bis zu den Ursprüngen vorgedrungen, sodass seine Auffassung der Differenz eindimensional, einseitig und vor allem auf eine Richtung beschränkt blieb. Es stellt sich noch eine weitere Frage. Welche Konsequenzen ergeben sich aus einer Gegenannahme: Dass die dem Orient durch den Orientalismus zugeschriebene Andersartigkeit eine Selbstprojektion war? Dass der Orientalismus als akademische Mainstream-Disziplin samt seinen kulturellen Versatzstücken selbst der Grund für diese Differenz war, dass er die Differenz selbst ausmachte? Mit einer solchen Fragestellung bekommt die Untersuchung eine andere Stoßrichtung, die der Debatte zwangsläufig neue Annahmen zuführt, Annahmen, durch die sich womöglich die Spielregeln, auch die des Orientalismus-Establishments, ändern.

II

Auftritt unser Orientalist. René Guénon, römisch-katholisch aufgewachsen, von den Jesuiten erzogen und später an der Sorbonne ausgebildet, war ein Franzose, der seine prägenden Jahre in einem Land verbracht hat, das eine der virilsten Formen des europäischen Nationalismus propagierte; ein Umstand, der angesichts der Said'schen Konzeption eines absoluten hegemonialen nationalen »Ambientes« nicht irrelevant ist. Guénon gehörte zu der letzten Generation europäischer Orientalisten, die, anders als ihre Nachfolger nach dem Zweiten Weltkrieg, verschiedene asiatische Sprachen beherrschten und über mehr als eine einzige Tradition Bescheid wussten. Er verfasste gut zwei Dutzend Bücher über den Hinduismus, den Taoismus und den Islam und seine Werke wurden in über zwanzig Sprachen übersetzt. Er war ein bedeutender Metaphysiker und seine Gelehrsamkeit ging Hand in Hand mit seinem intellektuellen Engagement, dem europäischen Publikum den Hinduismus und Taoismus nahezubringen und zum anderen, wie in vielen seiner Schriften, den modernen Westen zu kritisieren. Seine Ideen zur Metaphysik und Tradition waren maßgeblich für die Wissenschaftler und Denker der traditionalistischen Schule der *Philosophia perennis*. Er war ein subversiver Autor (eine analytische Kategorie, auf die ich im weiteren Verlauf dieses Kapitel eingehen werde) mit einem nicht unbedingt populären esoterischen Ansatz und einer tiefen Verachtung für Akademiker, und es war zumindest unklar, welchen Platz er im Mainstream-Orientalismus einnehmen würde. Doch sein Werk war von einer so tiefgehenden Wirkung, dass sich eine Reihe von Schriftstellern und Denkern auch heute noch dazu veranlasst sieht, jene Ideen zu vertreten, die sein Lebenswerk umspannen. Für die vorliegende Untersuchung ist er nicht etwa von Interesse, weil er ein Orientalist war, der sich gegen seine eigene Disziplin wendete – so signifikant dies für meine Argumentation insgesamt sein mag –, sondern weil er sich, bei aller Esoterik und der ungewöhnlich unkonventionellen Stoßrichtung seiner Kritik, gegen den Orientalismus und gegen alles, was ihn hervorgebracht hat, wendete und es ihm *trotzdem* gelang, ein geistiges Erbe zu hinterlassen.

Es sei angemerkt, dass Guénon in *Orientalismus* nicht behandelt, noch nicht einmal beiläufig erwähnt wird, obwohl er als klassischer Orientalist mit seinem Werk das Konzept des Orientalismus komplizierter gemacht hat, insofern als er einer Form der Subversion Gestalt gab, die den Autor selbst überlebt hat. Guénon entspricht offenkundig nicht den Kriterien, die Foucault für den diskursiven Autor vorgesehen hat, aber sein Einfluss auf wichtige Wissenschaftler auf dem Gebiet des Orientalismus und außerhalb sowie die erneute Relevanz, die sein Werk während des letzten Jahrzehnts gewonnen hat, zeugen zumindest für die anhaltende Schubkraft seiner Ideen zur Krise der Moderne[8] sowie zum Mainstream-Orientalismus als ihres Teilgebiets. Kurz gesagt, Guénons Relevanz rührt aus der Dringlichkeit jener Fragen, die er vor fast einem Jahrhundert angerissen hat und die im modernen Wissenschaftsbetrieb und seinen neuen Teilbereichen – Postcolonial Studies, Umweltethik und anderes mehr – mit frischem Nachdruck behandelt werden. Damit ist auch gesagt, dass so, wie die performative Kraft des Orientalismus in Glücksbedingungen lag, die einer aufklärerischen Weltsicht und der Ausbildung des Nationalstaats inhärent waren, Guénon seine Bedingungen in den konträren Kraftfeldern fand, die zwangsläufig durch die Formation ebenjenes aufklärerischen Staates hervorgebracht wurden. Macht ist nicht existenzfähig, wenn sie nicht in sich selbst, in ihren eigenen Prozessen und Dynamiken, das Potenzial zu ihrer eigenen Transformation oder gar Zerstörung erzeugt. Auch wenn Guénons Erbe kein solches Potenzial darstellen mag, entfaltet seine Kritik der Moderne und ihrer Hervorbringungen doch so viel Wirkung, dass sie in letzter Zeit für zahlreiche intellektuelle Belange an Relevanz gewonnen hat, einschließlich, wie im vorliegenden Fall, einer Neubewertung des Orientalismus. Dass seine Ideen extrem esoterisch und bisweilen geradezu anstößig sind, spielt hier keine Rolle; schließlich schneidet die diskursive Tradition des Orientalismus – als eines Teilgebiets des Liberalismus – nicht viel besser ab, wenn auch insgesamt aus anderen Gründen.

Bringt man Guénon mit dem Orientalismus der Spätmoderne in einen Dialog, so besteht der erste außergewöhnliche Effekt darin, dass die unterschiedlichen Ausgangspunkte, von denen er und Said ihre Untersuchungen starteten, deutlich werden. Obwohl Guénon ein gutes halbes Jahrhundert vor Said schreibt, setzt er dort an, wo Said aufhört, wobei er vieles von dem, was sich Letzterer im Detail aufzuzeigen bemühte, als selbstverständlich voraussetzte. Während seiner Lehrjahre wurde seine Kritik sicherlich von Ideen und Reflexionen geprägt, die der intellektuellen Sphäre Europas entstammten, sie speiste sich aber zunehmend, und später vehement, aus seiner Auseinandersetzung mit der taoistischen, der islamischen und vor allem der hinduistischen Tradition, und dort insbesondere der Vedanta-Schule. Dabei geht es nicht nur um Umfang und Qualität, sondern vornehmlich um Methodik, Thesen, einen kritischen Apparat und einen wegweisenden Blick auf die Welt. Als Guénon seine nach-universitären Schriften verfasste, gab es die postkoloniale und die sogenannte postmoderne Kritik noch lange nicht, die Frankfurter Schule bildete sich gerade, Foucault und seine Sicht auf Nietzsche sollten erst noch kommen; und Heideggers *Sein und Zeit* wirbelte die europäische Philosophie erst gegen Ende seines Lebens auf. Seine in *Orient et Occident* (1924) zusammengefasste Kritik war stattdessen von einer unnachgiebig negativen Reaktion auf die europäische Philosophie von Leibniz über Kant bis Schopenhauer und politisch von der Konfiguration bestimmt, die der Erste Weltkrieg und die bolschewistische Revolution geschaffen hatte. Doch übersetzt in das Idiom des einundzwanzigsten Jahrhunderts und seinen exzentrischen und unkonventionellen Schreibstil hinter sich lassend, fasst Guénons Kritik viel von dem, was die aktuelle Sozialtheorie, die Kritische Theorie und die Kulturkritik an Gutem zu bieten hat, zusammen, ohne dabei jedoch die Legitimität des Systems anzuerkennen, auf der diese kritischen Theorien beharren. Und hierin liegen meines Erachtens auch die Gründe, warum Guénon vom »System« zurückgewiesen wurde. Guénon besaß die intellektuelle Courage, tief in die Moderne einzutauchen und angesichts dieser zu der schlimmstmöglichen Schlussfolgerung zu kommen, nämlich, dass sie verschwinden muss. Ein Großteil seines Werks bestand in der Bemühung, die »Reform« zu skizzieren, durch die die Moderne abzuwickeln wäre. Doch das soll hier nicht weiter interessieren. Relevanz besitzt hingegen der Umstand, dass sich der Orientalismus, wie so vieles andere, das in die Moderne eingebunden ist, ohne Bezug auf das Ganze nicht angemessen bewerten lässt, und dass das massive Beziehungsgeflecht, in das er eingehüllt war und durch das er hervorgebracht wurde, durch seine Tätigkeit und seine Hervorbringung tangiert wurde. Im Gegensatz zu Saids Mikroanalyse zog all dies fundamentale Fragen nach sich, der Art, wie und wo die westliche Moderne in der langen Geschichte der Weltzivilisationen verortet werden muss.

Anders als Marx mit seinen vorbestimmten geschichtlichen Entwicklungsstufen betrachtete Guénon, vom Hinduismus beeinflusst, Geschichte als eine zyklische Bewegung von Zeugung und Zerfall und konnte in ihr keinen *Geist** erkennen, der sie unweigerlich auf ein Ziel oder einen Endzweck zuführte. Als unerbittlicher Gegner der Fortschrittslehre und jeglicher Vorstellung einer historischen Bestimmung erachtete er die westliche Moderne als »wahrhafte Anomalie« und sah im Aufstieg des Materialismus die Hauptursache dafür, dass der Westen auf »Abwege geriet«, dass er einen »abweichenden Kurs« einschlug.[9] Unter allen Zivilisationen, »die uns mehr oder weniger vollständig bekannt sind, ist diese Zivilisation die einzige, die sich in einem rein materiellen Sinne entwickelt hat und diese monströse Entwicklung, deren Beginn mit der sogenannten Renaissance zusammenfällt, ist […] von einem entsprechenden intellektuellen Rückschritt begleitet worden«.[10]

»Materialistisch« und »Materialismus« sind für Guénon komplexe Konzepte, dazu da, ein System von Beziehungen zu beschreiben und zu analysieren, das die westliche Moderne steuert, wobei der Kapitalis-

---

* Im Original deutsch.

mus lediglich eines seiner Hauptelemente darstellt. Es handelt sich um ein politisches und soziologisches Wertesystem, das die soziale Ordnung durchdringt und ihr Bedeutung und Weltanschauung verleiht, und innerhalb dieser Ordnung werden die moderne akademische Welt, die Wissenschaft, die Massenkultur und insbesondere der alles überspannende Orientalismus definiert und ausgestaltet. Die moralische Ordnung des »zeitgenössischen Abendlandes« – das, was Guénon als »Moralismus« bezeichnet – »ist nichts anderes als die notwendige Ergänzung des praktischen Materialismus«, denn »beide entwickeln sich gleichzeitig in die gleiche Richtung«.[11] Die allgegenwärtige und alles bestimmende »Materialisierung« ist eine dynamische Kraft, die sich auf alle Erscheinungen auswirkt und ihnen nicht nur eine bestimmte physische Struktur und Konstitution verleiht, sondern sie zu einer speziellen Idee oder Ideenstruktur mit unverwechselbaren Symbolen und Bedeutungen und einer einzigartigen Sicht auf die Welt umbildet. Materialismus ist eine allgemeine Haltung, die »dem sogenannten ›normalen Leben‹ zugrunde liegt«.[12] Die Performativität der psychologischen und körperlichen Kraft des Materialismus entspricht dem vollen Gewicht von Transformationsprozessen, die in ihrer Wirkung den Menschen der Fähigkeit berauben, hinter das zu blicken, was ihm die Sinne unmittelbar vermitteln. Gefangen in der durch Sinneseindrücke vermittelten Welt des Hier und Jetzt, hat sich der moderne westliche »Mensch« selbst in ein geschlossenes System gesperrt, jenseits dessen sich keine andere Realität vorstellen lässt.

Von daher schließt der Materialismus – mit dem ihm entspringenden Kapitalismus und seinem kulturellen Wertesystem – von vorneherein die Möglichkeit aus, die Art und Weise, in der andere Zivilisationen und Kulturen über die Welt sprechen und in ihr leben, zu verstehen oder gar zu würdigen. Genau deshalb stellt Guénon die »Aufrichtigkeit« der von ihm unterschiedslos heftig kritisierten Intellektuellen infrage, denn er weiß letztlich, dass sie in einem Wahrheitsregime denken und operieren, von einer, wie er es wahrscheinlich genannt hätte, diskursiven Formation diktiert, die zu verstehen oder zu kontrollieren sie nicht in der Lage sind.[13] Diese nachsichtige Beurteilung des Einzelnen sollte jedoch nicht auf die Entlastung jener Gesamtgruppe hinauslaufen, die sich als kollektiver moralischer Akteur dem Materialismus verschreibt und zu ihm beiträgt. Das moderne westliche Individuum ist, wenn auch unwissentlich, sowohl Objekt als auch Subjekt dieser Performativität, denn »es selbst stellt einen jener Faktoren dar, die bei den seine Welt betreffenden Veränderungen aktiv mitmischen«. Die Dialektik ist demnach fortschreitend und spielt sich zwischen dem Individuum und seinen Gruppierungen einerseits und der Massenkultur und den Systemstrukturen andererseits ab. Hat sich die materialistische Denkweise erst einmal herausgebildet, breitet sie sich aus und »trägt unweigerlich zur Verstärkung« jenes Materialismus bei, »durch den sie überhaupt erst ermöglicht wurde«.[14]

Mit der Perspektive Al-Ghazalis im Hintergrund, die Guénon jedoch auf ein modernes Konzept von Gesellschaft bezieht und nicht auf das Individuum als autonomem Akteur, geht Guénon von einem Bruch zwischen Materialismus und Intellektualität aus, womit er ein Wissen über die Welt meint, das über die Grenzen der Rationalität, der Vernunft und der durch sie verstandenen sinnlichen Welt hinausgeht. »Materielle Entwicklung und reine Intellektualität gehen in entgegengesetzte Richtungen: Wer sich in die eine versenkt, entfernt sich zwangsläufig aus der anderen.«[15] Für Guénon ist das Ganze letztlich eine Frage der Metaphysik, ungeachtet der Rolle, die dabei Begreifen und Verstehen zukommen mag. Im Hinblick auf die Art jedoch, wie *wir* Guénons Haltung gegenüber dem modernen Wissen, gegenüber dem modernen Wissenschaftsbetrieb und seinem Orientalismus zu verstehen haben, ist dies ein epistemologischer Verzweigungspunkt erster Ordnung. Wir werden später sehen, dass Guénon dieses Bild komplexer macht, indem er dem allgemeinen Phänomen der »westlichen Zivilisation« die Beiträge der Wissenschaft, die Fortschrittsdoktrin, den Instrumentalismus und Weiteres hinzufügt. Sobald wir allerdings diese aggregierten Phänomene als Kategorie betrachten, die dem Materialismus und seinen Wirkungen zugehört, verstehen wir, wie der Establishment-Orientalismus zu einer Epistemologie *par excellence* wird, einer Epistemologie, die nicht etwa deshalb entstellend ist, weil sie, wie von Said unterbreitet, mit politischer Macht und dem Kolonialismus verbandelt ist, sondern weil sie in ein System eingebettet ist, das in einer spezifischen Weise die Welt versteht und in ihr lebt. Für Guénon stellt dieses System ebenso wie für Marx, Scheler,

Heidegger und viele andere eine Verzerrung der Wirklichkeit und des Daseins dar.

Der Materialismus ist jedoch keine performative und epistemologische Kraft, die für sich alleine existiert. Er befindet sich stets in einer dialektischen Beziehung zu jenen anderen großen Bereichen, die wir Zentralgebiete genannt haben und die Guénon in einer weniger technischen Sprache beschreibt. Wissenschaft gehört sicherlich dazu, und Guénon schreibt ihr eine große Bedeutung zu, denn sie bildet eine Epistemologie, die in seinen Augen das Wissen daran hindert, über seine geschlossene Welt sinnlicher Erfahrung hinauszugehen, wobei es sich um ein westliches Phänomen handelt, das gerade aufgrund seiner epistemischen Begrenztheit ein richtiges Verständnis »östlicher Zivilisationen« unmöglich machte. Der der abendländischen Wissenschaft zugeschriebene Status und die »grenzenlose Bewunderung und der abergläubische Respekt« ihr gegenüber »harmonisieren perfekt mit den Bedürfnissen einer rein materiellen Zivilisation«.[16] Man sollte Guénon jedoch nicht für einen Ludditen halten.[17] Jede Gesellschaft braucht Wissenschaft, so seine Argumentation, und jede Zivilisation verfügte über ihr eigenes Wissenschaftssystem. Der moderne Westen jedoch (der für Guénon kein geografischer Ort, sondern immer eine Kultur und eine Epistemologie ist) ist die einzige Zivilisation, die eine ausschließlich auf den materiellen Nutzen, die Anhäufung von Reichtum, den Instrumentalismus und das »körperliche Wohlbefinden« ausgerichtete Wissenschaftsform hervorgebracht hat und zugleich ihren Wirkungsbereich auf »industrielle Zwecke« und »mechanische Erfindungen« beschränkte. Da »sie auf die sinnlich erfahrbare Welt beschränkt ist, die sie zu ihrem einzigen Forschungsgegenstand gemacht hat«, ist die westliche Wissenschaft kurzsichtig und in den Worten eines anonymen Hindu, den Guénon zustimmend zitiert, nichts anderes als »ignorantes Wissen«.[18]

Da die westliche Wissenschaft ein System »sehr relativen Wissens« ist und in einer spezifisch materialistischen Umgebung genährt wird, neigt sie eher dazu, auszuschließen als einzuschließen; sie musste »um den Preis erkauft werden, alles, was ihr wirklich lohnend erscheint, zu vergessen«.[19] Wirklich von Interesse ist die umhüllende Struktur, die der Wissenschaft einen Rahmen geben und sie kontrollieren muss und ihr in einer umfassenderen Ordnung der Dinge Bedeutung verleiht. Es besteht mithin eine feste Kontinuität zwischen der Wissenschaft und den höheren Wissensformen, wobei Erstere aus Letzterer hervorgeht und von ihr geleitet wird. Die westliche Wissenschaft hat diese Kontinuität nicht nur verloren, sondern die Diskontinuität sogar bis zu einem gewissen Grad der Ausgrenzung verschärft; sie hat im Grunde die Metaphysik und Gott selbst ersetzt und dabei die Religion entthront und sich an ihre Stelle gesetzt. Guénon mag es mitunter vorkommen, dass der westlichen Wissenschaft »ein Prinzip fehlt« oder dass sie »nicht an ein Prinzip höherer Ordnung gebunden ist«,[20] aber dies läuft letztlich auf eine, wie ich es weiter oben genannt habe, epistemische Souveränität hinaus.

Guénons Diagnose der Wissenschaft als eines Gebiets des Wissens, der Ideologie, der Propaganda und der Massenverehrung[21] läuft auf eine diskursive Formation hinaus, die eine bestimmte Realität einschließt, ausschließt, umorganisiert und verständlich macht. Diese Realität wiederum erzeugt, wie er es bezeichnet, die Lücke zwischen Kulturen und Zivilisationen. Wie im Falle des Materialismus ist diese Wissenschaftskultur natürlich eine übergreifende Realität, es ist aber unbestreitbar, dass das ihr innewohnende epistemologische Element, dass ihre Folgen und Wirkungen, was die Sicht auf den anderen und den Umgang mit ihm anbelangt, schwerwiegend sind. Die Wissenschaft führt in einem dialektischen Prozess zur Steigerung des Materialismus, indem sie eine Vision des Anderen (Guénons »östliche Zivilisationen«) in Stein meißelt, darauf angelegt, dieses Andere nach westlichen Maßstäben zu beurteilen, und dies nicht nur aufgrund eines Gefühls der »Überlegenheit« und des »Vorurteils« – Haltungen, die Guénon voll und ganz anerkennt –, sondern weil das westliche Wissen Schranken aufweist, die in seiner Struktur begründet sind. Und da auf der persönlichen Ebene diese Schranken nicht absichtlich gesetzt werden und sich der Kontrolle und Entscheidungsgewalt von Autoren und Wissenschaftlern entziehen, weiß das westliche Wissen im Großen und Ganzen nichts von seiner eigenen »Ignoranz«. In diesem Sinne auch ist die Aussage des bereits erwähnten Hindus zu verstehen, das westliche Wissen sei ignorant; und auch deshalb verwendet Guénon wiederholt die Metapher von einem Kind, das, nachdem es ein paar in seinen Augen überaus wichtige Dinge gelernt hat, die Erwachsenen belehren möchte, die es für unwissend hält. Dieses Kind ist der dem Orient predigende Westen.[22]

Ich habe weiter oben ausgeführt, dass die Unterscheidung zwischen Sein/Sollen und die Trennung von Tatsache und Wert (die ich als »Distinktion« etikettiert habe) jenen Glücksbedingungen wesentlich sind, die dem Orientalismus seine performative Kraft verliehen haben. Guénon verwendet diese Begriffe nicht, aber seine Diagnose ist weitgehend die gleiche. Die Moderne kann die Wirklichkeit nur in empirischen Begriffen fassen: Damit die Dinge sich dem Verstand erschließen, müssen sie messbar, zählbar oder wägbar sein, denn

> nur auf diese ist die quantitative Sichtweise anwendbar; und die moderne Wissenschaft zeichnet sich vor allem durch die Forderung aus, Qualität auf Quantität zu reduzieren [...] ein Umstand, der sehr klar zeigt, wie unfähig die modernen abendländischen Menschen geworden sind, sich über das Reich der sinnlichen Wahrnehmung zu erheben; viele von ihnen wissen nicht mehr, wie zwischen »begreifen« und »vorstellen« unterscheiden, und einige Philosophen wie etwa Kant gehen so weit, alles was nicht darstellbar ist, als »unbegreiflich« und »undenkbar« zu erklären. [...] Tatsache ist, dass Spiritualismus und Materialismus im philosophischen Sinn dieser Ausdrücke einzeln gesehen keine Bedeutung haben: Sie sind einfach zwei Hälften des cartesianischen Dualismus, dessen radikale Trennung in eine Art Antagonismus verwandelt worden ist; und seither schwankt die ganze Philosophie zwischen diesen beiden Begriffen, ohne sie hinter sich lassen zu können.[23]

An Charles Taylors und Alasdair MacIntyres Kritik der Sein/Sollen-Unterscheidung[24] erinnernd und in einem weitgehend ähnlichen Kontext hält Guénon der westlichen neuzeitlichen Philosophie »willkürliche Abgrenzungen« und »nutzlose Feinheiten« vor, die von »unaufhörlicher Verwirrung« und »ziellosen Diskussionen« zeugen. Die willkürlichen Abgrenzungen sind nichts anderes als der freie Wille, die »Diskursregeln« einer bestimmten Wirklichkeitswahrnehmung gemäß festzulegen und ihren Status als wertfrei zu postulieren, und dies entgegen seit Langem bestehender Traditionen und Weltsichten,

die schließlich fast ausgerottet wurden. Die der Moralphilosophie auferlegte Distinktion war in einem wichtigen Sinne unvermeidlich, denn
diese »Philosophie kann die Existenz einer wahren Metaphysik nicht
zugeben, ohne sich selbst zu zerstören«.[25] Natürlich ist die im Namen
der Wissenschaft erfolgende Leugnung der Metaphysik oder irgendeiner Größe, die die Wahrheit der Materie bestimmen kann, selbst eine
Art Metaphysik, aber Guénon wählt dafür den weniger wohlwollenden
Begriff »Aberglaube«. Er verwirft bereits die Möglichkeit, die sinnlich
erfahrbare Welt als sich selbst genügendes Unterfangen zu untersuchen.
Solange keine Mittel gefunden werden, Wissenschaft und Philosophie
bis zu einem gewissen Grad in etwas, »das stabil und von Dauer« ist,
zu verankern, lassen sie sich nicht als gerechtfertigt und achtenswert
beurteilen.[26] Gleich ob die Distinktion und die Loslösung der Wirk-
lichkeitserforschung aus ihrer kosmologischen Verankerung eine Sache der Willkür oder des reinen freien Willens sind, zu entscheiden,
was wertfrei ist oder nicht – es bleibt dabei, dass nur ein souveräner
Verstand eine solche Bestimmung mit eindeutigem Erfolg vornehmen
kann. Wenn die westliche Wissenschaft »unter dem Vorwand der ›Befreiung des Denkens‹ die trügerischsten Überzeugungen aller Zeiten«
etablieren kann,[27] dann, weil diese Freiheit des Denkens souverän ist.
Die Tatsache, dass Guénon den Sachverhalt nicht in Begriffen des souveränen Willens dargelegt hat, sollte nicht verschleiern, dass er letztlich seine Kraft zur Gänze verstand und würdigte. Vom Materialismus
angetrieben und durch die Philosophie gerechtfertigt, führte die Wissenschaft Europa zu materiellem Fortschritt, eine Doktrin, die in »der
zweiten Hälfte des achtzehnten Jahrhunderts« erfunden worden war.
»Fortschritt«, mit seiner scheinhaften Struktur, wird nicht nur mit der
»materiellen, die gesamte Tätigkeit des Abendlandes absorbierenden
Entwicklung«, sondern auch mit seinem Zwillingsbegriff »Zivilisation«
identifiziert.[28] Im Namen der Zivilisation wird der Fortschritt als »moralischer Fortschritt« verbrämt, wo er doch tatsächlich nichts anderes
ist als »materieller Fortschritt«, Ergebnis des »Experimentierens mit
der Materie zu rein praktischen Zwecken«; wie auch immer diese konstruierte Realität benannt oder beschrieben wird, »sie wird uns nicht
im Geringsten dazu veranlassen, unser Urteil, dass die westliche Zivilisation durch und durch materiell ist, zu revidieren«.[29]

Da dieser Entwicklung fast nichts anderes als materielles Bestreben innewohnt, ist der Westen mit all seinen Phänomenen zu einer aller Prinzipien entledigten Existenz gelangt, und entsprechend wird auch dem Fortschritt kein Ziel, kein Endzweck zugeschrieben. Und ein vagierendes System erzeugt vagierende Individuen, womit sich erklärt, warum das westliche Individuum fragmentiert, »unbeständig«, »richtungslos« und unfähig ist, »sein Gleichgewicht zu finden«. Dieser prekäre Zustand habitualisierte sich in der Fortschrittsillusion, »als sei es ausreichend, einfach zu gehen, ohne groß auf die Richtung zu achten, Hauptsache, man kommt voran; wohin es aber gehen soll, darüber denkt es [das Individuum] noch nicht einmal im Traume nach«.[30] Die gründliche Konditionierung des Individuums, diesen Zustand als normal zu erachten, erklärt Guénon mit Aristoteles' Konzept der zweiten Natur im Sinne einer Gewohnheit, also einer Sozialtechnologie zur Erschaffung eines Subjekts in einem – wie es Bourdieu viel später nennen wird – Habitus.

III

Da der heilige Fortschritt kein Ende kennt, wurde auch das Individuum gründlich auf ein andauerndes Streben konditioniert, in dem Sinne, dass es sich nie mit dem Vorhandenen abfindet. Fortschritt ist eine endlose, ewige Sehnsucht nach dem, was jenseits der Erkenntnis liegt. Für Guénon ist, wie wir gerade gesehen haben, diese Seinsweise in erworbene, das individuelle und gesellschaftliche Handeln prägende Seinsweisen eingebettet, also in das, was Scheler präziser als »angeborenen Trieb« bezeichnete, obgleich dieser Trieb für ihn insbesondere ein Trieb ist, der in einem endlosen, auf Herrschaftsstreben ausgerichteten Kampf um Wissen mündet.[31] Für Guénon jedoch hat sich das unaufhörliche »Bemühen« des abendländischen Individuums zu einem Habitus ausgestaltet, der, bezugnehmend auf das, was Isaiah Berlin später als »positive Freiheit« bezeichnet hat, problematisiert werden muss; letztere ist ein Konzept, demzufolge Freiheit durch die Befreiung des Selbst – sozusagen nach Art einer Maussianischen Übung, einer inneren Kultivierung der einen oder anderen ethischen Form – von dem Bedürfnis, insbesondere nach der Materialität der Welt, erlangt wird.

Für unsere Zwecke und für ein intellektuelles Vorgehen, das zur Diagnose westlicher und orientalistischer Haltungen den Orient aufsucht, ist die Gegenüberstellung der »östlichen« und der »westlichen« Menschen aufschlussreich, die Guénon hinsichtlich dieses wichtigen Phänomens vornimmt, indem er sagt, dass erstere nicht auf die Ergebnisse des stets materialistisch geprägten westlichen Fortschritts angewiesen sind, denn »wer diesen Gleichgewichtszustand erreicht hat, spürt dieses Bedürfnis nicht mehr – so wie jemand, der wissend geworden ist, nicht mehr sucht«.[32] Ich sage »aufschlussreich«, denn Guénon stößt mit einer beiläufigen Effizienz zum Kern zweier wichtiger Punkte vor.

Erstens verweist die Tatsache, dass Isaiah Berlin das Konzept der positiven Freiheit in seinem berühmten Essay[33] fast völlig verschweigt, auf dessen generelle Ablehnung im westlichen Denken. Dabei handelt es sich um ein Konzept, das sonst für andere Formen der psychosozialen Entwicklung des Individuums sowie für gesellschaftliche und politische Organisationen von großer Bedeutung ist. Natürlich hatte die faktische Zurückweisung der positiven Freiheit direkt mit tief sitzenden Ängsten vor dem Sowjetkommunismus zu tun, ein Umstand, den Berlin nicht zu verbergen suchte. Im Gegensatz dazu bestand Guénons Bezugsrahmen in den alten und langwährenden »traditionellen Zivilisationen«, Akkulturationssystemen also, die ihre Ethik und Moraltechnologien des Selbst gerade zur Erlangung dieser »positiven« Freiheit kultivierten. Die ethische Bildung mag sich im Falle der Sowjetunion in Qualität und vom Typus her von dem »östlichen« Gegenstück unterscheiden, aber die Vorstellung, dass die Kultivierung des Selbst Freiheit bedeute, ist ein und dieselbe, so sehr das kommunistische Denken auch von materialistischen Auffassungen limitiert blieb. Es handelte sich nicht um eine negative Freiheit, die die Einmischung und Kontrolle von außen in Schranken hielt, während sie das Subjekt auf eine materialistische Sicht der Welt konditionierte, und die nicht nur die Freiheit des Subjekts, seinen Bedürfnissen zu folgen, zu vergrößern trachtete, sondern, weit wichtiger, darauf abzielte, Wünsche und materielle Gelüste in Bedürfnisse umzuwandeln.

In der Abkehr Berlins von der positiven Freiheit zugunsten ihres negativen Pendants spiegelt sich nicht nur eine deutliche Favorisierung des Kapitalismus und einer bestimmten Herrschafts- und Regierungsform wider, sondern, was für uns erheblicher ist, eine Vermeidung der positiven Freiheit, eine Abneigung und faktisch eine Feindseligkeit ihr gegenüber. Dies deshalb, weil der Kapitalismus, den Guénon seiner Kritik des Materialismus subsumiert, nicht in der Lage ist, die positive Freiheit zu überstehen, und doch ohne die negative Freiheit nicht lebensfähig ist. Letztere als Richtwert, Desiderat und Ideal zu etablieren, ist nicht lediglich eine politische oder ökonomische Weise, die Welt zu sehen, vielmehr konstituiert sich darin eine Weltanschauung, eine allgemeine Haltung, eine Kultur – und all dies hat zur Ausformung des Mainstream-Orientalisten beigetragen, ob dieser nun davon wusste oder nicht. Genau das hat Guénon letztlich detailliert dargelegt, wenn auch in einem anderen Idiom und nicht ohne eine gewisse Übertreibung. Gleichwohl bleibt seine Kritik kühn und von durchdringender Schärfe. Als Zentralgebiet kreieren der Kapitalismus und seine umhüllende Matrix, der Materialismus, ein bestimmtes Subjekt mit einem spezifischen Wertesystem sowie einem klar definierten Blick auf die Welt, mit dem sich alle ihre wahrnehmbaren Komponenten einschätzen, nicht jedoch unbedingt wertschätzen ließen.

Zweitens diagnostizierte Guénon etwas, das in seinen Wirkungen dem Habitus entsprach, um die »unbeabsichtigten« Vorurteile der westlichen Menschen im Allgemeinen und der Orientalisten im Besonderen gegenüber jenen Subjekten zu erklären, über die sie direkt oder indirekt die Herrschaft erlangt haben. Hier ist der Fortschritt als rechtfertigende und legitimierende materialistische Doktrin direkt mit dem faulen, passiven und sogar trägen »Orientalen« verknüpft, dessen Erfindung durch den Orientalismus zu Recht von Said verurteilt wurde. Weder lässt Said ein Element dieser Innen/Außen-Formation des Subjekts gelten, noch verweist er auf sie. Dabei wäre ohne eine solche Formation des Subjekts Wissenssoziologie oder eine glaubwürdige Bewertung dessen, was die Orientalisten als sozioepistemisch bedingte Wesen ausmacht, gar nicht möglich. Der säkulare Humanismus und Liberalismus Saids, zwei Kategorien, die in jeder Hinsicht eine aufklärerische Konzeption des Materialismus voraussetzen, ließen keine Variante der positiven Freiheit oder keine ethische Formation des Selbst zu. Said, allem Anschein nach ein Berlinianer, wäre mit sich selbst, seiner Erziehung und somit den Ideen und Werten, die er hochhielt, und mit denen er seine Kritik des Orientalismus begründete, in Zwist geraten, hätte er sich erlaubt, die negative Freiheit auch nur ansatzweise zu kritisieren. Der Unterschied zwischen Said und Guénon als »Autoren« ist deshalb weder rein formaler Natur noch eine Sache der Präferenz oder des Ansatzes. Er zeigt sich vielmehr in ihrer Verortung innerhalb des Zentralgebiets und seiner diskursiven Formationen. Wir werden zu gegebener Zeit sehen, dass der Unterschied weitere tiefgehende Implikationen birgt, die zu einem angemessenen Verständnis des Orientalismus führen, und zugleich, *warum* das Said'sche Narrativ sowohl unzureichend als auch politisch aufgeladen war.

So wie einerseits die Fortschrittstheologie innerhalb eines vom Materialismus geprägten Systems entwickelt, von der Wissenschaft in Gang gesetzt und von der Philosophie und allgemein von der akademischen Zunft legitimiert wurde, waren andererseits Materialismus, Wissenschaft und Philosophie durch ein Narrativ des Fortschritts strukturiert. So wolkig Guénons Ausdrucksweise auch sein mag, es zeigt sich bei ihm ein tiefes Verständnis der in dem System und zwischen seinen zentralen Paradigmen waltenden Dialektik. Erfasst wurde jedoch noch weit mehr, darunter die Rolle, die moderne Formen der Geschichte und der Geschichtsschreibung in diesem Systembild spielten. Die moderne Geschichtsschreibung spiegelt, da sie für den Orientalismus wesentlich, wenn nicht sogar eine bestimmende Praxis war, die innere Dynamik der systemischen Dialektik, wie ich sie für Guénon dargelegt habe, ebenso präzise wie pointiert wider. Geschichte handelt nicht so sehr davon, wie die Menschen einst lebten, vielmehr ist sie der Spiegel, in dem das Abbild des Historikers selbst erscheint. Guénon hat dies, denke ich, sehr gut verstanden und deshalb verurteilte er die moderne Geschichte nicht nur ihrer Schlussfolgerungen hinsichtlich der »Ostländer« wegen, sondern auch aus Gründen der inneren Dynamik ihrer Dialektik. Guénon, der im ausgehenden neunzehnten Jahrhundert Europas gelebt hat, hätte durchaus sagen können, dass die moderne Geschichte die gleiche genetische Zusammensetzung besitzt wie die Wissenschaft-Philosophie-Materialismus-Fortschritt-Technik-Tradition, aus deren Mentalität sie zwangsläufig hervorgegangen ist. Als »einzelnes Objekt, das gültig für alle anderen Objekte seiner Klasse« ist, definiert Geschichte, wie alle paradigmatischen Instanzen, »die Intelligibilität des Ensembles [...], dem [sie] zugehört und das [sie] zugleich konstituiert«.[34]

Ihr doktrinäres Substrat zeigte diese Geschichte in Auguste Comtes Dreistadiengesetz, in dem er wie Bacon und Pascal »die Alten mit Kindern verglich und andere sind in letzter Zeit sogar noch weiter gegangen und haben sie mit den Wilden gleichgestellt, die sie ›Primitive‹ nennen«.[35] Dass den Alten das Entwicklungsstadium der Kindheit zugeschrieben wird, verdankt sich offensichtlich der durch die Fortschrittsdoktrin erzeugten Illusion und dem Umstand, dass der intellektuelle Fortschritt mit dem materialistischen überblendet wird.[36] Natürlich ist es Guénon nicht entgangen, dass die Geschichte in ihren neuzeitlichen Formen nicht nur eine Frage der Gelehrsamkeit ist, die dem ideologischen Einfluss der Wissenschaft, des Materialismus und der Fortschrittsdoktrin unterliegt. Als Produkt von Institutionen, die durch den Nationalstaat gefördert wurden, hatte sie bestimmte Funktionen zu erfüllen, vor allem oblag ihr die Stärkung des Nationalismus mit allem, was dazu gehört. Deshalb, betont Guénon, würden in der Geschichtswissenschaft »bestimmte Methoden [...] unter Ausschluss aller anderen offiziell aufoktroyiert«, in der Art, wie *moderne* philosophische Narrative, wir haben es gesehen, solche Operationen vornehmen, um andere konkurrierende Standpunkte zu verdrängen. Geschichte ist auf eine spezifische Weise angelegt, die es unmöglich macht, »bestimmte Dinge klar zu erkennen«, und »so bildet sich dann die ›öffentliche Meinung‹«. Die Tore der historischen Forschung dem zu öffnen, was Guénon »wahre Geschichte« nennt, steht erst gar nicht zur Debatte, denn dies »könnte für gewisse politische Interessen gefährlich werden«.[37]

Die Geschichte operiert also mit den Comte'schen Begriffen von Zivilisation und Fortschritt, doch gerade dadurch – durch das, was wir nun als performativen Diskurs bezeichnen könnten – erhalten diese Begriffe ihre »illusorische« Bedeutung. Die Geschichte verleiht den imaginären Aspekten von »Zivilisation« und »Fortschritt« Kraft und macht diese Begriffe überaus geeignet, um damit, zumindest in Momenten »kollektiver Halluzination« – von dem Historiker Dirk Moses treffend als »genozidärem Moment« bezeichnet –, den »Mob zu beeindrucken«.[38] Es erübrigt sich zu sagen, dass diese Auffassung die kritischen philosophischen und politischen Ausführungen Hannah Arendts über die Gräuel der Nazis sowie ihre Analyse der politischen Konzepte von »Volk« und »Mob« vorwegnimmt;[39] aber Guénon versteht Geschichte bereits so, dass sie die Politik ebenso sehr prägt, wie sie durch diese geprägt wird. Und Politik spielte, vermittelt durch den Orientalismus und den Kolonialismus, eine entscheidende Rolle für das Schicksal seiner »orientalischen Zivilisationen«. Die mit dieser Kritik einhergehenden Implikationen werden sich im folgenden Kapitel deutlicher herausschälen.

Es ist vielleicht keine Trivialität, hier auf einen markanten Fall einzugehen, in welchem die Geschichte bemüht war, den Kolonialismus durch den Orientalismus zu rechtfertigen, und zu dem Guénon eine Analyse von einer Eindringlichkeit vorlegt, wie sie erst sechs Jahrzehnte nach ihrer Niederschrift wieder erreicht werden sollte. Indem er eine Lehrmeinung zusammenfasst, die den orientalistischen Diskurs seit dem letzten Viertel des neunzehnten Jahrhunderts beherrschte, und diesen nicht nur in der islamischen Tradition, sondern auch in einen größeren Kontext von Haltungen gegenüber den großen asiatischen Kulturreisen insgesamt ansiedelt, stellt Guénon fest, dass unter »die zahlreichen Dinge, die die abendländischen Zivilisationen oftmals den orientalischen vorwerfen, ihre Unveränderlichkeit zu zählen ist«, also nichts anderes, als die von den Orientalisten in der ersten Hälfte des zwanzigsten Jahrhunderts unter anderem als »Verknöcherung«, »Starrheit«, »*Ankylose*«, »mangelnde Anpassungsfähigkeit« und dergleichen beschriebenen Phänomene. Wie wir weiter oben gesehen haben, war dabei insbesondere die *schari ʿa* (die von Nordafrika bis in den malaiischen Archipel einen Großteil der muslimischen Welt regierte) ein Angriffsziel und ihr wurden all diese Attribute aus Voreingenommenheit zugeschrieben, denn wollte man sie nach der Methode »abreißen und ersetzen« »reformieren«, bedurfte es zunächst einmal der Rechtfertigung. Allerdings wurde diese Strategie auch auf hinduistische oder andere islamische Institutionen angewandt. Die Unveränderlichkeit, so Guénon weiter, komme in den Augen der Westler einer »Verleugnung des Fortschritts« gleich, um aber in dieser Verleugnung einen Fehler zu sehen, »musste man an den Fortschritt glauben«. Unveränderlichkeit ist für Guénon kein Indiz für die den orientalischen Institutionen oder Denksystemen zugeschriebene Starrheit; »unveränderlich« sind in diesen Zivilisationen »die Prinzipien, auf denen sie beruhen«, denn die Beständigkeit dieser Grundprinzipien »ist einer der wesentlichen Aspekte der Idee der Tradition«.[40]

Da die im Orientalismus stattfindende Debatte über die Starrheit und Verknöcherung von entscheidender Bedeutung für die Umschreibung der Geschichte des Islam und seines »Rechts« war – ganz zu schweigen von der des Hinduismus und anderer Kulturkreise –, und da dieser diskursive Akt des Umschreibens den Lauf vorzeichnete, den die hegemoniale Unterwerfung und Kolonisierung eines Großteils der Welt einschlug, lohnt es sich, Guénons Definition der Tradition, ein Konzept, das für viele Schriftsteller und Denker, die in seine Fußstapfen traten, grundlegend werden sollte, zu zitieren:

> Als traditionell bezeichnen wir eine Zivilisation, die auf Prinzipien im wahrsten Sinne des Wortes beruht, das heißt eine Tradition, in der die intellektuelle Ordnung alle anderen dominiert, und wo all diese, gleich ob es sich um Wissenschaft oder gesellschaftliche Institutionen handelt, direkt oder indirekt von ihr ausgehen und letztlich nur kontingente, sekundäre und rein intellektuellen Wahrheiten nachgeordnete Anwendungen darstellen. *Eine Rückkehr zur Tradition kommt mithin auf das Gleiche heraus wie eine Rückkehr zu den Prinzipien.* […] Wenn wir von Prinzipien sprechen, absolut und ohne jegliche Spezifikation, oder von rein intellektuellen Wahrheiten, dann handelt es sich stets und ausnahmslos um die universelle Ordnung.[41]

Guénon warnt, »Intellektualität« nicht mit Vernunft und Rationalität zu verwechseln, denn diese stellten bloß die Mittel dar, durch die man bei richtiger Anwendung zu intellektuellen Wahrheiten gelange. Diese Wahrheiten repräsentierten unser Verständnis des Kosmos und seiner Ordnung, was an Schelers philosophische Position erinnert. Scheler war der Auffassung, dass dieser kosmischen Ordnung eine ethische Ordnung zugrunde liegt, die wiederum das Werk einer transzendentalen Gottheit sei. Und allein, weil ein solcher moralischer Charakter existiere, sei die Menschheit ihm als einem Liebescode, einer Ordo Amoris verpflichtet.[42] Weil dieser Scheler'sche Code, oder das Guénon'sche »Prinzip«, in der westlichen Zivilisation fehlt, ist sie »hochgradig instabil«, mangelt es ihr in hohem Maße an Unveränderlichkeit. Man beachte hier die Direktionalität der Differenz, von der wir weiter oben im Zusammenhang mit Saids Auffassung hierzu gesprochen haben. Im Falle Guénons liegt der Standard nicht bei der westlichen Zivilisation, denn sie ist es, die die Ausnahme bildet, sie schweift im Zuge der »großen westlichen Verwandlung«, wie sie der Historiker Marshall Hodgson treffend bezeichnet hat, von dem in allen anderen Zivilisationen etablierten Muster ab.[43] Unveränderlichkeit, so Guénon, ist eine *wesentliche* und keine kontingente Bedingung für ein Leben in der als ethischen Ordnung betrachteten Welt, in einer Welt mithin, die das Materielle nicht vom Moralischen, die Materie nicht vom Wert trennt. Diese ethische Ordnung ist somit zugleich eine intellektuelle Domäne und diktiert die Spielregeln bis hinunter in die profansten Dinge. Doch

man sollte nicht glauben, dass die Stabilität, von der wir sprechen, so weit reicht, jeglichen Wandel auszuschließen, das wäre übertrieben; aber durch sie ist der Wandel nie mehr als eine Anpassung an die Umstände, die nie die Prinzipien selbst betrifft, welche sich, sofern sie nicht für sich, sondern im Hinblick auf eine bestimmte Anwendung betrachtet wird, sogar direkt aus diesen ableiten lässt; und deshalb gibt es neben der Metaphysik, die als Wissen um Prinzipien an sich schon ausreicht, all jene »traditionellen Wissenschaften«, die sich der Ordnung der kontingenten Einzeldinge, einschließlich der gesellschaftlichen Institutionen, annehmen. Man sollte das Unwandelbare zudem nicht mit Unbeweglichkeit verwechseln; Missverständnisse dieser Art sind bei den Westlern häufig, weil [...] ihr Verstand sich nicht von den Sinneswahrnehmungen lösen kann. [...] Das Unwandelbare steht der Veränderung nicht entgegen, sondern ist ihr übergeordnet.[44]

Guénons Verständnis des Islam und der *schari'a* (als zu seinem »Osten« gehörend) unter den Aspekten der Unveränderlichkeit, Unwandelbarkeit und des Wandels ist maßgebend und von unübertroffener Wirkmächtigkeit. Der mit dem Recht befasste Orientalismus wies schon die

Grundlagen zurück, die ein solches Verständnis hätten erlauben können, und es dauerte bis zum Ende des zwanzigsten Jahrhunderts, bis
es dieser Tradition gegenüber kritisch eingestellten Wissenschaftlern
gelang, gegen das im Orientalismus vorherrschende Narrativ das Konzept einer wandelbaren *schari'a* zu rehabilitieren.[45] Wie sich herausge-
stellt hat, gelangte dieser revidierende wissenschaftliche Ansatz, der im
Orientalismus einen kolonialistischen Diskurs erkannte, dazu angetan,
die Umgestaltung des Islam durch die *schari'a* zu rechtfertigen, wenn
nicht sogar zu kartieren, zu eben jenem Verständnis, das auch Guénon
unterbreitet hat und das ohne jene komplexen Details auskam, wie sie
das Schreiben von Rechtsgeschichte erfordert.

Allerdings verbindet Guénon den Begriff des Wandels in »gesellschaftlichen Institutionen« – womit er alle rechtlichen, wirtschaftlichen,
oder eben rein sozialen Institutionen meint – klugerweise mit Haupt-
prinzipien und stellt so das Metaphysische in einen Dialog mit dem
Alltäglichen, Zeitlichen und Weltlichen. (Ein konkretes Beispiel dafür,
wie ethische und moralische Maximen in einem Kontinuum mit weltlichen Angelegenheiten stehen, insbesondere und im Lichte des hier be-
handelten westlichen Materialismus und Kapitalismus finanzieller oder
ökonomischer Natur, ist die dem Aufstieg des Unternehmens gesetzte
Deckelung, ein Beispiel, das wir in Kapitel 2, Abschnitt 3 erörtert haben.) Die Unfähigkeit der Westler, die Einheit der Welt als moralische
Ordnung wahrzunehmen (was uns zur Distinktion als Glücksbedingung zurückführt) und somit die östlichen Zivilisationen als unveränderlich und starr zu betrachten, ist die Quelle eines »sehr realen Gegensatzes [...] zwischen dem Osten und dem Westen, zumindest aus der
hier eingenommenen Sichtweise«. Diese »Divergenz ist einseitig« und
in ihrem Charakter so »wie ein Ast, der aus dem Stamm herauswächst«,
eine Divergenz, die die »westliche Zivilisation« von der übrigen Welt
»entfernte«, und dies mit verheerenden Folgen.[46]

IV

Wir sind nun in der Lage, die von Guénon angeführten Ursachen für
die Abweichung der westlichen Zivilisation zu bündeln und zu fragen, wie der Orientalismus in dieses Bild passt. Auf der Hand liegt,

dass der Materialismus hier eine entscheidende Rolle spielt, ein Konzept, das bestimmte Haltungen gegenüber der Welt als Materie (das heißt, die Distinktion), den Kapitalismus als System des Tauschs und der individuellen wie kollektiven materiellen Gier sowie die Liebe zu materiellen Dingen und Wohlstand umfassen soll: All dies bildet den Gegenstand dessen, was Guénon als »negative Freiheit« hätte bezeichnen können. Wissenschaft und Philosophie, die diesem materialistischen System eingegliedert sind, tragen durch ihren Diskurs dazu bei, den Wert von der Materie abzustreifen, um dann gewendet zu werden und die Welt als solche zu erforschen. Der Fortschritt kleidet all diese Praktiken in eine Doktrin, die das Laster in eine Tugend verwandelt; und Geschichtswissenschaft ist die Anwendung dieser Doktrin, wenn es darum geht, zu erforschen, wie die Menschen, insbesondere die so andersartigen »Ostler« in der Vergangenheit gelebt haben. Der Materialismus liegt also an der Wurzel der europäischen Transformation, wodurch sie zu einer Anomalie wurde. Offenbar jedoch betrachtet Guénon den Materialismus nicht als *causa finalis*, sondern selbst als Wirkung einer höheren Ursache. Demnach ist der Materialismus nur in einem Rahmen zu begreifen, in dem der Verlust von Prinzipien begrüßenswert erscheint. Doch dieser Prinzipienverlust wiederum verdankt sich einem weiteren Akt. »Die moderne Welt hat die natürlichen Verhältnisse zwischen den verschiedenen Ordnungen genau umgekehrt«, eine Umkehrung, die die »Herabminderung der intellektuellen Ordnung« und eine »Übertreibung der materialistischen und sentimentalen Ordnung« zur Folge hatte,[47] wobei mit letzterer all die Dogmem, Doktrinen, »Moralismen« und das ideologische Beiwerk gemeint sind, die diese Umkehrung rechtfertigten und legitimierten und die Herabminderung zu einer Aufwertung ummünzten. Anders gesagt, der Westen hat »ein Prinzip höherer Ordnung« verloren, worin letztlich die Ursache seiner »Abweichung«, seiner Arroganz (die sich in Rassismus, »Vorurteil« und einem »Überlegenheitsgefühl« äußert) und insbesondere seiner »Barbarei« liegt.[48]

Es kann nicht genug betont werden, dass Guénon all dies als ein systemisches Phänomen betrachtet, in dem eine kolossale Dialektik am Werk ist und in einem massiven Zusammenspiel von Wirtschaft, Wissenschaft, Philosophie, Fortschritt, Nationalismus und vielem anderen eine Zivilisation hervorbringt, die sich über sich selbst nicht im Klaren ist. So sind auch die Unterscheidungen zu verstehen, die er häufig zwischen den Intentionen des einzelnen Autors und der Verwendung seines Werks innerhalb des Systems trifft, obwohl er sich völlig im Klaren darüber ist, dass sich die Intentionen mancher Autoren tatsächlich mit ihren unheilvollen Lehren decken.[49] In den meisten Einzelfällen und auch insgesamt betrachtet, liegt das Problem in dem »völligen Unverständnis« oder vielleicht schlicht und einfach in der »Blindheit« dieser Autoren. Wobei Blindheit für Guénon eine rein epistemologische Angelegenheit ist und nichts mit einer rhetorischen Verurteilung zu tun hat. »Westler sind wie Blinde, die vielleicht nicht das Licht selbst, so doch zumindest die Existenz des Sehsinns ableugnen, und zwar nur deshalb, weil sie keinen besitzen. Zu erklären, es gäbe nicht nur das ›Unbekannte‹ sondern auch ein ›Unerkennbares‹, um Spencers Ausdruck zu bemühen, und aus einem intellektuellen Mangel eine Schranke zu machen, die niemand überschreiten darf, dergleichen ist man noch nirgends begegnet.«[50] Diese »Blindheit« erst sich selbst und dann dem Anderen gegenüber ist nicht allein Guénons Diagnose, denn die gleiche oder eine entsprechende Metapher sollte später eine wichtige Rolle in Max Horkheimers und Theodor Adornos *Dialektik der Aufklärung* sowie in der Analyse des Argentiniers Enrique Dussel spielen. Aufschlussreich ist, dass Dussel die Blindheit Europas (und später der Moderne im Allgemeinen) seiner mythischen Eigenheit gegenüber als eine Blindheit charakterisierte, in der nach wie vor irrationale Prozesse ablaufen, die ihr sogar selbst verborgen sind.[51]

Diese epistemologische Blindheit, die aus der »Umkehrung der Ordnung der Dinge« hervorging und dann unter Ausschluss aller anderen Möglichkeiten der Welterfahrung geglaubt wurde, macht den Westen zu einer Barbarei. Und Barbarei ist lediglich ein anderer Name für Kolonialismus und die Kriege, die Europa innerhalb seiner eigenen Grenzen mit sich selbst ausfocht. Getreu seiner Haltung, dass, was der Westen sich antue, seine eigene Angelegenheit sei, schert sich Guénon jedoch nicht darum, was in Europa (das heißt im Westen) selbst geschieht. Seine Kritik verfolgt im Wesentlichen die Frage, wie der Westen mit dem Osten umgeht, wie er ihn sieht, wobei der »Umgang« lediglich die praktische Folge der weit wichtigeren »Sichtweise« ist.

Sehen, oder eher nicht sehen, ist das Problem. Daher rührt auch seine wiederholte Erwähnung der Ignoranz, ob sie nun als direkter Vorwurf geäußert oder einem Hindu oder einem anderen östlichen Weisen in den Mund gelegt wird. Es ist also die reine Ignoranz, die die Westler eine feindliche Haltung gegenüber den östlichen Zivilisationen und ihren Prinzipien einnehmen lässt, denn sie alle, »die ja ohne Prinzipien sind«, fürchten sich umso mehr vor ihnen, je weniger sie sie verstehen. »Mangel an Prinzipien« charakterisiert mithin die westliche Zivilisation »in jedem Bereich« und dieser nur ihr eigentümliche Mangel macht sie zu einer Abnormalität, zu einer Anomalie ungewöhnlichen Typs.[52]

Die epistemologische Blindheit des Westens produzierte das »schrecklichste Vergehen«, nämlich »Bekehrungswut«, ein unter allen Zivilisationen einzigartiges Merkmal.[53] Der der inneren Existenz des Westlers inkorporierte »Eroberungsgeist« »verkleidet sich hinter ›moralistischen‹ Vorwänden, und so zwingen sie im Namen der ›Freiheit‹ die gesamte Welt, sie nachzuahmen!«[54] Sie »zwingen jeden, sich ausschließlich für das zu interessieren, was auch sie interessiert, wirtschaftliche Belange über alles zu stellen, oder das politische System zu übernehmen, das sie gerade bevorzugen. […] Und das Außergewöhnlichste ist, dass sie solche Ansprüche nicht nur im Hinblick der von ihnen unterworfenen Völker haben, sondern auch im Hinblick auf die Völker unter ihnen«[55] – was sich vielleicht auf die Iren, die Basken oder andere unterdrückte Gruppen in Europa bezieht. »Bekehrungswut« steht also im Zentrum der Sache. Guénon hält die Unterwerfung anderer Völker für unvermeidlich[56] und insofern an und für sich nicht für das eigentliche Problem. Einen Unterschied zwischen gewöhnlichen historischen Eroberungen und ihren westlichen Pendants macht vielmehr die Tatsache, dass der Westen unter dem Vorwand, im Interesse der Zivilisation zu handeln, anderen sein Wissen und seine Weltsicht aufdrängt. Der Unterschied liegt in dem »Missbrauch«, dessen »vornehmliches Ziel darin besteht […] das Land […] und seine Bewohner auszubeuten«.[57] Der ökonomische Missbrauch der kolonisierten Völker wird noch verschlimmert durch ein Überlegenheitsgefühl, das auch und stets dazu führt, sogar »zivilisierte Völker« wie »Wilde« zu behandeln. Nicht nur Siedler und Staatsbeamte, sondern »fast ausnahmslos alle Europäer«[58] »suchten die Orientalen auf […], nicht um von ihnen zu lernen, wie es sich für die Jugend in Gegenwart alter Männer gehört, sondern bestrebt, sie mit zuweilen brutalen, zuweilen heimtückischen Mitteln zu ihrer eigenen Denkweise zu bekehren«,[59] indem sie Schulen und ein westliches Bildungssystem exportierten sowie durch »Assimilation«.[60]

Die zivilisatorische Konfiguration, die zu dieser »Abnormalität« führte, ist systemisch und enorm, doch der Orientalismus spielt darin eine Rolle, obwohl die allgemeine Stoßrichtung von Guénons Schriften – und dies ist für unsere Diskussion hier entscheidend – den Eindruck vermittelt, dass der Orientalismus dem Materialismus, der Wissenschaft, der Philosophie und der Fortschrittsdoktrin gegenüber eine nachgeordnete Position einnimmt. Diese Position steht in starkem Widerspruch zur der Saids, in der der Orientalismus, davon abgesehen, dass er mit der Macht und dem Kolonialismus gemeinsames Spiel machte, als eine eigenständige Kategorie behandelt wird, die zu dem umfassenderen intellektuellen und materialistischen Umfeld, das den Orientalismus überhaupt erst hervorgebracht hat, eigentlich nicht in Beziehung stand. Saids Verweise, die »Kultur« habe einen Anteil an diesem Zusammenwirken, sind bedeutungslos und entbehren jeder Substanz. Im *Orientalismus*-Buch findet sich nichts, was sich als Kritik an der modernen Wissenschaft, an Technologie, Kapitalismus, Materialismus, Liberalismus, an der Fortschrittsdoktrin, der Philosophie oder Ähnlichem deuten ließe.[61] Es wird auch nirgends davon gesprochen, dass all diese Dinge in eine besondere, in der Aufklärung gründenden Denkstruktur eingebettet sind. »Kultur« bleibt ein leerer Begriff oder bestenfalls eine politische Kategorie. Für Guénon war sie ein systemisches Phänomen par excellence. Ein Phänomen, zu dem auch die Orientalisten gehörten.

Doch obwohl Guénon zu dieser tiefen strukturellen Einsicht gelangt war (mit der Schlussfolgerung, dass hier eine mächtige diskursive Formation am Werk ist), nahm er keine allzu kategorische oder pauschalisierende Haltung gegenüber den Orientalisten ein. Er räumte ein, dass es unter den Orientalisten »gewisse individuelle Ausnahmen« gebe, wobei solche Ausnahmen im Großen und Ganzen die dominanten und dominierenden Tendenzen weder verhindern noch untergraben. Seine Position lässt also Ausnahmen zu, die jedoch in ihrer Gesamtwirkung das, was wir nun als diskursive Formation oder Zentralgebiet bezeichnen, nicht wesentlich zu verändern oder umzuformen vermochten. In »den meisten Fällen«, argumentiert er entsprechend, sei es sogar besser, die Werke der Orientalisten nicht zu lesen, denn ihre »Hauptwirkung« habe darin bestanden, »die Westler in die Irre zu führen«.[62]

Wirklich bedenklich dabei sei, dass die Orientalisten die einzige Wissensquelle für die »östlichen Zivilisationen« seien und den Westlern darüber hinaus keine Mittel zur Verfügung stünden, sich über diese Zivilisationen angemessen zu informieren. Da Guénon ein Entwurf zur Reform der westlichen Zivilisation vorschwebt, stellen ihn die Falschdarstellungen des »offiziellen« Orientalismus vor ein ernsthaftes Problem, hätte doch andernfalls ein solches Expertenwissen über den Orient eine allgemeine Wissensgrundlage gebildet. Anstatt jedoch ein Wissen zu schaffen, das zu einer Annäherung zwischen Ost und West führt, »erweitert der Orientalismus die Kluft«, denn der orientalistische Diskurs zeitigt Wirkungen, die nicht gerade beruhigend sind. Entweder entwickelt der Leser orientalistischer Werke eine Abneigung gegen den Osten, die »seine westlichen Vorurteile noch stärkt«, oder er hält sie für »so absurd oder sinnentleert«, dass er jegliches Interesse verliert.[63]

Die Falschdarstellung, bei Guénon ein prominentes Thema, hat ihren Ursprung an mehreren Stellen. Schon allein die in der gesamten akademischen Welt verbreiteten Methoden der Orientalisten erscheinen ihm problematisch, wobei ein besonderes Augenmerk der historischen Kritik gilt. Auch die Wahl des Materials krankt, da der Ansatz allgemein darin besteht, die Forschung auf »historische und philologische Werke« zu begrenzen und die Anhäufung von Detailwissen als Wissenschaft zu bezeichnen. Es wird viel geschrieben über sehr wenig. Am schlimmsten jedoch ist der Anspruch der Orientalisten, die östlichen Traditionen, »die sie zu einem unglaublichen Zerrbild verkehrt haben«, besser zu verstehen als die »Orientalen« selbst. Natürlich kommt es für die Orientalisten nicht infrage, die »Ansicht« der Gelehrten aus dem Osten als Quelle für ihre Schriften »zu akzeptieren«; »stattdessen verhalten sie sich so, als seien sie« aus einem entschiedenen und festverwurzelten »Glauben an ihre Überlegenheit heraus damit beauftragt, untergegangene Zivilisationen zu rekonstruieren«.[64] Allerdings sind nicht alle orientalistischen Entstellungen negativ. *Manche* Orientalisten bemühen sich »aus Sympathie für östliche Vorstellungen«, diese »um jeden Preis dem Rahmen des westlichen Denkens einzupassen«, wobei sie sie mit gleichermaßen schädlichem Resultat »völlig entstellen« und auch hier wieder demonstrieren, wie wenig sie von diesen Zivilisationen und ihren Gedankenwelten verstehen.[65] In diesem Fall geht es nicht allein um die Unfähigkeit zu »sehen«, also um einen Fall epistemischer Blindheit, wie sie von der überwältigenden Kraft der im Westen generierten kulturellen Formationen verursacht wurde und den »offiziellen« Orientalismus vereinnahmt hatte, sondern vielmehr darum, »genau das zu sehen, was nicht da ist«. Unter den nationalen Gruppierungen zogen besonders die deutschen Orientalisten Guénons kritischen Zorn auf sich, der ihnen vorwirft, das niemand »diese *Assimilationen* so weit getrieben hat wie sie«, offenbar auch deshalb, weil sie »die Interpretation der östlichen Lehren fast völlig monopolisiert« haben.[66] Ein markanter Fall ist Arthur Schopenhauer, dem es zusammen mit seinem Schüler Karl Robert Eduard von Hartmann gelang, die asiatischen Lehren dahingehend zu verfälschen, dass er den Pessimismus zur Grundlage des buddhistischen Denkens erklärte.

Die Kategorie »manche Orientalisten« wirft zwei tiefer reichende Fragen auf. Erstens ist der von Guénon erhobene Vorwurf der »Assimilation« bedeutungsgeladen, denn er verwendet den Ausdruck im Zusammenhang mit den Schriften französischer Orientalisten über Algerien und seine »angestammten« Bewohner und gleichermaßen im Kontext der französischen kolonialpolitischen und innenpolitischen Maßnahmen, das besetzte Land Frankreich zu assimilieren.[67] Obwohl die deutschen Orientalisten nicht in ein kolonialistisches Szenario eingebunden sind und sich gedanklich nicht mit einer Kolonie im Besonderen befassen, basiert ihr »gelehrtes« Tun doch auf den gleichen strukturellen Merkmalen, der gleichen Geistesverfassung und dem gleichen epistemologischen Unterbau.[68] Oder anders formuliert: Ob nun ein kolonialistischer Hintergrund existiert oder nicht, die diskursive Kraft des Westens, sei sie nun philosophisch, politisch oder wie auch immer geartet, vermag stets nur, in guter oder schlechter Absicht, die gleichen Verzerrungen und Falschdarstellungen hervorzubringen. Die Verbindung der deutschen Wissenschaft mit der französischen kolonialistischen Wissenschaft und Politik verleiht der Idee der »Anpassung des Westens an den Osten« (wie es Guénon vielleicht formuliert hätte) eine dialektische Dynamik, die nicht bei der bloßen Produktion von Falschdarstellungen, die nur in eine Richtung verlaufen würde, haltmacht. »Anpassung« ist nicht nur Falschdarstellung, die den westlichen Verstand verfärbt; es ist ein Assimilationsprojekt, das die Neugestaltung des »östlichen« Subjekts erfordert und voraussetzt. Guénon drückt die Sache nicht wirklich in diesen Begriffen aus, aber er nähert sich dieser Idee doch stark an. Dass die Assimilation auf europäischem Boden noch tiefer reicht, was Guénon nicht gesehen hat, ist ein Sachverhalt, dem wir uns im nächsten Kapitel widmen werden. Dass er dies nicht gesehen hat, ist eine Frage der historischen Positionierung, da er zum Zeitpunkt, als er über das Thema schrieb, die Gräuel des Nazismus, des Zweiten Weltkriegs und der anderen Untaten des sogenannten Jahrhunderts der Völkermorde noch nicht erlebt hat.

Zweitens: Obwohl Guénon den gewichtigen deutschen Orientalismus unter »manche« verzeichnet, hält er diesen Typus des »verständnisvollen« Orientalisten für eine Minderheit, die in Größe und Bedeutung mit dem »offiziellen Orientalismus«, den ich etablierten Orientalismus nenne, nicht mithalten kann. Dies ist umso beeindruckender, als diese verständnisvolle Tendenz, die in Europa in der Mitte des neunzehnten Jahrhunderts ihren Anfang nahm, nicht nur eine Tendenz blieb und weitere Kreise des Orientalismus und eine große Zahl von »Ostlern« vereinnahmen konnte. Guénon lebte nicht lange genug, um auch aus dem Orient selbst kommende Gelehrte zu erleben,[69] Said hingegen schon. Allerdings scheint sich unser Autor mit der Kategorie der Assimilationisten unter den Orientalisten, ob westlicher Provenienz oder nicht, kaum beschäftigt zu haben. Ihn störten einerseits die negativen Schilderungen, die stereotypen Darstellungen und andererseits die »exotisierende« Sichtweise. Letzteres ist, wie wir gesehen haben und im Weiteren noch sehen werden, eine hochproblematische Kategorie, und zwar aus diesem einen Grund: Hätte sich Said mit Guénon befasst, hätte er ihn mit ziemlicher Sicherheit in die zweite Kategorie, die der »Exotisierer«, eingeordnet. Wie dem auch sei, dass bei Said diese Kategorie nicht oder so gut wie nicht auftaucht, ist überaus signifikant und nicht bloß ein Kleinreden des Problems, sondern ein klarer Fall von Fehldiagnose.

So gedrängt Guénons Diagnose auch ist, sie geht um einiges weiter als die Saids. Selbst wenn Said sich mit dem deutschen Orientalismus befasst hätte, hätte er die in seinem *Orientalismus*-Buch gesetzten Grenzen wahrscheinlich nicht überschritten. Guénon hingegen bewies eine große Voraussicht, indem er die Komplizenschaft des deutschen Orientalismus in jenem politischen Machtgetriebe erkannte, das zu den Schrecken des Nazismus führte. Er verknüpft offenkundig die »Hypothese des ›Indogermanismus‹« mit der Politik und kommt zu dem Schluss, dass sie »allenfalls aus politischen Gründen besteht: Der Orientalismus der Deutschen ist wie ihre Philosophie zu einem Instrument im Dienste ihrer nationalen Ambitionen geworden.« Noch bemerkenswerter ist seine intuitive Einsicht – die Hannah Arendts Analyse des Holocaust am Beispiel Eichmanns vorwegnimmt –, dass diese Komplizenschaft sich ihrer nicht bewusst und deshalb auch nicht absichtlich böswillig ist, denn »dies heißt nicht, dass die Vertreter [dieser Hypothese] notwendigerweise unredlich sind«.[70] Guénons intuitive, aber scharfsinnige Diagnose macht zudem deutlich, dass die Deutschen absolut kein Ausnahme darstellen. Selbst »offizielle« Orientalisten, die sowohl an der Falschdarstellung als auch am Kolonialismus beteiligt sind und deren Arbeit »politischen Unterströmungen« aufsitzt, »können sich eine in der Regel unbestreitbare Redlichkeit anrechnen lassen«, auch wenn dies nichts daran ändert, dass sie »Tagträume« verfolgen und »grobe Fehler« begehen, die noch »durch Methoden auf dem untersten Niveau der Scharlatanerie verschlimmert werden«.[71]

Guénon geht nicht so weit, die Komplexität dieses *scheinbar* inneren Widerspruchs – die von Arendt so bezeichnete »Banalität des Bösen« – zu ihrer logischen Konsequenz zu führen, und verharrt deskriptiv auf der politischen Ebene. Und Said erreicht nicht einmal Guénons begrenzte Einsicht in die Komplexität des »banalen«, in bloßen »politischen Unterströmungen« vorkommenden Orientalismus. Er nähert sich noch nicht einmal dem von Guénon gesetzten Denkmuster an, durch das vollkommen klar wird, dass die Funktion des Orientalismus in der »westlichen Zivilisation« eminent dialektisch ist, eine Dialektik, die in den Tiefenstrukturen der Aufklärung und Europas als Projekt der Moderne ruht, also in all dem, was sein Materialismus, seine Wissenschaft, Philosophie der Welt und dergleichen mehr beinhaltet. Der

Orientalismus nährt sich einerseits an der »Kultur ohne Prinzipien«, an allem, was wir heute als diskursive Formationen bezeichnen könnten, die von den gerade aufgezählten Kräften, noch gesteigert durch eine schädliche Fortschrittstheologie, ausgespielt werden, und anderseits speist er mit einer verblüffenden Banalität eine Reihe von Fehlern und Entstellungen in diese Zivilisation ein.[72]

Eine solche Dialektik fehlt in Saids Analyse, auch wenn der Orientalismus richtigerweise mit den Machtformationen des kolonialistischen, politischen und wirtschaftlichen Typus assoziiert wird. Das Narrativ weist nur in eine Richtung, verläuft meistens vom Kolonialismus zu den Orientalisten, die Falschdarstellungen betreiben. Und wo Reziprozität auftaucht, bleibt sie so vage wie Saids Diagnose der »kulturellen Kräfte«, innerhalb derer der Orientalismus operierte. Über den Ort, den der Orientalismus in der Moderne insgesamt einnahm, in der akademischen Welt, im Liberalismus, im Kapitalismus, in der kolonialen Praxis vor Ort, bei der Zurichtung des kolonialisierten Subjekts, in der juridisch-politischen Theorie und Praxis der Souveränität, bei den Völkermorden und bei vielem mehr, erfahren wir nichts.[73] Auch erfahren wir nichts über das Warum und Weshalb. Wie der Liberalismus, der Kapitalismus, der weltliche Humanismus, die Anthropologie, Wissenschaft, Wirtschaft und das Recht wird auch der Orientalismus als selbstverständliches Phänomen vorausgesetzt. Er ist bloß irgendwo, irgendwann aus dem Ruder gelaufen. Der Umstand, dass Said nicht auf die Glücksbedingungen einging, also auf die notwendigen Bedingungen zur Offenlegung einer Dialektik, die Guénon bereits sechzig Jahre vor ihm aufzudecken versuchte, ist nicht bloß einem Übersehen geschuldet. Sie zeugt von den Grenzen, die eine Kritik sich selbst auferlegt, wenn sie sich nicht von Anfang bis Ende außerhalb ihres Gegenstands selbst entwickelt. Das heißt, wenn ein Kritiker ein Gebiet, insbesondere ein Zentralgebiet, kritisch untersuchen möchte, muss er sich bewusst außerhalb der paradigmatischen Strukturen stellen, durch die dieses Gebiet definiert ist. Kritisiert der Kritiker ein Phänomen, dem er selbst angehört, in das er selbst integriert ist, kommt dies einer Kollusion gleich; so als ob die beiden Instanzen der Macht sich nicht mehr länger gegenseitig kontrollieren, was zu Tyrannei führt. Das geheime Einverständnis des Kritikers führt zu einer epistemischen Tyrannei.

V

Guénons Projekt geht in der diagnostischen Kraft, mit der es die orientalistische und westliche Gelehrsamkeit und ihre Genealogie analysiert, also nicht nur über Said hinaus, sondern bietet auch mögliche Lösungen für die Zukunft an, die seinem diagnostischen Tiefgang entsprechen. Wenn mir daran liegt, kurz bei diesen Reformvorschlägen zu verweilen, dann nicht unbedingt, weil sie für meine Argumentation von Wert sind, auch wenn wir meines Erachtens schlecht daran tun würden, sie einfach abzutun. Ihr Wert liegt darin, dass sie die Tiefenstrukturen des Orientalismus und seine engen und dialektischen Bande mit der Moderne als ein neues Phänomen der Menschheitsgeschichte weitergehend erklären und dingfest machen. Da Said vornehmlich auf der konventionellen politischen Ebene unterwegs war und da er – sicherlich unwissentlich – die Auseinandersetzung mit dem vollen Potenzial der »Unterströmungen« in Europa vermied, die das einzigartige Phänomen namens Orientalismus hatten entstehen lassen, hatte er als Lösung nichts weiter anzubieten als tröstende Worte, die höchstens einen kleinen Hoffnungsschimmer erzeugen sollten.

Gegen Ende der Einführung von *Orientalismus* und zusammenfassend, worin er eine mögliche Zukunft sah, schrieb er: »Eine *noch dringlichere Aufgabe* bestünde vielleicht darin, heutige Alternativen zum Orientalismus zu erforschen und sich zu fragen, wie es möglich wäre, anderen Kulturen und Völkern im Geiste der Freiheit, das heißt ohne die Absicht der Unterdrückung oder der Manipulation, zu begegnen. Dafür müsste man allerdings das ganze komplexe Problem von Wissenschaft und Macht neu durchdenken« (meine Hervorhebung).[Or35|74] In Anbetracht dessen, dass diese Aufgabe so »dringlich« scheint, ist es bemerkenswert, dass Said erstens im gesamten Buch kein weiteres Wort darüber verliert (auch nicht, soweit ich es überblicke, in einer anderen seiner Schriften),[75] noch nicht einmal andeutungsweise (obgleich er einräumt, dass er »all diese Aspekte in dieser Studie leider nicht eingehend [habe] abhandeln« können).[Or35] Zweitens definierte sich für Said diese so dringliche Aufgabe in Begriffen des Wissens und der Macht, wie »komplex« diese auch ausfallen mag. Die Komplexität ist hier horizontal, nicht vertikal gedacht, nicht weil sie auf die für jede

Analyse unerlässlichen Überbauphänomene des politischen, kolonialistischen und ökonomischen Diskurses beschränkt wäre, sondern weil diese Superstrukturen nicht »bloß dekorativ«[Or36] sind, wie er selbst über den orientalistischen Diskurs sagte. Und drittens betrachtete Said den Orientalismus – und dies ist im Weiteren für meine Argumentation entscheidend – als eine Art Anomalie in der europäisch-westlichen Wissenschaftswelt, insbesondere in der Zwischenkriegszeit und danach.[Or350|76] Für Said, so muss man hinzufügen, handelte es sich um eine Anomalie innerhalb der akademischen Welt und nicht in Europa, Amerika oder der Moderne insgesamt.

Natürlich fragt man sich, ob Said das »komplexe Problem von Wissenschaft und Macht« als auf bestimmte Phänomene beschränkt erachtete, zu denen auch der Orientalismus gehörte, denn um ein Problem zu verallgemeinern, wie es ja systematisch geschehen sollte, wäre er gezwungen gewesen, die Anomalie nicht nur dem Orientalismus zuzuschreiben; damit wäre die Anomalie nicht länger eine Anomalie und würde stattdessen zu einem allgemeinen Merkmal der westlichen Moderne, die den Orientalismus, Liberalismus, Materialismus und den Säkularismus (ursprünglich) hervorgebracht hat. So weit zu gehen, kam Said allerdings nicht in den Sinn. Die wenigen Male, in denen er von den »Krisen der Moderne« gesprochen hat, wird allerhöchstens angedeutet, dass die Krise ihren Ursprung jenseits der politischen Sphäre haben könnte. Die gefühlten oder realen Krisen wurden »zum Teil durch das Schwinden [der westlichen] Oberhoheit über den Rest der Welt ausgelöst«.[Or284, 296] Erstens ist keineswegs gesagt, dass dieses Schwinden tatsächlich eintrat, da doch insbesondere die Vereinigten Staaten und ihre Nato-Verbündeten nach dem Zweiten Weltkrieg ihre Vormacht neu konfigurierten und da der Neokolonialismus mit verstärkter und größerer Hegemonie sowie brutaler politischer und ökonomischer Herrschaft an die Stelle des alten Kolonialismus trat. Dies vor Augen kann kein Wissenschaftler im Ernst die Ansicht vertreten, die westliche Vorherrschaft sei geschwunden.

Zweitens ist es mindestens seltsam, dass der andere »Teil« oder die anderen »Teile« der Krise in völliges Schweigen gehüllt bleiben sollten, wo doch das von Said erörterte Thema eine perfekte Einladung darstellt, die wirklichen Krisen, als da sind Missbrauch des modernen Staates, verbreitete soziale Ungerechtigkeit, Auflösung der Gesellschaftsstrukturen und eine beklagenswerte Umweltschädigung und -zerstörung zu erkunden, was sogar der ein halbes Jahrhundert vor Said schreibende Guénon anmahnte.[77] Wenn ein Teil der Ursachen im Grunde nicht vorkam und der andere in Schweigen gehüllt war, dann müssen wir schlussfolgern, dass die Krise für Said bestenfalls politischer Natur war und mit dem Fall von Imperien – des britischen, französischen oder niederländischen – zu tun hatte, die vermutlich als Einzige ihren Niedergang für eine Krise hielten. Diese Interpretation deckt sich mit Saids Beurteilung anderer Probleme der Moderne, darunter auch das, das ihm am meisten bedeutete, Palästina. All diese Probleme waren für ihn politische Probleme, die im Wesentlichen mit dem Imperium und seiner übelwollenden Macht zusammenhingen. Dass sie womöglich in den tiefen epistemischen Strukturen der Moderne, denen er seinen säkularen Humanismus und die liberalen Werte verdankte, ihren Ursprung hatten, hat er als Frage offenbar nie in Betracht gezogen. Guénon, der als Orientalist tief in das Gesamtphänomen der Moderne eingedrungen ist, war hingegen in der Lage, neben der beeindruckenden Kritik auch Lösungen zu formulieren, die nicht minder profund sind als die Kräfte, die die »Anomalie« der Moderne erst möglich machten.

Saids oben erwähnte, eher flüchtige Aussage hinsichtlich der Alternativen zum Orientalismus findet eine tiefere und weitreichendere Parallele in Guénons Erklärung, dass »unserer Ansicht nach nichts wünschenswerter wäre, als die auf normalen Fundamenten beruhende Rekonstruktion einer wirklich westlichen Zivilisation«, die dennoch so einzigartig wäre wie jede andere.[78] Die Einzigartigkeit und »Vielfalt der Zivilisationen« als gegeben hinzunehmen, wie es Guénon unternimmt, bedeutet keinesfalls, dass Unterschiede in der Form eine »Übereinkunft in den Prinzipien« ausschließen. Vielleicht gegen liberale Intellektuelle und die orientalistischen »Sympathisanten« gerichtet, legt er Wert darauf, dass »Eintracht und Harmonie keineswegs mit Uniformität zu verwechseln sind, und das Gegenteil zu denken, hieße jenen egalitären Utopien opfern, gegen die wir uns doch erheben«. Ebenso sehr, wie von einer Zivilisation erwartet wird, dass sie einzigartig ist und sein sollte, sollte dies auch »normal« sein, was bedeutet, dass »sie stets imstande sein wird, sich zu entwickeln, ohne für andere Zivilisationen eine Gefahr darzustellen«.[79]

Guénon verwendet das Wort »Gefahr« selbstverständlich nicht im üblichen Sinn, denn in der Weltgeschichte stellten die meisten, wenn nicht alle Zivilisationen an dem einem oder anderen Punkt ihrer Existenz tatsächlich eine andere Zivilisationen bedrohende Gefahr dar. Im größeren Kontext seiner Schriften kommt der Gefahr eine andere, heftigere Bedeutung zu, die über das übliche Besetzen, Plündern und Herrschen, selbst mit eiserner Faust, hinausreicht. »Gefahr« umfasst hier, was Guénon als »Assimilation« bezeichnet, ein Akt der Vernichtung nicht des menschlichen Elements an sich, sondern des menschlichen Elements, das als bedeutsames Geschöpf in der von Scheler so bezeichneten ethischen Ordnung der Welt situiert ist. Denn er erklärt wiederholt, dass eine »normale« Zivilisation stets »davon absehen wird, zu bekehren«. Und wie wir gesehen haben, ist »bekehren«, so religiös das Wort auch konnotiert ist, ein Ausdruck, der die gleiche, wenn auch säkularisierte und etwas weniger allgemeine Bedeutung besitzt wie »Assimilation«. Bekehren ist »Barbarei«, denn es führt *unentrinnbar* in diese. Die *Unentrinnbarkeit* ist absolut, weil dieser Zusammenhang auf einer strengen logischen Ableitung beruht.

»Es handelt sich also, kurz gesagt, um eine vollständige Reform der abendländischen Geisteshaltung.«[80] Man beachte, dass hier das Angriffsziel nicht der Orientalismus, Kolonialismus, Materialismus, die Politik, Philosophie, die Wissenschaft oder irgendeine vom »Westen« hervorgebrachte »Institution« ist. Für Guénon sind dies alles Äußerungen eines viel tieferen Problems: der »Geisteshaltung«. Mit diesem einen Wort insistiert er im Grunde darauf – wie ich hier durchweg argumentiere –, dass das Problem in einer »Haltung« liegt, auch dies ein Ausdruck Schelers, mit dem er beschrieb, was er als Grundproblem des »westlichen Menschen« erachtete, der als Prototyp für den als kulturelle Konstellation verstandenen Westen fungierte. Diese Geisteshaltung muss zum Verschwinden gebracht werden, nichts weniger. Zur Erreichung dieses Ziels müssen die Zentralgebiete der westlichen Moderne abgeschafft, verändert oder umgewandelt werden. Wie ich gleich darlegen werde, ist es dieser Aspekt, der Guénons Projekt von dem der Exotisierer, der ästhetischen Anbeter des Ostens, wie sie Karatani genannt hat, unterscheidet.

Die Implikationen von Guénons Insistenz sind deutlich: Die Symptome, in denen sich ein Problem äußert, sind nichts anderes als eben

Ausdruck des Problems und können nur das Prädikat eines Subjekts sein. Wenn eine sinnvolle oder wirksame Reform unternommen werden soll, dann gilt es als Erstes, das Grundproblem, die »Geisteshaltung«, die »Haltung« anzupacken. Auf jeden Fall jedoch muss das Subjekt und mit ihm die gesamte Untermenge der Prädikate »von Grund auf reformiert« werden. Mithin liegt die Verantwortung letztlich beim Westen, mit all den Veränderungen, die strukturell oder substanziell-systemisch dafür erforderlich sind. Der Osten kann Aspekte der »industriellen Entwicklung« Europas übernehmen, solange seine Traditionen unberührt bleiben und solange diese materielle Entwicklung den vor Ort verankerten Prinzipien untergeordnet bleibt.

Guénon hätte ebenso gut, und ziemlich präzise, von konkreten Finanz- und Wirtschaftsfragen sprechen können, wie wir sie in der Theorie und Praxis des *waqf*/der Korporation sowie zahlloser anderer Institutionen im vormodernen Islam gesehen haben.[81] Worauf er jedoch hinauswollte, war meines Erachtens, dass es einen umgekehrt reziproken Reformbedarf zwischen dem Osten und dem Westen gibt; je mehr sich der Westen reformieren muss, desto weniger muss der Osten ihm entsprechen. Eine solche Sichtweise deckt sich mit dem Argument eines Gesprächspartners, der scheinbar naiv behauptet, der Osten müsse nur eine »rein ökonomische Beziehung mit dem Westen« aufbauen, um die »Gefahr« und Kriegslüsternheit des Westens abzuwenden. Dergleichen hält Guénon für kritikwürdig, wenn nicht sogar für eine Illusion. Eine derart uneinheitliche Beziehung kann es nicht geben, wenn nicht zuvor eine »Übereinkunft im Bereich der Prinzipien« erreicht wurde, denn ist diese erst einmal erreicht, »werden alle sekundären Schwierigkeiten automatisch beseitigt, und andernfalls wird es keine wie auch immer geartete Übereinkunft geben können«. Es ist gewiss kein Zufall, dass Guénons Vorschlag, die »Übereinkunft in den Prinzipien« würde weiteren Konflikten vorbeugen, mit der liberalen Rede zusammenfällt, wonach Demokratien niemals miteinander Krieg führen, eine Aussage, der die Annahme zugrunde liegt, dass eine wahre liberale Existenz, die per se die Aufrechterhaltung liberaler Prinzipien voraussetzt, eine Symbiose, wenn nicht gar ein harmonisches Zusammenleben zwischen den Demokratien erzeugt. Guénon besteht jedoch darauf, dass genau jene liberale »Weltanschauung« zusammen mit den Prinzipien, die sie hervorgebracht hat, von jeglicher »Überein-kunft« auszuschließen sei. Materialismus, Wohlstand und Wirtschaft sind, solange sie nicht von »Prinzipien« reguliert werden, stets Quelle von Konflikten und Zwietracht.[82] Da die »Ursache für die gefährlichs-ten Erkenntnisse« im Westen liegt, müssen sich die Westler von ihr »befreien«, indem sie ihre Zivilisation reformieren und »den ersten Schritt zu einer effektiven Erneuerung der geistigen Beziehungen« machen. Nur wenn diese Reform richtig durchgeführt oder »gründ-lich vorgenommen« wird, ist gewährleistet, dass »die Rückkehr in die Barbarei verhindert« wird.[83] Doch dies ist nicht alles: Eine derartige Reform sollte auch die Möglichkeit nicht ausschließen, dass der Westen »den Osten ausnutzt, um sich mit dem auszustatten, was ihm vielleicht noch fehlt«, denn »Lektionen oder Inspirationen können von anderen angenommen werden, ohne dass sie dabei ihre Unabhängigkeit aufge-ben müssen«.[84]

Das Reformkonzept Guénons ist zweifellos mutig und ehrgeizig und seine diskursive Ausarbeitung nimmt einen wesentlichen Teil von *Orient et Occident* sowie anderer seiner Schriften ein. Die Kühnheit des Entwurfs, die auf einer ebenso kühnen Diagnose der »Barbarei« der Moderne beruht, brachte dem Autor im besten, säkularen Sinne des Wortes die Exkommunikation aus bestimmten akademischen Kreisen ein. Dass er zudem in einen Sufi *tariqa* (den Hamidiya Shadhiliyya-Or-den) konvertierte, war vor dem Hintergrund des in Frankreich und Eu-ropa virulenten Rassismus und der Islamophobie nicht eben hilfreich. Und auch sein direkter, unkonventioneller und hyperbolischer Stil trug nicht dazu bei, diese Vorurteile abzuschwächen. Wenn man Guénon liest, hält man gleichsam einen Rohdiamanten in der Hand. Wenn man jedoch die Substanz seines Denkens wissentlich ignoriert, übernimmt man den Status von Foucaults »totem Autor«. Der Tod des Autors ist jedoch nicht so harmlos wie der gewöhnliche Tod. Nichts ist so tödlich wie der Tod des Autors. Das nächste Kapitel stellt in gewisser Weise den Versuch dar, die Wahrheit dieses Satzes aufzuzeigen. Eine solche Haltung gegenüber Guénon und seinesgleichen ist demnach unauflös-lich mit einem Akt der Selbstpositionierung in einem Machtsystem ver-bunden, der auch die oft unbewusste epistemologische Verortung des Selbst an einer bestimmten Position in der Diskursformation impliziert.

Umgekehrt jedoch führt diese Selbstpositionierung zum Objekt und nicht zum Subjekt. Sie führt zu einem Tod des Selbst, wie Foucault klug argumentiert hat. Eine Bewertung Guénons verweist in ihren Implikationen somit auf unsere oben geführte Diskussion über die Bedeutung des Autors und wirft nun die Frage auf: Wo sind Guénon und auch Said selbst einzuordnen?

VI

Bevor ich mich an die Beantwortung dieser Frage mache, möchte ich das Argument ausräumen, Guénon habe sich von den anderen orientalistischen Sympathisanten, habe sich von den »ästhetischen Anbetern« des »unterlegenen Anderen«, wie Kojin Karatani sagte, nicht unterschieden. In einem scharfsinnigen Artikel brachte Karatani das Argument vor, dass die orientalistische Gepflogenheit, den Nichtwesten als unterlegenen Anderen zu behandeln, »mit einer ästhetischen Verehrung« dieses Anderen einherginge und in eine »tief verwurzelte Selbsttäuschung« mündete: »Die, die im Gegensatz zu anderen eine orientalistische Haltung pflegen, glauben damit, dass sie die Nichtwestler mehr als gleich, nämlich mit ›Respekt‹ behandeln.«[85] Auf den Anderen als Gegenstand wissenschaftlicher Analyse herabzuschauen und zugleich zu ihm als ästhetischem Idol aufzuschauen, ist keine widersprüchliche Haltung, sondern im Grunde eine sich wechselseitig bedingende und gegenseitig bestärkende Handlungsweise. Diese Haltung ist auch nicht unbedingt traditionell, sondern hat »ihre Wurzeln in der modernen Wissenschaft und Ästhetik, die zusammen zu dieser ambivalenten Verehrung führen«. Sich auf die kantische Ästhetik beziehend, in der das Verhältnis des Menschen zu den Gegenständen der Welt in die Bereiche der Erkenntnis, Ethik und des Geschmacks unterteilt ist, behauptet Karatani, hierin Kant folgend, dass diese drei Bereiche, trotz der Widersprüche, die sie erzeugen, gleichzeitig operieren, dabei aber Bereiche ausgeklammert werden müssen, damit der verbleibende in den Mittelpunkt der Wahrnehmung rückt. Ein Gegenstand kann angenehm sein, selbst wenn er böse ist, und wahr sein, selbst wenn er unangenehm ist. Ein Urinal, das in einer Kunstgalerie zusammen mit dem Kommentar »Dies ist ein Kunstwerk in einer Ausstellung« gezeigt wird, verlangt vom Publikum, die alltägliche Verwendung des Objekts auszuklammern und es stattdessen als Kunstobjekt zu betrachten.

So ist für den Ästheten ein ständiges Ausklammern unerlässlich, denn ohne diese Übung lässt sich keiner der drei Bereiche, die unser gesamtes Welterleben ausmachen, abrufen. »Ein Ästhet kniet vor etwas nieder, nicht weil er sich ihm wirklich unterworfen hätte, sondern weil es ihm Vergnügen bereitet, das Unbehagen, einem Objekt zu gehorchen, auszuklammern, das er, *wenn er denn wollte, beherrschen könnte.*«[86] Das heißt, diese Bewunderung läuft zwar an der langen Leine, eine Leine allerdings, die am Ende darauf beruht, die »letztgültige Sicherheit« des Ästheten zu gewährleisten. Die afrikanische Kunst mag zwar den Kubismus beeinflussen, jedoch nur insoweit sie in dem komfortablen Bereich eines unverkennbar europäischen Kunstmodus aufgesogen wird. So besehen »existiert der Orientalismus im ästhetischen Exzeptionalismus des Anderen«, und dies war, wie Karatani behauptet, »was Said unter Orientalismus verstand«.[87]

Guénon fügt sich in keine der beiden von Kant oder Karatani aufgestellten Bedingungen. Entscheidend ist hier die »letztgültige Sicherheit« des Ästheten, der das Kognitive und das Ethische ausklammert. Guénon war weder auf seine kulturelle, intellektuelle oder politische Sicherheit bedacht, noch hat er sie zugunsten des Ästhetischen ausgeklammert. Wenn überhaupt, dann forderte er die Demontage dieser Sicherheit und war fest davon überzeugt, dass nur die Reform oder vielleicht sogar die völlige Aufhebung seinem Streben gerecht werden konnte. Er war weit mehr als der »gebildete und unnachgiebige Kritiker«, für den ihn Mircea Eliade hielt.[88] Sein Vorhaben und sein Vorschlag erforderte auch nicht unbedingt die Einbeziehung östlicher Formen in die westliche Kultur, denn er bestand auf der Einzigartigkeit jeder Kultur, auch der europäischen. Wenn die Ausklammerung ein zeitweiliger Gemütszustand ist, der stets auch, wie Kant sagt, einen Akt des Entklammerns erfordert, dann kann man von Guénon sagen, er habe nichts ausgeklammert, da es in seinem Vorhaben überhaupt keinen Raum für das Entklammern gab. Dass er die materialistischen, wissenschaftlichen, philosophischen und politischen Strukturen des Westens in Gänze »unnachgiebig« ablehnt, dass er Frankreich verließ und nach Kairo ging, wo er mit einer ägyptischen Frau eine Familie gründete, und dass er sich einem Sufi-Orden anschloss, machte ihn völlig unempfänglich für die Art der Analyse, die Karatani oder Said dem orientalistischen Ästheten, Massignon und seinesgleichen, berechtigt oder nicht, angedeihen ließen.

Wir befinden uns nun in einer Position, in der wir uns wieder Foucaults Theorie des Autors zuwenden können. Wie wir gesehen haben, hat Foucault den Autor schematisch in zwei Kategorien eingeteilt, in den Autor, der gestorben ist, den wir als den Typus des »fügsamen Autors« bezeichnen können (wiederum nach Foucaults Identifikation des aus der Unterwerfung unter die Macht und ihre diskursiven Formationen hervorgegangenen gefügigen Subjekts), und in den diskursiven Autor, für den Marx und Freud ein Beispiel abgeben. Wie bereits festgestellt, weist Foucaults Theorie der Macht weitere Unterscheidungen und schematische Typisierungen auf. Ein diskursiver Autor kann unmöglich innerhalb einer Formation aufsteigen, ohne Zwischenstadien zu durchlaufen, so schematisch diese wiederum sein mögen. Von Said und Guénon stammen schematische Beispiele zweier weiterer Stadien, die wir zur Kenntnis nehmen sollten und eigentlich auch nicht übergehen können, wenn wir die wandelbaren Episteme und die für die Menschheitsgeschichte charakteristische und von Foucault gewürdigte Macht der Kritik umfassend verstehen wollen.[89] Der fügsame Autor, der Typus, der ungeachtet dessen, was Autorschaft bedeuten mag, für die überwiegende Mehrheit der Autoren steht,[90] hat sich vom Machtsystem rekrutieren lassen, meist ohne es zu wissen. Der diskursive Autor hingegen definiert (unwissentlich) die allgemeinen Konturen einer diskursiven Formation, ohne jedoch die Kontrolle über die Aneignung seines »Werks« zu besitzen. Anders gesagt, er liefert das ideologische Beiwerk, durch das sich die Zentralgebiete legitimieren, erhalten und definieren, obgleich sich in dieser Vorkehrung die Glücksbedingungen widerspiegeln, die den Diskursen Macht und performative Schärfe verleihen. Das ist so weit klar genug. Doch zwischen diesen beiden Typen sind zumindest zwei weitere angesiedelt, wobei meine Darlegung, ebenso wie die Foucaults, schematisch bleibt.

Nach all dem, was hier bislang geäußert wurde, halte ich es für durchaus plausibel, die Kategorien des dissidenten und subversiven Autors – von letzterem war bereits die Rede – einzubringen. Im vorliegenden Kontext steht Said für den ersten und Guénon für den zweiten Typ. Ein dissidenter Autor lehnt die Annahmen, Befunde und das überlieferte Wissen ab, durch die sich der fügsame Autor charakterisiert findet. Dieser wird sich vielleicht kritisch mit anderen fügsamen Autoren auseinandersetzen – in der Regel über Details oder relative Details –, aber die Kritik verlässt nie die Grenzen der gemeinhin akzeptierten Annahmen jener diskursiven »Tradition« oder Formationen, in denen der Autor arbeitet. Die Episteme ist, wie Foucault sagen würde, niemals das Problem. Die Kritik des fügsamen Autors zielt auf die Einzelheit ab, auf eine Korrektur oder Ergänzung eines schon vorhandenen und akzeptierten Narrativs. Die generellen Annahmen über die Kultur, in denen solche Fragen aufgeworfen werden, bilden einen überlieferten und etablierten gemeinsamen Nenner zwischen dem Kritiker und seinem Publikum. Im Diskurs des Mainstream-Orientalismus des letzten Jahrhunderts ist dies ein typisches Szenario, man findet es aber auch in allen anderen akademischen Feldern. Es besteht kein Zweifel, dass der Orientalismus nach innen dynamisch ist und war, und Debatten über solche Detailfragen – das, was ich »paradigmatische Instanzen« nenne – haben gewütet, seit Goldziher und seine Kollegen die Fundamente für das Fach gelegt haben. Aber der Mainstream-Orientalismus blieb, wie Said treffend feststellte, ein geschlossenes System in dem Sinn, dass die interne Kritik, wann immer sie aufkam, nie über eine Affirmation der Grundannahmen hinausgelangen konnte, die das Fach zu dem gemacht haben, was es in den vergangenen achtzig Jahren war. Ein fügsamer Autor, auch das muss gesagt werden, kann sich vor allen seinen Kollegen und Standesgenossinnen hervorheben, wird aber immer innerhalb der Regeln und Grenzen jener diskursiven »Tradition« bleiben, die das Fach ihm gesetzt hat.

Der dissidente Autor hingegen geht über die Kritik an einzelnen Wissenschaftsprojekten hinaus, das heißt, wenn er eine Kritik vorbringt und wenn die Arbeit einzelner Wissenschaftler der Kritik unterzogen wird, dann geht es nicht darum, die *spezifischen* Befunde dieses einen Wissenschaftlers zu kritisieren, sondern vielmehr darum, ein Hauptproblem, eine Anomalie, *innerhalb* des Systems oder *innerhalb* der diskursiven »Tradition«, in der geschrieben wird, zu verdeutlichen. Entscheidend ist hier das Wort »innerhalb«. Ein dissidenter Autor stellt jedoch nicht, so wichtig seine Fragen auch sein mögen, die Grundpfeiler des Systems infrage oder die epistemologischen Strukturen oder Wissensformen, die die Weltsicht durch das Prisma definieren, mit dem die Probleme des Fachs gelöst werden. All diese Fundamente und epistemischen Gebäude bleiben unverrückt, akzeptiert und unversehrt. Hinterfragt jedoch wird der Modus – oder die Modi –, in dem das System betrieben wird, Analysen in ihm durchgeführt und methodische Fragen definiert werden, in dem solche Infragestellungen darauf abzielen, alte Ansätze zu schleifen und zu ersetzen oder die Effizienz seines Diskurses oder seines Modus Operandi gesteuert wird und so fort. Anders gesagt läuft sie auf eine Korrektur *innerhalb* des Systems oder des Systems an sich hinaus, eines Systems gleichwohl, das in seinen Grundprinzipien, in seiner Strukturbeschaffenheit und funktionellen Existenz mehr oder weniger unverändert bleibt. Wenn überhaupt, dann besteht die Rolle, die der dissidente Autor spielt, nicht nur darin, die diskursive Tradition lebendig zu halten – wofür der tote Autor eigens konzipiert wurde –, sondern eine Korrektur des Systems *vorzunehmen* und es in seiner Existenz *weiter* zu festigen.

Der dissidente Autor erfüllt nicht einfach nur die Funktion einer »loyalen Opposition«; er ist auch damit beschäftigt, das System von *innen* zu verändern, es zu stärken und zu stabilisieren. John Maynard Keynes ist hier ein typisches Beispiel; seine dissidenten Wirtschaftstheorien traten an die Stelle früherer Modelle, sie gewannen an Einfluss und wurden umfassender angewendet, aber nirgends in Keynes dissidenten Arbeiten werden die theoretischen Grundlagen des Kapitalismus, seine Gültigkeit oder die allgemeineren Prinzipien, mit denen er in der Welt agiert, hinterfragt oder wird auch nur der Versuch dazu unternommen. Seine Theorien sollten das System verbessern und wurden tatsächlich auch dazu herangezogen, und man war der Ansicht, dass das System ohne seinen Beitrag zumindest gelitten hätte. Zumindest bis Milton Friedman als starker Herausforderer die Bühne betrat, ging man davon aus, dass Keynes' Theorieproduktion den Kapitalismus stärken und seine Effizienz erhöhen würde. Anzumerken sei, dass der dissidente Autor – da die wie immer auch geartete Korrektur innerhalb der weiteren Grenzen des Systems, oder soweit es dies gerade noch tolerieren kann, erfolgt – nicht nur geduldet, sondern gewöhnlich willkommen geheißen und mit Prestige überschüttet wird; der Dissens wird mithin als Originalität und Neuerung verbucht und entweder als das System verbessernd betrachtet oder als warnender Hinweis auf die Schwächen, die in der einen oder anderen Weise zu seinem Niedergang oder seiner Beeinträchtigung beitragen könnten. Diese »Originalität« provoziert allerdings beinahe ausnahmslos Widerstand, ohne jedoch den Status des Autors zu beeinträchtigen. Die Kritik aus der Feder des dissidenten Autors – und gewöhnlich handelt es sich um eine solche –, wird als integraler Bestandteil der diskursiven Formationen oder einer Gruppe solcher Formationen innerhalb des umfassenderen Machtsystems wahrgenommen. Der dissidente Autor – alles andere als bloß eine weitere uniforme oder namenlose Stimme in der diskursiven Formation – erleidet keinen Tod, denn er trägt zu dem System und seinem Gedeihen bei und wird auch so erlebt. Dass dem dissidenten Autor kein Epitheton entsprechend Foucaults biologischer Metapher vom »toten Autor« (»schlafender Autor«? »komatöser Autor«?) verliehen werden kann, zeugt von seiner theatralischen Sprache, die wir gewiss nicht allzu ernst nehmen dürfen.

Der Beitrag, den Said zum Orientalismus geleistet hat, so stark der Widerstand dagegen auch gewesen sein mag, ist ein typisches Beispiel (der Widerstand, der Keynes entgegenschlug, war allerdings weit vehementer, verbreiteter und hartnäckiger als der, den Said hinnehmen musste). Überzeugend legte er die Probleme der Geisteswissenschaften offen und trug schließlich zu einer neuen Generation von Wissenschaftlern bei, die das Instrumentarium zur Erforschung des »Orients« neu definiert haben. Saids Einfluss ist weitgehend zu verdanken, dass das dem Nahen Osten gewidmete Fach Islamwissenschaften eine verfeinerte Version der Orientalistik ist. Seine intellektuelle Ausgestaltung hat heute zweifellos an Raffinement gewonnen, was aber insgesamt nicht dazu geführt hat, dass sich sein Ort und seine Funktion im wissenschaftlichen Koordinatensystem geändert hätte. Keine der tragenden Säulen des Systems, das die besagten Diskurse hervorgebracht hat, ist von Said hinterfragt worden und im Grunde hat sich nichts grundlegend geändert. Wie Keynes glaubte auch Said, dass das System in seiner Gesamtstruktur, in seinem Liberalismus, seiner Weltlichkeit und seinem Humanismus, und selbst in seinem Kapitalismus und seiner bürgerlichen Ethik gesund ist. Bei allen Vorbehalten, die Said in *Die Welt, der Text und der Kritiker* sowie an anderer Stelle äußerte, glich die Kultur, die er vertrat, »doch deutlich der von Arnold, Eliot oder Leavis – offenbar war keinerlei Ironie im Spiel, als Said in einem an Leavis angelehnten Ton darüber lamentierte, die Kultur verliere ihre ›Unterscheidungs- und Evaluierungskraft‹«.[91] New York, eine Stadt, in der sich der Kapitalismus und Liberalismus so unverhohlen manifestierte wie nirgendwo sonst auf der Welt, besaß für ihn emblematischen Charakter; nicht nur, dass sich dort die Columbia University befand, auch Bachs »rationale« Musik und Goulds Interpretationen waren dort zu hören. Mit seiner kraftvollen, dissidenten Stimme hat Said die moderne wissenschaftliche Welt und die Fundamente, auf der sie steht, gestärkt.[92]

Der subversive Autor hingegen hinterfragt die Grundannahmen und epistemologischen Hauptsäulen der diskursiven Formationen sowie des größeren Machtsystems, durch das sie erhalten werden. Marx gehörte zu diesem Autorentypus, stieg aber nach 1917 in den Rang eines diskursiven Autors auf. Freud allerdings war in gewissem Sinne in eine diskursive Autorschaft »hineingeboren« worden, hatte er doch bereits gut dreißig Jahre vor seinem Tod eine diskursive Dynamik entfaltet. (Hier ist nicht der Ort, Foucaults gemeinsame Nennung von Marx und Freud in allen Einzelheiten zu hinterfragen; ihre Diskursivität ist ungleichen Typs und sollte daher schematisch und typologisch weiter differenziert werden. Da unsere Autoren keiner dieser Kategorien angehören, ist die Erörterung dieser Frage hier kaum von Belang.)[93] Der subversive Autor unterscheidet sich von seinem diskursiven Gegenstück insofern, als ihm das diskursive, einem Zentralgebiet inhärente Moment fehlt. Ein subversiver Autor steht mithin synonym für ein latentes, potenzielles oder bestenfalls *embryonales* diskursives Moment, das sich nicht auf das Level einer Formation aufzuschwingen vermag, die der dominierenden Episteme entgegensteht. Ist dieses Level einmal erreicht, gehört der Autor natürlich nicht mehr länger dieser Kategorie an. Während jedoch der subversive Autor bestimmte qualitative Merkmale mit dem diskursiven teilt (vor allem eine systemische oder fundamentale Kritik, für die jeweils Marx und Freud den Typus abgeben),[94] teilt er mit dem dissidenten Autor quantitative Attribute.

Da der dissidente Autor zu wichtigen, aber keineswegs grundlegenden oder systemischen Fragen innerhalb des Systems eine abweichende Ansicht vertritt, provoziert er ausnahmslos und unweigerlich Widerspruch und Gegenkritik. Auch der subversive Autor zieht ein gewisses Maß an Kritik auf sich, bisweilen ziemlich vehementer und überwältigender, bisweilen eher weniger starker Natur – Letzteres aufgrund einer bewussten oder unbewussten Neigung, sich zu marginalisieren und zu isolieren. Doch die quantitative Analogie zwischen den beiden Autoren lässt sich nicht nur in diesem Aspekt beobachten. Am bemerkenswertesten zeigt sie sich in der parallelen Reaktion hinsichtlich der Befürwortung und der Gefolgschaft. Der dissidente Autor zieht Anhänger an, die im Bewusstsein der Notwendigkeit, das System zu kritisieren, dieses letztlich festigen und stärken. Die Anhänger des subversiven Autors nehmen eine entgegengesetzte Position ein und übernehmen die Kritik des subversiven Autors in der Hoffnung, damit die Grundlagen des Systems zu verändern und so ein völlig anderes, neues zu schaffen.

Guénon belegt in diesem Schema die Kategorie des subversiven Autors. Er hat nur relativ wenige Anhänger und Schüler, aber in absoluten Zahlen gesehen sind es viele. Das diskursive Moment, das er erzeugte, war klein, womöglich embryonal, aber für die Debatten über die Moderne wird sein »Werk« zunehmend relevanter. Unwahrscheinlich, dass sich sein »Werk« über das gegenwärtige Stadium der Subversion hinaus entwickelt, doch könnten Foucaults diskursive »Analogien« zum Zuge kommen, womit gemeint ist, dass ein »analoger« Autor, der Guénons »Werk« wiederbelebt und ihm zu neuer Relevanz verhilft, als neuer Guénon an die Stelle Guénons treten könnte.

Ich habe bereits festgestellt, dass Foucaults Theorie der Macht und der diskursiven Formationen die Kategorie des subversiven Autors zulässt, und ein Grund, warum Foucault dieser Kategorie so wenig Aufmerksamkeit schenkte, ist wahrscheinlich, dass er sich vornehmlich mit den Modalitäten und Dynamiken der modernen Macht »in der Gegenwart« (einer häufig in seinem Werk anzutreffenden Spezifikation) beschäftigt hat. Für Foucault war Kants Text »Was ist Aufklärung?« deshalb bemerkenswert, weil Kant damit im Grunde gefragt hat: »Was geschieht da gegenwärtig? Was geschieht mit uns? Was ist das für eine Welt und eine Zeit, in der wir leben?« Zugespitzt formuliert, stellte

Kant die fundamentale Frage: »Wer sind wir, heute?« Foucault war zweifellos von dem innovativen Charakter dieser Frage angetan, vor allem im Hinblick auf ihre Bedeutung für das achtzehnte Jahrhundert, aber darüber hinaus hielt er sie anscheinend nicht mehr für relevant. Es lohnt sich, ihn ausführlich zu zitieren.

> Das Hauptziel besteht heute zweifellos nicht darin herauszufinden, sondern abzulehnen, was wir sind. Wir müssen uns vorstellen und konstruieren, was wir sein könnten, wenn wir uns dem doppelten poetischen Zwang entziehen wollen, der in der gleichzeitigen Individualisierung und Totalisierung der modernen Machtstrukturen liegt. Abschließend könnte man sagen, das gleichermaßen politische, ethische, soziale und philosophische Problem, das sich uns heute stellt, ist nicht der Versuch, das Individuum vom Staat und dessen Institutionen zu befreien, sondern uns selbst vom Staat und der damit verbundenen Form der Individualisierung zu befreien. Wir müssen nach neuen Formen von Subjektivität suchen und die Art von Individualität zurückweisen, die man uns seit Jahrhunderten aufzwingt.[95]

Wenn sich Foucault mit solchen Themen des Widerstandes nicht im Kontext einer durchdachten Theorie beschäftigte, dann, weil der Fokus seiner analytischen Anliegen woanders liegt.[96] Die Argumentation, dass die Frage der Gewichtung eine entscheidende Funktion in der Darlegung und Produktion des Autors einnimmt, ist plausibel: Eine zu starke Betonung auf einem Nebenaspekt einer Theorie, die auf Kosten des argumentativen Hauptstrangs geht, kann zu einer Bedeutungsverschiebung führen, nachgeordneten Themen zu viel Bedeutung verleihen, das Hauptargument schwächen und es möglicherweise sprengen. Hätte sich Foucault ausführlicher mit dem subversiven Autor beschäftigt, hätte dies bedeutet, dass die Performativität der diskursiven Formationen an Kraft verloren und zu weiteren Möglichkeiten geführt hätte, die ihnen zugedachte Rolle zu mindern. Anders gesagt, dies hätte der Behauptung von der performativen Kraft der diskursiven Formationen einen starken Zweifel eingepflanzt. Die Behauptung muss nicht absolut sein (wie manche Interpreten Foucaults meines Erachtens fälschlich argumentieren), aber eine Behauptung oder ein belastbares Argument für eine wissenschaftliche Arbeit aufzustellen, heißt sie zu betonen, sie auszuarbeiten, sie in allen Einzelheiten darzulegen, sie mit Beweisen zu unterfüttern und so weiter. Ausnahmen, Nebenpunkte oder Ableitungen mit der gleichen Stärke auszugestalten, hieße der Hauptthese entgegenzuarbeiten. Dies mag auch für Judith Butlers Theorie der Geschlechterformation sowie für einige andere Theorien der Fall sein.

Allerdings hätte Foucault auch ohne solche Risiken eine Erörterung des diskursiven Autors vornehmen können; denn historisch gesehen lässt sich durchaus argumentieren – und er war sicherlich ein führender Historiker –, dass Episteme und Wahrheitsregime Zyklen unterliegen, dass sie entstehen und untergehen und dass sie, wie die dynastischen Folgen des Ibn Chaldun oder sogar Lebenszyklen, erst Formierungsphasen, dann Perioden der Reife und Stabilität durchmachen, bevor sie ihren Niedergang erleben und zum Ende kommen (ohne damit sagen zu wollen, dass Zyklen und zyklische Zeit ein- und dasselbe sind). Foucaults Theorien der Macht und des Wissens und so weiter waren explizit und mit besonderem Augenmerk auf das mittlere – vornehmlich im neunzehnten und zwanzigsten Jahrhundert angesiedelte – Stadium ausgerichtet; und wenn er sich mit den Vorläufern des modernen Systems, zum Beispiel den Straf- und Überwachungsmethoden oder den Konzepten der Rechtsherrschaft und der Pastoralmacht aufhielt, dann nicht, um die Funktionsweise der früheren Systeme und ihrer Episteme oder die Modalitäten des historischen Wandels aufzuzeigen. Vielmehr galt es, die *Rückstände und Nachwirkungen* eines historischen Prozesses sichtbar zu machen, um den Modus Vivendi und Modus Operandi eines modernen, aktuell waltenden Machttyps auf die für ihn typische aussagekräftige Weise zu erklären. Seine Darstellung, implizit auf einem umfassenderen, jedoch nicht zu Sprache kommenden historischen Narrativ basierend, wirkt eher, als sei sie falsch synchronisiert.

Es ist deshalb nicht einfach, zu dem Schluss zu kommen, Said habe die Bedeutung der Foucault'schen Theorie des Autors umfassend erkannt, und er scheint Foucault eine theoretische Enge zugeschrieben zu haben, die diesem nicht vorzuwerfen ist. Dass Said Guénon völlig übersehen hat, mag Zufall oder ein Versehen gewesen sein. Allerdings hätte die Aufnahme dieses subversiven Autors in eine Kritik des

Orientalismus nicht einer gewissen Ironie entbehrt: Saids Ansatz wäre für Guénon Wasser auf die Mühlen gewesen. Saids Kritik wäre unter den Augen des subversiven Autors, der Guénon war, zweierlei Gefahren ausgesetzt gewesen. Einerseits bekräftigt Guenons narrative Präsenz die theoretische Komplexität des für den Orientalismus gängigen Autorenbegriffs und eröffnet damit weitere theoretische Möglichkeiten für diachronische Kritik und künftiges Handeln (Letzteres das Thema von Kapitel 5); und andererseits stellt Guénons Kritik den Said'schen Ansatz in den Schatten, und dies aus gutem Grund. Subversive Autoren überflügeln stets ihre dissidenten Kollegen.

Bei aller Subversion jedoch fehlt Guénons Darstellung die artikulierte Einsicht in die innere Funktionsweise des Orientalismus, das heißt, was die eng verwobenen, organischen Verbindungen zwischen dem Orientalismus und seinem epistemologischen, politischen und kulturellen Umfeld angeht, aus dem er entstand und mit dem er sich in einem festgelegten dialektischen Verhältnis befand. Guénon unternahm die ersten wichtigen Schritte, wenn es darum geht, den »offiziellen Orientalismus« nicht als integralen Bestandteil der »westlichen Zivilisation« zu betrachten, sondern auch als etwas, das mit allen Bereichen der akademischen Welt eng verbunden war. Für Guénon gab es keinen Unterschied in den Wissensformen, die die akademischen Disziplinen definierten: Sie alle entstammten derselben »zivilisatorischen« Matrix, derselben Weltsicht, einer Weltsicht, die einen einzigen epistemologischen gemeinsamen Nenner oder eine einzige grundlegende Denkstruktur besaß. Was Said anbelangt, so ist das Bild nicht ganz so kohärent. Politisch schien er den Westen kategorisch für seine destruktive Haltung verantwortlich zu machen, auf dem akademischen Feld und epistemologisch jedoch nimmt er sich einzig den Orientalismus für seine Anklage vor und lässt die übrige Jüngerschaft ungeschoren davonkommen.[Or298f.] Als Mann der Aufklärung vermochte Said nicht zu erkennen, *worin* das Problem des Orientalismus bestand, blieb doch sein Blick auf das Wissen wenig überraschend provinziell.

Im folgenden Kapitel werde ich darlegen, dass die von Said vorgenommene Einordnung des Orientalismus als Ausnahme problematisch, wenn nicht sogar willkürlich ist, und dass Guénon die Möglichkeiten seiner Diagnose nicht völlig ausgeschöpft hat. Dies ist, wie ich bereits angedeutet habe, Saids ideologischen Verpflichtungen zuzurechnen, der als dissidenter Autor dem Machtsystem gegenüber, in dem er arbeitete, weitgehend – zuweilen leidenschaftlich, meist jedoch unwissentlich – loyal geblieben ist. Was Guénons unzureichend artikulierte Erkenntnis angeht, so scheint es, dass er beim Schreiben über die Themen, die uns hier interessieren, die zerstörerischen Kräfte des zwanzigsten Jahrhunderts noch nicht zur Gänze erkannt hatte, Kräfte, die große Denker dazu bewogen haben, vieles von dem, was bis dahin geschrieben und gedacht worden war, noch *weitergehend* umzuwerten.

Kapitel IV
Epistemische Souveränität und struktureller Genozid

I

Nichts in diesem Buch sollte deutlicher sein als das: Saids *Orientalismus* der Kritik zu unterziehen, findet seinen Grund, seine Rationalität und Überzeugung in der Tatsache, dass die Kanonizität des Werks nicht nur seine Argumentationskraft reflektiert, sondern auch seine dominierende Wirkung auf den gesamten, seit nahezu vier Jahrzehnten zum Thema geführten Diskurs. Dies ist nicht eine Aussage über das Werk insgesamt, sondern auch darüber, was und wer das Werk zu dem macht, was es ist. Kanonische Werke erfahren ein diskursives Wachstum, dazu gehören auch größere Revisionen, interpretative »Verbesserungen« sowie verdeutlichende und zugleich verdrängende Modifikationen. Saids Werk, wenn es nicht völlig übergangen wird (und es gibt Leute, die es absichtlich ignorieren), übt auf die Geisteswissenschaften offenbar noch immer eine gewisse Faszination aus, insbesondere auf die vom Autor ins Visier genommene und als solche bezeichnete »Islamische Orientalistik«. In anderen Worten, die wie immer sich gestaltende Kanonizität seines Werks bleibt einer Iteration zentraler Lehrmeinungen verpflichtet, deren analytische Kraft zumindest fragwürdig ist. Kohärent einer eigenen inneren Logik gemäß, weist Saids *Orientalismus*-Buch mikrokosmische Merkmale auf, die jeweils auf ihre Weise die Struktur seines eigenen Denkens offenbaren. Eines dieser Merkmale, hartnäckig beunruhigendes Element seines Werks, habe ich als Distinktion bezeichnet.

Es besteht kein Zweifel, dass sich Massignon, den Said genauer studierte, in seiner Kritik des Westens und seiner Sympathie mit dem Orient der Position Guénons annäherte, auch wenn er sich auf dem Feld der Islamwissenschaften einen größeren Namen erwarb, womöglich weil er ein besserer Wissenschaftler war, aber nicht weil er »so spielend und treffsicher eine Vielzahl islamischer Mystiker, dann aber auch Jung, Heisenberg, Mallarmé und Kierkegaard heranziehen« konnte.[Or307|1] Guénon verfügt über sein eigenes Repertoire, das von den griechischen, daoistischen, hinduistischen und islamischen Denkern des Ostens bis zu jenen der Aufklärung wie etwa Kant, Comte, Schopenhauer, Hartmann, Bergson und zahlreichen anderen reichte. Wie bereits festgestellt, hatte diese Generation europäischer Geisteswissenschaftler, ebenso wie die Generation davor, eine Bildung sowohl hinsichtlich der Sprachfertigkeit als auch der Fachkompetenz erworben, die nach dem Zweiten Weltkrieg in diesem Feld weitgehend verschwinden sollte. Dies war die eigentliche Philologie, wie sie das imperialistische und kolonialistische Europa hervorgebracht hatte. Überdies war Guénon auch kein Islamkundler wie Massignon, sondern ein Hinduismus-Gelehrter. Entscheidend bei Said ist, dass Massignon nicht etwa aufgrund seiner Sympathien und seines beständigen Eintretens für muslimische und palästinensische Angelegenheiten oder wegen der stereotypen Unterscheidungen zwischen arabischen und persischen Sufis falschlag, sondern weil er darauf beharrte, dass zwischen dem modernen Westen und dem Islam ein fundamentaler »Unterschied« bestand, wobei ersterer eo ipso modern sei, während jener einer »antiken Zivilisation« angehöre. »Denn augenscheinlich setzt er den Unterschied zwischen Ost und West mit dem zwischen Antike und Moderne gleich«; »im Grunde ordnete er den islamischen Orient stets der Antike, den Westen dagegen der Moderne zu«.[Or309] Fast sicher ist, wenn ich so mutmaßen darf, dass Said, hätte er Guénon in seine Betrachtung miteinbezogen, ihn genau der gleichen Gründe wegen bemängelt hätte.

Said liegt nirgends daran, dem Unterschied, der den Gegensatz konstituiert, auf den Grund zu gehen, und er scheint offenbar auch nicht erpicht darauf, die Ausdrücke, die er den kritisierten Autoren zuweist, in ihrer Bedeutung zu ergründen. Man liest das *Orientalismus*-Buch von Anfang bis Ende, ohne auch nur im Geringsten darüber informiert zu werden, wie Gibb den Nationalismus verstand oder wie Massignon selbst die Begriffe »modern« und »traditionell« oder »Antike« und »Moderne» zur Sprache brachte. Diese Begriffspaare, in welchem Text sie auch auftauchen, machen Said offenbar extreme Angst. Die Kategorien »Religion«, »Tradition«, »Mystik« und »Antike« lassen sich analytisch nicht fassen; sie können noch nicht einmal als seriöse Untersuchungsgegenstände in Betracht gezogen werden. Wie der Kritiker W. J. T. Mitchell treffend bemerkt, beschreibt Said Religion »in relativ engen stereotypen Begriffen«, wie etwa »dogmatisch, fanatisch, irrational, intolerant und besessen vom Mysterium, von der Vernebelung und dem Ausgeliefertsein des Menschen im Angesicht des unergründlichen (oder dämonischen) göttlichen Plans«.[2] Said ist sogar unangenehm nahe daran, Massignons tiefe Wertschätzung des Mystizismus mit Spott zu belegen, wenn er dem Weg der Mystik »irrationale, ja unerklärliche Bestrebungen«[Or307] zuschreibt.[3] Darüber hinaus unternimmt er keinerlei Anstrengung, den Traditionsbegriff wissenschaftlich zu bewerten oder ein Verständnis für die Implikationen des Wortes »alt« in Massignons Werk zu entwickeln, dessen Anwendung der von Guénon bemühten ähnelt. Für Said selbst war das »Alte« eine auffällig gegensätzliche Kategorie zur Moderne und bezeichnete das, was irrelevant, obsolet und erloschen ist, nicht jedoch eine Qualität der Kontinuität, die über die Jahrhunderte und Jahrtausende eine durch die Zeit erprobte Ökologie des Menschen und der unbelebten Welt aufrechterhalten hat. Für Guénon und Massignon ist das Alte eine seit Langem bestehende Tradition, die sich zwar Stück für Stück wandelt, sicher, beständig und zuverlässig, sich aber beharrlich an eine von Prinzipien geleitete, sozusagen von übergeordneten ethischen Grundsätzen gelenkte Ordnung hält. Das »Alte« ist für Guénon, Massignon und sogar für einige jüngere Anthropologen die Verkörperung von Tradition, einer Tradition, die nach einer prinzipienfesten Logik operiert und sich in ihrer Virulenz bis in die Moderne erstreckt, an ihr teilnimmt und es mit ihren Zwängen aufnimmt.[4] Für diese beiden Geistesgrößen ist das »Alte« eine lebendige und gelebte Erfahrung, sosehr sich diese auch vom Kolonialismus und der Moderne bedroht sieht.

Ich möchte darauf abheben, dass es sich bei Saids Zurückweisung dieser Kategorien, wie sie sich in Massignons (und aus unserer Sicht auch in Guénons Werk) zeigen, um einen paradigmatischen Fall handelt, der wie in einem Mikrokosmos die generelle Haltung des Autors zum Orientalismus vor Augen führt. Von daher lässt sich auch erklären, warum er so methodisch darauf beharrte, diese Disziplin als Ausnahme von allen anderen akademischen Forschungsfeldern zu behandeln. Der Unterschied zwischen Said und Guénon ließe sich darin ausmachen, wie sie den Orientalismus in den Geisteswissenschaften allgemein verorten. Guénon betrachtet die akademische Welt als Ganzes, einschließlich der Geistes- und Naturwissenschaften, als integralen Bestandteil der diskursiven Formationen Europas, die allesamt mehr oder weniger zur Verfertigung einer bestimmten Weltsicht beitragen und zugleich aus dem »zivilisatorischen« Boden hervorgehen, auf dem sie gründen. Der Orientalismus stellt nur eine der vielen Disziplinen dar, in denen sich die Haltungen des »Westens« widerspiegelten, aber sie ist diejenige, die nun mal auf die Erforschung des »Ostens« ausgerichtet war. Wenn Guénon ihr Aufmerksamkeit schenkt, dann weil er sie als Brücke für wichtig erachtet, über die der Westen im Hinblick auf die Wiederentdeckung der »Prinzipien«, die Europa verloren hat, vom Osten lernen könnte. Said hingegen isoliert den Orientalismus und im Speziellen die »Islamistik«, um ihnen eine Sonderbehandlung angedeihen zu lassen, ihnen eine zweitklassige intellektuelle Kompetenz und eine problematische Sichtweise des Orients zuzuschreiben, die sie hinter die Wissenschaft im Allgemeinen und insbesondere hinter die »Geisteswissenschaften« zurückfallen lässt.[Or300] Anders als Guénon verschwendet Said seinen kritischen Scharfsinn ausnahmslos auf den Orientalismus und nimmt die »Geisteswissenschaften« und ihr Umfeld vor jeglicher Fundamentalkritik in Schutz, wobei er zwar fortwährend auf die Struktur des Orientalismus und auf den Umstand, er sei ein »konstitutiver und nicht nur beiläufiger Bestandteil der modernen politisch-intellektuellen Kultur«, anspielt, dies aber nie deutlich macht.[Or22] Er zog noch nicht einmal in Betracht, dass der Orientalismus in einer besseren Welt das Potenzial haben könnte, jener Kultur, die ihn hervorgebracht hat, bei der Rekonstruktion eines Geschichtsbegriffs zur Hilfe zu kommen, mit dem sich die dramatischen Krisen der Moderne zumindest beleuchten ließen. Denn er selbst glaubte eindeutig nicht daran, dass der »Orient« – mit Religion, Dogmatismus und sektiererischen Konflikten beladen – irgendetwas zu bieten habe. Im ganzen *Orientalismus*-Buch findet sich kein einziges Wort, das auch nur im Entferntesten auf die Möglichkeit verweisen würde, der Orient habe Saids liberalem Westen etwas Nützliches mitzuteilen.

Dass Said den Orientalismus so sorgfältig einhegte und isolierte, um ihn mit massiver kritischer Aufmerksamkeit belegen zu können, war also einer ideologischen Verpflichtung geschuldet, die, neben vielem anderen *modernistisch* Anmutenden, aus seinem säkularen Humanismus und Liberalismus erwuchs. Er sah in der »Repräsentation« das spektakuläre Problem des Orientalismus und war außerstande, einen Schritt weiterzugehen, denn hätte er seine Kritik in ihrer Logik zu Ende gedacht, wären diese Verpflichtungen bis ins Mark hinein zerstört worden. Das ist ein Hauptkennzeichen des dissidenten Autors. Wie wir gesehen haben und wie ich bald zeigen werde, ist für den Orientalismus die Repräsentation das geringste, ja im Grunde nur ein oberflächliches Problem. Das Problem ist tatsächlich nicht der Orientalismus, und wenn man gleichwohl darauf beharren möchte, so ist er nur ein symptomatisches oder abgeleitetes Problem. Der Orientalismus ist nicht nur lediglich ein Mikrokosmos eines viel umfassenderen paradigmatischen Phänomens, sondern höchstens ein Instrument. Wer das Instrument mit den Zeugungskräften und kreativen Strukturen verwechselt, die das Instrument konzipieren, erfinden und nutzen, zäumt das Pferd von hinten auf.

II

Mit dem Problem, das entsteht, wenn man »Instrumente« als Ursachen einsetzt, werde ich mich später noch befassen. Wichtiger ist zunächst, an Saids Rat festzuhalten, dem zu folgen ihm offensichtlich und zwangsläufig verwehrt war. In dem 2003 verfassten Vorwort zu *Orientalismus* und in einer Passage, in der er, inspiriert von Vico (der übrigens kein uneingeschränkt säkularer Humanist war),[5] den Auftrag des »Humanismus« und der »humanistischen Kritik« definiert, stellt Said fest, »dass jedes Gebiet mit allen anderen verknüpft ist und dass *nichts* von dem, was in *unserer Welt* vor sich geht, isoliert und frei von Außeneinflüssen stattfand« (meine Hervorhebung).[Or412] In dieser zweifellos bemerkenswerten Aussage kommt eine Methode, oder sogar eine vollständige dialektische Methodologie, zum Ausdruck, die weiten Teilen der modernen Wissenschaft in hohem Maße fehlt – aus verständlichen Gründen. Ebenso bemerkenswert ist die Verwendung des Wortes »nichts«, zeigt sie doch einen bewundernswerten und überaus verblüffenden Sinn für Systematik. Und man fragt sich, wie klein bei Said »unsere Welt« ist. Natürlich umfasst sie den Kolonialismus, den er eindeutig mit dem Orientalismus in Verbindung bringt. Aber hat diese Verbindung eine weiterreichende Bedeutung? Ist der Kolonialismus mehr als nur eine Form der Herrschaft? Ist er, etwa wie der Orientalismus, bloß »ein Herrschaftsstil«? Unterscheidet er sich als solcher von anderen, historisch früheren Formen? Besitzt er eine strukturelle Verwandtschaft mit der Souveränität über die Natur? Was bedeutet diese Souveränität »in unserer Welt«? Verfügt der Kolonialismus über strukturelle Verbindungen mit der genozidalen Struktur des Denkens und mit dem sehr modernen Phänomen des Völkermords? Kommt der Völkermord in Saids Werk mehr als nur flüchtig zur Sprache? Weist er strukturelle Verbindungen zum Orientalismus auf? Hat die Moderne strukturell etwas mit dem Völkermord zu tun? Ist die genozidale Moderne eine analytische Kategorie und zugänglich für die viel gepriesene »humanistische Kritik«? Erscheint die Moderne in *Orientalismus* als Problem? Weist der humanistische Säkularismus enge strukturelle Verbindungen zum Anthropozentrismus auf? Kommt der Anthropozentrismus überhaupt in Saids Kritik vor? Ist er organisch mit Fortschritt, Rassentheorien oder Völkermorden verbunden? Erscheint der Fortschritt bei Said als analytische Kategorie und weist er organische Verbindungen zum Säkularismus und zum Völkermord auf? Steht etwa der Liberalismus selbst mit Völkermorden im Zusammenhang? Weisen der Orientalismus und die akademische Welt insgesamt eine enge Verbindung zu den oben erwähnten Dingen auf?

Keine dieser Fragen wurde in *Orientalismus* zumindest in Betracht gezogen und schon gar nicht, noch nicht einmal teilweise oder vorläufig zur Sprache gebracht oder beantwortet. Wir wenden uns nun einigen der genannten Verbindungen zu,[6] denn wir möchten aufzeigen, dass der Orientalismus lediglich die Spitze des Eisbergs darstellt, den Teil, den Said wahrnahm, der aber allein nicht ausreichen würde, die Titanic zu versenken.

Ich möchte zunächst hervorheben, dass sich das Diskursfeld Orientalismus, abgesehen davon, dass es seine formale Existenz seiner Spezialisierung verdankt, nicht von anderen Bereichen der modernen akademischen Welt unterscheidet. So wie sich die Wirtschafts- oder Ingenieurswissenschaften oder die Anglistik auf die Wissenspflege ihrer jeweiligen Fachbereiche spezialisiert haben, kultiviert auch der

Orientalismus sein Wissen unter ausschließlicher Berücksichtigung des »Orients«. Die intellektuelle Einstellung eines gewöhnlichen, typischen Mainstream-Ökonomen jedoch ist in ihrer inneren Struktur identisch mit der von Orientalisten, Historikerinnen, Anthropologen, Naturwissenschaftlerinnen oder Betriebswirtschaftlern. Wenn ich »Mainstream« sage, möchte ich damit die subversiven Autoren abgrenzen, die eine Minderheit bilden und die sich normalerweise nicht aktiv an den Sachverhalten beteiligen, die ich im Folgenden beschreiben werde. Ich habe bereits ausführlich über den philosophischen Diskurs der Aufklärung gesprochen, über das moralische Denken, das ihm zugrunde liegt, und die willkürliche Distinktion, die es geschaffen hatte. Diese Distinktion sollte zu einer bestimmenden Kraft werden, die Argumente, Analysemethoden und eine allgemeine Sicht der Welt prägte. Das Zentralgebiet der Philosophie veredelte gewissermaßen das Streben nach einem rohen Materialismus und, wie man sogar sagen könnte, eine unersättliche materielle Gier, indem es diese in eine legitimierende und hochfliegende Diskursformation kleidete, die wiederum eigene performative Kraft erlangte. Das im Kapitel zuvor erörterte Konzept der negativen Freiheit ist nur ein Beispiel dafür. Diese diskursive Tradition war von einer solchen Mächtigkeit und Massivität, dass sie schließlich alle konkurrierenden Ansichten aus dem Zentralgebiet verdrängte, bis, vor Kurzem erst, diese Form einer überwältigenden Herrschaft infrage gestellt wurde. Insbesondere die in den 1980er und 1990er Jahren aufkommende Umweltethik war für ein erstes Abschütteln nicht der diskursiven Tradition selbst, sondern ihres monopolistischen Zugriffs auf andere Narrative förderlich, obwohl auch diese Kritik, wie ich im nächsten Kapitel darlegen werde, aufgrund ihres Unvermögens, sich selbst von den Vernunftformen der Aufklärung zu befreien, zwiespältig und in ihrer Methode unsicher blieb. Tatsache ist jedoch, dass die diskursiven Formationen über enorme Performativitätskräfte verfügten und damit über generative und reproduktive Fähigkeiten, die seit dem Entstehen der modernen Universität die akademische Welt prägen. Die Wissenschaft, die weitgehend unabhängig agiert, hat diese philosophische Weltsicht in technischer, positivistischer und vor allem praktischer Hinsicht wiederholt, obwohl sie, wie ich anhand der Guénon'schen Kritik darzulegen versucht habe, in einer dialektischen Beziehung mit der Philosophie stand, die sie in ihrem Positivismus und Materialismus stärkte, während sie zugleich die Legitimität, zu der ihr der hochfliegende philosophische Diskurs verhalf, bereitwillig annahm.

Mein Argument lautet, dass diese beiden Bereiche tatsächlich das Fundament gelegt haben für eine Vision der Natur, die diese ihrer ethischen Verfasstheit – der Art, von der Scheler und Guénon gesprochen haben – entledigt. Die psychoepistemische Durchgängigkeit dieses Entledigungsakts, der nun selbst »natürlich« wird (das heißt normativ, habituell, nichts weniger als ein Habitus), übte eine Hegemonie aus, die meines Erachtens für Umweltethiker das gewaltigste Hindernis bildet, wenn sie empfindungslosen Geschöpfen einen intrinsischen Wert zuschreiben wollen.[7] Diese psychoepistemische Performativität erzeugte eine Form der Rationalität und der Vernunft, die *blind* ist gegenüber jeglicher außerhalb ihres Fachgebiets liegenden Erkenntnismöglichkeit und deren Reichweite und Tiefenschärfe letztlich vom Primat der Distinktion bestimmt wurden. Es ist also kein Wunder, dass die Wissenschaft, sekundiert vom Prestige philosophischer Legitimation, finanziell vom modernen Staat und der Industrie unterstützt und getragen von der allmächtigen Fortschrittsdoktrin, es binnen weniger als zwei Jahrhunderten geschafft hat, die Natur in eine ernsthafte Krise zu stürzen. Ich möchte hier nicht nur die Willkürlichkeit der Distinktion herausstreichen (denn sie hätte wohl hypothetisch erdacht werden und gleichwohl nur Tinte auf dem Papier bleiben können), sondern auch jene Kräfte, die aus einer arbiträren Denkungsart eine exklusive Norm und ein unverletzliches Gesetz gemacht haben. Die Unverletzlichkeit dieses Gesetzes ist so groß, dass sich in allen Regalen sämtlicher Bibliotheken der westlichen akademischen Welt keine Darstellung finden lässt, die die Entstehungsgeschichte der Distinktion oder der Glücksbedingungen, die sie haben so mächtig und performativ werden lassen, kohärent, umfassend oder auch nur einigermaßen adäquat beschreibt. Diese Abwesenheit sowie die invertierte *Präsenz*, die diese Abwesenheit gestaltet und hervorgebracht hat, sagt nicht nur etwas über das Herz der philosophisch-wissenschaftlichen Souveränität aus, sondern auch etwas über ihren Geist und auch über ihre Einseitigkeit.

Es gibt nichts in der von Menschen bewohnten Welt, das dem souveränen Urteil der Wissenschaft entgehen könnte. Was immer die Wissenschaft, in ihrer Eigenschaft als Paradigma, sagt, ist die Wahrheit und nichts als die Wahrheit (wie sehr auch einzelne Wissenschaftler dieses universelle Diktum anzweifeln mögen). Das unerlässliche und entscheidende Addendum »nichts als die Wahrheit« soll jedoch eindeutig die Möglichkeit ausschließen, die Wahrheit könnte eine Unwahrheit, eine Lüge, eine Täuschung, einen bösartigen Plan enthalten, was für jedes vernunftbegabte Wesen ein unüberwindbares Paradox kreiert, wie an der Zerstörungskraft der Wissenschaft klar ersichtlich ist. Schließlich ist sie es, die die Mittel zur Zerstörung der Umwelt geschaffen hat, so wie sie den Kolonialismus[8] und Massenvernichtungswaffen in die Welt gebracht hat. Friedensaktivisten und anständige Geister verurteilen solche Waffen ohne Unterlass, mit ermüdender, wenn auch gerechtfertigter Wiederholung, aber die nur selten gestellte Frage lautet, was solche zerstörerischen Geräte überhaupt ermöglicht hat, und die erste Antwort wird mutmaßlich die Wissenschaft als Schuldige anführen. Die Souveränität der Wissenschaft und die ihrer Genealogie wird nur selten infrage gestellt.

Doch Wissenschaft und Philosophie sind nicht allein. Die Wirtschaftsinstitute sowie Business Schools sind, um zwei weitere Beispiele zu nennen, einzig darauf ausgerichtet, Studentinnen und Studenten in den Methoden und Prinzipien der Ökonomie und der Betriebswirtschaft auszubilden, sie Planung, Organisation und Techniken zu lehren, die darauf abzielen, ihre Effizienz zu steigern und zu kultivieren. Letztlich geht es darum, den *Homo oeconomicus* zu erschaffen, ein Subjekt, dessen maschinenartige Fertigkeiten dazu eingespannt werden, die Wirtschaft am Laufen zu halten, sie zu verbessern, bei Bedarf Korrekturen vorzunehmen und im Geschäftsleben unterschwellige psychologische und soziale Techniken zu entwickeln, um den Konsumismus und die Marktdynamik zu fördern.[9] Diese Wunschziele sind natürlich an die Ermutigungen und den Segen des Staates gekoppelt, der für Bedingungen sorgt, die Isaiah Berlins negative Freiheit zu einer voll funktionstüchtigen und effizienten Technik auszugestalten erlauben. Für das unter dieser Weltsicht geschaffene, elaborierte und eng verwobene System ist nicht nur Profit und Vermögensakkumulation ultimativer und unbeirrbarer Zweck, sondern auch die Kultivierung einer radikalen Gleichgültigkeit gegenüber der Welt und dem Anderen. Die negative Freiheit züchtet das private, in sich geschlossene Subjekt heran, das andere ebenso wenig zu sehen und zu hören vermag, wie es durch andere gesehen und gehört werden kann. Diese Subjektformation und ihre Zielstrebigkeit sind kennzeichnend und *essenziell* für jene akademischen Fachbereiche, in denen schon die Möglichkeit, eine diese Teleologie bedrohende Idee einzubringen, von vorneherein ausgeschlossen ist. Dass zum Beispiel das Gewinnstreben von anderen Erwägungen beeinträchtigt werden könnte, kommt nicht infrage, außer es handelt sich um eine Idee, die in naher Zukunft noch mehr Profit abzuwerfen verspricht. »Wohltätigkeit« und »soziale Verantwortung«, die sich Unternehmen auf die Fahnen schreiben, sind wichtige und klassische Beispiele dafür.

Die Missachtung einer aufrichtig motivierten und ethisch begründeten gesellschaftlichen Verantwortung durch Unternehmen und institutionelle Körperschaften wird seit Langem als Symptom einer schwindenden Empathie erachtet, deren Wurzeln wiederum soziopathologisch zu erklären sind. Ich werde mich nun kurz der Soziopathologie widmen, es ist an dieser Stelle jedoch wichtig, die Verbindungen zwischen institutionell verankerten, normativen Überzeugungen und »Ideologien« auf der einen und einer defizitären moralischen und ethischen Bildung und Erziehung auf der anderen Seite hervorzuheben. Ich gehe nicht davon aus, dass eine moralische Erziehung ihren Zweck erfüllt, wenn sie sich lediglich auf innere psychologische Arbeit am Selbst und am Körper konzentriert, also auf das, was Foucault als »Sorge um sich selbst« und Ghazali als »ethische Selbstschulung durch Gewöhnung« bezeichnete.[10] Diese Schulung (*riyada*) erfordert eine innere und introspektive Arbeit nicht nur an der Seele, sondern auch und womöglich ebenso sehr am Körper. Wie Foucault jedoch treffend feststellt, ist in der Moderne »diese Vorstellung dunkel und verblasst«.[11] Die psychologischen Auswirkungen des Konflikts, der unweigerlich aufkommt, wenn diese introspektive Arbeit in einem kapitalistischen und konsumistischen System vorgenommen wird, das völlig in einer Ideologie der negativen Freiheit gefangen ist, sind schwerwiegend. Stattdessen kann der moralischen und ethischen Erziehung in einem offenen akademischen Denksystem durch einen einheitlichen programmatischen Ansatz in Kursangeboten nachgekommen werden. Es ist daher verblüffend und vielsagend, dass die Mainstream-Abteilungen der Wirtschaftsinstitute und Business Schools in ihrer Beschaffenheit als paradigmatisches Gebiet im Allgemeinen keine Kurse zur Moralphilosophie und Ethik anbieten, die der Rede wert wären.[12] Zum Beispiel wäre es eine große Ausnahme, fände man in den Vereinigten Staaten eine Business School, die es für ihre Studentinnen und Studenten zur Pflicht machte, einen Kurs zur aristotelischen Ethik oder zur Moralphilosophie Kants oder auch eine allgemeine Einführung in die Geschichte des moralischen Denkens zu absolvieren. Noch weniger denkbar wäre es, dass in einem solchen Kurs auch »orientalische«, etwa hinduistische, buddhistische oder islamische Moralphilosophen behandelt würden. Worauf ich hinaus möchte, ist, dass die modernen akademischen volks- und betriebswirtschaftlichen Fachbereiche (für die es wie im Falle des Orientalismus keinerlei Entsprechungen in der Vormoderne gab) exklusiv und *intensiv* innerhalb eines starren Bezugsrahmens arbeiten, zu dessen *Voraussetzung* ein hohes Maß an moralischer Neutralität[13] gehört und in dem die Ausbeutung von Mensch und Material einzig und allein um des Profits willen eine eigene, aber unumgängliche Kategorie darstellt. Business Schools und wirtschaftswissenschaftliche Fakultäten, die in der akademischen Welt neben zahlreichen anderen, jeweils auf einem spezifischen Fachwissen beruhenden Fachbereichen stehen, weisen aufgrund ihrer kaum verhohlenen Interessen direkte Verbindungen zu der außerakademischen Welt auf, die sich auf den Markt in all seinen Dimensionen, auf Konzerne, ihren Modus Vivendi und ihren überaus zerstörerischen Modus Operandi in der gesellschaftlichen und natürlichen Ordnung erstreckt. Beide Lehrgebiete schulen und liefern das Personal für alle möglichen Geschäftsbereiche, obgleich in unserer Geschichte die Business Schools stets von den wirtschaftswissenschaftlichen Fakultäten abhängen, da sich Erstere nicht nur strukturell aus dem Wirtschafts- und Marktverhalten Letzterer ableiten, sondern auch durch dieses bestimmt werden. Anders gesagt, es bestehen sowohl strukturelle als auch dialektische Existenzmodi zwischen diesen beiden akademischen Institutionen und der Unternehmenswelt, deren Ethik und Ethos sich mit dem ethischen

Nährboden der akademischen Einrichtungen deckt. Dass diese Institutionen von der Unternehmens- und der Geschäftswelt auch finanztechnisch abhängen, versteht sich von selbst; und ich muss mich hier nicht auf die überflüssige Debatte zur akademischen Freiheit und der intellektuellen Autonomie akademischer Diskurse über die Geschäfts- und Wirtschaftswelt einlassen, denn schon allein der Umstand, dass sie in den Zentralgebieten positioniert sind, von denen sie dialektisch definiert werden und die sie definieren, ist nicht nur eine Sache finanzieller Abhängigkeit, sondern auch, und dies ist mindestens ebenso wichtig, eine der performativen Kraft der Zentralgebiete, wie ich sie bereits zu zeigen versucht habe.

Die organisch-strukturellen Verbindungen zwischen der Unternehmenswelt und dem sowohl philosophischen – wie bei Adam Smith, J. S. Mill und John Maynard Keynes – als auch rein akademischen ökonomischen Diskurs, unter Einschluss der weit später entstandenen Business Schools, sind nicht nur für spätmoderne kapitalistische Systeme verbürgt, sondern reichen zurück – und dies ist für meine Darlegung hier unmittelbar relevant – bis in die frühesten Jahrzehnte der ersten Kapitalgesellschaften, wie sie mit der Britischen Ostindien-Kompanie (sowie in etwas geringerem Umfang mit der Niederländischen Ostindien-Kompanie) ins Leben gerufen wurden. Signifikant ist, dass die frühen »Theoretiker« des neu entstehenden Forschungsfelds der »Ökonomie« vor allem aus Großbritannien kamen, wobei Thomas Mun († 1641) und Sir William Petty († 1687)[14] zwei der ersten, wenn nicht überhaupt die ersten waren. Mun war, wie hätte es anders sein können, zugleich Direktor der Ostindien-Kompanie und seine Schriften beruhten direkt auf seiner Erfahrung in dieser Funktion und auf der Tätigkeit der Ostindien Kompanie als kolonialistischer Organisation.[15]

Aufschlussreich und den Kern unseres Arguments berührend ist der Umstand, dass auch die jesuitische Schule von Salamanca unter dem Einfluss der vergleichsweise wenig entwickelten kolonialistischen Unternehmungen Spaniens zuvor eine, wie Marjorie Grice-Hutchinson feststellt, zwar in den Anfängen befindliche, aber doch relativ anspruchsvolle ökonomische Theorie hervorgebracht hat. Doch schon bald wurden die Lehren dieser Schule verworfen, denn sie bestanden, durchaus glaubhaft, auf bestimmten ethischen Prinzipien, die für das

Nachdenken über Geld, Wohlstand, Wirtschaft und die Unternehmensführung irrelevant werden sollten. Die Machtströmungen, die im britischen Parlament die Legalität der Kompanie wieder einsetzten – nachdem diese zunächst als unmoralisch geächtet worden war[16] –, entsprechen offenbar den Machtstrukturen, die die Erinnerung an die Schule von Salamanca verblassen ließen. Es ist kein Zufall, so Grice-Hutchinson, dass die ethischen Doktrinen der Schule nach dem Ende des siebzehnten Jahrhunderts nirgendwo weiter befürwortet wurden.[17]

Worauf ich hinauswill, ist, dass es eine direkte strukturelle Verbindung zwischen diesen akademischen Disziplinen und der Kapitalgesellschaft gibt, Letztere eine weitgehend kolonialistische Organisation, die dafür bekannt ist, sich mit der Ausbeutung ausländischer (will sagen »orientalischer«) Arbeit, fast überall mit modernen ökonomischen Formen menschlicher Versklavung, der faktischen Kontrolle von Rechtssystem und öffentlicher Politik des Gastlandes und der Zerstörung natürlicher Lebensräume zu befassen. All diese Missbrauchsformen sowie viele weitere gehören derselben Denkstruktur – demselben allgemeinen Ethos und derselben Weltanschauung – an, die auch die Wissenschaft mit ihren zerstörerischen Wirkungen hervorgebracht hat. Wie der Afrikanist O. E. Udofia festgestellt hat, lenken die multinationalen Unternehmen die afrikanische Wirtschaft und »verkörpern somit den heutigen Imperialismus in Afrika«. Die generellen Merkmale des multinationalen Konzerns sind »Eigentum und Kontrolle«, beides Manifestationen des Kapitalismus, der seinem Wesen nach imperialistisch ist.[18] Udofia spricht von der Diskriminierung der afrikanischen Führungsklasse vonseiten der Großkonzerne, dem Missbrauch von Arbeit und der Einmischung in die Wirtschaft, die Wahlen, die öffentliche Politik und so weiter, reizt jedoch die Bedeutung von »Eigentum und Kontrolle« nicht völlig aus. Das Unternehmen, das teils im allgemeinen Interesse des Mutterlandes und teils aus eigenen souveränen Bestrebungen heraus handelt, verfolgt seine privaten Ambitionen praktisch ungestraft. Sowohl der Neokolonialismus als auch der Konzern verhalten sich ihrer Natur nach so, als handele es sich bei ihren Interessensfeldern um ihren Besitz, den sie bei Bedarf wieder losschlagen können. Gesetze und Vorschriften des Gastlandes, mitunter auch nationalistische Feindseligkeiten, stellen lediglich Ärgernisse dar, die zu

»managen« und, wie alles andere auch, aus der Welt zu schaffen sind. Die lange Geschichte der Ermordung oder Absetzung demokratisch gewählter Führer, die sich den ausbeuterischen amerikanischen Konzernen in ihren Ländern widersetzten, ist nur zu bekannt und muss hier nicht eigens aufs Tapet gebracht werden.

Der spätmoderne multinationale Konzern verfügt vielleicht nicht über Souveränität im politischen Sinne, aber häufig agiert er unter der Schutzherrschaft seines Heimatlandes, das eine solche Souveränität besitzt. Gleichwohl haben diese Konzerne, so wie sie sich verhalten, wie sie die Umwelt verwüsten und die natürlichen Ressourcen des »Orients« erschöpfen (und für meine Zwecke mag der Orient hier auch Afrika und Lateinamerika sein), das Recht über Leben und Tod, zwar nicht unbedingt militärisch oder formell rechtlich gesehen, aber effektiv. Wenn Chevron Milliarden Liter toxischer Stoffe in die Süßwasservorräte Ecuadors pumpt und Söldner auf friedliche Protestierer gegen das missbräuchliche Vorgehen des Konzerns in Nigeria schießen lässt – häufig mit Todesfolge –, dann verhält es sich effektiv, wenn auch nicht »formell« oder »rechtlich« gesehen, auf die gleiche Weise, wie sich vor den sogenannten nationalen Unabhängigkeitsbewegungen Kolonialregierungen in den Kolonien verhielten.[19] Und wenn eine Firma wie Coca-Cola Kolumbianer, die gegen die schlimmen Arbeitsbedingungen protestieren,[20] ungestraft umbringen lässt, verfährt sie gemäß ebenjener Denkstruktur: Souveränität über die instrumentalisierte menschliche Arbeit und über das Leben, das diese Arbeit ermöglicht. Auch Chevron hat sich wie General Electric, Exxon Mobil, Wal-Mart, General Motors, Nike und viele, viele andere so oder ähnlich verhalten, schwere Menschenrechtsverletzungen[21] begangen und häufig endloses und unvorstellbares Leid verursacht.[22] Anders gesagt, die souveräne Herrschaft über Leben und Tod war der gemeinsame Nenner sowohl des staatlichen Kolonialismus als auch des Konzerns, seines nachgeordneten Partners,[23] wobei Letzterer das Phänomen dieser Souveränität insofern verkomplizierte, als er auf ausgeklügelte ökonomische und politische Techniken zurückgriff, Techniken, die das Recht über Leben und Tod nahezu unmerklich ausüben können. Wenn diese Techniken jedoch scheitern, ruft der Konzern wie ein Miniaturstaat den Ausnahmezustand einschließlich des Rechts zu töten aus. Nur so, in dieser

Logik, lässt sich das Vorgehen von Chevron, Coca-Cola und zahlreicher weiterer Konzerne erklären.

Mein Punkt hier ist, dass die diskursive Formation, in der die modernen Abteilungen der Wirtschaftswissenschaften und der Business Schools sowie verwandter Bereiche wie Recht, Politik und Diplomatie zusammengefasst sind,[24] ihre Glücksbedingungen in den kolonialistischen und korporativen Vorgehensweisen vor Ort findet, wobei sie direkt und indirekt innerhalb eines Herrschaftsrahmens operieren, dem der Ausnahmezustand inhärent ist und der seinerseits die souveräne Denkstruktur ebendieser Vorgehensweisen reflektiert. Wie bereits angedeutet, sind sich moderne Formen ihrer selbst nicht bewusst, da sie ausnahmslos in eine dicke Ideologiewolke und in ein normatives Glaubenssystem eingebettet sind, die ihre wahre Natur verbergen. Psychologisch gesehen erfüllt die kollektive, institutionelle Psyche, die sich ihrer selbst unbewusst ist, eine der grundlegenden Voraussetzungen für eine gesellschaftspathologische Konstitution. Zwischen der Fortschrittsdoktrin und der Neudefinition des Werts des Menschen nach materialistischen Gesichtspunkten stehend, versteht sich der für diese akademischen Bereiche typische Student, die typische Professorin, keinesfalls an den unethischen Unternehmungen – zu nennen wären Menschenrechtsverletzungen, Ermordung, grausame Plünderung der natürlichen Reichtümer anderer Volksgruppen und Umweltzerstörung – beteiligt. Und genau dies denkt und *fühlt* auch die typische Studentin, der typische Professor der »Orientalistik«. Dennoch besteht zwischen dem Fachwissen der Wirtschaftswissenschaften und der Orientalistik nur ein geringfügiger Unterschied; auf struktureller Ebene kulminieren beide Fächer in dem absoluten Recht auf Herrschaft, einmal über die Arena der Ökonomie und einmal über die kulturelle und, wichtiger noch, juristische Vorherrschaft.

Ein warnendes Wort ist hier angebracht. Ich habe versucht, die Komplexität der Machtstrukturen in der orientalistischen Tradition aufzuzeigen, indem ich Foucaults hilfreiche Theorie des Autors weitergeführt habe. Diese Theorie, insbesondere in der von mir abgewandelten Form, ist mit Foucaults Konzept von Macht und Wissen konsistent und auf verschiedene Diskursfelder anwendbar. Mir ist daran gelegen, die Bedeutung des Autors etwas umfassender zu gestalten, als Foucault es tat. Ich nehme seinen Hinweis ernst, dass eine informelle Notiz am Rande einer Buchseite bereits »Autorschaft« beinhaltet, ein Hinweis, der einen theoretischen Raum weit genug öffnet, um in das Konzept des Autors auch eine beim Vortrag mitschreibende Studentin einzubeziehen – wobei unweigerlich auch die Subjektivität derselben bei der Verarbeitung des Vortrags mitgedacht wird. Dass der typische Student und seine typische Professorin Autoren des toten Typus sind und dass sie die Subjekte der diskursiven Formation darstellen, in der sie als »gebildete« Menschen operieren und leben, wird als selbstverständlich vorausgesetzt. Diese Studenten und Professorinnen werden es schockierend finden, dass sie, wie entfernt auch immer, in Missbrauch, Morde und andere Gräuel verwickelt sind. Doch genau dies ist der Punkt, an dem der besagte theoretische Raum fruchtbar wird. Die Frage lautet also, warum diese schockierte Reaktion, und, spezifischer, warum bestätigt der tote Autor seinen Status als toter Autor in dem Moment, wo er diese Verwicklung bestreitet? An der Wurzel des Problems von Wissen und Macht und von allem, was aus der dialektischen Beziehung dieser beiden Begriffe hervorgeht, liegt meiner Ansicht nach ein größeres ethisches Problem, das heißt, dass Foucaults gesamtes Projekt und beinahe alles, was er geschrieben hat, unverständlich bliebe und ihm ein vereinheitlichender Rahmen fehlte, wenn es nicht bei diesem ethischen Problem beginnen und enden würde. Dass sich die Studentin über den Gedanken empört, in ein derart unethisches Verhalten verwickelt zu sein, rührt aus dem in der »intelligiblen Rationalität« liegenden Differenzial zwischen kollektiven Akteuren und den Individuen, die in der kollektiven Einheit zu Hause sind, gleich ob es sich um eine Universität oder speziell um einen Konzern handelt. Diese Rationalität ist aus sich heraus jedoch keine autonome Quelle, sondern reflektiert die in der normativen Verankerung dieser Akteure liegende Differenz.[25]

Diese Differenz jedoch ist offensichtlich nicht für das ganze Ausmaß der Empörung oder eigentlich dafür verantwortlich, dass die Studentin ihren Status als toter Autor just dann bekräftigt, wenn sie ihn abstreitet. Die Studentin kommt jedoch aus einer Gesellschaft, die alle größeren hierfür verantwortlichen Institutionen, den Staat mit allen seinen Bereichen und den Konzern in all seinen – wissenschaftlichen, technischen, industriellen und so weiter – Manifestationen definiert, und die von diesen Organen definiert wird. Zugleich rührt die »normative Verankerung« der Studentin aus einer umfassenderen gesellschaftlichen Welt, mit unscharfer Moral, mit Normen also, die, anders als die kommerziell ausgerichteten Regierungs- und Unternehmensinstitutionen, kaum konsolidiert und vereinheitlicht sind.

Und hier liegt das Problem. Entscheidend dabei ist, sich in dem Raum zwischen den korporativen und nichtkorporativen Welten des Sozialen aufzuhalten. Die Psychoanalyse hat gezeigt, dass die kollektive Psyche, anders als die sie konstituierenden Individuen, kein Selbstbewusstsein zu entwickeln vermag. Dies erklärt das weitverbreitete Phänomen, dass Firmenchefs und andere hochrangige Manager um die missbräuchlichen Vorgehensweisen der von ihnen geführten Unternehmen auf privater Ebene meist einen weiten Bogen machen. Da die Studentin keinem Wirtschaftsunternehmen angehört, fühlt sie sich in ihrer Empörung gerechtfertigt; für den Firmenchef und den Manager jedoch gilt das nicht: Sie sind in letzter Instanz, wo nicht rechtlich, so doch moralisch verwickelt. Doch die moralische Einbettung ist für die eine wie den anderen dieselbe. In Kapitel 2 habe ich anhand der Fallstudie zum Islam gezeigt, dass das hartnäckige Bestehen auf der moralischen Verantwortung und Haftung des Individuums Grund genug dafür war, die Entstehung der Kapitalgesellschaft in der islamischen Welt, unbeschadet des gewaltigen kommerziellen und finanziellen Unternehmensgeists dieser Kultur, der nahezu in jeden Winkel der Alten Welt vordrang, zu blockieren.[26] Das heißt jedoch nicht, dass die normative Verankerung der Studentin von einer Art islamischen Ethik getragen ist, denn diese Verankerung ist tief in jenen Untergrund eingelassen, in dem die Trennung von Wert und Tatsache bereits stattgefunden hat. Die Empörung dauert nur bis zu dem Punkt, an dem sie von einem Unternehmen ein großzügiges Angebot erhält.[27] Es wäre Wahnsinn, würde die typische Studentin ein solches Angebot ausschlagen. Ist sie erst einmal »im Amt«, flaut die Empörung ab oder sie wird verdrängt,[28] wobei Letzteres dem vertrauten Muster des Firmenchefs oder des Managers entspricht, der zwar die Immoralität seines Unternehmens erkennt, ihm aber gleichwohl, häufig mit Enthusiasmus und harter Arbeit, weiterhin dient.

Psychologisch gesehen bekommen diese Manager vielleicht Neurosen oder sogar Psychosen,[29] die allerdings, die nicht an einem fragmentierten Bewusstsein leiden, gelten häufig als Soziopathen. Wie es heißt, sind sie in der Unternehmenswelt auf dem Vormarsch, und zwar merklich. Generell betrachtet sind die Mitarbeiter in Unternehmen, auch die Soziopathinnen, in der Regel imstande, ihre unternehmensinternen Erfahrungen zu isolieren und so eine doppelte Existenz zu führen. Die Welt der Unternehmen, der Geschäfte und des Geldes ist eine Welt, in der Tatsachen herrschen; die Welt der Kinder, Schwestern, Brüder und Mütter eine, in der Werte Vorrang haben. Doch der Abstand zwischen den beiden ist nie groß, und er ließe sich leicht mit einem systemischen Gleichgewicht überbrücken, das sich zugunsten Ersterer verschiebt. Die zunehmende Macht des Unternehmens, die mit einer Zunahme sozialpathologischer Störungen[30] in der breiteren Bevölkerung einschließlich der akademischen Welt[31] einhergeht, war bislang ein Garant für eine einfache Überbrückung. Dies führte im Gesamtergebnis zu einer weiteren Verankerung sozialpathologischen Verhaltens in den Machtzentren. Ein Psychologe kam daher zu der Schlussfolgerung, bei öffentlichen oder privaten Körperschaften sowie »demokratischen« Regierungen und ihren Institutionen – ganz zu schweigen von undemokratischen – handele es sich um typische Fälle von Sozialpathologie.[32] Die Empörung der durchschnittlichen oder typischen Studentin – so authentisch und aufrichtig sie auch sein mag – ist demnach in den Diskurs eingebaut, der zu einer dualistischen, fragmentierten Existenz befähigt, einer Existenz, die ihrerseits zu einer notwendigen Bedingung wird, um den Menschen zu einem Subjekt der diskursiven Formation umzuformen und somit mit einer Eigenschaft zu versehen, die als unbewusster Bewältigungsmechanismus funktioniert. Die Empörung ist also unabdingbar in ebenjenes System eingebaut, dessen Gräuel- und Zerstörungstaten von der Empörung selbst verhindert oder zumindest verleugnet werden sollen. Genau das bedeutet es, ein Subjekt einer diskursiven Formation zu sein.

Es wäre jedoch falsch, unternehmerische Schulung (auch in einem universitären Setting), Mentalität und Praxis auf eine sozialpathologische Devianz zu begrenzen;[33] dies käme einer Diagnose gleich, die die Verantwortung für einen moralischen Defekt unbewusst als Anomalie einordnet. Während »die Sozialpathologie ein echtes Phänomen ist«,[34] so der Ethiker Joseph Heath, sind es häufig einfach nur die Unternehmensstruktur und das Unternehmensumfeld als solches, die unethisches und selbst kriminelles Verhalten erzeugen. Es hat »mit der Art zu tun, in der die Menschen über ihr Handeln *nachdenken* und auch die Situation [mit der sie im Unternehmen konfrontiert sind] spielt eine enorme Rolle für ihre Bereitschaft, das eine oder andere Verbrechen zu begehen«.[35] Unethisches und kriminelles Handeln wird im Allgemeinen so beharrlich mit einem abweichenden psychologischen Verhalten erklärt, weil dieser Diskurs für die Gesellschaft »eine Quelle für die Gewissheit« bietet, dass sie selbst als »normales« Phänomen nicht den Keim der Devianz in sich trägt. Dessen ungeachtet bleibt das Vermögen der Gesellschaft, »Neutralisierungstechniken«[36] zu erlauben, ein Problem, denn in Gesellschaften, die von Unternehmenswerten hervorgebracht werden und diese hervorbringen, nimmt unethisches und kriminelles Verhalten eine besondere Form an. Die Unternehmen und die Märkte bilden in der Regel

einen institutionellen Kontext, der einen steten Strom recht plausibler (oder plausibel klingender) Entschuldigungen für Fehlverhalten hervorbringt. Das verdankt sich dem Zusammenwirken verschiedener Faktoren: erstens sind Unternehmen in der Regel große unpersönliche Bürokratien; zweitens macht es der Markt dem Individuum möglich, rein auf der Grundlage örtlicher Informationen zu agieren, so dass es sich über die Konsequenzen seines Tuns nicht immer und zur Gänze im Klaren ist; drittens ist eine feindselige Haltung […] hinsichtlich der Regulierung des Marktes weit verbreitet; und schließlich wird Firmen durch den Umstand, dass sie untereinander in einem gegnerischen (oder konkurrierenden) Verhältnis stehen, eine größere Lizenz eingeräumt, sich Strategien zu bedienen, die in anderen Zusammenhängen als unsozial erachtet würden. Ein weiteres wichtige Merkmal des Unternehmens, oder der Geschäftswelt im Allgemeinen, liegt darin, dass es eine Subkultur ausbildet, die seine Mitarbeiter häufig von der größeren Gemeinschaft isoliert und auf diese Weise womöglich dazu verhilft, abweichende Ideen und Argumente einer kritischen Überprüfung zu entziehen.[37]

Es scheint, als gingen die vier Erklärungen, die Heath uns gibt, an der eigentlichen Frage vorbei, außer wir nehmen sein von Hannah Arendt entlehntes Argument ernst, wonach Bürokratie »die Herrschaft durch niemanden« ist.[38] Bei unethischem und kriminellem Verhalten von Unternehmen »ist es nur selten der Fall, dass eine einzelne Person eindeutig für ein bestimmtes Handeln verantwortlich zeichnet. Wenn also ein Verbrechen begangen wird, kann jeder, der darin verwickelt ist, in einer gewissen Plausibilität mit dem Finger auf einen anderen zeigen.« Ob nun ausgelöst von der sozialpathologischen Bereitschaft oder durch das, was Heath als »kognitive« Reaktion auf die »Situation« bezeichnet, deutlich ist, dass die strukturelle Beschaffenheit des Unternehmens an sich schon an der Wurzel des unethischen und kriminellen Fehlverhaltens liegt. Und genau in diesem Konzept der unpersönlichen Haftung zeigt sich eine der mächtigsten Manifestationen der Distinktion. Das korporative Subjekt – sei es eine Studentin oder Professorin, insoweit sie von der Unternehmenskultur geprägt ist –, ist selbst das Produkt einer Gesellschaft, die die Ethik des Unternehmens nicht nur allgemein akzeptiert oder gar aufgesogen hat, sondern auch ihre Legitimität oder gar das Konzept des Unternehmens als solches nicht infrage stellt. Kriminalität und der Bruch ethischer Grenzen stellen demnach keine strukturellen Ausnahmen von einer ansonsten moralischen Konzeption und Praxis dar, sondern zwei Manövrierebenen innerhalb ein- und desselben Systems. Kriminalität beginnt nicht dort, wo das ethische Handeln seinen Lauf nimmt, sondern dort, wo das unethische völlig ausgeschöpft ist.

Die gesamte Bandbreite der universitären Fachrichtungen im Hinblick auf ihre Machtdialektik aufzuführen, würde hier und jetzt unsere Möglichkeiten sprengen. Gleichwohl soll kurz gesagt werden, dass die Theorie der zentralen und peripheren Gebiete eine entsprechende typologische Einordnung dieser Fachrichtungen erlaubt. Ich habe bereits angemerkt, dass die Naturwissenschaften, zu denen ich Biologie, Medizin, Physik und Chemie mit all ihren jeweiligen Unterabteilungen zähle, ebenso zum Zentralgebiet gehören wie die Philosophie (einschließlich ihrer moralischen Variante), Rechtswissenschaften, Psychiatrie, Pädagogik, Journalismus, Geschichte, Archäologie und sogar die Mathematik.[39] Zu den peripheren Gebieten zählen Fächer wie Religion und Theologie, Literatur, Kunst und Musik.

Da die Einordnung etwa der Geschichte in das Zentralgebiet und von Literatur und Musik in das periphere Gebiet nicht unbedingt auf der Hand liegt, ist es geradezu zwingend, die Beweggründe für diese Wahl zu hinterfragen. Wie bereits angedeutet, sind Zentralgebiete auf die Unterstützung diskursiver Formationen angewiesen, die ihre Kraftfelder und Machtstrukturen legitimieren, rationalisieren und definieren, wobei all dies zusammen die dialektische Produktion performativer Macht in ihrer Wirkung noch unterfüttert. In ihrer modernen Reinkarnation ist professionelle Geschichtsschreibung, im Gegensatz zur Literatur allgemein, ein fast vollständig auf der Fortschrittsdoktrin fußender nationalistischer Diskurs, der ohne diese sofort zusammenbrechen würde. Diese Feststellung beruht auf dem grundlegenden Argument, dass die Geschichte, anders als die Literatur, im achtzehnten und neunzehnten Jahrhundert einen strukturellen Wandel erlebte, bei dem ihre organischen Bande mit Formen der Geschichtsschreibung, wie sie für die Vormoderne charakteristisch waren, gekappt wurden, der aber im Zuge von Säkularisierungsprozessen zugleich ein in der Formulierung des Philosophen Karl Löwith »prophetisches und messianisches« christliches Dogma reinszenierte.[40] Die Literatur hingegen ist aufgrund ihres inhärent ästhetischen Charakters weniger in proaktive ökonomische oder politische und insbesondere kolonialistische Projekte verwickelt. Zweifellos weist sie kolonialistische Züge auf, der Art, wie sie Said in *Kultur und Imperialismus* herausgearbeitet hat, doch möchte ich der Said'schen Diagnose darin widersprechen, dass ich sie im peripheren Gebiet angesiedelt sehe. Denn die Art, in der sich Literatur mit der Macht gemeinmacht, ist lediglich subsidiär. Literatur als solche kann gegen die Macht bestehen und Literatur bleiben. Moderne Geschichtsschreibung, Ökonomie und Politik als akademische Fachrichtungen hingegen werden als professionelle Disziplinen verschwinden, sobald die modernen Machtformen zusammenbrechen, weil sie für diese Macht konstitutiv sind. Literatur, Musik und Ähnliches (alle peripheren nur *teilweise* in nationalistischen oder kolonialistischen Projekten eingebundenen Gebiete) sind als solche gesehen nicht konstitutiv für diese Macht.

Es war vor allem die Geschichtswissenschaft, einschließlich des Orientalismus, als Methodik, die den »Orient« zeitlich neu lokalisierte, ihm eine neue Identität verlieh und seine kolonialen Subjekte formte, sodass diese sich ihre eigene Vergangenheit nun nicht mehr außerhalb des modernen historischen Narrativs vorzustellen vermögen. Darüber hinaus ist die Literatur, wie Kunst und Musik, unbeschadet ihrer Zugehörigkeit zur selben Episteme, in hohem Maße irrelevant für das Geschäft der Herrschaft und der souveränen Entscheidung. Wollte man argumentieren, dass eine kritische Auseinandersetzung mit Autoren wie Chinua Achebe oder Nagib Machfus für das orientalische Subjekt ebenso viel Definitionskraft entfalten würde wie die Analyse der Urabi-Revolte oder die Untersuchung eines Averroes'schen Aristoteles-Kommentars durch einen Orientalisten, dann wäre dies nicht falsch.[41] Aber Literatur, Kunst und Musik entfalten aufgrund ihrer ästhetischen Verfasstheit im Vergleich zur Geschichtswissenschaft und anderen im Zentralgebiet kursierenden Diskursen dieser Kategorie weniger Wirksamkeit. Soweit bekannt, sind in der gesamten Geschichte der Kolonisierung in Asien und Afrika schließlich keine Literatur- oder Musikexperten beteiligt gewesen (so nützlich sie auch für das Projekt waren), und falls sie doch einmal involviert waren, dann gedieh der Kolonialismus nicht unbedingt aufgrund ihres in diesen Bereichen erworbenen Wissens. Wir sollten nicht vergessen, dass William Jones selbst ein Literaturexperte und ein angesehener Dichter war. Zudem war er Linguist, aber keine dieser intellektuellen Errungenschaften, von denen sich Said offenbar ablenken ließ, ist in seiner Rolle als Kolonialbeamter relevant gewesen. Was Jones zu einem einflussreichen Kolonialisten machte, war seine Kenntnis des hinduistischen und islamischen »Rechts«, die durch sein starkes Geschichtsinteresse noch unterstützt wurde.

Literatur, Musik und Kunst, so sehr sie auch von modernen Kategorien einschließlich der kolonialistischen Fortschrittsdoktrin geprägt sein mögen, sind für die Kraftfelder und Machtstrukturen der Zentralgebiete nicht unmittelbar relevant. Aufgrund ihrer ästhetischen und künstlerisch abstrakten Verfasstheit wahren sie erklärtermaßen Strukturen, die der Zielstrebigkeit der Zentralgebiete, gleich ob es sich um Kapitalismus, Wissenschaft oder die politische Domäne handelt, aus sich heraus widersprechen. Deshalb bleiben sie auch in den peripheren Gebieten beheimatet. Hätten nämlich Staaten, Regierungen und Unternehmen ihre Armeen und ihr Kapital, oder hätten sie korporative

Herrschaftsformen und souveräne Denkstrukturen zugunsten einer alles beherrschenden und überwältigenden Wertschätzung einer Koran-Kalligrafie, eines Matisse oder eines Pattachitra fallen gelassen und diese Objekte damit zu Gegenständen des Werts und der Performativität gemacht, würde die Kunst als Diskurs, Urheberschaft und Disziplin automatisch in das Zentralgebiet wandern, es definieren und Wissenschaft und Ökonomie an den Rand drängen. Drastisch gesagt: Kein Land und schon gar keine Zivilisation lässt sich durch Musik, bildende Kunst und Literatur kolonisieren, ungeachtet dessen, wie nützlich es für den Kolonialismus war, auch mit diesen Disziplinen einen »Fuß«[42] in das Gebiet der Kolonialmacht zu bekommen (die dort zweifellos Fuß gefasst haben). Vielmehr hat sich gezeigt, dass Kapitalismus und Wissenschaft sowie ihre Ableger völlig ausreichend waren, um bis zum Ende des neunzehnten Jahrhunderts den größten Teil der Welt zu kolonisieren.

Erst wenn die bildenden Künste, aber auch Musik, Literatur und Ähnliches ihre Revolution anzetteln und gewinnen, erst wenn sie die Fortschrittstheologie und eine souveräne Denkstruktur vom Sockel stürzen, werden Wissenschaft, Philosophie und Ökonomie in die peripheren Gebiete wandern oder auch ganz oder teilweise untergehen. Und da sie dann stets den Imperativen des Zentralgebiets unterstellt und ihnen dienstbar sind, werden sie folglich auch ihre früheren Denkstrukturen ablegen. Erst dann werden einige dieser Diskurse für immer verschwinden (wie etwa die in den Business Schools gepflegten) und andere werden in Diskursfelder umgewandelt werden, die auf eine durch eine ethische Ordnung der Dinge bestimmte Ästhetik oder Epistemologie Wert legen. Es kann daher kaum zu sehr betont werden, dass der Kolonialismus und seine verschiedenen Arme – darunter die Handelskompanie und der multinationale Konzern – in dem Maße, wie sie eine Erweiterung des Staates darstellen,[43] mit den diskursiven Formationen ihrer Ursprungskulturen, insbesondere mit den akademischen Institutionen und ihren das Zentralgebiet betreffenden Spezialisierungen, strukturell verbunden sind. Dass diese akademisch-korporativen Strukturen von zahlreichen Sozialpathologien belagert sind, wird hier als ausgemacht vorausgesetzt.

III

Diesem Narrativ folgend, argumentiere ich, dass der Kolonialismus, ob vom Siedler- oder vom Nichtsiedler-Typus, seinem Wesen nach genozidal ist, und zwar in jeder Schattierung, die dieser Begriff mit sich bringt, was uns letzten Endes dazu zwingen wird, die Bedeutung des Begriffs Genozid über seine herkömmliche physische Form hinaus zu erweitern. Und falls dieses Argument Billigung findet, kommen wir nicht umhin zu schlussfolgern, dass die akademische Welt des Zentralgebiets – und nicht nur der Orientalismus – ihrem Wesen nach disponiert ist, die diskursiven und materiellen Fundamente für die im Kolonialismus verfolgte genozidale Praxis zu legen. Es besteht demnach sowohl eine logische als auch ontologische Konkomitanz zum einen zwischen der akademischen Welt des Zentralgebiets und dem Kolonialismus und zum anderen zwischen dem Kolonialismus und dem Genozid. Ich werde dahingehend argumentieren, dass der Genozid, ähnlich wie der Orientalismus, eine allgemeine politische Bedeutung nur an seiner Oberfläche besitzt, und dass seine Wurzeln – auch hier wieder ähnlich wie der Orientalismus – genealogisch in eine philosophische Weltsicht zurückreichen, in der der Wertbegriff in seiner Bedeutungstiefe und -breite eine erhebliche Einschränkung hinzunehmen hatte und in der die Scham angesichts der eigenen Naturhaftigkeit und somit der Selbsthass zu notwendigen Bedingungen für den Hass auf den anderen wurden.[44]

Zunächst möchte ich auf die Formulierung des Problems durch den Historiker Patrick Wolfe eingehen, wie sie in seinem herausragenden Text »Settler Colonialism and the Elimination of the Native« ausgeführt ist.[45] Ich bin jedoch der Meinung, dass Wolfe wie Said einer »superstrukturellen« Analyse des Problems verpflichtet bleibt, bei der die dem Kolonialismus und Genozid unterliegenden Denkstrukturen lediglich angerissen und rasch wieder aus dem Blick verloren werden. Said beschränkte die Mittäterschaft des Orientalismus auf das, was herkömmlicherweise als Politik und Wirtschaft bezeichnet wird, und stattete also den Orientalismus mit einer kognitiven Denkstruktur aus, die zum einen den diskursiven Formationen Europas zugehörte (die Foucault'sche Komponente) und sich zum anderen der Verbindung mit dem Kolonialismus und der westlichen Vorherrschaft über den Orient verdankte. Hätte sich Said jenem Sachverhalt angenähert, den ich hier als Souveränität des Wissens bezeichne, hätte er ihn lediglich *en passant* einer dem orientalistischen Text innewohnenden Dimension zugeschrieben und sich zudem recht schnell in den Bereich des Politischen zurückgezogen. Wolfe verfährt nicht anders, außer dass er die Rangfolge seiner Faktoren mit dem Eigentum beginnen lässt, wie es sich unter anderem in Land und natürlichen Ressourcen manifestiert. Der politische Faktor folgt unmittelbar danach, aber sobald Wolfe auch nur das Aroma der souveränen *Denkstruktur* in die Nase steigt, zieht er sich in ökonomische und materialistische Gefilde zurück, obgleich seine empirischen Daten die Analysen, die ich hier unterbreiten möchte, gewinnbringend zulassen würden. Das macht seine Darlegung so peinigend, denn immerhin hat er das überaus aufschlussreiche Diktum geprägt und verfochten, dass der »Genozid kein Ereignis, sondern eine Struktur ist«. Wolfe sieht zwar die prozessuale Komponente in der Struktur des Genozids, doch die Denkstruktur *innerhalb* seines Begriffs von »Struktur«, das treibende Element also, bleibt unartikuliert.

Ebenso wenig leuchtet ein, warum es in Wolfes Narrativ keine Konkomitanz zwischen Genozid und Kolonialismus gibt, »obwohl die beiden konvergierten«, oder warum der Siedlerkolonialismus »seinem Wesen nach zwar vernichtend, aber nicht immer vernichtend« ist.[46] Die Erklärung dafür, dass es Genozid ohne Kolonialismus und Kolonialismus ohne Genozid geben kann, ist eine Kongruenz, die den Unterschied, nicht aber die Gemeinsamkeit erklärt. Es handelt sich, anders gesagt, um eine äußerliche Erklärung, die in keiner ihrer Variablen eine Ursächlichkeit anspricht. Es ist zudem unklar, warum, zumindest im amerikanischen Modell, der Siedlerkolonialismus erst *nachdem* Genozide verübt worden waren auf die Durchführung von »Kulturprojekten«, die den »roten Wilden« nach dem Bilde des weißen Mannes umformen sollten, gesetzt hat, und nicht schon davor. In Britisch-Indien fanden keine Völkermorde im engeren Sinne statt, und im formell souveränen Osmanischen Reich war ein vom Westen initiierter Völkermord alles andere als denkbar. Wie lassen sich all diese Phänomene unter einem Erklärungsschema abhandeln?

Ich bin der Ansicht, dass eine ausreichende Erklärung hierfür in den von Foucault diagnostizierten Machtstrukturen liegt und diese die »Mutter«-Strukturen bildeten, die sowohl den Kolonialismus als auch den damit einhergehenden Genozid steuerten. Wenn wir Macht nicht als logisch strukturiertes Feld verstehen, sondern als ein System von Taktiken und Strategien, die unter bestimmten Bedingungen auf eine bestimmte Art reagieren, dabei ihren Kurs und ihre Taktik je nach Situation ändern, beginnen wir, ihre instrumentelle Natur zu erkennen, in der sich die größeren Strukturen des Instrumentalismus und der instrumentellen Vernunft, dem Markenzeichen der Aufklärung, widerspiegelten und von diesen widergespiegelt wurden. In diesem Sinne ist moderne Macht *ein mit Gewalt verflochtener, von Gewalt getragener und flankierter Instrumentalismus.* Genau darin unterscheidet sich moderne Macht von ihrem vormodernen Pendant, und dies nicht nur in der Art ihrer Zusammensetzung, sondern vor allem in ihrer Konstitution selbst. Vormoderne Macht war reine Gewalt, flankiert und getragen vom Instrumentalismus, aber sie war nicht mit ihm verflochten. Wie ich bereits früher im Zusammenhang mit dem Prinzip des Richtwerts angemerkt habe, operierte weltliche Gewalt, so gewaltsam sie auch gewesen sein mag, unter den von Richtwerten höherer Prinzipien vorgegebenen Grenzen, gleich ob es sich um rechtlich-moralische Vorschriften oder um das nicht minder starke Diktat von Bräuchen und ihren Geboten handelte.

Dass es der modernen Macht an einer organisierenden Logik fehlte – eines ihrer hervorstechendsten Merkmale –, dies zu erkennen, erklärt nicht aus sich heraus die von Wolfe behauptete Unterscheidung von Genozid und Kolonialismus. Wir benötigen ein anderes Erklärungsmodell, das, einmal eingeführt, die der genannten Unterscheidung entspringenden Erklärungsnöte beseitigt und, wie ich geltend machen möchte, auch die Unterscheidung selbst. Vieles an der komplexen Akteur-Netzwerk-Theorie ist überaus nützlich, anderes hingegen kommt nicht ohne ideologische Voreingenommenheit aus. Dazu gehört eine etwas eng definierte Theorie der Handlungsmacht, die in manchen Schriften dazu führte, die Schuld des Kolonialismus zu relativieren, indem sie den »Einheimischen« eine unhaltbare Form von Handlungsmacht zumaß. Ich bin hier lediglich an einer Komponente der Theorie interessiert, die ich metaphorisch und etwas verschmitzt »Latours Stein« nennen möchte.

In meinem Gebrauch ist Latours Stein ein Konzept, das den physischen Gegebenheiten von Land und Leuten, den komplexen Verhältnissen also, die zu Kolonien werden sollten, nicht Handlungsmacht, sondern *Präsenz* zuschreibt. Präsenz schließt eine menschliche, intentionale Struktur, die eine notwendige Bedingung für Handlungsmacht darstellt, aus. Intention setzt eine rationale Entscheidungshandlung voraus; wenn ontologisch keine Wahl existiert, kann es auch keine Intention geben. Wenn ich nicht über das Konzept der Wahl verfüge, kann ich mich nicht mit der Absicht tragen, den Stuhl hier anzuheben. Wie bereits gesagt, besitze ich als dem Leben zugeneigte Person keine Handlungsmacht, wenn ich nur die Wahl habe, durch die Kugel oder den Strick zu sterben. Die Handlungsmacht ist hier auf das Leben selbst bezogen, und nicht auf die Hinrichtungsmethode.

Vor dem Hintergrund der existenziellen, kulturellen, epistemologischen, politischen, legalen, pädagogischen, psychologischen und anderen, ähnlich tiefgehenden Transformationen, die der indigenen Bevölkerung auferlegt wurden[47] und die ich teilweise in Kapitel 2 behandelt habe,[48] war im kolonialen Kontext die *Präsenz* das Problem, nicht die Handlungsmacht. Latours Stein fängt diese Präsenz in der Gesamtstruktur europäischer Macht ein. Wie die Ökologie-Anthropologin Deborah Bird Rose anmerkte, kamen die Eingeborenen den Kolonialisten »in die Quere, weil sie dort blieben, wo sie waren«.[49] Chaim Weizmann stellte in einer wahrhaft prophetischen Äußerung fest, die Eingeborenen – in seinem Falle die Palästinenser – seien für den Siedler lediglich »Hindernisse« darstellende »*Felsen*, die auf einem schwierigen Weg beiseite geräumt werden mussten«.[50]

Zur Illustration dessen, was ich mit Latours Stein meine, dürfte nichts besser geeignet sein, als kurz bei einem ominösen Essay von Wladimir Jabotinsky zu verweilen, der 1923 unter dem Titel »Die eiserne Mauer« veröffentlicht wurde. In diesem Essay hat Jabotinsky gleichermaßen seine eigene politische Gegenwart und die gesamte Zukunft des Israel-Palästina-Problems beschrieben und die Prophezeiung zu einem Ableger der Souveränität gemacht. Der Aufsatz entfaltet seine Kraft sicherlich nicht aufgrund seiner intellektuellen Finesse oder literarischen Qualität, sondern aufgrund der Realpolitik der Moderne, die dem Autor einen sicheren Zugriff auf das Konzept der souveränen Herrschaft gewährte. Natürlich handelt es sich bei Jabotinskys Text um ein Musterbeispiel des Orientalismus, er ist aber vornehmlich auch ein in jeder Hinsicht moderner Text. Wie das Projekt Israel selbst, erfasst »Die eiserne Mauer« die gesamte Bandbreite des weltlichen Wissens als etwas, das der Kolonisierung, der souveränen Herrschaft sowie der Dezimierung der einheimischen Bevölkerung und ihrer Kultur *strukturell eingewoben* ist. Und so wie das Projekt der Moderne diese Herrschaftsstrukturen, ohne die es niemals hätte entstehen können, voraussetzte, so war auch die Konzeption und Doktrin unseres liberalen revisionistischen Zionisten angelegt. Während der Abstand zwischen dem akademischen Orientalisten-Text Saids und den kolonial-genozidalen Aktivitäten vor Ort durch eine Vielzahl von Vermittlungsinstanzen verfälscht wurde, werden diese Aktivitäten in Jabotinskys Text in einer Darstellung eingefangen, die kälter und realistischer nicht sein könnte. »Die eiserne Mauer« prognostiziert nicht einfach nur die Zukunft, wie sie sich historiografisch ergeben könnte; der Text bestimmt, schreibt und kreiert diese Zukunft – aus einem souveränen Impuls heraus – aus dem Nichts.

Das ganze Spektrum orientalistischer Haltungen durchdringt »Die eiserne Mauer« als Realpolitik. Jabotinskys Konstruktion des »Feindes«, des orientalischen Objekts, ist überaus kalkuliert, denn die Schilderung der Palästinenser als unwürdig nimmt natürlich die Idee einer eisernen Mauer vorweg, ergibt sich doch ihre Notwendigkeit aus der Ablehnung und dem Widerstand, die die einheimische Bevölkerung dem Kolonialismus entgegenbringt. Zur Rechtfertigung militärischer und gewaltsamer Unternehmungen war es demnach erforderlich, den Palästinensern als einem Volk, das der Kolonialmacht in ihrem Bestreben, sie zu enteignen, widersteht, einen gewissen Grad an rhetorischer Handlungsmacht zuzuerkennen. Da aber Jabotinsky sozusagen im Namen der Palästinenser entschieden hatte, dass sie der Kolonisierung Widerstand leisten würden, übernahm er es auch, sich ihre nationalen Eigenschaften auszudenken: »Kulturell liegen sie 500 Jahre hinter uns zurück, geistig besitzen sie weder unsere Ausdauer noch unsere Entschlossenheit.« Sie sind aber »ebenso gute Psychologen wie wir [die

Juden]«, denn der Psychologie wird hier die Funktion oder die Macht eingeräumt, »unsere« Machenschaften und Listen zu entlarven. Anders gesagt sind ihre psychologischen Grundinstinkte und ihre »instinktive eifersüchtige Liebe für Palästina« ausgeprägt genug, um »unsere« Absichten erkennen zu können. Denn »sie wissen, was wir wollen, so wie wir wissen, was sie nicht wollen«.[51]

Doch was »sie wollen« und was »wir wollen«, ist keine Gleichung – und kann auch keine sein –, insofern Letzteres immer über das Schicksal Ersterer entscheidet. Jabotinsky räumt vorbehaltlos ein, dass die Kolonisierung ihrer eigenen souveränen Logik gemäß operiert. Es gibt »kein einziges Beispiel dafür, dass eine Kolonisierung im Einverständnis mit der angestammten Bevölkerung stattfindet«. Selbst wenn »die Kolonisten sich anständig verhalten haben […], hat die einheimische Bevölkerung gegen die guten Kolonisten mit der gleichen Wut wie gegen die schlechten gekämpft«. Deshalb werden die Palästinenser Widerstand leisten, egal auf »welche Phraseologie wir zur Erklärung unserer Kolonisierungsabsichten zurückgreifen«. Allerdings scheinen die Palästinenser nicht zu begreifen, was auf sie zukommt, und sie wissen nur wenig über »uns« als Kolonisten. In einer fürchterlichen schmittianischen Sprache erinnert Jabotinsky die Einheimischen und seine Leser daran, dass »*die Kolonisierung ihre eigene Erklärung, die einzig mögliche Erklärung, mit sich führte, unumstößlich und in tagheller Klarheit für jeden gewöhnlichen Juden und jeden gewöhnlichen Araber*«.[52] Sie ist »unumstößlich«, denn sie ist die höchste Wahrheit, vor der es kein Entrinnen gibt. Die Kolonisierung liegt »in der Natur der Dinge, und in dieser einen Hinsicht ist die Natur unwandelbar«. Hier ist zu beachten, dass für Jabotinsky die Natur nicht nur manipulierbar ist, sondern auch dem Wandel, der Kontrolle und der Beherrschung unterliegt. Ihr einziger ursprünglicher Aspekt jedoch ist die Kolonisierung: Sie ist das Gesetz, das über alle anderen Gesetze herrscht. Herrschaft ist Gott und es ist im Namen Gottes, dass Jabotinsky das Schicksal der Palästinenser besiegelt. »*Die zionistische Kolonisierung muss entweder aufhören oder ohne Rücksicht auf die einheimische Bevölkerung fortschreiten. Dies heißt, sie kann sich nur im Schutz einer Macht fortbewegen und entwickeln, die unabhängig von der angestammten Bevölkerung ist –* hinter einer eisernen Mauer, die die einheimische Bevölkerung nicht durchbrechen kann.«[53] Der einzige Unterschied zwischen »unseren ›Militaristen‹ und unseren ›Vegetariern‹« besteht darin, dass »erstere es lieber sehen würden, wenn die eiserne Mauer aus jüdischen Soldaten bestünde«, während Letztere damit zufrieden wären, wenn es sich um britische handelte.

Souveränität entscheidet nicht nur über das Schicksal der einheimischen Bevölkerung; sie begründet auch die Moral selbst. Wenn ich sage, ich handle moralisch, dann handle ich moralisch, selbst wenn ich ein teuflisches Ungeheuer bin. Jabotinsky unterrichtet uns überzeugend in einer Argumentationskunst, die die Unmöglichkeit, das Sollen vom Sein abzuleiten, widerlegt: »Entweder ist der Zionismus moralisch und richtig, oder er ist unmoralisch und falsch. Doch diese Frage hätten wir bereits klären müssen, bevor wir Zionisten wurden.« Und da »wir diese Frage geklärt haben«, fällt die Antwort »positiv« aus. »*Wir behaupten, dass der Zionismus moralisch und gerecht ist. Und da er moralisch und gerecht ist, muss der Gerechtigkeit Genüge getan werden.*«[54] So sieht die Moral des Kolonialismus aus, unsere Moral, und dies nicht nur deshalb, weil »es keine andere Moral gibt«, sondern weil wir das sagen.

Was also müsste getan werden? Die eiserne Mauer ist, es erübrigt sich zu sagen, lediglich ein Mittel zum Zweck. Als Idee möchte er die Palästinenser jeglicher Möglichkeit berauben, Widerstand gegen die unentrinnbare Kolonisierung Palästinas zu leisten oder gegen sie vorzugehen. Anders gesagt, sie ist jede Form massiver, undurchdringlicher und unwiderstehlicher Gewalt. »Jede angestammte Bevölkerung in der Welt leistet der Kolonisierung so lange Widerstand, solange sie noch die *geringste Hoffnung* hegt, sich von der Gefahr, kolonisiert zu werden, zu befreien.«[55] Wenn die Palästinenser jetzt Widerstand leisten, so Jabotinsky, dann weil »noch ein einzelnes Fünkchen Hoffnung besteht, dass sie die Umwandlung ›Palästinas‹ in das ›Land Israel‹ noch verhindern können«. Und genau diese Hoffnung sollten »wir« ihnen nehmen. Denn wenn »ein lebendiges Volk in Angelegenheiten solch vitaler Natur nachgibt, dann nur wenn es keine Hoffnung mehr gibt, uns loszuwerden, weil sie die eiserne Mauer nicht durchbrechen können. Erst dann werden sie ihre extremistischen Anführer fallen lassen, deren Parole ›Niemals‹ lautet.«

Wäre der Begriff der »Handlungsmacht« schon in Jabotinskys linguistisches Repertoire eingemeindet gewesen, hätte er ihn wahrscheinlich anstelle des Wortes »Hoffnung« verwendet. Die Idee war, der einheimischen Bevölkerung die Handlungsmacht aus den Händen zu nehmen, ihr Leben jeglicher Handlungsoption, jeder eigenen Wahlmöglichkeit zu berauben. Sie gleichsam wie »Steine« aus dem Machtsystem zu werfen, ist die hinreichende Bedingung, ihre Handlungsmacht zu vernichten. Und erst wenn die Handlungsmacht der einheimischen Bevölkerung kategorisch vernichtet ist, werden »wir« eine »Vereinbarung« bekommen. Die »einzige Möglichkeit, eine Vereinbarung zu bekommen, ist die eiserne Mauer, das heißt eine starke Macht in Palästina, die jedem Druck seitens der Araber standhält. Anders gesagt, nur wenn man sich davon verabschiedet, heute eine Vereinbarung anzustreben, wird zukünftig eine Vereinbarung möglich sein.«

Die Kraft von Jabotinskys Essay liegt in der Genauigkeit seiner Prognose, in der sich die Macht der Souveränität nicht nur über die Gegenwart, sondern auch über die Zukunft zu erkennen gibt. Es handelte sich um eine brillante Diagnose, die auf wenigen Seiten die gesamte Struktur der Kolonisierung in Palästina und anderswo zusammenfasste und erfasste. Bei der eisernen Mauer, sei sie nun zionistischer, britischer oder französischer Provenienz, ging es darum, die Palästinenser und viele andere Volksgruppen mit Trägheit zu schlagen. Latours Stein, der sich in Jabotinskys erfolgreicher Diagnose stark und beispielhaft manifestiert, ist keine Geschichte der Handlungsmacht, sondern der Präsenz, das heißt, solange der Stein existent bleibt.

IV

Der Mangel einer die Macht organisierenden Logik – so wie ich sie beschrieben habe – bereitet zusammen mit Latours Stein den Boden, auf dem sich das Thema des genozidalen Kolonialismus in all seinen Varianten erklären und Wolfes Unterscheidung als obsolet und ungerechtfertigt verwerfen lässt. Insofern der Instrumentalismus als wesentliches Merkmal moderner Macht selbst eines organisierenden logischen Prinzips beraubt ist, kann er an und für sich kein Erklärungsmodell sein, ist er doch, wie es der Ausdruck nahelegt, als ein auf alle Werte der Welt angewendetes Instrument oder zusammengesetztes Instrumentarium konzipiert. Diese Konzeption ist nicht nur eine Denk- oder Verhaltensweise, die eine Haltung gegenüber den Dingen in der Welt anzeigt, etwa vorsichtig, feige oder umsichtig zu sein. Wie bei vielen solcher Dreiergruppen der Fall, weist keines dieser Wörter eine ihm äußerliche Komponente auf, die es näher bestimmen würde. Wenn ich vorsichtig bin, dann aufgrund eines inneren Wesenszugs meines Charakters, der keinem Mechanismus unterliegt. Wenn ich vorsichtig bin, kann ich nicht unvorsichtig sein, unabhängig davon, mit wem oder womit ich es zu tun habe, denn so ist, ungeachtet besonderer Umstände, meine Natur. Der Instrumentalismus weist eine ähnliche habituelle Disposition auf, unterscheidet sich jedoch von einer derartigen Dreiergruppe, insofern als er ein Objekt voraussetzt, ein Objekt, das, damit sich das Habituelle im Zuge seiner Projektion auf den Gegenstand zu manifestieren vermag, unerlässlich ist. Wenn ich zur Vorsicht prädisponiert bin, dann bin ich gegenüber meinem engsten und vertrautesten Freund ebenso vorsichtig wie gegenüber einem Fremden. Das Objekt meiner Vorsicht ist irrelevant. Der Instrumentalismus aber ist eine Denkstruktur, die stets ein Objekt verlangt, an dem sie sich abarbeiten kann. Im Gegensatz zur Besonnenheit, Vorsicht, Feigheit und Ähnlichem mehr ist der Instrumentalismus transitiv und seinem Wesen nach transgressiv; er setzt ein Objekt der Transgression voraus. Und weil er eine Denkstruktur ist, benutzt er nicht nur Menschen und Dinge als Instrumente, sondern erfindet auch die Instrumente, die für den Übergriff auf die Objekte nötig sind.

Ein Instrument, in dem einfachen und ursprünglichen Sinne eines Werkzeugs, ist deshalb kein bloß zufälliger physischer Gegenstand, sondern es wird aufgrund seiner baulichen und epistemologischen Komposition *selbst* zu einer Struktur des Denkens und Handelns. Um ein Sprichwort umzumünzen: Sage mir, was du erfunden hast, und ich sage dir, *was* du bist. Das Ersinnen eines Werkzeugs, eines Instruments oder einer Methode ist deshalb niemals ein neutraler Vorgang und auch nie nur, gemäß dem alten Sprichwort »Die Notwendigkeit ist die Mutter der Erfindung«, eine Sache der Notwendigkeit, sondern die »Entbergung«[56] einer Denkstruktur, die ein epistemologisches Kontinuum zwischen Subjekt und Prädikat, zwischen dem Instrument und seinem Verfertiger herstellt. Eine Gaskammer, ein Maschinengewehr, ein Bagger, ein Bohrturm, ein Kampfflugzeug oder ein Atomspreng-kopf tragen Denkstrukturen in sich, über die sich ein epistemologisches Kontinuum mit den Köpfen ihrer Verfertiger herstellt. Im Völkermord und dem Holocaust eine Folge der modernen Technik, Wissenschaft oder bürokratischen Effizienz zu erkennen, heißt, den Instrumentalis-mus als Denkstruktur zu verkennen. Die Erfindung von Atomwaffen oder anderer avancierter Militärtechnologie, durch die Millionen un-schuldiger Opfer in den Kolonien, in Japan und Europa vom Antlitz der Erde gefegt wurden, ist kein neutraler Wissenschaftsakt oder das Ergebnis neutraler technologischer Kompetenz. Auch ist nichts neu-tral daran, ansonsten »unschuldige« Apparate für zerstörerische Zwe-cke einzusetzen. Wird ein Zimmermannshammer dazu benutzt, den Kopf eines Menschen oder eines Haustiers zu zertrümmern, verliert er dieses epistemologische Kontinuum und wird etwas ganz anderes als der ursprünglich und herkömmlich für das Zimmermannshandwerk ersonnene Hammer. In dem Moment, in dem der Hammer für einen Mord verwendet wird, wird er epistemologisch neu erfunden. Deshalb ist es nicht das Instrument und seine Verfügbarkeit, die für eine ratio-nal vertretbare analytische Erklärung sorgen, sondern vielmehr ist es der hinter dieser Erfindung *und dem Gebrauch* stehende Verstand, der phänomenologisch für die Erklärung herzuhalten hat.

Ein bekanntes und allgegenwärtiges Argument in diesem Zusam-menhang lautet, dass andere »Nationen«, »Staaten« oder »Imperien«, hätten sie zu einem früheren Zeitpunkt in der Menschheitsgeschichte über eine derartige Technologie verfügt, die gleichen oder ähnliche Taten begangen hätten wie die Nazis oder die europäischen Koloni-satoren. Doch damit ist weder die Raison d'Être noch die Genealogie dieser Form von Technologie erklärt. Die mit diesen Waffen begange-nen Gewalttaten stehen auch nicht in direktem Zusammenhang mit ihrer Erfindung. Die Architektur und Epistemologie dieser Erfindun-gen selbst *sowie* der Gebrauch dieser Waffen sind integraler Bestandteil jener Denkstruktur, die solche Waffen überhaupt erst möglich machte. Und mehr noch, sie als Beiprodukt oder gar als Ausnahme der mo-dernen technischen »Evolution« zu deklarieren, ist durch und durch wesenskonform mit der Fortschrittstheologie, die selbst in Teilen eine Bedingung der Möglichkeit für diese Gräueltaten darstellt.

Aus dem Wesen der modernen Macht, wie ich sie hier beschrieben habe, und ihrer als Teilmenge zu sehenden instrumentalistischen Denkstruktur erklärt sich bereits sehr weitgehend, wie diese beiden Phänomene mit Latours Stein in Zusammenhang stehen. Doch da die genealogischen Ursprünge dieser Struktur bis zu der Distinktion, von der ich gesprochen habe, zurückreichen, gibt es noch weiterer Erklärungsbedarf. Wenn man sich vor Augen führt, dass die Wirkung der Distinktion vornehmlich darin bestand, Wert von Natur zu trennen, versteht man schnell, dass auch der Mensch als wesentlicher Teil der Natur, insbesondere der nackten adamischen Natur, Wert eingebüßt hat. Er ist nicht mehr länger die Schöpfung einer höheren Gottheit, dessen Wesen, da es einem göttlichen Plan entstammt, an sich schon mit Wert versehen ist. Und je nackter er ist, desto niedriger ist sein Wert in der großen Kette des Seins.[57]

In zahlreichen Kulturen, einschließlich derjenigen, die Guénon als »östliche Zivilisationen« bezeichnet hat, stellt das Leben aufgrund der Einheit des als Architektur verstandenen Universums einen intrinsischen Wert dar; und Architektur setzt einen Architekten voraus, einen rationalen/intelligenten Plan und eine Entwurfsabsicht. Die moderne Unterscheidung zerstörte diese Weltsicht und zog Rassen- und sozialdarwinistische Theorien zur Klassifikation der Lebensformen heran. Lockes Freiheits- und Regierungstheorien, die »Demokratie« und die amerikanische Verfassung wären ohne diesen strukturellen Hintergrund unverständlich, wenn man berücksichtigt, dass der englische Denker Nichteuropäer von seinen Betrachtungen ausgenommen hat und sie seinen Vorstellungen von Freiheit und Rechtsstaatlichkeit nicht gleichermaßen unterstellt sah. Dies wird auch daran ersichtlich, dass er selbst stark in den Sklavenhandel investierte.[58] Und als die amerikanische Verfassung erklärte, alle Menschen seien gleich, hatte der »Schwarze Mann« mehr oder weniger den Rang von Tieren inne. Lockes Philosophie sowie die Theorie und Praxis der amerikanischen Verfassung – außerordentlich einflussreiche Quellen politischen Denkens und politischer Praxis – belegen an sich schon sehr gut, wie organisch der Liberalismus in die hier behandelte Denkstruktur eingebettet ist. Selbstredend sind die materialistischen und ökonomischen Faktoren bei der Entstehung rassistischer Theorien unleugbar, der Materialismus allein stellt jedoch keine hinreichende Bedingung und schon gar nicht den eigentlich Schuldigen dar. (Wäre Marx mit der Wirtschafts-, Geistes- und Sozialgeschichte des Islam – ganz zu schweigen von anderen asiatischen Zivilisationskonstellationen – gut vertraut gewesen, hätte er sich meines Erachtens wahrscheinlich weniger beharrlich auf den historischen Materialismus als Erklärung für den Aufstieg des westlichen Kapitalismus versteift.) Die Distinktion verdankt sich einer Reihe verstärkender Faktoren, wobei besonders die politischen und gesellschaftlichen, gegen den Machtmissbrauch von Monarchien und Kirche gerichteten Revolutionen in Europa, säkularisierte, christliche Vorstellungen und sehr wahrscheinlich frühere barbarische Einflüsse auf das Christentum selbst hervorzuheben sind. Unabhängig von den Ursachen – die als solche dringend erforscht werden müssten – interessiert uns hier, dass die Distinktion, sobald sie sich aus der Denkstruktur herausgebildet hatte, selbst als Denkstruktur zu dem Motor wurde, der dem modernen Staat die Mittel zur Steuerung seiner wichtigsten Kräfte an die Hand gab.

Ich möchte auch betonen, dass Rassentheorien nichts zur Erklärung des Genozids oder allgemein der Art, in der der Kolonialismus seine Ausbeutungsprojekte durchführte, beitragen. Erstens unterschied sich der rassische oder rassistische Diskurs nicht von den Kulturdarstellungen und Stereotypen des Orientalismus; er war eine diskursive Methode hoher performativer Kraft, die normativ als »naturgegebenes« Mittel installiert wurde, um die Unterjochung und die unmenschliche Behandlung des nun zum Untermenschen degradierten Menschen zu legitimieren sowie sie verständlich und salonfähig zu machen. Zweitens war der Rassendiskurs, da er eher Folge als Wirkung einer bestimmten Denkstruktur ist, so instrumentell wie die oben erwähnten Instrumente. Im Grunde ist er selbst ein *Produkt* dieses Denkens; und Abgeleitetes kann das, wovon es abgeleitet ist, weder logisch noch epistemologisch ersetzen oder aus dem Weg räumen.

Wie Wolfe unter Rückgriff auf eine empirische Untersuchung, die den Umgang des amerikanischen Siedlerkolonialismus mit »Schwarzem Blut« und mit »Rotem Blut« verglich, überzeugend darlegte, funktionieren, drittens, Rassentheorien je nach Kontext unterschiedlich und führen häufig zu einander widersprechenden Ergebnissen. Sie verfahren mit ihren Opfern nach dem Prinzip: Es geht nicht darum, wer du bist, sondern wo du bist. Das »Hauptmotiv für die Vernichtung ist nicht die Rasse [...] sondern der Zugriff auf das Territorium. Die Territorialität ist das spezifische, irreduzible Element des Siedlerkolonialismus«.[59] Die Gier nach Land als Motiv ist zweifellos richtig, aber sie hat keinen größeren Erklärungswert als etwa die Rasse oder die Gaskammer; das tief sitzende Verlangen nach materiellen Dingen kann weder einen genealogischen Endpunkt noch eine Zielursache bilden.[60] Die Gier, ein immer größeres Territorium zu besetzen, unterscheidet sich im Prinzip kaum von der Begehrlichkeit, eine riesige Armee samt Waffenarsenal zu befehligen. Tatsächlich nahmen beide mehr oder weniger den gleichen Rang auf Hitlers Agenda ein, wie sich insbesondere mit dem Konzept des »Lebensraums« und dem »Unternehmen Barbarossa« im Rahmen des Russlandfeldzugs belegen lässt. Die weißen Amerikaner und die Spanier waren keine singulären Phänomene.

Wäre des Weiteren die Territorialität der terminus ad quem, könnte man fragen, warum Chinesen, Inder, Muslime und viele andere sich nicht mit derselben mentalen Einstellung und denselben Eroberungsmethoden der Frage des Territoriums annahmen: Ihre unterworfenen Bevölkerungen überzogen sie nicht, wie die weißen Siedler die Indianer, systematisch mit physischer oder kultureller oder mentaler Zerstörung.[61] Wäre zudem das Territorium ein solcher Endpunkt oder eine Endursache gewesen, warum ist es dann ökologisch oder in seiner Umwelt beeinträchtigt worden und warum wurde es schließlich in eine neue Natur umgewandelt, wie William Cronon behauptete?[62] In dieser größeren Geschichte ist das Territorium das Instrument eines größeren Instruments und dieses wiederum eines noch viel größeren. Eine derartige Instrumentalität verlangt daher nach einer regressiven Synthese, die sich einer intelligiblen, primären Denkstruktur einzunisten vermag.[63] Mein Argument lautete, dass diese Struktur jene Distinktion ist, aus der alle wichtigen modernen Phänomene – Instrumente, Instrumentalismus, Genozid und Kolonialismus und anderes mehr – folgten, hervorgingen, resultierten und strömten. Auch diesem inneren Kern der Distinktion wohnte und wohnt das Konzept der Souveränität inne. Es ist keine Übertreibung, wenn ich behaupte, dass die Souveränität diesen innersten Kern geradezu ausmacht.

Realität war deshalb, was der *weiße* Mann sagte, und, wie bereits angemerkt, stand dieser Mann nicht kategorisch für alle *weißen* Männer, *weißen* Frauen oder alle *weißen* Kinder. Diese Quasi-Aristo-Plutokratie vereinnahmte also das Konzept der Souveränität für sich und legte den Grundstein für ein weltweites Herrschaftskonzept, das sich in erster Linie auf eine Rechtsherrschaft stützte, die so instrumentell ist wie für Europa nur möglich. Diese Rechtsherrschaft muss mit all jenen größeren bereits aufgezählten Instrumenten in eine Reihe gestellt werden und dürfte in ihrer Wirksamkeit gleich nach der rohen Gewalt rangieren. Rechtsherrschaft wird vielleicht gerade aufgrund ihres Charakters als Rechtsapparat, als den Gesellschaftskörper durchdringendes System, das von öffentlich agierenden Rechtsanwälten, Richtern und Regierungsinstitutionen am Laufen gehalten wird, eine leichter zu eruierende Denkstruktur besitzen als etwa eine Gaskammer, eine Atomrakete oder eine Rassentheorie, sie hat aber gleichwohl, wie ich im Folgenden darlegen werde, eine ähnliche Zerstörungskraft.

In dem Sinne, in dem ich den Ausdruck »Rechtsherrschaft« hier verwende, umfasst er Gesetze, Rechtssysteme, Vorschriften oder Erlasse, die dazu angetan sind, eine menschliche Gemeinschaft fügsam zu machen, zu regieren oder zu lenken. Rechtsherrschaft erzwingt Institutionen, regelt im Weiteren ihre Arbeitsweise und reguliert und normalisiert dadurch ihre Existenzweise, alles Vorgänge, die in eine effiziente Performativität des Subjekts münden und in ihr kulminieren. Ebenso typisch für die Rechtsherrschaft, die ja von souveräner Macht ausgeht, ist ihre Willkürlichkeit. Wir sind es gewohnt, das Kriegsrecht als Abweichung von der normativen Rechtsordnung zu denken, und der Schmitt'sche »Ausnahmezustand« wird als Ausnahme konzipiert und betrachtet, eben weil er auf der Annahme beruht, dass ihm eine normative, den Normalzustand konstituierende Ordnung vorausgeht, der die Ausnahme als eine Art Anomalie entgegengesetzt ist.

Giorgio Agamben widersprach Schmitt in diesem Punkt und behauptete im Grunde, dass der Ausnahmezustand weder in noch über der normativen Rechtsordnung steht und insofern qualitativ gesehen keine Ausnahme bildet.[64] Er bleibt eine Urform moderner juridisch-politischer

Systeme; da er sich jederzeit aus einem Ruhezustand erheben kann, hält er auch das Gefühl einer existenziellen Bedrohung wach. Er konstituiert sich nicht als wesentliche Differenz, sondern als Fortsetzung des Rechts mit außerrechtlichen Mitteln. Dieses Übergleiten von gewöhnlicher zu außergewöhnlicher Normativität wird umso deutlicher, wenn man das standardisierte und normative Geschichtsnarrativ der euro-amerikanischen politischen Ordnung nicht als selbstverständlich voraussetzt, eine Ordnung, die, zumindest auf der Rechtsebene, globalisiert worden ist und zudem die Erinnerung an alle vormodernen Regierungsformen ausgelöscht hat. An dieser Stelle lässt sich also durchaus behaupten, dass der Ausnahmezustand absolut keine Ausnahme ist, dass er nicht bloß ein in Ehren gehaltenes, aber doch residuales Erbe eines monarchistischen Europas darstellt. Vielmehr, so möchte ich argumentieren, ist er mitten in der normativen Ordnung zu Hause, wo er ihre *potenzielle* Gewalt definiert und selbst dann, wenn die Regeln der sogenannten normativen Ordnung in Kraft sind, *implizit* ihr Wirken bestimmt.

Wie bereits an anderer Stelle dargelegt, ist das, was wir im Madison'schen Paradigmenmodell als Rechtsstaatlichkeit bezeichnen, wenn man es mit bestimmten außereuropäischen Rechtssystemen vergleicht, nicht so sehr Rechtsstaatlichkeit (*Rule of Law*) als eigentlich Staatsherrschaft (*Rule of State*).[65] Dass ein außereuropäisches robusteres Rechtsstaatlichkeitsmodell etwa für einen amerikanischen Verfassungsrechtler nicht ohne Weiteres verständlich oder sogar denkbar ist, zeugt gerade von jener Macht der Normativität, die den »Ausnahmezustand« zu einer Ausnahme gemacht hat. Diese Macht auch, eine von der Fortschrittstheologie angetriebene Macht, gibt den Völkermord, und insbesondere den Holocaust, als Ausnahmephänomen der Moderne aus, obwohl ihr der Völkermord tatsächlich inhärent ist. Das heißt jedoch nicht, dass der vorgebliche »Ausnahmezustand« bloß in einem analogen Verhältnis zum Völkermord steht, insofern als der eine wie der andere von der Fortschrittsdoktrin schöngeredet wird. Mein Argument lautet vielmehr, dass die beiden Phänomene strukturell miteinander verknüpft sind, wobei der Genozid eine der notwendigen Bedingungen und Manifestationen dieses »Zustands« ist und die Manifestationen nicht immer die Form des Genozids als »Ereignis« annehmen, aber strukturell gesehen gleichwohl genozidal bleiben.

Dem Mythos und der Fiktion der Volkssouveränität und des Volks-
willens (ein Mythos, heute so wahr und glaubhaft wie es die Rassentheorien im achtzehnten und neunzehnten Jahrhundert waren) verhaftet,
glauben wir im Allgemeinen an die Rechtsstaatlichkeit als Ausdruck
dieses Willens. Doch eine von Marx begonnene und später modifizier-
te, ernsthafte politische und soziologische Analyse spricht eine andere
Sprache. Sie erzählt von Interessenslagen und Lobbygruppen, von Ver-
einigungen wie dem American Israel Public Affairs Committee, neody-
nastischen Familien, Klasseninteressen und Ähnlichem mehr, die nicht
nur die Politik bestimmen, sondern Einfluss auf die Regierungsform
selbst nehmen. In der in Kapitel 2 diskutierten Vergleichsstudie wurde
aufgezeigt, dass im Islam die *Rule of Law* über dem Willen der Exekutive, Judikative und Legislative stand, und niemand vermochte das Gesetz nach Belieben oder durch einen Zusatz zu ändern. In der Substanz
geschah die Veränderung, wie ich weiter oben und ausführlicher an
anderer Stelle gezeigt habe, Stück für Stück und zeitlich nach und nach
und unterlag weder dem Willen eines einzelnen Akteurs noch einer
Institution, eines Rechtsgelehrten oder irgendeiner Machtinstanz. Das
allumfassende Diktat des Gesetzes herrschte über Sultane ebenso wie
über den einfachen Mann oder eine Person irgendwo dazwischen.[66] Das
Landesgesetz (*lex terrae*) konnte nicht aufgehoben werden, und Ausnahmen waren nicht möglich. Und da dieses System den Kapitalismus,
wie ich anhand der Erörterung des körperschaftlichen Unternehmens
gezeigt habe, daran hinderte, die vorgegebenen ethischen Richtwerte zu
sprengen, konnten weder das Geld noch die von ihm abgeleitete Macht
systemisch oder strukturell der *Rule of Law* etwas anhaben. Auch keine
andere Macht war dazu in der Lage. Die unveränderliche Stabilität der
höchsten moralisch-rechtlichen Prinzipien gewährleistete unmerkliche
Mutationen in einem organisch strukturierten, politischen wie gesellschaftlichen Kontinuum. In diesem System bestand keinerlei Notwendigkeit für eine ideologische Fortschrittsdoktrin, deren Funktion zum
Teil darin liegt, die radikalen Veränderungen und die beständigen, aber
überaus disruptiven Umgestaltungsmaßnahmen innerhalb der gesellschaftlichen und wirtschaftlichen Ordnung zu rechtfertigen.

Die rasanten Veränderungen im globalisierten euro-amerikanischen Modell sind nicht bloß ein Zeichen für die Reaktionsfähigkeit

und »rational progressive« Geschmeidigkeit des Rechts, was gesellschaftlichen Wandel und die Zwangslage anbelangt, sondern auch für
die Souveränität, die Wandel und »Zwangslage« vor allem in den Dienst
der Macht und der Herrschaft stellt und für die der »Fortschritt« zur
legitimierenden Fassade wird. Dass das Konzept des Wandels für den
Homo modernus so normativ wie eine zweite Natur geworden ist, verpflichtet uns nicht und kann uns nicht dazu zwingen, es für selbstverständlich zu halten. Selbst wenn es uns gelingen sollte, die Fortschrittsdoktrin abzustreifen, bliebe eine Frage bestehen: Wie vermochte die
Menschheit während mindestens sechstausend Jahren aufgezeichneter
Geschichte mit dem Wandel zu leben, ohne ihn in einer Dimension
erleben zu müssen, wie sie in der Moderne existiert?

Ich denke, dass zur modernen Variante des Wandels Willkür und
selbstherrliche Freiheit von jedem Zwang gehören, die als solche nur anhand des souveränen Willens definiert werden können. Was uns zu dem
sogenannten Ausnahmezustand zurückbringt, der alles andere als eine
Ausnahme darstellt. Vielmehr ist er Teil eines überwiegend politischen
und teilweise rechtlichen Willens, der, aufgrund seiner unsicheren und
notwendig inkonsistenten materiell-rechtlichen Konstitution (denn wie
die Macht ist auch Willkür per definitionem inkonsistent) nicht dauer-
haft normativ und in konsistent berechenbarer Weise anzuwenden ist.
Normatives Recht erfordert ein gewisses Maß an innerer Konsistenz und
Vorhersagbarkeit, das dem sogenannten Ausnahmezustand fehlt. Dass
dieser dem Recht und der politischen Steuerung inhärent ist, zeigt sich
nicht nur in den spezifischen Umständen des euro-amerikanischen juridisch-politischen Systems, sondern mehr noch in den Kolonien, in denen das Potenzial zu extremen und außerordentlich gewaltsamen Maßnahmen stärker als anderswo gegeben ist. Dem Kolonialismus ist immer
die Möglichkeit genozidaler Akte eingeschrieben, selbst wenn diese im
Heimatland stattfinden. Wie Dirk Moses in einer taktvollen Antwort auf
Wolfe zutreffend anführt, war sogar der Holocaust durch Hitler und die
Führungsriege des Dritten Reichs letztlich als Verteidigung gegen ein
vorgebliches jüdisches Kolonialprojekt proklamiert worden.[67]

Der Politikwissenschaftler Achille Mbembe behauptet, dass kolonisierte Gebiete der Ort sind, an dem Souveränität im Wesentlichen darin besteht, Macht außerhalb des Gesetzes auszuüben, wo »Frieden« im

Grunde ein fortwährender, nicht endender Krieg ist und wo europäische Herrscher absolute Entscheidungsgewalt über Leben und Tod hatten: »Das souveräne Recht zu töten unterliegt in den Kolonien keinerlei Regeln.« Die Zerstörungskräfte des Kolonialismus waren laut Mbembe nicht auf die Befriedung und die erzwungene kulturelle Assimilierung beschränkt; sie bestanden in dem souveränen Recht, die unterworfene Bevölkerung nach Belieben zu töten. Mbembes Darlegung ist überaus aufschlussreich, aber mit seiner Annahme, diese kolonialen Vorgehensweisen würden außerhalb des Gesetzes stehen, geht er zu weit.[68] Da das moderne Recht seinem Wesen nach instrumentalistisch ist, vermag es sich jeder Situation nach Belieben anzupassen und außergewöhnliche Maßnahmen nicht nur zu einem Bestandteil seiner selbst zu machen, sondern auch in seinen normativen Modus zu integrieren.

Im Lichte von Agambens Behauptung, der ich mich anschließe, dass der »Ausnahmezustand« im Grunde keine Ausnahme darstellt und dass er normativer ist als allgemein angenommen, ist es nicht länger angemessen, von Ausnahme zu sprechen, zumal dies eine gewisse Widersprüchlichkeit in sich birgt. Eine Ausnahme, die Teil eines exklusiven und omnipotenten, gegen die Rechtsstaatlichkeit gerichteten Wirkungsquantums ist und sich als solche behauptet, ist keine Ausnahme. Angesichts der Tatsache, dass dieser »Zustand« in der Praxis liberaler Demokratien anhaltend präsent ist, und der Unmengen an Tinte, die für seine wissenschaftliche Diskussion verschwendet wurden – verursacht zweifellos auch von der liberalen Angst vor den mit den albtraumhaften Mahnungen Schmitts und mehr noch Agambens verbundenen Implikationen –, gerät er fast zu einer normalen Praxis und ist sicher mehr als nur eine Potenzialität. Dieser Zustand stellt deshalb alles andere als eine Ausnahme dar. Er ist nicht differenziert, sondern graduell angelegt, und die Sprache bekommt Probleme, wenn klare Gegensätze oder offenkundige Unterschiede verschwinden, sie verliert dann ihre Schärfe und Unterscheidungskraft. In Ermangelung eines besseren Begriffs wäre es genauer, den von Schmitt und Agamben beschworenen Zustand als »Zustand der Außerordentlichkeit« zu bezeichnen, ein etwas unbeholfener Neologismus,[69] der jedoch den Vorteil hat, sich nicht allzu weit von seiner adjektivischen Entsprechung zu entfernen. Der Zustand der Außerordentlichkeit, der dem lexikalischen »außerordentlich« eng auf den Fersen ist, ist Teil der ordentlichen rechtlichen und politischen Ordnung des modernen Staats; in der Vorsilbe »außer« allerdings lautet nicht so sehr ein »über-« an, sondern vielmehr eine zeitweilige Ergänzung, partielle Verschiebung und Intensivierung des gewöhnlichen Zustands. Das Außerordentliche ist der Moment der Wahrheit im Gewöhnlichen. Es bringt durch zusätzlichen Druck und extremen Stress den wahren Charakter dessen hervor, was sich unter normalen Umständen als in sich ruhend und gefasst geriert.

Weil dieser Zustand der Außerordentlichkeit, neben anderem, in den Kolonien der reguläre Zustand *ist*, erfordert er, um ihn gewöhnlich zu machen, ein gewisses Maß an Normativität. Das heißt, die Abstufung vom Ordentlichen zum Außerordentlichen ist genau das, eine Abstufung, eine sich verändernde Quantität, eine je nach Willen des Kolonisten zu- oder abnehmende Intensität, aber sicherlich nicht ein qualitativer Unterschied. Die Kolonien, so behaupte ich in Anlehnung an Foucaults Arbeit über Europa, sind eben nicht nur ein Anhängsel des modernen Staates, eine Anfügung mehr oder minder zufälliger oder kontingenter Natur, sondern diesem wesentlich; sie sind eine strukturelle Erweiterung seiner Struktur.[70] Als Großbritannien 1947 Indien fallen ließ, unterschied sich das nicht von dem Vorgehen Russlands, als dieses nach dem Zusammenbruch der Sowjetunion seine südlichen und westlichen Republiken und Oblaste aufgab. Dieser Logik wäre auch nicht zuwidergelaufen, wenn sich Quebec nach dem Referendum 1995 von Kanada tatsächlich abgespalten hätte, wie einseitig diese Sezession auch immer erfolgt wäre.

Souveränität und der Zustand der Außerordentlichkeit bedingen sich gegenseitig, wobei das Recht in ihren zerebralen und politischen Operationen lediglich ein formbares Instrument darstellt. Das Normale und das Abnormale sind hier nicht als diskrete Kategorien vorhanden, da sie sich fortwährend neu bilden und immer wieder neu verzahnen. Frantz Fanon ging etwas zu weit, wenn er annahm, dass der Kolonialismus eine »auf dem Kopf stehende Welt ist«, wo das Normale abnormal wird und »das Pathologische den Raum des Normalen einnimmt«.[71] Es handelt sich lediglich um eine Sache der Abstufung, wo das Pathologische die Souveränität des Mutterlandes ebenso sehr konstituiert wie die Souveränität die koloniale Außergewöhnlichkeit konstituiert.[72] Und wenn die Souveränität und ihr Recht das Pathologische bedingen, dann maskiert der moderne Staat zusammen mit der Genealogie seiner Denkstruktur ein von diesem Recht sanktioniertes Verbrechen.

Souveränität zieht sich quer durch die gesamte moderne sozio-politische Ordnung und hat sich seit dem sechzehnten Jahrhundert sozusagen zunehmend robust gezeigt. Es wäre deshalb ein Fehler, anzu-nehmen, sie gehöre zu einem exklusiven politischen Rahmenwerk oder würde durch dieses definiert. Man führe sich die vier Komponenten vor Augen, die die Struktur des kolonialistischen Projekts definieren und die von verschiedenen Formen souveränen Wissens und Handelns durchdrungen sind. Die erste und allgemein anerkannte Komponente ist natürlich das Mutterland, dessen kolonialistisches Verhalten von dem relativ gut definierten politischen Organ des souveränen Staats or-ganisiert und gesteuert wird. Darauf folgt die Komponente der offiziell bestallten Kolonisten selbst, die als organisierte Armeen und Handels-kompanien erscheinen, für die die Briten in Indien und die Holländer in Indonesien die wichtigsten Beispiele abgeben. In diesem pauschalen Bild des europäischen Kolonialismus bleiben zwei weitere Elemente häufig unerwähnt, die als dritte und vierte Komponente ebenso große Bedeutung für das Gesamtprojekt haben. Diese sind der sogenannte gesetzlose Mob[73] und die Kolonisten als Privatpersonen.

Der Mob ist sicherlich nicht gesetzlos, denn Gesetzlosigkeit setzt eine feste, stabile und beständige Rechtsstaatlichkeit voraus. Souveräni-tät war sowohl als Phänomen als auch als Analysekategorie für die vier Komponenten des kolonialistischen Projekts wesentlich. Sie durch-drang das gesamte Projekt und definierte seine evolutionäre Form und Substanz in jeder erdenklichen Weise. Die »mörderischen Aktivitäten des Grenzgebietsmobs« sind keineswegs eine separate, der kolonialis-tischen Anschauung des Mutterlands entgegengesetzte Kraft, sondern »stellen sein wichtigstes Mittel zur Expansion dar«.[74] Wie der Politik-historiker Lorenzo Veracini darlegt, betrachteten sich die Siedler, ob als Einzelpersonen, als Gruppe oder von Amts wegen, systematisch als unabhängige Akteure und somit als Begründer der politischen Ord-nung: Sie »interpretieren ihre gemeinsamen Anstrengungen unter dem Aspekt eines von Natur aus souveränen Anspruchs, der sich mit ihnen auf die Reise macht und letztlich, wenn nicht unmittelbar, gegenüber dem kolonialisierenden Mutterland autonom ist«.[75] Von Bedeutung ist jedoch, dass das Souveränitätsstreben durch die souveräne Herrschaft des Mutterlandes über seine eigenen Kolonisten motiviert wurde. Der Verfassungshistoriker Aziz Rana macht überzeugend geltend, dass sich die juridischen und politischen Rechte, die die Siedler genossen, zumindest im Falle Nordamerikas nicht allzu sehr von denen der unterworfenen Bevölkerung und der afrikanischen Sklaven unterschieden. Die Krone maßte sich das Recht an, ihnen gegenüber ebenso viel Ermessens- und Zwangsmacht auszuüben wie gegenüber den unterworfenen und versklavten Bevölkerungsgruppen.[76] Wenn die Gewalt in der europäischen Welt Gewalt gebiert, dann züchtet die souveräne Herrschaft ihre eigenen Nachkommen heran.

Mein Hauptargument lautet hier, dass die Kolonialakteure aller Ebenen von Souveränität durchtränkt waren, und wenn das Individuum oberflächlich gesehen keinen ausgeprägten Souveränitätssinn aufwies, dann aufgrund des korporativen Charakters der Kolonialprojekte, der das Individuum zwang, sich in den Grenzen eines kollektiven Organismus zu bewegen, der seinem Souveränitätsgefühl am ehesten Ausdruck verlieh. Es ist kein Zufall, dass das als korporatistischer Organismus verstandene Unternehmen direkt aus einer kolonialistischen Unternehmung hervorgegangen war: Die britische Ostindien-Kompanie war für Souveränitäts- oder Quasisouveränitätsansprüche ebenso berüchtigt wie für ihr korruptes Vorgehen, worin sich die ganze Palette souveränen Verhaltens äußerte. Die Fähigkeit der Kolonisten zur Selbstkonstituierung zog sich durch alle Stufen des Projekts und war weder zwangsläufig noch ausschließlich mit der bloßen Gier nach Reichtum oder Land verbunden. Das Projekt war auf individueller wie auf kollektiver Ebene auf die souveräne Herrschaft über ein neues Territorium ausgerichtet, in dem die Eingeborenen lediglich ein zufälliges und letztlich leicht loszuwerdendes Anhängsel darstellten und wo sich der Wille zur Macht, wenn überhaupt, dann höchstens durch den Willen selbst gebremst zeigte.

Die Selbstkonstituierung war nur möglich aufgrund einer Autonomiekonzeption, der alle »normativen« Rechtsauffassungen untergeordnet waren – auch das Recht des Mutterlandes, das häufig von den Siedlern selbst als repressiv empfunden wurde. Der amerikanische

Siedlerkolonialismus, von seinen Anfängen bis zum Bürgerkrieg, und die israelischen Siedler auf der West Bank sind die äußersten Pole eines Spektrums, in dem sich koloniale Souveränität niederschlagen kann. Ersterer war die Geschichte eines erfolgreichen souveränen Handelns, letzterer bislang ein beachtlicher, wenn auch nur teilweiser Erfolg. Der »gesetzlose Mob« ist deshalb nicht weniger gesetzlos, weil er sich als souverän erklärt. Souveränität führt nicht etwa zu normativem Recht oder zur Rechtsstaatlichkeit, sondern produziert den Willen zum Recht. Dies zu verwechseln, heißt Ursache und Wirkung zu vertauschen. Im Kolonialprojekt wendete sich der souveräne Wille gegen die Anwesenheit der Einheimischen, die er als naturgegebene »Steine« aus seinem Weg zu räumen hatte, und das Recht wurde zur Durchsetzung dieses Willens herangezogen.[77] Es änderte sich so, wie es die Umstände erforderten, denn wenn Selbstkonstituierung politisches und sonstiges Anrecht bedeutet, dann ist die Schmitt'sche Existenzbedrohung stets Teil des kolonialen Bewusstseins und der kolonialen Präsenz. Sobald eine solche Bedrohung wahrgenommen wird, ist die »Ausnahme« selbst im Mutterland nicht mehr länger eine Ausnahme. In den Kolonien, die für eine solche Wahrnehmung empfänglicher waren, war die »Ausnahme« deutlicher ausgeprägt und wurde zu einer routinemäßigen Norm.

VI

Das zuvor Gesagte erlaubt nun einen schematischen Überblick über die Beziehung von Kolonialismus und Genozid. Lemkins Konzept des Genozids weiterführend legt Wolfe treffend dar, dass das Phänomen sowohl positive als auch negative Aspekte besitzt.

In negativer Hinsicht strebt es die Auflösung einheimischer Gesellschaften an, in positiver errichtet es eine neue koloniale Gesellschaft auf dem enteigneten Land [...] In ihrem positiven Aspekt ist die Eliminierung eher ein organisatorisches Hauptanliegen der siedlerkolonialen Gesellschaft als ein einmaliges (und dann überflüssiges) Ereignis. Zu den positiven Resultaten der Eliminierungslogik dürften die amtlich geförderte Rassenmischung gehören, die Umwandlung einheimischer Besitzrechte in veräußerlichten, individuellen Grundbesitz, Bürgerrechte für Eingeborene, Kindesentziehung, religiöse Konvertierung, Resozialisierung in totalen Institutionen wie Missionsschulen oder Internaten und eine ganze Reihe verwandter biokultureller Assimilationen. All diese Strategien, darunter auch die im Grenzland begangenen Morde, sind typisch für den Siedlerkolonialismus.[78]

Wolfe, der darauf besteht, dass dem Genozidkonzept auch zu subsumieren ist, was ich die totale Umstrukturierung der kolonisierten Kultur und ihres Subjekts nenne (im performativen Sinn der Subjektivität, des Subjektstatus und der Identität), möchte die Problematik vermeiden, die durch Bezeichnungen wie »Ethnozid« und »kultureller Genozid« aufgeworfen werden, weil sie, da sie »nicht wirklich zutreffen, sich selbst aufzuheben drohen«. Allerdings verweist Wolfe auf ein Hauptproblem des akademischen wie allgemeinen Genoziddiskurses, das darin besteht, dass die moderne Geisteshaltung, insofern sie den Holocaust als »Paradigma« betrachtet, in eine Sackgasse geraten ist,[79] und mit dieser Betrachtungsweise die Bedeutung der komplexeren Formen struktureller Genozide, wie er es nannte, abgeschwächt hat.

Wolfe hätte hinzufügen können, dass sich die Bedeutung des Genozids als einer singulären Massenvernichtung (das heißt als eines Einzelereignisses) in ihrer Persistenz der modernen diskursiven Praxis verdankt, den strukturellen Genozid zu normalisieren. Und tatsächlich herrscht insbesondere unter den heutigen Nachkommen der Menschen früherer Kolonien und ihrer modernen Institutionen standardmäßig die sowohl akademisch als auch allgemein überlieferte Übereinkunft, dass ihre Geschichte in den letzten zwei oder drei Jahrhunderten ein unvermeidlicher, dem »natürlichen« Lauf der Dinge auf dem Pfad des Fortschritts folgender Prozess war. Möglich war dies nicht nur deshalb, weil diese Menschen nichts anderes gesehen oder erlebt haben (und dadurch einer vergleichenden Perspektive beraubt sind), sondern auch weil sie, wie ihre westlichen Pendants, als wahre Gläubige mit der Theologie des Fortschritts gefüttert wurden, die eines der wichtigsten und mächtigsten Werkzeuge des Imperialismus darstellte. Ich möchte damit sagen, dass jene Strategie des theologisch gefärbten Fortschrittsdiskurses, die den

Holocaust zu einer Ausnahme erklärte, gleichzeitig darauf hinwirkte, den strukturellen Genozid der Normativität der modernen Geschichte einzugliedern, wobei die totalisierende Vernichtung »traditioneller« Kulturen früher oder später als »natürliche« Entwicklung betrachtet wird.

Wolfe macht zudem geltend, dass der Holocaust »antisemitische westliche Staaten, die sich gegen die Nazis stellten, entlastet«, und dass »dieselben Nationen, die auf der epistemischen Souveränität und dem strukturellen Genozid aufbauten, aus ihrer Verantwortung für die kolonialen Völkermorde keinen Gewinn ziehen können«. Das ist zutreffend, aber es wäre sinnvoller, die Erklärung nicht auf politische Strategien zu begrenzen, sondern dieses spezielle Phänomen als dem allgemeinen Fortschrittsnarrativ zugehörig zu betrachten, das den Holocaust zu einer Ausnahme gemacht hat, und dies nicht nur, weil das Thema allgemein heikel ist, sondern weil die von dem Soziologen Zygmunt Bauman, von Hannah Arendt und anderen vorgebrachte Argumentation, dass der Holocaust Ausdruck und inhärentes Merkmal der Moderne ist, dazu auffordert, in die tieferen Schichten ihrer zerstörerischen Grundanlage vorzudringen und den strukturellen Genozid, *das historische Fundament des Projekts der Moderne selbst*, einer sinngebenden Betrachtung zu unterwerfen. Auch hier liegt das Kernproblem nicht in der Politik, sondern in Denkstrukturen. Der Holocaust als »paradigmatisches« Ereignis, als Struktur und Narrativ wurde nicht als unmittelbare Folge des Nazi-Übels betrachtet, sondern wurde *als solcher* zu einem direkten Ergebnis der modernen Fortschrittstheologie gemacht. Das nationalsozialistische Böse ließ das in der Moderne waltende Potenzial tatsächlich Wirklichkeit werden, die Exzeptionalisierung des Holocausts jedoch war die helfende Hand dieser Theologie.

Der von Wolfe geprägte Begriff des strukturellen Genozids eröffnet weiträumige Forschungsfelder, die das Potenzial bergen, die Geschichte des Kolonialismus und somit der Moderne umzuschreiben. Eine wesentliche Voraussetzung für eine solche Neuschreibung der Geschichte besteht darin, politische Phänomene zu erkennen und dann über ihre politischen Implikationen und ihre politische Bedeutung hinauszugehen. Dem nachgehend, könnten wir den Kolonialismus als ein modernes Transformationsprojekt betrachten, das *unablässig* darauf abzielt, das Subjekt als Natur umzugestalten. Dies und nicht das Territorium ist das ultimative Desiderat und der Terminus ad quem des Kolonialismus, ob er nun als Siedlerkolonialismus auftritt oder nicht, ob er sich orientalistisch, säkular oder ökonomisch geriert. Der Siedlerkolonialismus trägt lediglich zu einer Intensivierung des Phänomens des Kolonialismus bei, erzeugt aber keine wesentlich andere, tiefer liegende und grundsätzlich operierende Denkstruktur. Der Intensivierungsgrad bestimmt die Quantität und den Umfang, nicht jedoch die Qualität der Außergewöhnlichkeit.

Der europäische Kolonialismus, selbstredend in Europa beheimatet,[80] hat seine Ursprünge in den britischen, französischen, italienischen, schwedischen oder niederländischen Machtsystemen, die sich nur wenig unterschieden. Wenn sie in der Art, wie sie ihre kolonialistischen Projekte durchführten, einen gewissen Unterschied aufwiesen, dann hatte dies mit Latours Stein zu tun, ein Stein, der in den jeweiligen kolonisierten Räumen verschiedene Formen, Größen und Qualitäten annahm. Es ging dabei nicht um die Frage der Handlungsfähigkeit an sich, sondern darum, wie der Stein zu bearbeiten sei. Manche Steine waren zu hart, um sie zu bearbeiten; sie wurden entsprechend zertrümmert oder, wenn sie klein genug waren, zu Staub zerrieben. Andere waren zu groß und wurden deshalb gespalten, bearbeitet und umgestaltet. In Indien war Latours Stein offensichtlich zu groß, um ihn ganz entfernen zu können, sodass als einzige Option nur seine Umarbeitung blieb. In Amerika war der Stein durch biologische Kräfte (Grippe, Typhus, Cholera und dergleichen) in Stücke zerschlagen worden, klein genug, um pulverisiert zu werden, wobei nicht zu vergessen ist, dass er nach Ansicht der Europäer ohnehin nicht zur Bearbeitung geeignet war. Anders gesagt, nicht die den Kolonialismus unterfütternde und leitende Denkstruktur war die Variable, sondern die Frage, inwieweit oder wie deren Logik und Werte durchzusetzen seien. Somit bestimmten die »natürlichen« Gegebenheiten in den Kolonien Verlauf und Form der Kolonisierung.

Wie das Projekt durchgeführt wurde, war also eine Frage des Stils und keine einer qualitativ andersartigen Denkstruktur. Die französischen Kolonialisten galten allgemein als blutrünstiger und bösartiger als ihre britischen Kollegen, doch handelte es sich dabei um einen anders angewandten Instrumentalismus und *nicht um eine andere Quali-*

tät desselben. Das oft angeführte Argument, die Briten seien hinsichtlich der Führung und Verwaltung ihrer Kolonien »klüger« vorgegangen als die Franzosen, bedeutet lediglich, dass sie effizienter darin waren, die Denkstruktur in die Realität umzusetzen. Unter den richtigen Bedingungen, das heißt bei optimaler Effizienz und totaler Vereinnahmung und Kontrolle von Latours Stein, wurde diese Realität auf dem kürzesten Wege und in denkbar umfassendster Weise verwirklicht.

Dass der Siedlerkolonialismus einen quantitativen Grad ein und derselben kolonialistischen Qualität darstellte, heißt auch, dass er in den Kolonien in ebenso vielen subtilen wie weniger subtilen Formen präsent war. Das klassische Beispiel ist das Osmanische Reich, der kranke Mann Europas. Formal gesehen war das Osmanische Reich eine, wie man so sagt, souveräne Einheit und keinerlei kolonialistischen Bestrebungen im herkömmlichen Sinne ausgeliefert. Wie aber zuvor schon und an anderer Stelle ausführlicher gezeigt, war es verschiedenen Zwängen ausgesetzt, durch die es sich genötigt sah, strukturelle Umwandlungen vorzunehmen, die mindestens ebenso aggressiv und beschleunigt stattfanden, wie dies in Indien unter direkter britischer Herrschaft der Fall war.[81] Der strukturelle Genozid im Osmanischen Reich war nicht minder erfolgreich als andere Genozide. Nachdem Europa das Osmanische Reich erledigt hatte, war von ihm, nach etlichen Jahrzehnten unerbittlicher Vorherrschaft und Manipulation, bis auf eine ferne und verzerrte Erinnerung praktisch nichts mehr übrig geblieben. Nicht nur war es in seinen Institutionen, in seiner gesellschaftlichen, wirtschaftlichen, kulturellen, intellektuellen und damit auch politischen Existenz vernichtet worden, auch, was man von ihm erinnerte, war zutiefst beschädigt.

Wenn die osmanische Gesellschaft etwas bedeutete, dann, wie bei so vielen anderen »orientalischen« Gesellschaften der Fall, nicht ihrer politischen Formen, sondern ihrer unverwechselbaren Institutionen wegen, ihrer sozialen Praxis, ihres einzigartigen Bildungs-»Systems«, ihrer moralisch-mystischen Formen des Selbstausdrucks, ihrer spezifischen Existenzweise in der Natur und der kosmologischen Welt wegen, sowie aufgrund eines übergeordneten Wertesystems, das nicht weniger belastbar und nachhaltig war wie andere, denn diese Nachhaltigkeit hatte sich schrittweise aus früheren Existenzformen entwickelt und justiert, die bis in die Welt des alten Babyloniens zurückreichten. In der gesamten Geschichte dieser Weltregion und vermutlich auch anderswo hat es keinen anderen Fall gegeben, in dem eine kleinere oder größere Gesellschaft strukturell von innen, vom Subjekt ausgehend, nach außen transformiert worden ist, mit dem Ergebnis, dass eine Existenzweise völlig vom Erdboden getilgt wurde. Weil der europäische Kolonialismus kein gegen die Osmanen gerichtetes, genozidales »Ereignis« durchgeführt hat, stellt der osmanische Genozid womöglich den klassischen Fall eines strukturellen Genozids dar – in dem hier vorgebrachten Sinne klassischer noch als der von den Euro-Amerikanern an den amerikanischen Indianern begangene Völkermord.

VII

Was den strukturellen Genozid angeht, kann das osmanische Beispiel an dem einen Extrem eines Spektrums angesiedelt werden, dessen anderes etwa von Amerika, Australien und Israel eingenommen wird, so unterschiedlich die Ergebnisse bei diesen drei auch ausfallen mögen. Die meisten anderen Kolonialsituationen liegen dazwischen. Es lohnt jedoch, kurz bei dem Beispiel Israel zu bleiben, denn an ihm manifestiert sich der Siedlerkolonialismus in seiner größten Breite und Tiefe und es verdeutlicht die Rolle akademischen Wissens, einschließlich des Orientalismus, im Projekt der unmittelbaren Kolonisation.[82] Insofern die verschiedenen Ausprägungen des Kolonialismus ein Phänomen bilden, das den normativen Modi politisch-rechtlicher Existenz analog ist, ist Israel ein normatives Beispiel der Außergewöhnlichkeit. Wolfes Darstellung ist hier überaus hilfreich, bedarf allerdings der Ergänzung. Bekanntlich war das zionistische Projekt, das auf europäischem Boden entstand und zahlreiche Muster des europäischen Kolonialismus aufgriff, insbesondere das amerikanische, eng mit diesem verknüpft.[83] Auch wenn Israel formal nicht wie die Briten in Indien oder die Franzosen in Algerien ein Mutterland oder eine koloniale Metropole besaß, kompensierte es diese spezielle Bande durch starke und mächtige Verbindungen zu politisch und finanziell einflussreichen zionistischen Gemeinschaften der westlichen Diaspora,[84] die es ideologisch und materiell in einem Ausmaß unterstützten, dass dies sogar die Außenpolitik ihrer Mutterländer, hier insbesondere der Vereinigten Staaten,

untergrub.[85] Diese Bande kompensierten zusammen mit der uneingeschränkten Unterstützung durch die Regierung der Vereinigten Staaten
und in hohem Maße der Europäischen Union die formale Abwesenheit
eines Mutterstaates.

Israels Gründung basierte vor allem auf dem Mythos eines jüdischen Volks ohne Land, das ein Land ohne Volk vorfand. So wie in der
amerikanischen Verfassung die »Schwarzen« nie als Menschen zählten,
galten dem allgemeinen zionistischen Tenor zufolge auch die Palästinenser nicht als solche. Das zionistische Beispiel ist jedoch besonders
kritisch, da die Palästinenser das Land seit Jahrtausenden bewohnten
und nicht als unterjochte Sklaven dorthin verschleppt worden waren.
Und wenn die Palästinenser gelegentlich als Latours Stein wahrgenommen wurden, wie bei dem zionistischen Ideologen Jabotinsky der Fall,
wurden sie vor die Wahl gestellt, entweder den Zionismus und seine
Autorität und Souveränität zu akzeptieren, oder das Land zu verlassen.[86] Die Option, dass sie die Herren ihrer eigenen Heimat seien und
die jüdischen Emigranten Gäste, die in Palästina Asyl suchten, kam
nicht nur nicht infrage, sondern stand erst gar nicht zur Debatte. Und
dies deshalb nicht, weil die Palästinenser, so sehr sie auch physisch
zugegen waren, schlicht nicht existierten. Sie waren lediglich eine Erweiterung der Natur, die, so wie das Land selbst, domestiziert und beherrscht werden musste.[87] Diese Konzeption reicht von den ersten Ent-
stehungsmomenten der zionistischen Bewegung bis in die Gegenwart
und ist von den Anführern Israels in häufig drastischen, aber ernst
gemeinten Worten bestätigt worden.[88]

Latours Stein allerdings war für das zionistische Projekt zu groß, als
dass er hätte bearbeitet oder zu Staub zerrieben werden können. Zahlenmäßig waren die Palästinenser den jüdischen Einwanderern nach
Palästina bei Weitem überlegen, zudem waren sie Teil einer größeren
arabischen Nation, die, von der Meeresküste abgesehen, Israel von allen Seiten umgab. Und aufgrund dieses demografischen, kulturellen
und geopolitischen Umstands standen die Palästinenser einem Projekt
der kulturellen und epistemischen Umgestaltung nicht gerade aufge-
schlossen gegenüber, eine Situation, die eine nahezu deckungsgleiche
Analogie in der Einstellung der Indianer gegenüber den Europäern
findet. Nicht, dass die Identität und Subjektivität der Palästinenser

fester als die der Hindus und Moslems Indiens in alten Traditionen verwurzelt gewesen wäre; vielmehr war das zionistische Projekt von Natur aus exklusivistisch und institutionell zu schwach aufgestellt, um eine derart massive »kulturelle Eroberung« der einheimischen palästinensischen Bevölkerung in Angriff nehmen zu können. Als die Briten ernsthaft darangingen, Indien umzuformen – vor allem nach dem Sepoy-Aufstand von 1857 –, hatten sie als politische und militärische Supermacht, die schon lange eine führende Rolle bei der Gestaltung der Moderne spielte, bereits ihre Kultur- und Staatsinstitutionen aufgebaut und stabilisiert. Die zionistische Bewegung hatte auch noch 1948 keine ausgereifte Identität als Staat, geschweige denn als Kultur gewonnen, was die Durchführung eines derartigen kulturellen Umgestaltungsprojekts unmöglich machte. Dieser Umstand, zusammen mit dem exklusivistischen Charakter der Bewegung, ließ für Israel nur eine andere berüchtigte Methode des Kolonialismus übrig: Vertreibung. So kam es 1948 zum Exodus etwa einer Dreiviertelmillion Palästinenser, eine Vertreibung, die im Krieg von 1967 fortgeführt wurde und die, obgleich in letzter Zeit offenbar leicht abgeschwächt, nie ausgesetzt hat.

Die Abschwächung hat offenbar ihre Gründe, die mit einer sorgfältigen Abwägung jener Mittel zu tun haben, die am besten und effizientesten zur Vervollständigung des kolonialistischen Projekts beitragen. Wie der renommierte Historiker Ilan Pappe im Epilog seines Buchs *Die ethnische Säuberung Palästinas* scharfsichtig anmerkt, gibt es »viele Palästinenser, die nicht unter Besatzung leben, aber keiner von ihnen [...] ist vor der potenziellen Gefahr zukünftiger ethnischer Säuberungen sicher. Die Auswahl ist offenbar mehr eine Frage israelischer Prioritäten als eine Hierarchie ›glücklicher‹ oder ›weniger glücklicher‹ Palästinenser.«[89] Die zunehmend entvölkerte und weitgehend von jüdischen Siedlungen übernommene West Bank wird praktisch von Israel kontrolliert. Ihre Kolonisierung ist nahezu abgeschlossen. In dem dicht bevölkerten Gazastreifen, einem schmalen Stück Land, das von fast zwei Millionen Palästinensern bewohnt wird, hat Israel unter freiem Himmel ein Schlachtfeld geschaffen, das in einiger Regelmäßigkeit mit massiven Bombardements belegt wird. Damit und mit der seit 2007 aufrechterhaltenen Belagerung ist der Gazastreifen zum Schauplatz einer allmählichen Eliminierung geworden – auch dies eine gerne geübte kolonialistische Methode. Die langsame Eliminierung verdankt sich womöglich der Tatsache, dass ein einmaliger Genozid, das heißt ein Genozid als Ereignis, aufgrund der Aufmerksamkeit der Weltgemeinschaft und auch weil man ähnliche Konsequenzen wie in Südafrika – Stichwort »Beendigung der Apartheid« – fürchtet, kaum durchführbar ist. Allerdings schließen diese politischen und psychologischen Zwänge, denen sich Israel unterworfen sieht, keineswegs die Planung und Umsetzung einer, wie Pappe nahelegt, unkonventionellen Form der Massenvernichtung aus.

Angesichts des allgemeinen Diskurses einer progressiven Moderne, in der der Holocaust als Ausnahme erscheint (so angelegt, dass sie den Antisemitismus in seiner Heftigkeit zuspitzt und als eine Singularität der Unterstützung Israels dienstbar macht), und angesichts der Rolle der israelischen Propaganda bei der Förderung dieses Diskurses, erwies sich der Holocaust, wie Wolfe zutreffend feststellt, als das »nicht-paradigmatische Paradigma«.[90] Damit wären, ähnlich wie beim strukturellen Genozid, auch andere Formen der Massenvernichtung, wie Israels Anführer anscheinend denken, nicht nachweisbar, und zwar gerade aufgrund des schrittweisen Vorgehens. Eigens errichtete Konzentrationslager, eine explizite bürokratische Maschinerie oder gar Gaskammern wären bei einer solchen Herangehensweise nicht vonnöten. Erforderlich wäre indessen ein gewisses Maß an traditioneller Kriegsführung, gekleidet in Vergeltungsmaßnahmen gegenüber jenen militanten Gruppen, die als Bedrohung für die Sicherheit des jüdischen Staates wahrgenommen werden. Die Konstruktion einer solchen existenziellen Bedrohung ist jedoch keineswegs präzedenzlos, denn wie Schmitt lehrte, ist sie fest mit dem Konzept des Politischen, der Freund-Feind-Unterscheidung und somit dem Modus Vivendi *aller* modernen Staaten verbunden. Doch der Feind muss sich nicht unbedingt als Staat zeigen. Auch Gruppen innerhalb von Staaten können als mögliche oder tatsächliche Bedrohung wahrgenommen werden, so imaginär diese auch sein mag. Angesichts des unterjochten Status der Palästinenser und ihrer allgemeinen Unfähigkeit iterieren Säuberungskampagnen die grundlegende Struktur einer auf Sicherheit basierenden existenziellen Bedrohung; überdies sind sie in einer Gründungsideologie verankert, die den Palästinensern eine Existenz als Untermenschen zuweist, während sie zugleich die Kolonisten zu »Gottes auserwähltem Volk« macht.

Die existenzielle Bedrohung gehört zu den fundamentalen Möglichkeitsbedingungen des modernen Staates, sie ist ein Eckpfeiler des Politischen und sowohl epistemisch als auch politisch gesehen Spross der totalen Souveränität. Sie ist ein schlafendes Potenzial, das sich durch die alltäglichen internationalen Beziehungen rasch wecken lässt. Im Fall der Vereinigten Staaten verschob sich die Bedrohung von der kommunistischen Gefahr während des Kalten Krieges vor allem nach 2001 zur islamischen Gefahr. Wie sehr diese imaginäre Bedrohung bis ins Mark subjektiv und willkürlich ist (besonders im letzteren Fall), zeigt sich nirgends deutlicher als in der fälschlichen Überzeugung, dass Saddams Irak Massenvernichtungswaffen besitze. Ein komplexeres und zugleich relevanteres Beispiel dürfte allerdings das Dritte Reich sein. In *Mein Kampf* machte Hitler die Juden nicht nur zu einer Plage, sondern zu einer existenziellen Bedrohung für die Sicherheit des Reichs und die Unversehrtheit des arischen Volks. In Hitlers Buch wurden die Juden, so wie sie gemeinhin von der Führungsriege des Reichs betrachtet wurden, *tatsächlich* als koloniale Gefahr konstituiert, als eine Macht, die das deutsche Volk durch Geld, Banken und anderes unterjochen wollte.[91] Doch eine solche Unterjochung durfte noch nicht einmal in Erwägung gezogen werden, insbesondere angesichts der »Überlegenheit« der arischen Rasse und der »Unterlegenheit« der Juden (auch dies, nicht zu vergessen, ein Konstrukt, das zum Teil durch den philologischen Orientalismus deutscher Prägung in die Welt gesetzt wurde). Deshalb war es für Hitler in *Mein Kampf* nur ein kurzer Schritt, die »rassisch unterlegenen« Juden in eine zu kolonisierende Spezies umzuwandeln. Und basierend auf genau dieser ideologischen Grundlage wurden die Juden in Mitteleuropa zu Millionen in die Öfen geschickt und während des Russlandfeldzugs in gleicher Zahl in den östlichen Sowjetgebieten zur Strecke gebracht. Schrittweise Genozide, Siedlerkolonialismus, Völkermord als Ereignis, Kolonialismus ohne Siedlungstätigkeit, struktureller Genozid – verschiedene Formen und unterschiedliche Methoden, die der gleichen Geisteshaltung entspringen, so sehr auch die aktiven Akteure wechseln oder sich anscheinend voneinander unterscheiden.

Hinzu kommt, dass auch die israelischen Araber, diejenigen, die während des sogenannten Krieges von 1948 bleiben durften, nicht gegen Vertreibung gefeit sind. Im israelischen Diskurs hat sich die Diskussion über einen Umsiedlungsplan keineswegs erledigt,[92] ein Plan, der als mögliche Strategie zur Schaffung einer eindeutigen jüdischen Mehrheit in Israel gehandelt wird.[93] Wie Wolfe überzeugend argumentiert:

Bei einem Vergleich fällt ins Auge, dass sowohl in den USA als auch in Australien die totale Radikalisierung der Assimilationspolitik mit dem Ende des Grenzlandes einhergeht, wodurch räumliche Überbrückungsmöglichkeiten wie etwa die Umsiedlung verhindert wurden. In binnenkontinentalen Gesellschaften wie denjenigen auf dem europäischen Festland ist das Grenzgebiet eine Nationalgrenze und besitzt daher keinen mobilen Expansionsindex. Israels Grenzen verfügen über beide Eigenschaften. Trotz der chronischen Sucht des Zionismus nach territorialer Expansion schließen Israels Grenzen die Option der Umsiedlung nicht aus. (In diesem Zusammenhang ist es kaum verwunderlich, dass eine Nation, die so viele ihrer ursprünglichen Bewohner in die Wüste geschickt hat, ständig Angst davor hat, selbst ins Meer getrieben zu werden.) So wie die Logik der Vernichtung in den Siedlerkolonien situationsbedingt unterschiedlichste Formen angenommen hat, ist auch in Israel die anhaltende Tendenz zur Vertreibung der Palästinenser nicht auf den undifferenzierten Einsatz von Gewalt beschränkt geblieben. Wie Baruch Kimmerling und Joel Migdal feststellten, haben zum Beispiel israelische Beamte Familienzusammenführungen »nur in eine Richtung – aus Israel hinaus« zugelassen. Durch das Rückkehrgesetz ist der jüdische Staat an eine zahlenmäßig unbegrenzte, zugleich aber ethnisch exklusive Einwanderung gebunden, ein Faktor, der ungeachtet staatsbürgerschaftlicher Formalitäten gegen die Assimilation von nichtjüdischen Einheimischen spricht. Daher sollte die Assimilation nicht als unvermeidliche Begleiterscheinung des Siedlerkolonialismus verstanden werden. Vielmehr gehört sie zu einer Reihe von Vernichtungsstrategien, die durch bestimmte historische Umstände favorisiert werden.[94]

Der Fall Israels erfasst also die gesamte Bandbreite der gewöhnlich vom Kolonialismus und dem modernen Kolonialstaat verfolgten Optionen: Massive demografische Säuberungen des palästinensischen Gebiets innerhalb der Grünen Linie von 1948; eine im gleichen Maße stattfindende Säuberung der West Bank 1967 und danach; die totale Zerstörung der palästinensischen Infrastruktur, von Institutionen, kulturellen Traditionen und mehr als vierhundert Dörfern[95] und ihre Ersetzung durch ausschließlich zionistische Einrichtungen (nach der Methode: Zerschlagen und Ersetzen);[96] Massentötung, gekoppelt mit der gezielten Tötung von Individuen;[97] Dutzende von Gesetzen zur Diskriminierung der eigenen arabischen Staatsbürger, darunter auch das Nichtrückkehrrecht;[98] höchst verheerende gegen den Gazastreifen gerichtete Militäraktionen; und ein kontinuierlicher struktureller Genozid an den 1948 im Staat verbliebenen arabischen Bürgern. Die dem Zionismus innewohnende Neigung zur Kolonisierung – das heißt seine innere Konstitution als Denk- und Geistesstruktur, die ihn in seinem Wesen definieren – bedeutet, dass Überlegungen, die das zionistische Denken daran hindern könnten, einen Völkermord als Ereignis zu verüben oder einen Umsiedlungsplan umzusetzen, kontingente Realitäten sind und eben keine essenziellen Attribute darstellen, deren Potenzial erst dann in seiner ganzen Kraft spürbar wird, wenn sie entfernt werden. Mit anderen Worten: Israel ist nicht nur nicht eine Ausnahme des Modus Vivendi des modernen Staates, wie er sich aufgrund der Distinktion konstituierte, sondern stellt im Grunde ein paradigmatisches Musterbeispiel dieses Staates dar.

Das Argument, dass Israel ein paradigmatischer moderner Staat sei, setzt die klare Prämisse voraus, dass es, gerade weil es ein Staat ist, dazu befähigt ist, sein virulentes Vorhaben zu verwirklichen, eine Prämisse, die uns nicht nur zu den beiden für die erörterte Denkstruktur erforderlichen Bedingungen, sondern auch zu dem Zustand der Außerordentlichkeit, einem diesen beiden Bedingungen inhärenten Souveränitätszustand, zurückführt. Israel verstößt nicht bloß absichtlich gegen das internationale Recht, sondern schafft dabei auch zum Teil noch neue internationale Normen. Anders gesagt, sogenannte Normverletzungen werden als neue Normen definiert. Bezeichnend für diesen produktiven Vorgang ist, dass das Gesetz und seine gesellschaftlichen Akteure – Rechtsanwälte und Juristen – sich selbst (ebenso sehr wie die medizinischen Berufe oder die Ingenieurwissenschaften) zur helfenden Hand des Staates machen. Israel, das sich gewissermaßen eines »juristischen Unternehmertums« befleißigt, wie es der Rechtswissenschaftler George Bisharat zutreffend nennt, verfolgt unter den herrschenden Normen des Völkerrechts eine Politik rechtswidrigen Verhaltens »in der Hoffnung, dass sie letztlich auf Zustimmung stoßen wird«. Dass dies möglich ist, liegt an der Struktur dieses Rechts selbst. Sowohl gängiger Staatspraxis folgend als auch durch Verträge und Abkommen konstituiert, beruht dieses Recht seit seiner Entstehung in seiner Ausarbeitung stark darauf, dass das, was Staaten als gängige Praxis pflegen, von anderen Staaten – ausdrücklich oder stillschweigend – akzeptiert wird und damit den Status einer rechtmäßigen Praxis erhält. »In anderen Worten: Die Bestimmung der Rechtlichkeit eines Vorgehens richtet sich nach den Reaktionen anderer Staaten, die nicht immer unmittelbar, explizit oder einheitlich erfolgen. Daher ist es mitunter unklar, ob ein staatliches Vorgehen, das vom ständigen Völkerrecht abweicht, tatsächlich schlicht rechtswidrig ist oder die Spitze einer neuen Völkerrechtsnorm bildet.«[99] Es stimmt zwar, dass »Israels effektives Vermögen, Recht durch Gewalt zu begründen, eine Funktion der Macht ist«,[100] ebenso wahr ist aber, dass diese Macht letztlich die Funktion eines souveränen Herrschaftsgefühls ist. Vergleicht man eine solche Macht mit militärischer Macht im Kontext unserer islamischen Fallstudie, wird nur allzu offensichtlich, dass sie sich nicht immer in eine sich selbst ermächtigende Gewalt im Dienste eines völkermörderischen Verhaltens übersetzen muss.

All dies bringt uns zu dem dieses Buch bestimmenden Punkt zurück, dass nämlich der Kolonialismus in allen seinen Varianten von Natur aus genozidal ist und dass diese Eigenschaft letztlich auf überaus strukturelle und strukturierte Weise mit einer Denkstruktur in Zusammenhang steht, von der auch die moderne akademische Welt und die diskursiven Formationen definiert werden, eine Denkstruktur, die diese Welt geformt hat und noch immer hervorbringt. In diesem Szenario spielt der Orientalismus eine beträchtliche, keineswegs jedoch die wichtigste Rolle. Und noch einmal, all dies tritt nirgends deutlicher zutage als im Falle Israels. Erstens sind die akademischen

Institutionen sowie der öffentliche Diskurs und die nationalen Erzählungen ihren euro-amerikanischen Vorbildern eng nachgebildet, ein Umstand, der die verblüffenden, nahezu unterschiedslosen Ähnlichkeiten zwischen den zionistischen und amerikanischen Kolonisierungen erklärt. Die israelischen akademischen Institutionen (allen voran die Hebräische Universität in Jerusalem) waren von Anfang an Kopien ihrer euro-amerikanischen Pendants und haben sich nicht so entwickelt wie beispielsweise die Universitäten in den meisten asiatischen Ländern, die ihre langjährigen Bildungstraditionen und die institutionellen Strukturen, durch die sie aufrechterhalten wurden, zugunsten der aufgezwungenen Institutionen eines fremden und kolonisierenden Eindringlings unterdrücken mussten. In anderen Worten: Die akademische Welt des Landes ist faktisch von europäischem Boden nach Israel verpflanzt worden. Akademisch und intellektuell gesehen ist Israel in weiten Teilen eine Kopie des durchschnittlichen westeuropäischen Landes, »durchschnittlich« deshalb, weil diejenigen, die seine akademischen Institutionen gründeten, besetzten und betrieben, vornehmlich aus genau diesen Ländern nach Israel eingewandert waren. Neuere Institutionen, in denen heute weitgehend in Israel geborene Juden arbeiten, folgten einfach der bereits etablierten Tradition.

Zweitens pflegt Israel eines der intensivsten Austauschprogramme, das ein Bildungssystem mit euro-amerikanischen Universitäten und anderen akademischen und quasiakademischen Institutionen, einschließlich Militärakademien, auf der Welt nur haben kann, mit einem vorzugsweise aus Israel kommenden überwältigenden Strom von Gastdozenten. Das bedeutet, dass der akademische Betrieb Israels nicht nur in der westlichen Wissenstradition wurzelt, sondern auch weiterhin die Denkstruktur der souveränen Herrschaft und des genozidalen Kolonialismus aufrechterhält und fortschreibt.

Drittens sind die Wissenschafts- und Technikinstitutionen, natürlich nicht ausschließlich, für die »Entwicklung« der Infrastruktur des Landes, auch der militärischen, herangezogen worden. Israelische Technologie ist bis in jeden Winkel jenes natürlichen Lebensraums vorgedrungen, der einmal Palästina war, und ihre Erzeugnisse sind in den Aufbau und die Stärkung der staatlichen Institutionen und seines Militärapparats eingeflossen, beides Faktoren, die bei der Kolonisierung des Landes eine entscheidende Rolle spielen. Für meine Diskussion der Distinktion ist unbestritten von Bedeutung, dass Unterjochung und Zerstörung nicht auf die palästinensische Bevölkerung beschränkt sind, sondern sich auch auf den natürlichen Lebensraum des Landes selbst erstrecken. Auch Israel hat wie die westlichen Industrienationen (und inzwischen auch China und andere Länder Asiens) in seinen Herrschaftsbereichen in hohem Maße zur Umweltzerstörung beigetragen – ungeachtet seiner bemerkenswerten Erfolge mit grüner Technologie. So erlebt das Tote Meer, ein weltweit einzigartiges Naturhabitat, eine »Umweltkatastrophe«, die weitgehend auf Israels Ausbeutungsindustrie zurückgeht.[101] Wissenschaft und Technologie Israels haben überdies entscheidend zur Förderung von Gewalt in der Welt beigetragen und dabei unauslöschliche Spuren hinterlassen. Israel ist einer der größten Waffenexporteure und rangiert im globalen Vergleich an sechster Stelle.[102] »Israel investiert mehr Geld in die [militärische] Forschung als die meisten anderen Länder – und nirgendwo sonst sind Forschungsinstitute, die Waffenindustrie, die Armee und die Politik so miteinander verflochten. [...] Die enorme Rolle, die das Militär in der Gesellschaft einnimmt, ist ebenfalls von Belang. ›Noch verwobener ist die Beziehung zwischen Wissenschaftlern, Ingenieuren und Technikentwicklern auf der einen und der Sicherheitslage Israels auf der anderen Seite.‹«[103] Eine derartige Verbindung von Wissenschaft und Gewalt kann nirgendwo als Normalzustand gelten, insbesondere nicht in einem kolonialen Raum, dessen ideologische Grundlagen auf einem Heilsprojekt beruhen, bei dem die Juden vor dem völkermörderischen Deutschland und dem europäischen Rassismus gerettet werden. Die Entscheidung, sich mit dem Waffenexport – insbesondere in politisch instabile Regionen und in diktatorische Regime[104] – als einem den Interessen einer »jüdischen Heimat« dienenden Mittel zu profilieren, statt etwa in umweltfreundliche Technologie zu investieren, knüpft an die »genetische« Konstitution eines eng mit einem bestimmten Denken verbundenen Kolonialismus an. Dass die Opfer der Moderne exakte Kopien ihrer Schikaneure sind und dass sie deren Handlungen blind nachahmen, bezeugt vielleicht am stärksten, wie tief diese Struktur verankert ist.

Viertens steht der israelische Wissenschaftsbetrieb für den Zustand der Außerordentlichkeit in der allgemeinen (oder gewöhnlichen?)

Regel, die die typische akademische Welt ansonsten darstellt. Anders gesagt, er bringt das latente, aber reale Potenzial des akademischen Betriebs zum Vorschein, genau wie die souveräne Kolonialherrschaft den Zustand der Außerordentlichkeit zur offensichtlichen Herrschaftsnorm macht. Wie bereits angedeutet, ist die israelische Wissenschaft von instrumenteller Bedeutung, wenn es darum geht, die Palästinenser unter der Gewalt des Staates zu halten, dazu gehört auch die Ärzteschaft, deren Expertise für die Folterung palästinensischer politischer Gefangener unerlässlich ist.[105] Es ist ein solides Argumentum a fortiori, dass, wenn aus Herrschaftsinteressen routinemäßig gegen die humanitäre medizinische Ethik verstoßen wird, die Einbeziehung der Wissenschaft in das Projekt der Eliminierung als selbstverständlich zu betrachten ist. Wie Eyal Weizman, ein israelischer Intellektueller, prägnant darlegt, ist die Architektur der israelischen Besatzung Palästinas systematisch durch das Beste, was Israel an Wissenschaft und Technik hervorgebracht hat, definiert worden.[106]

Nicht weniger wichtig jedoch für unser Hauptargument ist die Tatsache, dass das Feld des israelischen Orientalismus (Mizrahanut) strukturell und äußerlich mit dem staatlichen Nachrichtendienst und dem Militärapparat, den israelischen Verteidigungskräften, verbunden war.[107] Hier wie auch anderswo im Wissenschaftsbetrieb stellt Mizrahanut eine Erweiterung des westlichen Orientalismus dar, an dem es, wenn auch in geringem Maße, mit eigenen Beiträgen teilhat. Hier herrschen das gleiche Wissenschaftsethos und die gleiche Forschungsmentalität wie im euro-amerikanischen Wissenschaftsbetrieb, mit der Ausnahme allerdings, dass die im westlichen Orientalismus üblichen Formulierungen und rassistischen Untertöne des neunzehnten Jahrhundert im Gegensatz zum Westen in Israel häufig noch nicht abgelegt wurden. Das liegt zum Teil daran, dass sich das kolonialistische Modell Israels meistenteils noch an Formen des neunzehnten Jahrhunderts abarbeitet und unter anderem einen virulenten Rassendiskurs pflegt, wie ihn zahlreiche Orientalisten in ihren kolonialistischen Darstellungen der »Orientalen« herangezogen hatten. Die prominenteste Kategorie dieser Orientalen sind die »Araber«, die vornehmlich als unterwürfig, träge, faul und irrational beschrieben werden – antimoderne und antiaufklärerische Eigenschaften also, wodurch sie ihrem Wesen nach zur Kolonisierung prädestiniert sind. Wie die Juden in Europa, so ist auch der palästinensische Araber meistens ein »dreckiger Araber«, ausgedrückt in der unangenehm häufig benutzten Formulierung »'Aravim milochla-chim«.[108] 1999 wurde in einer größeren Studie festgestellt, dass israeli-sche Schulbücher »Palästinenser als ›Mörder‹, ›Randalierer‹, ›Räuber‹, ›blutrünstig‹ und ganz allgemein als rückständig und unproduktiv dar-stellten«.[109] Während dieser Straßenslang zum Alltag des durchschnitt-lichen israelischen Juden gehört und überall anzutreffen ist, findet sich die veraltete, mit den zeitgenössischen westlichen Formen nicht mehr übereinstimmende Beschreibungssprache des israelischen Orientalisten gewöhnlich in dem hebräischsprachigen Haupt- und Nationalorgan des *Mizrahanut* namens *Ha-Mizra Ha-Hadasch* (was sich als »Der neue Osten« übersetzt, ein Titel, in dem sich die Bestrebung andeutet, einen neuen Osten zu schaffen, womöglich frei von Palästinensern und viel-leicht sogar von etlichen anderen Gruppen auch).

Während ferner in den euro-amerikanischen Ländern die hohe Affinität zwischen einer »Orientalismus«-Ausbildung (heute meist als Islamwissenschaften bezeichnet) und dem Dienst in staatlichen oder militärischen Institutionen eher im Verborgenen bleibt, liegt sie in Isra-el als völlig normale Angelegenheit offen zutage. Die »orientalischen« Forschungsinstitute verkünden öffentlich ihre politische Agenda und erklären bereitwillig, dass die Ergebnisse ihrer wissenschaftlichen Ar-beit politischen Zwecken dienen.[110] Ein *Mizrahanut*-Studium ist ein Erste-Klasse-Ticket für einen schnellen Aufstieg in der Armee und wesentliche Voraussetzung für den Eintritt in den israelischen Nach-richtendienst Mossad. Der Austausch zwischen *Mizrahanut* und den Israelischen Verteidigungsstreitkräften verläuft allerdings nicht nur in einer Richtung, sondern findet weitgehend dialektisch statt. Es ist nicht ungewöhnlich, dass ein Armeeoffizier, ein General oder Kommandeur *gleichzeitig* als Professor tätig ist. Der israelische Wissenschaftsbetrieb ist mitunter so offen militaristisch, dass ein Armeegeneral voll unifor-miert im Seminarraum erscheinen kann.[111] Dieses eigentlich unbe-deutende Detail darf jedoch nicht als ein »Ereignis«, als ein singuläres Vorkommnis oder als eine Ansammlung singulärer Geschehnisse an-gesehen werden; vielmehr sollte es als semiotisches Zeichen einer tiefer liegenden Beziehung und einer Machtstruktur gelesen werden, in der

Wissen *öffentlich* als unerlässlich für das Politische betrachtet wird und in der, selbst formal und öffentlich, nicht länger zwischen einem Armeegeneral und einem Universitätsprofessor unterschieden wird. Das Ereignis ist tatsächlich ein paradigmatischer Fall einer Denkstruktur, deren Geografie und Genealogie tief in die Moderne hineinreicht. Es ist die unablässige Dynamik des Zustands der Außergewöhnlichkeit, die die wahre Natur der inneren Schichten des Systems und der es definierenden Denkstruktur zutage fördert.

Hätte Said bei einem solchen Zeichen angesetzt, das in der universitären Welt angesiedelt, in festgefügten diskursiven Formationen eingebettet und in Machtsystemen verwurzelt ist, die einem Verständnis der Welt als dispensierbarer und der Willkür unterworfener Sache entstammen, hätte er sein Projekt an einer anderen Stelle begonnen und es mit einer Untersuchung beendet, die das Projekt der Moderne als Projekt genozidaler Souveränität, hier in erster Linie einer Souveränität des Wissens, betrachtet. Die Falschdarstellung, nur eines der zahlreichen in der Moderne zum Einsatz kommenden Instrumente, hätte nicht unbedingt zu den Übeln gehört, die ihn als Erstes beunruhigt hätten. Eine nur darauf abzielende Kritik bleibt zutiefst unbefriedigend, da sie nichts an dem Richtwert ändert, der es Autoren wie etwa der Akademikerin und Diplomatin Samantha Power erlaubt, die Außenpolitik der USA insofern »kritisch« zu beleuchten, als diese in ihrer gesamten Geschichte nichts unternommen habe, einen Völkermord zu stoppen oder zu verurteilen, während er im Gange war.[112] Auch hier, wie bei Said und wie bei fast allen Erklärungen, die für das ungeheuerliche Versagen der westeuropäischen und nordamerikanischen Länder, den Nazi-Holocaust zu stoppen, angeboten werden, navigiert die Kritik immer an der Oberfläche und geht nicht tiefer, als es sich die politische Analyse gemeinhin leisten kann. Es wird kaum gesehen, dass diese Kritik und Analyse in ihrem erstaunlichen Versagen nie bis an den eigentlichen Punkt vordringt, nämlich, dass die führenden Länder der späteren Allianz, die dem Nazi-Völkermord an den Juden zusahen, selbst von einem genozidalen Prozess in den Kolonien *konstituiert, geformt und geprägt wurden*, einem Prozess, dessen Ursprünge in einer Denkstruktur liegen, die wiederum die diesem Handeln zugrundeliegenden Weltbilder modelliert.

Zufriedenstellende Erklärungen in den Prozessen der Politik zu finden, die selbst eine moderne Erfindung ist, kann nur auf eine Petitio Principii, einen hoffnungslosen Zirkelschluss hinauslaufen. Der politische Diskurs ist, um an George Orwells brillante Formulierungen anzuknüpfen, die chemische Formel, die die reale Komplexität in den Mythos auflöst; er bildet eine Barriere, durch die Kausalität, Zusammenhänge, Modalitäten, Dialektik und vieles andere, sogar Intelligenz, unterdrückt werden. Die Fragen, die Samantha Power stellt, sind, ebenso wie Saids politische Schmähungen, nicht nur überflüssig, weil vor der Kritik am Verhalten der US-Außenpolitik gegenüber Völkermorden versäumt wurde, eine Genealogie des Genozids zu erstellen, sondern auch, weil sie jenes System stärken, das die Kritikerin zu hinterfragen vorgibt. Indem sie die Kritik innerhalb der chemischen Formel belässt, verortet sie sich als Kritikerin nicht nur in deren transformativer Kraft, was einem Akt der Selbstsubjektivierung gleichkommt, sie erhöht damit auch die Fähigkeit der Kritik zur unablässigen Mythenbildung.

Die Kritik an politischen Reaktionen gegenüber Völkermorden ist, ebenso wie die Kritik des Orientalismus, seit Said darüber geschrieben hat, mythisch verstrickt, das heißt, sie ist tief in einem Nichtwahrhabenwollen verankert. Man darf nicht vergessen, dass die Funktion des Mythos darin besteht, erträglich zu machen, was ansonsten unerträglich wäre. Sich bis zum Unerträglichen vorzugraben bedeutet zu begreifen, dass das Böse – der metaphysische Hass des Menschen auf den Menschen und auf die Natur insgesamt – eine Kunstform darstellte, die von der Moderne perfektioniert und vollendet wurde. Damit jedoch ein Mensch einen anderen Menschen mit einer solchen Intensität zu hassen vermag, dass er fähig ist, ihn einzuäschern – und dazu noch in dieser unbeschreiblichen »Banalität« –, muss der viktimisierende Mensch erst in der Lage sein, sich selbst zu hassen, bevor er das Opfer hasst, das nichts anderes als ein Spiegelbild seiner selbst ist. Bevor er auf diese Weise handeln kann, muss er in der Lage sein, seine eigene Menschlichkeit, und wichtiger noch, seine eigene Natur zu verachten, denn diese Natur ist das Erste, was er zu Gesicht bekommt.[113] Wer wie Said fragt, »wie es möglich wäre, anderen Kulturen und Völkern im Geist der Freiheit [...] zu begegnen«, und dann sagt, »dafür müsste man allerdings das ganze komplexe Problem von Wissen und Macht überdenken«,[Or35] verkennt nicht nur, was »im Geiste der Freiheit« im Tiefsten bedeutet, sondern bejaht genau das, was er ablehnt. Denn dieser »Geist der Freiheit« (*libertarianism*), wie er von Locke, J. S. Mill und anderen zum Ausdruck gebracht wurde, wurde immer durch diesen Selbsthass konstituiert. Dass Said sich diese Verkennung unbekümmert und ungestraft leisten konnte, zeigt nur, wie mächtig der liberale Mythos ist, in dem auf beiläufig trügerische, aber typische Manier und oft mit Eloquenz und Stil Widersprüche in gesunden Menschenverstand verwandelt werden.

Kapitel V
Umbau des Orientalismus, Umbau des Subjekts

I

Ungeachtet jeden Objektivitätsanspruchs wird wie bei jeder Erforschung eines Phänomens auch das Studium einer Kultur unausweichlich von dem Wertesystem und den kulturellen Imperativen des Wissenschaftlers bedingt. Das eben bedeutet es, über keinen neutralen Standpunkt zu verfügen – oder verfügen zu können –, von dem aus die Gegenstände der Welt erforscht werden könnten. Ich habe dies, wie meine Kritik an den von Said ins Feld geführten Begriffen des Vorurteils und der Exotisierung zeigt, als selbstverständlich vorausgesetzt. Wenn muslimische Gelehrte ihr *schari ʿa*-System[1] oder einen anderen Aspekt ihre Welt »studierten«, hielten sie es für gegeben, dass sie als Exponenten jener Werte lehrten und schrieben, in denen das System selbst begründet und verankert war. Das gesamte Gebäude der diskursiven literarischen, theologischen, sufistischen, philosophischen, linguistischen, logischen oder »rechtlichen«[2] Traditionen, das sie aufgebaut hatten, war nicht nur der moralischen *Grundnorm** (im strengen Sinne ein Gründungsakt) verpflichtet, sondern es antwortete auf die Herausforderungen, die durch das System und diejenigen, die es am Laufen hielten, aufgeworfen wurden, und passte sich entsprechend an. So schrieben etwa die Rechtsgelehrten für ihre muslimischen Mitbürger in praktischen wie theoretischen Belangen über die Normen und Prinzipien ihrer eigenen Gesellschaft.

Die theoretisch ausgearbeitete Grundethik, die ihrerseits die intellektuellen Systeme der Zentralgebiete prägte, stand in einer komplexen Dialektik zu ihren praktischen Anliegen, die wiederum als intellektuelle Formation einer »angewandten Ethik« ausgearbeitet wurden. Einen Großteil dessen, was sie über das System wussten (also das, was die

---

* Im Original deutsch.

Geschichtswissenschaft des einundzwanzigsten Jahrhunderts mühsam und meist erfolglos zu ergründen sucht), nahmen sie als gegeben an oder setzten es als selbstverständlich voraus, aber sie hatten auch eine Menge zu sagen, das nicht unbedingt als gegeben anzusehen war. Wie jede andere Gemeinschaft von Gelehrten und »Rechts«-Experten reagierten sie, der inneren Logik ihres eigenen Systems folgend und den Zwängen und Bedingungen ausgesetzt, die dieses System überhaupt erst möglich machten, rational auf neu aufkommende Impulse. Und wie in jeder juristischen oder intellektuellen Gemeinschaft gab es nichts »Objektives« an ihrem Projekt, außer der resultierenden gesellschaftlichen Realität, wie sie der inneren Logik ihrer Welt und der sich daraus zwangsläufig ergebenden Rationalität entsprang.

Ab dem frühen neunzehnten Jahrhundert sahen es auch Orientalisten als ihre Aufgabe, den »Islam«, oder was sie dafür hielten, zu studieren; allerdings sind – ein entscheidender Mangel des Unterfangens – die Manuskripte, Archive und Artefakte dieser Welt nicht in einem islamischen Kontext oder in einem ethisch durchgebildeten System oder Habitus entziffert worden. Zum ersten Mal in der Geschichte sollte die kulturelle Produktion des Islam, insbesondere die textbasierten Traditionen – nun verkürzt wahrgenommen und ihrer kulturellen und psychologischen Umgebung entledigt –, einer völlig fremden und zugleich hegemonialen und *transformativen* Hermeneutik unterworfen werden. Dies war nicht nur ein Unternehmen, das darauf abzielte, Europas »wissenschaftliche Neugier« zu organisieren, sondern auch eines, das die Art, wie Muslime über die Welt dachten und zu ihr standen, vereinnahmte, zergliederte und neu definierte. Am Ende des neunzehnten Jahrhunderts, als der Imperialismus in all seinen Erscheinungsformen seine Hauptmission erfüllt hatte, sah sich kein Muslim mehr auch nur zu dem Versuch in der Lage, eine Geschichte im Geiste at-Tabaris, al-Masʿudis oder Ibn Kathirs, unbestreitbare Größen islamischer Geschichtsschreibung, zu verfassen. Undenkbar war auch, dass in der Domäne der *scharʿi* oder an anderer Stelle noch einmal ein al-Dschuwaini, ein al-Razi oder ein al-Nasafi auftauchen würde. Die einstigen Leitbilder vorbildlicher arabischer Gelehrsamkeit wurden schon bald als Ausdruck einer toten Vergangenheit angesehen.[3] Die epistemische Transformation des Orients, die ohne kolonialistische, performative Institutionen vor Ort nicht möglich gewesen wäre, repräsentierte keinesfalls, wie Said dachte, den Höhepunkt eines europäischen orientalistischen Diskurses in dem an den westlichen Leser gerichteten orientalistischen Text, sondern war Produkt der tatsächlichen Umtriebe eines Orientalismus auf kolonialem Boden, in dem größere Kräfte im Spiel waren als die eines Orientalismus im engeren Sinne einer wissenschaftlichen und philologischen Disziplin. Bis zu einem gewissen Grad haben wir es hier mit jenem Phänomen zu tun, das ich im vorigen Kapitel als strukturellen Genozid bezeichnet habe.

Die Interpretationskontexte und Annahmen der orientalistischen Hermeneutik waren vollständig und fest in einer originär europäischen und präzedenzlosen intellektuellen und materiellen Formation verwurzelt und von einer erst vor Kurzem ausgeformten Aufklärung dominiert, deren Werte einen bestimmten, wenn auch eng gefassten Vernunftbegriff und spezifische oder sogar einzigartige Ideen von Säkularismus, Religion, Menschlichkeit, Materialismus, Kapitalismus, Instrumentalität, Emotion, Schmerz, Gewalt und vielem anderen reflektierten. All diese Kategorien waren (ungeachtet ihrer Abgrenzungen und substanziellen Ausdehnungen) auch im islamischen Osten und anderswo zu finden, hatten sich dort aber auf drastisch andere Weise manifestiert und ausgestaltet und waren vor allem *auf andere Ziele hin ausgerichtet und eingesetzt worden.*

Das muslimische Projekt, so lässt sich sagen, war weitgehend auf die Konstruktion des Selbst ausgerichtet, wobei das Psychologische, Moralische, leicht Mystische und »Juristische« das Materialistische (das als Kategorie erst mit der Moderne *paradigmatisch*[4] wurde) an Wichtigkeit und Umfang weit überragte. Dies zeigte sich beispielhaft in der Entstehung und Aufrechterhaltung bestimmter theoretischer und praktischer Techniken des Selbst/des Subjekts, in Erzählungen gemeinschaftlichen moralischen Engagements, in diskursiven Codes juridischen und mystischen Handelns sowie in einem sozioökonomischen System, das von der gesellschaftlichen Organisation über wirtschaftliche Aktivitäten und die Zivilgesellschaft bis hin zu einer begrenzten politischen Theorie und Praxis[5] fast alle Bereiche durchdrang. Das Projekt wurde hauptsächlich von der zivilen Ordnung im Namen dieser Ordnung und um dieser Ordnung willen durchgeführt.[6] In diesem

Projekt war der »Islam« als Gesamtheit kultureller, intellektueller, spiritueller, individualistischer, kommunaler und materieller Lebensweisen gleichzeitig Subjekt, Prädikat und Objekt.[7] Wie bereits erörtert, gingen in diesem Projekt auch Erziehung, Bildung und Kultivierung des ethischen Selbst – die in einer sich wechselseitig stärkenden Dialektik standen und zu einem bestimmten Habitus gehörten – aus »bürgerlichen« Gesellschaften hervor, die, von gewöhnlichen Individuen gebildet, in kommunaler »Selbstverwaltung« regiert wurden und weitgehend ohne das Diktat der »Individualisierung und Totalisierung«[8] durch eine alles beherrschende biopolitische Macht auskamen.

Das Projekt des Orientalismus hingegen unterschied sich, ungeachtet mancher Ähnlichkeiten, davon grundlegend. Der Gegenstand des Orientalismus, immer das Objekt,[9] war per definitionem nichteuropäisch, obwohl die Sache selbst von Europäern für Europäer und meist zur Ausübung ihrer souveränen Herrschaft über den Orient durchgeführt wurde. Als instrumenteller Baustein des Kolonialismus war das orientalistische Projekt wesentlich am Aufbau der Moderne beteiligt und trug anfänglich – aber unbestreitbar – dazu bei, die Lebenswerte und die Weltanschauung der Europäer zu rekonstituieren. Sie bewohnten diese Moderne, die einzige Welt, der sie einen vollen und autonomen ontologischen, epistemologischen und kulturellen Status und damit Legitimität zuerkannten. Der wesentliche Unterschied zwischen den beiden Projekten betraf also nicht die Formierungsprozesse des kulturellen oder psychologischen Selbst (so unterschiedlich diese auch jeweils waren), sondern *vielmehr die Teleologie des Menschen sowie des Subjekts und deren Platz in der Welt.*

II

Wie bereits vorgebracht, blieb Saids Narrativ, das eine bestimmte und eng definierte, vermeintlich von Foucault stammende Macht- und Wissenskonzeption reflektierte, den aus der Aufklärung hervorgehenden Ideen eines säkularen Humanismus[10] und Anthropozentrismus treu. Said, der gegenüber den tiefgehenden Auswirkungen der aufklärerischen Distinktion blind war, die er ganz offenbar nicht infrage stellte, übersah die *unvermeidlichen* Wirkungen des Projekts der Moderne im Allgemeinen und des liberalen Projekts im Besonderen. In Saids Werk, das sich in jeder Hinsicht liberal gerierte, wird am Ende einer Epoche ein Licht sichtbar, das, so trügerisch es ist, zumindest ein Versprechen für eine bessere Zukunft zu bergen scheint. Doch seit den 1980er und 1990er Jahren waren die von Said so hochgehaltenen Werte des säkularen Humanismus, vor allem der darin angelegte und ontologisch und epistemologisch *unumgängliche* Anthropozentrismus, ins Zentrum einer Kritik geraten, die die Ernüchterung angesichts der Bedingungen der Moderne wieder aufrief, wie sie seit dem achtzehnten Jahrhundert von einer Reihe wichtiger Intellektueller (von Herder über Nietzsche und Max Scheler bis zur Frankfurter Schule und darüber hinaus) artikuliert worden war.

Diese Kritik ist seit den Tagen Saids sowohl drängender als auch schärfer geworden. Die entscheidende Frage des Überlebens der menschlichen Spezies und anderer Lebensformen stand in der philosophischen Tagesordnung seinerzeit nicht an erster Stelle und schon gar nicht auf Saids Agenda, als er *Orientalismus* schrieb,[11] hat aber in letzter Zeit an Bedeutung und Virulenz gewonnen. Mittlerweile kann man in Sachen Klima- und Umweltkrise von einem wissenschaftlichen Konsens sprechen.[12] Ungeheure Umweltzerstörungen; maßlose kolonialistische und imperialistische Gräueltaten und Formen der Entmenschlichung; beispiellose politische und gesellschaftliche Gewalt; die Konstruktion tödlicher politischer Identitäten; die Vergiftung von Nahrungsmitteln und Wasser; die alarmierende Ausrottung zahlloser Arten; zunehmend besorgniserregende gesundheitliche Gefahren; obszöne Ungleichheit zwischen Reich und Arm; soziale und kommunale Auflösungserscheinungen; die Entstehung eines narzisstisch geprägten souveränen Individualismus und anderer soziopathologischer Phänomene; eine dramatische Zunahme individueller und von der Unternehmenskultur induzierter Psychopathologien; eine alarmierende Ausbreitung von psychischen und geistigen Störungen; eine »anschwellende Epidemie« von Selbstmorden und vieles mehr (die Liste ist lang genug um buchstäblich ein ganzes Hauptbuch zu füllen): All dies zusammengenommen akkumuliert sich zu einem Phänomen, das geradezu nach einer Neubewertung der modernistischen, industriellen, kapitalistischen[13] und in erster Linie liberalen Werte verlangt. Die wachsende und verbreitete Einsicht, dass das Projekt der Moderne samt seinem

Wissenssystem selbst relativ kurzfristig gesehen nicht nachhaltig ist,[14] rückt nicht nur in den industrialisierten Ländern des Westens immer mehr in den Mittelpunkt. Einflussreiche Aktivistengruppen und prominente Intellektuelle in Indien, China und etlichen anderen Ländern Asiens sowie der übrigen Welt haben erkannt, dass nun eine gründliche Umstrukturierung oder sogar Überholung des paradigmatischen Systems der Moderne vonnöten ist. Die Krise betrifft das ganze globale Dorf und ist nicht mehr nur Sache bestimmter Ländergruppen, auch wenn die Quelle der Zerstörung weithin unstrittig europäischer und in jüngerer Zeit euro-amerikanischer Provenienz ist.[15]

Für die vorliegende Argumentation sollten folgende Prämissen explizit formuliert werden: 1) Die ökologische Krise, die Krise der Umwelt, ist dem modernen System, das sie hervorbringt, endemisch, das heißt, die Krise ist systemischer Natur und nicht kontingent; 2) das moderne System, in dem Kapitalismus, Technologie, Industrialismus und ein deren Gebaren steuerndes Rechtssystem zusammengeführt sind, basiert auf Wissensformen, die als rational bezeichnet werden und demnach alles andere als willkürlich oder zufällig sind; 3) wo sich diese Rationalität in der Praxis vollständig manifestiert, läuft sie auf eine bestimmte Epistemologie hinaus, auf eine bewusste, gewollte und ziemlich konsistente Art und Weise, die Welt zu verstehen, zu interpretieren und in ihr zu leben; 4) dieser Epistemologie fehlt es an moralischer und ethischer Selbstbeschränkung in einem Maß, das groß genug wäre, um a) ein Leben in der Welt zu ermöglichen, ohne – minimalistisch betrachtet[16] – allzu viel zu zerstören, und b) etwa aufkommenden ökologischen und sozioökonomischen Problemen erfolgreich begegnen oder ihnen gar vorbeugen zu können.

Aus diesen Prämissen lässt sich insgesamt ableiten, dass die gegenwärtigen Krisen nicht nur ein Symptom sind, sondern sich tatsächlich vollständig den Wissensformen und dem von Guénon als solchen bezeichneten »Moralismus« verdanken, der über die als Lebensweise in der Welt verstandene Moderne gebietet. Diese Krisen fügen sich also in die Reihe der in den vorangegangenen vier Kapiteln zusammengetragenen Probleme und es lässt sich plausibel argumentieren, dass es »keinen Bereich der Ethik gibt, der uns mehr dazu nötigt, die Fundamente des ethischen Denkens zu hinterfragen, als die Umweltethik«.[17] Die »Fundamente des ethischen Denkens« müssen hier so verstanden werden, dass sie praktisch das gesamte Spektrum moderner Wissensformen umfassen, vor allem aber die in den Zentralgebieten angesiedelten, die besonders mit gewalttätigen und zerstörerischen Unternehmungen zu tun haben. Auch sollte »Umwelt« hier so verstanden werden, dass sie die Gesamtheit des Seins, einschließlich des menschlichen und entmenschlichten Anderen, umfasst. »Umwelt«, so wie ich sie auffasse, ist alles, was auf der Welt existiert. Es handelt sich also nicht um eine liberale Konzeption, die das Ökologische vom Politischen trennt und versucht, die »grüne« Krise unter Nichtbeachtung der systemischen und systematischen, von imperialistischer und kolonialistischer Souveränität bewirkten Entmenschlichung zu lösen.

Die heikle globale Situation der letzten dreißig Jahre verlangt nach einer tiefergehenden Kritik des Orientalismus – auch wenn er heute in modifizierter Form vorliegt. Oder vielleicht gerade, weil er in modifizierter Form vorliegt? Wie ich aufzuzeigen versucht habe, waren Saids Grundprämissen und Methoden für eine eingehende Kritik des Orientalismus nicht ausreichend und sie taugen kaum oder gar nicht, wo es ernsthaft darum geht, diese Disziplin oder auch jede andere auf ein neues Gleis zu setzen oder völlig umzubauen. Säkularer Humanismus, Anthropozentrismus, Aufklärungsrationalismus und Liberalismus (die auf einem mechanistischen Impuls und einer souveränen Weltbeherrschung beruhen) werden unbeschadet ihrer Vorteile (Vorteile, unbestritten, aber auch mit ebenso unbestrittenen desaströsen Nebeneffekten) zunehmend als zu kostspielig erachtet, um sie beibehalten zu können; zudem werden sie für eine exzessive und nicht zu rechtfertigende, ja sogar unmoralische Übersteigerung gehalten. Tatsächlich gehen genau diese unterstellten oder tatsächlichen Vorteile direkt mit der allumfassenden Zerstörung fast jeden Aspekts des modernen menschlichen, tierischen und empfindungslosen Lebens einher – das, wie sich ohne Weiteres sagen lässt, in all diesen Ausprägungen die Bedingungen der Moderne erfährt und *lebt*. Wie ich aufzuzeigen versucht habe, sind diese Vorteile zudem in den weniger auf der Hand liegenden, aber gleichwohl sehr realen Projekten des Imperialismus, Kolonialismus, des strukturellen Genozids und so weiter verwurzelt und aus ihnen abgeleitet, ohne die sie erst gar nicht möglich gewesen wären.

Die Vorteile also, die wir aus dem Projekt der Moderne zu gewinnen behaupten, werden herangezogen, das moralische Fundament zu rechtfertigen, auf dem das Projekt selbst rationalisiert und gerechtfertigt wird. Auf dieser Basis und zugleich mit dieser Stoßrichtung bauten die Philosophien Jeremy Benthams, J. S. Mills und anderer auf, die auch im einundzwanzigsten Jahrhundert noch auf intellektueller, institutioneller und materieller Ebene in unterschiedlichen, doch allgegenwärtigen Formen gedeihen. Da sie einen Leitfaden für eine tätige, auf bestimmten Grundauffassungen von Nützlichkeit, Vergnügen und Schmerz beruhende Lebensweise boten, war ihre Wirkung nicht nur praktischer Natur. Sie reichte vielmehr bis tief in die Formation des modernen Subjekts hinein und bestimmte nicht nur die Art und Weise, in der es die Welt versteht und befragt, sondern auch, und folglich, wie es sich kognitiv *in der Welt* verortet.

Damit das moderne Weltverständnis mit der unerträglichen Schwere der sich in seinem Gefüge ergebenden Widersprüche überhaupt kalkulieren konnte, musste es als Theorie der Moral (Guénons »Moralismus«) entworfen werden; diese Theorie war also ein notwendiger Mythos, der, wie ich zu zeigen versucht habe, die unversöhnlichen Widersprüche nicht nur erträglich, sondern weitgehend begründbar machte. Daher begegnen wir häufig dem unverkennbar theologischen Argument, dass die Moderne ihr eigenes Konzept oder sogar System der Moral entwickelt habe, wozu auch die Moral und sogar Tugendethik ihres Liberalismus, Kapitalismus, Marxismus, Szientismus und natürlich ihres auf immer und bewusst vagen Fortschrittsdogmas gehört. Die Struktur, aus der heraus diese Moral begründet wurde, kann auf eine ehrwürdige philosophische Tradition zurückblicken, die mit Machiavelli und Hobbes einsetzt und bis zu H. L. A. Hart, John Rawls und Joseph Raz reicht. Natürlich verdankt sich besagte Ehrwürdigkeit der intellektuellen Integrität, jedoch nur zum Teil. Ehrwürdigkeit und besonders die vielgepriesene Gültigkeit und Relevanz des Universalismus beruhen auf Voraussetzungen, die gleichfalls nur wenig mit dem ehrbaren Ernst des intellektuellen Habits, aber viel mit der Politik des Wissens und seiner Funktion bei der Erzeugung von Wahrheitsregimen zu tun haben. Wenn man in eine Debatte über die Natur dieser Moral eintritt und sie etwa mit vormodernen Kultur- oder Religionssystemen vergleicht, dann kommt unweigerlich die Überlegenheit des modernen Wertesystems und somit auch die Überlegenheit seiner moralischen Grundlagen zur Sprache (eine ehrliche Position, insofern sie offen ihre strukturelle Verknüpfung mit machtbasierten Wissensformen zugibt) oder bestenfalls die Überlegenheit jenes Relativismus (und somit der Subjektivität), der bei der Abwägung eines Moralsystems gegen ein anders zum Tragen kommt (ein Relativismus, der den Absolutismus eben jenes Wissenssystems, das ihn überhaupt erst hervorgebracht hat, nicht wahrhaben will).[18] Das ausgewogene Verhältnis von Überlegenheit und Subjektivität hat sich paradigmatisch zugunsten moderner Formen der Moral und weitgehend zugunsten der Epistemologie ausgewirkt, denn das Debattenkolosseum mitsamt seinem Caesar bleibt unbestreitbar modern. In einem System, das a priori die Grenzen und Standards eines legitimen Diskurses setzt und festlegt, arbeiten Subjektivität und Relativismus Hand in Hand und komplettieren damit die Haltung der Überlegenheit, die auch unter dem Namen Rassismus und Fortschritt bekannt ist.

Die moderne Verfassung moralischer Werte beruht auf einer postulierten Metaphysik[19] der individuellen Freiheit und Rationalität, die wiederum einem größeren politischen und kapitalistischen Wertsystem innewohnen, das die Qualitäten und deshalb auch die spezifischen Typen von Freiheit und Rationalität formt. All dies ist ein das Selbst formierender Prozess, der jedoch von *dieser* (uneingestandenen) Metaphysik getrennt gehalten wurde. Das heißt, um die idealisierte Konzeption von Freiheit und Rationalität aufrechtzuerhalten, war es notwendig, dieses Ideal von den ansonsten determinierenden und dominierenden Wirkungen der Wirtschaft und des Materialismus und insofern von seiner Metaphysik fernzuhalten (und bis zu einem gewissen Grad sogar von den staatlichen Strategien, sich eine Bürgerschaft zu erfinden und sie zu verwalten).

Die Subjektivität moralischer Werte sollte demnach nicht mit unverständlicher Abstraktheit verwechselt werden. Wenn nichts anderes mehr greift, kann ein moralisches System auf weniger abstrakter Grundlage als der einer kohärenten oder verschwommenen (uneingestandenen?) Metaphysik gewertet und beurteilt werden. Wenn die Strukturen von Technologie/Technik,[20] Industrialismus, Wissenschaft, Rationalität,

Instrumentalismus, Kapitalismus und ebenso des Nationalstaats als paradigmatisch betrachtet werden, wenn sie also die Konturen und die materiellen Gegebenheiten modernen Lebens auf die nachdrücklichste Weise definieren, dann ist es durchaus plausibel anzunehmen, dass sie die Konsumenten des guten Lebens – Menschen, Tiere oder empfindungslose Wesen (wobei Letztere von den Zwängen der modernen Wissensformen als solche bestimmt wurden) –, die anstatt *über* und *gegen* die Welt *in* und *mit* ihr leben, außen vor gelassen haben.

Bei all dem geht es natürlich um die Rationalität – diesen diskreten und autonomen Prozess vermutlich, der trotz aller Autonomieansprüche zwangsläufig von den paradigmatischen Strukturen der Moderne bedingt bleibt (nicht zuletzt verkörpert durch Kapitalismus, Nationalismus, Industrialismus, Technologie, Wissenschaft und zum Teil durch das ganze Feld der peripheren Gebiete, die ihr einzeln und zusammengenommen ihre perspektivische Stützen verleihen). Diese Rationalität mit ihrer spezifischen Form und Struktur darf nicht von den modernen Lebensformen abgelöst werden, von jenen Formen mithin, die zu dem gegenwärtigen Krisenzustand geführt haben. Die Krisen verdanken sich eindeutig menschlicher Handlungsmacht und keiner anderen, eine Handlungsmacht, die selbsterklärtermaßen rational ist,[21] deren Wissensbestrebung jedoch auch, wie von Scheler treffend formuliert, *systematisch* auf Kontrolle und Naturbeherrschung angelegt ist.[22] Und diese souveräne Rationalität diktiert, wie wir uns selbst und das Andere in der Welt – auch den Islam, seine Geschichte und seine Kulturen – deuten.

III

Welche Implikationen birgt diese Krise des Projekts der Moderne für die Erforschung des Anderen? Oder sollten wir direkt auf den Punkt kommen und sagen, für die Erforschung des Selbst? Zunächst einmal sind die Implikationen grundlegend, tiefgreifend und vollkommen psychoepistemisch, was bedeutet, dass die Art, wie wir die Welt verstehen und in ihr handeln, nun ein Umdenken erfordert, ein Umdenken allerdings, das über den von Said vorgeschlagenen »libertären« Ansatz hinausgeht, der ja selbst ein Teil des Problems darstellt. Das heißt vor allem auch, dass die Fragen, die wir stellen, die neue kritische Wirklichkeit der letzten drei Jahrzehnte reflektieren müssen, in denen die Vergehen, die in den vergangenen zwei Jahrhunderten der Umwelt und dem Anderen zugefügt wurden, ihren Höhepunkt erreichten. Um diesem Anspruch gerecht zu werden, bedarf es jedoch eines klareren Blicks auf den Kontext, in dem solche Fragen formuliert werden können.

Als sich der Orientalismus in Europa entwickelte, handelte es sich um ein Projekt, das mit der Entstehung neuer vom Nationalstaat gelenkter und verfügter Denk- und Wirtschaftsweisen sowie Politikformen einherging. Doch als Teilgebiet des umfassenderen europäischen Experiments, im Zuge dessen die Moderne durch die Unterjochung des Anderen geschaffen wurde, war das Projekt tief in den paradigmatischen Konzepten der Aufklärung verankert. In diesem Sinne also stellte der Orientalismus nicht einfach nur ein akademisches Vorhaben dar, sondern ein Macht- und Kulturprojekt, das tief in der hier dargelegten souveränen Denkstruktur verankert ist. Für die Akteure dieses Vorhabens war es nur natürlich, in den kulturellen Grenzen zu agieren, die die Moderne erforderlich gemacht, oder genauer, die sie vorgegeben und auferlegt hat. Wie jedes andere Gebiet des modernen Wissens trug auch der Orientalismus zur Ausbildung dieser Kultur bei, die, wie wir gesehen haben, tief in dem massiven kolonialistischen Projekt verwurzelt war, zu dem ein strukturierter Markt allgegenwärtiger Sklaverei,[23] ökonomische Ausbeutung, struktureller Genozid und die Beherrschung und Unterwerfung von zig Millionen Nichteuropäern sowie entrechteten Europäern gehörte.[24] So sah die Welt aus, die den Orientalismus ermöglichte, und in dieser Welt gedieh er und tat seinen Dienst.

In der Mitte des zwanzigsten Jahrhunderts, als die Mehrheit der »Dritte-Welt«-Länder die sogenannte Unabhängigkeit erlangte, trat der Orientalismus in ein neues postkolonialistisches Stadium ein, wobei er, unter veränderten Machtverhältnissen, Spuren seines kolonialistischen Erbes beibehielt. In diesem Stadium, das kurz nach dem Zweiten Weltkrieg einsetzte und zum Teil in den 1980er Jahren endete, verlagerte sich der Fokus von den direkten Formen des Kolonialismus und seiner Rechtfertigung als *mission civilisatrice* auf das Bemühen, die Sicht auf den »Orient« zu überarbeiten und an die neuen Erfordernisse anzu-

passen. Da es nicht mehr länger um die Modalitäten ging, mit denen
der Orientalismus sich neu aufzustellen und sich selbst effektiv zu organisieren gedachte, und sich die Konzeption zu einer Strategie des Umgangs mit diesen Modalitäten verschob, erlangte auch er seine »Unabhängigkeit« und wohl auch die Fähigkeit, sich so, wie er sich inzwischen
konstituiert hatte, darzustellen. Ob nun unter den kolonialistischen Formen des neunzehnten Jahrhunderts oder unter den noch anhaltenden
und – heute als Globalisierung gefassten – hegemonialen Einflüssen
während des zwanzigsten Jahrhunderts, die vorherrschende Haltung
war stets eine der Stärke und souveränen Macht: Was Euro-Amerika
sagte und tat, war die Norm, der entscheidende Standard, der vorgab,
wie die Welt zu betrachten und zu organisieren ist. Dies blieb auch trotz
oder vielleicht sogar aufgrund der von Said vorgelegten Kritik unverändert, auch wenn nach dem Aufstieg islamistischer Bewegungen die
Haltung gegenüber der muslimischen Welt von einer neu geschürten
Angst vor dem Islam und seinen »politischen« und auch häufig kulturellen und »religiösen« Bedrohungen gefärbt wurde. Nichtsdestotrotz
fand der Orientalismus in dieser letzten Phase zu einer beispiellosen
Vielfalt. Seine Narrative und Unternarrative waren höchst kontrovers
und beinhalteten nun zwei Varietäten »eingeborener« Gelehrsamkeit:
abweichende und subversive Stimmen, die naturgemäß weitgehend in
der Minderheit blieben, sowie eine beispiellose *Zahl* von Stimmen, die
mit ihrem brennenden Liberalismus den Orientalismus in der Regel
bestärkten und damit eine lange Linie indigener Wissenschaftler wei-
terführten, die bei den ersten Kolonial-Orientalisten gelernt und ihnen
zugearbeitet hatten. In der Disziplin tummeln sich mittlerweile auch
zahlreiche kritische Wissenschaftler und Wissenschaftlerinnen, die
auf andere Weise ethisch und kulturell im Westen und seinen vorherrschenden akademischen Institutionen beheimatet sind. Dieses letzte
Kontingent, das noch vollständig aus dem traditionellen kolonialistischen Modus hervorgegangen ist, versucht ihn zwar im Metier selbst zu
vermeiden, ist aber nicht über Saids Kritik hinausgelangt. Es bleibt also
den liberalen und politischen Grenzen verhaftet, in denen auch Said
operierte und die er als selbstverständlich voraussetzte.

Die paradigmatischen Narrative dieser vielfältigen Tradition sind
also in hohem Maße politisiert und arbeiten sich vorrangig an der

Beziehung des Islam zum Westen sowie zur Welt als Ganzes ab, und zwar genau dieser Ausrichtung folgend. Ob dem »Islam« als »Religion« oder »Kultur« freundlich oder feindlich gesonnen – das Anliegen besteht darin, diesen so zu präsentieren, als sei der Westen »besser« und »genauer« in der Lage, ihn »zu verstehen«. Selbstredend sympathisieren die meisten Orientalisten und Orientalistinnen nicht mehr mit der Politik, die ihre Regierungen in den muslimischen Ländern betreiben (im starken Gegensatz zu Wissenschaftlern des neunzehnten und frühen zwanzigsten Jahrhunderts, von den seltenen und mitunter einflussreichen Ausnahmen abgesehen),[25] doch nach wie vor besteht ihre allgemeine Beschäftigung in der Darstellung des »Islam«, »damit wir wissen, wie wir mit den Muslimen umgehen sollen«, auch wenn dieser »Umgang« sich häufig Haltungen befleißigt, die in guter liberaler Manier und verglichen mit allen früheren Epochen mehr Respekt und Toleranz zeigen. Zweifellos jedoch besteht der gemeinsame Nenner des akademischen Orientalismus nach wie vor in dem Gefühl der epistemischen Überlegenheit, will heißen, dass Respekt und Toleranz mit einer epistemischen Selbstgewissheit (und häufig Arroganz) gewürzt sind, die noch immer von der Gültigkeit des euro-amerikanischen Projekts der Moderne ausgeht und von den paradigmatischen Prinzipien der Aufklärung geleitet ist.

Zum »Orientalismus heute« (so das letzte Kapitel in *Orientalismus*) gehört auch ein von Said nicht adressiertes Phänomen, nämlich die Entstehung eines Kontingents ethnisch meist nicht aus dem Westen stammender Wissenschaftler, deren Aufgabe darin gesehen wird, den Islam dem Westen gegenüber in einem günstigen Licht erscheinen zu lassen und ihn für liberale Befindlichkeiten akzeptabel zu machen. Solche Exponenten gab es sicherlich auch schon vor Saids Zeit, aber ihr Einfluss ist während der letzten drei Jahrzehnte stetig und signifikant gewachsen, auch wenn sie am raschesten bei der Hand sind, den Vorwurf des »Orientalismus« zu bemühen, vor allem gegenüber jenen Kollegen, die im Islam nicht nur eine Qualität der »Unterlegenheit«, sondern insbesondere ein Moment der »Überlegenheit« erkennen, das ihrer Meinung nach der Idee vom »Kampf der Kulturen« Auftrieb verleihen könnte.

Ich möchte hier feststellen, dass eine derartige epistemische Selbstgewissheit sowie die damit verbundenen Korrekturmaßnahmen und Entschuldigungen weder gerechtfertigt noch ausreichend sind; je früher sie aufgegeben werden, desto besser. Die radikale Krise des Projekts der Moderne in Euro-Amerika, aber auch anderswo, verlangt nach einer radikalen Lösung, eine Lösung, die sich unmittelbar auf die Frage auswirkt, auf welche Weise wir den Islam, sein »Recht« und nahezu alles andere auch künftig wissenschaftlich betrachten können. Im Zentrum dieses Arguments stehen zwei entscheidende Tatsachen: 1) die Krisen des Projekts der Moderne sind in ihren Ursachen wie in ihren Wirkungen[26] weltumspannend, was bedeutet, dass die modernen Strukturen mit ihren negativen Auswirkungen durch Imperialismus und Kolonialismus auf alle Kontinente getragen wurden und heute mehr oder weniger in nahezu allen Ländern anzutreffen sind; und 2) haben diejenigen Bereiche mit negativen Auswirkungen die materielle und soziopolitische Realität in praktisch allen existenziellen Aspekten belastet. Das Verschwinden nur einer Art, die Dezimierung einer Volksgruppe, die Umformung seit Langem bestehender Kulturen oder die Verschmutzung oder Entwaldung einer Region – all dies hat zu Kettenreaktionen geführt, die sich negativ auf das ökologische, psychoepistemische und gesellschaftliche Gleichgewicht in anderen Bereichen auswirkt. Und wenn die Krise unbestreitbar alle betrifft und tatsächlich eine ernsthafte Bedrohung für die naturgegebenen und gesellschaftlichen Allgemeingüter darstellt, dann muss die entsprechende moralische Verantwortung, die hier als bindender betrachtet wird als jede rechtliche oder politische Verantwortung, von all denen mitgetragen werden, die darüber zu befinden haben. Kurz gesagt: Wenn der menschliche oder nichtmenschliche Andere die Möglichkeit und das Instrument für die Herausbildung der imperialistischen und kolonialistischen Moderne war, dann muss, im Projekt zur Überwindung der Moderne, dieser Andere als Zentrum der Kritik zurückgewonnen werden. In *The Impossible State* habe ich Mittel und Wege aufgeführt, mit denen ein Teil des menschlichen Anderen eine restrukturierende Kritik der Moderne beginnen könnte. Hier möchte ich ergänzend eine Kritik anbieten, die auf eine Rekonstitution des Selbst hinarbeitet.

IV

Da auch Staaten und Regierungen zu den Problemen der Moderne gehören und allgemein zu ihnen beigetragen haben, fällt es den intellektuellen Traditionen der Welt zu, die Herausforderung anzunehmen; der Orientalismus stellt zweifellos eine jener Traditionen dar, die mit den neuen Realitäten zu rechnen haben. Den Orientalismus herauszugreifen hat jedoch nichts mit Bevorzugung zu tun, sondern verfährt nach dem Motto: Was dem einen recht ist, ist dem anderen billig. Was für den Orientalismus gilt, hat für alle Zentralgebiete intellektuellen Forschens zu gelten, einschließlich ihrer Grundprinzipien, die mit den Prinzipien, auf denen die Zentralgebiete der Moderne aufbauen, identisch sind. Das von Agamben im Hinblick auf das Panoptikum angeführte Argument lässt sich auch auf den Orientalismus anwenden: Es ist »ein einzelnes Objekt, das, gültig für alle anderen Objekte seiner Klasse, die Intelligibilität des Ensembles definiert, dem es zugehört und das es zugleich konstituiert«.[27] Eines indes lässt den Orientalismus als besonders geeignet erscheinen, stellvertretend für die anderen Gebiete, die anderen Gruppenmitglieder einzustehen: seine explizite und professionelle Beschäftigung mit dem Anderen. Was also für ihn gilt, gilt auch für die anderen *a minore ad maius* wie *a maiore ad minus*.

Stellt sich der Orientalismus der Herausforderung, das Selbst auf eine sinnvolle und profunde Weise zu rekonstituieren, wird er in der Lage sein, seine inneren Denkstrukturen zu transformieren und dazu beizutragen, der Menschheit insgesamt einen nachhaltigen Weg aufzuweisen und zu bahnen, einen Weg, *der mit einer gebührenden Berücksichtigung des Anderen beginnt*. Wenn, wie es bereits der Fall ist, die entsprechenden Traditionen in China, Lateinamerika und Indien innovative Wege in diese Richtung aufzeigen können, besteht kein Grund, warum der Orientalismus nicht selbst einen solchen Weg finden sollte. Für den Orientalismus ist dies besonders drängend, wobei zweierlei zu berücksichtigen ist, nämlich dass er zu der Entmenschlichung des Anderen beigetragen hat und dass die Umweltkrise »von einer Kultur verursacht ist, die in Westeuropa ihren Ursprung hat und nun die ganze Welt beherrscht«.[28]

Der Orientalismus, in dem sich die Paradigmen der Moderne und der Aufklärung repräsentiert oder gar verkapselt finden, ist von einer wirkmächtigen Fortschrittsdoktrin definiert worden, die von einem omnipotenten und metaphysisch latenten linearen Geschichtsbegriff grundiert ist. Als überwiegend liberale Tradition lässt er sich jedoch auch als eine, wie Alasdair MacIntyre formuliert hat, rationale Tradition der Untersuchung charakterisieren, die den Imperativen des Paradigmas der euro-amerikanischen Moderne folgt. In seiner Gesamtheit und mit all seinen in den zwei Jahrhunderten seines Bestehens erwachsenen internen Widersprüchen und Divergenzen lässt der Orientalismus sich des Weiteren dahingehend definieren, dass er eine zeitlich ausgedehnte Argumentation darstellt, in der im Rahmen von Debatten innerhalb und (stillschweigend) außerhalb des Feldes grundlegende Vereinbarungen definiert und fortwährend umdefiniert werden.[29] Wenn er an seiner Oberfläche nicht all die Merkmale einer Tradition aufweist – etwa eine bestimmte Gerechtigkeitsvorstellung oder eine bestimmte Sichtweise praktischer Rationalität –, dann nicht, weil diese nicht existieren würden; es gibt sie, wenn auch im Verborgenen und unartikuliert, denn seine Narrative und seine *innere Logik* werden von solchen paradigmatischen Merkmalen wie einem bestimmten Rationalitätsbegriff, einer Fortschrittsdoktrin, einer linearen Geschichtsauffassung oder einer liberalen Realitätskonzeption (einschließlich einer latenten Theorie der Gerechtigkeit und Ethik) diskret und auf strukturierte Weise gesteuert.

Als Tradition rationaler Untersuchung steht der Orientalismus anderen gleichermaßen rationalen, in ihrer Rationalitätsauffassung jedoch abweichenden Traditionen gegenüber (wobei die Annahme zugrunde liegt, dass jede Tradition – einschließlich jener Traditionen, die wir, Außenstehende, als mythologisch, metaphysisch, kosmologisch und so weiter bezeichnen könnten – ihre eigene rationale Methode aufweist, die sich jeweils einer spezifischen Erfahrung und Sicht auf die Welt verdankt).[30] Diese wurden als miteinander konkurrierende Traditionen bezeichnet, nicht unbedingt im Sinne einer Unvereinbarkeit, die jeglichen Dialog ausschließt, sondern im Sinne der Differenz, die die rivalisierenden Traditionen dazu zwingt, in einen Dialog einzutreten, um ihre eigenen Narrative (neu) zu bewerten und sie zu verteidigen, zu rechtfertigen oder in Reaktion auf eine andere Tradition oder andere Traditionen abzuwandeln. Mitunter verbündet sich eine rationale Tradition mit politischer und militärischer Macht, wodurch die rivalisierende Tradition überwältigt und schließlich zerstört wird. Ein Beispiel hierfür ist der Orientalismus selbst, wie er im neunzehnten und frühen zwanzigsten Jahrhundert in den islamischen Ländern wirkte und existierte. Seit der Eroberung Ägyptens durch Napoleon hat sich der Orientalismus mit militärischen Kräften zusammengetan, die seinen Sieg im Zuge und in der Folge der Zerstörung der heimischen Bildungsinstitutionen und des intellektuellen Lebens (neben vielem anderen) sicherte. Daneben gibt es jedoch, wie von MacIntyre in *Three Rival Versions of Moral Inquiry* untersucht, Beispiele von Traditionen, die sich unter dem intellektuellen Druck und Stress durch andere rivalisierende Traditionen gezwungen sahen, ihre Binnen-Narrative zu modifizieren. Diesen Druck möchte ich nun ins Zentrum meiner Überlegungen rücken.

Bevor ich Wege aufzeige, wie sich dieser Herausforderung zu stellen wäre, sollte ich auf bestimmte Schwierigkeiten in MacIntyres Position hinweisen, auch um sie für meine Zwecke fruchtbar zu machen. Ziemlich deutlich ist, dass MacIntyre das Verhältnis von Traditionen zur Macht ignorierte[31] und den zwischen Traditionen aufkommenden Konflikt lediglich als Problem der rationalen Untersuchung gesehen hat. Seine Darlegung, bei der es weniger um eine tatsächliche Beschreibung der Realität als um den Versuch einer Pflichtethik geht, versäumt es, den Erfolg einer Tradition als Ergebnis schierer roher Macht und eben nicht unbedingt rationaler Macht zu betrachten. Zum Beispiel fehlt in MacIntyres Arbeit über die Tradition praktisch jede Beschreibung oder Analyse, die den Niedergang der vormodernen islamischen Tradition nach ihrem Zusammentreffen mit dem als Handlanger des Kolonialismus und Imperialismus dienenden Orientalismus erklären würde. Eine rationale Auseinandersetzung spielte bei diesem Zusammentreffen keine Rolle, eine solche fand, wie gerade angedeutet, erst statt, nachdem hegemoniale, militärische, wirtschaftliche und kolonialpolitische Unternehmungen die Herrschaft durchgesetzt hatten.[32] Gleichwohl könnte MacIntyres Darstellung, wie ich vorschlagen möchte, ein vielversprechendes Rezept für ein zukünftiges Handeln abgeben, wenn wir uns darauf verständigen, dass 1) heute alle Traditionen von einer *rational* erkannten globalen Katastrophe bedroht sind und sie somit eine Reihe von globalen Anliegen teilen, 2) diese Bedrohung einer Konzeption der Welt entspringt, die eine (wie hier allgemein formuliert) Entmenschlichung des Anderen erfordert, und 3) diese Situation ein (wie hier allenthalben festgestellt) spezifisch modernes Phänomen ist.

Wenn MacIntyres Theorie der Tradition hier eine Modifikation erfährt, heißt dies nicht, dass sie im Lichte der von Foucault übernommenen Machttheorie Saids neu interpretiert werden muss. Wie bereits aufgezeigt, war Saids Arbeit zum Orientalismus etlichen Prämissen und Annahmen verhaftet und durch sie definiert, die gerade jene modernistischen und liberalen Positionen festigten und den Orientalismus überhaupt erst ermöglichten. In den vorangegangenen vier Kapiteln habe ich immer wieder aufgezeigt, dass Said, der außerstande war, die Macht/Wissens-Struktur ernst zu nehmen, Foucault falsch verstanden hat und sein Konzept des Autors, das auch Foucaults Autorentheorie einschließt, unzulänglich beziehungsweise praktisch nicht vorhanden ist und dass aufgrund dieser Unzulänglichkeiten seine Einsicht in das Wesen der diskursiven Formationen stets an der Oberfläche laboriert. Foucaults Arbeit hingegen, so wenig sie auch im Hinblick auf den Autor entwickelt blieb, ist, wie dargelegt, überaus konstruktiv und außerordentlich fruchtbar. Die zentralen und peripheren Gebiete als Theorie besitzen den zusätzlichen Vorteil, der weitgehend synchronen Analyse Foucaults eine historische Dimension zu verleihen, wobei sein dynamisches Konzept von Macht, Wissen und Autorenschaft Auswege bietet, wo Said lediglich Hindernisse geschaffen hat.

MacIntyre folgend gehe ich davon aus, dass die (eingehend von ihm neu bestimmte) Rationalität selbst eine Machtkomponente darstellt, die die Divergenz zwischen seiner Position und der Foucaults zumindest zum Teil überbrückt. Dies deshalb, weil eine umdefinierte Rationalität im »Feld der Kräfteverhältnisse« als »taktisches« Element operieren und somit die erwähnte subversive Diskursivität munitionieren würde. Anders gesagt, diese Rationalität wäre als Teil der Macht in der Mechanik der Macht angesiedelt. Und genau hier, an diesem eher unwahrscheinlichen Ort, kann der Orientalismus, sobald er einmal umgestaltet ist, einen oppositionellen Diskurs bereitstellen, der den Wandel erleichtert, wie er für die Bewältigung der durch das Projekt der Moderne erzeugten Krise erforderlich ist. In einem formalen Sinn nimmt der Orientalismus eine epistemische Position ein, die ihn gerade aufgrund seiner spezifischen Verortung in den gegenwärtigen Wissenssystemen zur Erfüllung dieser Aufgabe befähigt. Erstens verkörpert er neben der Anthropologie diejenige akademische Disziplin, deren erklärtes Ziel die Erforschung des Anderen ist, hier des »orientalischen« Anderen, das nun in der Kunst unterweisen kann, das neue Selbst zu formen. Zweitens ist er auf einzigartige Weise mit avancierten philologischen Werkzeugen ausgerüstet und verfügt über einen direkten Zugang zu Texten und Archiven dieses Anderen. In dieser Hinsicht stellt der Orientalismus die Anthropologie in den Schatten, die im Ganzen gesehen an einem ernsthaftem Mangel an philologischem Talent leidet, auch wenn sie ein fortschrittliches theoretisches Grundgerüst entwickelt hat, das dem Orientalismus in bestimmten Bereichen noch immer fehlt. Drittens, und an das Vorhergehende anschließend, ist der Orientalismus die einzige akademische Disziplin in der westlichen Hemisphäre, die Zugang zu den »esoterischen« und höchst komplexen philosophischen, moralischen, »rechtlichen« und mystischen Ausdrucksformen des Orients besitzt. Dies ist, wie ich darlegen möchte, Privileg und zugleich Bürde der Disziplin. Letztere ergibt sich aus den Verpflichtungen des Orientalismus innerhalb einer Geschichte des Kolonialismus und des Genozids, sowie eines größeren Projekts, das zu der besagten globalen Krise geführt hat.

Angesichts der Umweltkrisen, die ein Symptom der tiefen strukturellen Probleme des Projekts der Moderne sind, ist eine Neubewertung der Zentralgebiete zweifelsohne erforderlich. Damit der Orientalismus als Tradition rationaler Untersuchung überleben kann, muss er sich der wachsenden Notwendigkeit einer immanenten Kritik stellen – *schon aus Gründen, die die Rationalität selbst gebietet.* Neben den »grünen Philosophen« Euro-Amerikas, Indiens und Chinas unterziehen sich derzeit auch die akademischen Felder unter anderem der Geschichte, der Philosophie, der Umweltwissenschaft und sogar der Ingenieurwissenschaften einer Selbstevaluierung, so dürftig diese Bemühungen im Verhältnis zu dem gewaltigen Ausmaß der Krise bislang auch ausfallen.

Ganze Programme, Abteilungen, Institute, Wissenschaftsjournale und so weiter werden in einem Tempo aus dem Boden gestampft, das die Dringlichkeit der Lage unterstreicht. Gewiss, die fundamentalen Fragen sind noch nicht aufgeworfen worden und deshalb sind wirkliche Antworten noch lange nicht in Sicht, aber die starke Beunruhigung, die sich in den vergangenen drei oder vier Jahrzehnten in der akademischen Welt breitgemacht hat, stellt den Anfang einer vielversprechenden Entwicklung dar. Der Orientalismus ist diesen Trends bislang nicht wirklich gefolgt, das heißt, er hat noch nicht den notwendigen Grad der Beunruhigung erreicht. Aber wie bereits angemerkt, verleihen ihm seine epistemische Stellung und sein breit aufgestelltes Wissen ein großes Potenzial, aufzuholen und, gerade aufgrund seiner Nähe und seines Zugangs zu den Traditionen und Erfahrungen des Anderen, vielleicht sogar eine Führungsrolle zu übernehmen.

In den letzten dreißig Jahren etwa[33] sind in China und Indien Stimmen laut geworden, die zur Bekämpfung der modernen Strukturen epistemischer Macht – Strukturen, die zur Verschlechterung und Zerstörung des natürlichen Lebensraums beigetragen haben – auf eine heuristische Wiederherstellung vormoderner Tradition und Religionen setzen. Sie lehnen die moderne westliche Einstellung zur Natur und Umwelt ab, insbesondere ihre nichtorganische und mechanische Sichtweise, die die Natur jeglichen Werts sowie jeglicher Metaphysik beraubt hat. Wissenschaft, die in dem Bestreben betrieben wird, den Zielen kapitalistischer Unternehmungen zu dienen und die natürlichen Gemeingüter auszubeuten, wird heute, da sie die Lebensgrundlagen von Menschen, ihre Kultur sowie nachhaltige Lebensräume und Traditionen zerstört, als extreme Gewalt erfahren.[34] Diese Stimmen haben auch die Ausschließlichkeit eines linearen Geschichtsbegriffs zurückgewiesen und die Notwendigkeit betont, den Geschichtsbegriff auf eine sogenannte zirkuläre Geschichte auszuweiten, ein reiches und fruchtbares Konzept, das das modernistische Geschichtsverständnis von einem nationalistischen und somit ideologischen Projekt in eine ethische Konzeption umbaut, die den Anderen heute und in der Geschichte mit angemessenem epistemischen Respekt behandelt. Vor allem aber lehnen diese Stimmen die Weltsicht einer fragmentierten Realität ab, eine Sichtweise, die sich als im Tiefsten unfähig gezeigt hat, die Vernetzung zu erkennen, in der die verschiedenen Lebensaspekte – seien sie menschlicher, tierischer oder empfindungsloser Natur – verbunden sind.

Der gemeinsame Nenner der asiatischen Umweltbewegungen besteht in der generellen Weigerung, Wirtschaft, Umwelt und die materielle Welt von einem umhüllenden Rahmen metaphysischer Einheit abzutrennen, in dem der intrinsische Wert materieller Gegenstände, anstatt »rational« bewiesen zu werden, rational postuliert wird (so wie wir Menschen so lange für unschuldig halten, bis ihre Schuld bewiesen ist, ohne dass wir deshalb ein ganzes philosophisches Feld entwickeln müssen, um die Rationalität dieser Behauptung zu beweisen). Genau hierin nämlich liegt die entscheidende Schwierigkeit, mit der der euro-amerikanische Umweltschutz konfrontiert ist: Sein aus der Aufklärung stammendes Rationalitätskonzept ist – wie ich weiter unten erkläre – außerstande, die logische und epistemologische Verknüpfung herzustellen, die es braucht, um empfindungslosem Leben einen intrinsischen Wert zuschreiben zu können.

Das Versagen der westlichen Rationalität und des westlichen Anthropozentrismus lädt daher zu einem weiteren Nachdenken über die heuristischen Quellen ein, die erforderlich sind, die wenig fruchtbare Suche des Westens nach einem Ausweg aus der gegenwärtigen ökologischen und damit epistemologischen und politischen Zwangslage zu ergänzen oder gar zu ersetzen. Ein solcher Ausweg kann jedoch nicht erneut in einer »modernen« Lösung für ein modernes Problem bestehen. Eine Lösung für die Krise der Moderne kann – wie bereits dargelegt[35] – nicht modern sein in dem Sinne, dass man mit den paradigmatischen Methoden der Zentralgebiete den von diesen Gebieten selbst verursachten Problemen begegnet.[36] Die Lösung kann sich zudem nicht auf eine lokale Diagnose vor Ort beschränken – auch dies wieder eine Wahrnehmung, die sich der notorisch fragmentarischen Realitätssicht der Moderne verdankt. Vielmehr muss die Diagnose in die Tiefenstrukturen der Moderne und somit in die der Existenz vordringen, denn es ist ziemlich offenkundig, dass ein wirtschaftliches Problem niemals nur eines der Wirtschaft und ein politisches Problem niemals nur eines der Politik ist. Die zentralen Werte eines Systems, ob nun politischer, ökonomischer, psychologischer oder gesellschaftlicher

Natur, müssen als *zusammengefasste Problemgruppe*, als holistisches Phänomen, der Prüfung unterzogen werden. Es gilt, die fundamentale Denkstruktur in ihrer Gesamtheit zu überdenken.

Die Abtrennung des Politischen vom Ökologischen, des Ökologischen von dem entmenschlichenden Kolonialen bildet nach wie vor den Kern gängiger moderner Lösungsansätze; es handelt sich um eine Abtrennung, die in fast allen westlichen Umweltbewegungen deutlich ersichtlich wird. Dort wird nach wie vor davon gesprochen, den »Planeten zu retten«, aber die Kräfte, die in gleichem Maße und dialektisch *sowohl* für die Umweltzerstörung *als auch* die Entmenschlichung verantwortlich waren, werden durchweg übersehen. Spricht man von einer Dimension, gilt es, auch alle anderen miteinzubeziehen, entweder direkt oder als unausweichliche Schlussfolgerung. Wie die afrikanische, in der Diaspora lehrende Wissenschaftlerin Zakiyyah Iman Jackson treffend bemerkt, »könnte der Appell, ›über den Menschen‹ hinauszugehen, letztlich den europäischen Transzendentalismus wieder einführen, den [genau] diese Bewegung zu unterbrechen vorgibt«.[37] Indem Umweltstudien das Nichtmenschliche in den Vordergrund rücken und zum Gegenstand ihrer Analyse machen, zeigen sie die Tendenz, den Menschen, insbesondere die arme Weltbevölkerung, in den Status der moralischen Verworfenheit zurückzustufen. Erst wenn man das Menschliche und das Nichtmenschliche in einem strukturellen Kontinuum verknüpft, wird ein Narrativ möglich, das »die Schaffung von unzulänglichen und zweitklassigen Überschussbevölkerungen, die sich durch monokulturelle, kriminelle, patriarchalische, homophobe und antiökologische Dispositionen auszeichnen«,[38] aktiv unterbricht. Die Kategorien menschlich und nichtmenschlich müssen deshalb unterschiedslos ineinander übergehen.

V

Demnach dürften Orientalisten, die, wie beschrieben, besonders gut gerüstet sind, gezwungen sein, die Richtung zu wechseln und für das Studium des Subjekts eine neue philologische oder sonstige Theorie zu entwickeln, die ein Subjekt voraussetzt, das sich von dem, das in den letzten beiden Jahrhunderten das Feld des Orientalismus und anderer Felder akademischer Forschung geschaffen hat, unterscheidet. Es kann nicht genug betont werden, dass die erforderliche Veränderung in einem Wechsel von *einem extrovertierten Anliegen zu einem introvertierten* bestehen muss. Die akademische Auseinandersetzung mit dem Islam oder mit dem Anderen überhaupt hat, so wie sie bisher durchgeführt wurde und ungeachtet der Beiträge einzelner Wissenschaftler, tatsächlich Herrschaft und Gewalt gesät. Indem der neue Ansatz islamische und andere »orientalische«[39] Vermächtnisse für selbstkonstruktive Techniken und Projekte nutzbar macht, wird er verfehlte Absichten in einen wirksamen oder sogar performativen Diskurs verwandeln. Das wäre der introspektive Orientalismus, ein wissenschaftlicher Ansatz, dessen Ziel darin bestünde, zuerst das Selbst zu rekonstruieren und damit die Beziehung zu sich selbst und dann zum Anderen zu verändern. Zu diesem Ansatz gehört auch zu verstehen, in welcher Weise die orientalischen Kulturen der Vormoderne mit ihrer organizistischen Sicht auf die Welt und ihrer reflektierten Seinsweise in der Welt heuristische Quellen bereitstellen, mit deren Hilfe sich neue Möglichkeiten artikulieren ließen, die Welt zu denken und in ihr zu leben.

Die vordringlichste Aufgabe beim Studium des Islam (und eigentlich bei allen wichtigen Forschungstraditionen) besteht darin, ihn als rationales Projekt zu behandeln, so sehr (oder gerade weil) sich seine Rationalität von dem Denken unterscheidet, an das sich der moderne Verstand gewöhnt hat. Wenn erst einmal die innere Logik dieser Tradition aufgedeckt ist, ergibt dieses Projekt, obwohl es in bestimmten abgeleiteten Merkmalen – die wir ungeachtet der allgemeinen und höheren Regeln, aus denen sie abgeleitet sind, beiseitelassen können – nicht dem modernen Geschmack entspricht, ebenso viel heuristischen Sinn wie jedes andere. Im Licht einer kritischen Bewertung der Moderne ließe sich diese Logik als normativ und als leicht zugänglich für Orientalisten und andere bezeichnen. Max Schelers Kritik des modernen Lebens beispielsweise kann trotz einer radikalen Modernitätsverdrossenheit in ihrer allgemeinen Befindlichkeit nur schwerlich als unmodern abgetan werden. Wenn Scheler argumentiert, dass dem Kosmos eine ethische Ordnung zugrunde liegt und dass er in seinem tiefsten Wesen mit einer transzendentalen Gottheit verbunden ist, klingt darin deutlich die Weltsicht muslimischer Juristen oder Theologen an.

Für ihn ist der Kosmos eine göttliche Ordnung, und dies ist auch ein im Koran artikuliertes und im Islam hochgehaltenes Konzept. Weil die Ordo Amoris den moralischen Charakter des Kosmos offenbart, ist die Menschheit in jeglicher Weise, in der sie zu lieben vermag, eng mit der Welt verbunden. Ähnlich wie muslimische Intellektuelle – Juristen, Mystiker oder eine Kombination aus beidem – argumentiert Scheler, das Herz (arab. *qalb*) »verdiene es mehr als Wissen oder Wollen Kern des geistigen Menschen genannt zu werden«.[40] Der muslimische Intellektuelle würde unter dem Vorbehalt beipflichten, dass »Wissen« (*'ilm*, als Tätigkeit und Habitus) letztlich vom Herzen gebildet wird.[41]

Timothy McCune hat vorgebracht, dass man nicht theistisch eingestellt oder an einem traditionellen Göttlichkeitsbegriff hängen müsse, um Schelers Argument anerkennen oder auch nur akzeptieren zu können.[42] Wenn der Glaube ein intellektuelles Argument ist, wie Guénon behauptet, dann vermag ein intellektuelles Argument, wie schon immer geschehen, auch Glauben zu stiften. So beruht zum Beispiel das gesamte Spektrum der islamischen Traditionen – Koran, Sufismus, *schari 'a*, Theologie, Metaphysik, Historie – auf dieser Einstellung, die vieles diktiert, was von diesen Traditionen im Allgemeinen und im Besonderen auf kosmologischer, ontologischer und epistemologischer Ebene für wesentlich erachtet wird. Desgleichen können diese Traditionen, an erster Stelle die *schari 'a* und der Sufismus, die Welt nur als vernetzt denken, wobei die Einheit des Kosmos über allem steht. Aus der Idee, es bestehe ein ontologischer Plan – nämlich dass alles in der Welt, gleich ob es einer höheren Seinsordnung unterstellt ist oder nicht, einen unwandelbaren und bleibenden Existenzgrund besitzt –, ergibt sich das Konzept von der Heiligkeit des menschlichen oder nicht-menschlichen Lebens. In den islamischen und anderen asiatischen Traditionen stellt dies ein wichtiges Grundkonzept dar, das für die gesamte Bandbreite ihrer Lehren den Kern zahlreicher Prinzipien und Normen bildet. Gleichermaßen allgegenwärtig und der Moderne entgegenstehend ist der Vorrang, der in zwischenmenschlichen Beziehungen dem Wert des Menschen vor dem materiellen Wert eingeräumt wird. Als Reaktion auf die Diagnose, dass der Mensch in der Moderne das Gefühl dafür verloren habe, wer er ist und für welchen Zweck er lebt, wird in dieser Weltsicht dem Kapitalismus und Instrumentalismus ein nachrangiger und *untergeordneter* Status zugewiesen. In diesem System des Denkens und Handelns ist der Wert der Menschheit paradigmatisch in der gemeinschaftlichen Liebe angesiedelt und die Gemeinschaft ist das höchste Maß der Existenz. Dabei handelt es sich nicht nur um eine Wiederherstellung der Gemeinschaft im Sinne Fanons, sondern um eine Weltsicht, bei der in einer kosmologischen Psychologie die Gemeinschaft und die gemeinschaftliche Liebe im Vordergrund stehen.

Damit eine solche Sichtweise ihr volles Potenzial entfalten kann, muss sie den Fallstricken der endlosen Meinungsverschiedenheit des Liberalismus (MacIntyre) entkommen, diesem gewaltigen Korpus von Diskursen, der um das liberale Subjekt kreist, aber die Verfasstheit dieses Subjekts niemals infrage stellt. Zur Präzisierung meiner Argumentation mag es lehrreich sein, sich etwas ausführlicher mit einem Sachverhalt zu beschäftigen, der die Herausforderungen veranschaulicht, denen sich der Orientalist im Besonderen und der neue Wissenschaftler im Allgemeinen stellen muss, Herausforderungen, die an den Kern der Distinktion rühren und ein Umdenken darüber ermöglichen, was es bedeutet, sich in der Wissenschaft zu engagieren. Wichtiger noch, es handelt sich um einen Sachverhalt, der die grundlegende Frage aufwirft, welche Art Mensch ein Gelehrter sein soll. Anders gesagt, bei dieser Frage müssen Wissenschaftler und Wissenschaftlerinnen gleich welcher Disziplin ansetzen, denn ein anderer Anfang, oder auch gar keiner, ist der sicherste Weg, sein Schicksal als toter Autor zu besiegeln, der im Grunde an eben jenem Wissen und den diskursiven Formationen teilhat, die ihn nicht nur als eigenständig moralischen und denkenden Menschen ausgelöscht, sondern zudem beispiellose Zerstörungen verursacht haben.

Eine solche Frage zu stellen, bedeutet, nach dem Platz des Menschen in der Welt zu fragen und sich darüber im Klaren zu sein, wo ein solches Fragen in einer entschieden modernen Umgebung anzusetzen hat. Wie bereits vorgebracht, besteht eine grundlegende Kategorie des modernen, unsere modernistische Existenz formenden und umformenden Denkens in einer mechanistischen Sicht auf die Welt, eine Sicht, die nicht nur das Leben des Menschen von dem Leben distanzierte, das die menschliche und nichtmenschliche Umwelt umfasste, sondern auch eine souveräne Herrschaft schuf, die dem Leben jeden

Wert entzog. Eine solche Frage zu stellen, bedeutet mithin, bei der »Umwelt« anzusetzen, die durch die mechanistische Weltsicht von einer eigentlich komplexen Existenzform – die ebenso sehr Kosmologie und Epistemologie umfasste wie Steine, Bäume und Luft – zu einem bloß materiellen Gegenstand umgeformt wurde. Die Umwelt ist alles, was den menschlichen Akteur umgibt *und dabei diesen Akteur hervorbringt*, aber die Krise und Herausforderung der modernen Welt besteht darin, zu erkennen und anzuerkennen, was aus diesem Denkprozess ausgeschlossen wurde, nämlich das, was wertbehaftet ist, aber nicht mehr länger Wert besitzt.

Diese Herausforderung – die in dem Ausspruch, was man nicht kenne, könne man auch nicht vermissen, zusammengefasst ist – bildet den Kern des Scheler'schen Problems, wonach der *Homo modernus* nicht mehr weiß, wer und was er ist. Das Problem ist nicht bloß physischer, materieller oder letzten Endes einfach ökologischer Natur. Es ist in erster Linie konzeptuell oder epistemologisch und es diktiert die Bedingungen, unter denen wir über das Dilemma nachdenken können. Der Tod der traditionellen Metaphysik und Kosmologie zum Beispiel hat die Sprache der Moderne insofern bestimmt, als er jede von außen kommende oder gegen die Moderne gerichtete kritische Auseinandersetzung mit den Fragen ausschloss, die durch das Problem aufgeworfen wurden. Soll heißen, dass eine der Hauptschwierigkeiten der Bedingungen der Moderne in der Unfähigkeit ihrer vorherrschenden Diskurse besteht, die eigenen Kategorien des Denkens zu transzendieren; darin aber liegt die Herausforderung für die Wissenschaft. Ich möchte dahingehend argumentieren, dass die ethische Aufgabe, den Platz des Menschen in dieser Umwelt neu zu definieren und *diese Positionierung als eine moralisch technologische Operation am Selbst zu internalisieren*, am Anfang und am Ende jeder Auseinandersetzung mit Wissenschaft und Bildung zu stehen hat. Mit der nun folgenden Diskussion soll ein kritischer Raum zur Neubewertung der Distinktion sowie der aus ihr erwachsenen Souveränität geöffnet werden.

In einem wichtigen Aufsatz über »die Vernünftigkeit, Dankbarkeit gegenüber der Natur zu empfinden« setzt sich die Umweltethikerin Karen
Bardsley mit der auf die Aufklärung zurückgehenden paradigmatischen
Konzeption einer entblößten, mechanischen und entzauberten Natur
auseinander. In dieser Konzeption gilt das Gefühl der Dankbarkeit, als
Leitbegriff genommen, gegenüber unabsichtlich erfolgten Entscheidungen als unangemessen. Wenn demnach Natur, wie es tatsächlich der Fall
ist, bloß als unbeseelte Materie, ja sogar als »dumm«[43] angesehen wird,
dann fällt jeder Grund, Dankbarkeit zu empfinden, in sich zusammen.
Dankbarkeit ist dieser Konzeption zufolge nur erforderlich, wenn hinter
dem uns erwachsenden Nutzen eine Intentionalität liegt, und da die Natur nun einmal unbeseelt ist, kann sie nicht darüber entscheiden, ob sie
uns helfen oder schaden soll. Die Frage, die sich für die Autorin stellt,
lautet demnach: »Ist es vernünftig [...], Dankbarkeit gegenüber einer
Sache zu empfinden, die keine Intentionalität besitzt?«[44]

Wie Bardsley sehr wohl weiß, besteht hier das eigentliche Dilemma
darin, dass das Problem der Undankbarkeit das Monopol der Säkularisten ist. Menschen, die an Gott oder an Götter glauben, fühlen sich – davon gibt die Vormoderne über lange Zeiten und Strecken reiches Zeugnis ab – von solchen Fragen offenbar nicht beunruhigt. Dass es der säkularen Moderne nicht gelingt, Dankbarkeit organisch in die Natur und
ihre Mitmenschen zu integrieren und sie zu einem Teil ihrer Weltsicht
zu machen, scheint nicht einfach nur ein Alleinstellungsmerkmal zu
sein; dieses Versagen »nimmt dem Leben ohne Gott auch viel von seiner
Kohärenz und Bedeutung«.[45] Während die Dankbarkeit für den Theisten offenbar eine Selbstverständlichkeit ist, ist sie für den Säkularisten
und Atheisten[46] schlichtweg ein »hoffnungsloses Problem«. Doch solange die Atheisten damit ihr eigenes Schicksal verfolgen, muss uns weder
das Problem noch der Mangel an Kohärenz und Bedeutsamkeit Sorgen
bereiten. Unsere Sorge rührt eher aus dem Umstand, dass diese Säkularisten und Atheisten häufig das Zentrum politischer, industrieller und
technischer Macht besetzen, und dass die Art, wie sie der Welt begeg-
neten und auch heute noch begegnen, sie zu einem Handeln verführte,
das sich für den Rest der Menschheit als katastrophal erwiesen hat.[47]

Bardsley wartet mit einer beeindruckenden Reihe von Schriften auf, die die Begriffe der Dankbarkeit und der Gabe beleuchten, und strukturiert ihre Analyse mit zwei Brennpunkten, wie sie es nennt, wobei der eine der Gabe selbst gilt und der andere den Ursprung der Gabe, den vermeintlichen »Wohltäter« ins Auge fasst. Dabei handelt es sich um zwei verschiedene Betrachtungsaspekte, die jeweils eine spezifische analytische Aufmerksamkeit erfordern, obwohl sie, um eine hinreichende Bedingung für Dankbarkeit gewährleisten zu können, in einer wechselseitigen Abhängigkeit zueinander stehen müssen. Letztlich, so die Analyse Bardsleys, hängt die Wertschätzung von dem Gebenden, dem Wohltäter ab. Die Herausforderung besteht darin, dass der »Wohltäter, das heißt die Natur, in der atheistischen Weltsicht keine Absichten besitzen kann, und eine Absicht, Gutes zu tun, gilt als wesentlich, um Dankbarkeit empfinden zu können«. Um dieser Herausforderung zu begegnen, sind zahlreiche Autoren darauf verfallen, »den empfindungslosen Elementen der Natur so etwas wie Handlungsmacht« zuzuschreiben, mit dem Ziel, die Natur mit Eigenschaften zu versehen, »die eine hinreichende Ähnlichkeit mit Intentionen aufweisen«.[48] Eines dieser Argumente leitet sich ab von der Art, wie wir angeblich Institutionen schätzen, die zwar keine Intentionen, dafür aber ihrer Wesensart gemäß »Zwecke und Funktionen« besitzen. Demnach wäre es möglich, so die Argumentation, Dankbarkeit nicht gegenüber »bewussten Absichten«, sondern gegenüber der Wesensart zu empfinden. Letztendlich jedoch erkennt Bardsley die Schwäche dieser Argumentation an, und zwar insofern, als die meisten Menschen nicht hinnehmen können, dass die natürlichen Systeme »so etwas wie gute Absichten besitzen«, denn diese bilden die Voraussetzung dafür, dass die Dankbarkeitsempfindung »rational« gerechtfertigt werden kann.[49] Diese Schwäche erweist sich als so groß, dass Bardsleys philosophische Messlatte deutlich sinkt: Anstatt auf bewusste, überlegte und proaktive Absichten zu setzen, gibt sie sich schließlich mit dem Fehlen »schlechter Absichten« zufrieden. Demnach wäre Dankbarkeit eine »angemessene Reaktion auf unverdiente Gaben von Urhebern, die uns a) keine schlechten Absichten entgegenbringen und uns b) nicht aufgrund zufälliger oder bedauerlicher Aspekte ihrer Wesensart mit Vorteilen bedenken«.

All dies bringt uns jedoch wieder an den Ausgangspunkt zurück, zu dem ursprünglichen Problem, das Bardsley zu entkräften suchte. Wenn die natürlichen Systeme keine schlechten Absichten haben, dann können sie auch keine guten haben, einfach, weil sie keine Absichten haben können. Und mit dem Fehlen dieser Absichten ist auch das für das Dankbarkeitsgefühl sprechende Argument hinfällig. Wir sind also wieder bei einer dummen Natur, der gegenüber wir uns paradoxerweise als dankbar erweisen sollten, weil sie uns rein zufällig ernährt und erhält. Weder Bardsleys noch irgendeine mir bekannte säkularistische Argumentation bietet Raum für den philosophischen Beweis, dass das Natürliche nicht zufällig ist, dass es sich dabei um eine Welt handelt, die durch etwas oder von jemandem planvoll geschaffen wurde. Doch selbst wenn wir ungeachtet dieses Hindernisses ein Dankbarkeitsgefühl (Dankbarkeit, die durch Bardsleys Argument zweifelsohne in ihrer Kraft schon stark geschwächt wäre) entwickeln sollten, würden wir es immer noch gegenüber einer dummen und stupiden Instanz hegen und das wiederum wäre eine Haltung, die die Rationalität unseres Verhaltens beträchtlich mindern würde. Welche Veränderungen auch immer die Konzepte Mensch und Rationalität in der ausgehenden Moderne erfahren haben, sie weisen stets noch die gleichen Strukturen auf wie ihre Vorgänger im neunzehnten Jahrhundert.

Bemerkenswert ist, dass Bardsley trotz all ihrer eigenen Argumente und dem Argumentationsarsenal unzähliger weiterer philosophischen Positionen abschließend einräumt, es sei »noch viel Arbeit nötig, bis wir das Argument vorbringen können, dass die Unfähigkeit, Dankbarkeit gegenüber der Natur zu empfinden, einem moralischen Versagen gleichkommt. Zudem ist keinesfalls erwiesen, dass Dankbarkeit der Natur gegenüber legitime Gründe für die moralische Verpflichtung bereitstellt, natürliche Ökosysteme zu schützen [...] [oder] zu einem diesbezüglichen Handeln verpflichtet.«[50] Anscheinend stellt die einzigartige *Korrelation und Konkomitanz* zwischen der aufklärerischen Vernunft und der Moderne auf der einen Seite und der systematischen und weltumspannenden Zerstörung natürlicher Ökosysteme auf der anderen für Bardsley keinen hinreichend vernünftigen Grund dar, um zu dem Schluss zu kommen, dass vormoderne Weltsysteme »legitime Gründe« für die moralische Verpflichtung liefern, natürliche Ökosysteme zu schützen, oder selbst Verpflichtungen schaffen, die zu einem Handeln anhalten, das nicht zur Beeinträchtigung und praktischen Zerstörung dieser Systeme führt. Wir sehen uns deshalb mit Bardsley zu der Schlussfolgerung gezwungen, dass das Überleben der Ökosysteme, die bis zur Moderne einigermaßen unversehrt geblieben waren, in keinem kausalem Zusammenhang damit stand, wie diese Systeme die Welt betrachteten und in ihr lebten, und dass die moderne Konkomitanz purer Zufall ist. Bardsleys Argumentation geht demnach nicht nur an der Sache vorbei, sodass wir uns fragen müssen, weshalb sie den Atheismus mit seiner Unfähigkeit, Dankbarkeit zu erzeugen, überhaupt hinterfragt, sondern sie verrät zudem die überaus liberale Haltung, die moralische und ethische Verantwortung für die Krisen, die der Atheismus doch weitgehend selbst geschaffen hat, zu verallgemeinern und aufzuteilen.

Aus Bardsleys Narrativ ergibt sich, dass moralische Verpflichtungen unnötig sind und folglich auch keine Verhaltensweisen zum Schutz von Ökosystemen, die sich daraus ergeben könnten, vorgeschrieben werden können. Anders ausgedrückt, und im Gegensatz etwa zu der nahezu unhinterfragten Technik des Selbst, die um des Nationalstaates willen das Opfer des Bürgers fordert,[51] entspricht die Pflicht, die Natur zu schützen, noch lange nicht einem entsprechenden Handeln oder einer Verteidigung der Natur – und dies so sehr nicht, dass sie in der Seele oder Psyche noch nicht einmal die Überzeugung einpflanzt, ein solches Handeln sei eine notwendige, gewissenhafte Pflicht, deren Missachtung im Subjekt selbst ein Gefühl der Übertretung und Reue hervorruft. Diese Absurdität rührt aus einem Wertesystem, das nicht zweimal über die Willfährigkeit nachdenkt, in einer Schmitt'schen, gewalttätigen Politikwelt den Sohn oder die Tochter für die Sache der Nation sterben zu lassen, das sich jedoch kaum an eine Psychologie der Dankbarkeit gegenüber ebenjener Welt, die menschliches und nichtmenschliches Leben ernährt und erhält, gebunden fühlt.

Bardsley und andere Umweltethiker müssen sich jedoch mit einem signifikanteren Problem auseinandersetzen, als nur philosophisch aufzuzeigen, dass Dankbarkeit gegenüber der Natur eine rationale Haltung ist, ein Argument, das gleichwohl, wie wir gesehen haben, mit großen Schwierigkeiten konfrontiert ist oder sogar in einer Sackgasse landet.

Selbst wenn wir davon ausgehen, dass diese Schwierigkeiten überwunden werden können, bleibt zwischen dem philosophischen Diskurs und der eigentlichen Praxis eine tiefe Kluft. Dankbarkeit gegenüber der Natur ist nicht nur eine philosophische Frage, und letztlich ist die Philosophie nicht das einzige oder auch das wichtigste Vehikel, wenn es darum geht, eine Haltung zu konstruieren, die das soziale Verhalten tiefgreifend durchdringt. Dankbarkeit lässt sich nicht, wie so oft bei philosophischen Fragen, auf die Ebene der philosophischen Abstraktion reduzieren und ist auch nicht auf diese beschränkt. Das sollte sie auch nicht sein, da die im Umfeld der Dankbarkeit aufkommenden Fragestellungen beeinflussen, wie die Menschen ihren Alltag leben, und dieses Wie hat selbst zur ökologischen Krise beigetragen und, gefährlicher noch, der souveränen Denkstruktur Vorschub geleistet. Anders gesagt, da die Philosophie, insbesondere in der Moderne, nicht an die Stelle allgemeiner, tief verwurzelter, gesellschaftlicher Normen und Werte wird treten können, bleibt eine Lücke zwischen den Ideen und dem intellektuellen Diskurs auf der einen und der praktischen Ethik auf der anderen Seite bestehen. Dem muslimischen Moralphilosophen Taha Abdurrahman zufolge sind solche Lücken typisch für die liberale Moderne und verleihen ihr den Charakter einer »Zivilisation des Redens«,[52] eine Auffassung, die sich diplomatischer in Alasdair MacIntyres »endlosen Meinungsverschiedenheiten« ausgedrückt findet.

So durchdacht auch Bardsleys Kritik und philosophische Position sein mögen, sie bleiben dem liberalen Diskurs verhaftet, bestrebt, von einer postulierten (und notwendig nicht umsetzbaren) liberalen Position aus die Rationalitätskonzepte zu verfeinern und zu erweitern. Der Geltungsbereich der beiden von Bardsley definierten Brennpunkte wird eingeschränkt von Betrachtungen über die Gabe und den Wohltäter und darüber, wie diese neu zu interpretieren wären, um Dankbarkeit gegenüber der Natur zu bewirken. Diese Beschränkungen schließen jedoch von Anfang an eine Neuinterpretation und mehr noch eine kritische Auseinandersetzung mit dem Subjekt aus, das analytisch vor den beiden Brennpunkten steht und das von Bardsley als selbstverständlich vorausgesetzt und nicht angemessen hinterfragt wird. Insgesamt setzt sich Bardsley in ihrer Argumentation nicht mit der Qualität des modernen Subjekts und seinen »progressiven« Veränderungen in der Zeit auseinander, die es im Lauf der Moderne erfahren hat. Die Entwicklung dieses Subjekts ist durch eine deutliche Zunahme der Subjektivität des souveränen Individuums gekennzeichnet, wobei die Freiheit, im eigenen Interesse zu handeln, ein gewisses Gefühl der Schuld und deshalb auch der Dankbarkeit gegenüber anderen, die Natur eingeschlossen, ableugnet. Die Annahme, dass ich das, was ich tue, für mich selbst tue, negiert die Absicht, freiwillig zu helfen oder anderen etwas zugutekommen zu lassen. Dies steht im Einklang mit der Annahme, dass das individuelle Interesse, das geltend zu machen und zu verfolgen mir zusteht, weder die Komponente der Schuld noch die der Verpflichtung gegenüber anderen enthält, die denselben Regeln gemäß »auch mir nichts schulden«. Und da ich nicht die Absicht habe, mein Handeln in den Dienst eines Mitmenschen zu stellen oder es ihm zugutekommen zu lassen, werde ich, falls einer von uns oder wir beide zufällig von den Taten des anderen profitieren sollten, diesem gegenüber nicht mehr Dankbarkeit empfinden als ich an Dankbarkeit von ihm erwarte. Das Vermögen des modernen Subjekts, Dankbarkeit gegenüber anderen zu empfinden, nimmt nicht zu, sondern ab, da das Schuldgefühl mit dem um das Selbst kreisenden Anspruchsdenken, jener Hauptkomponente in der Konstitution des modernen Subjekts, abbröckelt. Anders ausgedrückt, Dankbarkeit bedroht die Autonomie der Rechte des Individuums oder sogar seine Souveränität und nimmt ihm das heilige Gefühl des selbstbezogenen Anspruchsdenkens. Das heißt, Bardsley schweigt sich vollkommen über die Eigenschaft des Subjekts aus, das noch vor den beiden »Brennpunkten« steht, die ohne es keine Bedeutung hätten. Wenn es darum geht, die Dankbarkeit zu erforschen, dann nimmt das Subjekt als analytische Kategorie eindeutig eine zentralere Stellung ein als etwa die Aspekte der Gabe und des Wohltäters, des Urhebers der Gabe; darin liegt das zentrale und womöglich ureigentliche Problem.

Wie für liberale Denker seit J. S. Mill lautet auch für Bardsley die Kernfrage, wie die Welt in den Liberalismus zu bringen sei, aber niemals wie der Liberalismus in die Welt. Will heißen, dass in Bardsleys Narrativ das säkular-atheistische Subjekt nicht den Kern des Problems bildet, ist es doch der Agent, für den die Welt seinen rationalen Anforderungen gemäß sinnvoll gestaltet werden muss. Und damit, wenn man so will, erleidet Bardsleys Position den entscheidenden Hieb,[53] denn sie verletzt gewissermaßen das Gesetz vom ausgeschlossenen Dritten. Entweder entledigt ein atheistischer Agent die Natur ihrer intrinsischen Werte oder die wertbehaftete Natur setzt ein glaubendes Subjekt voraus; beides zugleich geht nicht.

Demgegenüber hat der Philosoph und Anthropologe Max Scheler seine Aufmerksamkeit auf das Subjekt gerichtet, das sich ändern muss. Seine Argumentation rührt, ähnlich wie die Foucaults,[54] an den Kern der Subjektivität, wobei er nicht nur das Wesen des modernen Subjekts, sondern auch, was es über seinen Platz in der Welt weiß, hinterfragt. Dem modernen Menschen mangelt es, laut Scheler, an einer einheitlichen und kohärenten Vorstellung darüber, wer und was er sei, und darüber hinaus weiß er nicht, was er zu werden vermag. Dass der moderne Mensch sich und der Welt verloren gegangen ist, ist der Abkoppelung des *Homo modernus* vom Kosmos geschuldet, der für Scheler eine nach einem ethischen Plan strukturierte Seinsordnung darstellt. Das Problem des modernen Menschen besteht darin, dass er den Kontakt zu seinem inneren Selbst verloren hat und damit auch die Fähigkeit zu Liebe und Mitgefühl. Stattdessen ist der moderne Mensch, worunter Scheler den »modernen westlichen Menschen« versteht, ein *Homo capitalisticus* geworden, eine Zuschreibung, die in ihrer Bedeutung über das rein Ökonomische hinausreicht und eine Geistesverfassung, eine Sicht auf die Welt, eine Art des In-der-Welt-Seins umreißt. Utilitaristisch und instrumentalistisch bis ins Mark, ist das Ethos und die Wertstruktur dieses Menschen »von einem unersättlichen Erwerbstrieb und einer Priorisierung der beiden auf unterster Ebene stehenden Werte geprägt: dem Nützlichen und dem Angenehmen«.[55] Die Struktur des modernen Subjekts, die von egoistischem Interesse, der Liebe zu materiellen Dingen und einer egozentrischen Weltsicht bestimmt ist, hat laut Scheler zu immer mehr Leid und zunehmender Entfremdung von einer systematisch beherrschten Natur geführt. Der zugespitzte Anthropozentrismus hat zudem eine Spezies mit einem partiellen und beschränkten Blick auf das Leben, die Wirklichkeit, die Welt und die Natur im Allgemeinen geschaffen.

Notwendig, so Scheler, ist eine tiefgehende Transformation des Subjekts, das dafür seine inwendige Subjektivität verändern muss, damit die »*innere* Machtgewinnung« über das »automatisch ablaufende untergeistige, psychophysische ›Leben‹« siegen kann.[56] Bei dem inneren Kampf des Selbst geht es darum, die gesamte Wertstruktur der Moderne umzukehren oder sogar zu untergraben, was einer Umwälzung nicht nur unserer Denkweise, sondern, wichtiger noch, dessen, was wir als Menschen letztlich sind, gleichkommt. Zu dieser Revolution gehört eine entscheidende Anpassung unserer die Natur objektivierenden und zur Ware machenden Haltungen, eine Korrektur, die uns – anfangs und bis sie uns zur zweiten Natur geworden ist – dazu nötigt, die Welt als Einheit zu betrachten. Dies lässt sich nur dann erfolgreich durchführen, wenn wir das ganze Potenzial unserer Fähigkeit zu Liebe, Mitgefühl und Solidarität erkennen, eine Fähigkeit, die den Wunsch nach Harmonie im eigenen Leben wie in der Welt Wirklichkeit werden lassen kann (eine Fähigkeit zudem, in deren Abwesenheit die Ursache für den Selbsthass zu suchen ist, der, wie im vorigen Kapitel erörtert, unter anderem zum Genozid führt).

Die genannte Harmonisierung ist jedoch nicht bloß ein Slogan oder eine diskursive Behauptung; vielmehr geht sie mit der Umformung des Selbst mithilfe bestimmter Techniken der Selbstkultivierung, der Restrukturierung zwischenmenschlicher Beziehungen und unseres Verhältnisses zur nichtmenschlichen Welt einher. Harmonie ist zudem eng an ein Opfer folgender Art gebunden: »Leiden ist eine ontologische Aktualität – Wirklichkeit, man erinnere sich, ist Widerstand. Wie Buddha bot auch Scheler einen Einblick in die notwendige Existenz, nämlich dass ›man nicht das eine ohne das andere wollen kann; nicht Liebe und Einigkeit (Gemeinschaft) ohne Tod und Leid; nicht die Höherentwicklung und das Wachstum des Lebens ohne Leid und Tod; nicht die Süße der Liebe ohne Opfer und das damit verbundene Leid‹. [...] Es ist die Preisgabe des Teils für das Ganze, und eines geringeren Werts für einen höheren, ohne dabei jedoch die Bedeutung und Einzigartigkeit jedes einzelnen Teils und Wert herabzusetzen.«[57]

Kurz, Schelers Phänomenologie erfordert offenbar eine bestimmte Technik des Selbst, die der des Buddhismus und des Islam ähnelt, die jedoch mit Bestimmtheit dem Kern der liberalen Haltung gegenüber dem Vergnügen und dem Leid zuwiderläuft. Es handelt sich um eine mentale, auf den spirituellen Habitus des Selbst gerichtete Technik, bei der es darum geht, die Triebe zu zügeln und das innere Sein mit der größeren Welt und dem Leben in Beziehung zu setzen.

In den Positionen Bardsleys und Schelers zeigen sich zwei unterschiedliche Ansätze des Westens, mit der aktuellen Krise des modernen Subjekts umzugehen. So »grün« und einfühlsam Bardsleys Ausführungen zum Subjekt auch sein mögen, sie gehen nicht über den konventionellen liberalen Rahmen hinaus. Sie gehen von einem Status quo der Subjektivität aus, der, in typisch liberaler Weise, die fraglichen Probleme lediglich *hermeneutisch* umgehen muss. Die Verfasstheit des Subjekts wird nicht infrage gestellt und es wird auch nicht gefordert, dass es sein Selbstverständnis, seine Wertstrukturen und ontologischen Prioritäten oder seinen Platz in der Welt beziehungsweise seine Beziehung zu ihr ändert. Heraus kommt lediglich eine weitere Wortmeldung: Das Problem wird von der Seite oder von oben angegangen, niemals jedoch von vorne mit radikalen Lösungen und einer die Ursachen beleuchtenden Diagnose konfrontiert. Bardsley wartet, um es umgangssprachlich zu sagen, mit einem »Wundpflaster« als Lösung auf, in der typischen Manier, in der der Liberalismus mit allen größeren Problemen umgegangen ist, ob sie nun im Zusammenhang mit Armut, der Gesundheitsversorgung, Kriminalität und Bildung, mit Militärausgaben oder politischen Interventionen stehen; und auch die Fragen der Ökologie, der Umwelt oder des entmenschlichenden Kolonialismus sind nie anders behandelt worden.

Scheler hingegen offeriert eine Konzeption des Wandels, die sehr tief reicht, nämlich einen strukturellen Wandel: Die inneren Schichten des Selbst *erfordern* eine vollständige Neubewertung. Derart drastische Methoden sind eindeutig nicht im Sinne des Liberalismus, denn solche Ansinnen werden die liberale Subjektivität sowohl an ihrer Oberfläche als auch in ihrer Substanz verändern und damit auch das gesamte Projekt des Liberalismus, weshalb auch Leute wie Scheler und solche, die – von Herder bis MacIntyre – zu einer Umkehrung und Untergrabung der Werte aufrufen, relativ am Rande des Diskurses geblieben sind, hinweggefegt von den Lehren der Aufklärung und Nach-Aufklärung, die dem Liberalismus besser zupasskommen (deshalb auch die Dominanz des Neokantianismus, das Konzept der negativen Freiheit und die daraus resultierende Validierung von Saids liberaler Kritik).

Dass nun jedoch Stimmen wie die von Scheler in den Ökologie- und Umweltbewegungen (sowie in antikolonialistischen Diskursen) auftauchen, signalisiert, wie unzureichend, ja sogar inadäquat die liberale Tradition im Umgang mit den Krisen des natürlichen Habitats und daher auch im Umgang mit dem Selbst als Sitz des Problems ausfällt.[58] Das heißt, die Veränderungen müssen weitreichend und tiefgehend sein und bis an die Werte des modernen Subjekts und auch an die Techniken des Selbst rühren, die nicht nur eine neue Konzeption der Rationalität, sondern zudem, und nicht minder wichtig, bestimmte Formen ethischer Bildung zu erneuern vermögen.

Schelers Forderung nach einer neu strukturierten Sicht auf die Einheit der Welt kommt rückblickend einer verheerenden Kritik des fragmentierten liberalen Subjekts gleich, eines Subjekts, das sich in einer engen Vorstellung von miteinander konkurrierenden Einzelinteressen und Werten des guten Lebens herausbildet, in dem es hauptsächlich um materielle Erwägungen geht. Schelers Forderung ist in der Tat ein impliziter, aber machtvoller Angriff auf das Konzept der negativen Freiheit, das die politische Basis der liberalen Subjektformation bildet. Weil diesem Subjekt eine spirituelle, metaphysische und kohärente psychologische Formation fehlt,[59] ist es seinem natürlichen Lebensraum entfremdet, der im Falle einer anderen Wirklichkeitsauffassung an den kosmologischen Hintergrund gebunden bliebe, durch den das Subjekt überhaupt erst entstehen konnte.[60] Genau hierin könnte der Wert traditioneller Weltkulturen und »Religionen« bestehen. Sie sind, da Gegenwart und Zukunft keine Richtung vorgeben, womöglich zumindest heuristisch in der Lage, einen Ansatzpunkt zu bieten, von dem aus der Platz des Menschen in der Welt neu bewertet werden könnte. Im Falle der islamischen, aber auch der chinesischen und indischen Weltkulturen wäre viel zu gewinnen, wenn über die kohärente Einheit des Subjekts als eines in der kosmischen und metaphysischen Welt situierten Subjekts nachgedacht würde.

Dankbarkeit ist, als rationale Haltung, in diesen Traditionen integraler Bestandteil des Lebens – deshalb auch ist sie für meine Argumentation von indexikalischer Bedeutung. Sie ist keine nachträgliche Rechtfertigung oder eine verzweifelte Lösung einer eminenten Krise, sondern eine Möglichkeit, die Welt und das Leben, wie es gelebt wird, zu begreifen und zu verstehen. So wie die moderne Fortschrittsdoktrin, die universelle Vernunft und anderes Modernes mythologisch grundiert sind, obschon dies vehement verneint wird, spielen natürlich auch in dem als Metaphysik oder Kosmologie bezeichneten Denkprozess mythologische Elemente eine Rolle. Mit anderen Worten, Dankbarkeit ist in das Gewebe aus Denken und Praxis integriert und bedarf keiner Philosophie, um die Menschen in der Kunst des Fühlens und Lebens zu unterweisen. Die Epistemologie ihrer praktischen Ethik ist dem gelebten Leben eingewoben, will heißen, sie ist eingebettet in den realen Richtwert der Techniken des Selbst.[61]

Wie Guénons philosophisches Narrativ erfasst auch Schelers Narrativ im Wesentlichen vieles von dem, was die orientalischen Traditionen, einschließlich der islamischen, zu bieten haben. Die Gesamtstruktur und die Werte dieser Traditionen stellen das Substrat einer Welt der Diskurse da, das heuristisch für das Studium des Orients im Kontext einer kritischen Auseinandersetzung mit der aktuellen Krise der Moderne herangezogen werden kann. Ein solches Studium etwa des Islam, des Hinduismus oder des Buddhismus ist so lange nicht besonders vielversprechend und lebensfähig, solange es nicht von den relevantesten und umfassendsten theoretischen Anliegen unserer Zeit durchdrungen ist, Anliegen, die fast ausschließlich mit Selbstkritik zu tun haben. Der Orientalismus wird also den Schwerpunkt seiner Interessen verlagern müssen, indem er das Subjekt zum Objekt macht, was letztlich auf eine neue Philologie hinausläuft, die um einen, wie man sagen könnte, *heuristischen Historizismus* kreist. Die orientalischen Traditionen werden nicht länger Schauplatz der Neubewertung und der Umgestaltung sein, sondern stattdessen als Denkrepertoire herhalten, das die Neugestaltung eines orientalistischen Selbst instruiert. Damit ist gesagt, dass die philologische Arbeit des Orientalismus das konstruktive Medium bilden wird, anhand dessen das souveräne Subjekt, der *Homo modernus* eine Umschulung von Geist und Seele in Angriff nehmen und gleichzeitig eine neue ethische Technik des Selbst kultivieren kann, ein neues Modell, ein Vorbild, dem die den Orientalisten beheimatende Gesellschaft nacheifern kann. Da auf diese Weise die Funktion gewissermaßen umgekehrt würde, ginge es nicht länger um den Orient, darum, ihn zu verstehen, »damit wir mit ihm umgehen können«, sondern es würde sich um einen ethisch selbstbezogenen Vorgang der, wie Foucault es nannte, »Sorge um sich selbst«

handeln, mit dem wiederhergestellt würde, was längst »verblasst« ist. Es gibt für den Orientalismus und den Orientalisten keinen anderen Existenzgrund als den, diesen Zweck zu erfüllen. Und wenn dieses Ziel erst einmal erreicht ist, wird das Übrige, einschließlich einer wahrhaft humanen Geschichtsschreibung, einer einfühlsamen philologischen Methode und anderer Dinge, die der wissenschaftliche Apparat erfordert, von allein folgen.

Wenn der Orientalismus immer schon von Europa handelte, wie Said in seinen Arbeiten weithin behauptet, muss darüber nachgedacht werden, welche Methoden und Lektionen daraus zu ziehen sind, handelt es sich doch, dem Autor zufolge, um ein selbstbewusstes Projekt.[62] Das soll jedoch nicht heißen, dass der Orientalist allein die Bürde zu tragen hat, die Missstände seiner Gesellschaft zu korrigieren – eine wahrhaft unerträgliche Bürde –, er steht aber aufgrund seiner Position in der Formation des modernen Wissens an jenem Schnittpunkt, an dem seine Expertise, das Wissen über den Anderen, am besten zum Tragen kommt. Wenn der Orientalismus, wie bereits angedeutet, die Brücke war, die am offensichtlichsten dazu führte, dass der Andere so schlecht konstruiert wurde, dann kann über diese Brücke nun die Umgestaltung des Selbst beginnen, indem ein instruktiver Anderer heuristisch abgefragt wird. Die der Moderne fremde epistemische Demut ist als Antidot zur Souveränität ein dringend benötigtes Heilmittel.

VII

Die Beschäftigung mit der sogenannten Mikrogeschichte lässt sich nicht ohne Verständnis für und Bezugnahme auf die strukturellen und paradigmatischen Merkmale der Makrogeschichte und der *longue durée*[63] validieren, wobei auch eine aufkeimende Kritik zu berücksichtigen ist, deren Ausgangspunkt in jener Denkstruktur besteht, die unter anderem für die ökologische Krise verantwortlich ist, eine Krise, die, wie wir betont haben, symptomatisch für ein größeres epistemologisches und deshalb ethisches Defizit ist (das sich einer Struktur verdankt, dazu entworfen, ihre Wirkung ausschließlich im Kontext materialistischer und politischer Betrachtungen zu entfalten).

Ein Forschungsprojekt, das etwa die Eingriffe in den Markt durch einen Herrscher einer bestimmten Dynastie, das Wirtschaftsleben einer Stadt oder die Heiratsbeziehungen in einer bestimmten Gemeinschaft untersucht, mag uns völlig gerechtfertigt erscheinen. Doch die Legitimität eines solchen Vorhabens basiert auf einem Bündel weiter gesteckter Fragen, die zwangsläufig durch noch umfassendere philosophische und theoretische Betrachtungen geprägt sind. Wenn methodologische Interessen auf die üblichen modernistischen Annahmen etwa hinsichtlich der Rolle des »Staats« bei der Durchführung oder Kontrolle der *schari'a* im Kairo des vierzehnten Jahrhunderts reduziert werden, dann ist das nicht nur eine kleinkarierte und überaus einseitige Art, Geschichte zu betreiben; sie bietet zudem einen verzerrten Blick auf die Realität sowohl der islamischen wie der unsrigen Welt. Derartigen Forschungsprojekten, die oberflächlich betrachtet akzeptabel und valide sind, mangelt es in dem Sinne, den zu erläutern ich mich bemüht habe, eindeutig an theoretischer und sogar konzeptioneller Klarheit, von intellektueller Reife ganz zu schweigen. Sie maßen sich lediglich an, uns aus einer modernistischen Perspektive – einer Perspektive also, die inzwischen als Ursache der aktuellen Menschheitskrise kritisiert und zurückgewiesen wird – zu erzählen, wie in einem islamischen Beispiel (einem sogenannten »Partikularkontext«) Dinge gehandhabt wurden.

Die Verbindung solcher wissenschaftlichen Annahmen mit der ihnen zugrundeliegenden souveränen Denkstruktur der Aufklärung mag zwar subtil ausfallen, sollte für einen Wissenschaftler mit einem ausgeprägten Sinn für ethische Verantwortung jedoch erkennbar sein. Allerdings muss man zugeben, dass derartig konventionelle Geschichtsprojekte fast immer in einem (entgegengesetzten) Vergleichskontext, einer modernen (besser gesagt modernistischen) Situation, stattfinden, aus dem sich die Forschungsfrage überhaupt erst ergeben hat.[64] Dies ist im Allgemeinen der Ansatz eines Großteils der neueren Wissenschaft, wie sich unter anderem an der Zunahme von Studien über Frauen und Genderfragen »im Islam«, über gesellschaftliche und ökonomische Praxis in den Parametern von »*schari'a* und Staat« und über die »Heldengeschichte«, wie man sie nennen könnte, zeigt. Letztere macht in Anlehnung an frühere Formen des Orientalismus den »zivilisatorischen Einfluss«, den ein Meisterjurist auf eine rechtlich-moralische Tradition ausübte, wieder geltend, lässt aber die dialektischen Traditionen, ohne die keinem Jurist eine solche Autorität hätte zugeschrieben werden können, völlig außer Acht.[65] Solche und ähnliche Forschungsthemen haben keine Zukunft, solange sie die tagesaktuellen, kritischen Fragen nicht berücksichtigen, die uns zunehmend dazu nötigen, *die den entsprechenden Forschungsfeldern zugrundeliegenden ethischen Prämissen zu hinterfragen.*

Eine Untersuchung der Art, wie ich sie vorschlage, wird damit zu ringen haben, Fragen, wie sie von anderen Traditionen gestellt werden, neu zu bewerten, und gerät damit in eine Situation, in der sie zunächst ihre ethischen Grundlagen hinterfragen muss. Ein Beispiel mag dies veranschaulichen und klarstellen. Nehmen wir etwa einen recht umfänglichen Korpus eines orientalistischen Diskurses, der sich fast ein Dreivierteljahrhundert lang mit dem Studium des Korans, des islamischen Gründungstexts schlechthin, in der Entstehungszeit des sogenannten islamischen Rechts auseinandersetzte. Diese frühe historische Phase ist von einem Narrativ geprägt, bei dem es um »Entlehnungen« und »Anleihen« bei früheren Kulturen des Nahen Ostens, insbesondere der griechisch-römischen, byzantinischen und jüdischen ging. Behauptet wird, dass das »islamische Recht«, fälschlich auch als »mohammedanisches Recht« bezeichnet, vielfältige Anleihen gemacht habe, indem es die Institutionen und Rechtsauffassungen der Vorgängerkulturen umfassend inkorporiert und ihnen eine islamische »Fassade« verliehen habe. Die vorherrschende, aber meist uneingestanden rassistische Annahme dahinter lautet, dass die mittellosen Stämme des wüstenreichen Arabiens, die den gesamten von Transoxanien bis Marokko reichenden Landstreifen erobert hatten, ein derart komplexes Reich niemals aus eigener Kraft hätten errichten können. Die frühen Muslime hätten diese »fremden Einflüsse« legitimiert und domestiziert, indem sie ein islamisches Narrativ im Namen des islamischen Propheten erfanden. Hier geht es eindeutig um Fragen der Originalität und Authentizität, aber ebenso deutlich ist hier die Legitimierung des strukturellen Genozids impliziert.

Dies ist allerdings nicht die ganze Geschichte. Wirklich interessant ist nach wie vor, dass der Koran, bei all seiner Bedeutung, die er von

Anfang an für die Muslime besessen hatte, nicht den Rang einer »legalen« Quelle erlangte, sondern stattdessen fast ein Jahrhundert lang ausgeklammert wurde; erst dann wurde er als »nachträglicher Einfall« ins Spiel gebracht, um damit die »Entlehnungen« auf natürliche Weise und mit einem letzten bestätigenden Stempel versehen untermauern zu können. Der als Fassade betrachtete Koran besaß nunmehr keine echte normativitätsgestaltende Dimension und seine Performativität bei der Hervorbringung eines neuen moralischen »Rechtssubjekts« blieb seitens des Orientalismus unerkannt. Daher auch die Schwierigkeiten, mit denen sich diese Wissenschaft so hartnäckig konfrontiert sah, wenn sie erklären wollte, warum im Islam die Kalifen und später die Sultane nur wenig Ehrgeiz entfalteten, das Recht, insbesondere seine »legislativen Instanzen«, für sich zu vereinnahmen. Auffälliger noch ist, dass dieses Narrativ niemals zu der fundamentalen Frage durchgedrungen ist, wie das Bild eines tief verwurzelten Konzepts der Rechtsstaatlichkeit überhaupt hatte entstehen können, wenn diese Herrscher tatsächlich keinen solchen Ehrgeiz gezeigt hatten? Diese wissenschaftliche Frage überhaupt aufzuwerfen, war von vorneherein ausgeschlossen, weil sie zwangsläufig eine ganze Reihe weiterer Fragen nach sich gezogen hätte, die letztlich das gesamte Gebäude des orientalistischen Narrativs von einer arkanen und despotischen *schari 'a* zerstört hätten. Eine *schari 'a*, die im Vergleich zum euro-amerikanischen Modell der Rechtsstaatlichkeit ein ebenso robustes oder sogar noch robusteres Konzept angeboten hätte, wäre nicht nur der Fortschrittsdoktrin und dem westlichen Überlegenheitsgefühl über den Orient diametral zuwidergelaufen, sondern hätte zudem dem Kultur- und Rechtsdiskurs widersprochen, der dazu diente, den Kolonialismus und später die »Rechtsreform« in der islamischen Welt zu rechtfertigen, deren Folgen ich ausführlich in Kapitel 2 erörtert habe.[66] Hätte nämlich die *schari 'a* derart robuste Eigenschaften besessen, zu deren ersten sicherlich die Rechtsstaatlichkeit gehörte, dann hätte es keinen Grund gegeben, sie mit einer Reihe aggressiver »Reformen« zu zerstören.

Sicherlich sind die Faktoren, die bei der Entstehung dieses wissenschaftlichen Mythos über den Koran als Fassade und nachträgliche Erfindung hineinspielten, zahlreich und komplex, allerdings besteht kein Zweifel, dass die Haltung, Religion als primitiv und als eine Sache

der Vergangenheit zu betrachten, dazugehörte. Diese Einstellung jedoch ist eng mit der Distinktion verbunden, insbesondere mit ihrer
Sein-Sollen-Komponente, zu deren Kernaussagen die These gehört,
dass sich Wert nicht aus Tatsachen ableiten lässt. Deshalb steht die
Distinktion an der Wurzel des modernen Rechtspositivismus, der
die Welt nur durch die Brille des staatlichen Zwangs und der staatlichen Einmischung sehen kann. Recht ohne staatliche Gewalt für
seine Durchsetzung ist schlichtweg kein Recht. So erklären sich die
Sackgassen, in die der Orientalismus gerät, wenn er die Rolle des Korans für die Verfassungsorganisation sowie für die Ausformung des
»Rechts« als eines materiellen Korpus rechtlich-moralischer Normen
im ersten Jahrhundert der islamischen Geschichte interpretiert. Die
Vorstellung, eine gottbefohlene Ethik könne die Grundlage und die
Motivation für ein Rechtssystem liefern, wurde als ebenso obsolet wie
irrelevant für eine moderne Konstruktion von Rechtsnormativität hin-
gestellt. Auch hier gab es, wie ich im Hinblick darauf gezeigt habe, dass
jede konkurrierende Sichtweise von vorneherein aus dem Vorgehen
verbannt wurde, die Sein-Sollen-Unterscheidung als ausschließlichen
Standpunkt für den Blick auf die Welt zu positionieren, keinen Raum
für Alternativen. Noch nicht einmal der Möglichkeit, dass eine gottbefohlene Ethik einen gewissen heuristischen Wert haben könnte, womit einer Aneignung oder verbindlichen Anerkennung einer anderen
Rechtskultur der Weg bereitet wäre, wurde Raum zugebilligt. Denn
ein solches Vorgehen, das in zahlreichen Kulturen (einschließlich der
islamischen bei ihrer Begegnung mit den griechischen und indischen
Erkenntnissystemen) üblich war, wäre als Erodierung der westlichen
Überlegenheit und ihrer uneingeschränkten Fortschrittstheologie angesehen worden.

Gleichwohl möchte ich argumentieren, dass die im Islam geführten
intellektuellen Debatten über das Wesen des Rechts auch heute noch
heuristische Relevanz für das moderne Denken besitzen, dort nämlich, wo es um die Performativität des modernen Rechts geht, das, als
Zwangsmechanismus, ein externalisiertes Subjekt hervorbringt, anstatt eines, bei dem ein Individuum vorausgesetzt ist, das mit internen
moralischen und durch die systematische Arbeit ethischer Selbsttech-
niken ausgeformten Beschränkungen operiert. Dass das Individuum

dieses eminenten, von anderen Kulturen und ihren Bevölkerungen seit Jahrtausenden gepflegten Potenzials beraubt wurde, ist eindeutig das Werk eines dominierenden und allmächtigen Staates, der nicht auf die moralische Handlungsmacht seiner Subjekte bauen konnte, wenn er in nationalistischen Kriegen, bei seinen Eroberungen und mit verschiedenen Formen der Unterdrückung seinen Willen durchsetzen wollte. Diese Deprivation rührt auch aus den Beschränkungen, die sich die intellektuellen Traditionen des Westens selbst auferlegt haben und die mit den unhinterfragten Annahmen zusammenhängen, mit denen Kategorien wie »Religion«, gottbefohlene Ethik und so gut wie jede nichtsäkularistische Realitätsauffassung belegt werden. Kategorien wie diese werden für eine ernsthafte Betrachtung nicht nur für unwürdig befunden, sie stehen zudem unter der Würde ernsthafter Wissenschaft. Dabei handelt es sich natürlich schlicht um akademische Ignoranz, sie weist jedoch all die Merkmale von Schelers weltverlorenem Menschen auf, der die Möglichkeit, die Welt bestehe aus zahllosen Denkstrukturen, die einen zumindest heuristischen Wert besitzen, schon nicht mehr denken kann.

Wie ein Wissenschaftler scharfsinnig dargelegt hat, finden die theologischen und rechtlichen Debatten des Islam ihren Höhepunkt in der *fundamental epistemologischen* Sicht, dass das Vertrauen auf die gottbefohlene Ethik bei der Ausgestaltung der Normen sich durch eben jene Beschränkungen gerechtfertigt findet, die die säkularen Denkmuster der Beweisführung im Allgemeinen und der rechtlich moralischen Argumentation im Besonderen auferlegen. Das heißt, dass muslimische Intellektuelle schon lange vor der Moderne über die erkenntnistheoretischen Implikationen eines säkularen Denksystems nachgedacht und es als unbefriedigend oder sogar (hierin vergleichbar mit der Kritik des Hinduismus am *Nastika* des Buddhismus) als schädlich beurteilt haben. So hat es die tonangebende Asch'arīya-Schule eben deshalb für nötig befunden, auf eine offenbarte Ethik zurückzugreifen, weil die individuelle menschliche Erfahrung viel zu unzulänglich und beschränkt ist, um Richtlinien für die Konstruktion allgemeiner Prinzipien liefern zu können. Damit die erkenntnistheoretischen Implikationen dieser Erfahrung und der mit ihr zwangsläufig aufkommende Skeptizismus vermieden werden konnten, war es notwendig, sie zu unterbrechen, und zwar durch ein Wunder. Das Wunder ist der Ursprung universalisierbarer Normen; es nimmt diesen die Beliebigkeit und Subjektivität individueller und relativistischer Erfahrung. Während die meisten muslimischen Intellektuellen von der eindeutig erkenntnistheoretischen Sackgasse des Skeptizismus abgerückt sind und sich der absoluten Notwendigkeit des Theismus zugewandt haben, bewegte sich die paradigmatische Linie des modernen Denkens vom Theismus zu der Unvermeidlichkeit des Skeptizismus.[67] Noch mal anders formuliert: Eine gottbefohlene Ethik, deren theoretische und tatsächliche Prinzipien durch in Raum und Zeit verteilte Gemeinschaften von Gelehrten ausgearbeitet werden, bildete die verlässlichste Methode, ein rechtsstaatliches *(Rule of Law)* System zu installieren, das weder einer individuellen noch einer staatlichen Instanz unterworfen ist.[68] Hier wurde *ebenjenes Konzept des Wunders, das genealogisch die Grundlage des Schmitt'schen Ausnahmezustands bildete, auf den Kopf gestellt, um eine Rule of Law ohne Ausnahme zu schaffen.*

Diese Auffassung sollte nicht, wie bislang durchgehend, so verstanden werden, dass eine gottbefohlene Ethik mit theistischer Tyrannei und fehlender individueller moralischer Autonomie einhergeht. Dies mag für das Gebaren des christlichen Europas gelten, auf das die Reformation und die Aufklärung reagierten. Doch auf den Islam traf es nicht zu, zumindest nicht, was Theorie und Praxis der tonangebenden Asch'arīya-Schule und allgemein des paradigmatischen Zusammenwirkens von *schari'a* und Sufismus angeht. Abgesehen von einem minimalen, direkt in der Offenbarung niedergelegten Regelwerk war die Gerechtigkeit Gottes die Welt-als-seine-Schöpfung, was so viel heißt, dass es sich nicht um einen spezifisch göttlichen Willen handelte, sondern um einen Willen, der die Seinsordnung mit seinem Guten durchdrungen hatte (was durchaus an Schelers Welt als ethische Ordnung erinnert). Die Interpretation dieses Guten blieb dem moralischen Subjekt überlassen, dessen rational-intellektueller Apparat ihm die Notwendigkeit diktierte, die Welt eher als etwas Gutes zu betrachten und sich in ihr diesem Guten gemäß zu verhalten. Diese Lehre des *kalam al-nafs* setzt ein moralisches Subjekt voraus, was bedeutet, dass, bevor das Subjekt *zu einem deutenden Subjekt*, zu einem hermeneutischen Akteur wird, ein moralischer Antrieb vorhanden ist, der die Deutung zu einer rein ethischen Übung macht. Wie an anderer Stelle dargelegt, stellte sich für muslimische Juristen und Theologen die moderne Frage, warum man moralisch sein sollte, auf etwas andere Weise.[69] Ethik war keine Herausforderung, sondern die Frage danach, wie sie am besten in die Praxis umzusetzen sei.

Dass die Rechtsethik, das moralische Gesetz, durch eine in Raum und Zeit verteilte Gelehrtengemeinschaft, die das Recht selbst – außer fallweise durch eine zeitlich und räumlich verteilte gemeinschaftliche Deutungsbemühung – nicht abändern konnte, artikuliert und zur Anwendung gebracht wurde, war in der Tat eine große Leistung und ein herausragendes Merkmal dieser Zivilisation. Sowohl das Individuum als auch der »Staat« waren diesem Recht unterworfen, und der letztgenannte konnte sich nicht wie der moderne Staat über es erheben. Man beachte hier – auch auf die Gefahr der Wiederholung hin –, dass das Wunder, das nach Agamben/Schmitt den Zustand der Außerordentlichkeit (Schmitts »Ausnahmezustand«) hervorbringt,[70] im Islam eine *Rule of Law* hervorbringt, die eine solche Ausnahme – oder gar einen außergewöhnlichen Zustand – nicht zulässt.[71] Weder in der Theorie noch in der Praxis gibt es Ausnahmen vom »Recht«. Doch die Implikationen, die mit der Übernahme einer Theorie der Gottbefohlenheit einhergehen, gehen noch über das Politische hinaus, denn in dem Umstand, dass sie zum Ausgangspunkt des Nachdenkens über die Welt gemacht wird, artikuliert sich die tiefe Annahme, dass diese Welt mit Gutem gesättigt ist und alles einem ethischen Plan folgt. Eine Epistemologie hingegen, die zum Skeptizismus führt, lässt den Skeptiker bei einem, wie es Bardsley genannt hat, »hoffnungslosen Problem« landen, ohne dass damit eine im Vergleich zum Theisten robustere moralische Handlungsfähigkeit gewährleistet wäre. Eher noch beweist eine ganze Reihe philosophisch-historischer Analysen in einer Linie, die von Foucaults diskursiven Formationen über das Problem der moralischen Neutralität, Arendts Banalität des Bösen und die Resignation moralischer Handlungsfähigkeit bis hin zu bürokratischen und anderen Formen der Herrschaft reicht, das Gegenteil.

VIII

Derartige Fragen bieten viele Denkanstöße, auch wenn die gewaltige Armee der Orientalisten sich die Bedeutung dieser und ähnlicher
Forschungsthemen selbst nach fast zwei Jahrhunderten, in denen der
islamische Orient Gegenstand ihrer Untersuchungen war, noch nicht
zu eigen gemacht hat. Es ist weder Reduktionismus noch eine Übertreibung, wenn man behauptet, dass an der Quelle dieses Versagens ein
tiefer Riss liegt, der uns von der enormen Wichtigkeit der individuellen ethischen Formation abgekoppelt hat, einer Bildung, von der Foucault bekanntermaßen meinte, sie sei eine Kunst, die heute »dunkel«
geworden und aus den Landschaften der Moderne »verschwunden«
ist.[72] An der ethischen Formation führt kein Weg vorbei, wenn man
die Rolle des Korans für die konstitutionelle Organisation sowie seine
Bedeutung als Antwort auf den Skeptizismus verstehen möchte. Diese
Formation nämlich bildet das kritische Fundament, von dem aus sich
Herrschaft und Performativität der diskursiven Formationen der Moderne angreifen lassen. Damit soll auch gesagt sein, dass ein solches
Verstehen nicht um des Orients oder seiner Muslime willen, sondern
um der Orientalisten selbst willen erfolgen sollte. Denn sie sind, wie
ihre Kollegen und Kolleginnen aus anderen Disziplinen, mehr darauf
angewiesen als irgendjemand sonst.

Wenn wir, und darum kommen wir nicht herum, davon ausgehen,
dass Wissen an den gesellschaftlichen, begrifflichen, materiellen, politischen und machterhaltenden Netzwerken, in denen es gepflegt wird,
nicht schuldlos beteiligt ist, dann ist die Wissensproduktion – unter anderem Lebenszweck und die Existenzberechtigung des Gelehrten – mit
einer ernsten ethischen und moralischen Verantwortung verbunden,
wobei sich diese heute nicht mehr durch die liberale Tradition oder
ausschließlich in den Diskursformationen der Zentralgebiete ausbilden
lässt. Als Instrument der Macht, das in der Moderne dialektisch mit
dieser verbunden ist, ist Wissen eine Waffe, die zu grausamer Gewalt
führen kann, auch, wie wir gesehen haben, zum Genozid und vielem
mehr.[73] Wissen in einem ethischen Rahmen zu kultivieren verlangt zu-
allererst, sich einer Folge von Selbstbefragungen zu unterziehen, die die
Rechtfertigung der Wissenschaft selbst ins Visier nehmen: Warum etwa

sich gerade diesem Produktionsbereich verschreiben? Welche Formen der wissenschaftlichen Betätigung sind ethisch vertretbar und welche nicht? Wie kann sich ein Wissenschaftler anhand eines spezifischen und präzise formulierten Forschungsvorhabens ethisch selbst formieren? Was kommt zuerst, der materielle Komfort als alleinige Betrachtungsweise oder die ethische Verpflichtung dem Selbst und dem Anderen, dem »Gegenstand« der Forschung gegenüber? Doch was auch immer sich als Erklärung, Rechtfertigung oder Rationalisierung für die Wahl eines bestimmten Feldes anbietet, es begrenzt oder unterläuft in keiner Weise die ethische Dimension jener abgeleiteten Fragen, die der Forscher an sein Feld stellt, oder der mit den Antworten auf diese Fragen verbundenen Zwecke.

In der professionellen Geschichtsschreibung herrscht natürlich die Einstellung vor, dass Geschichte ein Wissensgebiet ist und daher eine Frage, solange sie innerhalb der Fachgrenzen gestellt wird, so legitim ist wie jede andere. Anders formuliert, wer sollte darüber befinden, was eine legitime oder valide historische Frage ist und was nicht? Das gesamte Spektrum des historischen Raums, der historischen Zeit steht der Forschung offen, ohne dass die Legitimität der Zugehörigkeit als solche präjudiziert würde. Nur die Ergebnisse oder die Antworten auf die formell gestellten Fragen werden bewertet: als gut, schlecht, solide, überzeugend, fadenscheinig oder sonst etwas. Die Fragen oder die gewählten historischen Themen selbst jedoch werden im Normalfall nicht hinterfragt. Meines Wissens wurde die Arbeit eines Historikers noch nie aufgrund des gewählten Themas in Zweifel gezogen, ob es sich nun um die Münzprägung unter der Qing-Dynastie, die Verwendung und die Ökonomie des Salzes im Neuen Reich des pharaonischen Ägyptens, die Struktur der Mameluken-Armee, den Schmutz im Paris des neunzehnten Jahrhunderts, die Geschichte der Moskitos in Malaya oder etwa auch Glücksbedingungen in der Rede eines Dorftrottels aus Pennsylvania handelte. Ob und inwieweit ein solcher Sachverhalt zu der modernen Wissenssouveränität gehört, ist nie – und schon gar kein ernsthafter – Gegenstand der Untersuchung gewesen.

Die nichtrestriktive, freie und offene Haltung resultiert weitgehend aus der Grundannahme, dass Geschichte existiert, um von uns entdeckt zu werden, dass ihre Wahrheiten letztlich objektiv sind und dass sie sich in Anlehnung an die Naturwissenschaften, ein Modell, das die Geschichtsschreibung unbewusst, wenn auch erfolglos, nachzuahmen bestrebt ist – ergründen lässt. Anders gesagt, die Geschichte gehört uns und unser Wissen über sie ist souverän. Wenn wir das Subjekt sind, der aktiv Wissende, dann ist Geschichte das Objekt, das Terrain, das durch unseren Verstand vermessen wird. Zweifellos hegen Berufshistoriker den weitverbreiteten Glauben, dass Geschichte und Geschichtsschreibung ihrem Wesen nach kumulativ und dabei revisionistisch sind, letztlich jedoch einer Teleologie folgen und darauf aus sind, eine bestimmte Wahrheit über eine Epoche, ein Gebiet oder Teilgebiet, ein Ereignis, eine Dynastie, einen Kaiser, eine Ökonomie oder ein »Thema« in einer endlosen Reihe von »Themen« zu entdecken. Obwohl also Geschichte in der Gewalt unseres souveränen Wissens steht und wir sie so gesehen epistemisch besitzen, handelt sie nicht wirklich »von uns«. Der Wettlauf nach der geschichtlichen »Wahrheit« wird überdies als etwas betrachtet, das sich aus sich selbst heraus erklärt, als eine Unternehmung, die Wert an sich besitzt und keiner vorangehenden Rechtfertigung bedarf. Wissen, auch das historische Wissen, rechtfertigt sich, da es aus einer souveränen – in vorliegendem Buch kritisch begutachteten – Denkstruktur herrührt, aus sich selbst. In einer von der Distinktion beherrschten intellektuellen Welt übersetzt sich souveränes Wissen, die Quelle der sogenannten intellektuellen Freiheit, in die Art von Fragen, deren Beantwortung die Verheerungen von Unterdrückung, Kolonialismus und Völkermord nach sich zieht. Es sei daran erinnert, dass ohne die Geschichte (als Geschichtsschreibung) nichts dergleichen möglich gewesen wäre, und insofern es sich um unverkennbar moderne Phänomene handelt, ist es die moderne Form der Geschichte, in der sich das Phänomen *bekundet*. Souveränes Wissen ist nicht Freiheit, sondern eine Freiheit, die erklärtermaßen rücksichtslos, gewalttätig und bar aller Ethik ist, wie die Historie der modernen Geschichte reichlich bezeugt.

Die Forschungsfreiheit, die die Geschichtswissenschaft einschließlich der Philologie bietet, reproduziert darüber hinaus jene Freiheiten, die in den liberalen Demokratien propagiert werden; es handelt sich um Freiheiten, die nicht infrage gestellt werden, solange sie mehr oder weniger innerhalb der erwünschten Normen des Berufsstandes und der Wissensformen funktionieren, mit denen ein bestimmter Blick auf die Geschichte reguliert wird (als liberale Parallele dazu wäre die gesellschaftspolitische Ordnung und die die kapitalistischen Produktionsweisen bestimmenden Wissensformen zu sehen, Formen, die ihrerseits die durchweg unsichere Teleologie besagter Ordnung bestimmen). Für die professionelle Geschichtswissenschaft ist es zum Beispiel eine kanonische Unumgänglichkeit, jede ihrem Konzept der aufklärerischen Vernunft widersprechende Auffassung abzulehnen, beispielsweise eine, die nicht zwischen Tatsache und Wert, dieser heiligen Distinktion der von ihr so begierig nachgeahmten Naturwissenschaften, unterscheidet. Es wäre daher ein nicht wiedergutzumachendes Sakrileg, auch nur die Möglichkeit anzudeuten, dass Geschichtswissenschaft im Wesentlichen keine andere Funktion hat, als ethische Unterweisung zu geben, oder dass sich Mythos und Magie anhand der *ihnen eigentümlichen* Rationalitätsstruktur erklären lassen.

Mit einer solchen Häresie geht zwangsläufig auch eine weitere allgegenwärtige Überzeugung einher, die den Verlauf und den Inhalt der historiografischen Praxis dominiert. Walter Mignolo argumentiert, der Geschichtsbegriff der Moderne sei singulär, würde also nur ein lineares Narrativ anerkennen. Wenn eine neue Entwicklung eintritt, wird, was zuvor existierte, in die Vergangenheit, genauer gesagt, in die »Geschichte« und das »Geschichtliche« abgedrängt.[74] Dieser durch und durch epistemologische Vorgang bringt weitreichende Implikationen mit sich, insofern die Konzeption einer linearen singulären Geschichte, zusammen mit einer zugespitzten Fortschrittstheologie, die Vergangenheit stets an den Rand, in eine wenige privilegierte Position verweist. Geschichte ist Geschichte, weniger »entwickelt« und somit ganz oder teilweise primitiv, mittelalterlich, antimodern und vor allem irrelevant für das Neue und Moderne, für den »wahrhaftigen Fortschritt«.[75] Von Vico und Nietzsche und in jüngerer Zeit von Hayden White und de Certeau ist diese Geschichtsauffassung kritisch hinterfragt worden, eine Kritik, die bei den Berufshistorikern zwar Angst ausgelöst, aber wenig Veränderung bewirkt hat. Die moderne Geschichtsschreibung und die geschichtliche Einbildungskraft, eng mit dem Nationalismus und der modernen Staatsherrschaft verflochten, sind nach wie vor in den Imperialismus und Kolonialismus, das heißt in die Mechanik destruktiver Macht verwickelt.[76] Die in diesem Buch vorgelegte Analyse des akademischen historischen Wissens sowie anderer akademischer Wissensformen ist im Grunde zu den gleichen Ergebnissen gekommen, mit dem Vorbehalt, dass Geschichte und Orientalismus sich gegenseitig ergänzen und erweitern, ganz so wie Philosophie, Wissenschaft und Ökonomie die Arbeit der Welteroberung unter sich aufteilen. Geschichtsschreibung, um mit einem von Hayden Whites berühmten Ausdrücken zu spielen, *modelliert (plots)* Gewalt und als solche besitzt sie dieselben epistemischen Strukturen wie der Orientalismus. In ihrem zirkulären Modell hingegen – vorherrschend im vormodernen Islam, in China und Indien – besaß Geschichte ein moralisches und ethisches Rückgrat, wie Nietzsche in anderem Zusammenhang mit Nachdruck dargelegt hat.[77] Anstatt Instrument zum Aufbau destruktiver politischer und nationaler Identitäten zu sein, enthielt sie Narrative ethischer Unterweisung (ebenjene zentralen Themen der klassischen islamischen Geschichtsschreibung, die den Diskursen der *schariʿa* und der Mystik in nichts nachstanden). Wenn wir anerkennen, dass unsere moderne Geschichtsschreibung nicht weniger mythisch und imaginär modelliert ist als andere (eine These, die eindrücklich und überzeugend von de Certeau, White und einigen Weiteren vertreten wurde),[78] beschreiten wir bereits einen Weg, der uns, was den Wert des menschlichen und nichtmenschlichen Lebens anbelangt, zu einer gesünderen Konzeption gelangen lässt, in der wir dieses Leben als in eine komplexe Umwelt eingebettet betrachten, von der es erhalten wird, und die uns zudem beim »Studium« des Anderen unterweist. Das Studium der Geschichte, des Orientalismus, der Philosophie, der Wissenschaft und anderer Felder intellektuellen Forschens ist im Wesentlichen eine Übung in ethischer Selbstformation, eine Technik zur Ethisierung des Selbst. Es ist die einzige Teleologie, die sich aus ethischen Gründen rechtfertigen lässt.

Anmerkungen

Einleitung

1   Die Unklarheit wird besonders deutlich in einem Text von Bernard Lewis, einem der führenden Orientalisten des zwanzigsten Jahrhunderts. In einem Angriff auf Edward Saids *Orientalismus* und sämtliche Kritiker der Disziplin behauptete er, dass der »Terminus ›Orientalist‹ (›in der Vergangenheit‹) keineswegs derart vage und ungenau war, wie er sich heute darstellt«. Er ist »mittlerweile [...] rettungslos kontaminiert [...] und von denen, die ihn einst für sich beansprucht haben, im Grunde aufgegeben worden. Formalen Ausdruck fand diese Aufgabe auf dem neunundzwanzigsten Internationalen Orientalistenkongress, der im Sommer 1973 in Paris tagte.« Nach einer langen Debatte über diese Bezeichnung und ihre Bedeutung für die Kongressteilnehmer erwies sich »die Institution als stark genug, die Auflösung des Kongresses zu verhindern.« Die »Bestrebung, den Ausdruck Orientalist abzuschaffen, allerdings war erfolgreich«. Gleichwohl verwendet Lewis im letzten Satz seiner Tirade, wie auch im gesamten Text, den Begriff weiterhin und argumentiert interessanterweise, dass »die strengste und schärfste Kritik an der Wissenschaft des Orientalisten, wie in anderen Feldern auch, stets von den Kollegen kommt und kommen wird, vor allem, wenn auch nicht erschöpfend von den Fachkollegen«. Bernard Lewis, »The Question of Orientalism«, in: *Islam and the West*, New York 1993, S. 99–118, hier S. 101, S. 103 und S. 118. Siehe auch Ivan Kalmar, *Early Orientalism: Imagined Islam and the Notion of Sublime Power*, London 2012, S. 18–21. Wie ich zu gegebener Zeit darlegen werde, wirkte sich Saids Arbeit, indem sie den Orientalismus isolierte und damit einer speziellen Analyse zugänglich machte, dahingehend aus, dass sich mit ihr eine Kategorie des modernen Diskurses auskristallisierte, die die tieferen Strukturen eines gewissermaßen nichtorientalistischen Orientalismus maskierte.

2   Harry Oldmeadow, *Journeys East: Twentieth-Century Western Encounters with Eastern Religious Traditions*, Bloomington 2004, S. 7. Siehe Anouar Abdel-Malek, »Orientalism in Crisis«, in: *Diogenes* 11, Nr. 44 (1963), S. 103–140; A. L. Tibawi, »English-Speaking Orientalists«, in: *Islamic Quarterly*, Teil 1, Bd. 8, Nr. 1 (1964), S. 25–45; Teil 2, Bd. 8, Nr. 3 (1964), S. 73–88.

3   Oldmeadow, *Journeys East*, S. 14.

4 Sociology of Islam List, 4.–8. Juni 2016.

5 Für ein starkes Argument, das auf die Rehabilitierung von Orientalisten der Asiatic Society gegen Saids Vorwurf abzielt, dabei dessen Narrativ bestätigt und letztlich noch über es hinausgeht, siehe Siraj Ahmed, *The Stillbirth of Capital: Enlightenment Writing and Colonial India*, Stanford 2012, vor allem S. 161–188. Für einen etwas allgemeineren Überblick siehe Betty Joseph, »Dredging Orientalism«, in: *Eighteenth-Century Life* 38, Nr. 2 (Frühjahr 2014), S. 120–126.

6 Michel Foucault, »Subjekt und Macht«, in: *Analytik der Macht*, übers. von Reiner Ansén, Frankfurt am Main 2005, S. 240–263, hier S. 244.

7 Mit einer Kritik dieser liberalen Positionen befasst sich das letzte Kapitel.

8 Zu der aus Saids säkularem Humanismus rührenden Problematik siehe Anmerkung 33 dieses Kapitels, Kapitel 2, Anmerkungen 62 und 137 sowie Kapitel 5, Anmerkung 10. Zu Anthropozentrismus, Säkularismus und Atheismus siehe Kapitel 5, insbesondere Abschnitt 6. Zu einer ethischen Kritik des säkularen Humanismus siehe Basil Mitchell, *Morality: Religious and Secular*, Oxford 1980. Eine womöglich aufschlussreichere Kritik lässt sich in den wichtigen Arbeiten Talal Asads finden.

9 Siehe besonders Alasdair MacIntyre, *Der Verlust der Tugend. Zur moralischen Krise der Gegenwart*, übers. von Wolfgang Riehl, Frankfurt am Main 1995, Kapitel 2.

10 Meines Erachtens rückt Sudipta Kaviraj die Angelegenheit in ein richtiges Licht, wenn er sagt, »was Said beschrieben und analysiert hat, entsprach nicht dem, was im engen Sinne Kolonialdiskurs genannt wird. Seine Arbeit befasste sich vornehmlich mit europäischen und im Weiteren mit westlichen Darstellungen des Orients. Nur selten beschäftigte er sich mit der Frage, wie diese Ideen in dem ganz anders gearteten Kontext der Kolonialgesellschaften rezipiert worden sind. [ ] Außer Frage steht jedoch, dass dieser Aspekt großen Einfluss auf die Debatten über den Kolonialdiskurs ausübte. Genau genommen besteht zwischen diesen beiden Dingen ein Unterschied.« Sudipta Kaviraj, »Said and the History of Ideas«, in: Sugata Bose und Kris Manjapra (Hg.), *Cosmopolitan Thought Zones: South Asia and the Global Circulation of Ideas*, New York 2010, S. 58–81, hier S. 75 f.

11 James Clifford, *The Predicament of Culture: Twentieth-Century Ethnography, Literature, and Art*, Cambridge, MA 1988, S. 266.

12 Ebd. S. 268.

13 Die vielleicht schlüssigste Darstellung der diskursiven Formationen durch Foucault selbst findet sich in Michel Foucault, *Archäologie des Wissens*, übers. von Ulrich Köppen, Frankfurt am Main 1973, S. 48–60.

14 Siehe Anmerkung 2 dieses Kapitels.

15 Wie ich in Kapitel 4 zeigen möchte, entwickelte der deutsche Orientalismus, weitgehend von einem Binnenland aus operierend, ein eigenes
inneres Anderes und war, um Kolonialismus und Völkermord aufzuweisen, nicht unbedingt auf entfernte Kolonien angewiesen. Dass Deutschland »keine Kolonien hatte« (was nicht ganz zutrifft) ist ein Argument,
das meine These insofern stützt, als neuzeitliche Denkstrukturen, ungeachtet verschiedener Ausprägungen des Kolonialismus, im Prinzip überall, wo sie auftreten, gleich funktionierten. Und dass sich der deutsche
Orientalismus vor dem Dritten Reich anders verhielt – und eher Asien
verhandelte als die judeo-christlichen Ursprünge Germaniens und Europas –, ist nicht weniger verwerflich, da er in bestimmten seiner Elemente
antisemitische Züge zeigte und in anderen »in eine überaus bezeichnende Umformung der deutschen Rhetorik zur individuellen wie kulturellen Identitätsbildung eingebunden war.« Suzanne Marchand, »German
Orientalism and the Decline of the West«, in: *Proceedings of the American Philosophical Society* 145, Nr. 4 (Dezember 2001), S. 465–473, hier
S. 473. Die »Explosion eines spezialisierten Wissens über den Osten«, so
Marchand weiter, »hatte die biblischen Fundamente der europäischen
Identität zerstört, und brachte die gräcozentrische Welt des neunzehnten
Jahrhunderts zum Zerbersten. Im Dritten Reich florierte natürlich das
Arische; doch das, was man als Keyserling-Version bezeichnen könnte,
wurde 1960 wiedergeboren, um die Kritik an der Normativität der klassischen Antike, des europäischen Imperialismus und der Austrocknung
der Akademie zu Ende zu bringen. Wir mögen, wie Said behauptet, die
Erben des imperialistischen ›Blicks‹ sein, sind aber womöglich ebenso
sehr die Nachfahren des deutschen Orientalismus, einer weit proble-
matischeren und irreversibleren Denkungsart.« Im Rückblick lässt sich
nur schwer erkennen, inwieweit die Auseinandersetzung des deutschen
Orientalismus mit dem »Osten« und die damit verbundene Kritik am
europäischen Imperialismus und der Akademie etwas zur Besserstellung
des Ostens und seines Geschicks oder zur Veränderung der paradigmatischen Diskurse der westlichen Wissenschaft beigetragen haben sollen,
wenn wir dem gesamten Projekt überhaupt zugestehen wollen, dass es
dabei um etwas anderes als um Selbsterlösung ging. (Ich danke meinem
Kollegen Avinoam Shalem für die fruchtbare Diskussion, die wir über
Marchands Arbeit geführt haben.)

16 Auf die gleiche Methode griff Said zurück in *Kultur und Imperialismus.
Einbildungskraft und Politik im Zeitalter der Macht*, übers. von Hans-
Horst Henschen, Frankfurt am Main 1993, S. 26: »Meine Methode be-

steht darin, mich soweit wie möglich auf individuelle Werke zu konzentrieren, sie zunächst als Produkte der kreativen oder der deutenden Einbildungskraft zu lesen und dann ihren Ort in dem Beziehungsgeflecht von Kultur und Herrschaft zu beschreiben.«

17 Edward Said, *Culture and Imperialism*, New York 1993, S. xxii: »Wie ich beim Schreiben von *Orientalismus* festgestellt habe, lässt sich die historische Erfahrung nicht anhand von Listen oder Katalogen nachvollziehen, und egal wie viel man auch an Quellen abzudecken versucht, es bleiben immer Bücher, Artikel, Autoren und Ideen auf der Strecke. Ich habe stattdessen versucht, die Dinge in Betracht zu ziehen, die ich für wichtig hielt, und räume vorauseilend ein, dass eine gewisse Selektivität und bewusste Auswahl mein Tun bestimmt haben. Es ist meine Hoffnung, dass Leser und Kritiker dieses Buch dazu heranziehen, die darin vorgebrachten Untersuchungen und Argumentationslinien bezüglich der historischen Erfahrung des Imperialismus weiterzutreiben. Bei der Erörterung und Analyse eines eigentlich sehr umfassenden Prozesses musste ich mitunter verallgemeinern und zusammenfassen.«

18 Ein hochgestelltes Or mit Seitenverweis bezieht sich stets auf Edward Said, *Orientalismus*, übers. von Hans Gunter Holl, Frankfurt am Main 2009.

19 Wie aus meiner Konzeption von Zentralgebieten und peripheren Gebieten (in den Kapiteln 1 und 2) hervorgeht, ist die Aufklärung, die, abgesehen von verschiedenen ihr inhärenten »Brüchen« oder »Wendungen«, eine Vielzahl von Stimmen und Darstellung umfasste, weder ein monolithisches noch ein konsistentes Projekt. Doch ungeachtet all ihrer Varianten und Permutationen stellte sie selbst nach den historischen Standards Europas in ihren maßgeblichen Paradigmen – Rationalität, Materialismus und einer zielgerichteten politischen Vision – einen Bruch mit allem Vorherigen dar. Wer allerdings glaubt, die Brüche und Wendungen in ihrer Geschichte wiesen eine Kontinuität mit jenen Paradigmen auf, die vor dem sechzehnten Jahrhundert eine Rolle spielten, missversteht die Einzigartigkeit der Moderne als eines epistemischen, teleologischen und überaus destruktiven Projekts.

20 Siehe zum Beispiel Aijaz Ahmad, »Orientalism and After: Ambivalence and Cosmopolitan Location in the Work of Edward Said«, in: *Economic and Political Weekly* 27, Nr. 30 (25. Juli 1992), S. 98–116.

21 Ania Loomba spricht in ihrem bemerkenswerten Buch *Colonialism/Postcolonialism*, London 1998, von der »historischen Strecke« des modernen europäischen Kolonialismus, die »Zusammenfassungen unmöglich macht. Sie mache es zudem äußerst schwierig, den Kolonia-

lismus zu ›theoretisieren‹«, da »jeglicher Einzelfall dazu zwingt, jede Verallgemeinerung, die wir über die Natur des Kolonialismus oder über den Widerstand gegen ihn vornehmen, zu negieren«. Loomba muss jedoch einräumen, dass, auch wenn »die Colonial Studies ein so großes Gebiet umfassen, dies nicht bedeutet, dass wir uns nur auf das Studium von Einzelfällen beschränken sollten, ohne dabei den Versuch zu unternehmen, *über die größeren Strukturen der Kolonialherrschaft und des kolonialen Denkens nachzudenken*« (xiii–xiv, meine Hervorhebung). Es sind diese größeren Strukturen, so meine Argumentation, die die Paradigmentheorie deutlich konturieren und verständlich machen können, und das sollte im Mittelpunkt unseres analytischen und kritischen Vorstoßes stehen.

22 In *Orientalismus* bringt Said an keiner Stelle die Moderne als Problem zur Sprache (und auch im Index findet sich unter Moderne kein Eintrag). Eigenartigerweise bleibt Said trotz seiner recht genauen Kenntnis der etwa von der frühen Frankfurter Schule, insbesondere von Adorno und Horkheimer, vorgelegten Werke in dieser Hinsicht hinter seinen Ansprüchen zurück und macht das Projekt als solches gegen Kritik immun. Die »Antihumanität« des Orientalismus führt nie in die Moderne hinein, sondern ist das Vorrecht des Orientalisten und seiner Disziplin. »Insofern behaupte ich, dass die Realität des Orientalismus beharrlich und antihuman ist« (S. 58).

23 Joseph Massad fasst das Vorhaben Saids effektiv zusammen: Zu dem Zeitpunkt, als *Orientalismus* erschien, »gab es nur wenige Bücher, die die Archäologie der westlichen Identität derart zu entwirren vermochten wie das *Orientalismus*-Buch. Saids Buch legte die Verbindungen, Beziehungen, Modulationen und Verschiebungen in den orientalistischen Hervorbringungen eines Orients frei, der ein Trick für die Hervorbringung des Okzidents war. Wenn Frantz Fanon argumentierte, Europa sei buchstäblich die Schöpfung der Dritten Welt, so baute Said auf dieser brillanten Zusammenfassung auf. Das heißt, für ihn ging es beim Orientalismus niemals um den Orient und seine Identität und Kultur, sondern um die Produktion des Westens und seiner Identität und Kultur – kurz, um eine Art westliche Projektion; der Westen hätte nicht existieren können, wäre der Osten nicht als seine Antithese, sein Gegensatz, sein Anderes erfunden worden.« Joseph Massad, »Affiliating with Edward Said«, in: Adel Iskandar und Hakem Rustom (Hg.), *Edward Said: A Legacy of Emancipation and Representation*, Berkeley 2010, S. 23–49, hier S. 25.

24 Foucault, »Subjekt und Macht«, S. 252.

25 Selbst Foucault-Spezialisten und Kommentatoren arbeiten, wenn sie Foucaults Thesen über die Beziehung von Wissen und Macht auslegen, nach wie vor unter dem Diktum moderner Moral. So argumentiert etwa Colin Gordon in seiner Einführung zu dem von James D. Faubion herausgegebenen Foucault-Band *Power: Essential Works of Foucault, 1954–1984*, New York 1994, S. xix: »Die Zusammenführung von Macht und Wissen in der Gesellschaft ist nicht etwa deshalb eine fragwürdige Angelegenheit, weil Macht falsches Wissen zu fördern und auszunutzen vermag (wie die marxistische Ideologietheorie argumentiert hat), sondern weil die rationale Machtausübung dazu neigt, Wissen, das eine maximale instrumentelle Wirksamkeit entfaltet, bestmöglich zu nutzen. Falsch oder alarmierend an der Ausübung von Macht ist für Foucault nicht in erster Linie die Tatsache, dass ein falsches oder unrichtiges Wissen verwendet wird [...], [sondern] dass das Wissen, das die Ausübung von Macht leitet oder sie instrumentalisiert, stichhaltig und wissenschaftlich ist. Nichts, auch die Ausübung von Macht nicht, ist an sich böse – aber alles ist gefährlich.« Man beachte, wie Wissen trotz seiner instrumentalisierenden Potenziale über jeden Zweifel oder Verdacht erhaben bleibt und wie sowohl Macht als auch Wissen als transzendente Größen mythologisiert werden. Das »stichhaltige und wissenschaftliche Wissen«, von dem die moderne Macht abhängt, wird als solches nie infrage gestellt. Warum dieses Wissen und nicht »falsches Wissen« das Machtdesiderat ist, diese Frage stellen weder Foucault noch Gordon.

26 Michel Foucault, *Überwachen und Strafen. Die Geburt des Gefängnisses*, übers. von Walter Seitter, Frankfurt am Main 1976, S. 9 f.; zu dem Unterwerfungsakt, die Wahrheit über uns selbst zu sagen, siehe Michel Foucault, *Die Regierung der Lebenden*, übers. von Andrea Hemminger, Berlin 2013.

27 Siehe Kapitel 2, Anmerkung 133.

28 Kritiker meines Buchs *The Impossible State: Islam, Politics, and Modernity's Moral Predicament*, New York 2013, könnten auch hier einwenden, dass ich den modernen islamischen Diskurs ignoriere; siehe zum Beispiel Nathan J. Brown, »A Discussion of Wael Hallaq's *Islam, Politics, and Modernity's Moral Predicament*«, in: *Perspectives on Politics* 12, Nr. 2 (Juni 2014), S. 464 f. Da ich mit diesen Kritikern darin übereinstimme, dass die zeitgenössischen Formen des Islam modern sind, müssen sie auch meine Auffassung teilen, dass die Konstitution des modernen Islam die zentralen und peripheren Gebiete reproduziert, die anderswo in der Welt, nicht zuletzt in Euro-Amerika, vorkommen. Diese Gebiete als analytisch vergleichbar zu betrachten, heißt, sich

der Redundanz ergeben. So ist es etwa unmöglich, von einem ökonomischen System im (oder des) modernen Islam zu sprechen, das sich strukturell von dem Zentralgebiet des modernen Kapitalismus unterscheiden würde. Gleiches lässt sich über alle wichtigen politischen Konzepte und Institutionen sagen, die die muslimische Welt heute regieren. Hingegen liefern die (Zentral-)Gebiete des Islam, wie sie vor dem neunzehnten Jahrhundert bestanden und die, gerade weil sie den Desiderata der Zentralgebiete Europas entgegenstanden, durch den Kolonialismus dezimiert wurden, aussagekräftige Modelle für solche vergleichenden Nebeneinanderstellungen. Darüber hinaus ist es zwar richtig, dass der moderne Islam kreative dialektische Beziehungen zur westlichen Moderne entwickelt hat, gleichwohl trifft zu, dass der Islamismus, wie Humeira Iqtidar überzeugend argumentierte, auf dem kolonialen Säkularismus basierte: »Der Islamismus ist eng mit dem Säkularismus verwandt, der dazu beitrug, seine Grenzen, seine Betrachtungsweisen und seinen Fokus zu definieren; die Beziehung zwischen dem Islamismus und dem Säkularismus manifestiert sich nicht in einem direkten, sondern in einem dialektischen und kreativen Antagonismus. Entscheidend ist […], dass die Ausprägung des Säkularismus, den die Briten im kolonialen Indien durchzusetzen gedachten, jene Neuheit im muslimischen Denken und Handeln erst möglich machte, die als Islamismus bezeichnet wird.« Siehe Iqtidar, »Colonial Secularism and Islamism in North India: A Relationship of Creativity«, in: Ira Katznelson und Gareth Stedman Jones (Hg.), *Religion and the Political Imagination*, Cambridge 2010, S. 235–253, hier S. 235. Zur Reproduktion des Islam als einer Form des Liberalismus siehe Joseph Massad, *Islam in Liberalism*, Chicago 2015.

29 Aus diesem Grund ist meines Erachtens die Naturalisierung von Massaker und Krieg, wie Maldonado-Torres, hierin Tzvetan Todorov, Emmanuel Levinas und Enrique Dussel folgend, argumentiert, ein unzureichendes Erklärmodell für das Paradigma der Moderne. Eine »philosophische und historische Darstellung der Moderne als eines Paradigmas des Krieges« und als einer über Sklaven herrschenden »Herrengesellschaft« ist nicht aussagekräftig genug, um zu erklären, warum der Krieg in der Vormoderne keine strukturellen Wirkungen zeitigte, die mit denen des Paradigmas der Moderne vergleichbar gewesen wären, und erklärt auch nicht, wie sich »eine Herrengesellschaft« in einer auf die »Eliminierung von Sklaven« ausgerichteten Logik erhalten kann, wo Letztere doch die Voraussetzung für den Erhalt einer solchen »Gesellschaft der Herren« bilden. Siehe Nelson Maldonado-Torres, *Against War: Views from the Underside of Modernity*, Durham 2008, S. 3 f., 13 und 15.

30 Zu einem »Okzidentalismus«, wie er hier impliziert ist, siehe Walter Mignolo, *The Darker Side of Western Modernity*, Durham 2011; Pankaj Mishra, »Bland Fanatics«, in: *London Review of Books* 37, Nr. 23 (3. Dezember 2015), S. 37–40, hier 55 f. Zu einer weiteren wichtigen Bedeutung des Okzidentalismus als eines dem Orientalismus unterliegenden Konzepts siehe Joseph Massad, »Orientalism as Occidentalism«, in: *History of the Present* 5, Nr. 1 (Frühjahr 2015), S. 83–94.

31 Die eindimensionale Bewegung vom Text zur »Welthaltigkeit« gehörte zu den beherrschenden Denkfiguren Saids und manifestierte sich am deutlichsten in seiner literarischen Kritik des westlichen Kanons in *Die Welt, der Text und der Kritiker*, übers. von Brigitte Flickinger, Frankfurt am Main 1993. Eine Argumentation, die diesen Ansatz anschaulich verdeutlicht, bieten Moustafa Bayoumi und Andrew Rubin (Hg.), *The Edward Said Reader*, New York 2000, S. 218–242.

32 »Paradigmatisch« wird hier in Anspielung auf die Theorie der Paradigmen und Zentralgebiete verwendet, die eine Voraussetzung für das Verständnis dieses Buchs ist. Das Wort wird hier also nicht in einem herkömmlichen oder allgemeinen Sinne benutzt.

33 Ein feinfühliger Leser des *Orientalismus*-Buchs wird sich demnach über Emily Apters Feststellung wundern, dass »Said den Leser in seinem Werk niemals das Humane in den Humanwissenschaften vergessen lässt«. Siehe Apter, »Saidian Humanism«, in: *Boundary 2* 31, Nr. 2 (2004), S. 35–53, hier S. 53. Saids »Humanum« – insbesondere in seinem *Orientalismus*-Buch, und selbst da, wo Apter diese Kategorie für sein Denken aufzeigen möchte – ist ein westliches, textliches Humanum. Im *Orientalismus*-Buch kommen die Orientalen nie als echte menschliche Wesen, als Mütter, Freunde, Kinder, Arbeiter, Gelehrte, »organische« Intellektuelle, Bauern, vertriebene und enteignete Gemeinschaften oder als Gefangene verschiedener Formen kolonialer Einkerkerung vor. Die Humanisierung des Kolonisierten sparte sich Said für seine späteren Schriften auf, beiläufig in *Kultur und Imperialismus* (zum Beispiel S. 76) und konturierter in seinem Buch über Palästina; dabei ging es um eine »Frage«, die für ihn wie für viele andere weitgehend, wenn nicht sogar gänzlich ein politisches Problem darstellte. Von der schonungslosen Realität des kolonisierten Raumes aus betrachtet, kann *Orientalismus* leicht als ein elitäres akademisches Opus daherkommen, dessen Sorge für die Unterdrückten von dem Herumgedruckse einer bourgeoisen Ethik motiviert ist.

34 In *Orientalismus* findet sich nur noch eine andere Referenz auf das »Recht« und zwar in einem »den Kontrast zwischen Ost und West« bestätigenden Kontext (S. 294). »Recht« erscheint auch nicht im Index,

und spielt auch sonst keine bemerkenswerte Rolle in dem Kolonialismus-Projekt.

35 Alexander Anievas und Kerem Nışancıoğlu, *How the West Came to Rule: The Geopolitical Origins of Capitalism*, London 2015; Timothy Mitchell, »Stage of Modernity«, in: Timothy Mitchell (Hg.), *Question of Modernity*, Minneapolis 2000, S. 1–34.

36 Die Argumentation, auf die ich hier Bezug nehme, entstammt zum größten Teil der politischen Ökonomie, doch das Argument erstreckt sich auf verschiedene Forschungsgebiete, insbesondere solche, deren Hauptaugenmerk kolonialistischen Unternehmungen gilt. Patrick Wolfe spricht in seinem bemerkenswerten Artikel über den Genozid vom Genozid als einer Struktur, die neben anderen wichtigen Merkmalen den komplexen Vorgang der Assimilation einschließt, »wobei der unterdrückte Eingeborene nach wie vor die koloniale Siedlergesellschaft strukturiert«. Patrick Wolfe, »Settler Colonialism and the Elimination of the Native«, in: *Journal of Genocide Research* 8, Nr. 4 (2006), S. 387–409, hier S. 389. Sowohl in *Orientalismus* als auch im Folgeband, *Kultur und Imperialismus*, vertrat auch Said das Argument, dass die Vorstellung von einer überlegenen europäischen Kultur »nicht weit vom Orient entfernt« ist und diesem gegenüber als ideologischer Gegensatz konstruiert wurde; Said, *Orientalismus*, S. 16. All das ist richtig, doch wie ich in diesem Buch im Weiteren darlegen werde, verfehlt die Position, die »koloniale Effekte« als auf eine außereuropäische Beteiligung an der Entstehung des modernen Projekts hinauslaufend oder zu ihr beitragend versteht, völlig die Grundlagen des Problems, und dies weitgehend, wenn auch nicht ausschließlich, aufgrund der Grenzen des liberalen Denkens, die ich hier erörtern möchte.

37 Für eine Definition von Richtwert (*benchmark*), siehe Kapitel 2, Abschnitt 3.

38 In diesem Aneignungsprozess überkreuzt sich, wie ich glaube, die Arbeit von Wissenschaftlern wie Mignolo und Dussel mit meinen Argumenten. Sie legen den Ursprung der Moderne, verstanden als eigentlich kolonialistisches Projekt, auf ein etwas früheres Datum. Dieses sollte jedoch als Stadium angesehen werden, in dem sich das besser auskristallisierte Phänomen, in dem ich den Anfang der Moderne par excellence sehe, vorbereitet und dann rasch ausgebildet hat. Siehe Enrique Dussel, »Eurocentrism and Modernity«, in: *Boundary 2* 20, Nr. 3 (Herbst 1993); Mignolo, *The Darker Side of Western Modernity*.

39 Das Argument, das Anievas und Nışancıoğlu in *How the West Came to Rule* vorbringen, ist nicht belastbarer als andere ähnliche Argumente.

Die Bedrohung des atlantischen Europa durch das Osmanische Reich soll insofern zum Aufstieg des Kapitalismus beigetragen haben, als sich die westeuropäischen Länder dazu gezwungen sahen, Märkte und Wirtschaftschancen im Westen, jenseits des Atlantiks, zu suchen. Gleichzeitig aber hatten sie aufgrund der von den Osmanen gewährten Handelsprivilegien, sogenannten Kapitulationen, Zugang zu den Rohstoffen und Grundnahrungsmitteln, von denen sie andernfalls abgeschnitten gewesen wären. Die hier in Anschlag gebrachte Idee lautet, dass die Entstehung des Kapitalismus nicht ausschließlich im Hinblick auf die englische Provinz erklärt werden kann. Als Idee ist die Notwendigkeit eines »globaleren« Ansatzes, eines der *longue durée*, zwar nicht zu kritisieren, sie lässt jedoch die Einzigartigkeit der kapitalistischen Strukturen, die in Westeuropa (hauptsächlich in Großbritannien und den Niederlanden) entstehen, unberücksichtigt. Die osmanische Bedrohung selbst kann mit dieser besonderen Struktur nicht in Verbindung gebracht werden, so wie der angebliche »Durchbruch zum Kapitalismus«, der bereits im mittelalterlichen buddhistischen China und vor Tokugawas Japan stattgefunden haben soll, wohl kaum jene strukturellen Merkmale entwickelt oder gar artikuliert hat, wie sie für den Aufstieg des europäischen Kapitalismus notwendig waren. Siehe Randall Collins, »An Asian Route to Capitalism: Religious Economy and the Origins of Self-Transforming Growth in Japan«, in: *American Sociological Review* 62, Nr. 6 (1997), S. 843–865. Collins erkennt, dass diese asiatischen Formen die Entwicklung einer industriellen Revolution nicht stützen konnten, ein Rätsel, das dem »weiteren Studium« überlassen bleibt. Jeder, der sich eingehend mit der islamischen Geschichte befasst, vermag ähnliche Argumente vorzubringen. Die Frage, auf die die vorliegende Arbeit eine Antwort zu geben versucht, lautet: Was hat diesen Unterschied möglich gemacht, einen Unterschied, dessen Wurzeln ausschließlich europäisch waren, der aber unbestreitbar die globale Welt als sein Labor genutzt hat?

40 George Saliba, *Islamic Science and the Making of the European Renaissance*, Cambridge, MA 2007; Jonathan Lyons, *The House of Wisdom: How the Arabs Transformed Western Civilization*, New York 2009; John M. Hobson, *The Eastern Origins of Western Civilization*, Cambridge 2004; Jack Goody, *The Theft of History*, Cambridge 2006; Edward Grant, *The Foundations of Modern Science in the Middle Ages: Their Religious, Institutional, and Intellectual Contexts*, Cambridge 1996, S. 22–26.

41 Siehe die in der vorherigen Anmerkung zitierten Werke.

42 Und wie sehr auch immer sich Saids »säkulare Kritik« auf die »säkularen Überzeugungen« selbst richtet, wie Mufti argumentiert. Siehe

Aamir R. Mufti, »Critical Secularism: A Reintroduction for Perilous Times«, in: *Boundary 2* 31, Nr. 2 (2004), S. 1–9, hier S. 2 f. Wie ich in diesem Buch darlegen möchte, ist schon das Konzept des Säkularismus in seinen positivsten, produktivsten und sensibelsten Ausprägungen ebenso problematisch wie die Denkstruktur selbst, die den Orientalismus überhaupt erst hervorgebracht hat. Für mehr zu Saids säkularem Humanismus siehe Anmerkung 33 dieses Kapitels, Kapitel 2, Anmerkungen 62 und 137 sowie Kapitel 5, Anmerkung 10.

43 In *Kultur und Imperialismus*, S. 48 f., erweiterte Said freilich sein Forschungsfeld um eine Vielzahl »kultureller Formationen«. Doch seine Auseinandersetzung mit »Erziehungswesen«, »Wissenschaft« und »Kunst« fällt, der Natur seines Interesses gemäß, beständig zurück und wird auf Literatur reduziert, die in Stil und Inhalt eine Verbindung zum, ja, eine Abhängigkeit vom Imperialismus erkennen lässt. Nirgendwo taucht ein Hinweis auf die Ursachen jenes Problems auf, das die Besonderheiten des modernen Imperialismus ausmacht und erklärt, eines Imperialismus, der stets als letzter und einfach zu positionierender Bezugsrahmen der »Nationalkultur« betrachtet wird. Das dialektisch und endlos zwischen »Kultur« und Imperialismus schwankende Narrativ ist jeder Kausalität beraubt, die aus dem Teufelskreis ausbrechen könnte. Das Problem mit der »Kultur« besteht für Said darin, dass sie sich ihrer Verbindungen mit dem Imperialismus nicht bewusst ist, weshalb wir die im Imperialismus waltenden Kräfte, die die Kultur speisen, und umgekehrt die in der Kultur herrschenden Kräfte, die den Imperialismus speisen, erfassen sollten: »In unserem kritischen Bewusstsein gibt es heute, wie ich glaube, einen durchaus ernsthaften Bruch, der es uns erlaubt, beispielsweise beträchtliche Energie auf die Erschließung der ästhetischen Theorien von Carlyle und Ruskin zu verwenden, ohne gleichzeitig der Autorität, die ihre Ideen der Unterwerfung minderwertiger Völker und kolonialen Territorien liehen, Beachtung zu schenken. [...] Solange wir nicht verstehen können, wie der große europäische realistische Roman eines seiner Hauptziele erreichte – nämlich die beinahe unmerkliche Unterstützung der Zustimmung der Gesellschaft zur überseeischen Expansion [...] –, werden wir weder die Bedeutung der Kultur noch ihren Widerhall im Imperium begreifen, damals wie heute. Daraus folgt nun keineswegs die Devise, die europäische oder westliche Kunst und Kultur insgesamt mit kritischen Epitheta zu überziehen – im Sinne pauschaler Verurteilung. Ganz und gar nicht. Was ich herausfinden möchte, ist, wie die Prozesse des Imperialismus über die Ebene ökonomischer Gesetze und politischer Entscheidungen hin-

ausgriffen und – durch Prädisposition, durch die Autorität erkennbarer kultureller Wertungen, durch fortgesetzte Konsolidierung in Erziehungswesen, Literatur, Musik und bildenden Künsten – auf einer anderen, sehr bezeichnenden Ebene manifestiert wurden, der der nationalen Kultur, die wir als Stätte unveränderlicher intellektueller Denkmäler zu dämonisieren geneigt gewesen sind, frei von allen weltlichen Verstrickungen. William Blake äußert sich zu diesem Punkt ganz ungeschützt: ›Die Grundlage des Imperiums‹, sagte er in seinen Anmerkungen zu Reynolds *Discourses*, ›sind Kunst und Wissenschaft. Man räume sie aus dem Wege oder entwerte sie, und das Imperium ist nicht mehr. Das Imperium folgt der Kunst und nicht umgekehrt, wie das die Engländer voraussetzen.‹ Worin also gründet das Wechselspiel zwischen Verfolgung nationaler, imperialer Ziele und der allgemeinen Nationalkultur? Der neuere intellektuelle und akademische Diskurs tendiert dazu, die beiden Elemente voneinander zu trennen. Die meisten Forscher sind Spezialisten; ein Großteil der Aufmerksamkeit, die den Status fachmännischen Sachverstands erringt, gilt leidlich autonomen Gegenständen, beispielsweise industriellen Neuerungen der viktorianischen Zeit, der französischen Kolonialpolitik in Nordafrika und so fort. Die Neigung, Spezialgebiete abzugrenzen und zu mehren, ist, wie ich schon vor langer Zeit zu bedenken gegeben habe, einem Verständnis des Ganzen hinderlich, wenn der Charakter, die Interpretation und die Richtung oder Tendenz der kulturellen Erfahrung zur Debatte steht. Den nationalen und internationalen Kontext etwa von Dickens' Darstellungen viktorianischer Geschäftsleute aus dem Blick oder ganz außer Betracht zu lassen und sich nur auf die innere Kohärenz ihrer Rollen in den Romanen zu konzentrieren, verleitet dazu, den Zusammenhang seiner Literatur mit ihrem historischen Terrain zu vernachlässigen. Und diesen Zusammenhang aufzuhellen, beschädigt und mindert die Bedeutsamkeit der Romane als Kunstwerke durchaus nicht, im Gegenteil: Aufgrund ihrer *Welthaltigkeit* sind sie als Kunstwerke erst recht aufschlussreich und wertvoll.« Meines Erachtens bringt diese umfänglich zitierte Passage Saids Vorhaben in *Orientalismus* wie in *Kultur und Imperialismus* auf den Punkt. Ich möchte darauf abheben, dass dieses Vorhaben ungeachtet seiner Wichtigkeit von einem horizontalen Anliegen eingeschränkt wird, bei dem »Bildung« und »Wissenschaft« und vieles mehr aus der akademischen Welt und der »Kultur« in einen analytischen Modus der literarischen Krise überführt wird, durch den zu keinem Zeitpunkt die Aufmerksamkeit auf die diskreten Phänomene gelenkt wird, die aus einer zutiefst problematischen, gleichwohl grundlegenden Denkstruktur herrühren.

44 Für eine Kritik der modernen Wissenschaft, die sich weitgehend mit der in diesem Buch vorgebrachten Auffassung deckt, siehe die scharfsinnigen Beiträge von Claude Alvares, Shiv Visvanathan, Manu L. Kothari und Lopa A. Mehta sowie Vandana Shiva in Ashis Nandy (Hg.), *Science, Hegemony and Violence: A Requiem for Modernity*, Delhi 1988; Jean-Pierre Dupuy, *The Mark of the Sacred*, Stanford 2013, S. 54–89, franz.: *La Marque du sacré: essai sur une dénégation*, Paris 2009. Siehe auch Sandra Harding (Hg.), *The Postcolonial Science and Technology Studies Reader*, Durham 2011; Mark Harrison, »Science and the British Empire«, in: *Isis* 96, Nr. 1 (2005), S. 56–63; Michael A. Osborne, »Science and the French Empire«, in: *Isis* 96, Nr. 1 (2005), S. 80–87.

45 In *Kultur und Imperialismus* zum Beispiel argumentiert Said ebenso wie viele andere, dass solche Öffnungen und Risse produktive Orte der Kritik seien, doch bezieht sich diese Argumentation auf paradigmatische Risse, die stets innerhalb der Zentralgebiete liegen, wofür der Säkularismus und die Aufklärung Musterbeispiele sind. Das vorliegende Buch versucht hingegen zu zeigen, dass für eine erneuernde Kritik Risse vonnöten sind, die außerhalb der Paradigmen liegen – gerade weil sie entweder irrelevant sind oder sich den Zentralgebieten gegenüber antithetisch verhalten. Nichtparadigmatische »Öffnungen, Spalten, Risse und Brüche« verleihen der Kritik mithin eine gänzlich andere Bedeutung und Qualität.

I Den Orientalismus auf seinen Platz verweisen

1 Ein hochgestelltes Or mit Seitenverweis bezieht sich stets auf Edward Said, *Orientalismus*, übers. von Hans Gunter Holl, Frankfurt am Main 2009.

2 Diese Eigenheit von Saids Arbeit ist bereits von Aijaz Ahmad kritisiert worden, wenn auch mit einem etwas anderen Ergebnis. Siehe Ahmad, »Orientalism and After: Ambivalence and Cosmopolitan Location in the Work of Edward Said«, in: *Economic and Political Weekly* 27, Nr. 30 (25. Juli 1992), S. 98–116, hier S. 100.

3 Said, *Kultur und Imperialismus*, S. 52. (Siehe auch Martin Bernal, *Schwarze Athene. Die afroasiatischen Wurzeln der griechischen Antike. Wie das klassische Griechenland »erfunden« wurde*, übers. von Joachim Rehork, München 1992 [A. d. Ü.].)

4 Émile Tyan schrieb mehrere Bücher, zu seinen bekanntesten gehören *Histoire de l'organisation Judicaire en pays d'Islam*, 2 Bde., 2. Auflage, Leiden 1960; *Institutions du droit public musulman: Tome premier; Le califat*, Paris 1954; *Institutions du droit public musulman: Tome deuxième, Sultanat et califat*, Paris 1956. Zu einer Kritik seiner Auffassung der

politischen Organisationsformen im Islam siehe Wael Hallaq, *The Impossible State: Islam, Politics, and Modernity's Moral Predicament*, New York 2013, S. 60–63. Saids kritische Auseinandersetzung mit Bernard Lewis erfolgt auf den Seiten 361–367 seines *Orientalismus*-Buchs.

5 In »Orientalism as Occidentalism«, in: *History of the Present* 5, Bd. 1 (Frühjahr 2015), S. 83–94, hier S. 87 f., wartet Joseph Massad mit zahlreichen scharfsinnigen Nuancen zu dieser Aussage auf. Da sich aber die dort diskutierten Themen weitgehend auf die Selbstformation Europas gegenüber dem orientalischen Anderen beziehen, tragen sie, wie ich bereits früher angemerkt habe, nicht wesentlich zu meiner aktuellen Diskussion bei.

6 Foucault bezeichnet die Reformation gelegentlich als Ausgangspunkt, sieht in ihr aber nicht den Zusammenfluss jener Machtverhältnisse, die im siebzehnten, achtzehnten und neunzehnten Jahrhundert zusammengeführt wurden. Siehe Foucault, »Subjekt und Macht«, in: *Analytik der Macht*, übers. von Reiner Ansen, Frankfurt am Main 2005, S. 240–263, hier S. 246.

7 Daniel Martin Varisco, *Reading Orientalism: Said and the Unsaid*, Seattle 2007, S. 43 f. Angemerkt sei, dass der Wert dieses Buchs nicht so sehr in Variscos kritischer Auseinandersetzung mit Saids Arbeit zu sehen ist, sondern eher in der Kompilation der zahlreichen Kritiker, die Saids Werk gefunden hat.

8 Eine der besten Analysen der problembeladenen, ideellen Beziehung, die Said mit Foucault verband, findet sich in James Clifford, *The Predicament of Culture: Twentieth-Century Ethnography, Literature, and Art*, Cambridge 1988, S. 266–271. Siehe auch Sudipta Kaviraj, »Said and the History of Ideas«, in: Sugata Bose und Kris Manjapra (Hg.), *Cosmopolitan Thought Zones: South Asia and the Global Circulation of Ideas*, New York 2010, S. 58–81, hier S. 71–75.

9 Siehe Kapitel 3, Abschnitt 6.

10 Diese Aussage wurde vielerorts für bare Münze genommen, ohne dass sie als Theorie mit Saids tatsächlicher Haltung abgeglichen worden wäre, die davon abwich. Siehe zum Beispiel den ansonsten erkenntnisreichen Artikel von Nadia Abu El-Haj, »Edward Said and the Political Present«, in: *American Ethnologist* 32, Nr. 4 (November 2005), S. 538–555.

11 Daher ist es erstaunlich, bei einem von Saids Studenten und begeisterten Adepten zu lesen, dass Said »den Orientalismus keineswegs als totalisierendes und absolutes Repräsentationssystem betrachtete«, und dass diejenigen, die ihm dies unterstellen, »nachlässige Leser« seien. Vgl. Aamir R. Mufti, »Orientalism and the Institution of World Literature«, in: *Critical Inquiry* 36, Nr. 3 (2010), S. 458–493, hier S. 462. Ich

finde es verblüffend, dass Said in Muftis Ausführungen kaum wieder-
zuerkennen ist, als hätte der Autor einen anderen Said gelesen. Nicht
weniger verblüffend ist die Selbstsicherheit, mit der so viele »Leser« als
»nachlässig« abgetan werden.

12 Ein Kritiker hat bemerkt, dass Saids Ausgangspunkt »ohne Grundlage«
sei. Mit der Übernahme von »Foucaults Archäologie und Genealogie
kommt Said in die unangenehme Lage, nicht nur die meisten, sondern
alle Orientalisten zu verurteilen, da er im Grunde davon ausging, dass
es so etwas wie ein Verständnis für andere Kulturen nicht gebe und dass
Aussagen oder Repräsentationen lediglich Formen der Machtausübung
im Kontext diskursiver Formationen seien. Und zugleich hat er die zur
Rechtfertigung seiner Kritik erforderlichen Fundamente untergraben.«
Arran E. Gare, »MacIntyre, Narratives, and Environmental Ethics«, in:
Environmental Ethics 20 (Frühjahr 1998), S. 3–21, hier S. 15. Einen an-
deren Zugriff auf das gleiche Thema bietet Gil Anidjar, »Secularism«, in:
Critical Inquiry (Herbst 2006), S. 52–77, hier S. 56–58.

13 Eine Version dieser Theorie habe ich bereits vorgebracht in Hallaq, *Impossible State*, S. 6–12. Hier entwickle ich sie weiter, zum Teil im Hinblick auf eine Theorie des Autors.

14 Dies ist ein expliziter Verweis auf die Theorie der Relevanz in der Analogie.

15 Ich beziehe mich hier auf den Titel der englischen [und deutschen] Übersetzung von *Les mots et les choses*, der mir passender erscheint als das
französische Original. An dieser Stelle sollte vielleicht angemerkt werden, dass sich meine Auffassung des Paradigmas in erheblichem Maße
Carl Schmitt und Michel Foucault sowie etwas weniger stark Thomas
Kuhn verdankt, unbeschadet dessen, dass ich ihre Ideen für meine eigenen Zwecke verwende und bei Bedarf Modifikationen und Anpassungen
vornehme. Der in diesem Zusammenhang relevante Text von Schmitt ist
»Das Zeitalter der Neutralisierungen und Entpolitisierungen«; von Kuhn,
Die Struktur wissenschaftlicher Revolutionen; von Foucault, *Sexualität und
Wahrheit, Die Ordnung der Dinge* sowie *Archäologie des Wissens*. Siehe
auch Giorgio Agamben, *Signatura rerum. Zur Methode*, übers. von Anton
Schütz, Frankfurt am Main 2009, S. 11–39.

16 Siehe Carl Schmitt, »Das Zeitalter der Neutralisierungen und Entpolitisierungen«, in: ders., *Der Begriff des Politischen*, Berlin 2015, S. 79–95,
hier S. 85.

17 Ebd. S. 84.

18 Für eine Definition von Richtwert (*benchmark*) siehe Abschnitt 3 dieses
Kapitels.

19 Schmitt, »Das Zeitalter der Neutralisierungen und Entpolitisierungen«, S. 85, meine Hervorhebung.

20 Ebd. S. 86.

21 Als Beispiel hierfür mag der ansonsten konservative Bereich der klassischen Musik gelten, in dem körperliche und sexuelle Schönheit, verkörpert etwa in Auftritten von Künstlerinnen wie Yuja Wang oder Khatia Buniatishvili, zur Voraussetzung für eine erfolgreiche Karriere geworden sind.

22 Bei dem Bild handelt es sich um »Kopf eines jungen Mädchens« und bei dem Milliardär um den Spanier Jaime Botín. Natürlich gibt es weitere notorische Fälle, zu erwähnen ist der Erwerb eines Bilds von Francis Bacon durch einen russischen Milliardär, der dafür eine neunstellige Summe zahlte.

23 In islamischen Kulturen der Vormoderne zum Beispiel waren Wohltätigkeit und Philanthropie integraler Bestandteil des Konzepts der moralischen Techniken des Selbst und konstituierten sich innerhalb der Strukturen der Zentralgebiete. Siehe Amy Singer, *Charity in Islamic Societies*, Cambridge 2008; Hallaq, *Impossible State*, S. 146–152. Wie ich später im Zusammenhang mit Richtwerten diskutieren werde, sollten die verborgen materialistischen Transformationen der Philanthropie in der Moderne und ihre ethisch motivierten Äquivalente in anderen Kulturen nicht dazu herangezogen werden, der Moderne ethisch motivierte Akte der Nächstenliebe abzusprechen oder vormodernen Kulturen mit Idealismus jeglicher Art zu begegnen (eine Einschätzung, die einige meiner Kritiker allzu bereitwillig vorgebracht haben). Die Theorie der Paradigmen und Zentralgebiete berücksichtigt solche divergierenden Komponenten innerhalb von Machtformationen und betrachtet sie als durchaus für notwendig. Doch als Theorie, die der Doktrin des Fortschritts entgegenläuft, ermöglicht sie eine Sicht auf vormoderne Kulturen, in der die Existenz dieser Kulturen durch unterschiedlich strukturierte und von unterschiedlichen Wertesystemen bestimmte Rationalitäten definiert und artikuliert werden kann.

24 Siehe vorhergehende Anmerkung.

25 Kojin Karatani, »Uses of Aesthetics: After Orientalism«, in: *Boundary 2* 25, Nr. 2 (Sommer 1998), S. 145–160, hier S. 150, meine Hervorhebung.

26 John Gray, *Enlightenment's Wake: Politics and Culture at the Close of the Modern Age*, London 1995, S. 123.

27 Ebd. S. 124. Siehe auch Carlton J. H. Hayes, *The Historical Evolution of Modern Nationalism*, New York 1968, S. 13 f.

28 Ein so überaus herkömmliches Argument wie das von Gordon Stewart in seinem Aufsatz »The Scottish Enlightenment Meets the Tibetan Enligh-

tenment«, geäußert in: *Journal of World History* 22, Nr. 3 (2011), S. 455–492, ist für den Begriff des Paradigmas (und sogar der Struktur) blind und anfällig für eine atomistische Sicht der Realität. In seinem ansonsten bemerkenswerten Buch *Enlightenment Against Empire*, Princeton 2003, versucht Sankar Muthu die Aufklärung zu »pluralisieren«, indem er aufzeigt, dass sich Diderot, Kant und Herder gegen das Imperium und den Kolonialismus ausgesprochen haben. Als Projekt ist dies zwar überaus verdienstvoll und Muthu verdient alle Anerkennung dafür, die aus dem gleichen starken humanistischen Impuls wie bei Said betriebene Pluralisierung der Aufklärung wird aber letztlich nichts an der Tatsache ändern, dass diese als Zentralgebiet den Kolonialismus nicht nur auf intellektueller Ebene massiv befördert hat, sondern im Grunde ausschlaggebend war für die Umsetzung sowohl des imperialen als auch des kolonialen Projekts. Wir müssen lediglich Muthus eigene Ausführungen auf der ersten Seite des Buchs heranziehen, die besagen, dass die Antiimperialisten ein »historisch anomales« und »singuläres« Phänomen darstellen. Markanterweise argumentiert Muthu, dass »praktisch jeder prominente und einflussreiche europäische Denker in den drei Jahrhunderten vor dem achtzehnten Jahrhundert und nahezu in dem ganzen darauffolgenden Jahrhundert dem Imperialismus entweder skeptisch oder begeistert gegenüberstand« (S. 1). Zahlen und statistische Mehrheiten sind für Paradigmen nicht unbedingt ausschlaggebend, aber in diesem Fall bilden sie durchaus zusätzliche Belege. Dass die von Muthu untersuchten Ausnahmen unsere Rede von einem »übergeordneten Projekt der Aufklärung« ungerechtfertigt erscheinen lassen sollten, ist wiederum selbst ein ungerechtfertigter Vorwurf, denn schon allein aufgrund der Tatsache, dass die Antiimperialisten unter dem vorherrschenden Imperialismus-Narrativ verschüttet und »nicht genügend erforscht wurden«, bis Muthu entdeckte, dass dies nicht länger so bleiben sollte, ist ein weiteres Zeugnis dafür, dass es, zumindest im Hinblick auf das Imperium, tatsächlich nur eine Aufklärung gegeben hat. Diese Affirmation beruht auf bestimmten Glücksbedingungen, die dem Aufklärungsprojekt Nachdruck verliehen haben, wohingegen das Projekt von Muthus Helden keine nennenswert wirksame oder paradigmatische intellektuelle Kraft besaß.

29 Siehe zum Beispiel Michael N. Forster, *After Herder: Philosophy of Language in the German Tradition*, Oxford 2010, insbesondere Einführung und Kapitel 1.

30 Siehe Hallaq, *Impossible State*, S. 89–97 und Anmerkungen.

31 Michel Foucault, *Sexualität und Wahrheit*, Bd. 1, *Der Wille zum Wissen*, übers. von Ulrich Raulff und Walter Seitter, Frankfurt am Main 1983, S. 123.

32 Als Beispiele für diesen Schauplatz im kolonialistischen Diskurs lassen sich die wichtigen Beiträge von Susan Buck-Morss anführen, insbesondere »Hegel and Haiti«, in: *Critical Inquiry* 26, Nr. 4 (Sommer 2000), S. 821–865. Siehe auch Muthu, *Enlightenment Against Empire*.

33 Foucault, »Subjekt und Macht«, S. 243.

34 John Langshaw Austin, *Zur Theorie der Sprechakte*, deutsche Bearbeitung von Eike von Savigny, Stuttgart 1972. Austin spricht sowohl von Glück als auch von Bedingungen, die Aussagen glücken lassen, verwendet die Wendung »Glücksbedingung« selbst aber nicht. Siehe Austin, »Performative Äußerungen«, in: Joachim Schulte (Hg.), *Gesammelte philosophische Aufsätze*, Ditzingen 1986. Für Weiteres hierzu und zu Searles Position siehe Benjamin Lee, *Talking Heads: Language, Metalanguage, and the Semiotics of Subjectivity*, Durham 1997.

35 In ähnlich vernebelnder Weise und aller Wahrscheinlichkeit nach unter dem Einfluss von Said weist Ziauddin Sardar Johannes von Damaskus (749 n. Chr. gestorben) nicht nur die Rolle eines Orientalisten zu, sondern erklärt ihn auch dafür verantwortlich, den Grundstein für den Orientalismus gelegt zu haben. Vgl. Ziauddin Sardar, *Orientalism*, Philadelphia 1999, S. 18.

36 Zu der Vielschichtigkeit dieses Wandels und der Verdrängung christlicher Formen siehe Kapitel 2, Abschnitt 4.

37 Eine ausgezeichnete Darstellung eines solchen Phänomens beim Aufstieg der Moderne bietet Margaret C. Jacob, *Radical Enlightenment: Pantheists, Freemasons and Republicans*, Lafayette 2006.

38 Zu bestimmten Aspekten der Unterscheidung zwischen Sein und Sollen in der Sphäre der Rechts und der Politik siehe Hallaq, *Impossible State*, S. 75–82, 89 f., 160 f.

39 Wie zum Beispiel mit der Unterscheidung zwischen Diskursivität in den Wissenschaften einerseits und derjenigen in den Sozial- und Geisteswissenschaften andererseits. Foucault scheint in der Tat zu argumentieren, dass in der Wissenschaft keine Diskursivität vorkommt, weil »die Überprüfung eines Textes von Galilei […] sehr wohl unsere Kenntnisse über die Geschichte der Mechanik verändern [kann], aber nie die Mechanik selbst«. Michel Foucault, »Was ist ein Autor?«, in: ders., *Schriften zur Literatur*, übers. von Michael Bischoff, Frankfurt am Main 1988, S. 234–270, hier S. 256. Wenn wir zu einem bestimmten historischen Zeitpunkt an die Wahrheit einer wissenschaftlichen Theorie über die Mechanik glauben, dann stellt diese Theorie unser Wissen über die Mechanik selbst dar, so wie in einer bestimmten Zeit womöglich davon ausgegangen wird, dass die Größe eines Schädels

etwas Wichtiges über die kulturellen oder intellektuellen Fähigkeiten bestimmter ethnischer Gruppen aussagt. Das Konstrukt eines als extramentale Realität verstandenen wissenschaftlichen Wissens, das für sich allein als solches kenntlich ist und eine unabhängig existierende Realität akkurat abbildet, steht im Widerspruch zu vielem, wofür Foucault einstand. Es sei darauf hingewiesen, dass Foucault einige Zeilen nach den meines Erachtens ungerechtfertigten Aussagen zur Wissenschaft die Schwierigkeiten seiner eigenen Darstellung zugibt und äußert, »es ist vielleicht nicht immer einfach zu entscheiden, ob man es mit dem einen oder mit dem anderen zu tun hat und nichts beweist, dass diese beiden Prozeduren einander wechselseitig ausschließen« (S. 257).

40 Ebd. S. 240.

41 Ebd. S. 253.

42 Siehe nächstes Kapitel, Abschnitt 2.

43 Foucault, »Was ist ein Autor?«, S. 242, 247.

44 Ebd. S. 252.

45 Ebd. S. 254–256.

46 Ebd. S. 258.

47 Colin Gordon, »Introduction«, in: Faubion, *Power: Essential Works of Foucault*, S. xxxix.

48 Zitiert in Gordon, »Introduction«, meine Hervorhebung; vgl. auch Michel Foucault, *Was ist Kritik?*, Berlin 1992, S. 15.

49 Foucault, »Subjekt und Macht«, S. 250.

50 Foucault, »Was ist ein Autor?«, S. 258.

51 Ebd. S. 258.

52 Ebd. S. 259 f., Anmerkung 15.

53 Siehe Zitat in Kapitel 3, Anmerkung 95.

54 Foucault, »Was ist ein Autor?«, S. 258, meine Hervorhebung.

55 Man könnte nun argumentieren, dass Said, selbst wenn er in der professionellen Geschichtsschreibung, einer in seinem Buch kritisierten Disziplin, versiert gewesen wäre, in seiner historischen Diagnose wahrscheinlich auch nicht präziser gewesen wäre. Stichhaltig wäre dieses Argument allerdings nur, wenn wir davon ausgehen, dass sich diese Kritik direkt auf die Narrative der modernen Geschichtsschreibung stützt, was offensichtlich nicht der Fall ist. Ein »historisches Verständnis« würde lediglich voraussetzen, dass Said die Bedeutung der Moderne als epistemische Transformation in der Menschheitsgeschichte hätte erfassen müssen, um zu erkennen, dass der Orientalismus aus einer *ausgesprochen modernen Struktur* hervorgegangen ist.

56 Mit »richtiger historischer Perspektive« meine ich, dass die Vergangenheit mit dem gleichen epistemischen Respekt behandelt wird, wie er auch für die Gegenwart zum Tragen kommt, dass ihr ihre eigenen Formen der Rationalität und inneren Logik zugestanden werden und sie nicht als eine von Natur aus defizitäre Lebensform angesehen wird, die, stets nach Selbstverwirklichung suchend, bestrebt ist, den »Fortschritt« zu erreichen. Mehr dazu siehe Kapitel 5.

57 Eine aufschlussreiche kritische Genealogie der Fortschrittsdoktrin bietet Nauman Naqvi, »The Nostalgic Subject: A Genealogy of the ›Critique of Nostalgia‹«, in: *Centro Interuniversitario per le ricerche sulla Sociologia del Diritto e delle Instituzioni Giuridiche*, Working Paper 23 (September 2007), S. 4–51. Für eine allgemeinere Kritik siehe Hallaq, *Impossible State*, S. 14–18.

58 Welche Rolle für Foucault der Zufall als Faktor epistemischer Brüche spielt, wird untersucht in Thomas Flynn, »Foucault's Mapping of History«, in: *Cambridge Companion to Foucault*, Cambridge 1999, S. 28–46, hier S. 31.

59 Merkwürdig genug, dass Saids Kritik zu einem großen Teil bereits anderthalb Jahrzehnte zuvor durch den ägyptischen Marxisten Anouar Abdel-Malek vorgebracht wurde. Siehe Malek, »Orientalism in Crisis«, in: *Diogenes* 11, Nr. 44 (1963), S. 103–140. Ein vielversprechender Forschungsansatz zum Thema Autorschaft und Kanonisierung könnte die Frage sein, warum Abdel-Maleks einschneidende Kritik – wenn auch in einem umständlichen, mitunter bis an die Grenze der Rätselhaftigkeit reichenden Stil verfasst – nie den kanonischen Status erlangen konnte, den Saids liberal ausgerichtetes Werk erreicht hat.

60 Said verwendet für »Andersartigkeit« auch »Entrücktheit«. Auf die *Cambridge History of Islam* eingehend, »ein Kompendium der orientalistischen Orthodoxie«, sagt er, dass »*alle* Autoren [...] den Islam für etwas Entrücktes, Ermüdetes« halten. Said, *Orientalismus*, S. 350, Hervorhebung im Original.

61 Akeel Bilgrami, »Occidentalism, the Very Idea: An Essay on Enlightenment and Enchantment«, in: *Critical Inquiry* 32 (Frühjahr 2006), S. 381–411, hier S. 389.

62 Hier sei angemerkt, dass Bilgramis erstes und zweites Merkmal in dem ersten »strukturellen Merkmal« meiner Darstellung aufgehen.

63 Bilgrami, »Occidentalism«, S. 389.

64 Mit einigem Scharfsinn hat Robert Young argumentiert, dass »Saids wesentliches Argument hinsichtlich der diskursiven Bedingungen des Wissens darin besteht, dass die orientalistischen Texte ›oft nicht nur Wissen [erzeugen], sondern gerade jene Realität, die sie lediglich zu beschreiben

versuchen‹ [*Orientalismus*, S. 114]. Gleichzeitig besteht seine wichtigste politische Behauptung darin, dass der Orientalismus als ein System, Wissen über den Orient zu erlangen, dahingehend verstanden werden kann, den Kolonialismus im Vorhinein gerechtfertigt und in der Folge seine Operationen erleichtert und zum Erfolg geführt zu haben. Saids Bestreben, diese Punkte gleichzeitig vorzubringen, wirft jedoch ein großes theoretisches Problem auf: Einerseits behauptet er, dass der Orientalismus lediglich aus einer Repräsentation bestehe, die nichts mit dem ›realen‹ Orient zu tun habe, und bestreitet damit, dass überhaupt eine Korrespondenz zwischen Orientalismus und Orient existiert [...], während er anderseits argumentiert, dass dessen Erkenntnisse in den Dienst der kolonialen Eroberung, Besetzung und Verwaltung gestellt wurden. Dies bedeutet, dass [...] der Orientalismus mit den ›tatsächlichen‹ Gegebenheiten, so wie sie waren, in Berührung gekommen sein musste und dass er sich auch auf materieller Ebene als eine Form der Machtausübung und Kontrolle als effektiv erwiesen hatte. Wie also kann Said argumentieren, dass der ›Orient‹ nur eine Repräsentation ist, wenn er zugleich behauptet, dass der ›Orientalismus‹ das für die eigentliche kolonialen Eroberungen erforderliche Wissen geliefert hat.« Robert J. C. Young, *White Mythologies: Writing History and the West*, London 1990, S. 168 f.

65 Wie auf der ersten Seite dieses Buchs deutlich wird. Said, *Kultur und Imperialismus*, S. 13.

66 Ebd. S. 17.

67 Emily Apter, »Saidian Humanism«, in: *Boundary 2* 31, Nr. 2 (2004), S. 35–53, hier S. 40 f.

68 Ebd. S. 43.

69 Ebd. S. 45–47, teilweise Riccardo Fubini zitierend.

70 Ebd. S. 44.

71 Anidjar, »Secularism«, S. 69. Siehe auch Jean-Pierre Dupuy, *The Mark of the Sacred*, Stanford 2013, S. 90–124, franz.: *La Marque du sacré: essai sur une dénégation*, Paris 2009.

72 Dass literarische und linguistische Projekte wie diese alles andere als harmlos waren, wird brillant aufgezeigt in Siraj Ahmed, *The Stillbirth of Capital: Enlightenment Writing and Colonial India*, Stanford 2012, S. 175–178. Siehe demgegenüber etwa die weniger scharfsinnigen Ausführungen in Michael J. Franklin, *Orientalist Jones: Sir William Jones, Poet, Lawyer, and Linguist, 1746–1794*, Oxford 2011.

73 Aus diesem Trio schafften es weder der Genozid noch der im Rahmen der Kompanien entstandene Orientalismus, von der Korporation ganz zu schweigen, in den Index des *Orientalismus*-Buchs. Natürlich ist dies

das Buch, das Said geschrieben hat, aber Auslassungen werden hier nur deshalb angemerkt, um darauf hinzuweisen, dass Saids Narrativ nicht in die performativen Strukturen eintaucht, die den kritisierten Phänomenen zugrunde liegen. Die Betriebs- und Volkswirtschaften sind nicht nur materielle Faktoren, wie Said offenbar annimmt (*Kultur und Imperialismus*, S. 48). Vielmehr handelt es sich dabei um Manifestationen der tiefen Denkstrukturen, die das, was Said zwar beklagte, aber nie im Einzelnen darstellte, in ihrer ganzen Dimension ergründen und erklären.

74 Siehe Clifford, *Predicament of Culture*, S. 260.

75 Zur Dynamik der modernen islamischen Tradition siehe Humeira Iqtidar, »Redefining ›Tradition‹ in Political Thought«, *European Journal of Political Theory* 15, Nr. 4 (2016), S. 424–444.

76 »Destruktiv und intolerant« in jenem Sinne, wie ich ihn in Kapitel 4 herausarbeite.

77 Die Tang-Dynastie, die einen der Höhepunkte in Chinas Geschichte darstellt, fiel etwa in die gleiche Zeit wie das erste Jahrhundert der Abbasidenherrschaft in Bagdad, ein Jahrhundert (ca. 760–860), das ebenso als eine Art »goldenes Zeitalter« gilt.

78 Ahmed Zeki Velidi Togan, *Ibn-Faḍlān's Reisebericht,* Frankfurt am Main 1994, Reprint der Ausgabe Leipzig 1939; Muhammad b. Ahmad Ibn Jubayr, *The Travels of Ibn Jubayr,* Leiden 1907, dt.: Regina Günther (Hg.), *Ibn Dschubair. Tagebuch eines Mekkapilgers*, Stuttgart 1985; Horst Jürgen Grün (Hg.), *Die Reisen des Ibn Battuta,* 2 Bde., München 2007.

79 Muhammad b. Ahmad al-Biruni, *Alberuni's India,* New York 1971.

80 Siehe zum Beispiel Abū 'Ubaid al-Bakrī, *Jughrafiyat al-Andalus wa-Urubba: Kitāb al-Masālik wa-l-Mamālik,* Beirut 1968, S. 74–82. In seiner bemerkenswerten Untersuchung des alten Mesopotamiens, Ägyptens und Chinas bietet Mu-chou Poo ein strukturiertes Narrativ der Ansichten, die die genannten Zivilisationen gegenüber Fremden hegten; Ansichten, die eher auf kulturellen Unterschieden als auf Rasse oder gar ethnischer Zugehörigkeit basierten: »Auch wenn Mesopotamien eine multiethnische Gesellschaft war, gab es doch so etwas wie ein gemeinsames Gefühl für ein ›Mesopotamisches/Wir‹-Volk gegenüber einem ›fremden‹ oder ›Feind/sie‹-Volk. […] Wenn ägyptische Texte ein fremdes Volk oder ein Land außerhalb Ägyptens zur Sprache brachten, verwendeten sie, um die Fremden zu charakterisieren, häufig stereotype und feindselige Wendungen. […] In der theologischen Darstellungsweise waren die Ausländer zwangsläufig eine böse, von außen kommende Gewalt« (S. 147). »Tatsächlich sahen selbst die griechisch-römischen

Herrscher oder ihre Vertreter in Ägypten keine Notwendigkeit, die traditionell feindselige oder herablassende Haltung aufzugeben« (S. 149). In China stellte das *Zhouli*-Genre die Welt als einen Kreis dar, in dessen Mitte China sitzt, während die »Vasallen und Barbaren in den äußeren Ringen [angesiedelt] waren. [...] Dieses Weltsystem, ein ideelles Konstrukt, das es so nie gegeben hat, wurde im Hinblick auf die Beziehung zwischen China und fremden Kulturen und Völkern zur Grundlage der politischen Rhetorik nachfolgender Regierungen und Führungseliten« (S. 150). »Tatsächlich herrschte in allen drei hier untersuchten Zivilisationen ein Gefühl der kulturellen Überlegenheit« (S. 152). Siehe Mu-chou Poo, *Enemies of Civilization: Attitudes Toward Foreigners in Ancient Mesopotamia, Egypt, and China*, Albany 2005.

81 Austin, *Zur Theorie der Sprechakte*, S. 31; Austin, »Performative Äußerungen«.

82 Judith Butler, *Das Unbehagen der Geschlechter*, übers. von Kathrina Menke, Frankfurt am Main 2003, S. 16 f. Eine vielschichtige und nuancierte Analyse der Rechtsherrschaft in einem kolonialen Umfeld bietet die wichtige Arbeit von Samera Esmeir, *Juridical Humanity: A Colonial History*, Stanford 2012.

83 Ich revidiere hier zum Teil meine Ansichten zur Sprache, wie ich sie in »On Orientalism, Self-Consciousness and History«, in: *Islamic Law and Society* 18, Nr. 3–4 (2011), S. 387–439, vorgebracht habe.

84 In der Einführung zu *Orientalismus* äußert sich Said wie folgt: »Also muss man vor allem auf den Stil, die Redefiguren, das Szenario, die Erzählformen, die historischen und gesellschaftlichen Umstände achten und *eben nicht* auf die richtige und originalgetreue Darstellung. Um das Prinzip der Offenlegung zu legitimieren, zieht man immer irgendeine Spielart der Binsenweisheit heran, dass der Orient gewiss für sich sprechen würde, wenn er nur könnte; da er dies aber nicht könne, müssten westliche Sachwalter ihm diese Aufgabe wohl oder übel abnehmen.« Einige Zeilen weiter, sagt er: »Ein weiterer Grund auf der Offenlegung [*exteriority*] zu bestehen, liegt meiner Ansicht nach darin, dass der kulturelle Diskurs und Austausch nicht in ›Wahrheit‹, sondern in Darstellungen gründet« (S. 32, Hervorhebung im Original). Offenbar übt Said hier Kritik am Positivismus vermittels seines eigenen Positivismus. Wie können »historische und gesellschaftliche Umstände« des westlichen Texts und die unterstellte Unfähigkeit des Orients, »für sich selbst zu sprechen«, aus der Wahrheit oder einer ihrer Versionen herausgelöst werden? Allgemeiner formuliert, anhand welcher Kriterien lassen sich Darstellung und (Falsch-)Darstellung bewerten? Saids Beharren darauf,

dass die (Falsch-)Darstellung in dem dem Text innewohnenden »Stil«, den »Redefiguren« und »Erzählformen« enthalten ist und durch sie beurteilt wird, widerlegt jede latente, aber allgegenwärtige Referenz auf etwas, das außerhalb des Textes liegt (andernfalls würde ja auch das gesamte Projekt des *Orientalismus*-Buchs absolut unverständlich werden).

85 Karen Barad, *Agentieller Realismus*, übers. von Jürgen Schröder, Berlin 2012, S. 9 f., Hervorhebung im Original.

II Wissen, Macht und koloniale Souveränität

1 Wie zum Beispiel an Bernard Lewis' Antwort auf Said ersichtlich. Lewis streitet eine strukturelle Verbindung zwischen Wissenschaft und Macht kategorisch ab, und sieht in der Rolle, die viele Orientalisten für die eigentliche Kolonialverwaltung spielten, lediglich Ausnahmen. Siehe Lewis, »The Question of Orientalism«, in: *Islam and the West*, New York 1993, S. 99–118.

2 Wie ich in Kapitel 5 argumentiere.

3 Ein hochgestelltes Or mit Seitenverweis bezieht sich stets auf Edward Said, *Orientalismus*, übers. von Hans Gunter Holl, Frankfurt am Main 2009.

4 Siehe die prägnante Analyse von Sudipta Kaviraj, »Said and the History of Ideas«, in: Sugata Bose und Kris Manjapra Hg.) *Cosmopolitan Thought Zones: South Asia and the Global Circulation of Ideas*, New York 2010, S. 58–81, insbesondere S. 58–60. Kavirajs Behauptung, dass »*Orientalismus* deshalb – durchaus berechtigt – als politische Theorie gelesen und betrachtet werden kann«, will ich hier nicht bestreiten, argumentiere aber, dass eine Lektüre des Werks durch dieses Prisma betrachtet die tieferen Probleme in den modernen und modernistischen Ausprägungen des Wissens maskiert.

5 Siehe Said, *Kultur und Imperialismus*, übers. von Hans-Horst Henschen, Frankfurt am Main 1994, S. 305 f. Hier äußert sich Said expliziter zu den verheerenden Wirkungen des Kolonialismus, bewertet sie aber letztlich zu schwach, indem er den »nationalistischen« Narrativen ein gewisses Maß an »Mythenbildung« zuschreibt: »Ich will drei Beispiele dafür anführen, wie die komplexe und doch feste geographische ›morte main‹ des Imperialismus auf dem Wege vom Allgemeinen zum Besonderen verfährt. Den allgemeinsten Gesichtspunkt hat Crosbys *Ecological Imperialsm* formuliert. Crosby sagt, daß, wo immer Europäer auftauchten, sich sofort auch das lokale Habitat zu ändern begann; ihr Ziel war es, fremde Territorien in Abbilder dessen zu verwandeln, was sie hinter sich gelassen haben. Dieser Prozess war tendenziell endlos

in dem Maße, wie eine Vielzahl von Pflanzen, Tieren, Getreidesorten und Anbaumethoden die Kolonie allmählich in einen neuen Landstrich verwandelten, mit neuen Krankheiten, gestörtem Umweltgleichgewicht und traumatischen Umsiedlungen der überwältigten Bevölkerung. Die veränderte Ökologie hatte auch ein verändertes politisches System zur Folge. *In den Augen des späteren nationalistischen Dichters und Visionärs entfremdete dies das Volk seinen authentischen Traditionen, Lebensformen und politischen Organisationen. Gewiß hat romantische Mythenbildung derlei nationalistische Deutungen der imperialistischen Eroberungs- und Aneignungspolitik beflügelt*; am tatsächlichen Ausmaß aber dieser Veränderungen dürfen wir nicht zweifeln« (meine Hervorhebung).

6   Zum Beispiel brachte die islamische Literatur eine Anzahl von Reiseberichten und Annalen hervor, die sich mit dem Anderen beschäftigten, aber die sogenannte *adab al-rihla* oder Reiseliteratur umfasste höchstens ein paar Dutzend Bücher, von denen heute nur ein kleiner Anteil vollständig überliefert ist. Ein Buch wie Al-Birunis Bericht über Indien – eine wissenschaftliche Studie, die in ihrem Interesse und ihrer Bandbreite den Arbeiten der Orientalisten ähnelte – war relativ selten und in der gesamten islamischen Geschichte lassen sich wohl nur schwerlich ein paar vergleichbare Werke finden. Dies ist *schar'i*- oder rechtswissenschaftlichen Werken gegenüberzustellen, die in der gleichen historischen Zeitspanne geschrieben wurden und deren Zahl im sechsstelligen Bereich angesiedelt ist. Demgegenüber produzierten in nur einem Jahrhundert Orientalismus und Anthropologie zusammengenommen einen Korpus, der zahlenmäßig alles übertrifft, was jeweils in den großen diskursiven Traditionen des Islam hervorgebracht wurde – vielleicht mit Ausnahme der *scharia* und des Sufismus sowie ihrer Unterabteilungen, der beiden Bereiche, die im Großen und Ganzen die zwei Zentralgebiete der islamischen Tradition definierten.

7   Louise Levathes, *When China Ruled the Seas: The Treasure Fleet of the Dragon Throne, 1405–1433*, New York 1994; Edward L. Dreyer, *Zheng He: China and the Oceans in the Early Ming Dynasty, 1405–1433*, New York 2007.

8   Dieses Phänomen bietet noch einen weiteren Gegensatz: Während sich europäische Wissenschaftler im Rahmen kolonialistischer Unternehmungen damit beauftragt sahen, die kolonisierten Länder und ihre Völker und Kulturen zu »verstehen«, um sie zu verwalten und zu beherrschen, begleiteten die islamischen Juristen die Sultane als gelehrte Männer, die als Abgesandte fungieren konnten, aber vor allem, um darzulegen, was an der Praxis von Eroberung und Krieg rechtmäßig oder

rechtswidrig ist. Anders gesagt, das Wissen war im ersten Fall nach außen, auf den Anderen und die Mittel zu seiner Kontrolle gerichtet, während es im islamischen Fall hauptsächlich auf das Selbst und die Notwendigkeit der Einhaltung der rechtlich-moralischen Prinzipien der *schari'a* ausgerichtet war. Über die Teilnahme der *ulama* an Feldzügen siehe Asya Sulayman Naqli (Hg.), *Dawr al-Fuqaha' wal-'Ulama' al-Muslimin fil-Sharq al-Adna fil-Jihad Didd al-Salibiyyin Khilal al-Haraka al-Salibiyya*, Riad 1423/2002; 'Abd al-Rahman b. Muhammad b. Abi Hatim, *Kitab al-Jarh wal-Ta'dil*, Bd. 7, Hydarabad 1952, S. 227; Muhammad Ibn Hibban Abu Hatim al-Tamimi al-Busti, *Kitāb al-Majruhin min al-Muhaddithin wal-Du'afa' wal-Matrukin*, Bd. 2, Aleppo 1975, S. 275; Isma'il b. 'Umar Ibn Kathir, *al-Bidaya wal-Nihaya*, Bd. 14, Beirut 1988, S. 14.

9   Um 940 n. Chr. besaß das Bayt al-Hikma in Bagdad vermutlich die größte Bibliothek der Welt und beherbergte astronomische Observatorien sowie anderes wissenschaftliches Instrumentarium. Die Einrichtung erlebte nach dem zehnten Jahrhundert ihren Niedergang und wurde 1258 von den Mongolen gebrandschatzt. Siehe Jonathan Lyons, *The House of Wisdom: How the Arabs Transformed Western Civilization*, New York 2009.

10 W. J. T. Mitchell, »Secular Divination: Edward Said's Humanism«, in: *Critical Inquiry* 31, S. 462–471.

11 Siehe zum Beispiel Marshall Hodgson, »The Great Western Transmutation«, in: Edmund Burke III, *Rethinking World History: Essays on Europe, Islam, and World History*, Cambridge 1993, S. 44–71.

12 Die treibende methodologische Kraft der dialektischen Traditionen zeigt sich besonders deutlich in den Rechtskünsten des *jadal* und *munazara*. Siehe zum Beispiel Walter Edward Young, *The Dialectical Forge: Juridical Disputation and the Evolution of Islamic Law*, Bonn 2017, sowie Khaled El-Rouayheb, *Islamic Intellectual History in the Seventeenth Century: Scholarly Currents in the Ottoman Empire and the Maghreb*, Cambridge 2015.

13 Wael Hallaq, *Shari'a: Theory, Practice, Transformations*, Cambridge 2009, S. 172, 181 f., 125 f., 136.

14 George Makdisi, *The Rise of the Colleges: Institutions of Learning in Islam and the West*, Edinburgh 1981; Jonathan Porter Berkey, *The Transmission of Knowledge in Medieval Cairo: A Social History of Islamic Education*, Princeton 1992; Daphna Ephrat, *Learned Society in a Period of Transition: The Sunni Ulama of Eleventh-Century Baghdad*, Albany 2000; Hallaq, *Shari'a*; Michael Chamberlain, *Knowledge and Social Practice in Medieval Damascus, 1190–1350*, Cambridge 1994.

15 Kamal al-Din Ibn al-Humam, *al-Musayara fi 'Ilm al-Kalam*, Kairo o. D., S. 175–185. Die zentrale Rolle, die dem Wissen (*'ilm*) als Tun und Praxis in der vormodernen islamischen Tradition zukam, hat Taha Abdurrahmans Feder viel Tinte entlockt. Siehe Abdurrahman, *al- 'Amal al-Dini wa-Tajdid al-'Aql*, Casablanca 1989; *Ruh al-Hadatha*, Casablanca 2006; *Su'al al-'Amal, Bahth 'an al-Usul al-'Amaliyya fil-Fikr wal-'Ilm*, Casablanca 2012, S. 13–37 und passim.

16 Siehe Wael Hallaq, *The Impossible State: Islam, Politics, and Modernity's Moral Predicament*, New York 2013, Kapitel 5.

17 Dieses Spektrum wird durch den Vergleich eines beliebigen *fiqh*-Textes mit Ghazali, *Ihya' 'ulum ad-din*, 5 Bde., Aleppo 1425/2004, und wiederum mit Farid al-Din al-'Attar, *Mantiq al-Tayr* (dt.: *Die Konferenz der Vögel*, übers. von Katja Föllmer, Wiesbaden 2008) ersichtlich.

18 Der zentrale Punkt in Ghazalis *Ihya' 'ulum ad-din*. Siehe meine Analyse dieses Themas in seinem Werk in *The Impossible State*, Kapitel 5.

19 »Searcher«, hier mit Suchender übersetzt, als Abgrenzung zu dem bloßen Forscher oder »researcher«, ist ein Ausdruck, mit dem *murid* und *talib* wiedergegeben wird, und steht für jene, die *'ilm*, also das Wissen suchen, wobei diese Suche letztlich ein moralisches Unterfangen ist.

20 Badr al-Din Ibn Jama'a al-Kinani, *Tadhkirat al-Sami 'wal-Mutakallim fi Adab al-'Alim wal-Muta'allim*, Kairo 2005, S. 140; al-Khatib al-Baghdadi, *al-Faqih wal-Mutafaqqih*, 2 Bde., Beirut 1975; 'Abd al-Qadir al-Jaza'iri, *Kitab al-Mawaqif al-Ruhiyya wal-Fuyudat al-Subuhiyya*, 3 Bde., Beirut 2004, I, Mawqif 19.

21 Siehe zum Beispiel Robert G. Morrison, *Islam and Science: The Intellectual Career of Nizam al-Din al-Nisaburi*, London 2007, S. 95–125.

22 Maßgebend für die Verifizierung dieses Punktes sind nach wie vor die Arbeiten von Makdisi und Berkey. Siehe Anmerkung 14 dieses Kapitels.

23 Unter anderem trugen die frühen Kalifen zum »juristischen« Wissenskorpus bei, aber sie taten dies in ihrer Eigenschaft als Begleiter und Nachfolger, das heißt, dass sie dabei ihre »Doktorhüte« trugen und nicht den Kopfschmuck des Kalifen. Für eine ausführliche Erörterung dieses Themas siehe Wael Hallaq, »Qur'anic Constitutionalism and Moral Governmentality: Further Notes on the Founding Principles of Islamic Society and Polity«, in: *Comparative Islamic Studies* 8, Nr. 1–2 (2012), S. 1–51, hier S. 29–34; Hallaq, *Shari'a*, S. 38–45. Es sei zudem darauf hingewiesen, dass die osmanischen Sultane des frühen sechzehnten Jahrhunderts, als sie einen Lehrplan für die dem Reich unterstellten Madrassen aufstellten, dies durch den Rückgriff auf die Werke

von Privatgelehrten taten, deren Haltung weder politisch (in einem spezifisch osmanischen Sinne) noch staatstragend war (denn der Staat, wie wir ihn kennen, war noch nicht entstanden). Dass dieser Schritt »präzedenzlos« war, ist ein weiterer Beweis für die marginale Rolle, die muslimische Herrscher im größeren System der muslimischen Bildung spielten. Siehe Shahab Ahmed und Nenad Filipovic, »The Sultan's Syllabus: A Curriculum for the Ottoman Imperial Medreses Prescribed in a Ferman of Qanuni I Suleyman, Dated 973 (1565)«, in: *Studia Islamica* 98/99 (2004), S. 183–218; der Hinweis auf den »präzedenzlosen« Charakter dieser Praxis befindet sich auf Seite 183.

24 Hassan Khalilieh, *Islamic Maritime Law: An Introduction*, Leiden 1998, und die dort zitierten Quellen; Khalilieh, »Legal Aspects from a Cairo Geniza Responsum on the Islamic Law of the Sea: Practice and Theory«, in: *Jewish Quarterly Review* 96, Nr. 2 (Frühjahr 2006), S. 180–202; Dionysius A. Agius, *Classical Ships of Islam: From Mesopotamia to the Indian Ocean*, Leiden 2007. Über den Handel im Indischen Ozean im Allgemeinen siehe K. N. Chaudhuri, *Trade and Civilization in the Indian Ocean: An Economic History from the Rise of Islam to 1750*, Cambridge 1985.

25 Siehe zum Beispiel die Beiträge in Frederick de Jong (Hg.), *Sufi Orders in Ottoman and Post-Ottoman Egypt and the Middle East: Collected Studies*, Istanbul 2000.

26 Was sich zum größten Teil Abu Hamid al-Ghazali und seinen Bemühungen verdankt, wie sie in *Ihya' 'ulum al-din* ihren Niederschlag fanden, einem Werk, das großen Einfluss auf die Sunni- wie die Schia-Traditionen ausübte.

27 Hallaq, *Shari'a*, S. 1–353, 543–555; Hallaq, *An Introduction to Islamic Law*, Cambridge 2009.

28 Mit der Folge, dass die rechtlichen Normen, die notwendigerweise zweitrangig oder nachgeordnet sind, je nach den örtlichen und zeitlichen Erfordernissen verändert werden können, während die allgemeinen moralischen Normen, die »moralischen Universalien«, festgelegt und deshalb unveränderlich sind. Es besteht hier also fortwährend eine Dialektik zwischen den Anforderungen der moralischen Universalien und den Erfordernissen des Lebens und der rechtlich geregelten Handlungen. Und hierin regelt und bändigt das Sollen fortwährend das Sein. Für eine ausführliche Analyse dieser und verwandter Gesichtspunkte siehe Hallaq, *Impossible State*, S. 74–90, 160 f.

29 Siehe zum Beispiel George Saliba, *Islamic Science and the Making of the European Renaissance*, Cambridge, MA 2007; Lyons, *The House of*

Wisdom; John M. Hobson, *The Eastern Origins of Western Civilization*, Cambridge 2004; Jack Goody, *The Theft of History*, Cambridge 2006; Edward Grant, *The Foundations of Modern Science in the Middle Ages: Their Religious, Institutional, and Intellectual Contexts*, Cambridge 1996, S. 22–26 und passim (die hier relevanten Lemmata sind nicht im Index aufgeführt). Hinsichtlich des Beitrags der indischen Wissenschaft zur modernen Wissenschaft siehe Gyan Prakash, *Another Reason: Science and the Imagination of Modern India*, Princeton 1999.

30 Am offensichtlichsten die Hadith- und *ahkam al-Qur'an* Studien, einschließlich der zusammenhängenden Subdisziplinen des *asbab al-nuzul* und *tafsir*, die allesamt zu den »grundlegenden« Disziplinen gehörten und Voraussetzung für die *usul al-fiqh-* und die *fiqh*-Studien waren.

31 Tatsächlich wurden die Prinzipien, die für viele Bereiche wissenschaftlichen und »rechtlichen« Interesses von Belang waren, häufig in poetischer Form festgehalten. Poesie war ebenso sehr eine wissenschaftliche und »rechtliche« wie eine ästhetische und literarische Ausdrucksweise. Beispiele solcher Werke sind Ibn al-Haythams Astronomie-Poem, »Qasida fi Tarhil al-Shams« (Zuschreibung unsicher); 'Abd al-Rahman al-Akhdaris *al-Sullam al-Munawraq*, dass die Verwendung der aristotelischen Logik im Recht erklärt; und al-Hajj Mulla al-Sabzawaris *Ghurar al-Fara'id*, eine »systematische und vollständige Darstellung der Philosophie der (Ishraqi-)Schule von Mulla Sadra.« Siehe John Cooper, »Al-Subzawari«, in: Edward Craig (Hg.), *Routledge Encyclopedia of Philosophy*, London 1998, S. 440.

32 Nennenswert sind hier die rechtlichen Strategeme des Hiyal, die bekanntermaßen ein untergeordnetes Element des »Gesetzes« blieben und in ihrer Bedeutung nach den ersten Jahrhunderten des Islam abnahmen. Zu diesem Thema siehe Hallaq, *Impossible State*, S. 10–12 und 175, Anm. 42.

33 Mit diesen Fragen ausführlich beschäftigte habe ich mich in Hallaq, *Impossible State*, S. 48–70.

34 Wenn das System missbraucht wurde, wurde dies fast immer in unseren Quellen festgehalten, da ein derartiges Verhalten als Verstoß gegen die Norm angesehen wurde. Historische Werke und insbesondere sogenannte biografische Register sahen ihre Aufgabe nicht darin, die Tausenden in der Alltagspraxis der Justiz oder des Rechtslebens anfallenden Details (die als selbstverständlich angesehen wurden), sondern die Ausnahmen zu erfassen. Dieses Interesse ist, wie ich zu zeigen versucht habe, eng mit der persönlichen Integrität und damit der persönlichen moralischen und rechtlichen Haftung und Verantwortlichkeit verbun-

den. Verstieß etwa ein Richter, ein Gelehrter, ein Herrscher, ein Marktprüfer oder eine Person in einer Machtposition gegen das System, ging er als der Mann, der er war, in die Geschichte ein, das heißt, er wurde auf einem Raster eingeordnet, das bestimmte, wie er, buchstäblich, von der Geschichte beurteilt wird. Ein missbräuchlich vorgehender Richter zum Beispiel würde in jeder Hinsicht diskreditiert sein: Sein Strafregister wäre für alle kommenden Generationen beschmutzt, und wenn er etwa Hadithe überliefert hätte, würde seine Überlieferung als unzuverlässig abgetan werden. Dies wäre auch bei einem Übermittler der Fall, der seine Materialien oder einen Teil davon gefälscht hat; er wäre nicht nur verdächtig und würde damit aus der Gruppe der »zuverlässigen« Überlieferer herausfallen, sondern er hätte auch seine Karriere als Richter, Gelehrter oder dergleichen beschmutzt. Siehe Wael B. Hallaq, *The Origins and Evolution of Islamic Law*, Cambridge 2005, S. 190.

35 Henry Cattan, »The Law of Waqf«, in: Majid Khadduri und Herbert J. Liebesny (Hg.), *Law in the Middle East*, Washington, DC 1955, S. 203–222; Murat Çizakça, *History of Philanthropic Foundations*, Istanbul 2000; Richard van Leeuwen, *Waqfs and Urban Structures: The Case of Ottoman Damascus*, Leiden 1999; Makdisi, *Rise of the Colleges*; Hallaq, *Shariʿa*, S. 53 f., 126, 141–46, 150, 191, 194, 195 und passim.

36 Hallaq, *Impossible State*, S. 119 f.

37 Um hier meine Aussagen richtig interpretieren zu können, müssen zwei grundlegende Gegebenheiten berücksichtigt werden: Erstens die Bedeutung, die ich, wie in den vorangegangenen Absätzen skizziert, dem Begriff des »Richtwerts« zuschreibe; die zweite betrifft das vormoderne Verhältnis zwischen Herrscher und Untertan – und nimmt auf Behauptungen hinsichtlich des »willkürlichen« und unterdrückerischen Benehmens der Herrscher Bezug. In einem System, in dem der politischen und exekutiven Macht kein Recht über die Erziehung im weitesten Sinn und auf keiner ihrer Ebenen zukam und ihr darüber hinaus die Mechanismen fehlten, den Untertanen zu einem »Staats«-Subjekt zu erziehen, fiel das Individuum unter die Zuständigkeit der »privaten Erziehung«, die stets von der Macht abgekoppelt blieb und häufig auf kommunaler Ebene unter der Leitung von *schariʿa*-Sufi-Bünden stand. Die politische Organisation und die Zwangsgewalt hatten keinen Einfluss auf die Subjektkultivierung, wie dies beim modernen Staat der Fall ist.

38 Joel Bakan, *Das Ende der Konzerne: die selbstzerstörerische Kraft der Unternehmen*, Hamburg 2005, S. 11–15, 19 f.: »Auf beiden Seiten des Atlantiks wetterten die Kritiker vor allem aus moralischen Gründen dagegen. Da dieses Konzept den Investoren ermöglichte, ungeschoren

davonzukommen, wenn ihre Unternehmen scheiterten, wurde ihrer Ansicht nach die moralische Verantwortung des Einzelnen untergraben, ein Wert, der die Welt des Handels seit Jahrhunderten geprägt hatte.« Siehe auch David C. Korten, *When Corporations Rule the World*, West Hartford 1995.

39 Dies setzt natürlich voraus, dass Profit und Reichtum aus sich heraus in ethischen und moralischen Begriffen nicht zu rechtfertigen sind. Für eine andere Sichtweise, die die Kapitalgesellschaft als Zeichen des westlichen Fortschritts und als Grund für die Rückständigkeit des Islam liest (eine Sichtweise, die sich an der unethischen Wirkung und Praxis moderner, insbesondere internationaler Unternehmen offenbar nicht stört), siehe Timur Kuran, »Why the Islamic Middle East Did Not Generate an Indigenous Corporate Law«, in: *University of Southern California Law School: Law and Economics Working Paper Series* 16 (2004), S. 1–33.

40 Hallaq, »Qur'ānic Constitutionalism and Moral Governmentality«.

41 Mehr dazu, siehe Kapitel 5.

42 *Der Koran*, nach der Übersetzung von Rudi Paret, Stuttgart 1979, 2:107; 2:255; 3:109, 189; 4:131–132. Siehe auch https://corpuscoranicum.de.

43 *Der Koran*, 51:19; 70:24.

44 Wael Hallaq, »›God Cannot Be Harmed‹: On Huquq Allah/Huquq al-'Ibad Continuum«, in: Khaled Abou El Fadl, Ahmad Atif Ahmad und Said Fares Hassan (Hg.), *Routledge Handbook of Islamic Law*, London 2019.

45 *Der Koran*, 56:78; 62:2; 85:22.

46 Abu Ishaq al-Shatibi, *al-Muwafaqat fi Usul al-Ahkam*, 4 Bde., Kairo 1970, II, S. 3.

47 Zu den volkstümlichen Ursprüngen der *schari'a* und ihrem gesellschaftlich verwurzelten System (ein eher von unten nach oben als von oben nach unten vermitteltes System) siehe Hallaq, *Impossible State*, S. 48–73.

48 Wael B. Hallaq, »Groundwork of the Moral Law: A New Look at the Qur'ān and the Genesis of Shari'a«, in: *Islamic Law and Society* 16 (2009), S. 239–279, hier S. 261–264.

49 Wael B. Hallaq, *A History of Islamic Legal Theories: An Introduction to Sunni Usul al-Fiqh*, Cambridge 1997, insbesondere Kapitel 5.

50 Max Weber, *Wirtschaft und Gesellschaft. Grundriß der verstehenden Soziologie*, Studienausgabe, Tübingen 2009, Bd. 1, S. 30.

51 Mathieu Tillier, »Judicial Authority and Qadis' Autonomy Under the Abbasids«, in: *Al-Masaq* 26, Nr. 2 (2014), S. 119–131 (in den allgemei-

nen Schlussfolgerungen plausibel, obgleich die Interpretation spezifischen Belegmaterials mitunter frühere orientalistische Voreingenommenheiten repliziert); Haim Gerber, *State, Society, and Law in Islam: Ottoman Law in Comparative Perspective*, Albany 1994; Ronald C. Jennings, »Kadi, Court and Legal Procedure in 17th C. Ottoman Kayseri: The Kadi and the Legal System«, in: *Studia Islamica* 48 (1978), S. 133–172; Roland C. Jennings, »Limitations of the Judicial Powers of the Kadi in 17th C. Ottoman Kayseri«, in: *Studia Islamica* 50 (1979), S. 151–184.

52 Über die Rechtsfindung in der *schari'a* siehe Wael B. Hallaq, *Authority, Continuity and Change in Islamic Law*, Cambridge 2001, S. 166–174.

53 Gary Lawson, »Rise and Rise of the Administrative State«, in: *Harvard Law Review* 107 (April 1994), S. 1231–1254; M. Elizabeth Magill, »Beyond Powers and Branches in Separation of Powers Law«, in: *University of Pennsylvania Law Review* 150, Nr. 2 (Dezember 2001), S. 603–660; M. Elizabeth Magill, »The Real Separation in Separation of Powers Law«, in: *Virginia Law Review* 86 (September 2000), S. 1127–1198; Harvey C. Mansfield, »Separation of Powers in the American Constitution«, in: Bradford P. Wilson und Peter Schramm (Hg.), *Separation of Powers and Good Government*, London 1994, S. 3–15; Richard A. Epstein, »Why the Modern Administrative State Is Inconsistent with the Rule of Law«, in: *NYU Journal of Law and Liberty* 3 (2008), S. 491–515.

54 Siehe die in Anmerkung 51 dieses Kapitels zitierten Quellen.

55 Das Streben der muslimischen Herrscher nach Legitimität habe ich in Bezug auf die »Rechtsgelehrten« in *Shari'a*, S. 197–221 erörtert. Für die Sufi-Gelehrten und ihre Orden liegt der Fall ziemlich ähnlich.

56 Man könnte vereinfachend behaupten, dass das Recht des Dschihad von politischer und militärischer Macht angewendetes Rechtswissen ist, eine Argumentation, die allerdings erhebliche Probleme nach sich ziehen würde. Erstens war dieses Gesetz richtig verstanden im Grunde eher defensiv als offensiv ausgerichtet. Bindend ist der Dschihad nur dann, wenn islamische Länder von einem Feind angegriffen werden, und nicht alle Muslime des jeweiligen Königreichs oder Fürstentum sind zu ihrer Verteidigung verpflichtet, sondern nur diejenigen, die sich in der Nähe des überfallenen Territoriums befinden. Zweitens ist die »Macht« im Zusammenhang mit der Doktrin des Dschihad auf militärische Macht beschränkt; ihr fehlen fast alle von Foucault herausgearbeiteten Merkmale. Anders gesagt, die Dschihad-Doktrin war nicht dazu angetan, Biomacht herbeizuführen, zu betreiben oder zu fördern, sie wurde auch nicht zur Erreichung dieser Ziele eingesetzt; schon gar nicht schuf sie ein Umfeld, in dem das Staatssubjekt, der Bürger oder

Foucaults fügsames Subjekt als Idee mehr als eine vorläufige Ausprägung hätte erfahren können. Drittens waren, im Gegensatz zum modernen Wissen, das der Staat durch seine Bildungsinstitutionen hervorbrachte, der Dschihad und das Recht im Allgemeinen das Produkt eines autonomischen Rechtssystems und als solches der militärischen, der exekutiven und politischen Macht nur bedingt von Nutzen. Dies erklärt, warum die meisten Kriege, an denen die islamischen Armeen teilnahmen, keine Dschihad-Kampagnen waren, sondern Kriege im konventionellen Sinn, die meist gegen andere muslimische Armeen geführt wurden. Mehr dazu und zu ähnlichen Themen siehe Hallaq, *Impossible State*, S. 93–95.

57 In Ermangelung einer besseren Terminologie greife ich auf die Ausdrücke »formal« und »substanziell« zurück, um die Beziehung zwischen der Exekutive und dem, was man im Islam als »gesellschaftliches Wissen« bezeichnen könnte, zu unterscheiden, wobei Letzteres, neben weniger wichtigen Aspekten, die *schar'i*-Sufi-Bildungs-Traditionen sowie gesellschaftliche Organisationen und Disziplinen umfasst. Wo diese im modernen Staat miteinander verflochten und in ein weitgehend soziopolitisches Gewebe eingewoben sind, war im vormodernen Islam der Machtwille der Exekutive um ein Erhebliches weniger mit diesem Gewebe verflochten. Die politische Macht im biopolitischen und Gramsci'schen Sinne zum Beispiel spielte keine Rolle für die Hervorbringung des muslimischen Subjekts, das von den Techniken des Selbst isoliert blieb, die heute vom Politischen (im allgemeinen modernen und spezifisch Schmitt'schen Sinne) gemanagt werden. Marktregulierung und Straßenverwaltung sowie die Ernennung und Entlassung von Richtern sind zwei Arenen, in denen die formale Beziehung eine dynamische Form annahm. Das letztgenannte juristische Beispiel steht für das, was ich eine »genetische Tranche« nenne, die die Beziehung zwischen der Macht des Sultans, der Exekutive, und den anderen »Branchen« der »Macht« begrifflich fasst. Der Sultan konnte Richter ernennen und entlassen und sogar ihre rechtlichen Befugnisse einschränken (wobei er unter anderem den Gerichtsstand festlegte), aber kein islamischer Herrscher konnte darüber befinden, was Recht ist und wie es anzuwenden sei. Dies blieb stets das rechtliche, moralische und erzieherische Privileg der *ulama*. Was der moderne Staat hinsichtlich rechtlicher Machttechniken zur Formung der Gesellschaft und des Individuums besitzt und was für die Ausbildung des Subjekts so wesentlich ist, fehlt in der vormodernen islamischen Welt völlig; und auf diesen Gedanken bezieht sich die »substanzielle Verbindung«.

58 Siehe die Einleitung zu Paul Rabinow (Hg.), *Foucault's Ethics, Subjectivity, and Truth*, New York 1994, S. xiii–xiv.

59 Michel Foucault, »Was ist ein Autor?« in: ders., *Schriften zur Literatur*,
Frankfurt am Main 1988, S. 234–270, hier S. 258. Omid Safi etwa stellt
zur Debatte, ob »man legitimerweise fragen darf, wie erfolgreich sich
[Foucaults] Theorien auf nicht-europäische und, vielleicht wichtiger, auf
vormoderne Zivilisationen anwenden lassen [...] Man sollte möglichst
untersuchen, ob solche Überwachungssysteme ein Merkmal der Moderne sind oder womöglich nur in einem nach-aufklärerischen europäischen Kontext einzigartig sind.« Er argumentiert im Weiteren: »Unsere
Belege lassen darauf schließen, dass der [Seldschuken-Wesir] Nizam al-
Mulk bereits im fünften bzw. elften Jahrhundert der Islamherrschaft, die
Bedeutung eines Überwachungs- und Aufklärungssystems antizipiert
hat, mit dem sich die seldschukische Sicht eines normativen Islam und
einer normativen gesellschaftlichen Ordnung der Gesellschaft als Ganzer
auferlegen ließe.« So sollte »das Überwachungs- und Aufklärungssystem
[des Wesirs] insbesondere auf zwei Gruppen ein wachsames Auge haben:
auf diejenigen, die womöglich gegen die Seldschuken-Herrschaft rebel-
lieren könnten und auf diejenigen innerhalb des Seldschuken-Regimes,
die über Macht- bzw. Wissenspositionen verfügten«, nämlich »Staats«-
Angestellte, vor allem Richter, für die er »eine besondere Faszination«
entwickelte, da sie die »Stellvertreter des Königs« waren und als solche
das Rechtsempfinden des Herrschers in die Gesellschaft spiegelten. Safi
berichtet dann, dass die Modalitäten dieses Systems aus einem »Post-
dienst« sowie aus »verdeckten [...] Bettlern und Sufis« bestand, die für
»Spionage« abgestellt waren. Dieses »Aufklärungs- und Überwachungs-
system« war »im Wesentlichen ein Netzwerk aus Spionen«. Safi, *The Politics of Knowledge in Premodern Islam: Negotiating Ideology and Religious
Inquiry*, Chapel Hill 2006, S. 83–85. All das gehört nicht in Foucaults
Überwachungstheorie. Dieses »System« gab es bereits seit Tausenden
von Jahren in fast allen Ländern Asiens, im Christentum und mit Sicherheit in Westasien vor dem Erscheinen des Islam. Safis allzu simples Verständnis der Überwachung im Foucault'schen Sinne lässt die wichtigeren
und für Europa charakteristischen Elemente der Biomacht außer Acht.
Die europäische Überwachung entstand nicht nur mit der Heraufkunft
des modernen Staats als eines neuen politischen Phänomens, sondern
auch zusammen mit einem System, in dem Einkerkerung, Polizei, Bürokratie, Gesundheit und Erziehung zusammenspielten, alles Elemente, für
die es im Islam keine Entsprechung gab. Darüber hinaus kommt die Biomacht in Safis Darstellung nicht zur Sprache. Lediglich die Top-down-

Struktur eines »wachsamen Auges« scheint auf. Weder ein Wahrheitsregime noch diskursive Formationen sind hier auszumachen. Foucaults Ideen sind generell gesehen insofern präzedenzlos, als Macht, die von Personen oder Gruppen durch vorübergehende oder souveräne Herrschafts- oder Zwangsakte ausgeübt wird, als analytische Kategorie nicht geeignet ist. Macht ist verteilt und durchdringt alles; sie ist überall. Bei Foucault gibt es keinen König, dessen Kopf abgeschlagen werden könnte.

60 Die philosophische Literatur zur Unterscheidung von Sein und Sollen ist ausufernd und schwergewichtig, spricht sich aber, wie zu erwarten, stark zu deren Gunsten aus. Die wichtigsten Texte dazu dürften sich jedoch in W. D. Hudson (Hg.), *The Is-Ought Question*, New York 1969, finden lassen.

61 Mir ist bewusst, dass die Distinktion zwei Register aufweist: Erstens, dass Tatsachen a priori keinen Wert besitzen, und zweitens, dass faktische und normative Aussagen zwei verschiedene logische Sätze darstellen, wobei letztere nicht aus ersteren abgeleitet werden können. Anders gesagt, die analytische Position ist von der ontologischen Prämisse sowohl zu unterscheiden als auch zu trennen. Auch wenn die umfassenden Diskussionen der analytischen Philosophen für meine Anliegen hier nicht unmittelbar relevant sind, lässt sich doch festhalten, dass ihre Beiträge nicht nur allein auf der ontologischen Unterscheidung beruhen, sondern auch durch die eminente Rolle, die dieser im Denken der Aufklärung zukommt, motiviert sind. Nur durch eine spezifisch faktische Weltsicht kann das logische Problem entstehen, mit dem wir konfrontiert sind.

62 Diese Zubilligung einer notwendigen Bedingung, eine unter vielen, trägt der von Said vorgenommenen Zuschreibung des Orientalismus an das christliche Europa Rechnung, und sogar der großzügigen Interpretation, die Gil Anidjar in seinem Text »Secularism« (in: *Critical Inquiry* [Herbst 2006], S. 52–77) dem *Orientalismus*-Buch diesbezüglich angedeihen lässt. Es muss allerdings klar sein, dass diese Zubilligung auf einer strengen Definition der notwendigen Bedingung besteht, nämlich, dass die Potenzialität dieser Bedingung sich erklärtermaßen niemals ohne andere, autonome Bedingungen, durch die ein ruhendes Potenzial aktiviert werden könnte, zu materialisieren vermag. Wie wir bereits gesehen haben, bestand Said darauf, dass der Orientalismus auf dem Konzil von Vienne seinen »formalen« Anfang nahm, argumentierte jedoch zugleich, dass dieser »auf tradierten Strukturen [beruht] – freilich säkularisiert, aufgefrischt und reformiert wurde durch Disziplinen wie die Philologie, die ihrerseits eingebürgerte, modernisierte

und laizisierte Stellvertreter des christlichen Supranaturalismus waren«
(S. 147). In meinen Augen ist dies eher eine Emphase der fantastischen
Konstrukte, die der Orientalismus aus christlichen Mythen bezogen
hat, als eine »Said'sche« Entdeckung von der Größenordnung einer
Schmitt'schen Genealogie, derzufolge politische, liberale und andere
wichtige Konzepte der Moderne als säkularisierte christliche Formen
betrachtet werden. Siehe auch Murray Bookchin, *Die Neugestaltung der
Gesellschaft. Pfade in eine ökologische Zukunft*, Grafenau 1992, S. 44–46.

63 Lynn White, Jr., »The Historical Roots of Our Ecological Crisis«, in:
Ian G. Barbour (Hg.), *Western Man and Environmental Ethics: Attitudes
Toward Nature and Technology*, Reading, MA 1973, S. 18–30. Siehe auch
Peter Singer, *Praktische Ethik*, Stuttgart 2003, S. 420–424. Zu einer Kri-
tik des Christentums als Vorläufer einer säkularen Moderne siehe Gil
Anidjar, *Blood: A Critique of Christianity*, New York 2014.

64 Dies ist, wie ich glaube, die Bedeutung von Talal Asads Argument, wenn
er feststellt, dass es »keine einfache Bewegung von der christlichen Idee
[…] zum modernen universalistischen Konzept gibt«. Die Komplexität
der Bewegung wird meiner Argumentation zufolge durch die Zwänge,
die die Distinktion und der Aufstieg des modernen Staates zu seiner
zentralen Rolle mit sich bringen, aufgelöst. Talal Asad, »Reflections on
Violence, Law, and Humanitarianism«, in: *Critical Inquiry* 41 (Winter
2015), S. 390–427, hier S. 398.

65 Marjorie Grice-Hutchinson, *The School of Salamanca: Readings in Spanish Monetary Theory, 1544–1605*, Oxford 1952.

66 Im Lichte dieser Erwägungen erscheinen die Argumente einiger latein-
amerikanischer Wissenschaftler und Intellektueller, darunter etwa Enrique Dussel, Walter Mignolo und Nelson Maldonado-Torres, die im
»langen sechzehnten Jahrhundert« das raumzeitlichen Gebilde erblicken,
in welchem die Moderne und ihre spezifischen Ausprägungen des Kolonialismus ihren Ursprung haben, etwas problematisch. Doch insistiert
man darauf, dass das Christentum nur eine notwendige, aber keine hinreichende Bedingung erfüllt hat, zeigt sich zugleich, dass die Darstellung
dieser Autoren und auch die meine nicht nur unbeschädigt bleibt, sondern dass sie sich ergänzen und gegenseitig unterstützen. Für meine Darlegung ist es unwesentlich, ob man dem »langen sechzehnten Jahrhundert« die Schubkraft eines protomodernen Kolonialismus abspricht, klar
ist aber, dass die späteren Formen kolonialer Souveränität die in diesem
langen Jahrhundert artikulierten Formen transzendierten und qualitativ
verkomplizierten. Zum Beispiel lässt sich nur schwerlich argumentieren,
dass die erzwungenen Konvertierungen der Muslime und Juden Anda-

lusiens, so brutal sie auch waren, die gleichen Herrschaftsstrukturen aufwiesen wie jene, die dem Rechtswesen und den Bildungsinstitutionen des neunzehnten Jahrhunderts inkorporiert waren. Erzwungene Konvertierungen kamen mit Sicherheit schon seit Jahrtausenden vor und wurden auch in Asien von verschiedenen Reichen praktiziert; sie endeten jedoch nie in einem kulturellen, epistemischen oder strukturellen Genozid.

67 Siehe die analytische Auseinandersetzung mit Dussel in Ramón Grosfoguel, »The Structure of Knowledge in Westernized Universities: Epistemic Racism/Sexism and the Four Genocides/Epistemicides of the Long Sixteenth Century«, in: *Human Architecture: Journal of the Sociology of Self-Knowledge* 11, Nr. 1 (Herbst 2013), S. 73–90, hier S. 78 f.

68 Enrique Dussel, *Von der Erfindung Amerikas zur Entdeckung des Anderen. Ein Projekt der Transmoderne*, Düsseldorf 1993; Dussel, »Anti-Cartesian Meditations: On the Origin of the Philosophical Anti-Discourse of Modernity«, in: *Journal for Culture and Religious Theory* 13, Nr. 1 (Winter 2014), S. 11–52.

69 Ich denke an solche einschneidenden Ereignisse wie den Aufstieg der Britischen Ostindien-Kompanie, den Aufstieg von Niederländisch-Indien und die mit dem Westfälischen Frieden einhergehenden Veränderungen.

70 Lewis W. Moncrief, »The Cultural Basis of Our Environmental Crisis«, in: Barbour, *Western Man and Environmental Ethics*, S. 32 f.

71 Richard H. Grove, *Green Imperialism: Colonial Expansion, Tropical Island Edens and the Origins of Environmentalism, 1600–1860*, New York 1995, S. 4.

72 Der Diskurs, der europäische Probleme verallgemeinert und auf die »Menschheit« insgesamt überträgt, hat die westliche Wissenschaft in einem Ausmaß im Griff, dass selbst vehemente Kritiker des europäischen Christentums und der Moderne diesem universalistischen Modus allzu vorschnell verfallen. In seinem kritischen und wichtigen Buch, *The Domination of Nature*, New York 1972, bekräftigt William Leiss zwar Lynn Whites Kritik am europäischen Christentum und billigt den »ostasiatischen« Modi zu, sich in ihrer Einstellung zur Natur deutlich von den westlichen zu unterscheiden, doch merkt er in der Schlussfolgerung von Kapitel 2 an: »Untersucht man die historischen Wurzeln der Idee der Naturbeherrschung, so ergibt sich ein grundlegender Sachverhalt: Diese Idee ist schon lange in die dunklere Seite der menschlichen Psyche eingesunken und hat, selbst noch in ihrer jüngsten säkularisierten Form, Assoziationen mit dem Bösen, mit Schuld und Angst bewahrt« (S. 44). Man beachte hier die Übertragung der aus dem Christentum stammen-

den Bürde von Schuld und Bösem auf die »menschliche Psyche«, ein Argument, das (unabsichtlich?) noch einen weiteren Treffer landet, indem es die »moderne säkularisierte Form« zu einer abgeleiteten Form macht.

73 Eine repräsentative Debatte bieten verschiedene Beiträge in: Barbour, *Western Man and Environmental Ethics*.

74 Paul W. Kahn, *Out of Eden: Adam and Eve and the Problem of Evil*, Princeton 2007, S. 64.

75 Ebd. S. 115.

76 Ebd. S. 117. Siehe auch Achille Mbembe, »Nekropolitik«, in: Andreas Folkers und Thomas Lemke (Hg.), *Biopolitik*, Berlin 2014, S. 228–276, hier S. 232, der, von Hegel ausgehend, eine ähnliche Argumentation vornimmt.

77 Carl Schmitt, *Glossarium. Aufzeichnungen aus den Jahren 1947 bis 1958*, Berlin 2015, S. 243.

78 W. Warren Wagar fasst den zweiten Teil von William Leiss' »The Domination of Nature« treffend zusammen: »Bacon und seine Nachfolger haben nie verstanden, dass der Kampf um die Beherrschung der Natur in einer Welt miteinander rivalisierender Klassen und Nationen vor allem zu einem Kampf wird, bei dem es um die Macht über die Mitmenschen geht. Dieser brutale Existenzkampf macht die Errungenschaften des technischen Fortschritts zunichte. ›Je aktiver das Streben nach der Herrschaft über die Natur ausfällt, desto passiver wird der Einzelne; je mehr Macht über die Natur erlangt wird, desto schwächer ist der Einzelne gegenüber der überwältigenden Gegenwart der Gesellschaft.‹ Entscheidend für unsere Zeit sind weder Wohlstand noch Freiheit, sondern ein nicht auszuräumender sozialer Konflikt auf allen Ebenen, dem Wissenschaft und Technologie auf Gedeih und Verderb untergeordnet werden. Von der Herrschaft über uns selbst sind wir so weit entfernt wie eh und je.« Wagar, »The Domination of Nature«, in: *Technology and Culture* 14, Nr. 3 (Juli 1973), S. 480–482, hier S. 481.

79 Es stellt sich natürlich die Frage, ob Schmitts Diagnose nicht zu kriegslüstern und zu finster ist, aber schon allein, wie obsessiv sich Politologen mit dem Denken Schmitts auseinandersetzen – und dies trotz seiner NS-Zugehörigkeit –, zeugt von der zupackenden und anhaltenden Kraft seiner Diagnose. Sich bei diesen und verwandten Themen auf Schmitt zu berufen, heißt einer unleugbaren Realität ziemlich nahe zu kommen. Von daher die liberale, albtraumhafte Obsession mit den Schmittiana.

80 Max Scheler, *Probleme einer Soziologie des Wissens*, in: ders., *Die Wissensformen und die Gesellschaft*, GW VIII, Bonn 2008, S. 15–190, hier S. 65.

81 Mit Manfred S. Frings (einem der wichtigsten Scheler-Experten) ist anzumerken, dass Scheler sich mit seiner Theorie des angeborenen Triebs
»von praktisch allen modernen europäischen Philosophen abhebt«. Siehe Frings, *The Mind of Max Scheler*, Milwaukee 2001, S. 176, 244–247.

82 Werner Stark, *Die Wissenssoziologie*, Stuttgart 1960, S. 94.

83 Scheler, *Probleme einer Soziologie des Wissens*, S. 89; Max Scheler, *Philosophische Weltanschauung*, in: *Späte Schriften*, GW IX, S. 75–84. Zu den
jüdisch-griechischen Wurzeln des westlichen Konzepts von der Herrschaft über die Natur siehe Singer, *Praktische Ethik*, S. 420–424.

84 Scheler, *Probleme einer Soziologie des Wissens*, S. 111, meine Hervorhebung.

85 John Raphael Staude, *Max Scheler*, New York 1967, S. 191; Stark, *Wissenssoziologie*, S. 95.

86 Zu einer Kritik des Begriffs »Man« (Mensch) siehe Sylvia Wynter, »Un-
settling the Coloniality of Being/Power/Truth/Freedom: Towards the
Human, After Man, Its Overrepresentation: An Argument«, in: *CR: The
New Centennial Review* 3, Nr. 3 (Herbst 2003), S. 257–337.

87 Mit »ontologisch« meine ich hier nicht eine gegebene unabhängige
Existenzordnung, denn eine solche kann es ohne ein besonderes Wissen, das sie zu dem macht, was sie ist, nicht geben. So ist beispielsweise
das Selbst eine besondere Formation, die, obwohl ein konstruiertes Gebilde, einer essenziellen Analyse unterzogen werden kann. Was auch
bedeutet, dass das »Ontologische« keine stabile oder feststehende »natürliche« Qualität darstellt, die auf immer unwandelbar ist.

88 Klug dargestellt in Margaret C. Jacob, *Radical Enlightenment: Pantheists,
Freemasons and Republicans*, Lafayette 2006.

89 Charles Taylor, »Justice After Virtue«, in: John Horton und Susan Mendus (Hg.), *After MacIntyre: Critical Perspectives on the Work of Alasdair
MacIntyre*, Cambridge 1994, S. 16–43, hier S. 18.

90 Siehe Immanuel Kants Manifest, »Beantwortung der Frage: Was ist Aufklärung?«, in: ders., *Was ist Aufklärung? Ausgewählte kleine Schriften*,
Hamburg 1999, S. 21–27.

91 Immanuel Kant, *Grundlegung zur Metaphysik der Sitten*, Akademie-
Ausgabe Bd. IV, S. 421 und passim. Einen Überblick über Kants kate-
gorischen Imperativ bietet Jerome B. Schneewind, »Autonomy, Obli-
gation, and Virtue: An Overview of Kant's Moral Philosophy«, in: Paul
Guyer (Hg.), *The Cambridge Companion to Kant*, Cambridge 1992,
S. 309–333.

92 Hannah Arendt, *Elemente und Ursprünge totaler Herrschaft*, München
1986, S. 465 f.

93 G. E. M. Anscombe, »Die Moralphilosophie der Moderne«, in: *Aufsätze*, übers. von Katharina Nieswandt und Ulf Hlobil, Frankfurt am Main 2014, S. 142–172, hier 143 f., 151; siehe auch Alasdair MacIntyre, *Der Verlust der Tugend. Zur moralischen Krise der Gegenwart*, Frankfurt am Main 1995, S. 80.

94 Jacob, *Radical Enlightenment*; Paul Guyer behauptet zu Recht, dass für Kant der Freiheitsbegriff an zentraler Stelle stand und seinen Ideen zu Vernunft und Moral zugrunde lag, sie im Grunde sogar überschattete. Siehe Guyer, *Kant on Freedom, Law, and Happiness*, Cambridge 2000, S. 5, 8, 39–42, 51–59, 129–138.

95 Taylor, »Justice After Virtue«, S. 20; MacIntyre, *Der Verlust der Tugend*, S. 81–88, 111–121; Alasdair MacIntyre, *Geschichte der Ethik im Überblick. Vom Zeitalter Homers bis zum 20. Jahrhundert*, Frankfurt am Main 1991, S. 187 f. Siehe auch Raymond Geuss, *Morality, Culture, and History*, Cambridge 1999, S. 170, zu der vergleichbaren Haltung Nietzsches gegenüber der Unterscheidung von Sein und Sollen.

96 Taylor, »Justice After Virtue«, S. 20.

97 Ebd. S. 20 f.

98 Siehe insbesondere Max Horkheimer und Theodor W. Adorno, *Dialektik der Aufklärung*, Frankfurt am Main 1988; Helmut Peukert, »Philosophische Kritik der Moderne«, in: *Concilium* 28 (1992), S. 465–471.

99 Scheler, *Probleme einer Soziologie des Wissens*, S. 112, Hervorhebung im Original; S. 68.

100 Zitiert in Stark, *Wissenssoziologie*, S. 98; siehe auch Scheler, *Probleme einer Soziologie des Wissens*, S. 207. Zu einer Kritik des Positivismus siehe Thomas A. Sprangens, Jr., *The Irony of Liberal Reason*, Chicago 1981, S. 196–310.

101 Unter all diesen Namen war natürlich Bacon derjenige, der für diese Herrschaft eintrat. Siehe Leiss, *The Domination of Nature*, S. 45–71; Antonio Pérez-Ramos, »Bacon's Forms and the Maker's Knowledge«, in: Markku Peltonen (Hg.), *Cambridge Companion to Bacon*, Cambridge 1996, S. 99–120, hier S. 110–113; Jatinder K. Bajaj, »Francis Bacon, the First Philosopher of Modern Science: A Non-Western View«, in: Ashis Nandy (Hg.), *Science, Hegemony and Violence: A Requiem for Modernity*, Delhi 1988, S. 24–67.

102 Pérez-Ramos, »Bacon's Forms«; Paolo Rossi, »Bacon's Idea of Science«, in: *The Cambridge Companion to Bacon*, S. 37–42.

103 Kahn, *Out of Eden*, S. 66. Man vergleiche demgegenüber die wissenschaftliche Sicht des Islam auf die Natur. Überaus repräsentativ dafür ist der Wissenschaftler und Astronom Al-Nisaburi, der feststellte, dass »ein

sachkundiges und genaues Verständnis der Natur dazu angetan ist, die Wertschätzung für die Rolle, die Gott in der Schöpfung und in der Natur spielt, weiter zu steigern«. Siehe Morrison, *Islam and Science*, S. 115.

104 Eine prägnante Analyse dieser Ansichten bietet Akeel Bilgrami, »Gandhi, Newton, and the Enlightenment«, in: I. A. Karawan u. a. (Hg.), *Values and Violence*, New York 2008, S. 15–29.

105 Jacob, *Radical Enlightenment*, S. 6 sowie xi, 3 f., 64–67 und passim.

106 Domenico Losurdo, *Freiheit als Privileg. Eine Gegengeschichte des Liberalismus*, Köln 2010, S. 12. Siehe auch Sven Beckert und Seth Rockman (Hg.), *Slavery's Capitalism: A New History of American Economic Development*, Philadelphia 2016.

107 Bilgrami, »Gandhi, Newton, and the Enlightenment«, S. 25 und passim.

108 Man kann eine wertbehaftete Natur ebenso wenig beherrschen wie man den Anderen, dessen menschliche und moralische Konstitution eine ähnliche Forderung erhebt, unterzuordnen und zu transformieren vermag. Wichtiger jedoch und wie mitunter von Sozialwissenschaftlern (Neomarxisten und nicht dem Mainstream verpflichtete Soziologen) vorgebracht, ist, dass die Abscheidung des Werts von der intellektuell-wissenschaftlichen Erkundung deshalb »ethisch unhaltbar« ist, weil sie »den Beobachter von der sozialen Verantwortung, die seine Darlegungen begleiten sollte, abkoppelt und dies dazu führt, dass der Status quo als etwas Natürliches und Reales präsentiert wird und nicht als etwas Konstruiertes und Parteiliches«. Diese ethische Dimension, ja moralische Verantwortlichkeit ist kaum stark genug zu betonen. Charles Pressler und Fabio B. Dasilva, *Sociology and Interpretation: From Weber to Habermas*, Albany 1996, S. 102 f., meine Hervorhebung.

109 Zu Herrschafts- und Imperialismuskonzepten in spätantiken Reichen siehe Rolf Strootman, »Hellenistic Imperialism and the Ideal of World Unity«, in: Claudia Rapp und H. A. Drake (Hg.), *The City in the Classical and Post-Classical World: Changing Contexts of Power and Identity*, Cambridge 2014, S. 38–61.

110 Zu Nichtmuslimen unter islamischer Herrschaft siehe Anver Emon, *Religious Pluralism and Islamic Law: Dhimmis and Others in the Empire of Law*, Oxford 2012. Obgleich empirisch ausführlich mit Rechtsliteratur zum Thema belegt, ist das Buch stark anachronistisch und hoffnungslos ideologisch. Da es von modernen und entschieden liberalen Gleichheitsvorstellungen und Staatskonzepten geprägt ist, übersieht es die innere gesellschaftliche/gemeinschaftliche Logik

islamischer Governance. Das islamische Rechtsstaatlichkeitsmodell, für sich allein betrachtet, böte tatsächlich eine reichhaltige Quelle der Kritik, oder zumindest ergebe eine solche Betrachtung eine produktive heuristische Übung zur Erkundung moderner Formen der »Minderheiten«-Governance. Eine kluge und einfühlsame Beschreibung der Minderheiten-Gemeinschaften in islamischen Ländern bietet Rachel Goshgarian, *The City in Late Medieval Anatolia: Cross-Cultural Interaction and Urbanism in the Middle East*, London 2018.

111 Demzufolge würden Ranajit Guhas Konzepte von Herrschaft und Hegemonie, unbeschadet ihrer Unterscheidungsmomente, gegenüber dem Konzept der Souveränität, wie ich es hier darlege, eine nachgeordnete Stellung einnehmen. Siehe Guha, *Dominance Without Hegemony*, Cambridge, MA 1998.

112 Zu den konstitutiven Merkmalen des Staates siehe Hallaq, *Impossible State*, S. 19–36.

113 Foucault, »Subjekt und Macht«, in: *Analytik der Macht*, Frankfurt am Main 2005, S. 240–263, hier S. 247 f.

114 Ebd. S. 248.

115 Martin L. van Creveld, *Aufstieg und Untergang des Staates*, übers. von Klaus Fritz und Norbert Juraschitz, München 1999, S. 192 f. Über die Entwicklung der Gefängnisse in jüngerer Zeit siehe Gary Teeple, *Globalization and the Decline of Social Reform*, Aurora, Ontario 2000, S. 122–126.

116 Siehe van Creveld, *Aufstieg und Untergang des Staates*, S. 235–253. Siehe auch Christopher Lasch, *Das Zeitalter des Narzissmus*, übers. von Gerhardt Burmundt, Hamburg 1986, S. 183–221.

117 Der letzte Punkt spielt an auf die Analyse in Michel Foucault, *Die Ordnung der Dinge*, übers. von Ulrich Köppen, Frankfurt am Main 1974.

118 Foucault, *Überwachen und Strafen. Die Geburt des Gefängnisses*, Frankfurt am Main 1976, S. 176.

119 Die geringfügige Relativierung verdankt sich dem Zugeständnis, dass der Bürger in bestimmten eingeschränkten und engen Bereichen von dem moralischen Individuum unterschieden werden muss. Dabei handelt es sich jedoch nicht um eine paradigmatische Unterscheidung, verblasst doch die Bedeutung des moralischen Individuums als eines Archetyps – dessen Domäne niemals in das Politische hineinreicht oder vor dem Gesetz zählen würde – gegenüber seiner Rolle als Bürger. In diesem Licht sollte man auch Iris Murdochs Haltung zu diesem Punkt interpretieren. Siehe Murdoch, *Metaphysics as a Guide to Morals*, London 2003, S. 357.

120 Die Summen, die häufig ausgegeben werden, um Forschungen zu fördern, die im Zusammenhang mit der »Bedrohung der nationalen Sicherheit« oder der »Bedrohung der Demokratie« stehen, sind oft schwindelerregend hoch. Als Beispiel mag eine kürzlich bei meiner Universität eingegangene E-Mail-Ankündigung dienen, die zur Einreichung von Forschungsanträgen für das Andrew Carnegie Fellows Program aufrief. Das Programm umfasste »fünfunddreißig Forschungsstipendien zu jeweils $ 200.000 für ein oder zwei Jahre« und zielte darauf ab, »talentierte Individuen, deren dynamische und kreative Forschung die Bedrohungen unserer Demokratie sowie die internationale Ordnung ins Visier nimmt«, zu fördern. »Zu den für die Ausschreibung 2017 infrage kommenden Themen« gehören unter anderem »Die Stärkung der Demokratie in den USA«. »Alle Teilnehmer müssen Bürger der USA sein oder über einen permanenten Aufenthaltsstatus für die USA verfügen.« E-Mail vom 28. September 2016. Siehe auch David Nugent, »Knowledge and Empire: The Social Sciences and the United States Imperial Expansion«, in: *Identities: Global Studies in Culture and Power* 17 (2010), S. 2–44. Nugent führt aus, dass die US-Regierung, die amerikanischen Unternehmen und ihre Bildungsstiftungen »die Sozialwissenschaften als unerlässlich für die Verwaltung des Imperiums erachten. Staat und Kapital haben in jeder wichtigen Phase der Umstrukturierung des Imperiums eine massive Reorganisation in der sozialwissenschaftlichen Wissensproduktion mitfinanziert«, S. 2.

121 Siehe Hallaq, *Impossible State*, S. 75–89.

122 Über die Sozialwissenschaften im Besonderen siehe *Open the Social Sciences: Report of the Gulbenkian Commission on Restructuring the Social Sciences*, 1996. Eine Kritik hierzu bietet Bruce C. Wearne, »Review Essay«, in: *American Sociologist* 29, Nr. 3 (September 1998), S. 71–78.

123 Mehr dazu im Kontext des Orientalismus (eine Wissensform, die im Großen und Ganzen von den Geistes- und Sozialwissenschaften unterstützt und aufrechterhalten wurde), siehe Wael Hallaq, »On Orientalism, Self-Consciousness, and History«, in: *Islamic Law and Society* 18, nos. 3-4 (2011), S. 387–439. Siehe auch Nugent, »Knowledge and Empire«.

124 N. Rose und P. Miller, »Political Power Beyond the State: Problematic of Government«, in: *British Journal of Sociology* 43, Nr. 2 (1992), S. 173–205, hier S. 182. Bemerkenswerterweise zieht Loïc Wacquant »die sogenannten Geisteswissenschaften, Philosophie, Literatur, Recht usw. [...] den zutiefst bedauernswerten Ausnahmen der Ökonomie und Politologie« vor, da Erstere bis zu den Herausforderungen des

»kritischen Denkens« vorgestoßen seien. Wacquant zufolge vermählt das kritische Denken »Erkenntnis und Gesellschaftskritik, indem es sowohl etablierte Gedankenformen als auch etablierte Formen des kollektiven Lebens – den ›gesunden Menschenverstand‹ oder *Doxa* – fortwährend, aktiv und radikal in Frage stellen«. Das versetzt »uns in die Lage, uns mental außerhalb der uns vorgegebenen Welt zu positionieren, um ganz konkret Zukunftsformen erfinden zu können, die sich von der in die Ordnung der Dinge eingeschriebenen Form unterscheiden. Kurz, kritisches Denken gibt uns die Mittel an die Hand, *die Welt zu denken* wie sie ist und wie *sie sein könnte.*« Loïc Wacquant, »Critical Thought as Solvent *Doxa*«, in: *Constellations* 11, Nr. 1 (2004), S. 97–101, hier S. 97 f., Hervorhebung im Original. Im Licht der Argumentation des vorliegenden Buchs vermag ich nicht zu verstehen, wie eine Kritik im Sinne Wacquants die »sogenannten Geisteswissenschaften« (insbesondere Philosophie und Recht) den »zutiefst bedauernswerten Ausnahmen« vorziehen kann, es sei denn, die Kritik ist sozusagen nur rhetorisch »radikal« and »aktiv«.

125 Bill Readings, *The University in Ruins*, Cambridge, MA 1996; David Harvey, »University, Inc.«, in: *Atlantic Monthly* 282, Nr. 4 (Oktober 1998), S. 112–116, www.theatlantic.com/magazine/archive/1998/10/university-inc/377274/ [zuletzt aufgerufen am 21.12.2021].

126 Henry A. Giroux, »Public Intellectuals Against the Neoliberal University«, in: *Truthout*, 29. Oktober 2013, www.truth-out.org/news/item/19654-public-intellectuals-against-the-neoliberal-university#XXXVI [zuletzt aufgerufen am 21.12.2021].

127 Giroux: »In den Vereinigten Staaten werden College-Präsidenten inzwischen als CEOs bezeichnet und sie wechseln bedenkenlos zwischen eng verzahnten Unternehmens- und akademischen Ausschüssen. Sie werden zwar fast ausnahmslos als Fundraiser gepriesen, aber nur selten für ihre Ideen gerühmt. Und es wird noch schlimmer. Wie Adam Bessie hervorhebt, ›ähneln die Diskussionen in der höheren Bildung dem, was man gemeinhin bei einem Vorstandstreffen in einer Bleistiftfabrik zu hören bekommt, wo Produktivität, Effizienz, Metriken und Datenwerte im Zentrum der Debatte stehen; und all dies mit einem völlig überzeugten, nahezu religiösen Glauben an diesen hoch technischen, marktkonformen Blick auf die Bildung.‹« Siehe auch Martha Nussbaum, *Nicht für den Profit. Warum Demokratie Bildung braucht*, übers. von Ilse Utz, Überlingen 2012; Charles H. Ferguson, *Predator Nation: Corporate Criminals, Political Corruption, and the Hijacking of America*, New York 2012. Giroux gründet, wie Nussbaum, seine Kritik

einer unternehmerisch geführten Universität zu sehr auf den Begriff
der liberalen Demokratie (insofern sie als »wahre« Demokratie diesem Trend entgegenstehe), während meine Argumentation hier dahin
geht, dass es genau der Liberalismus ist, sowohl in seiner klassischen
als auch in seiner spätmodernen Ausprägung, der aus sich heraus für
verschiedene Formen souveräner Herrschaft und Ausbeutung prädisponiert ist. Nussbaum, die einen Großteil der Erkenntnisse über
die strukturelle Verstrickung des Liberalismus in Sklaverei, Kolonialismus und Genozid offenbar nicht zur Kenntnis genommen hat, erklärt mit erstaunlicher intellektueller Unbedarftheit, »[e]ine Bildung,
die hauptsächlich auf Rentabilität und Wettbewerbsfähigkeit auf dem
Weltmarkt ausgerichtet ist, vergrößert die Defizite [in liberalen De-
mokratien]. Sie produziert habgierige Beschränktheit und technisch
gebildete Gefügigkeit. Das ist eine unmittelbare Bedrohung der Le-
bendigkeit der Demokratie und wird mit Sicherheit verhindern, eine
anständige Weltkultur zu entwickeln« (S. 167).

128 Siehe Einleitung, Abschnitt 3.

129 Kojin Karatani, »Uses of Aesthetics: After Orientalism«, in: *Boundary
2* 25, Nr. 2 (Sommer 1998), S. 145–160.

130 Die Aussage, der Orientalismus bilde einen Teil der Maschinerie, die
den Orient umgestaltete und neu schuf, steht nicht im Widerspruch zu
der Behauptung, der Orientalismus weise die ganze Bandbreite jener
Merkmale auf, die zu einem anderen Namen für die Moderne wurden,
und sei ein Mikrokosmos, in dem sich die ganze Bandbreite der paradigmatischen Merkmale des Projekts der Moderne verdichtet findet.

131 Als Joseph Schacht, der »Vater« der islamischen Rechtswissenschaft im
Westen, das Schicksal der *schari ʿa* besiegelte, indem er sie als stagnie-
rend und seit dem neunten Jahrhundert zunehmend weniger in »Staat
und Gesellschaft« verankert beschrieb, bezog er sich, in den 1950er
und 1960er Jahren, auf einen Fait accompli, einen kolonialistischen
Prozess, der das *schari ʿa*-System bereits im Jahrhundert zuvor, mithin
bevor seine Schriften zum Kanon wurden, ausgehöhlt hatte. Joseph
Schacht, *Introduction to Islamic Law*, Oxford 1964, S. 69–85.

132 Mit Sicherheit einer der wenigen legitimen Kritikpunkte, die Bernard
Lewis gegen Saids *Orientalismus* in Anschlag bringt. Bernard Lewis,
»The Question of Orientalism«, in: *Islam and the West*, New York 1993,
S. 99–118.

133 Brett Bowden bietet eine knappe, aber ausgezeichnete Zusammenfassung der wichtigsten Merkmale der Fortschrittsdoktrin: »Die Idee
des Fortschritts besitzt zwei aufeinander bezogene Komponenten. Die

erste besteht darin, dass die menschliche Spezies sich, wenn auch in unterschiedlicher Geschwindigkeit und in verschiedenem Grad universell von einem ursprünglich primitiven kindlichen Zustand, der allgemein als Wildheit bezeichnet wird, über das Barbarentum weiterentwickelt, um schließlich in der Zivilisation, am Höhepunkt des Fortschritts, zu gipfeln. Die zweite Komponente der Fortschrittsidee geht davon aus, dass die menschliche Erfahrung sowohl individuell als auch kollektiv kumulativ und zukunftsorientiert funktioniert, wobei die fortwährende Verbesserung des Individuums, der Gesellschaft, in der es lebt, und der Welt, in der die Gesellschaft überdauern muss, das ausgesprochene Ziel ist. Für manche Denker scheint es logisch, dass aus der allgemeinen Fortschrittsidee die Vorstellung hervorgeht, dass der Fortschritt in eine bestimmte Richtung geht, oder dass sich die Geschichte auf einem bestimmten Pfad auf ein spezifisches Ziel zubewegt. In dieser Auffassung bedeutet Geschichte nicht bloß die Katalogisierung von Ereignissen, sondern eine universelle Geschichte der gesamten Menschheit, eine kumulative und kollektive Geschichte der Zivilisation, eine großgeschriebene Geschichte. Die Vorstellung, dass sich verschiedene Völker oder Kulturgruppen auf dem Weg des universellen Fortschritts in unterschiedlichen Entwicklungsstadien befinden, hat dazu geführt, es für notwendig zu halten, die Lage der für weniger zivilisiert Erachteten zu verbessern. Dieses Unterfangen wurde ›Bürde des weißen Mannes‹, ›Bürde der Zivilisation‹, oder ›heilige Pflicht der Zivilisation‹ genannt. Das übergeordnete Ziel dieser häufig gewaltsamen und übereifrigen ›Zivilisierungsmissionen‹ bestand darin, den Status der Unzivilisierten durch Bevormundung, Schulung und Übertritt zum Christentum zu verbessern. Mit der europäischen Expansion entwickelte sich bald ein ungleiches System von Kapitulationsverträgen, das auch als extraterritoriales Recht bekannt ist. In der zivilisierten Welt eskalierte dieses Kapitulationssystem schrittweise bis zu dem Punkt, an dem es sich zum voll ausgereiften Kolonialismus entwickelt hatte.« Siehe Brett Bowden, »Colonialism, Anti-Colonialism, and the Idea of Progress«, in: UNESCO-EOLS Joint Committee (Hg.), *History and Philosophy of Science and Technology, Encyclopedia of Life Support Systems*, Oxford 2011, S. 1 f. Für eine Kritik an den Rückständen dieser Doktrin in der Kritischen Theorie und den Denkern der frühen Frankfurter Schule siehe Amy Allen, *Das Ende des Fortschritts. Zur Dekolonisierung der normativen Grundlagen der Kritischen Theorie*, übers. von Frank Lachmann, Frankfurt am Main 2019. Im vorliegenden Buch verwende ich anstatt »Fortschrittstheorie« oder »-idee« aus mindestens zwei Gründen eher den Ausdruck »Theologie des Fortschritts«, wobei der erste Grund mit den christlichen Ursprüngen dieser prägnanten Überzeugung und der zweite mit ihrer postulierten Natur zu tun hat.

134 Homi Bhabha, »Die Frage des Anderen: Stereotyp, Diskriminierung und der Diskurs des Kolonialismus«, in: ders., *Die Verortung der Kultur*, übers. von Michael Schiffmann und Jürgen Freudl, Tübingen 2000, S. 97–124, hier S. 105.

135 Implizit auf Kritiken wie die von Homi Bhabha antwortend, der bemerkte, dass in *Orientalismus* die Handlungsmacht der Einheimischen unerwähnt bliebe, stellt Said in *Kultur und Imperialismus*, S. 14, fest: »Was ich in Orientalismus außer Acht gelassen habe, war genau diese Reaktion auf die westliche Dominanz der gesamten Dritten Welt. Hand in Hand mit dem bewaffneten Kampf in so verschiedenen Ländern wie dem Algerien des 19. Jahrhunderts, Irland und Indonesien gingen vielfach bemerkenswerte Prozesse kultureller Selbstbehauptung, die Bekräftigung nationaler Identitäten und, im politischen Sektor, die Gründung von Verbänden und Parteien, deren gemeinsames Ziel Selbstbestimmung und nationale Unabhängigkeit war. Niemals hat die imperiale Konfrontation einen aktiven westlichen Eindringling gegen einen gleichgültigen und trägen nichtwestlichen Eingeborenen auszuspielen vermocht; immer gab es, in irgendeiner Form, tätigen Widerstand, und in der überwältigenden Mehrzahl der Fälle gewann dieser Widerstand schließlich die Oberhand.« Man beachte, dass Said hiermit das Narrativ der Entkolonialisierung übernimmt und in der »kulturelle[n] Selbstbehauptung« eine wichtige Quelle und (zusammen mit dem bewaffneten Kampf) einen Schauplatz für die »Reaktion gegen die westliche Dominanz« betrachtet. Saids Auffassung zufolge werden demnach die Modalitäten der Entkolonialisierung direkt von den Begrifflichkeiten der Kolonialmächte diktiert: Nationalismus, »Bekräftigung nationaler Identitäten«, politische Parteien, »Selbstbestimmung und nationale Unabhängigkeit« – Vermächtnisse allesamt eines europäischen Nationalgedankens, die vor allem deklariert wurden, um die kulturellen Traditionen der Kolonien zu schwächen und daraufhin neue Realitäten nach dem Bilde Europas zu schaffen, und dies nur, damit die auf dem Nationalen basierenden Ontologien später zurückkehren können, um die Hegemonie wiederherzustellen und im Weiteren viele dieser »Nationalstaaten« selbst zu zerstören, oder zumindest ihre Lebensfähigkeit durch schlimme Verheerungen zu beschädigen. Etwas später, in der Einleitung des besagten Buchs (S. 29), trifft Said die er-

staunliche Feststellung, dass »der westliche Imperialismus und der Nationalismus der Dritten Welt [...] sich gegenseitig« nähren. Müssen wir demnach den Schluss ziehen, Said gebe sich mit der Erklärung zufrieden, dass in der Handlungsmacht, die den »Sieg« über den »westlichen Eindringling« möglich machte, ebenjener Akt zu sehen sei, der die Kolonisierten in die überaus paradigmatischen Strukturen ihrer Kolonialmächte einschrieb? Bhabhas wie Saids Konzepte der Handlungsmacht sind, und das ist der entscheidende Punkt, nicht bloß oberflächlich; es gelang ihnen zudem nicht, über den Diskurs, der der Theorie der Handlungsmacht seine Raison d'Être verleiht, hinauszugehen. Siehe zu diesem Punkt Kapitel 2, Abschnitt 4, und Kapitel 4, Abschnitt 3. Besonders zu erwähnen ist in diesem Zusammenhang Leonard Wood für seine von akribischer empirischer Forschung unterstützten Insistenz, dass die akademische Welt die Handlungsmacht in ihrer Bedeutung aufgeblasen habe. Siehe Wood, *Islamic Legal Revival: Reception of European Law and Transformations in Islamic Legal Thought in Egypt, 1875–1952*, Oxford 2016, insbesondere S. 262.

136 Daniel Martin Varisco, *Reading Orientalism: Said and the Unsaid*, Seattle 2007, S. 55 f.

137 Eine treffende Zusammenfassung von Saids Problemen mit der Religion findet sich in W. J. T. Mitchell, »Secular Divination«, S. 466 f. »Aber es ist die Religion als solche, die von Said überaus häufig mit ziemlich eng gefassten Stereotypen charakterisiert wird: dogmatisch, fanatisch, irrational, intolerant und besessen von Mysterien, Verdunkelung und menschlicher Hilflosigkeit angesichts des undurchschaubaren göttlichen (oder dämonischen) Plans.« Die vielleicht vernichtendste Belegstelle zitiert Mitchell aus Saids Buch *Humanism and Democratic Criticism*: »Religiöse Begeisterung ist vielleicht die gefährlichste Bedrohung für das humanistische Unternehmen, da sie offensichtlich antisäkularer und antidemokratischer Natur ist.« Fazit von Mitchell: »Für Said ist Religion Ausdruck der entfremdeten Fähigkeiten der menschlichen Vorstellungskraft, eines Systems ideologischer Täuschung und tyrannischer Autorität.« Edward Said, *Humanism and Democratic Criticism*, New York 2004, S. 51.

138 Allen, *Das Ende des Fortschritts*.

139 Walter Benjamin, »Über den Begriff der Geschichte«, in: *Illuminationen*, Frankfurt am Main 1968, XIII, S. 251–261, hier S. 258.

140 Theodor Adorno, *Zur Lehre von der Geschichte und von der Freiheit*, in: *Nachgelassene Schriften*. Abteilung IV: Vorlesungen, Bd. 13, Frankfurt am Main 2001, S. 9–16, 198–200. Siehe auch Brian O'Connor, »Phi-

losophy of History«, in: Deborah Cook (Hg.), *Theodor Adorno: Key Concepts*, Stocksfield 2008, S. 179–195, hier S. 181.

141 Christopher Dawson, *Die Gestaltung des Abendlandes*, Frankfurt am Main 1961, S. 10.

142 Hallaq, *Impossible State*, S. 14.

143 Asifa Quraishi, »The Separation of Powers in the Tradition of Muslim Governments«, in: Rainer Grote und Tilmann J. Röder (Hg.), *Constitutionalism in Islamic Countries: Between Upheaval and Continuity*, Oxford 2012, S. 63–73, hier S. 65–68 (trotz des Anachronismus eines »von einem frühen muslimischen Staat begangenen Fehlers«, S. 73).

144 Vom traditionellen Orientalismus wurde dies insoweit zur Gänze eingeräumt, auch wenn sich die Wissenschaft hartnäckig weigerte, die notwendigen Konsequenzen aus dieser konstitutionellen Ordnung zu ziehen. Siehe H. A. R. Gibb, »Constitutional Organization«, in: M. Khadduri und H. J. Liebesny (Hg.), *Law in the Middle East*, 1955, S. 3–27, hier S. 3.

145 Wael Hallaq, »From Regional to Personal Schools of Law? A Reevaluation«, in: *Islamic Law and Society* 8, Nr. 1 (2001), S. 1–26.

146 Hallaq, *Authority, Continuity and Change*.

147 Der Titel des dritten Kapitels in meinem *Impossible State*.

148 Van Creveld, *Aufstieg und Untergang des Staates*, S. 238; Hallaq, *Impossible State*, S. 23–25.

149 Für einen Überblick dieser Rationalismus-Konzeption siehe Charles Larmore, *The Autonomy of Morality*, Cambridge 2008, S. 1–7.

150 Van Creveld, *Aufstieg und Untergang des Staates*, S. 211. Siehe auch J. S. Mill, *On Liberty*, New Haven 2003, S. 81; Marc Ferro, *Colonization: A Global History*, London 1997, S. 22.

151 Ein Überblick über »Reformen« im Osmanischen Reich findet sich in Hallaq, *Shari'a*, S. 396–429.

152 Çizakça, *History of Philanthropic Foundations*; Cattan, »Law of Waqf«; van Leeuwen, *Waqfs and Urban Structures*; Makdisi, *Rise of the Colleges*; Hallaq, *Shari'a*, S. 53 f., 126, 141–146, 150, 191, 194 f. und passim.

153 Hallaq, *Shari'a*, S. 433.

154 Bis zum Ende dieses Abschnitts beziehe ich mich auf empirische Daten, die ich bereits in *Shari'a*, S. 371–383, 388–395, 401–410 verwendet habe.

155 Eine ausführlichere Darlegung dieses Arguments findet sich in Hallaq, *Impossible State*, S. 98–138.

156 Siehe allgemein H. Driessen (Hg.), *The Politics of Ethnographic Reading and Writing: Confrontations of Western and Indigenous Views*, Saarbrücken 1993.

157 In diesem Zusammenhang ist es aufschlussreich, zu beobachten, wie individuelle oder von einer Gruppe geführte orientalistische Diskurse in der dem Orientalismus eigenen diskursiven Tradition funktionierten. In Frankreich war die orientalistische Produktion jener Zeit stark auf das Kolonialprojekt in Algerien ausgerichtet und agierte im Wesentlichen in dessen Interesse. Diese Produktion besaß mithin eine gewisse Besonderheit, nicht nur weil sie sich mit der Maliki-Rechtssprechung befasste, sondern hauptsächlich, weil sie im Rahmen eines eindeutig politischen Projekts stattfand. Als diese Diskurse jedoch (die heute als »Bücher« oder »wissenschaftliche Artikel« betrachtet werden) in Frankreich und später in Nordamerika gelesen wurden, blieb der kolonialistische Kontext so gut wie immer ausgespart. Sie waren zu »wissenschaftlichen Beiträgen« geworden, die wie andere Bücher oder Artikel über Algerien, den Islam, den Orient oder die Welt gelesen werden können. Der kolonialistische Kontext blieb vor allem deshalb so ausnahmslos unberücksichtigt, weil der Kolonialismus ein so wesentliches Element des Orients darstellte, dass Letzterer ohne Ersteren nicht vorstellbar war. Das heißt, die Kolonisation war nicht nur eine Routineangelegenheit, sondern völlig normal geworden. Wenn später, hundert Jahre nach dem Ereignis, ein amerikanischer Geisteswissenschaftler feststellt, dass an diesem Diskurs etwas Unaufrichtiges ist, nämlich, dass er eher kolonialistisch denn »wissenschaftlich« sei, gilt dies plötzlich als akademische Entdeckung. Dass diese »Schieflage« ein Jahrhundert nach dem Ereignis ans Licht kommt, zu einem Zeitpunkt also, als der französische Siedlerkolonialismus und fast alle ähnlichen Elementarformen des Kolonialismus zusammengebrochen sind, ist insofern bemerkenswert, als sich mit der Kritik an dieser voreingenommenen »Wissenschaft« ein neuer Orientalismus, sein Projekt sanktionierend, selbst legitimiert, und seine Sache im Sinne einer veränderlichen diskursiven Tradition vorantreibt, zu der dieser Diskurs wesentlich gehört. Als Beispiel einer solchen Kritik aus den Reihen des amerikanischen Orientalismus siehe David Powers, »Orientalism, Colonialism and Legal History: The Attack on Muslim Family Endowments in Algeria and India«, in: *Comparative Studies in Society and History* 31, Nr. 3 (Juli 1989), S. 535–571.

158 Man kann hier sogar den deutschen Orientalismus anführen im Sinne eines »mittelbaren« politischen Interesses, das eben »nicht aufgrund einer besonderen Aufmerksamkeit für den Orient entstanden ist«; siehe Ursula Wokoeck, *German Orientalism: The Study of the Middle East and Islam from 1800 to 1945*, London 2009, S. 211. Die Tatsache, dass

das unverblümt Koloniale und Politische im deutschen Orientalismus so wenig aufscheint, ist vielleicht das beste Argument für meine These, derzufolge es in erster Linie weder die politischen noch die kolonialwirtschaftlichen Interessen sind, die zur Entstehung der Denkstruktur der souveränen Herrschaft geführt haben.

159 Powers, »Orientalism, Colonialism and Legal History«, S. 536. Siehe jedoch in dem vorliegenden Kapitel Anmerkung 157.

160 Macaulay, »Minute on Indian Education«, in: ders., *Selected Writings*, Chicago 1972, S. 237–251, hier S. 249.

161 Ein wichtiges und dicht gewobenes Narrativ bildet jenes Teilgebiet der Orientalistik, das die Ursprünge des Islam »erforscht« und vor allem zeigt, dass die »schwere Schuld«, in der der Islam gegenüber früheren Rechtskulturen und »Zivilisationen« (griechischer, römischer, byzantinischer, jüdischer und sogar persischer Provenienz) steht, dem rechtlichen Missstand im modernen Islam entspricht (namentlich dem der *schari ʿa*), der nur geheilt werden kann, wenn die Rechtssysteme der Erben dieser alten Zivilisationen, für die nun einmal die modernen Europäer stehen, akzeptiert und übernommen werden. Für ein unkritisches Auge ist es nicht einfach zu erkennen, dass ein Teilgebiet, das vorgeblich die Rechtsgeschichte und die sogenannte Rechtstransplantation im sechsten und siebten Jahrhundert untersucht, von einer Ideologie angetrieben wird, die direkt, wenn auch im Verborgenen, mit einem ideologischen System verknüpft ist, einem System, das etabliert wurde, um die Verwestlichung des islamischen Rechtssystems und folglich des Islam selbst zu rechtfertigen. Allerdings muss gesagt werden, dass dieses verwickelte Narrativ seine Munitionierung über mehrere Jahrzehnte hinweg von verschiedenen Orientalisten bezog und sich über mehrere Fachgebiete erstreckte. Zu diesem speziellen Thema siehe Wael Hallaq, »On Orientalism, Self-Consciousness, and History«, S. 412 f.; Wael Hallaq, »In Quest for Origins or Doctrine? Islamic Legal Studies as Colonialist Discourse«, in: *UCLA Journal of Islamic and Near Eastern Law* 2, Nr. 1 (Herbst/Winter 2002–2003), S. 1–31.

162 Hallaq, »On Orientalism, Self-Consciousness, and History«, S. 409–415. Natürlich ist diese selektive Betrachtung des *waqf* nicht unbedingt das wichtigste Merkmal des orientalistischen Diskurses. In allem, was der Orientalismus über islamische Regierungsformen und Politik hervorbrachte, herrscht ein lautstarkes Schweigen über die Beziehung dieser Formen zu der *Rule of Law*. Wie ich an anderer Stelle aufgezeigt habe, ist dieses Schweigen die Funktion eines Diskurses, der programmatisch darauf ausgerichtet war, die der islamischen Welt

aufgezwungenen westlichen Vorstellungen von Demokratie und politischer Freiheit durch die Erfindung des »orientalischen Despotismus« zu rechtfertigen, eines Narrativs also, das angeblich die Bedingungen politischer Herrschaft im Islam diktierte. Siehe Wael Hallaq, »Quranic Magna Carta: On the Origins of the Rule of Law in Islam«, in: R. Griffith-Jones und Mark Hill (Hg.), *Magna Carta, Religion and the Rule of Law*, Cambridge 2014, S. 157–176.

163 Allan Christelow, *Muslim Law Courts and the French Colonial State in Algeria*, Princeton 1985, S. 20, 131.

164 Hallaq, *Shariʿa*, S. 435–438.

165 Wie ich während drei Jahrzehnten der Auseinandersetzung mit Anwälten und Richtern aus dieser Region sowie aus Südostasien, insbesondere Indonesien, gesehen habe. Am auffälligsten ist dieser Diskurs in Ägypten, vor allem, wie er von einigen einstigen wie aktuellen Mitarbeitern des Obersten Verfassungsgerichtshofes sowie von einer wachsenden Zahl jüngerer Schriftsteller (sowohl von selbst ernannten Islamisten als auch Liberalen, ohne dass dies einander ausschlösse) artikuliert wird.

166 Daniel Lev, »Colonial Law and the Genesis of the Indonesian State«, in: *Indonesia* 40 (Oktober 1985), S. 58.

167 Ebd. S. 59.

168 M. B. Hooker, *A Concise Legal History of South-East Asia*, Oxford 1978, S. 192 f. Siehe auch M. B. Hooker, *Adat Laws in Modern Malaya: Land Tenure, Traditional Government, and Religion*, Kuala Lumpur 1972; M. B. Hooker, *Legal Pluralism: An Introduction to Colonial and Neo-Colonial Laws*, Oxford 1975.

169 Ein Kritiker, der diese Aussage für die Vormoderne nicht zu widerlegen vermag, mag dennoch argumentieren, dass es Juristen gab, die Herrscher ermutigt haben könnten, solche Projekte in der Frühneuzeit durchzuführen, bevor die »Rechtsordnung« der *schariʿa* im neunzehnten Jahrhundert völlig zusammenbrach. Obwohl ich selbst keine derartigen juristischen Stimmen anzuführen vermag, wird mein Argument durch die Wahrscheinlichkeit ihres Vorhandenseins eher gestärkt als geschwächt, denn solche Stimmen fanden in der tatsächlichen Praxis des muslimischen »Staates« und Reiches im sechzehnten und siebzehnten Jahrhundert kein Gehör.

170 In der Art, wie ich diesen Begriff von Souveränität unterschieden habe. Siehe Abschnitt 4 dieses Kapitels.

171 Siehe zum Beispiel Hallaq, *Origins and Evolution of Islamic Law*, S. 29–32.

172 Ein Thema, das in Kapitel 5 ausführlicher behandelt wird.

173 J. F. Holleman (Hg.), *Van Vollenhoven on Indonesian Adat Law: Selections from Het Adatrecht van Nederlandsch-Indië*, Den Haag 1981, S. 7–11 und passim. Siehe auch C. Fasseur, »Colonial Dilemma: Van Vollenhoven and the Struggle Between Adat Law and Western Law in Indonesia«, in: W. J. Mommsen und J. A. De Moor (Hg.), *European Expansion and Law: The Encounter of European and Indigenous Law in the 19th- and 20th-Century Africa and Asia*, Oxford 1992, S. 240–262.

174 Lev, »Colonial Law«, S. 66.

175 Takashi Shiraishi, *An Age in Motion: Popular Radicalism in Java, 1912–1926*, Ithaca 1990, S. 28 f.

176 Macaulay, »Minute on Indian Education«.

177 Werner Menski, *Hindu Law: Beyond Tradition and Modernity*, Oxford 2003, S. 164 f. und passim.

178 Siraj Ahmed, *The Stillbirth of Capital: Enlightenment Writing and Colonial India*, Stanford 2012; Garland Cannon und Kevin Brine (Hg.), *Objects of Enquiry: The Life, Contributions, and Influence of Sir William Jones, 1746–1794*, New York 1995; Michael J. Franklin, *Orientalist Jones: Sir William Jones, Poet, Lawyer, and Linguist, 1746–1794*, Oxford 2011; John Strawson, »Islamic Law and English Texts«, in: *Law and Critique* 6, Nr. 1 (1995), S. 21–38.

179 Zitiert in Bernard Cohn, *Colonialism and Its Forms of Knowledge: The British in India*, Princeton 1996, S. 69. Siehe auch Scott A. Kugle, »Framed, Blamed and Renamed: The Recasting of Islamic Jurisprudence in Colonial South India«, in: *Modern Asian Studies* 35, Nr. 2 (2001), S. 257–313.

180 Ahmed, *Stillbirth of Capital*, S. 176–177: »Hinter [Jones'] Übersetzung stand die Überlegung [...], das *Permanent Settlement* [eine Art Grundsteuer] von 1973 mit einer Rechtsarchitektur zu versehen. Jones hielt die Gesetzbücher, an denen er arbeitete [...] und nicht die vielen anderen orientalistischen Arbeiten, noch nicht einmal die Indo-Arische Hypothese, für die er viel bekannter ist, für seinen wertvollsten Beitrag zur Geschichte: Er strebte danach, ›der Justinian [...] des Ostens‹ zu werden. Anders gesagt, in Jones' Augen sollte der Orientalismus den Interessen der kolonialen Besitzungen dienen. [...] Jones' Orientalismus verlieh der umwälzenden Eigentumsregelung der East India Company, zumindest für seine europäische Leserschaft, den Anschein, aus uralten Quellen zu stammen, indem er sie der ›Sakuntala-Zeit‹ zuordnete. Das Gesetzbuch des Manu legitimierte das *Permanent Settlement* und lenkte zugleich die Aufmerksamkeit von seinen materiellen

Bedingungen und Konsequenzen ab. Seine Logik schien von uralten Traditionen diktiert zu sein.«

181 Zitiert in Cohn, *Colonialism and Its Forms of Knowledge*, S. 69. Siehe auch Michael Anderson, »Legal Scholarship and the Politics of Islam in British India«, in: R. S. Khare (Hg.), *Perspectives on Islamic Law, Justice, and Society*, Lanham, MD 1999, S. 74.

182 So lautet das Hauptargument bei Ferdinand F. Stone, obgleich er anerkennt, dass Kodifizierung das Instrument des Staates (und seiner Reformer) ist, um »eine neue ökonomische und gesellschaftliche Ordnung auf den Weg zu bringen«. Siehe Ferdinand F. Stone, »A Primer on Codification«, in: *Tulane Law Review* 29 (1954–55), S. 303–310, hier S. 303 f.

183 S. A. Bayitch, »Codification in Modern Times«, in: A. N. Yiannopoulos (Hg.), *Civil Law in the Modern World*, Kingsport 1965, S. 161–191, hier S. 164.

184 Natürlich ist das Common Law eine Ausnahme, aber damals hat die überwiegende Mehrheit der islamischen Staaten dieses System nicht übernommen, wobei Ägypten ein Paradebeispiel für ein britisches Protektorat ist, das sich für ein französisch inspiriertes Gesetz entscheidet.

185 Laut Stone (»Primer«, S. 303 f.) ist dies die Raison d'Être des Gesetzbuchs.

186 Stone, »Primer«, S. 306.

187 Siehe Bayitch, »Codification«, S. 162–167. Über das Vermögen des Rechts, Subjekte zu erzeugen, sie zu konstituieren und zu rekonstituieren, siehe Clifford Geertz, »Local Knowledge: Fact and Law in Comparative Perspective«, in: ders., *Local Knowledge: Further Essays in Interpretive Anthropology*, New York 1983, S. 167–234; Teemu Ruskola, *Legal Orientalism: China, the United States, and Modern Law*, Cambridge, MA 2013.

188 Dazu und im Hinblick auf die performative Wirkung der Techniken des Selbst siehe Hallaq, *Impossible State*, S. 110–138.

189 Siehe Hallaq, *Shari'a*, S. 159–196, 200–208; Wael Hallaq, »A Prelude to Ottoman Reform: Ibn 'Abidin on Custom and Legal Change«, in: Israel Gershoni u. a. (Hg.), *Histories of the Modern Middle East: New Directions*, Boulder 2002, S. 437–461.

190 Zur Selbstverwaltung siehe Hallaq, *Shari'a*, S. 200–208.

191 Hallaq, *Authority, Continuity, and Change*, S. 121–235.

192 Hallaq, *Impossible State*, S. 48–62.

193 Strawson, »Islamic Law and English Texts«.

194 Über dieses und verwandte Themen siehe die in Anmerkung 168 dieses Kapitels zitierte Arbeit von M. B. Hooker.

195 Hier gibt es einen Bezug zu meiner Erörterung der zentralen und peripheren akademischen Wissensgebiete. Siehe Kapitel 4, Abschnitt 2.

III Der subversive Autor

1 Dieses Argument ist nicht zu verwechseln mit dem Argument, das ich im nächsten Kapitel in Bezug auf Latours Stein (meine Wendung) vorgebracht habe. Moderne Zentralgebiete sind Machtgebiete, die durch ihre Konstellation das kolonialistische Unterfangen erst ermöglicht haben. Die indigenen Zentralgebiete, die vor dem kolonialen Zusammentreffen als solche agierten, wurden stark zerstückelt und oft sogar dezimiert. Im Falle ihrer Zerstückelung verloren sie ipso facto auch ihre interne Machtdynamik. So sollte nicht davon ausgegangen werden, dass die Theorie der Zentralgebiete auf Latours Steinthese anwendbar sei, denn im Falle von Latours Stein sind die Zentralgebiete jene europäischen Gebiete, die den Stein erst erschufen.

2 Foucault, *Archäologie des Wissens*, übers. von Ulrich Köppen, Frankfurt am Main 1973, S. 58.

3 In *Beginnings: Intention and Method*, New York 1975, S. 295, setzt sich Said kurz mit der Historizität der Episteme bei Foucault und dessen Mentor Georges Canguilhem auseinander. In *Orientalismus* jedoch berücksichtigt er die Implikationen dieser Auseinandersetzung für sein Narrativ offenbar nicht.

4 Dieses Thema wird im folgenden Kapitel weitergehend behandelt.

5 Siehe Kapitel 2, Anmerkung 137; Kapitel 4, Anmerkungen 2 und 48 sowie Kapitel 5, Anmerkung 10.

6 Wie Aamir R. Mufti zu behaupten, dass nichtwestliche Literatur das Werk Saids »belebe«, »auch wenn dessen explizites Anliegen anderswo zu liegen scheint«, ist sicherlich eine Übertreibung. Man fragt sich, weshalb ein vergleichendes Interesse dieser Art überhaupt »artikuliert« werden muss, wenn es doch tatsächlich »in relativ entwickelter Form in seinem [Saids] Werk vorkommt«. Bezeichnenderweise betrachtet Mufti seine eigene wissenschaftliche Arbeit als Versuch, Saids Werk weiterzuführen, »dort anzusetzen, wo er aufgehört zu haben scheint, Richtungen nachzugehen, die in seinem Werk nur angedacht waren, oder Möglichkeiten zu erforschen, die nur implizit angelegt waren«. Siehe Aamir R. Mufti, »Global Comparativism«, in: *Critical Inquiry* 31 (2005), S. 472–489, hier S. 472 f. Hier wie in Muftis Analyse des Said'schen Säkularismus-Verständnisses und der »säkularen Kritik«/des »kritischen Säkularismus« werden Said größere Ansprüche unterstellt,

als er tatsächlich vorgebracht hat. Dass Said auf die Wichtigkeit nicht-westlicher Literatur hingewiesen und sich um ihre Integration mittels der Methode der kontrapunktischen Lektüre bemüht hat, steht außer Frage, doch blieb dies in der Tat implizit und wurde niemals mit methodischer Stringenz als *Korrektur* des von ihm kritisierten Diskurses durchgeführt. Wichtiger jedoch: Solche Lektüren, wenn sie denn von Said klar zur Sprache gebracht und ausgearbeitet worden wären, hätten die seinen Liberalismus, Anthropozentrismus und Säkularismus betreffenden Probleme nicht gemildert.

7   Wann immer Said sein Interesse an der Literatur der Kolonisierten bekundet oder die eurozentrische Vorliebe für die euro-amerikanische Literatur heftig kritisiert hat, blieb dieses Anliegen letztlich darauf beschränkt, die westliche Literatur als Ausdruck des Imperiums »aufzufassen«. Überdies hat sich dieser Vorstoß nicht in einem auch nur vorläufigen methodologischen oder theoretischen Versuch niedergeschlagen, die euro-amerikanische Literatur in einen kritischen Dialog mit literarischen oder anderen kulturellen, aus der kolonialen Gegenwart oder aus der jeweiligen weitgehend autonomen Geschichte stammenden Hervorbringungen der Kolonisierten zu bringen. »Ich habe zu bedenken gegeben, dass das Studium der Beziehung zwischen dem ›Westen‹ und dem von ihm beherrschten kulturellen ›anderen‹ nicht gerade zu einem besseren Verständnis einer ungleichen Beziehung zwischen ungleichen Partnern verhilft, wohl aber ein Ansatzpunkt für das Studium der Bildung und Bedeutung westlicher kultureller Praktiken selbst ist.« Said, *Kultur und Imperialismus*, übers. von Hans-Horst Henschen, Frankfurt am Main 1994, S. 265. In dieser Haltung kommt dasselbe Denkmuster zum Ausdruck, das auch, wie ich argumentiert habe, das *Orientalismus*-Buch durchzieht. Offenbar war es Said nicht in den Sinn gekommen, dass die Grundlagen der euro-amerikanischen intellektuellen und kulturellen Hervorbringungen einer kritischen Auseinandersetzung mit und mittels der intellektuell-historischen Akkumulation der gegenwärtig kolonisierten Kulturen unterworfen und durch sie neu bewertet werden könnten.

8   Von ihm selbst unmissverständlich als solche bezeichnet in René Guénon, *Die Krisis der Neuzeit*, übers. von Martin Otto, Köln 1950.

9   René Guénon, *Orient et Occident* [1924], Paris 1983, S. 19, 120.

10   Ebd. S. 19.

11   Ebd. S. 34.

12   Zitiert in Graham Rooth, *Prophet for a Dark Age: A Companion to the Works of Rene Guénon*, Brighton 2008, S. 201.

13 Guénon, *Orient et Occident*, S. 44 f.: »Uns liegt nicht daran, die ›Aufrichtigkeit‹ eines Wissenschaftlers, Historikers oder Philosophen infrage zu stellen; aber oft sind sie lediglich scheinbare ›Kontrolleure‹ und sind doch womöglich selbst kontrolliert und beeinflusst, ohne es im mindesten zu bemerken. Außerdem entspricht die Verwendung ihrer Ideen nicht immer ihren Absichten, und es wäre falsch, sie direkt verantwortlich zu machen, oder ihnen vorzuwerfen, sie hätten bestimmte mehr oder weniger fernliegende Folgen nicht vorhergesehen.«

14 Rooth, *Prophet for a Dark Age*, S. 201 f.

15 Guénon, *Orient et Occident*, S. 32.

16 Ebd. S. 56.

17 Ebd. S. 42 f.

18 Ebd. S. 45, 56, 126. Siehe auch Gyan Prakash, *Another Reason: Science and the Imagination of Modern India*, Princeton 1999.

19 Guénon, *Orient et Occident*, S. 49 f.

20 Ebd. S. 42, 47.

21 Ebd. S. 39, 55 f.

22 Ebd. S. 99.

23 René Guénon, »A Material Civilization«, in: Harry Oldmeadow (Hg.), *The Betrayal of Tradition: Essays on the Spiritual Crisis of Modernity*, Bloomingdale 2005, S. 15–30, hier S. 17 f. Siehe auch René Guénon, *Reign of Quantity and the Sign of the Times*, Hillsdale, New York 1995.

24 Charles Taylor, »Justice After Virtue«, in: John Horton und Susan Mendus (Hg.), *After MacIntyre: Critical Perspectives on the Work of Alasdair MacIntyre*, Cambridge 1994, S. 16–43, hier S. 20; Alasdair MacIntyre, *Der Verlust der Tugend. Zur moralischen Krise der Gegenwart*, Frankfurt am Main 1995, S. 81–88, 111–121; Alasdair MacIntyre, *Geschichte der Ethik im Überblick. Vom Zeitalter Homers bis zum 20. Jahrhundert*, Frankfurt Main 1991, S. 187 f.

25 Guénon, *Orient et Occident*, S. 129.

26 Ebd. S. 54.

27 Ebd. S. 43 f.

28 Ebd. S. 22, 24.

29 Ebd. S. 31 f., 36.

30 Ebd. S. 38, 76 f.

31 Werner Stark, *Die Wissenssoziologie*, Stuttgart 1960, S. 98; Max Scheler, *Probleme einer Soziologie des Wissens*, in: ders., *Die Wissensformen und die Gesellschaft*, GW VIII, Bonn 2008, S. 207. Siehe auch die Einlassungen zu Scheler in Kapitel 2, Abschnitt 5.

32 Guénon, *Orient et Occident*, S. 38. In seinem späteren Buch *Die Kri-*
sis der Neuzeit, S. 143, nimmt Guénon gegenüber den Orientalen eine
andere Haltung ein: »Gewiß, der Einbruch des Abendlands ist nicht
etwas jüngst Entstandenes, aber er beschränkte sich bis jetzt auf eine
mehr oder weniger gewalttätige Herrschaft über andere Völker, und die
Auswirkungen griffen über das Gebiet des Politischen und Wirtschaftlichen nicht hinaus; trotz aller Anstrengungen einer sich in mannigfache
Formen kleidenden Umwerbung blieb der Geist des Morgenlandes
undurchdringlich für alles Abwegige, und die alten, auf Überlieferung
sich gründenden Kulturen bestanden unversehrt weiter. Heute aber gibt
es im Morgenland Menschen, die sich mehr oder weniger vollständig
›verwestlicht‹ und ihre Überlieferung aufgegeben haben, um alle Abir-
rungen des neuzeitlichen Geistes anzunehmen; und diese entgleisten
Bevölkerungsteile verursachen […] in ihrem Heimatlande Unordnung
und Unruhe.«

33 Isaiah Berlin, »Zwei Freiheitsbegriffe«, in: *Freiheit. Vier Versuche*, Frank-
furt am Main 1995, S. 197–256. Siehe auch John N. Gray, »On Negative and
Positive Liberty«, in: *Political Studies* 28, Nr. 4 (1980), S. 507–526; Charles
Taylor, »What's Wrong with Negative Liberty«, in: Alan Ryan (Hg.), *The
Idea of Freedom: Essays in Honor of Isaiah Berlin*, Oxford 1979, S. 175–193.

34 Giorgio Agamben, *Signatura rerum. Zur Methode*, Frankfurt am Main
2009, S. 20, der hier vom Panoptikum spricht, das genau das aufweist,
was ich eine paradigmatische Instanz oder eine »genetische Tranche«
genannt habe.

35 Guénon, *Orient et Occident*, S. 29.

36 Ebd. S. 30 f.

37 Ebd. S. 24.

38 Ebd. S. 25 f.

39 Hannah Arendt, *Elemente und Ursprünge totaler Herrschaft*, München
1986, S. 181 f.

40 Guénon, *Orient et Occident*, S. 75.

41 Ebd. S. 150 f., meine Hervorhebung.

42 Zitiert in Timothy J. McCune, »The Solidarity of Life: Max Scheler on
Harmony of Life with Nature«, in: *Ethics and the Environment* 19, Nr. 1
(Frühjahr 2014), S. 49–71, hier S. 57. Vgl. Abu Hamid al-Ghazzali's Aus-
führungen über *qalb*, in *Ihya' 'ulum ad-din*, 5 Bde., Aleppo 1425/2004, I,
S. 117–122, 209–224.

43 Marshall Hodgson, »The Great Western Transmutation«, in: Edmund
Burke III (Hg.), *Rethinking World History: Essays on Europe, Islam, and
World History*, Cambridge 1993, S. 44–71.

44 Guénon, *Orient et Occident*, S. 75 f.

45 Siehe zum Beispiel Wael Hallaq, »Was the Gate of Ijtihad Closed?«, in: *International Journal of Middle East Studies* 16, Nr. 1 (1984), S. 3–41; Wael Hallaq, *Authority, Continuity and Change in Islamic Law*, Cambridge 2001.

46 Guénon, *Orient et Occident*, S. 76. Auch auf Seite 55 kommt er auf diesen Gegensatz zu sprechen und behauptet, dass »die beiden Mentalitäten zutiefst unvereinbar sind, da es aber der Westen ist, der sich verändert hat, und sich übrigens unaufhörlich verändert, wird vielleicht der Moment kommen, an dem sich seine Mentalität zum Besseren wendet und sich einem umfassenderen Verständnis öffnet, sodass diese Unvereinbarkeit dann von selbst verschwindet«.

47 Ebd. S. 36 f.

48 Ebd. S. 36 f., 63, 99, 146; Rooth, *Prophet for a Dark Age*, S. 201.

49 Guénon, *Orient et Occident*, S. 100 f.: »Hier haben wir, was wir als ›moralistische‹ Heuchelei bezeichnen: Der Masse, die ohnehin nichts anderes tut, als die Ideen, die ihr eingeschärft werden, gehorsam zu akzeptieren, ist sie zwar unbewusst, soll aber nicht jedem in gleichem Maße unbewusst sein, und wir können nur konstatieren, dass sich gerade die Staatsmänner durch die von ihnen verwendete Phrasen düpieren lassen.«

50 Guénon, S. 46 f.

51 Dussel, »Europe, Modernity and Eurocentrism«, in: *Nepantla* 1, Nr. 3 (2000), S. 465–478, hier S. 472.

52 Guénon, *Orient et Occident*, S. 148.

53 Hier ist klarzustellen, dass Guénon unter »bekehren« keineswegs eine erzwungene religiöse Bekehrung versteht, weshalb er darauf beharrt, dass es sich dabei um eine Eigenschaft handelt, die nur der moderne Westen ausgebildet hat. Die Orientalen »lassen die anderen denken, was sie wollen, und stehen ihrem Denken sogar gleichgültig gegenüber. [...] Ihnen liegt nicht das Geringste daran, zu bekehren«, Guénon, S. 38, 40. Der Begriff drückt hier lediglich aus, Menschen dazu zu nötigen, dem Willen eines anderen zuzustimmen, ihn zu übernehmen und sich selbst ihm gemäß zu verhalten – in anderen Worten, sich so in ein anderes Subjekt umzuformen, dass es der Wirklichkeitsauffassung des Bekehrenden entspricht, wie auch immer diese zu einem beliebigen Zeitpunkt aussieht. Bekehrung ist also letztlich ein Akt der Umgestaltung des Anderen. Guénon formuliert dies nicht unbedingt mit diesen Begriffen, aber seine Stoßrichtung ist unmissverständlich. Siehe auch Guénon, *Die Krisis der Neuzeit*, S. 99–102.

54 Guénon, *Orient et Occident*, S. 38.

55 Ebd. S. 102 f.

56 Ebd. S. 101.

57 Ebd.

58 Ebd. S. 102.

59 Ebd. S. 122.

60 Ebd. S. 38, 63.

61 In *Orientalismus* kommt die Fortschrittsdoktrin nicht zur Sprache und wird auch nirgends als Grundpfeiler des vom Mainstream-Orientalismus vorangetriebenen Projekts problematisiert. Wissenschaft und Philosophie werden an keiner Stelle im Kontext einer »breiteren Kultur« betrachtet, an der auch der Orientalismus seinen Anteil hatte. Und wenn die westliche liberale Kultur »nichts anderes als eine Form der Unterdrückung und ein Vorurteil« war, so wird sie nicht beim Namen genannt; sie wird zur »Liberalität«. Man beachte auch die Vergangenheitsform. Da von Liberalität in der Vergangenheitsform gesprochen wird, wird der Liberalismus als Denk- und Handlungsstruktur – als Prozess, der vom späten siebzehnten Jahrhundert bis in die Gegenwart reicht – entlastet. Said führt zudem noch nicht einmal die Worte »anthropozentrisch« oder »Anthropozentrismus« an. (In seinem Text kommt das Wort zwar dreimal vor, jedoch immer dort, wo er aus Anouar Abdel-Maleks »Orientalism in Crisis« zitiert. Said, *Orientalismus*, S. 118, 131.)

62 Guénon, *Orient et Occident*, S. 135.

63 Ebd. S. 136.

64 Ebd. S. 137.

65 Ebd., meine Hervorhebung.

66 Ebd. S. 138 f., meine Hervorhebung.

67 Ebd. S. 113.

68 Siehe Einleitung, Anmerkung 15, und Kapitel 2, Anmerkung 158.

69 Siehe jedoch Guénon, *Die Krisis der Neuzeit*, S. 143, und Anmerkung 32 dieses Kapitels.

70 Guénon, *Orient et Occident*, S. 141.

71 Ebd.

72 Wie sich auch an dem Übersetzungsprojekt zeigt, das der Orientalismus mit ungeheurer Kraft vorantrieb und in dem sich die Briten gegenüber den anderen Europäern hervortaten. Gleichwohl fehlte es auch ihm, meistenteils unabsichtlich, »an dem Bemühen, wirklich verstehen zu wollen«. Ebd. S. 136.

73 Das macht etwa den Beitrag eines Gil Eyal so wertvoll, der überzeugend darlegt, dass im Fall der *Mizrahanut* (siehe Kapitel 4) eine Verschiebung der dort angelegten Orientidee erst nach der Gründung des

israelischen Staats und der Vertreibung der Palästinenser stattfand, eine – vielsagend genug als »Ernüchterung« charakterisiert – Verschiebung also, die mit der Staatsbildung zu tun hatte. In Eyals Narrativ liegt der Fokus zwar nicht auf der zionistischen vorstaatlichen Ernüchterung (als die Palästinenser und ihr Orient noch unter das Konzept der Herrschaft über die Natur fielen), aber es lässt die Konfiguration des Orientalismus insofern vielschichtiger erscheinen, als es die Staatsbildung und Gegebenheit auf kolonialem Boden als bestimmende Faktoren des *Mizrahanut* ernst nimmt. Siehe Eyal, *The Disenchantment of the Orient: Expertise in Arab Affairs and the Israeli State,* Stanford 2006.

74 Ein hochgestelltes Or mit Seitenverweis bezieht sich stets auf Edward Said, *Orientalismus,* übers. von Hans Gunter Holl, Frankfurt am Main 2009.

75 Im Kern wiederholt Said dieses Desiderat in seinem Artikel »Orientalism Reconsidered«, in: *Cultural Critique* 1 (Herbst 1985), S. 89–107.

76 *The Cambridge History of Islam,* »ein Kompendium der orientalistischen Orthodoxie«, kritisierend, sagt Said: »Wenn die Kapitel über sozioökonomische Institutionen, Gesetz und Recht, Mystik, Architektur und Kunst, die Wissenschaften und die vielfältigen islamischen Literaturen auf einem insgesamt höheren Niveau stehen als die meisten übrigen, so zeigen sie doch kaum Gemeinsamkeiten der Autoren mit anderen Geistes- oder Sozialwissenschaftlern: Nach den Techniken der Ideen- oder Mentalitätsgeschichte respektive der marxistischen Analyse sucht man vergebens.« Said, *Orientalismus,* S. 346, 350.

77 Rooth, *Prophet for a Dark Age,* S. 201.

78 Guénon, *Orient et Occident,* S. 115.

79 Ebd.

80 Ebd. S. 114.

81 Siehe Kapitel 2, Abschnitt 3.

82 Guénon, *Orient et Occident,* S. 115.

83 Ebd. S. 114.

84 Ebd. S. 115.

85 Kojin Karatani, »Uses of Aesthetics: After Orientalism«, in: *Boundary 2* 25, Nr. 2 (Sommer 1998), S. 145–160, hier S. 147.

86 Ebd. S. 151, meine Hervorhebung.

87 Ebd. S. 153.

88 Harry Oldmeadow, *Journeys East: 20th Century Western Encounters with Eastern Religious Traditions,* Bloomington 2004, S. 189.

89 Zur Rolle der Kritik in der Subversion, wie sie Foucault verstanden hat, siehe Kapitel 1, Abschnitt 3.

90 Auch hier gemäß Foucaults Problematisierung des Schreibens. Handelt es sich bei dem Autor um jemanden, der ein Buch, einen Zeitungsartikel, ein Journal, eine private Glosse am Seitenrand eines Buchs oder einen Brief an einen Freund schreibt?

91 Robert J. C. Young, *White Mythologies: Writing History and the West*, London 1990, S. 173.

92 »Dissident« war interessanterweise genau der Ausdruck, den Said in *Humanism and Democratic Criticism*, New York 2004, verwendete, um die Funktion der Kritik im demokratischen und humanistischen Sinn zu beschreiben, also das, was den wahren Gelehrten und Intellektuellen letztlich ausmacht. Siehe auch W. J. T. Mitchell, »Secular Divination: Edward Said's Humanism«, in: *Critical Inquiry* 31 (Winter 2005), S. 462–471, hier S. 463. Wie Robert Young zudem feststellt, »liegt die Schwierigkeit bei Said darin, dass seine ethischen und theoretischen Werte insgesamt so tief mit der Geschichte der von ihm kritisierten Kultur verquickt sind. [...] Kultur, wie Said sie versteht, bleibt immer und ausnahmslos die europäische Hochkultur. [...] An keiner Stelle fühlt er sich veranlasst, etwas, das außerhalb des traditionellsten Kultur- und Literaturbegriffs liegt, Bedeutung zuzumessen.« Young, *White Mythologies*, S. 172 f.

93 Gleichwohl, siehe die nächste Anmerkung.

94 Ich unterscheide zwischen der systemischen und der Fundamentalkritik in dem Sinne, dass erstere eine Episteme und das sie antreibende System einschließlich der Gesamtheit ihrer diskursiven Formationen radikal transformiert, während letztere innerhalb des Systems verharrt, aber die epistemischen Grundlagen einer einzelnen diskursiven Formation verändert, mit der Möglichkeit, dass dies auch andere Formationen tangiert, ohne in ihnen eine fundamentale Änderung zu bewirken. Veranschaulichen lässt sich diese Unterscheidung durch die Art der Diskursivität bei Marx und Freud, wobei Letzterer im Gegensatz zu Ersterem eine Fundamentalkritik erarbeitet hat. Dies dürfte, wie ich glaube, auch Foucault dazu bewogen haben, die beiden Geistesriesen in eine Kategorie zu stellen.

95 Foucault, »Subjekt und Macht«, in: *Analytik der Macht*, Frankfurt am Main 2005, S. 240–263, hier S. 250 f.

96 Interessanterweise zeigt sich Foucault kurz nach der in der Anmerkung zuvor zitierten Passage (S. 251) von ingeniöser Sensibilität, was die Tendenz bestimmter Fragestellungen anbelangt, die Antwort auf andere Fragen zu verstellen: »Wenn ich der Frage nach dem ›Wie‹ [das heißt ›Wie wird Macht ausgeübt?‹] [...] den Vorzug gebe, so heißt das nicht, dass ich die Frage nach dem Was und dem Warum gar nicht stellen

wollte. [...] Etwas zugespitzt könnte ich sagen, wenn ich die Analyse mit dem ›Wie‹ beginne, äußere ich damit den Verdacht, dass es Macht gar nicht gibt.«

IV Epistemische Souveränität und struktureller Genozid

1   Seitenverweise im laufenden Text beziehen sich stets auf Said, *Orientalismus*, Frankfurt am Main 2009. Eloquent kritisiert Hamid Dabashi in seinem Buch *Post-Orientalism* den Rundumschlag Saids, indem er die Qualitäten eines Ignaz Goldziher, eines der größten Orientalisten, die je gelebt haben, anführt. Wie Massignon war Goldziher ein »beispielhafter Gelehrter von unübertrefflicher Brillanz, [...] ein Humanist mit einer enormen und unter seinesgleichen nur selten anzutreffenden breitgefächerten Bildung, ein politisch wacher und intellektuell fleißiger Aktivist, der sich aus moralischen Prinzipien gegen alle Arten des Kolonialismus wandte«. Gleichwohl räumt Dabashi pflichtschuldig ein, dass »Goldzihers Gelehrsamkeit einem Modus der Wissensproduktion angehörte, die überaus produktiv und aufschlussreich war und doch zugleich mit ihren epistemischen Wurzeln auf Europas kolonialen Interessen am sogenannten ›Orient‹ basiert«. Siehe Hamid Dabashi, *Post-Orientalism: Knowledge and Power in Time of Terror*, New Brunswick, NJ 2009, S. 107 f. Wir sollten uns darüber im Klaren sein, dass es Goldziher war, der, über die epistemischen Wurzeln, im Alleingang das gesamte Gebäude der prophetischen Tradition des Islam (*hadith*) zerstörte, eine Tat, die von Joseph Schacht, Saids Kollege an der Columbia University, vollendet wurde. Wichtiger allerdings ist, dass bei Guénon diese Art »Wurzel« fehlt, was ihn erstens als anderen Autorentyp markiert und zweitens eine echte Widerlegung von Saids kategorischem Rundumschlag darstellt.

2   W. J. T. Mitchell, »Secular Divination: Edward Said's Humanism«, in: *Critical Inquiry* 31 (Winter 2005), S. 462–471, hier S. 466. Ebenso betont Ziauddin Sardar in *Der fremde Orient. Geschichte eines Vorurteils*, übers. von Matthias Strobel, Berlin 2002, S. 111 f., völlig zutreffend: »Said überzieht alles Westliche mit ebenso großem Haß wie die Orientalisten alles Orientalische. In seinem Buch über Palästina, das selbst seine schärfsten Kritiker hochgelobt haben, ist seine dezidierte Abneigung gegen den Islam und seine Kultur offensichtlich. [...] Daß Religion den Menschen wirklich etwas bedeuten kann, daß sie genauso rational sein kann wie der Humanismus, ist für Said eine vollkommen absurde Vorstellung. Es fällt ihm nichts Besseres ein, als eine klassische europäische

Darstellung wiederaufzugreifen: die des Orientalen als eines kindlichen Wesens, das sich allein von emotionalen Bedürfnissen leiten lässt. In Saids Vorstellung ist kein Platz für Alternativen, in seiner Welt ist kein Platz für den Islam oder für Muslime.«

3   Siehe Kapitel 1, Abschnitt 2; Kapitel 4, Abschnitt 1; und Anmerkung 48 dieses Kapitels.

4   Siehe zum Beispiel den aufschlussreichen Artikel von Talal Asad, »Thinking About Tradition, Religion, and Politics in Egypt Today«, in: *Critical Inquiry* 42 (Herbst 2015), S. 166–214.

5   Siehe Kapitel 5, Anmerkung 10.

6   Die anderen Fragen habe ich in den vorhergehenden Kapiteln anzusprechen versucht.

7   Siehe Kapitel 4, Abschnitt 4 und 6.

8   Gyan Prakash, *Another Reason: Science and the Imagination of Modern India*, Princeton 1999.

9   Eine führende Wirtschaftshochschule beschreibt ihre Mission wie folgt: »An der Columbia Business School bereiten wir unsere Studenten auf eine erfolgreiche Karriere vor, indem wir das, was sie sich im Unterrichtssaal aneignen, mit dem Börsenparkett, den Sitzungssälen und Einzelhandelsgeschäften verbinden, in denen die Theorie in die Praxis umgesetzt wird.« www8.gsb.columbia.edu/about-us/theory-to-practice. Ebenso aufschlussreich: »Zu den zahlreichen Vorzügen der Columbia Business School gehören auch das wertvolle Fachwissen und die weitreichenden Geschäftsbeziehungen, die der Aufsichtsrat in die Schulgemeinschaft einbringt. Mit diesem Profil garantieren die Mitglieder des Aufsichtsrats für die umfassenden Kontakte der Hochschule in die Geschäftswelt, die Regierung und den Nonprofit-Sektor. Der Aufsichtsrat ist nicht nur eine exzellente Visitenkarte für die Schule, sondern ein Organ, das den einzigartigen Ruf der Columia Business School als Wirtschaftshochschule aktiv fördert und mehrt. Expertise und Führungsrolle der Aufsichtsratsmitglieder sorgen für eine engere Verbindung der Hochschulzentren und -einrichtungen mit der Industrie. Und ihr Umgang mit den Studenten und Studentinnen in den Hörsälen und bei anderen Gelegenheiten demonstriert, welchen Einfluss Wissenschaftstheorien haben und wie sie in der Praxis zum Leben erweckt werden. [...] Der Aufsichtsrat arbeitet unermüdlich daran, ein Umfeld zu schaffen, in dem die Fakultätsmitglieder die intellektuelle Führungsrolle der Schule ausbauen können und aus dem heraus Studenten und Absolventen ihre Führungs- und Gestaltungsaufgaben in der Geschäftswelt in guten wie in schlechten Zeiten übernehmen können. Sie sind einge-

laden, die Mitglieder des Aufsichtsrats kennenzulernen, deren Führung und Verantwortung beispielhaft für das Talent der weltweit mehr als 40.000 Absolventen der Columbia Business School stehen.« www8.gsb. columbia.edu/about-us/board [zuletzt aufgerufen am 31.01.2022].

10 Hallaq, *The Impossible State: Islam, Politics, and Modernity's Moral Predicament*, New York 2013, S. 110–138.

11 Ebd. S. 98.

12 In meiner Universität zum Beispiel bot die Fakultät der Wirtschaftswissenschaften 2016 (ohne Sommerveranstaltungen) etwa 160 Kurse an. Die Kurse deckten von Einführungen in die Entwicklungsökonomie und Spieltheorie bis hin zur globalen Ökonomie und der Unternehmensfinanz so ziemlich alles ab, aber nur zwei oder drei Kurse befassten sich im Rahmen des Ausbildungsgangs mit den, wie ich es nennen möchte, ethischen Problemen, wie sie die Wirtschaftsentwicklung mit sich bringt, und keine mit Ethik oder Moralphilosophie. Zwar lässt sich in Angeboten wie »Ungleichheit und Armutsgerechtigkeit«, »Umweltökonomie und natürliche Ressourcen« und »Logische Grenzen der Wirtschaft« so etwas wie ein »dissidentes« Echo vernehmen, doch damit enden die kritischen Diskurse auch schon.

13 Zur moralischen Neutralität bzw. moralischen Loslösung siehe Albert Bandura, »Moral Disengagement in the Perpetration of Inhumanities«, in: *Personality and Social Psychology Review* 3, Nr. 3 (1999), S. 193–209.

14 Zu Petty siehe Tony Aspromourgos, *On the Origins of Classical Economics: Distribution and Value from William Petty to Adam Smith*, London 1996. Zu Mun siehe Lynn Muchmore, »A Note on Thomas Mun's ›England's Treasure by Foreign Trade‹«, in: *Economic History Review* 23, Nr. 3 (1970), S. 498–503, insbesondere S. 503, wo die Verbindung zwischen dessen neuer Wirtschaftstheorie und den Kolonialunternehmungen der Ostindien-Kompanie deutlich werden.

15 Siehe vorhergehende Anmerkung.

16 Siehe Kapitel 2, Abschnitt 3.

17 Marjorie Grice-Hutchinson, *The School of Salamanca: Readings in Spanish Monetary Theory, 1544–1605*, Oxford 1952, S. 77.

18 O. E. Udofia, »Imperialism in Africa: A Case of Multinational Corporations«, in: *Journal of Black Studies* 14, Nr. 3 (March 1994), S. 353–368, hier S. 355–360; siehe auch Bade Onimode, »Imperialism and Multinational Corporations: A Case Study of Nigeria«, in: *Journal of Black Studies* 9, Nr. 2 (1978), S. 207–232, hier S. 207: »In Nigeria wie anderswo auch sind die riesigen multinationalen Konzerne die Basiseinheiten des Imperialismus in seinem heutigen neokolonialen Stadium.«

19 Siehe zum Beispiel Francis O. Adeola, »Environmental Injustice and Human Rights Abuse: The States, MNCs, and Repression of Minority Groups in the World System«, in: *Human Ecology Review* 8, Nr. 1 (2001), S. 39–59.

20 Das Verhalten des Coca-Cola-Konzerns ist überall auf der Welt stark verurteilt worden. 2006 kappten die University of Michigan, die New York University und weitere Colleges und Universitäten in Nordamerika und Europa ihre Verbindung mit dem Unternehmen, da es eine unabhängige, externe Prüfung seines missbräuchlichen Verhaltens in Indien und Kolumbien ablehnte. Andere Gruppen haben die Praktiken des Konzerns in weiteren Ländern, darunter Peru, Chile und Guatemala verurteilt. Siehe auch *New York Times* vom 26. Juli 2001.

21 Eine exzellente Darstellung des missbräuchlichen Verhaltens großer Konzerne bietet David C. Korten, *When Corporations Rule the World*, West Hartford 1995. Zur Ethik von Unternehmen siehe Thomas Donaldson, *Corporations and Morality*, New Jersey 1982. Zu den heimlich und zum Teil im Eigentumsinteresse amerikanischer Konzerne durchgeführten Interventionen der Vereinigten Staaten siehe Jonathan Kwitny, *Endless Enemies: The Making of an Unfriendly World*, New York 1984.

22 Adeola, »Environmental Injustice and Human Rights Abuse«, S. 40: »Zu den jüngsten Fällen von Umweltungerechtigkeit und Menschenrechtsverletzungen in der Dritten Welt gehören die Ermordung Wilson Pinheiros und Francisco ›Chico‹ Mendes im Amazonas-Regenwald, das Massaker an Pater Nery Lito Satur und etlichen anderen auf den Philippinen und die öffentliche Hinrichtung von Ken Saro-Wiwa und acht weiteren Mitgliedern des Movement for the Survival of the Ogoni People (MOSOP) im November 1985 in Nigeria. Die anschließende Verhaftung, Folter und Unterdrückung weiterer MOSOP-Mitglieder zählt zu den schlimmsten Fällen von Umwelt- und Bürgerrechtsverletzungen in von Human Rights Watch, Natural Resources Defense Council, Amnesty International und anderen NGOs beobachteten Entwicklungsländern. Weitere Fälle, insbesondere in der Dritten Welt, sind bekannt, in denen Regierungsvertreter eine Strategie des systematischen Genozids an Minderheiten verfolgten, um sich deren Land und Rohstoffe anzueignen.« Siehe auch S. 41, 43 f.: »Die Tätigkeiten multinationaler Konzerne in Entwicklungsländern umfassen den Einsatz von Gefahrstoffen, die Gewinnung natürlicher Rohstoffe, Umweltzerstörungen und die Verbreitung von Giftstoffen, Emissionen von schädlichen Gasen, die unmittelbare und langfristige gesundheitliche Risiken für die breite Bevölkerung bergen. Harper beschrieb erst kürzlich die umweltschädigen-

den Einflüsse der Multinationalen wie folgt: ›Am abscheulichsten ist, dass die Multinationalen Arzneimittel, Pestizide, Säuglingsnahrung und Verhütungsmittel in der Dritten Welt beworben und verkauft haben, die in ihren Heimatländern bereits als unsicher verboten oder eingeschränkt waren. [...] Sie haben international den Verkauf von festen und giftigen Abfällen an arme Länder vermittelt. [...] Giftige Industrie- und Medizinabfälle werden aus fast allen europäischen Ländern in afrikanische Staaten transportiert und aus den USA in Länder Zentral- und Lateinamerikas sowie in die Karibik und nach Afrika verschickt. Die Multinationalen haben die Abholzung der Regenwälder in Indonesien und Malaysia organisiert. [...] Im ecuadorianischen Regenwald hat Texaco, das die dortige Ölindustrie über zwanzig Jahre lang dominierte, ein absolutes Chaos gestiftet, vergleichbar mit den ökologischen Verheerungen – dem Ökozid und Genozid –, die im Zusammenhang mit den multinationalen Ölfirmen in Nigeria angerichtet wurden.‹« Zitat im Zitat aus C. L. Harper, *Environment and Society: Human Perspectives on Environmental Issues*, Upper Saddle River, NJ 1996, S. 373.

23 Philip J. Stern, *The Company-State: Corporate Sovereignty and the Early Modern Foundations of the British Empire in India*, Oxford 2011.

24 Überaus repräsentativ dafür ist ein in einer Hochschule für internationale Angelegenheiten angebotenes Kursmodul mit dem Titel »US-Diplomatie in Afrika«. Der »Kurs versteht sich als Einführung in die Praxis der US-Diplomatie und Staatskunst in Afrika. Staatskunst ist die Kunst, die Staatsmacht auf andere Staaten und Völker anzuwenden. Sie beinhaltet die Entwicklung von Strategien, die zur Wahrung des nationalen Interesses [der USA] in der internationalen Arena beitragen, sowie die Durchführung dieser Strategien durch Diplomaten. Diplomatie bringt diese Macht durch nichtkriegerische Überzeugungsmaßnahmen zur Geltung, obgleich sie ebenso oft kriegsvorbereitend wie kriegsvermeidend tätig ist. Der Kurs wird aus der Perspektive des Berufsdiplomaten unterrichtet, der damit konfrontiert ist, Strategien zu entwickeln, die zur Ausweitung des nationalen Interesses im Kontext eines sich rasch wandelnden, komplexen und multipolaren globalen Systems beitragen. Die aktuellen Präsidentschaftswahlen [2016] und Kandidatenplattformen dienen als Fallstudien für Studenten, die die Afrikapolitik für die künftige Administration gestalten werden. Sie werden auf die Aufgaben und Fertigkeiten vorbereitet, die die Diplomatie benötigt, um alle Elemente der Staatsmacht in einer Weise zusammenzuführen, die die Stärkung der nationalen Interessen und die Gestaltung der USA-Afrika-Beziehungen im globalen Kontext erfolgreich vorantreibt« (meine Her-

vorhebung). www.columbia.edu/cu/bulletin/uwb/ [zuletzt aufgerufen am 31.01.2022].

25 Maurice Yolles, »A Social Psychological Basis of Corruption and Socio-pathology«, in: *Journal of Organizational Change Management* 22, Nr. 6 (2009), S. 691–731, hier S. 694.

26 Kapitel 2, Abschnitt 3.

27 Betrachten wir zum Beispiel den Fall Panalba des Pharmaunternehmens Upjohn. Obwohl das Antibiotikum nachweislich schwerwiegende bis zur Letalität reichende Nebenwirkungen hatte und es »keine medizinischen Vorteile bot, die nicht auch durch andere auf dem Markt erhältlichen Produkte erzielt werden konnten, beschloss der Firmenvorstand, nicht nur die Vermarktung und den Verkauf des Mittels weiterzuführen, sondern er erwirkte darüber hinaus eine richterliche Verfügung, die die FDA [Food and Drug Administration] daran hinderte, behördliche Maßnahmen zu ergreifen«. Als es der FDA endlich gelang, das Medikament in den USA zu verbieten, verkaufte es die Firma weiterhin im Ausland und verfolgte damit eine keineswegs ungewöhnliche Praxis. In einer Studie, die den Fall im Hinblick auf sein ethisches Problem untersuchte, äußerten die Befragten nahezu einhellig die Ansicht, dass »Führungskräfte, die ihrer Firma erlaubten, ein Medikament mit offenkundig schädlichen Nebenwirkungen zu verkaufen, ein Verbrechen begehen, das in seiner Schwere Mord und Vergewaltigung nur wenig nachsteht«. Als jedoch »angehende Manager und Führungskräfte in einem *Rollenspiel als Mitglieder der Unternehmensleitung vor das gleiche Dilemma wie bei Upjohn gestellt wurden*, wählten 79 Prozent von ihnen die ›äußerst unverantwortliche‹ Option, den Verkauf des Medikaments fortzusetzen und darüber hinaus alles zu unternehmen, um regierungsamtlichen Maßnahmen vorzubeugen. Die anderen 21 Prozent plädierten dafür, das Mittel so lange wie möglich zu vertreiben, aber nicht gegen regulatorische Maßnahmen vorzugehen. […] *Keine Gruppe entschied sich für den ›sozial verantwortlichen‹ Schritt, das Medikament freiwillig vom Markt zu nehmen.* Die genannten Ergebnisse wurden aus 91 Versuchen gewonnen. […] Erwähnenswert ist, dass diese Studien von Scott Armstrong deshalb initiiert und durchgeführt wurden, weil ihn der Upjohn Fall verwundert hatte und er überzeugt war, dass seine Studenten an der Wharton School of Management sich nicht zu einem derartigen Handeln würden hinreißen lassen. Leider sind es genau diese Studenten gewesen, die als erste seine Annahme widerlegen sollten.« Joseph Heath, »Business Ethics and Moral Motivation: A Criminological Perspective«, in: *Journal of Business Ethics* 83, Nr. 4 (Dezember 2008), S. 595–614, hier S. 598, meine Hervorhebung.

28 Siehe vorige Anmerkung.

29 Clive R. P. Boddy u. a., »Leaders Without Ethics in Global Business: Corporate Psychopaths«, in: *Journal of Public Affairs* 10 (2010), S. 121–138; Clive R. P. Boddy u. a., »The Influence of Corporate Psychopaths on Corporate Social Responsibility and Organizational Commitment to Employees«, in: *Journal of Business Ethics* 97, Nr. 1 (November 2010), S. 1–19.

30 Zum Zusammenhang von Unternehmenserfolg und Psychopathie siehe Paul Babiak u. a., »Corporate Psychopathy: Talking the Walk«, *Behavioral Sciences and the Law* 28 (2010), S. 174–193.

31 Stevens u. a. sind der Auffassung, dass der Anteil der Psychopathen in der allgemeinen Bevölkerung zunimmt und dass die Variante des »erfolgreichen Psychopathen« unter den Anfangssemestern an den Universitäten gleichermaßen stark vertreten ist. Gregory W. Stevens, Jacqueline K. Deuling und Achilles A. Armenakis, »Successful Psychopaths: Are They Unethical Decision-Makers and Why?«, in: *Journal of Business Ethics* 105, Nr. 2 (Januar 2012), S. 139–149, hier S. 146.

32 Yolles, »A Social Psychological Basis of Corruption and Sociopathology«. Siehe auch Fred Dallmayr, »The Underside of Modernity: Adorno, Heidegger, and Dussel«, in: *Constellations* 11, Nr. 1 (2004), S. 102–120, insbesondere S. 116 f.

33 Obwohl diese Abweichung häufig als Tugend gilt, ist sie ein Beleg für das hier vorgebrachte Argument. Es sollte daher nicht überraschen, dass in der Unternehmenswelt Narzissten als gute Geschäftsleute gelten, die besonders gut dafür gerüstet sind, ihren »Organisationen Profit einzutragen«. Siehe Alan Goldman, »Personality Disorders in Leaders: Implications of the DSM IV-TR in Assessing Dysfunctional Organizations«, in: *Journal of Managerial Psychology* 21, Nr. 5 (2006), S. 392–414, hier S. 410.

34 Heath, »Business Ethics«, S. 598.

35 Ebd. S. 596, 610, Hervorhebung im Original.

36 Bandura, »Moral Disengagement in the Perpetration of Inhumanities«.

37 Heath, »Business Ethics«, S. 605.

38 Ebd.

39 »Selbst die Mathematik [...]«, da sie in der industriell-wissenschaftlichen, auf militärische Zwecke ausgerichteten Produktion eine wichtige Rolle spielte und spielt. Sie ist diejenige akademische Disziplin, die am entscheidendsten zur Entwicklung der Militärtechnologie beitrug, was sich beispielhaft am Aufstieg des Computers zeigen und ablesen lässt, bei dem es sich zunächst um ein militärisches Gerät handelte, das erst später weite Verbreitung fand. Es waren die deutsche Enigma-Maschi-

ne, die polnische Bomba und vor allem die Turingmaschine, die das genealogische Fundament für den Computer bildeten, allesamt entscheidende Mittel, um dem Herrschaftsprojekt und der Kriegstreiberei Vorschub zu leisten. Ihre Erfinder – unter anderen Marian Rejewski, Gordon Welchman und Alan Turing – waren begabte Mathematiker und in hohem Maße an der militärtechnologischen Entwicklung beteiligt.

40 Karl Löwith, *Meaning in History*, Chicago 1949, S. 19.

41 Am deutlichsten zugespitzt findet sich das orientalistische Denken über Averroes im Werk des wichtigen muslimischen Denkers Abed Al-Jabri. Eine pointierte Kritik seiner Arbeit bietet Taha Abdurrahman, *Tajdid al-Manhaj fi Taqwin al-Turath*, Casablanca 2007, S. 29–71.

42 Dies verweist auf meine Erörterung von Künstlern wie Picasso und Richter in Kapitel 1, Abschnitt 2.

43 Stern, *The Company-State*.

44 Zu einer Diskussion dieses Themas im Kontext einer Theorie des Bösen siehe Kapitel 2, Abschnitt 4.

45 Patrick Wolfe, »Settler Colonialism and the Elimination of the Native«, in: *Journal of Genocide Research* 8, Nr. 4 (2006), S. 387–409.

46 Ebd. S. 387.

47 Siehe Kapitel 2, Anmerkung 108. Einen nützlichen, wenn auch keinesfalls erschöpfenden Überblick über diese Transformationen bietet David B. Abernethy, *The Dynamics of Global Dominance: European Overseas Empires, 1415–1980,* New Haven 2000, S. 363–386.

48 Sudipta Kaviraj kritisiert, dass Said die im Narrativ und in der Praxis des Kolonialismus waltenden Machtstrukturen abgeflacht und damit den Kolonisierten ein Konzept der Handlungsmacht vorenthalten habe. Kaviraj verweist auf eine Arbeit Baylys über die Informationsordnung im vorkolonialen Indien und ihre Umwandlung unter der britischen Herrschaft, die er vor allem deshalb empfiehlt, weil sie die »innere Vielschichtigkeit und Mannigfaltigkeit« in einem »ausgedehnten vernetzten System« aufzeige. »Den Kompetenzen, Fertigkeiten, Orientierungen, intellektuellen Veranlagungen, den individuellen und kollektiven Zwecken werden ihre je unterschiedlichen Positionen zugestanden.« Es ist jedoch »klar, dass die faktische Information, die nach der einstigen [indischen] Ordnung gesammelt und klassifiziert wurde, einem größeren kognitiven System radikal anderer Art subsumiert wurde, sobald sich die Kolonialverwaltung stabilisiert hatte. Allerdings wird den indischen Akteuren dabei weder eine minimale Subjektivität vorenthalten, noch wird den europäischen eine ausgedehnte Souveränität über das gesamte

intellektuelle Feld zugestanden.« Das einstige »komplexe Netzwerk, mit dem politisch relevante Information gesammelt und interpretiert wurde« und »das auf die indischen Herrscher und Eliten« zugeschnitten war, wurde von den Briten »subsumiert« und durch »neue Techniken sowie um die Anforderungen ergänzt, die die neuen, ihrer Verwaltungstechnik entsprechenden Informationsformen erforderten. Im Lauf der Zeit lernten auch die Inder die Techniken eines modernen Erkenntnisapparates« und produzierten »eine neue, die indische Gesellschaft betreffende Informationsordnung«. Kaviraj berücksichtigt auch den Aufstieg des Nationalismus und betrachtet, wie in der Folge die Geschichte »in ein Feld intensiver Auseinandersetzung« und in ein »gewaltiges Geschrei einander widerstreitender Ideen« verwandelt wurde. Und er schließt diesen langen Absatz mit der Bemerkung, dass dies »der häufig aus Saids Werk abgeleiteten Folgerung, es habe sich um eine mürrische Unterwerfung unter fremde Wissensformen gehandelt, nicht gerade entspreche.« Ungeachtet der »inneren Vielschichtigkeit und Mannigfaltigkeit« dieser Darstellungen bleibt die Tatsache bestehen, dass die indische Erkenntnisstruktur und Orientierung insgesamt eine andere Richtung genommen hat, eine Richtung, die nicht nur durch eine lange, historische, innere Evolution, sondern durch die wirksame Herrschaft eines Fremdsystems bestimmt wurde. Wenn wir, wie ich dargelegt habe, aus einer Geschichtsschreibung dieser Fasson die Fortschrittstheologie entfernen, bleibt nichts anderes übrig als ein Bruch, bei dem die intellektuelle Formation gezwungen wurde, die Erkenntnisstruktur eines radikal Anderen anzunehmen. Unbestreitbar ist, dass die Inder über einen gewissen Spielraum verfügten, aber dies ist hier irrelevant. Sie entschieden sich, anstatt durch den sprichwörtlichen Strick durch die Kugel zu sterben. Die eigentliche Frage nach der Handlungsmacht kann nur beantwortet werden, wenn man eine entscheidende hypothetische Frage stellt: Wollten die Inder überhaupt von den Briten regiert werden? Und angenommen, sie hätten gewusst, welche Veränderungen in kognitiver, struktureller, ökologischer, materialistischer und spiritueller Hinsicht (allesamt bestimmt von dem Wissenssystem der Kolonialmacht) auf sie zukommen, wären sie dann damit einverstanden gewesen, in einem solchen System zu leben und all die damit verbundenen Auswirkungen auf ihre Existenz hinzunehmen? Kaviraj stellt etwas später in seinem Essay in der Tat fest, dass die »britischen Informationsspezialisten, um grundlegende Information über die indische Gesellschaft zu erhalten, auf einheimische Gelehrte zurückgreifen mussten; doch das kognitive System, in das dieses Wissen aufgenommen wurde, war das ihre und nicht das ihrer einheimischen Informanten«. Darüber hinaus tragen die »Folgerungen«, die sich diesbezüglich aus Saids Arbeit ergeben, nicht der größeren intellektuellen Landschaft Rechnung, aus der heraus Said seine Feststellungen traf. Said hat sich meines Erachtens keine klare Position in dieser Sache erarbeitet. Er verurteilt die kolonialistische Herrschaft über das orientalische Wissen, aber er selbst hat offenbar die orientalischen Traditionen und alles, was religiös oder traditionell war, gemieden. Dies war, wie wir nicht vergessen dürfen, einer der Gründe, weshalb er Massignon zensierte, so sehr er ihn auch als »brillanten« Geist schätzte. Wir wissen nicht, was Said an den Wissenssystemen, Kulturen und psychologischen Dispositionen, die den Orient verkörperten, tatsächlich schätzte, und werden es wahrscheinlich auch nie erfahren. Siehe Sudipta Kaviraj, »Said and the History of Ideas«, in: Sugata Bose und Kris Manjapra (Hg.), *Cosmopolitan Thought Zones: South Asia and the Global Circulation of Ideas*, New York 2010, S. 58–81. Mehr zur Handlungsmacht findet sich in Kapitel 2, Abschnitt 6 und Anmerkung 135; Kapitel 3, Abschnitt 3.

49 Deborah Bird Rose, *Hidden Histories: Black Stories from Victoria River Downs, Humbert River and Wave Hill Stations*, Canberra 1991, S. 46.

50 Nur Masalha, *The Palestine Nakba: Decolonizing History, Narrating the Subaltern, Reclaiming Memory*, London 2012, S. 54. Siehe auch Anmerkung 87 dieses Kapitels.

51 Wladimir Jabotinsky, »The Iron Wall: We and the Arabs« (Die eiserne Mauer: Wir und die Araber), ursprünglich auf Russisch publiziert in *Rasswet* 4 (November 1923). Ich habe sowohl auf die Transkription und Überarbeitung des Textes durch Lenni Brenner (www.marxists.de/middleast/ironwall/ironwall.htm [zuletzt aufgerufen am 31.01.2022]) als auch auf das PDF einer früheren Übersetzung (http://en.jabotinsky.org/media/9747/the-iron-wall.pdf [zuletzt aufgerufen am 31.01.2022]) zurückgegriffen.

52 Hervorhebung im Original.

53 Hervorhebung im Original.

54 Hervorhebung im Original.

55 Meine Hervorhebung.

56 Martin Heidegger, *Die Technik und die Kehre*, Pfullingen 1988, S. 12: »In ihm [im Entbergen] beruht die Möglichkeit aller herstellenden Verfertigung. Die Technik ist also nicht bloß ein Mittel. Die Technik ist eine Weise des Entbergens. Achten wir darauf, dann öffnet sich uns ein ganz anderer Bereich für das Wesen der Technik. Es ist der Bereich der Entbergung, d. h. der Wahrheit.«

57 Siehe Kapitel 2, Abschnitt 4, und, als Kontrast, die Beiträge in Mohammad Hashim Kamali u. a. (Hg.), *Islamic Perspectives on Science and Technology*, Singapur 2016.

58 Domenico Losurdo, *Freiheit als Privileg. Eine Gegengeschichte des Liberalismus*, Köln 2010, S. 12. Siehe in diesem Kontext auch die aufschlussreiche Analyse in Sankar Muthus Buch, *Enlightenment Against Empire*, Princeton 2003, S. 271–273.

59 Wolfe, »Settler Colonialism and the Elimination of the Native«, S. 388.

60 Genau hier gerät die von Aijaz Ahmad geäußerte Kritik an Saids Arbeit an ihre Grenzen. Zwar stellte Ahmad zu Recht fest, Said habe damit falschgelegen, den Orientalismus und andere Formen europäischer Voreingenommenheit als einen »transhistorischen Vorgang ontologischer Obsession und Unrichtigkeit« zu betrachten, er verfällt aber auch darauf, die Ursprünge der Herrschaft auf den »kolonialen Kapitalismus« zu beschränken, der wiederum »andere Formen der Macht hervorbrachte«. Siehe Ahmad, »Orientalism and After: Ambivalence and Cosmopolitan Location in the Work of Edward Said«, in: *Economic and Political Weekly* 27, Nr. 30 (25. Juli 1992), S. 98–116, hier S. 105. Die Frage lautet, woher dieser »Kapitalismus« kommt.

61 Man könnte anführen, dass die mongolischen Invasionen des dreizehnten Jahrhunderts mit den europäischen Eroberungen Nord- und Südamerikas sowohl vergleichbar als auch analog sind, doch wäre dies ein völlig in die Irre gehendes Argument. Trotz ihrer außergewöhnlichen zerstörerischen Wirkung stellten die mongolischen Einfälle eher ein »Ereignis« als eine Struktur oder einen Prozess dar. In ihnen zeigte sich ein Modus Operandi der Eroberung, kein Modus Vivendi in der Welt, der eine bestimmte Einstellung zum Leben, in dem sich eine spezifische Sicht auf die Menschheit und die Natur widerspiegelt. Nachdem die Mongolen ihre ursprünglichen Ziele militärischer Eroberung eingelöst hatten, setzten sie die Regierungsmethoden wieder ein, die bereits vor ihren Einfällen vorhanden waren. Ihre drei westlichen Khanate wurden muslimisch und folgten mehr oder weniger denselben Mustern der Regierungsherrschaft, wie sie bereits zuvor in muslimischen Ländern existiert hatten, nämlich einer von der *schariʿa* geprägten *Rule of Law*. Für einen kurzen, aber maßgeblichen Überblick siehe Ira M. Lapidus, *A History of Islamic Societies*, Cambridge 1988, S. 276–279.

62 Siehe William Cronon, *Introduction to Uncommon Ground: Rethinking the Human Place in Nature*, New York 1996, S. 23–56.

63 Aus diesem Grund ist die von Sari Hanafi vorgeschlagene analytische Kategorie des »Spaziozids« ebenso wenig hilfreich wie Teritorium, Rasse

oder Genozid. Siehe Hanafi, »Explaining Spacio-cide in the Palestinian Territory: Colonization, Separation, and State of Exception«, in: *Current Sociology* 61, Nr. 2 (2013), S. 190–205.

64 Giorgio Agamben, *Ausnahmezustand*, übers. von Ulrich Müller-Schöll, Frankfurt am Main 2004, S. 33: »In Wahrheit steht der Ausnahmezustand weder außerhalb der Rechtsordnung, noch ist er ihr immanent, und das Problem seiner Definition betrifft genau eine Schwelle oder eine Zone der Unbestimmtheit, in der innen und außen einander nicht ausschließen, sondern sich un-bestimmen [*s'indeterminano*].«

65 Hallaq, *Impossible State*, S. 37–73.

66 Ebd.

67 Anthony Dirk Moses, »Colonialism«, in: Peter Hayes und John K. Roth (Hg.), *The Oxford Handbook of Holocaust Studies*, Oxford 2010, S. 68–80, hier S. 73.

68 Achille Mbembe, »Nekropolitik«, in: Andreas Folkers und Thomas Lemke (Hg.), *Biopolitik*, Berlin 2014, S. 228–276, hier S. 245: »Im modernen philosophischen Denken wie auch in den europäischen politischen Praktiken und Vorstellungen repräsentiert die Kolonie den Ort, wo die Souveränität im Wesentlichen in der Ausübung einer Macht außerhalb des Gesetzes *(ab legibus solutus)* besteht und wo der ›Friede‹ dazu tendiert, das Antlitz eines ›Krieges ohne Ende‹ zu tragen.«

69 Der Begriff (*extraordinarity*) wird in der Kognitionspsychologie im Zusammenhang mit kognitiven Verzerrungen verwendet.

70 Während diese kontinuierliche Qualität mit meinem Narrativ der souveränen Herrschaft des Menschen über die Natur bzw. andere Menschen übereinstimmt, ist Arendts Unterscheidung zwischen einem genozidalen Kolonialismus und dem Holocaust nicht nur ungerechtfertigt, sondern zudem inkonsistent mit ihrem generellen Narrativ, das der Moderne eine Neigung zur Herrschaft über die »Natur« zuschreibt. »*Elemente und Ursprünge totaler Herrschaft* sowie [Arendts] Werk im Allgemeinen war also alles andere als ein Versuch, den europäischen Kolonialismus in Afrika mit dem Nazismus und dem Holocaust zu verknüpfen, sondern zielte so gesehen darauf ab, diese Verbindung zu lösen und den Holocaust von früheren Genoziden zu unterscheiden.« Anthony Dirk Moses, »Hannah Arendt, Imperialisms, and the Holocaust«, in: Volker Langbehn und Mohammad Salama (Hg.), *German Orientalism: Race, the Holocaust, and Postwar Germany*, New York 2011, S. 72–92, hier S. 78.

71 Fanon in der Sicht von Nelson Maldonado-Torres, *Against War: Views from the Underside of Modernity*, Durham 2008, S. 95, 100.

72 Hier soll Fanons Diagnose keineswegs abgewertet, sondern lediglich

darauf bestanden werden, dass sich im Kolonialen am deutlichsten eine Pathologie manifestiert, die ihren Ursprung in den Mutterländern zu verbergen trachtet. Ohne diese produktive metropolitane Pathologie kann es keine koloniale Pathologie geben.

73 Wolfe, »Settler Colonialism and the Elimination of the Native«, S. 391, eine Bezeichnung, die übernommen wurde aus James M. Mooney, *Historical Sketch of the Cherokee*, Chicago 1900, S. 124.

74 Wolfe, »Settler Colonialism and the Elimination of the Native«, S. 392; siehe auch Lorenzo Veracini, *Settler Colonialism: A Theoretical Overview*, London 2010, S. 56–58.

75 Veracini, *Settler Colonialism*, S. 53.

76 Aziz Rana, *The Two Faces of American Freedom*, Cambridge, MA 2014, S. 37–40.

77 Ein schmerzliches Beispiel ist die Form, in der in den Vereinigten Staaten die Rechtsherrschaft zur Enteignung der Indianer herangezogen wurde. Siehe Robert A. Williams, Jr., *Like a Loaded Weapon: The Rehnquist Court, Indian Rights, and the Legal History of Racism in America*, Minneapolis 2005; Williams, *The American Indian in Western Legal Thought: The Discourses of Conquest*, Oxford 1990; Linsday G. Robertson, *Conquest by Law: How the Discovery of America Dispossessed Indigenous Peoples of their Lands*, Oxford 2005.

78 Wolfe, »Settler Colonialism and the Elimination of the Native«, S. 388.

79 Hinsichtlich der politischen Verwendung des Holocaust als »Industrie« siehe Norman G. Finkelstein, *Die Holocaust-Industrie. Wie das Leiden der Juden ausgebeutet wird*, München 2002.

80 Eine andere Dimension dieses Arguments wird in der Einleitung aufgefaltet.

81 Kapitel 2, Teil 2; siehe auch Wael Hallaq, *Shari'a: Theory, Practice, Transformations*, Cambridge 2009, S. 396–420.

82 Für eine höchst aufschlussreiche politische und ethische Analyse der Komplizität zwischen dem Zionismus und modernen Wissensformen siehe Ilan Pappe, *Die Idee Israel*, Hamburg 2015. Siehe auch Gershon Shafir, »Zionism and Colonialism: A Comparative Approach«, in: Michael N. Barnett (Hg.), *Israel in Comparative Perspective*, New York 1996, S. 227–242, hier S. 228. Shafir merkt an, dass »die zionistische Kolonisation«, obwohl von »besonderem Guss«, »ihre fundamentale Ähnlichkeit mit reinen Siedlungskolonien nicht verloren hat«, S. 230. »Reine Siedlungskolonien erschufen ›eine auf weißer Arbeit basierende Wirtschaft‹, die es zusammen mit der gewaltsamen Vertreibung oder Vernichtung der einheimischen Bevölkerung den Siedlern ermöglichte, ›jenes Gefühl

kultureller und ethnischer Homogenität wiederzuerlangen, das mit dem europäischen Begriff der Nationalität gleichgesetzt wird‹«, S. 229, Hervorhebung im Original. Siehe auch Anthony Dirk Moses, »Empire, Resistance, and Security: International Law and the Transformative Occupation of Palestine«, in: *Humanity: An International Journal of Human Rights, Humanitarianism, and Development* 8, Nr. 2 (Sommer 2017), S. 379–408.

83 Siehe zum Beispiel Masalha, *Palestine Nakba*, S. 53–74.

84 Gershon Shafirs Argument, dass die Zionisten kein »koloniales Mutterland« gehabt hätten, wird durch die in seinem Artikel bereitgestellten empirischen Daten selbst widerlegt, Shafir, »Zionism and Colonialism«, S. 230. Zwar trifft zu, dass es im Falle des Zionismus kein mononationales koloniales Mutterland gab, doch die politische und finanzielle Unterstützung, die die Bewegung direkt wie indirekt von den einflussreichen Diasporagemeinschaften insgesamt erhielt und weiterhin erhält, kompensiert diesen Mangel bei Weitem. Wie Shafir selbst einräumt, verdankt sich das Überleben und der Erfolg der ersten Alija zwischen 1882 und 1903 der Hilfe »eines Mitglieds der Familie Rothschild«, S. 232. Darüber hinaus, und insbesondere seit 1973, bieten sich, was Siedlerkolonie und Mutterland betrifft, direkte und indirekte amerikanische Finanzhilfen und eine nahezu bedingungslose politische Unterstützung für eine Analyse an. Hinsichtlich der Finanzhilfen für Israel siehe Shirl McArthur, »A Conservative Estimate of Total U.S. Direct Aid to Israel: Almost $138 Billion«, in: *Washington Report* (Oktober 2015), S. 28–30, www.wrmea. org/congress-u.s.-aid-to-israel/u.s.-financial-aid-to-israel-figures-facts-and-impact.html [zuletzt aufgerufen am 31.01.2022]. Für eine Aufstellung nach Jahren, jedoch ohne Kreditgarantien, siehe »U.S. Foreign Aid to Israel: Total Aid (1949-Present [2017])«, in: *Jewish Virtual Library*, www.jewishvirtuallibrary.org/total-u-s-foreign-aid-to-israel-1949-present [zuletzt aufgerufen am 31.01.2022]. Es ist auch kein Zufall, dass von den fast zweihundert Ländern, die amerikanische Hilfe erhalten, Israel der bei Weitem größte Empfänger von Militärhilfe ist. Siehe »How Does the U.S. Spend Its Foreign Aid?«, in: *Council of Foreign Relations* (11. April 2017), www.cfr.org/backgrounder/how-does-us-spend-its-foreign-aid [zuletzt aufgerufen am 31.01.2022].

85 Siehe zum Beispiel John J. Mearsheimer und Stephen M. Walt, »The Israel Lobby and U.S. Foreign Policy«, in: *Middle East Policy* 13, Nr. 3 (Herbst 2006), S. 29–87; Mearsheimer und Walt, *The Israel Lobby and U.S. Foreign Policy*, Toronto 2007.

86 Siehe Benny Morris, »For the Record«, in: *Guardian*, 13. Januar 2004: »Das neue Material zeigt, dass die israelischen Kritiker falsch lagen: Die

zionistische Führungsriege der 1920er, 1930er und 1940er Jahre, von David Ben-Gurion, Israels Gründungspremierminister, über Chaim Weizmann, den liberalen Präsidenten der Zionistischen Weltorganisation, bis hin zu Menachem Ussishkin und Zeev Jabotinsky, hatte die Idee [der Umsiedlung] unterstützt.«

87 Der führende Zionist Chaim Weizmann erklärte einst, dass »Palästina so jüdisch sein soll wie […] Amerika amerikanisch« und dass die einheimischen Palästinenser nicht anders zu betrachten seien als »die Felsen von Judäa, als Hindernisse, die auf einem schwierigen Weg beseitigt werden müssen«. Siehe Masalha, *Palestine Nakba*, S. 54.

88 Golda Meir, Israels Premierministerin von 1969–1974: »Es war nicht so, dass es in Palästina ein palästinensisches Volk gegeben hat und dann kamen wir und haben es verjagt und ihm sein Land weggenommen. Es gab keine Palästinenser«, in: *Haaretz*, 3. Mai 2015, www.haaretz.com/israel-news/.premium-1.654218 [zuletzt aufgerufen am 31.01.2022]; Raphael Eitan, Generalstabschef der israelischen Streitkräfte von 1978–1983: »Wenn wir das Land besiedelt haben, werden die Araber nur noch wie besoffene Kakerlaken in einer Flasche herumkrabbeln können«, in: *New York Times*, 14. April 1983, www.nytimes.com/1983/04/14/world/most-west-bank-arabs-blaming-us-for-impasse.html [zuletzt aufgerufen am 31.01.2022].

89 Ilan Pappe, *Die ethnische Säuberung Palästinas*, übers. von Ulrike Bischoff, Berlin 2007, S. 337.

90 Wolfe, »Settler Colonialism and the Elimination of the Native«, S. 402. Siehe auch Amos Goldberg u. a., »Israel Charny's Attack on the Journal of Genocide Research and Its Authors: A Response«, in: *Genocide Studies and Prevention: An International Journal* 10, Nr. 2 (2016), S. 3–22.

91 Moses, »Colonialism«.

92 Zu diesem Plan in der zionistischen Geschichte siehe Nur Masalha, *Expulsion of the Palestinians: The Concept of »Transfer« in Zionist Political Thought, 1882–1948*, Washington, DC 1992.

93 Der renommierte Historiker Ilan Pappe führt an, die, »die in der größten Illusion von Sicherheit leben, könnten in Zukunft durchaus ebenfalls betroffen sein. Eine Umfrage ergab kürzlich, dass 68 Prozent der israelischen Juden sie gern ›umgesiedelt‹ sähen.« Pappe, *Die ethnische Säuberung Palästinas*, S. 337.

94 Wolfe, »Settler Colonialism and the Elimination of the Native«, S. 399 f.

95 Walid Khalidi, *All That Remains: The Palestinian Villages Occupied and Depopulated by Israel in 1948*, Washington, DC 1992.

96 Diese allen Formen des Kolonialismus gemeinsame Methode stellt ein bewusstes und gewolltes Element der zionistischen Ideologie dar, und

zwar seit dem Ende des neunzehnten Jahrhunderts. Wolfe, »Settler Colonialism and the Elimination of the Native«, S. 388, merkt an: »Wie Theodor Herzl, der Gründervater des Zionismus, in seinem allegorischen Manifest/Roman feststellte: ›Wenn ich ein altes Gebäude durch ein neues ersetzen will, muss ich es erst abreißen, bevor ich baue.‹ Der einstige stellvertretende Bürgermeister von Westjerusalem, Meron Benvenisti erinnerte sich ein halbes Jahrhundert später: ›Als Mitglied einer Pionierjugend habe ich selbst ‚die Wüste zum Blühen gebracht‘, indem ich die alten Olivenbäume von al-Bassa entwurzelt habe, um den Boden für einen Bananenhain zu roden, wie es die Prinzipien der ‚geplanten Landwirtschaft‘, meines Kibbuz, Rosh Haniqra, erfordern.‹ Die Umbenennung ist entscheidend bei der katastermäßigen Auslöschung/Ersetzung der palästinensisch-arabischen Präsenz, die Benvenisti hier eindrücklich zur Sprache bringt«. Siehe auch Masalha, *Palestine Nakba*, S. 75–87.

97 Eyal Weizman, *Sperrzonen. Israels Architektur der Besatzung*, übers. von Sophia Deeg und Tashy Endres, Hamburg 2009, S. 253–284.

98 Eine Liste von ungefähr 50 diskriminierenden Gesetzen findet sich auf der Website der Interessengruppe Adalah, www.adalah.org/en/law/index [zuletzt aufgerufen am 31.01.2022].

99 George Bisharat, »Violence's Law: Israel's Campaign to Transform International Norms«, in: *Journal of Palestine Studies* 42, Nr. 3 (Frühjahr 2013), S. 68–84, hier S. 70.

100 Ebd. S. 80.

101 Hagai Amit, »The Dead Sea Is Dying Fast: Is It Too Late to Save It, or Was It Always a Lost Cause?«, in: *Haaretz*, 7. Oktober 2016, www.haaretz.com/israel-news/business/1.746258 [zuletzt aufgerufen am 31.01.2022]. Siehe auch »World Bank Overview«, http://web.worldbank.org/WBSITE/EXTERNAL/COUNTRIES/MENAEXT/EXTREDSEADEADSEA/0,,contentMDK:21841536~menuPK:5174651~pagePK:64168445~piPK:64168309~theSitePK:5174617,00.html [zuletzt aufgerufen am 31.01.2022].

102 2013 rangierte Israel auf Platz sechs der größten Waffenexporteure der Welt. In jenem Jahr lagen seine Verkäufe um 74 Prozent höher als 2008. »Overtaking China and Italy: Israel Ranks as the World's Sixth Largest Arms Exporter in 2012«, in: *Haaretz*, 25. Juni 2013, www.haaretz.com/israel-news/.premium-1.531956 [zuletzt aufgerufen am 31.01.2022].

103 »Israels Geschäft mit dem Krieg«, *Der Spiegel*, 19. August 2014, https://www.spiegel.de/wissenschaft/technik/israels-ruestungsindustrie-milliarden-geschaeft-mit-militaertechnik-a-981379.html [zuletzt aufgerufen am 31.01.2022].

104 »›Israel Would Be Embarrassed If It Were Known It's Selling Arms to These Countries‹«, in: *Haaretz*, 7. August 2015: »Alle Länder exportieren Militärgüter. Problematisch ist, dass Israel mit Gebieten Handel treibt, für die die USA und Europa den Waffenexport ausgeschlossen haben. Wir wissen, dass Israel Waffen nach Aserbaidschan, Süd-Sudan und Ruanda verkauft. Israel bildet Einheiten aus, die für den Schutz der Präsidialregime in afrikanischen Staaten zuständig sind. Berichten zufolge findet dies in Kamerun, Togo und Äquatorialguinea statt – Staaten ohne demokratische Verfassung, darunter Diktaturen, die ihre Bürger ermorden, ausplündern und unterdrücken.« www. haaretz.com/israel-news/.premium-1.669852 [zuletzt aufgerufen am 31.01.2022]. Darüber hinaus »vermarktet Israel seine Waffen als ›felderprobt‹, was bedeutet, sie wurden mit Menschen – Palästinensern oder anderen Arabern – als Versuchskaninchen während der verschiedenen Eroberungskriege und Menschenrechtsverletzungen Israels getestet. Damit also appelliert man an unethische Regierungen überall auf der Welt, die ihre Waffen von israelischen Firmen kaufen: Ihre Waffen haben sich bei der Tötung von Zivilisten als effektiv erwiesen und daher lohnt es sich für Kriminelle und Folterer auf der ganzen Welt, in sie zu investieren.« »The Crisis in Israel's Arms Industry«, in: *Middle East Monitor*, 16. November 2015, www.middleeast-monitor.com/20151116-the-crisis-in-israels-arms-industry/ [zuletzt aufgerufen am 31.01.2022].

105 »Israeli Doctors Accused of Collusion in Torture«, in: *World Report* 381 (9. März 2013), www.thelancet.com/pdfs/journals/lancet/PIIS0140–6736(13)60612–1.pdf [zuletzt aufgerufen am 31.01.2022]; »Israeli Medics Collude with the Torture of Palestinians«, in: *Middle East Monitor*, 29 Mai 2015.

106 Weizman, *Sperrzonen*, S. 253–284.

107 Gil Eyal, »Dangerous Liaisons Between Military Intelligence and Middle Eastern Studies in Israel«, in: *Theory and Society* 31, Nr. 5 (Oktober 2002), S. 653–693. »In Israel ist es ein ›offenes Geheimnis‹, dass mit Nahoststudien befasste Akademiker eine große Affinität zum militärischen Nachrichtendienst aufweisen: Sie absolvieren dort ihren Militärdienst, führen Studien in seinem Auftrag durch, und wenn sie in den öffentlichen Medien Interviews geben, sprechen sie mit der Autorität derjenigen, ›die es wissen‹. Dass solche Beziehungen existieren, ist demnach wohlbekannt«, S. 653.

108 Einer Studie zufolge glaubten 80 Prozent der Grundschüler, die Araber seien schmutzig; 75 Prozent hielten sie für Mörder und Terroristen;

90 Prozent gaben an, dass die Palästinenser keinerlei Recht an dem »Land Israel« hätten. Siehe Masalha, *Palestine Nakba*, S. 238.

109 Siehe ebd., S. 237. Aus einer anderen, aktuelleren Studie geht hervor, dass Schulbücher für palästinensische Schüler zwischen der fünften und zwölften Klasse systematisch darauf ausgerichtet sind, ein das zionistische Projekt rechtfertigendes Narrativ zu fördern, während die palästinensische Geschichte nur am Rande vorkommt oder völlig unterdrückt wird. »Die Lehrbücher […] unterteilen die Geschichte in drei Epochen: Das Altertum, das Mittelalter und die Neuzeit. In allen dreien wird der jüdische Beitrag zur Weltgeschichte und -zivilisation hervorgehoben sowie einseitig die Geschichte von Regionen, Ereignissen und historischen Persönlichkeiten betont, die mit dem Judentum in Verbindung stehen, die arabische Geschichte hingegen wird marginalisiert. […] Generell werden in den Büchern geografische Schauplätze, die nach israelischer Auffassung Teil der jüdischen biblischen Geschichte sind, mit hebräischen Namen belegt, auch wenn diese von den alten Israeliten niemals bewohnt oder beherrscht worden waren. Bei der in den Lehrbüchern zur Geschichte des Altertums herangezogenen Wissensquelle handelt es sich interessanterweise nicht um aktuelle oder wissenschaftliche Quellen, sondern hauptsächlich um die jüdische Bibel. Mit der Verwendung der jüdischen Bibel als historischem Text wird nicht nur die Religion politisiert, sondern es werden auch historische Ereignisse, Schauplätze und jüdische Akteure der Geschichte ohne wissenschaftliche Überprüfung und unangefochten von anderen […] Geschichtserzählungen oder historischen Befunden in eine messianische Sphäre gerückt. Die israelische Geschichtserzählung wird somit als Ideenkorpus von universeller Wahrheit präsentiert. Sie liefert […] die moralischen, religiösen und politischen Grundlagen für die ausschließlich ethnisch-jüdischen Ansprüche auf Palästina. [Der zionistische] Kampf wird geschildert als Befreiungsakt von einer von den Osmanen, den Briten und den Arabern ausgeübten oppressiven Herrschaft. Gleichzeitig wird der palästinensische Widerstand gegen Kolonialismus und Zionismus als unrechtmäßiger Terror dargestellt. Mit anderen Worten, während das nationale Streben der Juden nach Freiheit und Selbstbestimmung gepriesen wird, werden ähnliche Bestrebungen von Seiten der Palästinenser abgetan und vielfach angeprangert. Darüber hinaus wird in den Lehrbüchern sowohl der arabische als auch der palästinensische Widerstand gegen den Zionismus kritisiert und der Zionismus (und der britische Kolonialismus) als modernisierende Kraft beschrieben, die der ›rückständigen‹ palästinensi-

schen Gesellschaft zugutekommt [meine Hervorhebung]. Die Zionisten werden dargestellt, als versuchten sie mit den Arabern in Frieden
zu leben, während die Araber nichts anderes wollten, als gegen die
Juden zu kämpfen [...] Die Lehrbücher erklären nicht, warum die zionistische Bewegung noch vor der Intensivierung des palästinensischen
Widerstands ausschließlich jüdische Siedlungen errichtete, in denen
nur Juden arbeiten dürfen. Überdies erklären sie diese separatistischen
Strategien der Zionisten und die Schaffung einer ethno-nationalen politischen Einheit vor allem mit der historischen Viktimisierung und
Verfolgung der Juden. Sie gehen jedoch nicht auf die palästinensischen
Flüchtlinge und auf die Gründe ein, die zu dem Verlust ihrer Heimat
führten. In den in den 1960er Jahren publizierten Lehrbüchern wird
den Palästinensern die Schuld für ihre Tragödie mit dem Argument in
die Schuhe geschoben, dass die zionistischen Führer die Palästinenser dazu angehalten hätten, Palästina nicht zu verlassen, sondern zu
bleiben und in Frieden mit ihnen zu leben. In den in den 1980er und
1990er Jahren veröffentlichen Lehrbüchern wird weder diskutiert, ob
die Palästinenser vertrieben wurden oder flohen oder warum dies geschah, noch wird erklärt, warum die Palästinenser nach dem Krieg
von 1948 nicht zurückkehren durften.« Riad Nasser und Irene Nasser,
»Textbooks as a Vehicle for Segregation and Domination: State Efforts
to Shape Palestinian Israelis' Identities as Citizens«, in: *Journal of Curriculum Studies* 40, Nr. 5 (2008), S. 627–650, hier S. 642 f.

110 Siehe zum Beispiel die Leitlinie des Moshe Dayan Center for Middle
Eastern and African Studies, einer Abteilung der Universität Tel Aviv.
»Verträge zwischen eingeschworenen Feinden aushandeln. Die kommenden Schritte internationaler Terroristen vorausberechnen. Eine
Zukunft mit benachbarten Atommächten prognostizieren. Ohne die
Wissenschaftler und die Analysen des Moshe Dayan Center for Middle
Eastern and African Studies wären die globalen Demokratien nicht
das, was sie heute sind. [...] Der Think Tank, dessen Ursprünge bis
1959 zurückreichen, wurde sechs Jahre später der Universität Tel Aviv
eingegliedert. 1983 sammelten Freunde und Bewunderer des gerade
verstorbenen Militärhelden und Regierungsministers Gelder zur Stiftung des Moshe Dayan Zentrums. Der internationale Vorstand wird
von Lester Pollack, einem langjährigen Unterstützer der Universität
Tel Aviv und Israels, in enger Zusammenarbeit mit der israelischen
Regierung und der Armee geleitet.« www.cftau.org/spotlights/moshe-
dayan-center-for-middle-eastern-and-african-studies/ [zuletzt aufgerufen am 31.01.2022]. Das Shiloah-Institut, ein Vorläufer des Moshe

Dayan Zentrums, war mindestens ebenso eindeutig politisch ausgerichtet. Wie Gil Eyal vermerkt, lud dieses Institut »Offiziere des militärischen Nachrichtendienstes und Staatsbeamte als Gastforscher ein, die ein Jahr an dem Institut [verbrachten] und von den Forschungseinrichtungen des Instituts Gebrauch [machten]. Die Gastforscher wurden gebeten, sich an der gemeinschaftlich erarbeiteten Jahrespublikation des Instituts, dem Midde East Contemporary Survey (MECS) zu beteiligen. Zudem veröffentlichten sie ihre unabhängigen Forschungen in der institutseigenen Monografienreihe. Zweitens ernannten sie Nachrichtenoffiziere und Staatsbeamte zu Mitgliedern des ständigen Forschungskomitees des Instituts, das für die Erteilung von Stipendien, für die Auswahl der Gastforscher und die Festlegung der Gemeinschaftsprojekte usw. verantwortlich war.« Eyal, »Dangerous Liaisons Between Military Intelligence and Middle Eastern Studies in Israel«, S. 679 f.

111 Zu den denkwürdigsten Erfahrungen, die ich als Student der Nahoststudien und der Politik in Israel gemacht habe, gehörte Professor David Farhi, ein Oberst der Israelischen Verteidigungsstreitkräfte, seinerzeit in die Militärverwaltung der besetzten West Bank berufen, der in Uniform und vollem militärischen Ornat seine Vorlesungen über die Geschichte des Osmanischen Reiches abhielt! Zu Farhis Laufbahn siehe Shlomo Gazit, *Trapped Fools: Thirty Years of Isareli Policy in the Territories*, London 2003, S. 67.

112 Samantha Power, »*A Problem From Hell*«: *America and the Age of Genocide*, New York 2002.

113 Zum Selbsthass siehe die Diskussion in Kapitel 2, Abschnitt 4.

V Umbau des Orientalismus, Umbau des Subjekts

1 Wie bereits in Kapitel 2 dargelegt, ist die *schariʿa* in der Moderne vom Kolonialismus wie vom modernen Nationalstaat ausgehöhlt worden, wodurch zumindest ihre institutionellen Strukturen ausgelöscht worden sind. Siehe auch Wael Hallaq, »Can the Shariʿa Be Restored?«, in: Yvonne Y. Haddad and Barbara F. Stowasser (Hg.), *Islamic Law and the Challenges of Modernity*, Walnut Creek, CA 2004, S. 21–53, hier S. 21 f.

2 Wann immer ich im Kontext der *schariʿa* den Begriff »rechtlich« verwende, ist damit ein Konzept, ein Phänomen oder eine Kategorie angesprochen, die stets als der Moral nachgeordnet verstanden werden müssen, wobei diese eine umhüllende Normenstruktur darstellt, die, umgekehrt, das Rechtliche sowohl subordiniert als auch befehligt. In einem System, das zwischen dem Moralischen und Rechtlichen keinen Unterschied

machte, sondern in dem beides vermischt war (wie es bei der *schari'a* vor dem Beginn der Moderne für Jahrhunderte der Fall war), muss die differenzierte Verwendung der Begriffe, auch des Begriffs des »Moralischen«, als ein Sachverhalt verstanden werden, der sich *dem unentrinnbaren konzeptionell-linguistischen Repertoire der Moderne verdankt, das die beiden Begriffe zwangsläufig verschiedenen Sphären zuordnet.*

3 Jeder in der Geschichte der *schari'a* bewanderte Experte wird wissen, dass um 1850, womöglich sogar etwas früher, in Sprache, Stil, Argumentationsweise und Struktur der islamischen Rechtstexte bereits eine dramatische Veränderung stattgefunden hatte, in der sich auch ein nicht minder drastischer Niedergang der intellektuellen Qualität des Rechtdiskurses feststellten lässt, wie er allen früheren Formen fremd ist. Siehe dazu generell die nützliche Arbeit von John Walbridge, *God and Logic in Islam: The Caliphate of Reason*, Cambridge 2013.

4 Ich verwende den Begriff ausschließlich in Anlehnung an meine Diskussion der zentralen und peripheren Gebiete und nicht in seinem allgemeinen Bedeutungssinn.

5 Siehe dazu Wael Hallaq, *The Impossible State: Islam, Politics, and Modernity's Moral Predicament*, New York 2013.

6 Ein Argument, das ich sowohl in *Impossible State*, S. 37–97, als auch in *Shari'a: Theory, Practice, Transformations*, Cambridge 2009, S. 125–221, vorgetragen und in manchen Aspekten weiterentwickelt habe in »Regarding Liberty, Freedom, Representation, and the Rule of Law: How Would the Shari'a Fare?«, einer am 4. Februar 2014 an der School of Oriental and African Studies in London gehaltenen Vorlesung, die unpubliziert geblieben ist.

7 Als generische Kategorie stellt der Begriff »Islam« tatsächlich in vielerlei Hinsicht eine moderne, wenn auch häufig grobe und verkürzende Übersetzung der verschiedenen Formationen dar, die in Zeit und Raum zusammenwirkten, um die Bedingungen der Möglichkeit für verschiedene Lebensweisen zu schaffen, deren gemeinsamer Nenner in verschiedenen schriftlichen Niederlegungen islamischer Konzeptionen von Ethik, Moral, Mystik, Recht, Theologie, Philosophie und Ökonomie liegt, bisweilen aber auch in einer so partiellen Vorstellung wie der der allgemein als *'ibadat* bezeichneten religiösen Verrichtungen. Die *abstrahierte Gesamtheit* der zwischen all diesen Konzeptionen – wie auch ihren praktischen Implementierungen – stattfindenden historischen Interaktionen wurde von frisch bekehrten Gesellschaften jedoch als etwas Eigenes beansprucht und auf eine Weise weitervererbt, als hätten sie schon immer an dieser Geschichte partizipiert. (Man betrachte etwa die Geschichte

des Islam im malaiischen Archipel in den letzten fünf- oder sechshundert Jahren.) So besehen diktierten diese historisch beanspruchten Formationen selbst in ihrer Hybridität und Partialität die eigentlichen Bedingungen des gesellschaftlichen »Subjekts und des Prädikats«.

8 Foucault, »Subjekt und Macht«, in: *Analytik der Macht*, Frankfurt am Main 2005, S. 240–263, hier S. 250.

9 Im Lichte der in Anmerkung 7 getroffenen Unterscheidungen übersetzt sich die Umwandlung der Formationen in einen Untersuchungsgegenstand *auch* in eine Exteriorisierung, die diese Formationen ihrer zeitlichen Relevanz und historisch-teleologischen Gültigkeit entledigt. Dies scheint mir im Gegensatz zu dem behaupteten Erbe zu stehen, von dem ich in dieser Anmerkung gesprochen habe. Während auf heimatlichem Boden die diskursiven Traditionen samt ihren Anwendungen dem Schoß der gemeinschaftlichen Erinnerung einverleibt werden, sind sie in der Hand der europäischen Philologie nicht nur psychologisch und epistemisch externalisiert, sondern zudem in der Welt der Vergangenheit und somit, außer für die wissenschaftliche Neugier, die die »musealisierte Kultur« zu »verstehen« sucht, als irrelevant verortet worden. Die sich aus dieser Exteriorisierung ergebenden Implikationen werde ich an geeigneter Stelle behandeln.

10 Saids Humanismus ist nicht nur »eine Geste des Widerstands und der Kritik«, sondern gehört auch zu einer ausgesprochen »säkularen intellektuellen Tradition, die den Pfad zur menschlichen Freiheit in einer furchtlosen und unmissverständlichen Kritik sieht«. Siehe Edward Said, »Presidential Address 1999: Humanism and Heroism«, in: *Publications of the Modern Language Association of America* (Mai 2000), S. 285–291, hier S. 290 f. Indem Said »Ethnizität und Sektierertum« (lies politische Gewalt) mit »Tradition« und »Religion« in einen Topf wirft und gleichsetzt, behauptet er, dass diese für den Humanisten in seinem Bestreben, »die menschliche Geschichte zu verstehen […] weder als Leitfaden taugen noch als Methode nützlich sind«. Siehe ebenso Gil Anidjar, »Secularism«, in: *Critical Inquiry* (Herbst 2006), S. 52–77, hier S. 52–56. Im Gegensatz zu Scheler und anderen, wie etwa dem von Said bewunderten Vico, die der Religion zugestanden, der Welt ebenso viel Sinn abzugewinnen wie das säkulare humanistische Dogma, lehnte Said Tradition wie Religion pauschal ab und wiederholte damit im Grunde die Schieflagen, die er in seinem gefeierten Buch kritisiert hatte. An Saids Haltung zum Humanismus ist für uns daher bloß noch die »Geste des Widerstands und der Kritik« nützlich. (Dass sich seine Definition auf die »Geste« beschränkt, wie die Praxis des Orientalismus und des Kolonialismus

sich auf den »Herrschaftsstil« beschränkt, verrät viel über die Gründlichkeit seines Engagements.) So besehen befasst sich der Humanismus nicht mit den Problemen einer anthropozentrischen Existenz; das wird in *Humanism and Democratic Criticism* und anderen seiner Schriften deutlich. Siehe Edward Said, *Humanism and Democratic Criticism*, New York 2004. Wo sich Said auf Vico beruft, plädiert er dafür, den Philosophen ernst zu nehmen, wenn dieser stur darauf besteht, dass der Mensch seinen Weg selbst bestimmt und sein eigenes Schicksal schmiedet (durch Widerstand und Kritik und vielleicht in seinem Streben). Vicos Vorstellung jedoch von der zentralen Rolle der Religion und der Vorsehung für die Gesellschaft eignet sich Said nicht an, ja schließt sie sogar völlig aus, ist sie doch ein »skandalöses« »Detail«, das das Bild Vicos als Verfechter der »menschlichen Freiheit« trüben könnte. Im Gegensatz zu Vico sah Said, der sich als ein Mitte-rechts-Vertreter der Aufklärung positionierte, einen Widerspruch zwischen Religion und Freiheit, einen Widerspruch, der sich durch den säkularen Humanismus auflösen ließ. Zu Aspekten von Vicos »skandalösem« Denken siehe Robert C. Miner, *Vico: Genealogist of Modernity*, Notre Dame 2002, S. 137 und passim.

11 Dies ist natürlich eine wohlwollende Relativierung, da die Beherrschung der Natur und die Umweltzerstörung von vielen der hier zitierten Intellektuellen, darunter Guénon, Scheler, die frühen Denker der Frankfurter Schule, Arendt und andere, als quasiphilosophische Probleme erkannt wurden.

12 Naomi Oreskes, »The Scientific Consensus on Climate Change: How Do We Know We Are Not Wrong?«, in: Joseph F. C. DiMento and Pamela Doughman (Hg.), *Climate Change: What It Means for Us, Our Children, and Our Grandchildren*, Cambridge, MA 2007, S. 65–99.

13 Siehe These 3 in Dipesh Chakrabarty, »Das Klima der Geschichte: Vier Thesen«, in: ders., *Europa als Provinz. Perspektiven postkolonialer Geschichtsschreibung*, Frankfurt am Main 2010, S. 169–198.

14 Ein schlagkräftiges Argument dahingehend bietet Sanjay Seth, »›Once Was Blind but Now Can See‹: Modernity and the Social Sciences«, in: *International Political Sociology* 7 (2013), S. 136–151, insbesondere S. 144.

15 Andrew Vincent argumentiert durchaus plausibel, wenn er sagt, dass gerade die Werte und Praktiken der liberalen Rechtstheorie die »Hauptgefahr für die Umwelt darstellen«. Siehe Vincent, »Liberalism and the Environment«, *Environmental Values* 7 (1998), S. 443–459, hier S. 443. Siehe auch Avner de-Shalit, »Is Liberalism Environment-Friendly?«, in: Michael Zimmerman (Hg.), *Environmental Philosophy: From Animal Rights to Radical Ecology*, Upper Saddle River, NJ 1998, S. 386–406.

16 Mit dem hier eingeschobenen Minimalismus soll die Auseinandersetzung darüber verhindert werden, ob die vorindustriellen Gesellschaften zur umweltlichen und ökologischen Zerstörung beigetragen haben.
Siehe die aufschlussreichen Argumente in Dilep Chakrabaty, »Das
Klima der Geschichte«, sowie Kapitel 2, Abschnitt 4. Diese Argumente
mögen jedoch nicht ausreichend sein. Skeptiker dürften noch immer
daran zweifeln, dass sich die Industriegesellschaft radikal von früheren Epochen unterscheidet, in denen die Umweltzerstörung durch den
Menschen weniger extensiv und eher nach und nach erfolgt ist. Diese
Meinungsverschiedenheit lässt sich allerdings nicht durch den Rückgriff auf quantitative Daten beilegen. Die auf einer vorindustriellen
Umweltzerstörung beharrende Argumentation ist nicht nur mit einem
prädeterminierten Geschichtsbild unterlegt, sondern auch mit einer fest
auf dem Dogma der Fortschrittsdoktrin beruhenden Geschichtsauffassung. Das Narrativ insistiert darauf, dass alle Gesellschaften, »Zivilisationen« oder Kulturen tatsächlich genau das Gleiche wie der Westen
getan hätten, wären sie an seiner Stelle gewesen, der Logik folgend, dass
der Fortschritt zwangsläufig eintritt und dass er eben seinen Preis hat
beziehungsweise haben muss. Die nie aufgeworfene Frage lautet, warum nicht anderswo und bevor Europa die Bühne betrat eine solch massive Umweltzerstörung stattgefunden hat. Mit diesem Narrativ lassen
sich offenbar die Fragen, die im Hinblick auf die spezifischen, für die
Zerstörungskraft der Moderne notwendigen Bedingungen gestellt werden, leicht entlang einer Vektorlinie verallgemeinern, die ausschließlich auf einem vorherbestimmten Fortschritt beruht. Wir haben es hier
nicht bloß mit einer historischen Kraft zu tun, sondern mit Metaphysik
zuhauf. Mehr zu diesen Themen siehe Stephen M. Gardiner, *A Perfect
Moral Storm: The Ethical Tragedy of Climate Change*, Oxford 2011.

17 David Schrader, »Living Together in an Ecological Community«, in:
Journal of Philosophy 7, Nr. 18 (Herbst 2012), S. 42–51, hier S. 42.

18 Für mehr zum Relativismus siehe These sechzehn in Wael Hallaq, »Se-
venteen Theses on History«, in: Lucian Stone und Jason Bahbak Mohag-
hegh (Hg.), *Manifestos for World Thought*, Lanham, MD 2017, S. 199–208.

19 Die Moderne scheint in der imperialen und »zivilisatorisch definierten«
Geschichte der Menschheit eine Sonderstellung einzunehmen, zumindest insofern, als sie ein komplexes (vielleicht zu komplexes) System ist,
das seine eigene metaphysische Doktrin weder zu erkennen noch zu artikulieren vermochte. Tatsächlich ist jeder Versuch, modernen Phänomenen eine Art Metaphysik zuzuschreiben, stets als Kritik am Projekt
der Moderne und nicht als innere Ausgestaltung desselben artikuliert

worden. Die Verleugnung der die Moderne strukturell unterfütternden metaphysischen Doktrin gilt – unter der Annahme, die Metaphysik sei ein mythologisches Produkt und gehöre einer urzeitlichen Vergangenheit an – selbstverständlich als wesentlich und unverzichtbar für die weitere Rechtfertigung und das Überleben des Projekts als eines rationalen Projekts. Siehe auch Jan C. Schmidt, »Defending Hans Jonas' Environmental Ethics: On the Relation Between Philosophy of Nature and Ethics«, in: *Environmental Ethics* 35 (Winter 2013), S. 461–479, hier S. 467–469.

20 Hinsichtlich der Technik als Technologie und ihrer bestimmenden Rolle für das moderne Leben siehe Jacques Ellul, *The Technological Society*, New York 1964.

21 Daraus ergibt sich ein weiterer Widerspruch im Projekt der Moderne. Rationalität gilt als das Fundament einer aufgeklärten Moderne, die sich in einer fortschreitenden Linie bewegt, immer auf eine bessere Zukunft zu; allerdings wird kaum jemand bestreiten, dass diese Moderne (oder zumindest ihr gegenwärtiger Zustand) nicht unbedingt mit einem gesunden Lebensstil zu tun hat und anstatt einer Abnahme eine markante Zunahme von gesundheitlichen, wirtschaftlichen oder ökologischen Problemen mit sich bringt. Die Rationalität der eigenen Arbeit und ihrer Ergebnisse zu entlasten (wie in der Behauptung, dass Nebenwirkungen das Ziel rechtfertigen oder dass Nebenwirkungen berechtigterweise nicht vorhergesehen werden können), bedeutet, sich auf einen weiteren Widerspruch einzulassen, nämlich den, dass die Rationalität eo ipso mangelhaft und unzuverlässig ist und keine Lösungen für die dem menschlichen Handeln entspringenden Probleme bieten kann. Das ist jedoch nicht alles. Die Rationalität steigt überdies in die Gefilde der Metaphysik hinab, und zwar in jene traditionelle Metaphysik, die unsere säkulare Welt so vehement zu vermeiden sucht. Das Beharren auf dem Glauben, dass unsere Rationalität und die aus ihr hervorgegangenen Wissenschaften unsere Ideale erfüllen können und werden, hat sich, wo nicht zu einem Mythos, so doch zu einer Theologie ausgewachsen, die besagt, dass der Vernunft und Rationalität der Moderne, ungeachtet der Strafen, die sie einem auferlegen, gedient werden müsse wie Gott. Das ist nichts anderes als die himmlische Inquisition, von der Hiob heimgesucht wird, der in der Hoffnung auf Erlösung Gottes harte Strafen annimmt.

22 Max Scheler, *Probleme einer Soziologie des Wissens*, in: ders., *Die Wissensformen und die Gesellschaft*, GW VIII, Bonn 2008, S. 68, 111 f.; Werner Stark, *Die Wissenssoziologie*, Stuttgart 1960, S. 94.

23 Ein ökonomischer, kultureller und ideeller »Markt«, der für die Entwicklung des Liberalismus wesentlich war. Über den Zusammenhang zwischen den Idealen liberalen Denkens und Sklaverei, Gewalt, Kolonialismus und Schrecken bzw. Dämonisierung siehe Domenico Losurdo, *Freiheit als Privileg. Eine Gegengeschichte des Liberalismus*, Köln 2010; Sven Beckert und Seth Rockman (Hg.), *Slavery's Capitalism: A New History of American Economic Development*, Philadelphia 2016; Lisa Lowe, *The Intimacies of Four Continents*, Durham 2015; die erweiterte Rezenzion von Pankaj Mishra, »Bland Fanatics«, in: *London Review of Books* 37, Nr. 23 (3. Dezember 2015), S. 37–40; und Elisabeth Anker, »The Liberalism of Horror«, in: *Social Research* 81, Nr. 4 (Winter 2104), S. 795–823.

24 Die wichtigsten Beispiele hierfür sind die Basken, Iren, Galicier und Katalanen. Hinsichtlich des Zusammenhangs zwischen der Kolonisierung des keltischen Irland und der späteren Kolonialisierung Nordamerikas siehe die wichtige Arbeit von Aziz Rana, *The Two Faces of American Freedom*, Cambridge, MA 2014, S. 28–30.

25 Ich denke hier an Louis Massignon und insbesondere an René Guénon (siehe Kapitel 3).

26 Obwohl es überaus umstritten ist, dass trotz der weltweiten Verbreitung moderner Technologie und Industrie die Zerstörungsfolgen für die nicht-euro-amerikanische Welt weitaus größer waren als die Verantwortung, die letzterer für ihre Verursachung zukam.

27 Giorgio Agamben, *Signatura rerum. Zur Methode*, übers. von Anton Schütz, Frankfurt am Main 2009, S. 20.

28 Arran Gare, »MacIntyre, Narratives, and Environmental Ethics«, in: *Environmental Ethics* 20 (Frühjahr 1998), S. 3–21, hier S. 14; Schmidt, »Defending Hans Jonas«, S. 463.

29 Alasdair MacIntyre, *Whose Justice? Which Rationality?*, Notre Dame 1988, S. 12.

30 Patrick Joyce, »The Return of History: Postmodernism and the Politics of Academic History in Britain«, in: *Past and Present* 158 (1998), S. 207–235, hier S. 223.

31 Gare, »MacIntyre, Narratives, and Environmental Ethics«, S. 10.

32 Ein Abriss dieser Geschichte findet sich in Hallaq, *Shari'a: Theory, Practice, Transformations*, Cambridge 2009, S. 357–550.

33 Und in bestimmten Fällen schon viel früher, wie Kaviraj zeigt (siehe nächste Anmerkung).

34 Siehe zum Beispiel Pransenjit Duara, *The Crisis of Global Modernity*, Cambridge 2015; Sudipta Kaviraj, »The Reversal of Orientalism: Bhudev

Mukhopadhyay and the Project of Indigenist Social Theory«, in: Vasudha Dalmia und H. von Stietencron (Hg.), *Representing Hinduism: The Construction of Religious Traditions and National Identity*, New Delhi 1995, S. 253–279; Sudipta Kaviraj, »The Idea of Europe: Bhudev Mukhopadhyay and the Critique of Western Modernity« (unveröffentlichte Arbeit); Zhao Tingyang, »A Political World Philosophy in Terms of All-Under-Heaven (Tian-xia)«, in: *Diogenes* 56, Nr. 5 (2009), S. 5–18; Xiang Shiling, »Theory of ›Returning to the Original‹ and ›Recovering Nature‹ in Chinese Philosophy«, in: *Frontiers of Philosophy in China* 3, Nr. 4 (2008), S. 502–519; Mukul Sharma, *Green and Saffron: Hindu Nationalism and Indian Environmental Politics*, Ranikhet 2012; Vandana Shiva, *Biopiraterie. Kolonialismus des 21. Jahrhunderts. Eine Einführung*, Münster 2002.

35 Siehe Kapitel 2, Abschnitt 1.

36 Obgleich ich es für gegeben halte, dass im Kontext der Moderne ein nichtmoderner Diskurs sowohl eine ontologische als auch epistemologische Unmöglichkeit ist, unterscheide ich zwischen dem paradigmatischen Diskurs (der die dauerhafte Macht und Perpetuierung der Zentralgebiete repräsentiert) und dem subversiven Diskurs (der in die vielschichtige Konstitution der substanziellen Macht eingebettet ist, die häufig, aber nicht immer mit peripheren Gebieten in Verbindung steht). (Siehe die Diskussion in Kapitel 2 zur Unterscheidung zwischen der Substanz und der Mechanik der Macht.) So ist zum Beispiel eine wiederverzauberte Weltphilosophie, die darauf besteht, Kapitalismus, Materialismus und säkularen Humanismus einer organizistischen, leicht mystischen, ethisch-zentrierten und nichtfragmentierten/integrierten Weltsicht unterzuordnen, zweifellos eine moderne Schöpfung und lediglich Neuauflage eines modernen Narrativs, dessen Authentizität nicht außerhalb einer durchweg modernen Wirklichkeitsauffassung validiert werden kann. Doch diese sehr moderne Konzeptualisierung – die in den Machtdiskurs integriert ist – steht den paradigmatischen Gebieten in ihrer Eigenschaft als Diskurs und als Machtstruktur entgegen. Sie tut dies als eine substanzielle Alternative zu den dominanten Formen von Wissen und Macht, eine Alternative, die aufgrund ihrer vollkommen unterschiedlichen Konzeption der Welt qualitativ und (vielleicht »genetisch«) andere Lösungen bietet als die von den paradigmatischen Gebieten der Moderne hervorgebrachten.

37 Zakiyyah Iman Jackson, »Outer Worlds: The Persistence of Race in Movement ›Beyond the Human‹«, in: *GLQ: A Journal of Lesbian and Gay Studies* 21, Nr. 2–3 (2015), S. 215–218, hier S. 215.

38 Jinthana Haritaworn, »Decolonizing the Non/Human«, in: *GLQ: A Journal of Lesbian and Gay Studies* 21, Nr. 2–3 (2015), S. 210–213, hier S. 212.

39 »Orientalisch« steht hier ebenso für Afrika und die beiden Amerika wie für Asien oder allgemein jeden anderen Ort außerhalb Europas.

40 Zitiert in Timothy McCune, »The Solidarity of Life: Max Scheler on Harmony of Life with Nature«, in: *Ethics and the Environment* 19, Nr. 1 (Frühjahr 2014), S. 49–71, hier S. 57. Vgl. Ghazzalis Abhandlung über *qalb* in: *Iḥyā' 'ulūm ad-dīn*, Bd. 1, Aleppo 2004, S. 117–122, 209–224; Abū 'Abdallāh Muhammad ibn 'Alī al-Hakīm at-Tirmidhī, *Bayān al-farq baina ṣ-ṣadr wa-l-qalb*, Amman 2009.

41 'Alī ibn Muhammad al-Dschurdschānī, *Kitab al-Ta'rifat*, Beirut 2007, S. 259.

42 McCune, »Solidarity of Life«, S. 57.

43 Eine von Robert Boyle stammende Charakterisierung. Siehe Akeel Bilgrami, »Gandhi, Newton, and the Enlightenment«, in: I. A. Karawan u. a., *Values and Violence*, New York 2008, S. 15–29.

44 Karen Bardsley, »Mother Nature and the Mother of All Virtues: On the Rationality of Feeling Gratitude Toward Nature«, in: *Environmental Ethics* 35, Nr. 1 (Frühjahr 2013), S. 27–40, hier S. 27 f.

45 Ronald Aronson, zitiert in Bardsley, S. 28.

46 Säkularismus und der Atheismus sind selbstredend keine austauschbaren Kategorien, aber die im Säkularismus betriebene Verbannung von Gott und Religion in den privaten Bereich bringt, was das Problem der Undankbarkeit anbelangt, den Säkularisten wie den Atheisten in eine Antithese zum Theismus.

47 Davon sind die modernen Religionsanhänger nicht ausgenommen, denn auch sie neigen dazu, die Welt ähnlich wie ihre säkularistischen Antagonisten zu sehen und in ihr zu leben. Was in den modernen Zentralgebieten für Kunst und Ästhetik zutrifft, trifft auch für die Religion zu. Siehe Kapitel 1, Abschnitt 2.

48 Bardsley, »Mother Nature«, S. 37 f.

49 Ebd. S. 38.

50 Ebd. S. 39 f.

51 Ein Thema, das ich auch behandelt habe in *The Impossible State*, S. 89–93.

52 Taha Abdurrahman, *Su'al al-akhlaq: Musahama fi al-Naqd al-Akhlaqi lil-Hadatha al-Gharbiya*, Casablanca 2000, S. 59, 78–80. Zum Verhältnis von »Reden« und der Frage »Was soll ich tun?« siehe Taha Abdurrahman, *Su'al al-'Amal: Bahth 'an al-Usul al-'Amaliyya fil-Fikr wal-'Ilm*, Casablanca 2012, S. 13–37 und passim.

53 Dasselbe lässt sich von den im Übrigen bewundernswerten Bemühungen Claudia Cards sagen, die anhand der, wie sie es nennt, »Interpretation der Fähigkeit« aufzuzeigen sucht, dass »ein unerträglicher Schaden [für die empfindungslose Natur] darin bestehen kann, funktionale Fähigkeiten, die dem Leben Sinn oder Wert geben, zu vermindern oder zu zerstören, wenn dieses Leben in seinen Fähigkeiten, positive Werte zu realisieren, derart komplex ist, dass es ein individuelles Wohl besitzt oder, wie man auch sagen könnte, ein ›Gut an sich‹ ist«. »Und wenn die Flora zusammen mit der Fauna Opfer schuldhaften, für Arten und Ökosysteme verheerenden Fehlverhaltens wird, reicht das Böse dieser ökologischen Gräueltaten, gleich, ob es sich bei diesen Arten und Ökosystemen um Lebewesen handelt, tiefer und weiter als man denkt.« Siehe Claudia Card, »Environmental Atrocities and Non-Sentient Life«, in: *Ethics and the Environment* 9, Nr. 1 (2004), S. 23–45, hier S. 27, 42. Bemerkenswert an Cards Argumentation ist die Tatsache, dass darin Diskussionen der ökologischen Moralphilosophie anklingen, die sich einem Begriff des Bösen als säkularisierter Form christlicher Vorstellungen annähern. Dies scheint mir die letzte Stufe der transponierenden Beziehung zwischen christlichen und säkularistischen Konzepten zu repräsentieren, in der, wie es auch für politische Konzepte gilt, letztere eine abgewandelte Version der ersteren darstellen. Das Problem mit solchen Transponierungen besteht darin, dass sie viel von ihrer epistemischen und ethischen Konturierung verlieren und sie ohne angemessene Subjektivierung frei in der Luft hängen. Wie Bardsley befasst sich auch Card nicht mit dem Subjekt und der Notwendigkeit seiner Neubewertung oder sogar seiner Rekonstituierung. Mit der Einführung einer säkularisierten Form des Bösen in die Debatte ist wenig oder auch gar nichts gewonnen. Siehe auch Kathryn Norlock, »The Atrocity Paradigm Applied to Environmental Evils«, in: *Ethics and the Environment* 9, Nr. 1 (Frühjahr 2004), S. 85–93.

54 Auch Foucault fasst den modernen Kampf und den Widerstand gegen Formen der Macht wie folgt zusammen: »Und schließlich geht es in all diesen gegenwärtigen Kämpfen um die Frage: Wer sind wir? Sie wenden sich gegen jene Abstraktionen und jene Gewalt, die der ökonomische und ideologische Staat ausübt, ohne zu wissen, wer wir als Individuum sind, wie auch gegen die wirtschaftliche und administrative Inquisition, die unsere Identität festlegt.« Siehe Foucault, »Subjekt und Macht«, S. 245. Tatsächlich erklärt Foucault, dieser Frage gelte sein hauptsächliches, wenn nicht sogar einziges wissenschaftliches Interesse. Er schrieb, dass seine Arbeit genau genommen nicht »Machtphänomene« zum

Thema habe, sondern die Formation des Subjekts, die Frage, wie der Mensch zu einem bestimmten Subjekt geformt wird. Foucault, »Subjekt und Macht«, S. 240.

55 McCune, »Solidarity of Life«, S. 58.

56 Scheler, »Der Mensch im Weltalter des Ausgleichs«, in: *Gesammelte Werke* IX, Bonn 2008, S. 161.

57 McCune, »Solidarity of Life«, S. 61.

58 Vincent, »Liberalism and the Environment«.

59 Letztlich der Grund für das Aufkommen der präzedenzlosen Disziplin der Psychoanalyse und verwandter Forschungsfelder.

60 Scheler, »Der Mensch im Weltalter des Ausgleichs«, S. 162: »Der Mensch muß wieder neu lernen, die große unsichtbare *Solidarität aller Lebewesen* untereinander im Alleben, aller Geister aber im ewigen Geiste, zugleich die *Solidariät des Weltprozesses mit dem Werdeschicksal ihres obersten Grundes* und dessen Solidarität mit dem Weltprozeß zu erfassen. Und er muß diese Weltverbundenheit nicht wie eine bloße Lehre aufnehmen, sondern sie lebendig erfassen und sie äußerlich und innerlich üben und betätigen. Gott ist so wenig in seinem Wesensgrunde der ›Herr‹ der Welt, wie der Mensch der ›Herr und König‹ der Schöpfung. Sondern beide sind vor allem Genossen ihres Schicksals, leidend und überwindend – einst vielleicht siegend« (Hervorhebung im Original).

61 Zum moralischen Richtwert siehe Kapitel 2, Abschnitt 3.

62 Siehe dazu Joseph Massads Beobachtungen in »Orientalism as Occidentalism«, in: *History of the Present* 5, Nr. 1 (Frühjahr 2015), S. 83–94.

63 Das Wiederaufkommen einer die *longue durée* ins Auge fassenden Geschichtsschreibung, wie sie besonders sichtbar wird in J. Guldi und D. Armitage, *The History Manifesto*, Cambridge 2014, ist mit strukturellen Problemen behaftet, und zwar aufgrund ihrer modernistischen und weitgehend eurozentristischen Standards, aber auch deshalb, weil es dieser Konzeption der *longue durée* nicht gelingt, die zirkuläre Geschichte in den Blick zu nehmen (oder auch nur ihre Bedeutung zu verstehen), und sie stattdessen stur an einer linearen und singulären historischen Zeit festhält.

64 Von den anachronistischen Implikationen solcher Vorhaben ganz zu schweigen, Implikationen, die ihrer längst überfälligen Kennzeichnung als anachronistisch immer wieder entgangen sind.

65 Die intellektuell problematischsten dieser Forschungsfragen sind die der »Weber'schen« Sorte, bei denen eine als selbstverständlich erachtete Untersuchung fragt, warum ein bestimmtes Konzept, eine bestimmte Praxis sich im Islam (oder sonst wo in Asien oder Afrika) entweder

»nicht entwickelt haben« oder »in ihrer Entwicklung gescheitert« sind; wobei diese Annahme von dem Erfolg dieses Konzepts oder dieser Praxis in der Moderne ausgeht.

66 Andere Wirkungen finden sich erörtert in Wael Hallaq, »Groundwork of the Moral Law: A New Look at the Qur›an and the Genesis of Shari'a«, in: *Islamic Law and Society* 16 (2009), S. 239–279; Wael Hallaq, »Qur'ānic Constitutionalism and Moral Governmentality: Further Notes on the Founding Principles of Islamic Society and Polity«, in: *Comparative Islamic Studies* 8, Nr. 1–2 (2012), S. 1–51; Wael Hallaq, »Quranic Magna Carta: On the Origins of the Rule of Law in Islam«, in: R. Griffith-Jones and Mark Hill (Hg.), *Magna Carta, Religion and the Rule of Law*, Cambridge 2014, S. 157–176.

67 Omar Farahat, *Between God and Society. Divine Speech and Norm-Construction in Islamic Theology and Jurisprudence*, Cambridge 2019, https://search.proquest.com/docview/1851256301?accountid=15172, S. 98–158, insb. 102 f., 146–158 und 189–199.

68 Hinsichtlich der westlichen Furcht vor der Tyrannei und der Projektion dieser Angst unter dem Vorzeichen des »orientalischen Despotismus« auf den Islam siehe Ivan Kalmar, *Early Orientalism: Imagined Islam and the Notion of Sublime Power*, London 2012.

69 Hallaq, *Impossible State*, S. 111 f. Manche meiner Kritiker haben vorschnell behauptet, ich hätte die vormodernen Ursprünge der Frage »Warum moralisch sein?« nicht berücksichtigt. Offenbar haben sie versäumt, in besagtem Buch die drei langen Fußnoten (Anmerkungen 56–58, auf den Seiten 202 f.) der beiden diese Frage behandelnden Absätze zu lesen, in denen ich explizit sage, dass sie bereits in Platons *Politeia* erörtert wird.

70 Siehe Kapitel 2, Abschnitt 7, sowie Kapitel 4, Abschnitt 5.

71 Hallaq, *Shari'a*, S. 159–221; Hallaq, *Impossible State*, S. 37–97; Hallaq, »Qur'ānic Constitutionalism and Moral Governmentality«.

72 Michel Foucault, »Technologien des Selbst«, in: Luther H. Martin (Hg.), *Technologien des Selbst*, Frankfurt am Main 1993, S. 24–62, hier S. 27.

73 Wobei davon ausgegangen wird, dass Gewalt in einem breiten typologischen Spektrum auftritt, das von der natürlichen Gewalt der Geburt (die allenfalls als glückliche und segensreiche Gewalt betrachtet wird) bis zu jener Zwangsgewalt reicht, die bei den Disziplinierungstechniken zur Kultivierung des moralischen Selbst hineinspielen, einen Typus, den man als ethische Gewalt bezeichnen könnte.

74 Walter Mignolo, *The Darker Side of Western Modernity*, Durham 2011, S. 30.

75 Diese modernistischen religiösen Überzeugungen bringen (wie alle herkömmlich religiösen Überzeugungen) auch das Dogma mit sich, wonach eine moderne Form ihren vormodernen Vorläufern oder Entsprechungen nicht unterlegen sein kann. Daher wird die Behauptung, dass etwa die islamische vormoderne Konzeption der *Rule of Law* so belastbar ist wie das euro-amerikanische Modell ausfällt, wenn nicht sogar noch belastbarer, ohne jegliche Grundlage als absurd oder mythisch abgetan. Nicht für absurd gehalten wird hingegen die Macht, die dieses Dogma über moderne Geister ausübt, eine Macht, die sich aus sich selbst rechtfertigt und sich gänzlich auf eine haltlose, suprematistische Ideologie stützt.

76 Siehe die lehrreiche Debatte zwischen Anthony Dirk Moses und Hayden White in: *History and Theory* 44, Nr. 3 (Oktober 2005), S. 311–332 (Moses); S. 333–338 (White); und S. 339–347 (Moses).

77 Friedrich Nietzsche, »Vom Nutzen und Nachteil der Historie für das Leben«, in: *Kritische Studienausgabe, Bd. 1, Unzeitgemäße Betrachtungen.* Mir ist sehr wohl bewusst, dass Nietzsche seine Meinung über den in diesem Essay skizzierten Geschichtsbegriff geändert haben mag, doch werden die gebieterische Vision und philosophische Tour de force dieses diskursiven Fragments nicht geschwächt, nur weil, falls dies überhaupt zutrifft, der Autor seine Ansicht geändert hat. Zu Nietzsches Sinneswandel siehe Thomas H. Brobjer, »The Late Nietzsche's Fundamental Critique of Historical Scholarship«, in: Manuel Dries (Hg.), *Nietzsche on Time and History*, Berlin 2008, S. 51–60. Interessanterweise konstatiert Brobjer im abschließenden Abschnitt (S. 59) die Gründe, deretwegen sich Nietzsche von seinen Essay »abgekehrt« habe. Eine erhellende – Brobjer widersprechende – Analyse zu Nietzsches Begriff der Monumentalgeschichte und dessen Relevanz für seine spätere Philosophie findet sich in Scott Jenkins, »Nietzsche's Use of Monumental History«, in: *Journal of Nietzsche Studies* 45, Nr. 2 (Sommer 2014), S. 169–181.

78 Siehe Anmerkung 75 in diesem Kapitel, aber auch, was Dipesh Chakrabarty hinsichtlich der »märchenhaften« historiografischen Beweise gegen Natalie Zemon Davis vorgebracht hat, in Dipesh Chakrabarty, »The Politics and Possibility of Historical Knowledge: Continuing the Conversation«, in: *Postcolonial Studies* 14, Nr. 2 (2011), S. 243–250, hier S. 247–250. Chakrabartys Argumentation, mit der er sich gegen Davis positioniert, bleibt defensiv und verweist nachdrücklich darauf, dass der Erfolg der Geschichte »als hegemonialer Wissensform [...] auf der Zerstörung jener Geschichte basiert, die manche Menschen zunächst hat geschichtsarm werden lassen«, S. 249. Chakrabarty argumentiert

nicht gerade philosophisch, wenn er konstatiert, dass die unausweichliche Metaphysik, die die moderne Geschichtsschreibung, ob wissentlich oder nicht, eigentlich nur als grundlagenbildend vorauszusetzen vermag, nicht weniger mythisch ist, gerade weil sie auf einer bestimmten Konzeption der Metaphysik beruht, nicht zuletzt auf jenen Dogmen, die aus der Linearität, Singularität und dem Fortschrittsgedanken hervorgehen.

Register

Abbasiden-Kalifat, 99, 374n77

Abdel-Malek, Anouar, 12–14, 19, 372n59

Abdurrahman, Taha, 333, 379n15

adab, 14, 103–105

adat, 173–181

Adeola, Francis O., 418–419n22

Adorno, Theodor W., 152, 213, 357n22

Ägypten, 98, 374–375n80, 406n184

ästhetische Wahrnehmung, 227 f.

Afrika:

Genozide an Afrikanern, 121

islamische Kulturen in, 103, 109 f., 150 f., 163, 169 f. (*siehe auch* Algerien, französischer Kolonialismus in)

israelische Waffen und militärische Ausbildung in, 430–431n104

multinationale Konzerne und Imperialismus in, 251 f., 417n18, 418n20, 418–419n22

siehe auch Nigeria

Agamben, Giorgio, 275 f., 279, 317, 426n64

Ahmad, Aijaz, 425n60

Aischylos, 45–48, 52, 61, 68, 75, 86

akademische Welt:

Ähnlichkeit des Orientalismus zu anderen Bereichen, 244 f.

derzeitige Selbstevaluierung, 321 f.

Eröffnen eines kritischen Raums für die Auseinandersetzung mit, 43

und die Erstellung souveränen Wissens und souveräner Praxis, 41 f., 363–364n43

ethische/moralische Verantwortung der Wissenschaftler, 348–352

Finanzierung der, 141 f., 395n120

Fokus auf Einzeldisziplinen der, 104 f.

grundlegende Fragen für Wissenschaftler, 327

Gründe für den Aufstieg der akademischen Welt des Westens, 97–99

(israelischer) Wissenschaftsbetrieb, 295–300, 431n107, 431–433n109, 433–434n110, 434n111

und kollektive/institutionelle Soziopathologie, 42, 248, 253, 256, 421n31

mit Kolonialismus verflochten, 41 f., 262, 295–297

kritisches Denken und »die Welt denken«, 141 f., 395–396n124

und Liberalismus, 40 f., 314–316, 348, 396–397n127

moralische und ethische Bildung, oder Mangel an, 248 f., 417n12

und die Normalisierung des strukturellen Genozids, 284

Orientalismus deckt sich mit, für Guénon, 236 f., 241

Orientalismus bei Said als Anomalie/Ausnahme innerhalb der, 221 f., 236–238, 241 f., 413n76

und das Projekt der Überwindung
der Moderne, 316
und die Strukturierung der Moderne, 38
siehe auch Herrschaft über das Andere; *und spezifische Länder,
Kulturen und Völker*
Andersartigkeit:
Massignon über den Unterschied
von Ost und West, 240
in Saids Werken, 26, 76 f., 96–98,
189–193, 210, 239, 372n60
siehe auch Distanz, epistemologische
anglo-mohammedanisches Recht
(Indien), 163 f., 184. *Siehe auch*
Indien, britischer Kolonialismus
in
Anidjar, Gil, 8, 81, 387–388n62
Anievas, Alexander, 361–362n39
Anscombe, E. M., 129
Anthropologie, 15–18, 30, 98 f., 220,
320 f., 377n6
Anthropozentrismus, 288
Entledigen von, 43
der mechanistischen Philosophie,
132
der Nichtanthropozentrismus des
klassischen Islam, 113 f.
des säkularen Humanismus, 16 f.,
151, 244, 306 f., 407–408n6,
436–437n10 (*siehe auch* säkularer Humanismus)
Scheitern des, 15–17, 323 f.
Scheler über, 335 f.
als Zentralgebiet der Moderne,
15 f., 145
mit der allumfassenden Zerstörung verbundene Vorteile,
309 f.

siehe auch Moderne
Apter, Emily, 79–81, 360n33
Araber, 99, 293 f., 429n93. *Siehe
auch* Islam; Islam, vormodern;
Palästina und Palästinenser
Arendt, Hannah, 208, 219, 258, 285,
426n70
Aristoteles, 68, 118, 203
Arme, Fürsorge für, 113 f. *Siehe auch*
Wohltätigkeit und Philanthropie
Armenakis, Achilles A., 421n31
Asad, Talal, 388n64
Assimilation:
im französisch besetzten Algerien,
167
in Guénons Überlegungen, 216–
218, 224
Atheismus, 329 f., 442n46. *Siehe auch*
säkularer Humanismus
Auerbach, Erich, 79 f.
Aufklärung:
als Bruch mit vorangehenden Paradigmen, 356n19
individuelle und gesellschaftliche
Beispiele der, 122 f., 389n69
Kern des Projekts der, 57
und Kolonialismus, 368–369n28
(*siehe auch* Kolonialismus)
Muthus Versuch, sie zu pluralisieren, 368–369n28
und Naturbeherrschung, 120, 130–
133, 135 f. (*siehe auch* Naturbeherrschung)
als Paradigma, 56 f.
als Prozess der Säkularisierung,
120–122, 388n64, 388–389n66
Rationalismus, 127–129, 156, 309
Souveränität als das vorherrschende Verständnis in der, 136 f.
(*siehe auch* Souveränität)

dersartigkeit; Distanz, epistemologische)

Ziel und praktische Auswirkungen von, 87 f., 374–375n80

siehe auch Falschdarstellung

deistische Bewegung, 121, 131 f.

de Lesseps, Ferdinand, 83

Descartes, René, 120 f.

Deuling, Jacqueline K., 421n31

deutscher Orientalismus, 19 f., 73 f., 217–219, 292, 355n15, 402–403n158

Dichtung, islamische, 110, 381n31

Dickens, Charles, 363–364n43

»Die eiserne Mauer« (Jabotinsky), 265–269

Die Welt, der Text und der Kritiker (Said), 233. *Siehe auch* Said, Edward

Diplomatie, 253, 419–420n24

diskursive Formation(en):

Foucault über diskursive Autoren, 63–65, 69–72, 229 f., 232 f. (*siehe auch* Autor: Foucaults Theorie des; Freud, Sigmund; Marx, Karl)

Guénon über die dialektische Funktion des Orientalismus, 219 f.

Originalität als dem Perspektivismus der diskursiven Formation unterworfen, 60

Performativität von, 235 (*siehe auch* Performativität)

Saids Verständnis von Foucault über, 47 f., 188

Verhältnis zum Zentralgebiet, 71 f. 258 f. (*siehe auch* Zentralgebiet[e])

von einer »wissenschaftlichen«

Wolke verdecktes Orientalismusprojekt, 164

siehe auch akademische Welt; Autor

diskursive Subversion, 60 f., 72, 189 f., 323 f., 441n36. *Siehe auch* subversive Autoren

dissidente Autoren, 229–234, 414n92. *Siehe auch* Autor; Said, Edward; *und spezifische Werke*

Distanziertheit, 133

Distanz, epistemologische, 74–77, 84–86. *Siehe auch* Andersartigkeit

Distinktion:

und französische kolonialistische Politik, 165

Guénons Kritik und, 201 f., 211

in Jabotinskys »Die eiserne Mauer«, 267 f.

keine Darstellung der Entstehungsgeschichte von, 246

und niederländischer Kolonialismus, 170

und moderner Rechtspositivismus, 343 f.

und der moderne Staat, 155 f.

von Natur und Menschen getrennter Wert durch, 272

und Orientalismus und Kolonialismus, 144–147

Primat der, 246, 273 f.

Rechtstradition der *scharia* und, 380n28

Saids Blindheit für die Auswirkungen der, 306

und die Souveränität der menschlichen Vernunft, 129 (*siehe auch* Souveränität)

Stichhaltigkeit von, 129 f.

Moderne/moderne Denkstruktur
und, 27 f., 33 f., 36 f., 171–173,
243 f.

moderne Macht und Instrumentalismus und, 263–265

Moses über, 207 f., 278

multinationale Konzerne und,
418–419n22

Neuordnung der Existenz als ein
Ziel des, 187, 284

Normalisierung des strukturellen
Genozids, 284

Orientalismus und (generell), 28 f.,
78 f., 95 f., 220, 262, 295 f.,
320 f.

Osmanisches Reich, struktureller Genozid des, 287 f.
(*siehe auch* Osmanisches
Reich)

positive und negative Aspekte des
Genozids, 283 f.

Rassendiskurs und, 273

aus Saids Darstellung ausgelassen, 84, 96 f., 220, 243 f., 299,
373–374n73

Selbsthass und, 300–302, 336

Souveränität (souveräne Denkstruktur) und, 41–43, 134 f.,
169 f., 262–266, 349–351

strukturell verwandt mit dem
Ausnahmezustand, 276

struktureller Genozid, 284–294,
303 f., 309, 313, 343

strukturelles Verhältnis zwischen
Kolonialismus und Genozid,
41 f., 95 f., 243 f., 266, 283–
286, 295 f., 301

Umweltzerstörung und, 134 f.

als Waffe, wenn andere koloniale
Bemühungen fehlschlagen, 36

Wissen, akademische Welt und,
41 f., 95 f., 262, 295–299, 347–
351

Wolfe über, 262–264, 283–286,
361n36 (*siehe auch* Wolfe,
Patrick)

siehe auch Naturbeherrschung

Geschichte:

Bedeutung der historischen Perspektive, 69

derzeitige Selbstevaluierung, 321

Existenz von, als akademische Disziplin, 98–100

fälschlicherweise neutrales Etikett
des »Historikers«, 15 f.

Foucaults Episteme und, 236 f.

Geschichtswissenschaft, 340 f.,
346–352, 444n63, 444n64,
446n77, 446–447n78

Guénons Sicht auf, 195–197, 206 f.,
212 f.

und das kolonialistische Projekt, 259

lineares Konzept von, 148, 152 f.,
172, 318, 322, 351, 444n63
(*siehe auch* Fortschritt)

longue durée, 340, 444n63

als Methodik, und das kolonialistische Projekt, 259 f.

Nietzsche über, 352, 446n77

Saids Mangel an historischer Perspektive, 68 f., 371n55

souveränes Wissen von, 349 f.

und die Theologie des Fortschritts,
148–153, 258 f., 351, 397–
399n133, 446n75

Theorie der Handlungsmacht und,
148 f.

im Zentralgebiet eingeordnet, 43,
258 f.

zirkuläres Modell, 322 f., 352

schen Vorurteile gegen das Judentum beschuldigt, 19 f.
siehe auch Israel; Zionismus

Kahn, Paul, 123–125, 131
kalam, 14, 104
kalam al-nafs, 346
Kant, Immanuel, 50, 57 f., 128 f., 195, 201, 227 f., 234 f., 240, 249, 368–369n28, 392n94
Kapitalismus:
asiatische Kulturen und, 361–362n39
Aufklärung und, 127 f., 305 f.
und der Aufstieg der Moderne, 61 f.
bestimmt durch Wissensformen, 350 f.
und die bildenden Künste, 56 f., 368n21, 368n22
und Bildung und Strukturierung des modernen Staates, 138–140
und ethische Grundsätze/moralischer Wert, 211, 248–253, 310–312 (*siehe auch* Ethik und ethisches Verhalten)
Guénon über, 196 f., 211 (*siehe auch* Materialismus)
islamische Kulturen und, 277 f., 305 f., 358–359n28
Keynes dissidente Kritik am, 231 f.
und das koloniale Projekt, 161–164, 260 (*siehe auch* Algerien, französischer Kolonialismus in)
Laissez-fair-System des, 72
der Markt und unethisches/kriminelles Verhalten, 257 f.
Marx' Diskurs und, 72, 273 (*siehe auch* Marx, Karl)

der moderne Mensch als *Homo capitalisticus*, 335
Neubewertung des, 307 f., 321, 326, 328, 441n36
Osmanisches Reich und Aufstieg des, 361–362n39
paradigmatische Kritik am, 94
und positive vs. negative Freiheit, 204 f., 211 f.
Said und, 215, 220, 232 f., 425n60
untergeordneter Status in islamischen und arabischen Traditionen, 326
dem menschlichen Wert untergeordnet, 326 f.
als ein Zentralgebiet oder Paradigma, 15 f., 24–26, 54 f., 57 f., 61 f., 94, 127 f., 145, 204 f., 260 f., 311 f. (*siehe auch* Moderne)
siehe auch Materialismus; Unternehmenswelt
Karatani, Kojin, 56, 147, 224, 227–229
Kaviraj, Sudipta, 8, 354n10, 376n4, 422–424n48
Keynes, John Maynard, 231 f., 250
Kimmerling, Baruch, 293
Klimawandel, 307. *Siehe auch* Umweltzerstörung
Kodifizierung:
der *adat*, durch die Niederländer, 173, 177 f.
des hinduistischen und islamischen Rechts im britisch besetzten Indien, 179–185, 261, 405–406n180
über, 180 f.
siehe auch Rechtsherrschaft
Kolonialismus:
akademische Welt und Gelehr-

durch den Orientalismus, 207–
211, 259–261
und das Rechtssystem (*siehe* Rechtsherrschaft)
Said über Kolonialismus und Orientalismus als politische Doktrin, 96 f. (siehe auch *Orientalismus* [Said])
Said über kulturelle Selbstbehauptung, Entkolonialisierung und
Nationalismus der Dritten
Welt, 399–400n135
von Said wahrgenommenem
»Schwinden« westlicher Oberhoheit, 222
schematisch untrennbar von Genozid und Umweltzerstörung,
134 f.
Souveränität wesentlich für, 280–
283
tautologisches Argument zur Verbindung der Strukturierung
der Moderne und, 38
Theologie des Fortschritts und,
147–152 (*siehe auch* Fortschritt)
Umgestaltung des Orients und
kolonialisierter Völker nach
westeuropäischem Bild, 147,
164, 179, 191, 397n131 (*siehe
auch spezifische Regionen und
Kulturen*)
und Umweltzerstörung, 134 f.
und die Unternehmenswelt, 250–
252, 417n18 (*siehe auch Unternehmenswelt*)
Unterwerfung des kolonisierten
Subjekts, 176 f.
vier untersuchte Regionen, 32–34
(siehe auch *spezifische Regionen*)

weitgehend aus Saids Darstellung
ausgelassen, 83 f., 373–374n73
siehe auch Algerien, französischer
Kolonialismus in; Herrschaft
über das Andere, Indien,
britischer Kolonialismus in;
indonesischer Archipel, niederländischer Kolonialismus
im; Moderne; Naturbeherr-
schung; Osmanisches Reich;
Siedlerkolonialismus; Souveränität; Wissen und Macht,
Verhältnis zwischen
Kolumbien, 252, 418n20
Kontrastierung als Instrument der
Erkenntnis, 24 f., 30 f., 52–54,
173–174
Konzil von Vienne, 45 f., 99, 387–
388n62
Koran, 342 f.
französischer Orientalismus und
Kolonialismus und, 164–169
und göttliche kosmische Ordnung,
325 f.
als Gründungstext sämtlicher islamischer Traditionen, 106 f.
»gut sein/Gutes tun« als vorherrschende Vorschriften im, 115
Koranstudien, 105
orientalistischer Diskurs über islamisches Recht und, 342–344
der Weg zum Verständnis des, 348
Wohltätigkeit und Philanthropie
im, 113 f., 157 f.
siehe auch Islam; Islam, vormodern; *scharia*
Kriminalität, 257 f., 280, 420n27,
430–431n104. *Siehe auch* Ethik
und ethisches Verhalten
Kritik:

scher Archipel, niederländischer
Kolonialismus im
Maldonado-Torres, Nelson, 359n29,
388–389n66
Marchand, Suzanne, 355n15
Marx, Karl:
  als diskursiver Autor, 65, 71–73,
    229, 233, 414n94
  Materialismus als Erklärung für den
    Aufstieg des Kapitalismus, 273
  und das moderne Denksystem,
    198 f.
  prägender Einfluss von, 50
Massad, Joseph, 357n23, 366n5
Massignon, Louis:
  seine Debatte über den Orienta-
    lismus, 14 f.
  Exotisierung des Ostens durch, 77
  Saids Analyse von, 46 f., 50 f., 77,
    81, 188, 192, 229, 239–242,
    422–424n48
  im Vergleich mit Guénon, 239–241
Materialismus:
  Aufklärung und, 305
  Charakterisierung der Moderne
    als materialistisch, 25
  als Erklärung für den Aufstieg des
    Kapitalismus, für Marx, 273
  fehlende Kritik in *Orientalismus*
    (Said), 215, 220–222
  Fortschritt und, 202–207, 212 (*sie-
    he auch* Fortschritt)
  Guénon über, 195–201, 203–206,
    211–213, 224 f., 227 f., 409n13
  vom Kapitalismus ausgebildete
    materialistische Weltsicht, 54
  Kommunismus und, 204
  als maßgebliches Paradigma,
    356n19
  und das moderne Subjekt, 335

und moralischer Wert, 311 f.
Neubewertung von, 441n36
und Rassentheorien, 272
Scheler über, 335, 337
und Territorialität, 273 f.
und der Wert des Menschen, 253,
  326
westliche Bildung und, 139 f.
westliche Philosophie/Philosophie
  der Aufklärung und, 132 f.,
  201 f., 206, 245, 327 f.
siehe auch Kapitalismus
Mathematik, 258, 421–422n39. *Siehe
  auch* Wissenschaft(en)
Mbembe, Achille, 278 f., 426n68
mechanistische Philosophen, 132 f.
Mein Kampf (Hitler), 292. *Siehe
  auch* Hitler, Adolf; Nazismus
Meir, Golda, 429n88
Menschen, Bild des, 32, 117 f.,
  161, 247, 256 f., 278, 331, 443–
  444n54. *Siehe auch mit* Homo
  beginnende Stichworte
Menschen:
  Entmenschlichung des Anderen,
    131 f., 289, 292, 317
  Fähigkeit zu Gewalt, 148 f. (*siehe
    auch* Genozid, Kolonialismus
    und; Militärtechnologie)
  Menschenrechtsverletzungen
    durch Unternehmen, 252 f.,
    418–419n22
  Saids »Humanum« als textliches
    Humanum, 360n33
  Überleben der, 307 (*siehe auch*
    Umwelt)
  Wert der Menschheit, 271 f., 326 f.
  Würde der, 128 f.
  siehe auch Individuum; Menschen,
    Bild des; modernes Subjekt;

muslimisches Subjekt; Selbst;
Würde, menschliche; *und mit*
Homo *beginnende Stichworte*

Status von und Umgang mit eroberten Völkern, 176 f.,
404n169
siehe auch Algerien, französischer Kolonialismus in; Islam; Islam, vormodern; islamisches Recht; Osmanisches Reich; *schari 'a*
muslimisches Subjekt, 114–117, 161, 166 f., 385n57
Muthu, Sankar, 368–369n28
Mutterland (Metropole), 280 f., 288 f., 428n84

Narzissmus, 307, 421n33
Nasser, Riad und Irene, 431–433n109
Nationalismus, 140 f., 351 f., 399–400n135
Ureinwohner Amerikas. *Siehe* Amerikas, die
Natur:
Dankbarkeit gegenüber, 329–334, 338 f.
Naturscham, 76, 123 f., 262
wissenschaftliches islamisches Verständnis der, 392–393n103
siehe auch Naturbeherrschung; Umwelt; Umweltzerstörung
Naturbeherrschung:
Ablehnung durch asiatische Stimmen, 322
Ausbeutung von Rohstoffen und Umweltbeeinträchtigungen durch Unternehmen, 251 (*siehe auch* Unternehmenswelt)
Distinktion als Rechtfertigung, 129 f., 271 f.
und französische kolonialistische Politik, 163 (*siehe auch* Algerien, französischer Kolonialismus in)

in Israel, 289, 296 f.
in Jabotinskys »Die eiserne Mauer«, 267 f.
Kanonisierung von, 133
Kolonialismus und Umwelt, 134 f., 376–377n5 (*siehe auch* Umweltzerstörung)
Philosophie und Wissenschaft und, 245 f., 437n11 (*siehe auch* Philosophie; Wissenschaft[en])
Scheler über, 128 f., 335 f.
von Souveränität bestimmter Naturbegriff der Aufklärung, 136
Transformation zu einer Haltung der Harmonie, 335 f.
Universalisierungsversuche, 122 f., 389–390n72
Ursprung in europäisch-christlichem Dogma, 119–126, 130 f., 388n64, 388–389n66, 389–390n72, 390n78
von vormodernen/nichtchristlichen Völkern, 122
Weltauffassung des Islam vs., 113
Zionismus und Palästinenser als Beispiel, 289 (*siehe auch* Israel)
siehe auch Souveränität; Umweltzerstörung
Naturscham, 76, 124 f., 262
Nazismus, 218 f., 274, 278, 285, 292. *Siehe auch* Holocaust
negative Freiheit, 205 f., 212, 245, 247 f., 337
Neokolonialismus, 222, 251 f., 417n18. *Siehe auch* Unternehmenswelt
niederländischer Kolonialismus in Indonesien. *Siehe* indonesischer Archipel, niederländischer Kolonialismus im

als ein anderer Name für die Moderne, 144, 397n130

und der Aufbau der Moderne, 305 f., 313 (*siehe auch* Moderne)

und die beiden Amerikas, 144 f. (*siehe auch* Amerikas, die)

und Darstellungen des Islam, 14 (*siehe auch* Islam)

diskursive Tradition und Normalisierung der Kolonisation, 163, 402n157 (*siehe auch* Kolonialismus)

und Distinktion, 145 f. (*siehe auch* Distinktion)

»eingeborene« Orientalisten, 314 f.

und die Erfahrung des Anderen, 37 f.

als Erforschung des Anderen, 321

ethnischer oder religiöser Hintergrund und Vorwürfe des, 14 f.

Falschdarstellung im (*siehe* Falschdarstellung)

Fehlen eines kritischen Apparats zur Diagnose der Voreingenommenheit gegenüber, 21 f.

Funktion des strukturell reformierten und auf ethische Grundlagen gestellten Orientalismus, 42

gegenüber anderen/konkurrierenden Traditionen, 318 f.

Geschichtsschreibung wesentlich für, 206 f. (*siehe auch* Geschichte)

globale Krise, tiefergehende Kritik verlangt aufgrund der, 309

großgeschriebener vs. kleingeschriebener Orientalismus, 12 f.

Guénon über, 198, 205, 215–220, 412n72 (*siehe auch* Guénon, René)

und die Herausforderung, die Moderne zu transzendieren, 317–329, 339 f.

Liberalismus und, 195, 314 f., 318–320 (*siehe auch* Liberalismus)

Mainstream-Orientalismus als geschlossenes System, 230

Mehrdeutigkeit und Klassifikation, 12–15

Möglichkeit einander entgegengesetzter Kräfte innerhalb des, 187 f.

den Orientalismus und die Strukturierung der Moderne verbindendes tautologisches Argument, 38

»östliche« Orientalisten, 217 f.

pauschale Verurteilung nicht hilfreich, 39

performative Natur des, 95

auf ein politisches Konzept und Unterfangen reduziert, 96–102, 376n4, 376–377n5

politische Zwangsjacke des, 13–17

Politisierung des Begriffs/Konzepts, 15 f., 189 f., 376n4

postkoloniales Stadium, 313–316

»prägender Einfluss« bestimmter Orientalisten, 189

Saids Auffassung zufolge als »Text« dargestellt, 82 f.

Saids Bestimmung der Orientalisten, 45–50, 60, 85 f., 188 f. (*siehe auch spezifische Individuen*)

Saids erste Definition des, 47

Saids Grundprämissen und Me-

viele Fragen nicht in Betracht gezogen, 244
über Gibb, 188
Guénons Werk im Vergleich mit, 39 f., 194 f., 204–206, 215, 218–221 (*siehe auch* Guénon, René)
Hallaqs Einstellung zu, 21, 27 f.
über die historischen Ursprünge des Orientalismus, 45–47, 99–102, 387–388n62
über Jones, 15, 82, 147
Kanonizität von, 20 f., 93, 239
keine Aufarbeitung der Rechtsherrschaft in, 34 f., 360–361n34
Kritik an (generell), 17–21
Kritik an der dritten Definition des Orientalismus, 150 f.
Kritik am Umfang, 84 f.
Kritikpunkte, 19
literaturwissenschaftlicher (textlicher) Ansatz von, 22 f., 356n17
Mangel an qualitativen Unterscheidungen, 99–102
Moderne nicht infrage gestellt in, 26 f.
Orientalismus als Anomalie in der westlichen akademischen Welt, 222, 413n76
Orientalismus in politische Begriffe gefasst, 15 f., 96–102, 146 f., 262
über Orientalismus als »westlicher Stil« der Herrschaft, 132
der »prägende Einfluss« des Autors in, 50–52, 63 f., 366n10
und das Problem von Wissen und Macht, und Alternativen zum Orientalismus, 221 f.

Saids säkularer Humanismus in, 306 f. (*siehe auch unter* säkularer Humanismus)
über Sprache, 91
strukturelle Eigenschaften des Orientalismus, wie sie in *Orientalismus* charakterisiert werden, 74–83 (*siehe auch* Andersartigkeit; Distanz, epistemologische; Wissen und Macht, Verhältnis zwischen)
unvollständige Machttheorie in, 188, 407n3
Verhältnis von Wissen und Macht in, 77–81, 102 f.
Vorgänger (*siehe* Tibawi, A. L.)
westliche Moderne als Standard vorausgesetzt, 191 f.
siehe auch Andersartigkeit; Said, Edward; Wissen und Macht, Verhältnis zwischen
Originalität, 51, 60 f., 231 f.
Osmanisches Reich, 33–34, 150, 156–162, 168 f., 263, 287 f., 361–362n39
Osten, der. *Siehe* Orient
Ostindien-Kompanie (Britisch), 250, 282. *Siehe auch* britischer Orientalismus und Rechtsherrschaft; Indien, britischer Kolonialismus in

Palästina und Palästinenser:
und Israels Siedlerkolonialismus und Genozid, 280 f., 288–299, 428–429n86, 429n87, 429n88, 429–430n96, 430–431n104, 431–433n109
Latours Stein und, 264–269, 289
Mizrahanut (israelischer Kolonialismus), 412–413n73

204–206, 215, 219–221 (*siehe auch* Guénon, René)

von einer Horizontalität eingenommen, 49

über humanistische Kritik, 242–244

»Humanum« als textliches Humanum bei, 360n33

Karatani über Saids Bedeutung von »Orientalismus«, 227 f.

Kaviraj über das Verhältnis von Saids Arbeit zum kolonialen Diskurs, 354n10, 422–424n48

Konzeption des Autors, 22, 48–53, 60 f., 63–65, 73 f., 319 f., 366n10

Kritiken an (generell), 17–21 (*siehe auch spezifische Autoren*)

Kultur in Saids Arbeiten und seinem Denken, 190–192, 215, 232 f., 412n61, 414n92

Liberalismus von, 17, 39 f., 100 f., 151, 191, 205 f., 222 f., 232 f., 242–244, 306 f., 320, 407–408n6, 412n61

literaturwissenschaftlicher (textlicher) Ansatz von, 17, 22 f., 27 f., 355–356n16, 356n17

Moderne übersehen/nicht zur Sprache gebracht von, 26 f., 151, 357n22

moderner Staat für selbstverständlich erachtet von, 155

Mufti über, 362–363n42, 366–367n11

Oldmeadows Kritik an, 12 f.

politische Natur von Saids Kritik, 15–17, 95–102, 146 f., 262 f.

und positive vs. negative Freiheit, 204–206

und prägende Einflüsse von Autoren, 50–52, 60, 366n10

Rechtsherrschaft nicht aufgearbeitet von, 34, 360–361n34

Relevanz von, für Hallaqs Kritik, 18

und Religion und Tradition, 151, 240 f., 400n137, 416n4, 422–424n48, 436–437n10

säkularer Humanismus von, 17, 40, 80–82, 99 f., 205 f., 242 f., 306 f., 362–363n42, 436–437n10

Said in die Wirklichkeit der Moderne holen, 27 f.

vom Text zur »Welthaltigkeit« als beherrschende Denkfigur von, 360n31

totalisierende Darstellung in Saids Narrativ, 39–41, 186

Unschärfe von, 101

Vermächtnis in Bezug auf Falschdarstellungen des Islam, 14 f.

Versäumnis, seine Kritik scharf zu umreißen, 47 f.

Verständnis von Foucault, 13, 27 f., 47–49, 63 f., 66–68, 188, 236 f., 319, 407n3

Voraussetzung der westlichen Moderne als Standard durch, 191 f.

Vorstellung einer überlegenen europäischen Kultur als »nicht weit« vom Orient entfernt, 361n36

Wahl der Fachautoren, 23 f., 356n17

siehe auch *Kultur und Imperialismus* (Said); *Orientalismus* (Said)

Sardar, Ziauddin, 370n35

und Rechtsherrschaft, 137 f., 275–
277, 280, 294 f., 343 f. (*siehe
auch* Rechtsherrschaft)
souveräne Herrschaft und souveränes Wissen, 180
souveränes Geschichtswissen,
349 f.
und Soziopathologie, 248, 253
(*siehe auch* Soziopathologie)
Subjektivität des souveränen Individuums, 334
Verwendung des Begriffs, 133–137
und die vier Komponenten des kolonialistischen Projekts, 280–
282
westliche Wissenschaft als Beispiel epistemischer Souveränität, 199 f.
Wissenschaft und Philosophie,
und souveräner Wille, 202
*siehe auch spezifische Staaten und
kolonisierte Regionen*
soziale Verantwortung:
unternehmerische und institutionelle Missachtung von, 248
(*siehe auch* Unternehmenswelt)
in vormodernen islamischen Kulturen, 156 f. (siehe auch *waqfs*)
Soziologie (Wissenschaftsbereich),
43, 98 f., 142
Soziopathologie, 42, 248, 253, 255–
258, 262, 307. *Siehe auch* Psycho-
pathologie (Psychopathie)
Spanien, 120 f. *Siehe auch* Amerikas,
die; Andalusien
Sprache:
und Performativität, 26–28, 88 f.
Said über, 91, 375–376n84
Staat, der. *Siehe auch* moderner Staat,
der

Stabilität und Wandel, Guénon
über, 209–211
Stevens, Gregory W., 421n31
Stewart, Gordon T., 368–369n28
subversive Autoren, 40, 144 f., 187,
193 f., 229 f., 233–235, 237, 245.
Siehe auch Autor, der; Guénon,
René
Sündenfall, christliches Konzept vom,
123–125
Sufismus, 14, 104–108, 110 f., 116 f.,
380n26

Taylor, Charles, 128 f., 201
Technologie:
als eine Weise der Entbergung,
270 f., 424n56
Militärtechnologie, 171 f., 185 f.,
270, 296 f., 421–422n39,
430n102, 430–431n104
Ter Haar, Bernard, 178
Territorialität, 273 f., 293,
425n61
Theismus, 346. *Siehe auch* Religion
Tibawi, A. L., 12, 19
Tradition(en):
antike Tradition vs. Moderne,
240 f.
Dankbarkeit als rationale Haltung
in, 338 f.
globale Krise von allen Traditionen
erkannt, 319–321
Guénons Definition von, 209 f.
und Macht, 319
Orientalismus als rationale Tradition, 318 f.
Saids Probleme mit Religion und,
151, 240 f., 400n137, 416n4,
422–424n48, 436–437n10
Schelers philosophisches Narra-

tiv im Vergleich zu, 339 (*siehe auch* Scheler, Max)

siehe auch Buddhismus; Hinduismus; Islam; Islam, vormodern

Tyan, Émile, 47, 365–366n4

Udofia, O. E., 251, 417n18

Überwachungssysteme, 139 f., 160–162, 386–387n59

Umsiedlungsplan (Israel), 293 f., 428–429n86, 429n93

Umwelt:

Bardsley über Dankbarkeit gegenüber Natur und Umweltethik, 329–334, 337

Hallaqs Auffassung von, 309

koloniale Ausbeutung der, 133 f.

Kolonialismus und ökologischer Wandel, 376–377n5 (*siehe auch* Natur)

Umweltethik, 245 f., 308 f., 335–337 (*siehe auch* Bardsley, Karen)

Umweltschutz, 323, 337 f.

siehe auch Naturbeherrschung; Umweltzerstörung

Umweltzerstörung:

als Böses, 443n53

in Israel, 296–297

Kettenreaktionen der, 316

von multinationalen Konzernen, 251, 418–419n22

ökologische/Umweltkrise, 307–309, 315

als Produkt der Souveränität, 134 f., 252 f., 274

als Produkt der Wissenschaft, 246 f.

als quasiphilosophisches Problem, 437n11

Saids Schweigen über, 222 f.

und Territorialität, 274

ungleiche Verteilung von, 440n26

Untersuchung aller dafür verantwortlichen Kräfte, 324

vorindustrielle Gesellschaften und, 122 f., 438n16

siehe auch Naturbeherrschung

Universität. *Siehe* akademische Welt

Unternehmens-Orientalismus, 83, 373–374n73. *Siehe auch* Ostindien-Kompanie; Unternehmenswelt

Unternehmenswelt:

und akademische Welt und ökonomischer Diskurs, 142 f., 247–252, 254–256, 260 f., 373–374n73, 396–397n127, 416–417n9

Aufstieg der, 111 f., 250 f., 281 f.

kolonialistische/imperialistische Rolle, 250–253, 417n18

Menschenrechte und Missbrauch von Arbeit, 251–253, 418n20, 418–419n22

aus moralischen Gründen abgelehnt, 111 f., 255 f., 382–383n38

multinationale Konzerne in Afrika, 251 f., 417n18, 418–419n22

Pathologien und unethisches Verhalten, 247 f., 250–258, 306, 418n20, 418–419n22, 420n27

Rechtspersönlichkeit, 111, 113

aus Saids Darstellung ausgelassener Unternehmens-Orientalismus, 84, 373–374n73

Schaden und Ungerechtigkeit an der Umwelt, 251–253, 418–419n22

siehe auch Ostindien-Kompanie

»Unveränderlichkeit«, in Guénons Denken, 208–210
Upjohn, 420n27
USA, 222 f., 272, 288 f., 292, 299–301, 428n84
usul al-fiqh (Rechtstheorie), 104, 115, 381n30

Valladolid, Disputation von, 121
van den Berg, L. W. C., 177
van Vollenhoven, Cornelius, 173 f., 177
Varisco, Daniel Martin, 366n7
Veracini, Lorenzo, 281 f.
Verfassung (US-amerikanisch), 272
Vernunft, Souveränität des Menschen, 127–129. *Siehe auch* Rationalismus, der Aufklärung; Rationalität
Vico, Giambattista, 130, 243, 351, 436–437n10
Vincent, Andrew, 437n15
Volney, Comte de, 76

Wacquant, Loïc, 395–396n124
Wagar, W. Warren, 390n78
Wahl:
und Handlungsmacht, 265
Wandel, 335–337
Moderne und, 277–279
Schelers Forderung nach und Konzeption von, 335–338 (*siehe auch* Scheler, Max)
und Stabilität bei Guénon, 208–211
Transformation des Subjekts, 335–337, 339 f.
»Was ist Aufklärung?« (Kant), 234 f.
Siehe auch Kant, Immanuel
waqfs, 111 f., 157–170, 172, 225, 381n30, 403–404n162

weißer Mann (als Begriff), 275
Weizmann, Chaim, 265, 428–429n86, 429n87
Westen, der:
als Anomalie/Ausnahme, in Guénons Denken, 195–197, 210, 212–214
Grenze zwischen Osten und, für Said, 75
epistemische Selbstgewissheit des, 315 f.
Fehlen einer ethischen Ordnung/eines ethischen Prinzips in, 209 f.
Guénon über die epistemologische Blindheit der Westler, 212–217, 246 f.
Guénon über »östliche« vs. »westliche« Menschen, 203 f., 410n32
Guénons Reformvorschläge, 223–227
Massignon über den Unterschied zwischen Ost und West, 240
als Standard, für Said, 78 f., 191 f.
und Zionismus, 288 f., 428n84
siehe auch Aufklärung; Europa; Kolonialismus; Moderne; modernes Subjekt, das; *und spezifische Länder, Themen und Individuen*
White, Hayden, 351 f.
White, Lynn, 119
Wissen, 308 f.
christliche Konzepte der Schöpfung und des Sündenfalls, 124 f.
ethische/moralische Verantwortung des Wissenschaftlers bezüglich der Wissensproduktion, 348–350
und Genozid, 42 f.

Guénons Haltung gegenüber, 198–200

nach außen (europäische kolonialistische Wissenschaftler) vs. nach innen gerichtet (islamische Juristen), 377–378n8

Nähe der Bereiche des, in der islamischen Bildung, 104 f.

Orientalismus in Saids Buch als »Text« dargestellt, 82 f.

Schelers »Bildungswissen«, 130

souveränes Wissen, 39, 41, 135 f., 143 f., 171, 180, 280 f., 349 f. (*siehe auch spezifische Themen und Wissensbereiche*)

»systematisches« Wissen des Orientalismus durch die Begegnung mit den Kolonien gefördert, 77

siehe auch akademische Welt; Gelehrsamkeit; Wissen und Macht, Verhältnis zwischen; Wissenschaft(en)

Wissen und Macht, Verhältnis zwischen:

akademische Einrichtungen involviert in die Erstellung souveränen Wissens und souveräner Macht, 41 f., 363–364n43

akademische Welt als staatliches Gebilde, 141 f., 395n120 (*siehe auch* akademische Welt)

Aristoteles über, 118

Aufklärung und, 31 f., 120, 130 f.

britischer Kolonialismus und indische Erkenntnisstruktur, 422–424n48

dialektische Natur von, 29 f.

Doktrin des Dschihad und, 384–385n56

ethisches Problem an der Wurzel von, 254 f.

Foucault über, 358n25

Kontrastierung der westlichen Beziehung mit der in der vormodernen islamischen Tradition, 30 f.

moderne »Macht« organisch mit Wissen verknüpft, 31

Nietzsche über, 118 f. (*siehe auch* Nietzsche, Friedrich)

in *Orientalismus*, 77–79, 102

Said über das Problem von, 221 f.

Scheler über, 130 f. (*siehe auch* Scheler, Max)

Theorie des Autors entscheidend für die Neudefinition der Dynamik von, 40

unternehmerischer Modus der akademischen Welt, 143, 396–397n127

in vormodernen islamischen Kulturen, 109–111, 115–118, 384–385n56, 385n57, 386–387n59 (*siehe auch* Islam, vormodern; *schariʿa*)

Wissen als Waffe, 348 f., 445n73

siehe auch Herrschaft über das Andere; Macht; Naturbeherrschung; Souveränität; Wissen

Wissenschaft(en):

Ablehnung ausbeuterischer Wissenschaft durch die asiatische Umweltbewegung, 322 f.

derzeitige Selbstevaluierung, 321 f.

dialektische Beziehung mit der Philosophie, 245 f.

Distanziertheit und Objektivität in, 133

Erste Auflage Berlin 2022
Copyright © der deutschen Ausgabe 2022
MSB Matthes & Seitz Berlin
Verlagsgesellschaft mbH
Göhrener Str. 7 | 10437 Berlin
info@matthes-seitz-berlin.de
Copyright der Originalausgabe:
Restating Orientalism. A Critique of Modern Knowledge
© 2018 Columbia University Press

Alle Rechte vorbehalten.

Umschlaggestaltung: Dirk Lebahn
Satz: Monika Grucza-Nápoles, Berlin
Druck und Bindung: GGP Media GmbH, Pößneck
Printed in Germany
ISBN 978-3-7518-0354-0
www.matthes-seitz-berlin.de